Blüh, Mandelzweig, blüh

W0329423

E. Böckel

HERMANN KOCH

Blüh, Mandelzweig, blüh

Jeremia, Prophet zwischen Glaubenskrise und Gottvertrauen

Eine dramatische Erzählung

VERLAG JUNGE GEMEINDE

CIP-Titelaufnahme der Deutschen Bibliothek

Koch, Hermann
Blüh, Mandelzweig, blüh: Jeremia, Prophet zwischen Glaubenskrise und Gottvertrauen; eine dramatische Erzählung / Hermann Koch. – Stuttgart: Verl. Junge Gemeinde, 1990
ISBN 3-7797-0322-X

© 1990 Verlag Junge Gemeinde, Stuttgart
1. Auflage
Umschlag: Dieter Kani, Stuttgart
Gesamtherstellung: Ebner Ulm

ISBN 3-7797-0322-X

Vorwort

Viele Menschen, junge und alte, zweifeln heute an Gott. Auch solche, die bewußt mit Gott leben möchten, kann der Zweifel überfallen. Er kann seine Wurzeln in verstandesmäßigen Überlegungen haben. Oft aber rührt der Zweifel von schweren Lebenserfahrungen her. Er erwächst aus dem persönlichen Schicksal: Krankheit, Last des Berufs, scheinbare Sinnlosigkeit des Lebens. Er bezieht seine Kraft aus der Teilnahme am Leid anderer bis hin zum Mitleiden mit dem fernen Nächsten in der Völkerwelt.

Das alles kann zum Wurzelboden werden für den Zweifel an Gott. Schmerz und Leid ist »der Fels des Atheismus« (Georg Büchner in »Dantons Tod«).

Dem angefochtenen, zweifelnden Menschen von heute kann der Prophet Jeremia eine starke Hilfe sein, denn er tritt an die Seite des Leidenden als Bruder im Leid: Schon als junger Mensch wurde er herausgerissen aus seiner ruhigen Lebensbahn durch die gewaltige Vision des von Norden heranfliegenden Kessels. Dieser ist ein Bild für das Gericht, das Gott über das von ihm abgefallene Volk bringt. Der Auftrag, den Jeremia als Prophet bekommt, führt ihn hinein ins Leid.

Er leidet mit Gott unter der Untreue des Volkes und er leidet mit seinem Volk unter der Gewißheit des kommenden Gerichts. Hohn und Spott muß er erleiden, bis hin zum Mordanschlag. Das führt ihn in Anfechtung und Zweifel. Unerhört anstößige Worte gegen Gott kann er deshalb sagen. Schließlich bricht er sogar unter der Last seines Berufs zusammen.

Jeremia bezeugt aber den Leidenden und Angefochtenen auch die Treue Gottes, die durch tiefstes Leid hindurchführt, denn Gott läßt den angefochtenen Propheten nicht fallen. Er weist ihn zurecht und beruft ihn erneut in seinen Dienst. Dieser große Zeuge Gottes geht mit seinem Volk in die Katastrophe hinein und durch diese hindurch. Ein wahrhaft treuer Hirte!

Ein Zeuge der Hoffnung auf Gott ist Jeremia: Er hat die Grenzen der Gotteserkenntnis überschritten wie niemand vor ihm und hat

Horizonte geschaut, »von denen bisher kein Mensch in Israel etwas wußte« (G. von Rad).

Diesem Leidenden und Angefochtenen hat Gott Einsichten geschenkt wie keinem je zuvor. Er durfte den »Neuen Bund« ankündigen, der auf der Vergebung der Sünden beruht.

Dieses Buch »Blüh, Mandelzweig, blüh« erscheint zehn Jahre nach »Flieg, Friedenstaube« (1980) und vierundzwanzig Jahre nach »Wenn der Löwe brüllt« (1966). Alle drei sind neben der Berufsarbeit entstanden – Jeremia zu großen Teilen – und darum nur langsam gewachsen. Wie bei Amos und Jesaja ging es mir darum, mit den Stilmitteln des Erzählers die Botschaft des Propheten für Menschen von heute lebendig zu machen. Dabei habe ich das Anstößige und Ärgerliche an der Botschaft Jeremias nicht ausgespart. Um so heller mögen jene unvergänglichen Worte wie Sterne strahlen, die auf den weisen und sich in dem erfüllen, der mehr ist als Jeremia.

Hoheneck, im November 1989 Hermann Koch

Inhalt

Die Zahlen in Klammern (1) bezeichnen die sogenannten »Konfessionen« Jeremias.

I

Der fliegende Kessel

Ester

Ela konnte heute den Dienstschluß kaum erwarten. Er war Richter am königlichen Gericht in der Königsburg zu Jerusalem. Er schob die Akten beiseite und öffnete die Schublade seines Schreibtisches. Der einzige Gegenstand, der darin lag, war ein kleines Kästchen aus edlem rotem Leder. Er nahm es heraus und öffnete es. Wieder war Ela überrascht und entzückt. Die Edelsteine eines zierlichen Ringes leuchteten ihm entgegen. Der Goldschmied des Königs hatte sie gefaßt und angeordnet wie eine kleine Krone. Behutsam schloß der Richter das Kästchen wieder und steckte es in seine Tasche.
Endlich hatte er Dienstschluß. Schon klopfte es an die Tür. Ein Diener trat ein: »Der Wagen ist vorgefahren, Herr!« Eilig verließ Ela das Dienstzimmer. Sonst ging er den Weg nach Anatot zu Fuß, denn er konnte sich einen Wagen nicht leisten. Heute machte er eine Ausnahme. »Nach Anatot«, sagte er zu dem Wagenführer und stieg ein. »Halte aber noch einmal vor dem Benjamintor!« Im Schatten des mächtigen Turms, der das Tor überragte, hielt das Gefährt. Ela betrat ein kleines Blumengeschäft. Die Verkäuferin hatte ihn offenbar schon erwartet: »Hier, die Blumen; auch Vasen habe ich besorgt.« Sie reichte Ela einen Strauß mit wunderbar blühenden Lilien. Dann wies sie auf etliche Vasen, die nebeneinander auf einem Regal standen. Ela wählte die schönste aus, bezahlte und verließ das Geschäft.
Der Weg nach Anatot war nicht weit. Schon sah man in der Ferne die Kuppe mit der kleinen Stadt. »Wird ein Fest gefeiert, Herr?« fragte ihn der Wagenführer. »Ja, meine Frau und ich feiern den siebten Hochzeitstag«, erklärte Ela freudestrahlend. Der Wagenlenker fuhr durch das Städtchen und steuerte die Höhe der Kuppe an. Dort stand ein Haus, das aus allen anderen herausragte. Es war nicht nur größer, sondern auch von edlerer Bauart als alle anderen. Das Haus gehörte dem Priester Hilkija. Drei Familien wohnten darin: Im unteren Stockwerk der Priester selbst mit Sacharja, seinem jüngsten Sohn; im oberen Stockwerk sein Sohn Ela mit seiner Frau und der dreijährigen Tochter Hanna. Auch Hilkijas zweiter Sohn, Jeremia, hatte dort sein Zimmer. Außerdem wohnte in einem Anbau sein Schwiegersohn Hanamel mit seiner Frau Rut und zwei Kindern.

Der Wagen hielt. Der Fahrer wollte die Vase ins Haus tragen, doch Ela wehrte ab. Er bezahlte den Mann, dann eilte er mit der Vase unter dem Arm und den Blumen in der Hand die Treppe hinauf. Er öffnete die Tür und rief nach seiner Frau: »Ester!« Als er keine Antwort erhielt, trat er ein. Er stellte die Vase auf den Tisch und legte die Blumen daneben. »Ester!« rief er nochmals, doch fand er Ester weder in der Küche noch im Schlafzimmer. Ela ging hinunter zu Sarai, seiner Mutter. »Wo ist Ester und wo ist Hanna?« fragte er. »Ich habe sie und das Kind den ganzen Tag nicht gesehen«, antwortete Sarai. Ela verließ seine Mutter und ging nachdenklich wieder hinauf in seine Wohnung. Unterwegs stieg eine furchtbare Ahnung in ihm auf, er beschleunigte seine Schritte. Er eilte zum Kleiderschrank im Schlafzimmer und öffnete ihn. Er war fast leer. Die meisten von Esters Kleidern waren entfernt. Dann öffnete er den Schrank, in dem Ester ihren Schmuck aufbewahrte. Auch dieser war leer.

Als Ela sehr erregt ins Wohnzimmer zurückkam, bemerkte er eine kleine Schriftrolle auf dem Tisch, die er bisher übersehen hatte. Hastig öffnete er sie und las. Ela wurde kreidebleich. Er ließ die Schriftrolle sinken. Ausdruckslos richteten sich seine Augen in die Ferne. Sein Atem ging heftig. Dann sank er auf einen Stuhl, wie von einem furchtbaren Schlag getroffen. Er ließ den Kopf sinken und stöhnte laut. Dann richtete er sich langsam auf und schleuderte mit einer jähen Handbewegung die Blumen vom Tisch. Seine Blicke richteten sich starr auf ein Relief aus Ton, das ihm gegenüber an der Wand hing. Es zeigte Ela mit Ester an ihrem Hochzeitsfest unter einem Feigenbaum sitzend.

Er sprang auf, packte die Vase und schleuderte sie gegen das Relief. Krachend zersprang das Gefäß, auch das Relief zerbrach und fiel in Stücken zu Boden. Dann ging Ela ins Schlafzimmer, zerrte die restlichen Kleider Esters aus dem Schrank, zerriß sie und warf die Fetzen auf den Boden.

Erinnerungen stiegen in ihm auf: Frühling, erste Liebe, Hochzeit, Streit, Versöhnung, Streit. Ela stürmte in die Küche. Er zertrümmerte alles Geschirr, das Ester in die Ehe mitgebracht hatte.

Sie hatte also ihre Drohungen wahr gemacht, ihn mit dem Kind zu verlassen. Ganz grell stand dann plötzlich vor ihm ein Gesicht und es fiel ihm ein Name ein. Kalte, harte Züge, scharfe stechende Augen, Kaleb.

Die Scherben des Geschirrs knirschten unter Elas Tritten. Er kehrte zurück ins Wohnzimmer und zerstampfte die Scherben des Reliefs, als wolle er jede Erinnerung austilgen, die ihn mit Ester verband.
Von dem furchtbaren Lärm aufgeschreckt, eilten Elas Mutter und seine Schwester, Hanamels Frau, zu ihm hinauf. Als seine Mutter das Werk der Zerstörung sah, hielt sie zuerst vor Entsetzen die Hände vor den Mund. Dann rief sie: »Was ist geschehen, Ela?« – »Da, lies!« sagte er nur und wies auf die Schriftrolle. Zitternd nahm Sarai das Schriftstück in die Hand. Sie las: »Ich habe dich heute verlassen, Ela. Wir passen nicht zusammen. Hanna habe ich mitgenommen. Suche uns nicht!«
Sarai brach in Tränen aus: »Die Treulose! Die Undankbare! Meine Enkelin hat sie mitgenommen. Wo ist jetzt meine Hanna?« Auch Rut, Elas Schwester, war bestürzt. Aber sie konnte nicht so einseitig Partei ergreifen für ihren Bruder und gegen Ester. Diese hatte vor ihr oft über die Schwierigkeiten in ihrer Ehe geklagt. Während Rut stumm dastand, klagte Sarai: »Was für eine Schande! Wie wird man in der Stadt über uns reden?«
Jetzt betrat Hilkija, der Priester, den Raum. Er war eben von seinem Dienst am Heiligtum zu Jerusalem zurückgekehrt. Er war zwar nicht das Oberhaupt der ganzen Sippe. Dieses Amt hatte Piltai inne, Hilkijas ältester Bruder. Aber als Ältester der Großfamilie hatte Hilkija die oberste Entscheidung auch über die Familie seines Sohnes und Schwiegersohnes. Sarai teilte ihm, immer noch weinend, mit, was vorgefallen war.
Hilkija schwieg zuerst ratlos. In seinem Haus war geschehen, was es bisher in Anatot noch nie gegeben hatte. Es häuften sich zwar in der letzten Zeit die Fälle, daß ein Mann seine Frau fortschickte, indem er ihr den Scheidebrief gab, aber noch nie war es bisher vorgekommen, daß eine Frau ihren Mann aus freien Stücken verlassen hatte.
Hilkija kannte die Ursachen, warum so viele Ehen zerbrachen. Es war dem Einfluß jenes Geistes zuzuschreiben, der von dem Gott Baal ausging. Bisher wähnte ihn Hilkija von seiner Sippe fern. Nun mußte er erkennen, daß er auch bis in sein Haus vorgedrungen war. Was war jetzt zu tun? Hilkija ging zu seinem Sohn und sprach zu ihm: »Ich verstehe, was in dir vorgeht. Warte einige Tage, bis sich deine Enttäuschung gelegt hat. Dann aber mache dich auf den Weg und suche Ester.«

Ela sah seinen Vater an, als verstünde er ihn nicht. Dann sprach er: »Ich bin dir Gehorsam schuldig, Vater, ich weiß es, aber das werde ich nicht tun. Sie ist aus freien Stücken fortgegangen.«
Hilkija schwieg eine Zeitlang, dann sprach er: »Dann wirst du Ester nach einigen Tagen vor dem Ortsgericht anklagen, wegen Ehebruchs!«

Die Hoseagruppe

Der Frühling breitete seinen Glanz über Juda aus. Da war kein Feld, das nicht in sattem Grün stand, und Blumen ohne Zahl wiegten sich im sanften Morgenwind. Auch die Bäume standen schon in voller Blüte. An einem solchen Tag verließ ein Mann mittleren Alters das Dörfchen Betanien auf dem Ölberg. Ihm folgten fünf junge Männer. Wer die kleine Schar sah, wußte, um was es sich handelte: Da ging ein Lehrer mit seinen Schülern. Aber dieser Mann war keiner der am Tempel zu Jerusalem angestellten Lehrer. Und seine Begleiter waren nicht alle Propheten- und Priesterschüler. Beamte am Hof des Königs, Priester und Propheten wollten sie freilich einmal werden, aber dem Lehrer, der ihnen jetzt vorausging, folgten sie aus einem anderen Grund.
Beeri, so hieß er, gehörte zu einer kleinen Gruppe von Menschen, deren Vorfahren einst im alten Nordreich, in Israel, gelebt hatten. Als dieses vor hundert Jahren unterging, flüchteten sie nach Juda. Sie brachten als großen Schatz die heiligen Überlieferungen mit, die in Israel nur noch von wenigen in Ehren gehalten worden waren. Beeris Gruppe pflegte diese Überlieferungen. Durch Studium und Lehre wollten sie diese wachhalten. Beeri selbst hatte sich dem Studium eines einzelnen Mannes verschrieben, dem des Propheten Hosea. Er wirkte vor hundert Jahren zur Zeit Jesajas im Nordreich.
Gleich neben Beeri ging Paschhur, Sohn eines Töpfers aus Jerusalem. Er gehörte zu den älteren der Schüler, ein Mann mit energischem Gesichtsausdruck und sehr pflichtbewußt. Er stand kurz vor dem Abschluß seiner Ausbildung zum Priester. Beeri sagte manchmal zu ihm: »Du bist zum Befehlen geboren.« An der anderen Seite des Lehrers ging Hananja. Er stammte aus dem berühmten Gibeon,

der Stadt mit einer Kultstätte Jahwes, die an Bedeutung gleich nach dem Tempel zu Jerusalem kam. Hananja, Bauernsohn, war ein scharfsinniger Denker und sehr begeisterungsfähig.
Der älteste der Männer war Baruch. Dieser hatte seine Ausbildung zum Schreiber vor wenigen Wochen beendigt und strebte jetzt seinem Bruder Seraja nach, der auf dem Weg in ein hohes Staatsamt war. Baruch war seit einem Jahr unzertrennlich mit Jeremia verbunden. Dieser aber konnte heute an der Wanderung nicht teilnehmen. Den jungen Mann aus Anatot hatte Baruch hier in Betanien, in der Hoseagruppe kennengelernt. Sie saßen während des Unterrichts nebeneinander. Baruch entdeckte, daß Jeremia wie er selbst ein leidenschaftlicher Leser war. Aber als Priestersohn hatte er nur einen geringen Zugang zu Schriftrollen. Das war bei Baruch anders, denn ihm standen durch seinen älteren Bruder die literarischen Schätze nicht nur aus Israel, sondern auch aus Babylon, sogar aus Ägypten offen. Die beiden Schüler entdeckten gemeinsame Interessen. Sie verbanden sich immer enger miteinander und wurden Freunde.
Ahikam, Sohn des Schreibers Schafan, ging schweigend neben Baruch. Er würde in wenigen Wochen seine Ausbildung an der Weisheitsschule abschließen und dann in den Dienst des Königs treten. Ohne daß er viel darüber gesprochen hätte, fühlte er sich Baruch und Jeremia eng verbunden. Der Jüngste in der Gruppe war Gemarja, Ahikams Bruder.
Was führte diese jungen Männer zu dem staatlich gar nicht anerkannten Lehrer? Warum besuchten sie seinen Unterricht so regelmäßig? Da war zuerst einmal ein besonderer Geist, der diese jungen Judäer erfüllte: Sie alle waren von einem heiligen Eifer beseelt, das Wesentliche zu suchen. Zunächst lasen sie – noch ohne Beeri zu kennen – die Schriften des Amos und des Jesaja. Baruch vermittelte dann die Beziehung zu Beeri, dem der Ruf eines guten Lehrers vorausging. Das andere aber war das, was sie bei Beeri fanden. Von dem Geist dieses Mannes gingen Bilder und Ideen aus, die es in Jerusalem nicht gab.
Wie niemand sonst bisher in Juda öffnete Beeri ihnen die Augen für den Abfall zu Baal. Und in einer ganz neuen Weise sprach er von Gott. Sie vernahmen den Urton der Liebe Gottes. Das alles zeigte er ihnen an der Botschaft und am Leben seiner Zentralgestalt, dem Propheten Hosea.

Heute nun, am Schluß des zweiten Kurses, wanderte er mit ihnen über Mizpa zum Grab des Propheten in Beerot, südlich von Bethel. Dann wollten sie weiterwandern, durchs ganze Land, bis hinauf zum See Genezareth.

Während sie mit ihrem Lehrer durch das Land gingen, wurde in den Männern alles lebendig, was ihr Lehrer ihnen in den zwei Jahren gelehrt hatte. Sie sahen das Land. Beeri hatte ihnen gesagt: Dieses Land, mit den Gaben, die es den Einwanderern aus der Wüste in reicher Fülle darbot, wurde in Verbindung mit den Trieben und Wünschen des menschlichen Herzens der Anlaß zum Bruch des Bundes, den Israel am Sinai feierlich mit Gott geschlossen hatte und den man seither Jahr für Jahr feierlich erneuerte. Eigentlich begann der Bundesbruch schon am Sinai, aber seinen Gipfel erreichte der Abfall von Gott jetzt in dieser Zeit.

Jetzt schritten sie schweigend hinauf zur Höhe von Mizpa. Das war ein zentraler Kultort für den Baal. Heute fand kein Fest statt. Verlassen waren die Orte der Lust. Asche nur lag auf den Altären des Baals und der Astarte. Aber da stand das große Bild Baals und das Bild der Göttin Astarte. Die Begleiter Beeris konnten sich denken, was geschah, wenn hier im Herbst, zu Beginn der Regenzeit, das Fest der Wiederbelebung Baals gefeiert wurde. Dann erreichte die Lust und das schrankenlose Ausleben der Triebe ihren Gipfel. Ohne ein Wort zu sprechen, ging der Lehrer mit seinen Schülern über diese Stätte. Er wußte, daß sie jetzt in harter Wirklichkeit mit geschärften Augen alles sehen konnten, was er ihnen im Unterricht anschaulich vor Augen gemalt hatte.

Gleich nördlich von Mizpa überschritten sie die Grenze, die Juda vom einstigen Israel trennte, das jetzt schon seit hundert Jahren unter assyrischer Verwaltung stand. Sie mußten sich vor assyrischen Soldaten ausweisen. Als sie durch das frühere Ephraim zogen, dachten die Judäer daran: Um die Seelen der Menschen, die hier einst wohnten, hatte Hosea mit aller Leidenschaft seines Herzens gerungen. Sie hatten den Bund mit Jahwe gebrochen und waren dem Baal verfallen. Ihm wollte er sie entreißen.

Sie gingen auf Beerot zu, als ihnen eine junge Frau begegnete, die in ihrem schwarzen Haar ein rotes Band trug. Alle wußten: Das war das Zeichen dafür, daß sie sich an einem Heiligtum Baals preisgegeben hatte. Nach dem Glauben der Anhänger Baals verbürgte das

die Fruchtbarkeit in der Ehe. Paschhur sprach: »So könnte Gomer ausgesehen haben.« Allen standen jetzt jene Stunden vor Augen, als ihnen Beeri darstellte, wie Hosea auch mit seiner Ehe Zeuge für Gott sein mußte. Bekam er doch den Auftrag, eben eine solche Frau zur Ehe zu nehmen. Sie hieß Gomer.
Weiter gingen ihre Gedanken: Das Gleichnis Hoseas vom Ehemann hatte Beeri ihnen erzählt, den seine Frau ehebrecherisch verlassen hatte. Dieses Bild der Ehe gehörte eigentlich zum Baalskult. Hosea war der erste, der es auf das Verhältnis Gottes zu seinem Volk anwendete. Was tut der betrogene Ehemann mit der ehebrecherischen Frau? Die jungen Männer wußten, was rechtens war. Auf den Ehebruch der Frau stand der Tod durch Steinigung. Und dann das unerhört Neue: Dieser Ehemann wirbt um die Treulose. Er läßt sie nicht laufen. Durch Anklagen und Hindernisse, die er ihr in den Weg legt, möchte er erreichen, daß sie wieder zu ihm zurückkehrt. Schließlich lockt er sie in die Wüste, um dort zu ihrem Herzen zu reden. Die Schüler Beeris begriffen: Gott liebt sein Volk nicht mit einer oberflächlichen, sondern mit einer ganz tiefen Liebe. Darum leidet er unter der Trennung und deshalb sucht er, die Treulose wieder zu gewinnen. Auch wenn er hart verfährt, so hat diese Härte doch ihren Grund in seiner großen Liebe.
Dann steigerte sich das Bild. Die Liebe wuchs. Baruch erinnerte seine Freunde an das Gleichnis vom störrischen Sohn und seinem Vater. Alle Liebestaten des Vaters hatte der Sohn mit Undank belohnt, ja mit der endgültigen Abkehr vom Vater. Unvergeßlich war den Schülern, wie der Lehrer sie vor die Frage stellte, was der Vater jetzt mit seinem Sohn tun solle? Sie wußten wiederum, der Weg des Rechtes war: Auf solchem Verhalten stand der Tod. Und dann folgte wieder die gänzlich unerwartete Eröffnung des Lehrers: Nicht den Sohn »stürzt« der Vater um, indem er ihn dem Tod überantwortet, sondern in sich vollzieht er einen Umsturz, in seinem Herzen. Er besiegt seinen Zorn und läßt das Erbarmen entbrennen, denn das ist sein eigentliches Wesen. Die Zuhörer Beeris waren erschüttert. Solche Worte hatten sie noch nie gehört. Es war ihnen, als müßte die ganze Welt den Atem anhalten, weil sie jetzt einen Blick ins Herz Gottes tun durften. Sie vernahmen den Urton der Liebe Gottes.
Gegen Mittag näherten sie sich dem Grab des Propheten unweit von Beerot. Das letzte Bild stieg in ihnen auf, der Gipfel der Pro-

phetie des Hosea: Er stellte Gott als den Arzt dar, der alle Gebrechen seines Volkes heilt. Das war die Zusage der Vergebung aller Schuld. Tiefer Friede senkte sich in die Seelen der jungen Männer.
Jetzt standen sie vor dem Grab des Propheten. Alle sammelten die Gedanken zu einem stillen Gebet. Dann sprach der Lehrer: »Nicht darum soll es uns gehen, die Gräber der Propheten zu schmücken, sondern darum, ihre Botschaft lebendig zu erhalten.« Dann öffnete er seine Tasche, die er auf dem ganzen Weg mit großer Behutsamkeit getragen hatte. Er entnahm ihr eine Lilie. Wie ein Wunder lag sie jetzt auf dem grauen Stein. Die Männer waren tief ergriffen, denn sie alle erinnerten sich an eines der letzten Worte ihres Propheten:

»So will ich ihre Abtrünnigkeit wieder heilen;
gerne will ich sie lieben;
denn mein Zorn soll sich von ihnen wenden.
Ich will für Israel wie ein Tau sein,
daß es blühen soll wie eine Lilie.«

Zwei Tage später saß Beeri mit seinen Schülern schon vor Sonnenaufgang am See Genezareth. Als die Sonne aufging und alle über diesem Ereignis ehrfürchtig schwiegen, sprach in die Stille hinein Baruch: »Hört, was mir Jeremia kürzlich nach einem Hoseaabend sagte: ›Das ist es‹, sagte er, ›mit Hosea ging die Sonne auf, die Sonne der Liebe Gottes. Sie durchdringt die Wolken der Schuld.‹« Beeri hörte ergriffen zu, während sich das Morgenrot immer prächtiger im Osten zeigte. Doch dann sprach er mit großem Ernst: »Täuscht euch nicht! Wir gehen Zeiten schwerer Gerichte entgegen. Denkt an Mizpa!« – »Ja«, entgegnete Baruch, »aber Jeremia sagt: ›Hinter den Wolken, hinter dem Gewitter und dem Blitz, da strahlt die Sonne der Liebe Gottes und sie wird siegen!‹«

Kessel I

Der Tag brach an, an dessen Abend man das Passalamm schlachtete. Jeremia schlief noch in seinem Zimmer. Das Gesicht des jungen Mannes war ruhig und entspannt.

Doch auf einmal veränderte sich der friedliche Ausdruck. Gespannte Aufmerksamkeit drückte seine Miene aus. Es war, als ob Jeremia etwas entziffern müsse und es doch nicht konnte. Diese Spannung ging über in einen Ausdruck wachsenden Erkennens und dann immer mehr in Verwunderung.
Auf einmal sprach aus dem Gesicht des Schlafenden jähes Entsetzen. Es war, als ob er Furchtbares erkannt hätte. Er umklammerte mit der rechten Hand die linke. Es war so, als litte er furchtbare Schmerzen. Der junge Mann stöhnte und wand sich. Er krümmte sich, als wollte er sich befreien und vermochte es doch nicht.

Auf Jeremias Gesicht spiegelte sich der Traum, der seine Seele erschütterte: An einem stillen Tag saß er auf dem Berg südlich Jerusalem. Vor ihm lag der tiefe Einschnitt des Ben-Hinnomtales. Jenseits des Tals aber sah man, eingebettet zwischen dem Ölberg und den Bergen im Westen, wie ein Juwel die Stadt Jerusalem. Jeremia konnte die Königsburg erkennen, und er schaute auf den Tempel des Herrn.
Wenn seine Augen über die Stadt hinaufschweiften nach Norden, konnte er in der Ferne Anatot sehen, seine Vaterstadt. Und um die Hauptstadt des Königsreichs Juda – welche Fülle von Städten und Dörfern. Jeremias Seele war von großem Glück erfüllt. In dieser Stadt war einst sein Vorfahr Abjatar Oberpriester gewesen, bis ihn König Salomo nach Anatot verbannte. Hier hatten auch nach Abjatar alle seine Vorfahren meist als Priester am Heiligtum gedient. Jeremias Vater Hilkija hatte alles getan, um seinem Sohn die Achtung vor dem Hause Gottes, die Liebe zu seinem Volk und dessen Geschichte ins Herz zu pflanzen.
Doch auf einmal erregte ein zunächst noch leises, summendes Geräusch die Aufmerksamkeit des Sitzenden. Es kam von Norden her. Fast im selben Augenblick, als Jeremia das summende Geräusch hörte, bemerkte er auch, von wo es ausging. Weit entfernt im Norden sah er staunend am blauen Himmel einen rußschwarzen, rundlichen Gegenstand. Angestrengt schaute Jeremia auf die seltsame Erscheinung. Er erkannte: Das war kein Vogel. Der Gegenstand flog mit großer Geschwindigkeit auf Juda und auf Jerusalem zu. Dabei wurde er immer größer und größer. Das summende Geräusch wurde immer lauter und lauter. Es hörte sich an wie das Bro-

deln von kochendem Wasser. Auf einmal aber schrie Jeremia auf: »Ein Kessel!« Jetzt hatte er sich soweit genähert, daß er riesengroß über der Stadt Jerusalem hing. Er nahm den ganzen nördlichen Horizont ein und verdüsterte ihn. Jeremia stöhnte und schrie vor Entsetzen, denn der Kessel war von Norden nach Süden geneigt und es schien Jeremia, als könnte das ungeheure Gefäß in jedem Augenblick seinen todbringenden Inhalt über der heiligen Stadt ausgießen.
Er wußte, welche Zerstörungen die stürzenden Wassermassen bei den Regengüssen im Winter verursachen konnten. Wenn aber kochendes Wasser sich über Stadt und Land ergoß, so bedeutete das den Untergang alles Lebendigen. Jeremia packte panische Angst. Er wand sich wie ein Gefesselter, der vergeblich versucht, sich zu befreien. Er stöhnte und kalter Schweiß trat ihm auf die Stirn. Da endlich erwachte Jeremia.

Er schlug die Augen auf und blickte zunächst verwirrt um sich. Noch stand ihm das Entsetzen in den Augen und im Gesicht. Doch in dem Maße, wie er zu sich kam, legte sich der Schrecken. Nach der durchlittenen Angst zog ein beseeligendes Gefühl der Befreiung durch sein Gemüt: Es war nur ein Traum. Er atmete befreit auf. Das, was ihn geängstigt hatte, es hatte nichts mit der Wirklichkeit zu tun.
Doch dieses Gefühl der Befreiung schlug jäh in noch größeres Entsetzen um. Jetzt, all seiner Sinne mächtig, sprang er aus dem Bett, als wolle er sich über etwas völlige Klarheit verschaffen. Er eilte zu einem Schrank beim Fenster, öffnete ihn, suchte unter einigen Schriften und hielt dann eine Schriftrolle in der Hand. Mit vor Aufregung zitternden Händen entrollte er sie. Er las mit bebenden Lippen nur einen Satz, dann sank er auf einen Stuhl und barg den Kopf auf dem Tisch zwischen den Händen. »Kein Traum!« stöhnte er. »Wirklichkeit! Wort des Herrn!«
In dieser Schriftrolle stand, was er vor drei Tagen erlebt hatte. Jeremia wußte, daß dieses Erlebnis die unmittelbare Folge war von zwei anderen Ereignissen, die vorausgingen: Wieder sah er sich in der Küche seiner Mutter stehen, ganz allein. Es war noch früher Morgen. Ein großer Kessel hing, an der Decke mit drei Ketten befestigt, über dem Feuer, gefüllt mit kochendem Wasser. Jäh sah Jeremia,

daß er von Norden her leicht geneigt war. Das Wasser brodelte und lief über. Zischender Dampf stieg aus dem Feuer auf. Jeremia stand da, völlig in Gedanken an jene beiden anderen Erlebnisse versunken. Dann ereignete sich das, was auf der Schriftrolle, die er in den Händen hielt, geschrieben stand:

»Und es geschah des Herrn Wort zum zweitenmal zu mir:
Was siehst du?
Ich sprach: Ich sehe einen siedenden Kessel,
überkochen von Norden her.
Und der Herr sprach zu mir:
Von Norden her wird das Unheil losbrechen
über alle, die im Lande wohnen.
Denn siehe,
ich will rufen alle Völker und Königreiche des Nordens,
spricht der Herr,
daß sie kommen sollen
und ihre Throne setzen vor die Tore Jerusalems
und rings um die Mauern her
und vor alle Städte Judas.«

Jeremia hielt inne: Der fliegende Kessel! Der Feind aus dem Norden! Wenn er die Augen schloß, konnte er sich das entsetzliche Geschehen vorstellen. Wie der Kessel das brodelnde Wasser ausgoß, so ergossen sich feindliche Reiterscharen von Norden her über das Land. Wenn man früher von einem Feind aus dem Norden sprach, meinte man die Assyrer. Doch von dieser einst so gefürchteten Großmacht war nichts mehr zu befürchten. Der Feind aus dem Norden, wer war das jetzt?
Dann las er weiter:

»Und ich will mein Gericht über sie ergehen lassen
um all ihrer Bosheit willen,
daß sie mich verlassen
und anderen Göttern opfern
und ihrer Hände Werk anbeten.«

Als Jeremia diese letzten Worte las, hörte er vom Hof her die Stimme seines Vaters: »Jeremia, komm! Wir müssen das Lamm besorgen.« Plötzlich erinnerte sich Jeremia wieder daran, daß heute der Rüsttag für das Passafest war. Wenn heute abend die sinkende Sonnenscheibe den Horizont berührt, werden in allen Familien im Land die Passalämmer geschlachtet. Er mußte jetzt zusammen mit dem Vater bei seinem Onkel Schallum das Passalamm holen.
Während sich Jeremia anzog, mußte er daran denken, was in früheren Jahren das Passafest für ihn bedeutet hatte: »Wir müssen es so feiern, als wären wir damals selbst in Ägypten dabeigewesen, nur dann feiert man Passa richtig.« So kam es, daß sich Jeremia ganz und gar mit den Menschen jener ersten Passanacht identifizierte. Das wurde noch begünstigt durch die ungewöhnliche Festkleidung: Alle hatten Wanderkleider an. Diese waren mit einem Gürtel hochgegürtet; sie trugen Sandalen an den Füßen und hielten Wanderstäbe in der Hand. Jeremia saß da wie einer, der bereit ist zum Aufbruch. Er war sich sicher, daß er dem befreienden Ruf Gottes sofort gehorchen würde.
Tief hatte ihm der Vater eingeprägt, daß diese Befreiung Ausdruck der Treue Gottes war und zugleich seiner Gnade. Das war daran zu sehen, daß Jahr für Jahr das Passalamm stellvertretend für den Erstgeborenen jeder Familie sterben mußte. Jeremia wußte, daß es auf diese Tat Gottes nur eine Antwort gab: Dank, der mit der Treue gegen Gottes Gebot darzubringen war. Dieses Jahr aber stand für Jeremia das große Fest unter einem ganz anderen, schrecklichen Vorzeichen.
Der Abend kam. Schon war die Sonne untergegangen. Der Duft des gebratenen Lammes zog durch das ganze Haus. Jetzt versammelte sich nach alter Sitte die große Familie Hilkijas im Haus. Wie festlich und fröhlich war sonst die Ankunft der Gäste, deren Zahl zwölf nicht unterschreiten durfte. Doch das war in diesem Jahr ganz anders. Die Flucht Esters lag erst eine Woche zurück. Niemand konnte das Haus betreten, ohne an dieses skandalöse Geschehen zu denken. Zuerst kamen alle, die unter Hilkijas Dach wohnten. Nur Ela fehlte noch. Dann kam Onkel Schallum mit seiner Frau, seinem Sohn und zwei Töchtern. Als Ela eintrat verstummte das Gespräch und kam später nur gedämpft wieder in Gang.

Der düstere Schatten, der wie eine unheilbringende Wolke über der Festgemeinde lag, wurde für Jeremia plötzlich wie von einem grellen Blitz erhellt, als sein Blick durch die offene Küchentür auf den rußigen Kessel fiel, der auch heute über dem Feuer hing. Jeremia starrte lange geistesabwesend darauf, wie auf eine furchtbare Erscheinung. Aus weiter Ferne klang der Psalm an sein Ohr mit dem man nach altem Brauch den Festabend eröffnete:

»Halleluja!
Lobet ihr Knechte des Herrn,
lobet den Namen des Herrn!«

Aber dieses Lob wurde übertönt durch die schrecklichen Worte, die Jeremia an eben jenem Kessel gehört hatte:

»Von Norden her wird das Unheil losbrechen
über alle, die im Lande wohnen.«

Da drang die Stimme seines Vaters an sein Ohr. Er wurde erst auf sie aufmerksam, als Sacharja ihn anstieß: »Du mußt jetzt die Frage nach dem Grund des Festes stellen!« Jeremia war sehr verwirrt. Aber jetzt erinnerte er sich an seine Pflicht. Und dann fragte er: »Warum ist der Brauch dieser Nacht so ganz anders als in den übrigen Nächten des Jahres?« Prüfend schaute Hilkija seinen Sohn an. Es war ihm nicht entgangen, daß Jeremia durch ein für ihn unbekanntes Ereignis immer wieder abgelenkt war. Er nahm sich vor, mit seinem Sohn gleich nach dem Fest zu sprechen. Jetzt aber antwortete er, wie es zur Pflicht des Hausvaters gehörte, und rezitierte:

»Es ist das Passaopfer des Herrn,
der an den Kindern Israel vorüberging in Ägypten,
als er die Ägypter schlug
und unsere Häuser verschonte.«

Völkerprophet

Drei Tage nach dem Passafest, kurz vor Sonnenuntergang, jagte ein Reiter auf der Straße von Jerusalem her nach Norden. Er war jung und mußte ein königlicher Beamter sein. Denn nur den Beamten des Königs standen Pferde zur Verfügung. Sein Gesicht war schmal. Die schwarzen Haare wehten im Wind. Es war Baruch, der Sohn Nerias. An diesem Abend noch würde er mit dem königlichen Kurierwagen nach Babylon aufbrechen. Er war mit einem Geheimauftrag unterwegs. Denn immer noch beherrschte die Großmacht Assur die Welt, und so auch Juda. Baruch eilte dem Gefährt voraus, um in Anatot von seinem Freund Jeremia Abschied zu nehmen.

Jetzt war der Reiter beim Haus Hilkijas angelangt. Er stieg ab und band sein Pferd an den Olivenbaum vor dem Haus. Dann eilte er mit wenigen Sätzen die Treppe hinauf. Baruch meinte, die Heimat schon hinter sich zu haben. Sein Herz war ganz und gar dem Neuen zugewandt, das ihn auf der Reise und dann in jenem fernen Land erwartete. Baruch betrat das Zimmer seines Freundes: »Ich bin gekommen, um mich von dir zu verabschieden. Der Kanzler sendet mich geheim als Gesandten des Königs nach Babylon. In einer Stunde kommt der Kurierwagen vorbei. Ich bin vorausgeritten!« – »Setze dich und erzähle!« sagte Jeremia.

Der junge Gesandte war so erfüllt von seinem Auftrag, daß er gar nicht auf den veränderten Zustand seines Freundes achtete. »Gib das größte Stück Papyrus her, das du hast, Schreibfeder und Tinte«, sagte er hastig. Jeremia brachte ihm zwei große Stücke Papyrus. Sie bedeckten den ganzen Tisch. »Siehst du«, sprach Baruch und machte oben auf dem Blatt einen kleinen Kreis, »das ist Ninive, die Hauptstadt von Assur. Aber die Tage Assurs sind gezählt. Lange genug sind die Assyrer die Herren der Welt gewesen. Noch müssen wir Assur untertan sein, doch schau hierher! Das ist das Hochland ganz im Osten.« Wieder zeichnete Baruch. Ein mächtiger Pfeil flog von Sonnenaufgang her auf Ninive zu. »Von diesen Bergen kommen die Meder herab und greifen Assur an. Und da: Hoch aus dem Norden rennt ein Reitervolk, die Umanmanda, gegen Assur an.« Baruch zeichnete einen zweiten auf Assur zielenden Pfeil in die Karte. Dann fuhr er fort: »Und hier, das sind die Sümpfe an der Mündung von Euphrat und Tigris. Die Babylonier kommen aus

ihren Schilfwäldern heraus und dringen nach Norden vor.« Einen dritten mächtigen Pfeil zog Baruch auf Ninive zu. »Nabopolassar heißt ihr König. Da ist Babylon. Er hat es schon erobert.«
Baruch schaute auf die Weltkarte, die er mit wenigen Strichen auf das Papier geworfen hatte. Er trat ein wenig zurück. Dann sprach er: »Dieser Teil der Welt ist in Bewegung. Assur wird fallen! Eine dieser Mächte«, Baruch wies auf Babylon, auf die Meder und die Umanmanda, »wird sich als die stärkste politische Kraft zeigen.«
Jeremia starrte wie gebannt auf die Karte. Dann stieß er leise hervor: »Der fliegende Kessel . . .«
Der junge Gesandte überhörte, was Jeremia sprach. Er sagte: »Ich werde dabei sein, wenn sich diese stärkste politische Kraft zeigt. Denn ich habe die Sache des Königs in Babylon zu vertreten.«
Doch dann hielt Baruch inne. Er blickte seinen Freund an: »Ich werde lange nichts von dir hören. Ein Brief von dir nach Babylon wird vier Wochen unterwegs sein, wenn er überhaupt ankommt. Was wirst du tun? Sage es mir!«
Jeremia saß da, als wäre ihm eine ungeheure Last auferlegt. »Ich bin zum Völkerpropheten bestimmt!«
Baruch hatte nicht gedacht, daß ihn in der Heimat noch etwas erschüttern konnte. Das Bewegende lag vor ihm, in der Ferne. Aber jetzt? Ungläubig schaute er Jeremia an: »Du bist zum Völkerpropheten bestimmt? Ich verstehe dich nicht! Du hast erwogen, vielleicht Priester zu werden oder Hofbeamter, aber Prophet? Dafür bist du doch nicht begabt. Du hast dich auch nie um Aufnahme in die Prophetenschule beworben. Und was heißt das ›Ich bin bestimmt!‹? Wer bestimmt, dein Vater?«
Jeremia ging zum Schrank und holte eine Schriftrolle heraus. Wortlos gab er sie Baruch. Mit wachsender Verwunderung schaute dieser zunächst auf seinen Freund, dann auf die Schriftrolle. Was hatte das alles zu bedeuten? »Lies!« forderte ihn Jeremia auf. Baruch öffnete und las:

»Und des Herrn Wort geschah zu mir . . .«

Wenn Baruch später an diese Stunde zurückdachte, dann mußte er immer wieder feststellen, daß kein späteres Ereignis einen so ungeheuren Eindruck auf ihn machte, wie dieser Satz. Denn hier

stand, daß der Gott Israels, der Schöpfer der Welt, zu seinem Freund gesprochen hatte. Es stand für Baruch fest, daß Gott zu Abraham, Mose, zu den Propheten Amos, Hosea und Jesaja gesprochen hatte, aber daß nun jemand leibhaftig vor ihm stand, zu dem der Herr auch gesprochen hatte ...
Baruch blickte seinen Freund mit höchster Verwunderung an. Diese wenigen Worte und das Ereignis, das sie ankündigten, zogen ihn so sehr in ihren Bann, daß er die vor ihm liegende Reise für kurze Zeit vergaß. Dann las er weiter:

»Ich kannte dich, ehe ich dich im Mutterleib bereitete,
und sonderte dich aus,
ehe du von der Mutter geboren wurdest,
und bestellte dich zum Propheten für die Völker.«

Baruch war zusammen mit Jeremia vor wenigen Wochen Zeuge gewesen, wie ihr gemeinsamer Freund Hananja von Gibeon, der auch zur Hoseagruppe gehörte, in die Prophetenschule aufgenommen wurde. Es war sein eigener Entschluß. Andere wurden vom Vater oder von der Verwandschaft dazu bestimmt. Voll Verwunderung sah Baruch, daß das bei Jeremia völlig anders war. Er war Völkerprophet, aber nicht von Menschen oder durch Menschen. Gott bestimmte ihn dazu. Lange bevor er überhaupt ins Dasein trat, war er schon von Gott erkannt und geliebt. Damals schon sonderte er ihn aus zu diesem Amt. Er wurde zum Völkerpropheten geboren.
Baruch wandte sich auf einmal wieder der Karte zu. »Zum Völkerpropheten bist du von Gott bestimmt«, sprach er. »Das aber sind die Völker, zu denen du gesandt bist!« Jetzt führte er seine Weltkarte weiter. Bedächtig trug er zuerst Juda ein, dann nacheinander die kleinen Staaten im Osten und Süden: Ammon, Moab, Edom. Schließlich zeichnete er die Großmacht am Nil ein, Ägypten. Als Baruch das tat, ahnte er auf einmal, daß in Zukunft noch eine ganz andere Kraft am Werk war, als die durch die Politik der Völker bezeichneten Kräfte. Das war das Wort des lebendigen Gottes. Dann sprach er zu Jeremia: »Nicht nur für unser Volk bist du zum Propheten bestellt. Zum Völkerpropheten!«
Baruch war so sehr erschüttert, daß er sich setzen mußte. Jetzt erst

fiel ihm der bedrückte Zustand seines Freundes auf. Er ahnte, daß ihm dieses Amt eine ungeheure Last aufbürdete. Er legte seine Hand auf die Jeremias: »Fühlst du dich dieser Aufgabe gewachsen?« Er wies auf die Schriftrollen, die um Jeremia lagen: »Ist nicht das deine Welt? Und bedenke dein Alter! Dreiundzwanzig Jahre! Du besitzt keine Autorität. Denk an die Kämpfe, die dir bevorstehen!« – »Lies weiter«, bat ihn Jeremia.

»Ich aber sprach:
Ach, Herr Herr, ich tauge nicht zu predigen;
denn ich bin zu jung.«

Baruch schaute auf. Eifrig sprach er: »Du hast also abgelehnt. Das ist verständlich. Ich hätte auch so gehandelt an deiner Stelle. Du kannst dieses Amt nicht übernehmen.« Jeremia schüttelte den Kopf. »Lies!«

»Der Herr sprach aber zu mir:
Sage nicht: ›Ich bin zu jung‹,
sondern du sollst gehen, wohin ich dich sende
und predigen alles, was ich dir gebiete.
Fürchte dich nicht vor ihnen;
denn ich bin bei dir
und will dich erretten, spricht der Herr.«

Baruch schwieg lange. Dann las er diese Worte noch einmal. »Er zwingt dich also in seinen Dienst! Aber er verspricht zugleich mit dir zu sein. Es ist wie bei Mose!« Doch schon drängten Baruchs Gedanken weiter. Es war, als hätte dieses Geschehen seinen eigenen Sog, der ihn weiterriß. »Was wirst du reden als Völkerprophet? Und zu welchem Zweck?« Jeremia selbst las jetzt weiter:

»Und der Herr streckte seine Hand aus
und rührte meinen Mund an
und sprach zu mir:
Siehe, ich lege meine Worte in deinen Mund.
Siehe, ich setze dich heute
über die Völker und Königreiche,

daß du ausreißen und einreißen,
zerstören und verderben sollst
und bauen und pflanzen.«

Plötzlich wußte Baruch, was die stärkste politische Kraft sein würde. Mit großen Buchstaben schrieb er über die Weltkarte: WORT GOTTES. Und während er wiederholte »Siehe, ich setze dich heute über die Völker und Königreiche« schrieb er darunter: Jeremia. Denn es waren die Worte Gottes, die Jeremia sprach. Sie werden die entscheidende politische Kraft sein. Baruch legte die Schriftrolle auf die Weltkarte, wie um anzuzeigen, daß Gott jetzt durch das Wort seines Propheten in die Weltgeschichte eingreifen würde. Noch einmal wiederholte Baruch die letzten Worte:

». . . daß du ausreißen und einreißen,
zerstören und verderben sollst
und bauen und pflanzen.«

»Ausreißen und einreißen!«, beide Männer schauten auf Juda, würde Gott hier anfangen? Jeremia sah wieder das Bild des fliegenden Kessels vor sich, doch er drängte es zurück. Dann blickte er auf die anderen Völker und Reiche. Was würde da geschehen? Sie wußten es nicht. Das Gericht Gottes wird über das Volk Gottes und über die Völker kommen, aber schon mitten unter dem Gericht wird auch das andere geschehen: Pflanzen und Bauen. Und das, was da gepflanzt und gebaut werden sollte, war den beiden jungen Männern nicht verborgen: Von Gottes Volk aus sollte der Segen zu allen Menschen kommen. Was gebaut und gepflanzt wird, dient diesem Ziel. Baruchs Gedanken drängten auch noch über diese gewaltigen Bilder hinaus; er fragte seinen Freund: »Wie wird dein schwaches menschliches Wort dies bewirken können?« Da sprach Jeremia zu Baruch: »Komm mit in den Garten!« Jetzt erst erinnerte sich Baruch wieder daran, daß ihn in kurzer Zeit der königliche Kurierwagen nach Babylon mitnehmen sollte, und er sagte: »Es ist nicht mehr viel Zeit!« Baruch verstand zunächst nicht, warum er nach dem Lesen dieser erschütternden Worte mit in den Garten kommen sollte. Doch Jeremia führte Baruch zu dem einzigen Mandelbaum, den es im Garten gab. Jetzt, im April, unterschied sich dieser kaum von anderen Bäu-

men. Alle grünten. Anders als vor einigen Wochen. Da waren alle anderen Bäume kahl. Nur der Mandelbaum blühte als erster.
Fragend schaute Baruch auf seinen Freund. Dieser aber wies auf einen Mandelbaumzweig und sprach: »Baruch, was siehst du?« Baruch antwortete: »Ich sehe einen grünenden Mandelbaum! Warum fragst du mich so?« – »Vor diesem Baum«, erklärte Jeremia, »stand ich vor einem Monat, als die anderen Bäume noch kahl waren. Der Mandelbaum aber blühte. Mich trieb die Frage um: Werden die Worte, die ich im Auftrag Gottes spreche, etwas ausrichten?

Und es geschah des Herrn Wort zu mir:
Jeremia, was siehst du?
Ich sprach:
Ich sehe einen erwachenden Zweig.«

Jetzt rief Baruch: »Ich ahne, was das bedeuten soll!« Jeremia aber fuhr fort:

»Und der Herr sprach zu mir:
Du hast recht gesehen;
denn ich will wachen über meinem Wort,
daß ich's tue.«

Schon während dieser Worte hörte man vom Ortseingang her Rollen von Rädern und Hufschlag. »Wie gerne wäre ich geblieben nach allem, was ich gehört habe«, sagte Baruch. »Aber ich muß gehen.« Jeremia drängte: »Noch eins muß ich dir sagen, Baruch. Der fliegende Kessel . . .«
Doch da kamen laute Rufe von der Straße her: »Ist Baruch da, der Sohn Nerias?« Baruch umarmte seinen Freund. Schon nach kurzer Zeit war der königliche Kurierwagen Jeremias Augen entschwunden.

Der Prüfer

Gegenüber Anatot, auf Gallim zu, brannten am Berg geheimnisvolle Feuer. Früher schon übten sie auf den Knaben Jeremia einen unwiderstehlichen Reiz aus. Sie rührten von der Schmiede her, die der königliche Silberschmied Jabal dort, weit außerhalb von Jerusalem, mit einigen Gesellen betrieb. Stundenlang konnte der Junge dem Spiel des Feuers in den Essen zuschauen, das sich ständig veränderte in Farbe und Form. Er lauschte dem Klang der Hämmer, wenn das Edelmetall auf den Ambossen bearbeitet wurde, und konnte sich nicht genug satt sehen an den Funken, die dann bei jedem Schlag aufsprühten. Er beobachtete die Arbeit an den beiden großen Schmelzöfen, die vor der Schmiede standen. Jeder bestand aus dem halbkugelförmigen eigentlichen Schmelzofen und dem Kamin, der daraus hervorragte. Schon damals durfte der Junge manchmal den Blasebalg bedienen, dessen fauchende Luft durch einen unterirdischen Kanal in die Glut des Ofens geleitet wurde. Aber auch noch als junger Mann ging Jeremia immer wieder nach Gallim um Meister Jabal beim Prozeß des Schmelzens von Metallbrocken zuzuschauen, aus denen Silber gewonnen wurde.
Auch heute war Jeremia wieder in Gallim. Er wollte Abstand gewinnen von den Ereignissen der letzten Wochen, die so tief in sein Leben eingegriffen hatten. »Komm her, Jeremia!« Der Meister hielt einen schwarzen Klumpen in den fast ebenso gefärbten, rauhen Händen. Er gab ihn Jeremia in die Hand. Wenn er ihn im Sonnenlicht drehte und wendete, glänzte es geheimnisvoll zwischen stumpfem Blei. Silber! Aber noch ganz eng verbunden mit Blei. Bleiglanz nannte Meister Jabal ein solch rohes Stück. »Ich muß prüfen, ob es wirklich Silber enthält. Gib her, Jeremia!« Er spannte den Brocken in einen Schraubstock, nahm die Feile und feilte kräftig.
Während Jabal mit Eifer den Metallbrocken bearbeitete, trat etwas ganz anderes vor Jeremias Seele. Ganz klar standen vor ihm die Worte, die er bei seiner Berufung gehört hatte: ». . . und bestelle dich zum Propheten für die Völker.« Es fiel ihm ein, daß die Propheten vor ihm alle zugleich auf ihre Weise Prüfer gewesen waren. Schweiß brach Jeremia aus, als er daran dachte. Er wußte, daß Amos einst nach Samaria ging um zu prüfen, ob es sich mit dem Zustand Israels so verhielt, wie er gehört hatte. Denn: Wie

konnte er verkündigen, wenn er den Zustand des Volkes nicht kannte? »Auch ich muß prüfen!« sagte Jeremia wie geistesabwesend. Und dann hörte er auf einmal wie aus weiter Ferne:

»Ich habe dich zum Prüfer gesetzt für mein Volk.«

Jeremia war zunächst wie gelähmt. Er meinte, nicht richtig gehört zu haben. »Zum Völkerpropheten bin ich bestellt. Aber zum Prüfer . . .?«
Jabal achtete nicht auf Jeremias Zustand. Er hielt ihm den bearbeiteten Metallbrocken vor die Augen: »Schau, Silber!« Auf der glatten Fläche, die durch das Feilen entstanden war, sah man jetzt deutlich Silberspuren. Jeremia verdrängte mit Mühe die Gedanken und Bilder, die in ihm aufstiegen. Er wußte, daß damit die Prüfung, die der Silberschmied vornahm, noch nicht beendet war. »Jetzt will ich prüfen, ob sich Silber und Blei scheiden lassen.« Jabal legte mehrere Brocken in einen Schmelztiegel und fügte Eisenspäne hinzu. Dann schob er den Tiegel in den Schmelzofen, dessen Kohlen schon glühten. »An den Blasebalg!« gebot Jabal. Jeremia begann, den Blasebalg zu treten. Fauchend fuhr der Luftstrom durch den unterirdischen Kanal in die Glut. Der Blasebalg pfiff und quietschte. Die Flamme schoß steil aus dem Kamin in die Luft. »Schneller«, mahnte der Meister. Heftiger fauchte und schnaubte der Blasebalg. Und da plötzlich, mitten hinein in das Fauchen des Blasebalgs, das Prasseln der Flammen und das Brodeln des flüssigen Metalls, hörte Jeremia ganz deutlich:

»Ich habe dich zum Prüfer gesetzt für mein Volk,
daß du seinen Wandel erkennen und prüfen sollst.«

Dieser Auftrag ängstigte ihn so, daß seine Kraft zu erlahmen begann. Langsamer trat er den Blasebalg. Doch Jabal fuhr ihn an: »Schneller! Silber und Blei zu scheiden, das ist Schwerarbeit. Noch schneller!« Jeremias Atem flog, er arbeitete so schnell er nur konnte. Endlich rief der Silberschmied: »Jetzt ist es genug.« Nach einiger Zeit holte er den Tiegel aus dem Ofen. Stolz sagte er: »Da haben wir jetzt Silber und Blei. Nun müssen wir noch den Bleiglanz vom Silber trennen. Du weißt, daß das der schwierigste Teil der Ar-

beit ist.« Jeremia sah, wie Meister Jabal sorgsam das flüssige Metall über dem Feuer hin- und herbewegte und es dann in kleine Tiegel füllte. Immer wieder war er für einen Augenblick ganz umgeben von Glut. Jeremia schaute auf den Meister wie gebannt: »Prüfen, ob Silber da ist; prüfen, ob sich das Silber vom Blei scheiden läßt«, dachte er nur. Jeremia war so sehr in Gedanken versunken, daß er gar nicht bemerkte, daß dem Meister heute die Scheidung gelungen war. Er stieß Jeremia an: »Du bist heute nicht bei der Sache! Da, schau!« Da erst sah Jeremia das gewonnene Silber in den Tiegeln.
Die Nacht brach herein. Früher als sonst verabschiedete sich Jeremia von Jabal. Dunkelheit umfing den jungen Mann in dem Tal, das er durchqueren mußte. »Prüfer soll ich sein in meinem Volk«, flüsterte er. »Aber wo, o Gott?« Aber fast zugleich mit der Frage fiel ihm ein, daß in wenigen Tagen das Herbstfest gefeiert wurde. Es war das hohe Fest Jahwes, des Gottes Israels, und dauerte sieben Tage. Ihm dankte man in diesen Tagen für die Gaben des Feldes, für Obst, Wein, Öl und Getreide. Dann ging der Blick zurück auf die Befreiung aus Ägypten. Man wohnte am Heiligtum in Laubhütten und dachte an die Wüstenzeit. In Jerusalem aber wurde am ersten Tag des Festes Jahr für Jahr die Bundeslade in feierlichem Zug eingeholt und in den Tempel getragen. Man huldigte Jahwe, dem Befreier, dem Führer, dem Geber der Gaben, dem König Israels. »An diesem Fest werde ich mit dem Prüfen beginnen«, sagte sich Jeremia. Als er Anatot erreicht hatte, wußte er, wie er dabei zu Werke gehen mußte.

Der erste Tag des großen Herbstfestes kam. Noch vor Sonnenaufgang stand Jeremia auf. Aber er ging nicht nach Jerusalem, sondern in die entgegengesetzte Richtung, nach Norden. Hier befand sich Jeremia bald in einer immer größer werdenden Schar von Menschen. Sie alle kehrten Jerusalem den Rücken. Sie hatten ein anderes Ziel: Mizpa. Dem jungen Propheten fiel sofort die ausgelassene Freude auf, die jetzt schon unter ihnen herrschte. Ihm schien, daß diese Männer und Frauen heute alle etwas außerordentlich Lustvolles erwarteten.
Solange es noch dunkel war, konnte Jeremia nur undeutliche Gestalten sehen, die mit ihm gingen. Doch als die Sonne aufging, sah er Bauern und Bäuerinnen mit von der Sonne gebräunten Gesich-

tern, Hirten und kleine Handwerker waren dabei. Am meisten jedoch fielen ihm die Frauen und Mädchen auf. Bei ihnen waren deutlich zwei Gruppen zu unterscheiden. Wohl mehr als die Hälfte trug ein rotes Kopfband um die Haare, oder an einem ebenso roten Halsband eine Plakette mit einer Figur, deren Bild Jeremia in der Dämmerung aber noch nicht erkennen konnte. Die andere, kleinere Gruppe trug keines dieser Zeichen. Die Mädchen unter ihnen überwogen. Jeremia wußte noch nicht, was das zu bedeuten hatte.
Je mehr man sich Mizpa näherte, desto mehr Menschen kamen zusammen. Als Jeremia den Berg hinaufstieg sah er, daß von allen Seiten die Menschen zum Heiligtum zogen. Jetzt wurden auch immer öfter Rufe laut: »Ich will meinen Liebhabern nachfolgen, die mir Brot und Wasser gaben, Wolle und Flachs, Öl und Trauben.« Mit der Nähe des Heiligtums wuchs die ausgelassene Stimmung.
Viele trugen auf dem Rücken Opfergaben: Früchte des Feldes und der Weinberge. Andere führten Opfertiere mit sich: Schafe, Kälber, sogar Stiere. Mit Weinfässern beladene Karren knarrten. Immer lauter wurde der Lärm: »Baal hat uns gesegnet, Korn, Wein, Öl und Flachs hat er uns gegeben.« – »Astarte hat mein Gebet erhört. Sie hat mir einen Sohn geschenkt.« So dicht war jetzt das Gedränge, daß Jeremia mehr den Berg hinaufgeschoben wurde, als daß er mit eigenem Willen gegangen wäre. Zur großen Verwunderung hörte er dazwischen immer wieder den Namen Jahwes, des Gottes Israels. Diese Menschen sahen keinen Unterschied zwischen Baal und Jahwe, dem Gott Israels. Jeremia wurde deutlich, daß es sich hier um die Verehrung eines Gottes handelte, der von ganz anderer Art war, als der Gott Israels. Darum löste er auch ganz andere Empfindungen und ein anderes Verhalten aus.
Endlich war der Gipfel des Berges erreicht. Schon sah Jeremia in der Ferne Bauten und Bäume. Aber vor dem Eingang zum äußeren Hof des Heiligtums hielt die Menge auf einmal. »Wir warten hier bis zur Prozession«, hörte er einige sagen. Die Männer, die sich vom Heiligtum her der Menge näherten, sahen so fremdartig aus, daß Jeremia sie zunächst gar nicht als Priester erkannte. Sie trugen als Kopfbedeckung Stierhörner und dazu Stiermasken vor dem Gesicht. Der Stier war das Symbol der Fruchtbarkeit. Die Priester trugen das Bild Baals herbei. Die Menge sank auf die Knie und hob flehend die Hände: »Gott Baal, gib dem Land Regen; mach es fruchtbar!«

Das Bild Baals war für Jeremia etwas ganz Ungewohntes. Wie konnte man es wagen, einen Gott abzubilden. Jetzt kam ihm die Bildhaftigkeit dieser Religion zum Bewußtsein. Er schaute zu dem überlebensgroßen Bild auf: Baal, der Spender des Regens und Gott der Fruchtbarkeit der Felder, war kräftig vorwärtsschreitend dargestellt. Mit der hoch erhobenen Rechten schwang er eine Keule und mit der Linken schleuderte er den Blitz. Auf dem Kopf trug er einen konisch nach oben zulaufenden Helm; über der Stirn ragten zwei Stierhörner nach vorn hervor. Immer noch kniete das Volk und flehte: »Baal, gütiger Gott, Spender des Frühregens, befruchte Mutter Erde!«
Dann wurde das Bild der Astarte herbeigebracht. Sie saß farbenprächtig gekleidet auf einem Thron und hielt ein Ziegenböcklein im Schoß. Wieder flehte das Volk: »Göttin der Liebe, Mutter Erde! Du schenkst die Fruchtbarkeit von Mensch und Vieh. O Göttin, verbinde dich aufs neue mit Baal, damit wieder Leben entsteht auf der ausgedörrten Erde!« Jetzt erst zog das Volk hinter den Göttern her in den Hof und umkreiste das Heiligtum siebenmal.
Dann versammelte sich die Menge erwartungsvoll vor dem Heiligtum. Beiderseits des Tempels waren Bühnen aufgebaut. Plötzlich waren die Götterbilder verschwunden. Statt dessen wurde auf der Bühne links vom Heiligtum ein großes schwarzes Tuch als Hintergrund aufgezogen. Regungslos verharrte das Volk. Jeremia hörte leises Gewisper von Männern und Frauen: »Wer wird die Göttin Astarte spielen?« Es wurde mehrmals ein Name genannt. Jeremia konnte ihn aber nicht verstehen.
Da trat auf einmal eine Frau aus dem Heiligtum. Sie war von schlanker Gestalt und ebenso gekleidet wie die Göttin auf dem verschwundenen Bild, so daß sie als deren Ebenbild erschien. Es war, als ob das Bild der Göttin lebendig geworden wäre. Das rote Kleid reichte bis zu den Knöcheln. »Das ist sie!« riefen die Menschen einander zu, als ob jedermann die Frau kennen würde. Jeremia betrachtete sie angestrengt. Vor allem fielen ihm die Haare auf. Sie trug sie nicht in Zöpfen geflochten oder zu einem Knoten gebunden. Sie trug das schwarze Haar offen. Es reichte bis auf die Schultern. Vor dem Gesicht trug sie eine Maske, das veränderte die Stimme. Sie betrat die schwarzverhangene Bühne und beugte sich zu einer Gestalt, die dort regungslos lag:

»Oh, oh! Baal ist tot,
der Spender des Regens,
Schöpfer der Fruchtbarkeit!
Darum welkt das Gras,
erkrankt Mensch und Vieh;
die Bäche trocknen aus.
Baal, mein Herr, wach auf,
ergreife die Herrschaft;
spende Regen!«

Jeremia konnte seine Blicke nicht mehr von der Frauengestalt abwenden. Er hatte sie schon gesehen. Er kannte sie. Obwohl die Stimme durch die Maske stark verändert war, meinte er sie schon gehört zu haben. Und dann durchfuhr es ihn plötzlich heiß, als sie die Worte sprach:

»Wach auf,
vereinige dich mit deiner Geliebten;
zeuge neues Leben!«

Da erkannte er sie. Fast konnte er den Schrei nicht zurückhalten: »Ester!« Diese Entdeckung! Die Frau seines Bruders Ela, an diesem Ort und in dieser Rolle, das traf Jeremia wie ein betäubender Schlag. Minutenlang war er unfähig, etwas zu denken. Ester spielte die Göttin Astarte. Ester, mit der Jeremia so oft vertraut gesprochen und in der er eine so kluge, scharfsinnige Gesprächspartnerin gefunden hatte; sie, die er – ja, er mußte es sich gestehen – insgeheim liebte. Ester, die ihm die Verkörperung Israels zu sein schien.
Noch mehr wuchs seine Erregung: »Wird sie die Rolle, die sie übernommen hat, tatsächlich zu Ende spielen?« Jeremia wußte von seinem Lehrer Beeri, was der Höhepunkt dieses Festes war. Und wer war dieser Mann, dessen Leib da vor Ester wie leblos hingestreckt lag?
Während die Menge atemlos verharrte, schritt Ester zur Bühne rechts vom Heiligtum. Wie von Geisterhand weggetragen verschwand auch der Körper des noch unbekannten Mannes und tauchte auf der anderen Bühne wieder auf. Noch während das Volk angestrengt nach links geblickt hatte, war auf der Bühne rechts ein

rotes Tuch als Hintergrund aufgespannt worden. Wieder wandte sich Ester an den Leblosen:

»Baal, mein Herr, steh auf!
Mot, der Todesgott, kann dich nicht halten.
Ich, ich besiege ihn.«

Da richtete sich der Mann langsam auf. Die Erregung des Volkes wuchs. Alle fieberten dem Höhepunkt entgegen:

»Baal lebt!
Baal ist wieder da.
Wasser fließt,
Blumen blühen,
Gras wächst.
Komm, Baal,
vereinige dich mit deiner Geliebten!«

Esters letzte Worte gingen in ohrenbetäubendem Geschrei der Festteilnehmer unter: »Baal! Astarte! Baal! Astarte!« Ester und der Unbekannte, der Gott und die Göttin traten ins Heiligtum, dessen Türen sich hinter ihnen schlossen.

Inzwischen war das Opferfleisch fertig, dessen Geruch schon während der Darstellung des Baalsdramas allen verführerisch in die Nasen gestiegen war. Kaum hatten sich die Tempeltüren geschlossen, als ein Mahl begann, wie Jeremia noch keines erlebt hatte. Dampfendes Fleisch wurde auf großen Platten aufgetischt. Wein wurde ausgeschenkt. Er erhitzte Männer und Frauen. Dann erschallte der Ruf: »Auf, laßt uns spielen!« Es war, als ob alle auf diesen Ruf gewartet hätten. Denn noch war für sie der Höhepunkt des Festes nicht gekommen. Ein toller Reigen um das Heiligtum begann.

Die letzten Schranken schienen jetzt zu fallen. Jeremia bemerkte, daß sich immer mehr Männer, Frauen und Mädchen davonmachten. Und er erkannte, daß das in der Regel solche waren, die noch nicht das rote Abzeichen in den Haaren oder auf der Brust trugen.

Weit über Mitternacht hinaus dauerte das ekstatische Fest. Längst war jede Ordnung aufgelöst. Immer mehr Betrunkene wankten durch die Tischreihen. Die Grenzen der Scham fielen und immer

toller wurde der Reigen. Jeremia sah, daß immer mehr Frauen und Mädchen mit den roten Zeichen erschienen.
Als er dann unter den Betrunkenen umherging, bemerkte er auf einmal, daß sich am Tempeleingang etwas bewegte. Jeremia trat näher. Es war Ester. Jeremia sah, daß auch sie jetzt ein rotes Band um ihr Haar geschlungen hatte. Er rief sie an: »Ester!« Sie blieb stehen und schaute von der Bühne auf Jeremia herab. Als sie ihn im Mondschein erkannte, wurde sie kreidebleich. »Geh!« fauchte sie ihn an. »Ester, nur ein paar Worte!« bat er sie. »Geh!« wiederholte sie noch schärfer. »Bei unsrer Freundschaft!« flehte er. »Niemand schickt mich. Ich bin allein hier.« Er stand vor der Bühne, sie über ihm. Lange schwiegen beide. Dann sprach Jeremia und streifte dabei mit einem Blick das wüste Treiben: »Du hier, Ester?« Da lachte sie höhnisch auf: »Ich will hier sein!« Und dann brach es aus ihr heraus. Ester schrie so laut, daß die Betrunkenen aufmerksam wurden und sich bald zu Hunderten vor der Bühne versammelten. Was jetzt geschah schien die Fortsetzung des Spiels vom Morgen zu sein, aber es war mehr. Jenes war nur Spiel, dies hier war echt.
Ester rief: »Ich mußte fort von diesem Mann und fort aus seinem Haus. Seit dem ersten Tag mit ihm hörte ich immer dieselben Worte. Wenn er sie nicht sprach, so standen sie ihm in den Augen geschrieben: ›Gehorche, diene! Sei untertan!‹ Und ich gehorchte in den ersten Monaten und Jahren, ich war untertan. Aber dann merkte ich, daß sich langsam mein Wesen veränderte. Sklavinnengeist trat an die Stelle der Sinnesart eines freien Menschen. Worin unterschied ich mich noch von einem Zugtier, das willenlos im Joch geht? Aber es ist nicht allein dieser Mann gewesen, der mich soweit brachte. Hinter ihm stand unsichtbar sein Gott. Er stützte die Herrschaft des Mannes. Da endlich regte sich in mir die Flamme der Freiheit. Es wurde ein Feuer daraus. Weißt du, was ich zuerst zerbrach? Es war das Joch, das mir euer Gott auferlegte. Ich will nicht untertan sein! Ich will einen Gott, bei dem ich frei bin und mich als Frau frei entfalten kann. Erst als ich von diesem Joch los war, zerbrach ich auch das Joch des Mannes. Darum bin ich jetzt hier. Hier ist das Leben, hier bei Baal und Astarte. Dies ist das Leben, das ich gesucht habe. Hier kann ich Frau sein!«
Während sie so rief und die Betrunkenen zu ihr mit glasigen Augen aufschauten, mußte Jeremia an die Stücke der zerbrochenen Plastik

in Elas Zimmer denken. Hier war mehr zerbrochen, nicht nur die Ehe! Als sie aufgehört hatte, betrat Jeremia die Bühne und näherte sich ihr. »Laß mich mit dir reden, Ester, wie früher«, bat er. »Ich mit dir reden«, sie wich vor ihm zurück bis zur Tür des Heiligtums. »Ja, du bist nicht so wie die anderen. Du bist nicht so hart wie sie. Aber ich habe auch mit dir nichts mehr zu reden. Hier ist mein Leben!«
Da plötzlich öffnete sich die Tür zum Heiligtum. Ein Mann trat auf die Schwelle. Es war der Darsteller des Baal. Jäh erkannte ihn Jeremia und es überflutete ihn heiß und kalt: Kaleb! Kaleb, der Reiche . . .! Er zog sie ins Heiligtum. »Ester!« rief Jeremia und hämmerte mit den Fäusten gegen die Tür.
Todmüde kam Jeremia am Abend nach Anatot zurück. Ihm war, als ob er an diesem Tag einen Brocken Metall geprüft hätte, mit der Feile, wie Meister Jabal. Aber war da nicht nur Blei? Ester? Kaleb? Die Baalsverehrer und -verehrerinnen? Aber Jeremia wußte, was er bisher erlebt hatte, das war erst der Anfang des Prüfungsvorgangs. Er gab den Glauben nicht auf: Da war auch Silber! Jeremia meinte Menschen mit Namen benennen zu können, die Gott treu geblieben waren. Und auch in Herzen, die scheinbar ganz dem Baal hingegeben waren, konnte noch ein Funke Glaube an den Gott Israels sein. Doch ließen sich Silber und Blei scheiden? Und wie?

Inspiration

Noch spät in der Nacht brannte Licht in Jeremias Zimmer. Unruhig ging er auf und ab, denn er konnte keinen Schlaf finden. Er mußte mit jemand über das sprechen, was er erlebt hatte. Aber mit wem?
Jäh unterbrach er seinen unruhigen Gang. Er holte ein Papyrusblatt aus dem Schrank und setzte sich an den Tisch. Dann nahm er Schreibrohr und Tinte und begann zu schreiben:
»Baruch, lieber Freund! Ich muß Dir schreiben, denn es liegen Erlebnisse hinter mir, die mich tief beunruhigen. Bisher habe ich von Baal und Astarte und der Anziehungskraft, die diese kanaanäischen Götter auf große Teile unsres Volkes ausüben, nur gehört. Aber jetzt, lieber Freund, bin ich selbst bei einem Fest dieser Götter gewesen. Ich habe gesehen und miterlebt, wie das erste Gebot gebro-

chen wird. Bei diesem Fest ereignete sich etwas, was Du Dir mit Deiner kühnsten Phantasie nicht ausmalen kannst. Ich habe dort Ester gefunden, die Frau meines Bruders Ela. Und in welcher Rolle mußte ich sie sehen, Baruch? Als Priesterin der Astarte! Wie unbegreiflich ist für mich das, was sie getan hat und tut. Aber sie tut ja nur das, was ungezählte in unsrem Volk auch machen. Und wie furchtbar sind die Folgen dieses Abfalls . . .«
Bis hierher schrieb Jeremia, doch dann hörte er plötzlich auf. Er schaute gespannt vor sich hin, als höre er jemand, den er aber nicht sehen konnte. Es war wie bei seiner Berufung und wie vor wenigen Tagen, als er den Auftrag bekam, Prüfer zu sein. Das, was er hörte, kam nicht aus ihm selbst:

> »Geh hin und predige öffentlich der Stadt Jerusalem
> und sprich: So spricht der Herr:«

Jeremia senkte den Kopf und barg sein Gesicht in der linken Hand: »Was soll ich predigen, Herr? Und wie soll ich es anfangen, daß sie überhaupt auf mich hören?«
Kaum hatte Jeremia diese Frage gestellt, da strömten ihm schon die Bilder und Gedanken zu: Ester stand auf einmal vor ihm. Aber nicht als Priesterin des Baal, sondern als Verlobte. In ihrem Gesicht stand geschrieben, was ihr Herz erfüllte, ihre Liebe.
Dann war Ester auf einmal das personifizierte Israel, Gottes Braut. Er hatte sie erwählt. Mit inniger Liebe antwortete sie auf diese Tat Gottes. Sie folgte ihm durch die Wüste und Gott hielt schützend seine Hand über sie. So wie jede Erstlingsfrucht vom Obst und vom Getreide Gott gehört, so gehörte erst recht sie ihm, Erstling der Menschheit. Niemand durfte sich darum an ihr vergreifen. War die Braut Gottes nicht für immer zur Dankbarkeit verpflichtet?
Doch es kam ganz anders. Das schöne Gesicht und die anmutige Gestalt verschwanden. Dunkle Gedanken drängten sich jetzt Jeremia auf:

> »Hört des Herrn Wort, ihr vom Hause Jakob
> und alle Geschlechter vom Hause Israel!
> So spricht der Herr:
> Was haben doch eure Väter Unrechtes an mir gefunden,

daß sie von mir wichen
und hingen den nichtigen Götzen an
und wurden so zunichte.«

Ja, warum kam es zum Abfall zu diesen Götzen? »Nichtse« nannte Jeremia sie, weil sie ins Nichts führen. Vergessen schien die Führung durch die Wüste zu sein, kein Gedanke mehr an den Geber des Landes. Statt diesem dankbar zu sein, verunreinigten sie das Land mit ihrem Götzendienst. Wie ein Stich durchfuhr Jeremia die Frage: Wer trägt die Verantwortung dafür? Es schmerzte ihn tief, als er erkennen mußte: Es sind zuerst die Priester! Sie hatten das Volk zu lehren, doch sie taten es nicht. Dann die . . .
Jeremia legte das Schreibrohr weg. Er hatte immer stärkere Hemmungen, die Gedanken, die sich ihm aufdrängten, aufzuschreiben. Er sah den Oberpriester vor sich und die Schar der Priester hinter ihm. Er sah die Fürsten und die Propheten. Wie konnte er ihnen gegenübertreten und ihnen diese Worte sagen? Es fielen ihm die Namen der Propheten ein, die zur Zeit des Königs Manasse getötet worden waren. Angst packte ihn und er stöhnte: »Ich kann es nicht. Ich bin zu jung, ich habe keine Autorität.« Doch da vernahm er deutlich wieder die Stimme:

»So gürte nun deine Lenden . . .«

Das war der Aufruf: Geh an die Arbeit! Kämpfe! Denn wer arbeitet oder kämpft, wird durch das lange Gewand behindert. Nur wenn es hochgegürtet war, konnte man unbehindert vorwärtsschreiten. So holte er seinen Gürtel aus dem Schrank, raffte das Gewand hoch und gürtete es fest. Dann setzte er sich wieder:

». . . und mache dich auf und predige ihnen alles,
was ich dir gebiete.
Erschrick nicht vor ihnen,
auf daß ich dich nicht erschrecke vor ihnen!
Denn ich will dich heute
zur festen Stadt,
zur eisernen Säule,
zur ehernen Mauer machen im ganzen Lande

wider die Könige Judas,
wider seine Großen,
wider seine Priester,
wider das Volk des Landes,
daß, wenn sie auch wider dich streiten,
sie dir dennoch nichts anhaben können;
denn ich bin bei dir, spricht der Herr,
daß ich dich errette.«

Jeremia wiederholte langsam die Worte der Verheißung:

»Denn ich will dich heute
zur festen Stadt . . . machen.«

Sie ist uneinnehmbar, solange Gott in ihr ist. Jeremia sprach ergriffen die Worte des Psalms:

»Gott ist bei ihr drinnen, darum wird sie fest bleiben,
Gott hilft ihr früh am Morgen!«

Dann sah er das Bild der eisernen Säule vor sich. Welche Tragkraft mußte sie haben, wenn sie von Gott erfüllt war. Und er sah vor sich die Mauern der heiligen Stadt. Unüberwindlich schienen sie, wiewohl aus Steinen gebaut. Wieviel mehr mußte das für eine eherne Mauer gelten.
Neue Zuversicht kam in Jeremias Herz. Die Verheißung hatte ihm die Angst genommen. Jetzt mußte er dem Volk seinen Abfall von Gott vor Augen stellen.
Da standen auf einmal die Kittäer von der Insel Cypern im Westen und die Kaufleute aus Kedar im Osten vor seinen Augen, die er auf dem Heimweg von Mizpa gesehen hatte. Sie mußten jetzt in Jerusalem sein. Verachtete Heiden waren sie in den Augen der Judäer. Doch Jeremia hörte ihre Worte: »Ist nicht Jahwe der Gott, mit dem ihr im Bund steht? Und jetzt dient ihr dem Baal? Tauscht ihr eure Götter? Jahwe gegen Baal? Das gibt es bei uns nicht. Wir halten unverbrüchlich an Zeus und Aphrodite fest.« Und die Kedäer sprachen: »Unser Gott ist der Mondgott, seit Urväterzeiten. Ihm bleiben wir treu!« Aber Israel? Das Volk Gottes tat, was den Heiden nie in

den Sinn kam: Sie tauschten ihre Götter. Jahwe, mit dem sie eine so lange Geschichte verband, gegen Baal. Wie unbegreiflich!
Jeremia fühlte, daß seine erste öffentliche Predigt jetzt noch eine letzte Zuspitzung brauchte. So wie der Silberschmied in einer letzten Kraftanstrengung mit dem Blasebalg Luft in die Glut blies, um Silber und Blei zu trennen, so suchte Jeremia nach den Worten, die zur Umkehr führen konnten. Er verspürte heftigen Durst und ging leise hinab in die Küche, um Wasser zu trinken. Als er das kühle, erfrischende Wasser auf den Lippen und der Zunge spürte, kam ihm das letzte Bild. Er suchte sein Zimmer auf und hielt es fest.
Danach schrieb er seine erste Predigt Wort für Wort. Dann prägte er sich den Gedankengang ein, bis er ihn mühelos wiederholen konnte. Es war schon Mitternacht als er damit fertig war.
Nun bedrängte ihn eine neue Frage: Wo werde ich reden und wann?

»Geh hin und predige öffentlich der Stadt Jerusalem . . .
Hört des Herrn Wort
ihr vom Hause Jakob
und alle Geschlechter vom Hause Israel!«

Ganz Israel – oder vielmehr was nach dem Untergang des Nordreichs davon noch übrig war – versammelte sich am letzten Tag des Herbstfestes, am siebten, im Tempel zu Jerusalem. Damit war entschieden, wo Jeremia auftreten mußte.
Aber wann sollte das geschehen? Das ganze Volk war immer nur zum Gottesdienst versammelt. Nachher trafen sich einzelne Gruppen in den Seitenhallen des Tempels, um die Lehren der Priester und Propheten zu hören. Es schien Jeremia zunächst, als gäbe es nur eine Möglichkeit, um das ganze Volk zu erreichen, eine Unterbrechung der Liturgie. Er wußte, daß Amos und auch Jesaja davor nicht zurückgeschreckt waren. Aber für den Priestersohn Jeremia war das unmöglich. Unvergeßlich hatte ihm sein Vater eingeprägt: »Die heilige Liturgie darf nicht unterbrochen werden!« Und er rühmt den Fall eines Priesters, der bei einem Ohnmachtsanfall des Oberpriesters einsprang und den 118. Psalm an der Stelle auswendig weiterführte, wo der Oberpriester aufgehört hatte. Nachdem sich Jeremia das überlegt hatte, fand er eine Lösung. Dann endlich legte er sich schlafen.

Die lebendige Quelle

Es war der letzte Tag des Herbstfestes. Die meisten Festbesucher gingen zuerst zur Gihonquelle, um dort die »Wasserschöpfung« mitzuerleben. Diese Handlung gehörte zum Herbstfest. Jeremia stand mit seinem Vater in der vordersten Reihe, unmittelbar bei der Quelle. Sie sprudelte unaufhörlich und brachte aus der Tiefe das Wasser. Dieses floß dann durch den unterirdischen Siloahkanal in den Siloahteich. Von dieser Quelle hing alles Leben in Jerusalem ab.

Jetzt trat der königliche Brunnenaufseher, der Priester Eleasar, aus der Menge hervor. Er holte aus seinem Gewand einen goldenen Becher und stieg zur Quelle hinab und füllte ihn. Dann schritt er der Menge feierlich voraus hinauf zum Tempel des Herrn, wie um zu bekunden, daß er die wahre Quelle sei. Jeremia ging mit seinem Vater unmittelbar hinter dem Priester.

Die Tempeltore waren noch verschlossen. Still wartete das ganze Volk. Ein Priester trat vor das Tempeltor und rief:

> »Kommt, laßt uns anbeten und knien
> und niederfallen vor dem Herrn, der uns gemacht hat.«

Die Tempeltore öffneten sich. Das Volk strömte hinein ins Heiligtum. Jeremia strebte dem Ziel zu, das er sich gestern abend vorgenommen hatte. Es war die rechte der beiden Säulen, die vor dem Eingang zum Heiligtum aufragten. Sie trugen die Namen »Boas« und »Jachin«. Er wußte von seinem Vater, daß die Namen der beiden Säulen zusammen ein Gebet ergaben: »Gott möge fest machen! Mache mein Herz fest, o Gott!«

Feierlich zogen jetzt die Priester ein, der Oberpriester Uria an ihrer Spitze. Die Propheten kamen und scharten sich um ihren Vorsteher Elisa. Die Fürsten waren schon da. Jeremia bemerkte den königlichen Schreiber Schafan. Der große, weite Raum des Tempels war erfüllt mit Menschen aus allen Gauen Judas. Bedrängende Angst stieg in Jeremias Herz auf. Da blickte er auf die Säule, die neben ihm aufragte. Neun Meter war sie hoch und so dick, daß sie zwei Männer gerade mit den Armen umfangen konnten: »Denn ich will dich heute . . . zur eisernen Säule machen.«

Der Gottesdienst begann. Noch nie hatte Jeremia ihn mit solcher Andacht mitgefeiert wie heute. Der Oberpriester rezitierte feierlich:

»Dienet dem Herrn mit Freuden,
Kommt vor sein Angesicht mit Frohlocken!«

Dann rühmten drei Priestergruppen die großen Taten Gottes.
So pries die erste Gruppe den Gott Israels:

»Danket dem Herrn; denn er ist freundlich,
denn seine Güte währet ewiglich.
Der die Erstgeborenen schlug in Ägypten,
und führte Israel von dort heraus.
Der das Schilfmeer teilte in zwei Teile
und ließ Israel mitten hindurchgehen,
denn seine Güte währet ewiglich.«

Und dann sang die zweite Gruppe:

»Der sein Volk führte durch die Wüste,
denn seine Güte währet ewiglich!«

Daran schloß sich die dritte Gruppe mit dem Lobpreis an:

»Der große Könige schlug,
und gab ihr Land zum Erbe,
zum Erbe seinem Knecht Israel.«

Und nun fiel das ganze Volk ein:

»Denn seine Güte währet ewiglich.«

Nun trat Eleasar aus der Mitte der Priester heraus und stieg langsam die Stufen zum Brandopferaltar hinauf. Unter dem Schweigen des Volkes kehrte er sich diesem zu und hob mit beiden Händen den goldenen Becher mit dem aus der Quelle Gihon geschöpften Wasser hoch. Er wandte sich dem Altar zu und goß das Wasser in die beiden silbernen Schalen, die dort links und rechts aufgestellt waren. Mit lauter Stimme betete er: »Gott Israels, Schöpfer der

Welt! Du hast die Himmelsfeste geschaffen mit den Wolken und die Tiefen der Erde mit ihren Quellen. Laß die Quellen nicht versiegen. Sende aufs neue Regen vom Himmel, damit neues Leben entsteht auf der Erde!« Das ganze Volk antwortete:

»Denn bei dir ist die Quelle des Lebens,
und in deinem Lichte sehen wir das Licht.«

Jetzt sangen die Priester und Propheten:

»Der Herr ist König, darum zittern die Völker;
er sitzt über den Cherubim, darum bebt die Welt.
Der Herr ist groß in Zion
und erhaben über alle Völker.
Preisen sollen sie seinen großen und wunderbaren Namen,
denn er ist heilig.
Erhebt den Herrn, unsern Gott,
betet an vor dem Schemel seiner Füße;
denn er ist heilig.«

Anbetend sank alles, was im Tempel war, auf die Knie. Jeremias Spannung war ins Unerträgliche gestiegen. Sein Herz pochte heftig, die Handflächen waren feucht. »O Herr, mache mich zu einer eisernen Säule . . .!«
Der Wechselchor sang weiter:

»Mose und Aaron unter seinen Priestern,
und Samuel unter denen, die seinen Namen anrufen,
die riefen den Herrn an, und er erhörte sie.
Erhebet den Herrn, unsern Gott,
und betet an auf seinem heiligen Berge;
denn der Herr, unser Gott, ist heilig.«

Der Oberpriester trat vor den Altar, wandte sich dem Volk zu und segnete es. Alles Volk antwortete mit »Amen!« Dies bedeutete zugleich den Schluß des Gottesdienstes.
Und gerade in diesem Augenblick geschah es. Jeremia verließ seinen Platz bei der bronzenen Säule. Er eilte zum Brandopferaltar, be-

stieg die erste Stufe und rief zuerst mit vor Spannung zitternder, dann aber sich immer mehr festigender Stimme:

»Des Herrn Wort geschah zu mir . . .«

Nicht sogleich trat Stille ein. Jeremia wiederholte:

»Des Herrn Wort geschah zu mir . . .«

Da wurde es ganz still. Alle Fürsten, alle Priester und Propheten, das ganze im Tempel versammelte Volk wandte sich dem jugendlichen Rufer zu. Sie sahen einen hochgewachsenen, schlanken, jungen Mann mit schmalem Gesicht. Wer in der Nähe stand, erkannte, wie weich die Züge seines Gesichts waren. Aus den Augen aber blitzte ein Feuer, das Leidenschaft für die Sache verriet, der sich dieser junge Mann verschworen hatte.
Sein Vater war wie versteinert, als er seinen zweitältesten Sohn auf der Stufe zum Brandopferaltar stehen sah. Er wollte rufen, doch es war, als wäre ihm der Mund verschlossen. Ein Raunen ging durch die Menge: »Es ist Jeremia, der Sohn der Priesters Hilkia!« Hilkia war ein sehr geachteter Priester, das kam seinem Sohn nun zu Hilfe. Priester und Propheten starrten ihn mit Verwunderung an. Vor allem Hananja aus Gibeon, Jeremias Freund, meinte seinen Augen nicht trauen zu dürfen. »Des Herrn Wort geschah zu mir . . .«, alle wußten, was diese Worte bedeuteten. Jeremia – Prophet; Jeremia – Sprecher Gottes! Daß jemand, der nicht zur Gemeinschaft der Propheten gehört, im Volk als Prophet redet, das war seit dem Propheten Jesaja nicht mehr vorgekommen. Das war siebzig Jahre her. Keiner von denen, die im Tempel standen, hatte je einen Propheten gehört außer jenen, die im Tempel Dienst taten.

»Und des Herrn Wort geschah zu mir:
Geh hin und predige öffentlich der Stadt Jerusalem
und sprich: So spricht der Herr:
Ich gedenke der Treue deiner Jugend
und der Liebe deiner Brautzeit,
wie du mir folgtest in der Wüste,
im Lande, da man nicht sät.«

Da stand also dieser junge Priestersohn am Brandopferaltar und nannte das Volk Gottes Braut, die ihm in inniger Liebe folgt und jeder spürte, daß das ein großes und schönes Bild war. So hatte vor ihm noch keiner von Gott gesprochen. Nur Hananja und Paschhur dachten an Hosea. Doch der verglich den Bund zwischen Gott und seinem Volk mit der Ehe. Jeremia aber sprach von der Brautzeit.
Die Herzen flogen Jeremia zu: »So sollte es sein! So sollten wir leben! In dieser innigen Gemeinschaft mit Gott«, dachte ein jeder. Der junge Mann aber spürte, daß er das Herz des Volkes getroffen hatte und fuhr fort:

»Da war Israel dem Herrn heilig,
die Erstlingsfrucht seiner Ernte.
Wer davon essen wollte machte sich schuldig,
und Unheil mußte über ihn kommen.«

Auch die Herzen der Priester hatte Jeremia jetzt gewonnen, denn mit diesem Bild war die Erwählung durch Gott unvergleichlich schön dargestellt. Und Gott – er gedachte dieser Zeit.
Jeremia schwieg und blickte über das Volk, um das Wort wirken zu lassen. Wie weh tat es ihm, daß er diese schöne Stimmung jetzt zerreißen und wohl auch das Gefühl der Zustimmung zerstören mußte. Aber er mußte es, denn hier ging es um mehr als Stimmung und Gefühl, es ging um das Leben des Gottesvolkes. Ja, er kämpfte um das Leben dieser Menschen. Ihm waren sie anvertraut. Er mußte versuchen, sie zu retten mit dem lebenschaffenden Wort Gottes. Darum fuhren jetzt die Worte über das Volk wie ein Windstoß, der den Sturm ankündigt:

»Hört des Herrn Wort, ihr vom Hause Jakob
und alle Geschlechter vom Hause Israel!
So spricht der Herr:
Was haben doch eure Väter Unrechtes an mir gefunden,
daß sie von mir wichen
und hingen den nichtigen Götzen an
und wurden so zunichte,
und dachten niemals: Wo ist der Herr,
der uns aus Ägyptenland führte

und leitete uns in der Wüste,
im wilden, ungebahnten Lande,
im dürren und finstern Lande,
im Lande, das niemand durchwandert
und kein Mensch bewohnt?
Und ich brachte euch in ein fruchtbares Land,
daß ihr äßet seine Früchte und Güter.
Aber als ihr hineinkamt, machtet ihr mein Land unrein
und mein Eigentum mir zum Greuel.«

Jetzt sah jedermann, was Jeremia mit dem Bild der Braut Gottes wollte. Er wollte ihre Treulosigkeit offenlegen. Ganz in der Nähe Jeremias stand eine junge Frau, die noch das rote Band Baals im Haar trug. Erschrocken nahm sie es ab und versteckte es mit gesenkten Augen. Nun nahm Jeremia all seinen Mut zusammen:

»Die Priester fragten nicht: Wo ist der Herr?,
und die Hüter des Gesetzes achteten meiner nicht.«

Da ging ein Murren durch die Reihen der Priester. Paschhur, der oft in der »Hoseagruppe« neben Jeremia saß, schaute auf. »Wie kannst du so etwas sagen?« rief er, doch Jeremia beachtete es nicht:

». . . und die Hirten des Volks wurden mir untreu.«

Einigen der Fürsten stieg die Zornesröte ins Gesicht.

». . . und die Propheten weissagten im Namen des Baal
und hingen den Götzen an,
die nicht helfen konnten.«

Hananja biß die Zähne aufeinander und ballte die Faust. Der Prophetenvorsteher lief zum Oberpriester: »Erlaube mir zu reden!« Doch der Oberpriester sprach leise: »Laß ihn zu Ende reden. Er hat den Gottesdienst nicht gestört, so wollen wir ihn ausreden lassen.«

»Darum muß ich noch weiter mit euch
und mit euren Kindeskindern rechten, spricht der Herr.

Denn geht hin zu den Inseln der Kittäer und schaut,
und sendet nach Kedar und gebt genau acht
und schaut, ob's daselbst so zugeht:
ob die Heiden ihre Götter wechseln,
die doch keine Götter sind.
Aber mein Volk hat seine Herrlichkeit
eingetauscht gegen einen Götzen,
der nicht helfen kann!«

In der hintersten Ecke des Tempels standen die Männer aus Kittim und Kedar. Viele schauten sich jetzt nach ihnen um. Langsam stieg die Wut in den Judäern auf, denn offensichtlich hielt Jeremia sie für schlechter als diese Heiden.
Jeremia aber hob in leidenschaftlicher Bewegung die Hände gegen den Himmel und rief:

»Entsetze dich, Himmel, darüber,
erschrick und erbebe gar sehr, spricht der Herr.«

Dann sprach er mit scharfen, klaren Worten nochmals aus, was die Schuld Judas war:

»Denn mein Volk tut eine zwiefache Sünde:
Mich, die lebendige Quelle, verlassen sie
und machen sich Zisternen,
die doch rissig sind und kein Wasser geben.«

Diese Worte trafen den königlichen Brunnenvorsteher, den Priester Eleasar so sehr, daß er den goldenen Becher fallen ließ. Noch war der Klang des goldenen Bechers nicht ganz verhallt, als die Propheten geschlossen gegen den Altar vorrückten und Jeremia umringten. Hinter ihnen standen mehrere Fürsten und hohe Beamte. Das Volk drängte herzu. Fäuste reckten sich gegen Jeremia. Der Prophetenvorsteher rief: »Was wagt da ein Priestersohn im Namen des Herrn zu sagen?« Andere Propheten riefen erbost: »Uns allein steht das Amt der Prophetie zu!« Einer der Fürsten schrie: »Was für eine Sprache führt dieser junge Mann? ›Die Hirten des Volks wurden mir untreu‹, das ist eine Beleidigung!« Aus der Menge schrien meh-

rere: »Er stellt uns unter die Heiden! So etwas ist im Heiligtum des Herrn noch nie gesagt worden.«
Oberpriester Uria stand während der ganzen Zeit neben Jeremia und überlegte fieberhaft. Immer war er auf der Hut gewesen vor solch peinlichen Vorfällen. Darum las er auch regelmäßig in den Akten, die das Auftreten Jesajas im Tempel beschrieben. Fast auswendig kannte er die Abschnitte, die davon handelten, wann und wie die Tempelpolizei bei Störungen des Gottesdienstes eingreifen sollte. Aber hier war der Gottesdienst nicht gestört worden. Und der, der da als Prophet gesprochen hatte, war ein Priestersohn. Und überdies der Sohn des hochangesehenen und mit dem Oberpriester eng verbundenen Priesters Hilkija. Der Oberpriester blickte über die empörte Menge. »Hört mich an! Jeder kennt den Priester Hilkija. Er soll mit seinem Sohn reden.«

Das geheimnisvolle Haus

Es war Mitternacht und in dem Städtchen Anatot schien jedermann zu schlafen. Aber huschte da nicht eine Gestalt durch die nachtdunklen Gassen? Ein Mann klopfte verhalten an Türen und Läden, wisperte mit den Herausschauenden und eilte weiter. Es war Dan, der Sohn Piltais, des Oberhaupts der Priestersippe von Anatot, Hilkijas ältester Bruder. Dan überbrachte allen dieselbe Aufforderung: »Kommt zu meinem Vater. Er hat eine wichtige Sache mit euch zu beraten!«
Gleich darauf regte sich verhaltenes Leben in den Gassen. Junge und ältere Männer, meist nur notdürftig angezogen, eilten leisen Schritts zu Piltais Haus. Es kamen Piltais Brüder, Schallum, Jojada und Hilkija, und deren Söhne. Nur Jeremia war nicht geladen.
Unterwegs waren sie alle leise gewesen. Nur weniges flüsterten sie einander zu. Aber nachdem sie Piltais Haustür hinter sich geschlossen hatten, schien der Damm zu brechen. So laut redeten die versammelten Männer, daß Piltai seinen Sohn anwies, die Läden zu schließen.
Als Dan wieder hereinkam rief er heftig: »Welch eine Schande hat Jeremia über uns alle gebracht! Ich kann mich in der Priesterschule

nicht mehr sehen lassen!« Harim, Jojadas Sohn, der seine Ausbildung zum Priester eben beendigt hatte, rief: »Man wird uns mit Jeremia in Verbindung bringen. Unsre Vorgesetzten werden meinen, wir würden ebenso denken wie er!«

Jojada warf einen scharfen Blick auf seinen Bruder Hilkia: »Statt daß Jeremia etwas Vernünftiges lernt, führt er solche Reden! Konntest du das nicht verhindern?« Hilkija erwiderte ruhig: »Er hat die Wahrheit gesprochen. Du mußt es selbst zugeben!«

Jojada fuhr ihn an: »Es stört dich nicht, daß dein Sohn im Tempel des Herrn das Volk Gottes mit einer untreuen Braut vergleicht?«

Jetzt kam Schallum Hilkija zur Hilfe: »Die Rede war etwas scharf, zugegeben. Aber er hat nur das ausgesprochen, was auch uns alle bedrückt. In kunstvoller Rede hat er das vorgebracht.« Dan aber rief aufgebracht: »Vor allem eine Kunst beherrscht er – sich und uns allen Feinde zu machen!«

Piltai, der Sippenälteste, wartete solange bis sich die Erregung legte. Dann sprach er: »Die Frage ist, was wir jetzt mit Jeremia tun sollen. Darum habe ich euch hierhergebeten.«

Jojada sprach: »Er ist nur ein Jahr auf der Weisheitsschule gewesen. Und nach diesem Skandal – weder in der Priesterschule, noch im Prophetenhaus wird man ihn aufnehmen. Auch in der königlichen Verwaltung ist kein Platz für einen solchen aufsässigen Menschen. Für ein Handwerk ist er nicht geschickt genug. Was sollen wir also mit ihm machen?« Piltai sprach: »Du hast recht, Jojada. Aber dennoch müssen wir etwas für ihn finden. Es muß eine Tätigkeit sein, die ihn von der Öffentlichkeit fernhält. Wenigstens für die nächste Zeit!«

Schallum blickte Hilkija um dessen Einverständnis suchend an: »Soll ich reden?« – »Tu es!« ermunterte ihn Hilkija. Da sprach Schallum: »Ich wüßte schon, was wir tun könnten!« Alle blickten Schallum erwartungsvoll an. »Jeremia könnte bei mir als Schreiber arbeiten.« Sein Vorschlag fand Zustimmung.

Schon am anderen Morgen ging Jeremia zu seinem Onkel.

Schallum war anders als seine Brüder Hilkija, Jojada und Piltai. Hilkija sagte oft: »Schallum hätte zum Priester nie getaugt.« Er liebte scharfsinnige Nachforschungen und hitzige Diskussionen. So wurde er Richter. Er war im ganzen Land für seine ungewöhnlichen, aber einleuchtenden Rechtsentscheidungen bekannt. Das rechtliche Denken prägte seinen Charakter. Bei den seltenen Begegnungen, die Jeremia mit seinem Onkel hatte, fiel ihm auf, wie aufmerksam er zuhörte und daß er beim Gespräch sein Gegenüber forschend anblickte. Jeremia verglich ihn wegen dieses Verhaltens mit einem Adler, aber einem Adler mit gütigen Augen. Kein Zweifel, Onkel Schallum war ein interessanter Mann.

Aber sein Haus war für Jeremia geheimnisvoll. Es war fast ebenso erbaut wie Jeremias elterliches Haus, aber noch nie hatte Jeremia das Erdgeschoß betreten. Schallum empfing seine privaten Gäste immer im Obergeschoß. Jeremia wußte, daß das untere Stockwerk ganz und gar der beruflichen Leidenschaft des Richters diente. Vater Hilkija sagte zu seinen Söhnen: »Außer in der Königsburg kann man nirgendwo soviel über das Volk Gottes erfahren, wie bei Onkel Schallum.« Dann erzählte Hilkija, was er in den geheimnisvollen unteren Räumen gesehen hatte. Jeremia machte große Augen: Da gab es Schriftrollen über Schriftrollen, Stöße von Papieren. Das alles aber waren Rechtsbestimmungen – und vor allem Rechtsentscheidungen, die Onkel Schallum leidenschaftlich aus dem ganzen Land sammelte. Überall hatte er Verbindungsleute, die ihm die Papiere und Auskünfte zuleiteten. Aber bisher hatte Jeremia das alles noch nicht mit eigenen Augen gesehen. Nur Besucher, die wegen einer Rechtssache zu Schallum kamen, wurden in einen Raum im Erdgeschoß geleitet.

Auch heute führte Schallum Jeremia hinauf ins Obergeschoß. Er sah seinen Neffen mit prüfenden Augen an. Dann sprach er: »Ich habe deine Rede im Tempel gehört. Lieblich am Anfang, aber dann doch sehr scharf. Du hast auch uns Richter nicht verschont, als du sagtest: ›. . . die Hüter des Gesetzes achteten meiner nicht‹. Wir wollen einmal bei Gelegenheit darüber sprechen.

Aber nun mußt du für einige Zeit aus der Öffentlichkeit verschwinden. Wenn du einverstanden bist, kannst du bei mir arbeiten. Ich brauche schon lange neben meinen beiden anderen Mitarbeitern jemanden, der mir persönlich hilft. Du könntest mit mir einzelne Rechtsfälle besprechen. Wenn Besucher kommen, hättest du die Aufgabe, ihre Klagen aufzuschreiben. Und du könntest mir die Reisen ins Land hinaus abnehmen, wenn ich dort Erkundigungen einholen muß. Willst du?«

Neosklaven

»Hier, der ›Israelbericht‹«, sprach Schallum eines morgens zu Jeremia. Er überreichte ihm drei Papyrusblätter, die eng beschrieben waren. »Was ist das?« fragte er seinen Onkel. Schallum sagte nur: »Lies, es wird dich interessieren.« Jeremia ging in das Zimmer, das Schallum ihm zugewiesen hatte und setzte sich an den Schreibtisch.
»Israelbericht. – Vor allen königlichen Beamten und den Priester-, Propheten- und Weisheitsschülern vorzutragen. Verfaßt von Elihu, Lehrer der göttlichen Weisheit in Zusammenarbeit mit dem Hofbeamten Elnatan. Wir wollen in diesem Bericht nicht nur den Zustand Judas, sondern den Gesamtisraels darstellen. Und zwar unter außenpolitischem Gesichtspunkt. Dann möchten wir zwei Fragen beantworten: Warum steht es so – wie dargestellt – um das Volk Gottes? Was kann geschehen, damit es anders wird?«
Jeremia war sehr gespannt. Sein Herz schlug heftig: ». . . damit es anders wird«, das wollte auch er. War dieser »Israelbericht« eine Antwort auf seine Predigt? Waren da Männer, die umkehren wollten?
Jeremia las weiter. Er erlebte mit, wie schon vor über hundert Jahren der Niedergang zunächst Israels begann. Damals fielen die Assyrer in den Norden Israels ein. Es verlor seine Freiheit und wurde Vasall der Großmacht. Keine zehn Jahre später hatte die Stunde des Untergangs für Israel geschlagen. Die Hauptstadt Samaria sank in Schutt und Asche. Die gesamte Oberschicht wurde in die assyrischen Nordprovinzen deportiert. Aber nicht nur die zehn Stämme im Norden traf das Unheil. Vor achtzig Jahren standen die Assyrer vor Jerusalem. Zwar zogen sie ab ohne die Stadt zu erobern. Aber König Hiskia mußte schweren Tribut entrichten.
Jeremia war tief betroffen. Er vergaß Ort und Zeit. Das war tatsächlich ein ungeschminktes Bild der Lage – wie versprochen. Hatte er da nicht sogar die Worte gelesen: »Israel ist zum Raub der Großmacht Assur geworden?« Und: »Juda wurde fast zum Raub?« Jeremia war begierig, jetzt die Antwort auf die Fragen zu bekommen: Wie kam es dazu? Mußten Elihu und Elnatan jetzt nicht bekennen: Es ist so gekommen, weil wir ungehorsam waren! Schreiben sie das wirklich? Jeremia las weiter: »Es war und ist die Ungunst der Lage und der politischen Verhältnisse, die sich daraus ergeben. Die Großmächte müssen zwangsläufig nach Juda und Israel die Hände

ausstrecken. Denn Juda liegt vor der Haustür Ägyptens. Assur braucht den schmalen Küstenstreifen – Israels Gebiet – als Aufmarschgebiet gegen Ägypten. Was können wir tun? Staatsmännische Weisheit muß feststellen, wer die jeweils stärkste Weltmacht ist und sich mit ihr verbünden. Denn Israel ist letztlich an einer falschen Bündnispolitik zugrundegegangen. Juda kann nur überleben, wenn es den richtigen Bündnispartner sucht.«
Jeremia legte die Papyrusblätter weg. Alles bäumte sich in ihm gegen diese Lagebeurteilung und die Folgerungen, die daraus gezogen wurden, auf. Nein, nein, der Hinweis auf die Ungunst der Lage war nicht die rechte Antwort auf die Frage: Warum kam es dazu? In plötzlicher Eingebung schrieb er mit großen Buchstaben an den Rand:

»Das alles hast du dir doch selbst bereitet,
weil du den Herrn, deinen Gott, verläßt.«

Er mußte an Amos denken, der in Israel wirkte:

»Suchet den Herrn, so werdet ihr leben . . .«

Hosea stand ihm vor Augen, mit welcher Leidenschaft warnte er vor dem Abfall zu Baal. An seine eigene Predigt mußte er denken. Falsch war auch die Antwort auf die zweite Frage: Was können wir tun? Das Hoffen auf die Hilfe einer Großmacht taugt nicht. Wie hatte doch Jesaja davor gewarnt:

»Weh denen, die hinabziehen nach Ägypten um Hilfe
und sich verlassen auf Rosse
und hoffen auf Wagen . . .«

Nicht an der Bündnispolitik liegt's. Und wieder schrieb er mit ungestümen Buchstaben an den Rand:

»Deine Bosheit ist schuld, daß du so geschlagen wirst.«

Eine Woche später versammelte sich vor der Audienzhalle in der Königsburg die gesamte Oberschicht von Juda. Alle Hofbeamten

waren da, die Priester und Propheten und deren Schüler und die Schüler der Weisheit. Dazu die Ältesten aus dem ganzen Land. Elihu selbst trug den »Israel-Bericht« vor.
Alle Versammelten waren tief betroffen von der ungefärbten Darstellung. Nicht wenigen kam es vor, als setzten Löwen zum Sprung auf das Gottesvolk an. Nicht nur um es seiner Güter zu berauben. Das Volk selbst wollten sie zum Raub. Sie rißen Israels Nordprovinzen an sich. Sie verschlangen das ganze Reich. Raubgierig lagerten sie sich um Jerusalem. Warum kam es dazu? Das hing, so die Beurteilung des Berichts, mit der strategischen Lage zusammen. Durch unser Land führt der Wildpfad der Löwen. Was konnte man tun, um sich zu schützen? Man mußte auf das stärkste Raubtier setzen.
Alle versetzte dieser Bericht in tiefen Schrecken. Die ältesten der hier Versammelten wurden geboren, als die Assyrer vor den Mauern standen. Die anderen Ereignisse kannten sie aus den Erzählungen ihrer Väter. Täglich sah man in den assyrischen Besatzungssoldaten die grausame Realität. Stille tiefer Betroffenheit trat ein. In diese Stille hinein sprach einer der ältesten Priester: »Für die Großmacht sind wir Sklaven, mit denen man tun kann, was man will, nach ihrer Meinung.«
Da vermochte sich Jeremia nicht mehr zurückzuhalten. Er sprang auf. Schallum dachte zwar daran, warum ihn die Sippe in seine Obhut gegeben hatte, aber es war schon zu spät. »Wir sind ihre Sklaven, sagst du, ich frage euch alle:

›Ist denn Israel ein Sklave oder unfrei geboren,
daß er jedermanns Raub sein darf?‹«

Elihu, Lehrer der göttlichen Weisheit, richtete sich schon bei den ersten Worten Jeremias steil auf. Zornesröte überzog sein Gesicht. Schon im Tempel hatte er sich über diesen Priestersohn geärgert. Schon damals billigte er das Verhalten des Oberpriesters nicht. Er war entschlossen jetzt zu zeigen, wie man mit solch vorlauten Jungen umgeht. Aber noch hielt er sich zurück. Zur rechten Zeit spricht der Weise sein Wort.
Alle Versammelten blickten auf Jeremia. Alle hatten sie sein erstes Auftreten noch in Erinnerung. Damals stellte er das Bild der Braut

an den Anfang. Und gewann damit zunächst seine Hörer. Diesmal fragte er nach dem Stand Israels. Waren sie Sklaven oder Freie? Diese Frage rührte allen ans Herz. Sie forderte zum Widerspruch heraus: Nein, niemals! Wir waren einst Sklaven in Ägypten, aber Gott hat uns befreit. Wir sind sein freies Volk. Wenn wir aber keine Sklaven sind, warum geht es uns dann so, wie Elihu das dargestellt hat? Doch schon stellte Jeremia die Räuber dar:

»Löwen brüllen über ihm,
brüllen laut und verwüsten sein Land,
und seine Städte werden verbrannt,
so daß niemand darin wohnt.«

Alle stimmten Jeremia zu, die meisten zwar widerwillig: Ja, so ist es! Mit dem Bild der Löwen sind die Großmächte in ihrer Raubgier gut getroffen. Aber die Frage nach der Ursache? Hat da dieser junge Mann andere Antworten?

»Das alles hast du dir doch selbst bereitet,
weil du den Herrn, deinen Gott, verläßt
sooft er dich den rechten Weg leiten will.«

Alle hörten es: Dieser junge Mann sieht die Geschichte Israels unter einem anderen Blickwinkel. Die Worte des Amos, des Hosea und die Jesajas fielen manchem ein. Doch dann regte sich schon Widerspruch. Diesem Vorwurf läßt sich viel entgegenhalten: Unsre Gottesdienste, unsre Opfer . . . Doch noch schwiegen alle.
Jeremia aber kam jetzt zur Antwort auf die zweite Frage: Was kann man dagegen tun? Viele ahnten schon, was jetzt kommen mußte. Wenn Abfall von Gott die Ursache ist, was helfen dann Bündnisse mit den Weltmächten?

»Was hilft's dir, daß du nach Ägypten ziehst
und willst vom Nil trinken?
Und was hilft's dir, daß du nach Assyrien ziehst
und willst vom Euphrat trinken?«

Mit Ingrimm mußten sie ihm zugestehen, daß er für die Bündnispolitik ein gutes Bild gewählt hatte: Den Durst nach Leben stillen an einem der großen Ströme der Welt. Aber, was hilft's? Jeremia fuhr fort mit seiner Anklage:

»Deine Bosheit ist schuld, daß du so geschlagen wirst,
und dein Ungehorsam, daß du so gestraft wirst.
Und du mußt innewerden und erfahren,
was es für Jammer und Herzeleid bringt,
den Herrn, deinen Gott zu verlassen
und ihn nicht zu fürchten,
spricht Gott, der Herr Zebaoth.«

Die meisten der Anwesenden waren durch Jeremias Worte tief betroffen. Sie stimmten ihm zu: Das war die eigentliche Wurzel des Unheils. Aber noch in diese Gedanken versunken, sahen sie auf einmal Elihu mit stürmischen Schritten auf die Treppe der Audienzhalle zueilen.

»Ihr Ältesten des Landes, Priester und Propheten, Hofbeamte!«, begann er, »ihr habt alle die Worte dieses jungen Mannes gehört. Wer ihn noch nicht kennt: Es ist Jeremia aus Anatot. Ich habe ihn ausreden lassen. Niemand soll glauben, daß ich ihn verachte, weil er jung ist. Die Weisheit lehrt, daß guter Rat zwar oft bei Alten ist, denn sie haben die größere Erfahrung und neigen vielleicht auch eher zur Besonnenheit. Aber Weisheit kann auch bei Jungen sein. Salomo war jung und bekam durch Gottes Gnade ein weises Herz. Mir geht es jetzt darum, wer in dieser Versammlung in der Königsburg das Wort haben soll und wer nicht. Versammelt sind hier die Vertreter des ganzen Landes, lauter Inhaber von Ämtern, ausgestattet mit Autorität. Versammelt sind wir aus ernstem Anlaß, nämlich um den Wortlaut des »Israelberichts« zu beraten, der dem König vorgelegt werden soll. Soll da ein junger Mann ohne Amt, ohne Autorität einfach dazwischenrufen dürfen? Das frage ich euch!«

Elisa, Vorsteher der Propheten, erhob sich: »Elihu hat recht! Es ist unerhört, daß ein junger Mann in der Versammlung der Beamten des Königs unaufgefordert das Wort ergreift. Solches hat es in Israel noch nie gegeben!« Und mit einem Seitenblick auf den Oberpriester fügte er hinzu: »Man hätte ihm schon bei seinem ersten Auftreten im Tempel wehren müssen!«

Aus den Reihen der Priesterschüler wurde mehrmals gerufen: »Man soll über den Fall abstimmen!« Aber Elihu rief energisch: »Hier wird nach Ordnung und Gesetz verfahren! Hier gibt es nichts abzustimmen!«

Die Kamelstute

»Geh nach Jerusalem und suche in der Webergasse den Weber Enosch auf. Es liegt die Klage eines gewissen Melek gegen ihn vor. Enosch muß Geld von ihm geliehen haben und zahlt anscheinend nicht zurück. Befrage Enosch in dieser Sache!« So sprach Onkel Schallum zu seinem Neffen. Die Sippe hätte es lieber gesehen, wenn Jeremia sein Haus möglichst nicht verlassen hätte. Doch Schallum dachte anders: »Jeremia muß mit anderen Menschen in Verbindung bleiben. Wenn er wieder als Prophet auftritt – was ist daran schlimm?«

Am Ortsausgang von Anatot wäre Jeremia plötzlich Opfer eines Unfalls geworden. Ein zweijähriges, kräftiges Rind jagte die abschüssige Straße herab auf das Tor zu. Jeremia konnte gerade noch zur Seite springen. Im Nacken des Tieres hingen die Bruchstücke eines Jochs. Die daran befestigten Zugseile schleifte es hinter sich her. Jigdal, Nachbar Hilkijas, der Besitzer, suchte es zusammen mit seiner Frau und seinem Sohn einzufangen ... »Es hat das Joch zerbrochen und die Seile zerrissen!« Jeremia sah, wie das Tier in die Felder hinauspreschte. Es war nicht zu halten, so groß war sein Freiheitsdrang.

In Jerusalem erledigte Jeremia zuerst seine Dienstgeschäfte. Er schrieb die Geldsummen auf, die Enosch von Melek geliehen hatte. Dann hörte er sich die Klagen des Webers gegen Melek an und verfaßte für seinen Onkel einen Bericht.

Als Jeremia das alles getan hatte, ging er nicht sofort nach Anatot zurück. Er mußte heute noch etwas sehen, von dem er schon oft gehört hatte. Darum verließ er die Stadt durch das Scherbentor. Außerhalb der Stadtmauer führte der Weg steil in das enge Ben-Hinnomtal hinab. Es umgab die Stadt im Westen und im Süden. Der junge Prophet sah eine kleine, dem Südabhang vorgelagerte Anhöhe. Rauch stieg auf. Opfergeruch lag in der Luft. Es war das »Tofet«.

Jeremia stieg die Höhe hinauf, betrat den heiligen Bereich und ging zum Altar des Baal. Noch stieg Rauch von einem vor kurzem dargebrachten Opfer auf. Beim Altar standen mehrere Steinsäulen, die dem Gott geweiht waren. Und hier – sein Holzbild: Baal mit Blitz und Keule auf einem Stier stehend, Symbol der Fruchtbarkeit. Ganz in der Nähe standen Pfähle für die Astarte und das Haus, in dem die Frauen wohnten, die im Dienst des Baal standen. Auf dem Tisch befanden sich noch die Krüge mit Spuren eines Gelages.

Das »Tofet« war eine Kultstätte für den Baal, wie es sehr viele im Land gab. Es war noch berühmter als das Baalsheiligtum in Mizpa, auch die Altäre waren größer und die Bauten prunkvoller. Im »Tofet« verkehrten nicht nur Priester und Propheten, auch Fürsten kamen hierher, sogar Könige. Das Schrecklichste aber war, hier gab es auch einen Altar für den Gott Moloch, dem man in Notzeiten Kinder als Opfer darbrachte. Jeremia wußte, daß es viele Menschen im Land gab, die keinen Unterschied sahen zwischen dem Gott Israels und dem Baal. Beide galten als Schöpfer der Welt und Spender der Fruchtbarkeit. Waren die beiden also nicht eins und hatten nur verschiedene Namen?

Jetzt eben betrat Fürst Juchal mit einer jungen Frau das Heiligtum. An einem dem Baal geweihten Baum kniete er nieder. Jeremia hörte, wie er sprach: »Mein Vater bist du!« Seine Begleiterin aber trat vor das Altarbild der Astarte, brachte ein Speiseopfer dar und sprach: »Du hast mich geboren!« Eine Priesterin kam auf Jeremia zu: »Junger Herr, möchtest du Wein für ein Trankopfer? Oder vielleicht willst du die Kedeschen besuchen?«

Der junge Prophet stieg den Südhang des Hinnomtals hinauf, bis er zu jener Stelle kam, von der aus er schon oft über die Stadt geschaut hatte. Unter ihm lag das »Tofet«, darüber erhob sich die Stadt mit der Königsburg und dem Tempel. Von seinem erhöhten Platz aus sah er, wie Männer und Frauen durch das Hinnomtal von Westen und Osten auf das »Tofet« zustrebten. Was trieb sie? Stand nicht der Wunsch, das Leben ganz auszukosten dahinter? Baal machte das möglich. Er gab seinen Verehrern keine angeblich einengenden Gebote. Als Israel einst gleich nach dem Bundesschluß am Sinai ums goldene Kalb tanzte – es war immer der gleiche Grund.

Lauter wurden die Schreie der Betrunkenen und Spielenden. Die Folgen der »Freiheit«, die Baal schenkte, blieben freilich nicht aus. Die Verwilderung des Zusammenlebens von Mann und Frau nahm seinen Ausgang von den Heiligtümern Baals. Die Folge war tiefe Verderbnis einzelner Menschen, ja, die des ganzen Volkes. Am Beispiel seiner Schwägerin Ester stand ihm dies lebendig vor Augen.
Der Schaden war nicht leicht wieder zu beseitigen. Unausrottbar grub sich der Geist des Baal in die Herzen der Menschen ein. Die schlimmste Folge war, daß sich die Verehrer des Baal auf einen Gott einließen, auf den in der Not kein Verlaß war. Hatte man das am Schicksal des Nordreichs, Israels, nicht klar vor Augen? Baal half nicht durch die Not hindurch.
Jeremia erhob sich. Er mußte sich jetzt auf den Heimweg machen. Vorher aber wollte er in das Heiligtum des Herrn gehen. Kaum hatte Jeremia den Tempel betreten, als ihn ein Priesterschüler sah und erkannte. Schon kurze Zeit später war Jeremia in der Nähe des Brandopferaltars von Dutzenden von Priesterschülern, Priestern und auch Besuchern des Heiligtums umgeben. Kohen, der Priesterlehrer, hatte mit seinen Schülern die Rede Jeremias im Tempel ausführlich besprochen. Als er durch Elihu von der Rede Jeremias in der Königsburg hörte, verfuhr er mit dieser ebenso. Auch die Priester hatten die erste Predigt leidenschaftlich diskutiert. Jetzt drangen die Priesterschüler wütend auf Jeremia ein: »Du hast dem Volk Gottes den Vorwurf gemacht, es sei von Gott abgefallen. Ja, mit einer untreuen Braut hast du es verglichen. Weißt du nicht, daß die Braut Gottes – um dein Bild zu gebrauchen – treu in seinem Dienst steht? Du bist doch ein Priestersohn und kennst den heiligen Dienst. Dient sie ihm nicht mit Freuden? Ist sie nicht gerade hier im Land, in das sie Gott geführt hat, treu gewesen? Und dann sprichst du gar von Bosheit, die uns Strafe von Gott bringt?«
Jeremia sah sich von allen Seiten bedrängt. Hier herrschte ein anderer Geist als vor vier Wochen in der Königsburg nach Elihus Vortrag des »Israelberichts«. Er dachte an seine Berufung. Dann rief er zu Gott: »Du hast mir zugesagt: ›Siehe, ich lege meine Worte in deinen Mund.‹ Tu das jetzt!«
Jeremia griff auf, was die Prophetenschüler gesagt hatten: »Weißt du nicht, daß die Braut Gottes treu in seinem Dienst steht, so fragt ihr und sprecht von Treue. Ich sage euch:

›. . . von jeher hast du dein Joch zerbrochen
und deine Bande zerrissen und gesagt:
Ich will nicht unterworfen sein!
Sondern auf allen hohen Hügeln und
unter allen grünen Bäumen triebst du Hurerei‹.«

Unter den vielen Männern und Frauen, die vor Jeremia standen, hatte er eine Zuhörerin nicht vermutet – Ester! Sie war heute mit Kaleb in Jerusalem und hatte mehr aus alter Gewohnheit das Heiligtum des von ihr verachteten Gottes aufgesucht. Voll Neugier, aber auch mit innerer Anteilnahme, blickte sie jetzt zwischen den vor ihr Stehenden hindurch auf ihren früheren Schwager Jeremia. Als er vom »Joch« sprach, lachte sie ingrimmig: »Du sprichst mir aus dem Herzen! Schrankenlos frei sein, das will ich!«
Aber Wut stieg in ihr auf, als er von der »Dirne« sprach.
Ahikam, Studierender der Weisheit, war gerade im Auftrag Elihus in der Königsburg gewesen. Als er den Auflauf im Tempel bemerkte, lief er herzu. Er hörte jetzt Jeremia zum zweitenmal. Aber so leidenschaftlich wie heute, hatte er ihn bisher noch nicht erlebt. Er stimmte dem jüngeren Mann aus Anatot zu: »Ja, gewiß, wir lehnen die heilsame Leitung durch die Gebote Gottes, durch sein ›Joch‹ ab und verlieren uns dabei selbst. Wie eine Dirne.« Doch schon führte Jeremia seine Zuhörer und Zuhörerinnen weiter:

»Ich aber hatte dich gepflanzt
als einen edlen Weinstock, ein ganz echtes Gewächs.
Wie bist du mir denn geworden zu einem schlechten,
wilden Weinstock?«

Ahikam erinnerte sich an das »Weinberglied« Jesajas. Hier, am selben Ort, hatte er es vor hundert Jahren zum erstenmal gesungen. »Edelrebe« sollte das Volk Gottes sein und wie unnatürlich war es nun, daß daraus ein schlechter Weinstock geworden war.
»Von Vergebung weißt du nichts?« rief ein Jungpriester. Scharf antwortete Jeremia:

»Und wenn du dich auch mit Lauge wüschest
und nähmest viel Seife dazu,

so bleibt doch der Schmutz deiner Schuld vor mir,
spricht Gott der Herr.«

Ester geriet in Zorn, als sie diese Worte hörte. »Was heißt da ›Schmutz‹?« knirschte sie ingrimmig. Aber sie gab Jeremia darin recht, daß sich ihr Wesen durch die Hingabe an den Baal von grundauf verändert hatte. Gab es für sie einst Schranken und Grenzen, so waren diese jetzt beseitigt. »Das sind die gleichen Vorwürfe wie in deiner ersten Rede«, rief ein Jungpriester erregt. »Es ist einfach nicht wahr, was du sagst. Israel kann sagen: ›Ich habe mich nicht verunreinigt, ich laufe nicht hinter den Baalen her!‹«
Jeremia stand das Geschehen im »Tofet« vor Augen. Jäh wurde ihm bewußt, daß ein tiefer Zusammenhang bestand zwischen der Natur des Menschen und den Verheißungen des Baal. Ein derbes Bild kam ihm, aber er konnte es nicht unterdrücken, denn der Opferrauch vom »Tofet« war bis ins Heiligtum zu riechen: Wie die Kamelstute in der Brunst getrieben wird, bis sie den Partner findet, so ist es auch mit den Menschen und dem Baal. Jeremia blickte den Jungpriester zornig an und rief:

»Wie wagst du denn zu sagen:
Ich bin nicht unrein,
ich habe mich nicht an die Baale gehängt?
Sieh doch wie du es treibst im Tal,
und bedenke, was du getan hast!
Du läufst umher wie eine Kamelstute in der Brunst,
wie eine Wildeselin in der Wüste,
wenn sie vor großer Brunst lechzt
und läuft, daß niemand sie aufhalten kann.
Wer sie haben will, braucht nicht weit zu laufen;
er trifft sie bald in dieser Zeit.«

Empört riefen ältere Priester: »Das ist unerhört, daß solche Worte vor den Ohren junger Menschen im Heiligtum des Herrn gebraucht werden. Und das von einem Priestersohn, es ist eine Schande!«
Esters Zorn wuchs. Glutröte überzog ihr Gesicht. Am liebsten wäre sie auf Jeremia zugesprungen, um ihm das Gesicht zu zerkratzen. Das war zuviel. Was für eine Beleidigung!

Ahikam aber hörte diese Worte ganz anders. Zum erstenmal ging ihm bei diesem derben Vergleich auf, daß ein tiefer Zusammenhang bestand zwischen den entfesselten Trieben des menschlichen Herzens und dem Baalsdienst. Sie zogen einander magnetisch an. Er staunte darüber, wieviel Jeremia schon vom menschlichen Herzen wußte:

»Schone doch deine Füße, daß sie nicht wund werden
und deine Kehle, daß sie nicht durstig werde.
Aber du sprichst: Da wird nichts draus;
ich muß die Fremden lieben und ihnen nachlaufen.«

Ester wurde sehr nachdenklich: Ob Jeremia nicht recht hatte? Wird der Baal mich zu meinem Ziel bringen? Wird er meinen Lebensdurst stillen können? Doch dann sagte sie trotzig zu sich selbst: »Ja, ich will ihm nachlaufen!« Ahikam wartete jetzt darauf, daß Jeremia sagen würde, was der Dienst des Baal letztlich nütze. Da fing Jeremia auch schon an:

»Wie ein Dieb zuschanden wird, wenn man ihn ergreift,
so wird das Haus Israel zuschanden werden
samt seinen Königen, Fürsten, Priestern und Propheten,
die zum Holz sagen: ›Du bist mein Vater‹
und zum Stein: ›Du hast mich geboren.‹
Denn sie kehren mir den Rücken zu
und nicht das Angesicht.
Aber wenn die Not über sie kommt,
sprechen sie: ›Auf und hilf uns!‹
Wo sind denn deine Götter, die du dir gemacht hast?
Laß sie aufstehen; laß sehen,
ob sie dir helfen können in deiner Not!
Denn so viel Städte,
so viel Götter hast du, Juda.«

Mit diesen letzten Worten rief Jeremia einen ganzen Sturm von Gefühlen hervor. Unter den Zuhörern war auch Fürst Juchal und seine Begleiterin. Er ergrimmte: Dieser Priestersohn meinte, daß sein Vertrauen auf diesen »Vater« und diesen »Schöpfer« vergeblich sei?

Trotzig rief er: »Du wirst's erleben, wie mein Gebet erhört wird!« Auch Ester beharrte auf ihrer Entscheidung und rief: »Auf Baal setze ich meine ganze Hoffnung!«
Alle wandten sich jetzt empört von Jeremia ab. Auch Ester ging. Doch Ahikam war sehr nachdenklich geworden. Er ging zu Jeremia und sprach: »Komm, ich will dich ein Stück weit begleiten.«

Der Schmuck einer jungen Frau

In der Davidsstraße in Jerusalem stand noch das Haus, in dem vor hundert Jahren Jesaja gewohnt hatte. Immer noch war an dieser Stätte sein Geist lebendig. Denn einmal in der Woche versammelte sich hier eine kleine Zahl jüngerer und älterer Menschen – Jesajaschüler. Diese Gruppe, jetzt schon in der dritten Generation, war einst durch den großen Propheten selbst begründet worden. Jesajas Schüler und Schülerinnen beriefen sich auf das Wort ihres Meisters:

> »Ich soll verschließen die Offenbarung,
> versiegeln die Weisung in meinen Jüngern.«

Staatschreiber Schafan gehörte bis vor kurzem zu diesem Kreis, jetzt Ahikam, sein Sohn. Etwas Besonderes – für jene Zeit – zeichnete diese Gruppe aus: Auch Frauen und Mädchen gehörten ihr an. Ahikam brachte Rahel mit, seine Braut. Auch Töchter von Priestern kamen.
Vor allem wurden hier Jesajas Worte gelesen, aber auch die Schriften seiner Vorgänger und Zeitgenossen, die des Amos, Hosea und Micha. Diese Männer und Frauen mühten sich im gemeinsamen Gespräch darum das Wort dieser Boten Gottes zu verstehen. Viele kannten sie sogar auswendig. Sie wollten sie darüber hinaus im privaten und öffentlichen Bereich leben und der jungen Generation lehren. Sie waren alle davon überzeugt, daß es nichts Großartigeres gäbe als die Worte der Propheten. Sprach doch durch sie der Herr der Welt selbst zu seinem Volk – zu allen Völkern!

Obwohl sich diese Jesajaschüler und -schülerinnen ganz den Worten der früheren Propheten hingaben, fragten sie doch immer wieder voll Spannung: »Wann tritt wieder ein Prophet auf, der sagt: ›So spricht der Herr‹ und damit die Vollmacht beansprucht, im Namen Gottes zu reden?« Freilich – nach ihrem wortgewaltigen, geisterfüllten Meister – was konnte da noch kommen? Konnte jemand kühner und mächtiger von Gott reden als er? Vermochte einer die Herzen der Menschen mehr zu erschüttern als Jesaja? Eigentlich konnten seine Nachfolger nur kleiner, schwächer sein. So meinten einige der Jesajaschüler. Andere dachten: Gott ist so reich und unerschöpflich, er kann aus seiner Fülle heraus Menschen mit neuen Gaben erwecken!

Dann kam Jeremias erstes Auftreten beim Herbstfest. Nicht alle Mitglieder des »Jesajakreises« hatten es miterlebt. Die nächste Zusammenkunft verlief sehr stürmisch: »Wißt ihr es schon? Habt ihr es schon gehört?« – »Was?« – »Da spricht wieder einer als Bote Gottes. Er fängt an mit den Worten: ›So spricht der Herr!‹«

»Wer ist es denn?« wollten die wissen, die davon noch nichts gehört hatten. »Ein junger Mann aus Anatot, ein Priestersohn, Jeremia«, wurde ihnen erklärt. Ahikam sprach: »Ich kenne ihn schon seit längerer Zeit.« Er berichtete denen, die nicht im Tempel waren, was Jeremia gesagt hatte.

Jetzt merkten es alle: Da ist deutlich etwas anderes, sowohl dem Inhalt als auch der Form nach. Einer fragte: »Ist der Junge aus Anatot überhaupt ein wahrer Prophet?« – »Die Frage ist berechtigt. Die Formel: ›So spricht der Herr!‹ allein tut's nicht«, gaben einige zu bedenken.

Ein paar Tage später gelang es Ahikam in den Besitz der Berufungsgeschichte Jeremias zu kommen. Es war einer der erregendsten Abende, die diese Menschen miteinander erlebten, als sie die Berufungsgeschichte ihres Meisters mit der Jeremias verglichen. Danach stand für alle fest: Die Berufungsgeschichte Jeremias ist zwar der Form nach anders, aber es ist unzweifelbar derselbe Gott, der Jesaja und Jeremia berufen hat. »Wir müssen ihn ernst nehmen!«, darin waren sich alle einig. Dann dankten sie Gott, daß er seinem Volk und der Welt einen neuen Propheten erweckt hatte. Voll Spannung warteten sie auf neue Botschaften dieses noch so jungen Boten Gottes.

Eines Abends, ein Jahr später, saßen alle Jünger und Jüngerinnen Je-

sajas um den Tisch vor den Schriftrollen. Nur Ahikam und seine Braut waren noch nicht gekommen. Vor sich hatten sie die ersten drei Predigten Jeremias. Da betraten Ahikam und seine Braut den Raum. »Ich bringe eine neue Predigt Jeremias, die vierte!« sagte er. »Ich will es euch gleich vorweg sagen: Keine der bisherigen Reden zeigt so deutlich wie diese, was neu ist am Reden Jeremias von Gott und seinem Volk.«
Alle blickten voll Erwartung auf Ahikam und Rahel: »Wo hat er geredet? Was hat er gesagt?« Ahikam antwortete: »In der Königsburg. Er ging gerade im Auftrag seines Onkels Schallum zu meinem Vater, dem Staatschreiber. Am Eingang zum Palast sah ihn Fürst Geba, der Palastvorsteher. Er bat Jeremia zu einem Gespräch. Außerdem waren einige führende Priester zugegen, auch Cohen, Lehrer der Jungpriester, und ebenso der Prophetenlehrer Elisa und andere bekannte Propheten. Ich selbst war gerade bei meinem Vater gewesen und hielt mich im Hintergrund.« – »Wie gingen sie mit Jeremia um?« wollte jemand wissen. »Sehr höflich. Sein Vater Hilkija ist sehr bekannt und hochgeachtet«, erklärte Ahikam. »Was ist der Anlaß gewesen für seine Predigt?« wurde er aus dem Jüngerkreis gefragt. Ahikam erzählte: »Priesterlehrer Cohen sagte zu ihm: ›Du sprichst im Auftrag Gottes. Das nehme ich jetzt ganz ernst. Denn was wir dich fragen, das ist mehr eine Frage an Gott. In deiner ersten Predigt wirft er uns durch dich vor:

Die Priester fragten nicht: Wo ist der Herr?
und die Hüter des Gesetzes achteten meiner nicht,
und die Hirten des Volks wurden mir untreu,
und die Propheten weissagten im Namen des Baal.

Worin sind diese Vorwürfe begründet? Wir sind unschuldig! Sieht man dies nicht auch daran, daß sich Gottes Zorn gegenüber früher gewandelt hat, wenn man an die Belagerung der Stadt zu Hiskias Zeit denkt, an den Tribut, den man Assur zahlen mußte? Das sahen wir als Gericht Gottes über uns an. Aber jetzt, geht es uns nicht gut? Du hörst: Ich bin etwas anderer Meinung als der Weisheitslehrer mit seinem Israelbericht. Er hatte ja auch nur die außenpolitische Lage im Blick. Noch einmal: Wir rechten mit dem Gott, in dessen Auftrag du vorgibst zu reden. Antworte uns!‹

Mir lief es ganz kalt über den Rücken, als ich hörte, daß sie sich tatsächlich erkühnten Gott gerichtlich anzuklagen!« – »Das ist unerhört!« empörte sich einer aus dem Kreis. »Was hat Gott durch seinen Propheten geantwortet?«

Ahikam sprach: »Erlaubt mir, daß ich diese wichtige Predigt Jeremias einmal in ganz anderer Weise vorstelle. Schaut einmal auf unsre Mädchen und Frauen. Eva, die Priestertochter, trägt heute eine schöne, einfache silberne Kette!« Ahikam blickte Eva an: »Du bist mir nicht böse, wenn ich sage, was viele von uns wissen: Es ist das Geschenk eines jungen Mannes. Und da, Rahel, meine Braut. Ihr habt an ihr stets den Gürtel bewundert, den ich ihr zur Verlobung geschenkt habe.«

Während Ahikam das sagte, dachten nicht wenige der Mädchen und Frauen an Schmuckstücke, die sie geschenkt bekommen hatten. Jael, die Tochter eines Propheten, dachte an den »Schmuck«, den sie besaß. Sie hätte ihn nicht gegen die schönsten Ringe, Perlen und Ketten der Damen aus den höchsten Kreisen Jerusalems eingetauscht. – Als sie an einem sanften, schon mit Herbststimmung erfüllten Septembertag mit ihrem Freund Jonatan durch einen Ölbaumgarten ging, spürte sie, daß der junge Mann an ihrer Seite etwas an den Ringfinger ihrer linken Hand steckte. Es war ein Ring – aus Gras. Sie bewahrte diesen Ring als ihren kostbarsten Schatz. War er doch das Zeichen der Liebe Jonatans. Mehr wert als Gold und Silber. Denn was ist kostbarer als die Liebe? Nie wird sie diesen Ring vergessen. Bewahren wird sie ihn bis an ihr Lebensende. Jael war so versunken in ihre Gedanken, daß sie sich zwingen mußte, wieder auf Ahikams Worte zu lauschen:

»Wird je ein Mädchen ihren Schmuck, eine Braut ihren Schleier vergessen?« – »Nein, niemals!« sagten alle Zuhörer. »Aber was hatte das nun alles mit Jeremias Predigt zu tun?« Ahikam erklärte: »Sein zentrales Bild war wieder die Braut, obwohl er das am Anfang nicht sagte. Er rief den Priestern, Propheten und Staatsbeamten zu: ›Ihr seid von mir – von Gott – abgefallen! Die Braut ist untreu geworden!‹ Da wurden sie zornig: Beweise uns das!

Jeremia fing an: »Die Strafen, die Gott auch sandte, sie nützten nichts, euch zur Umkehr zu bewegen. Die Propheten, die er euch sandte: Ihr habt sie getötet!« – Jael sagte: »Da meint er wohl die Propheten, die zur Zeit des Königs Manasse getötet wurden.« –

»Wenn Gott aber so um euch warb, indem er euch reich beschenkte, mit Frieden und fruchtbaren Jahren, dann seid ihr vor ihm geflohen, als wäre er eine Wüste, die man meidet, oder ein dürres Land, in dem man nicht leben möchte. Und dann das Gipfelwort:

›Vergißt wohl eine Jungfrau ihren Schmuck
oder eine Braut ihren Schleier?
Mein Volk aber vergißt mich
seit endlos langer Zeit.‹

Dann zeigte Jeremia, wie die untreue Braut leidenschaftlich nach anderen Liebhabern sucht. Ihr wißt, daß damit die Baale gemeint sind. Und die, die ihr ins Gewissen redeten, die Propheten, sie wurden getötet. – Trotzdem aber wagten sie, Gott vors Gericht zu ziehen und zu sagen: Wir sind unschuldig! – Jetzt erst will Gott mit seinem Volk ins Gericht gehen!«
Alle hatten mit großem Interesse diese vierte Predigt Jeremias in Ahikams Nacherzählung gehört. Jetzt fragte ein junger Priester: »Kannst du uns den Wortlaut geben?« – »Hier, ich habe ihn siebenfach abschreiben lassen«, sagte Ahikam und gab den Text unter den Anwesenden weiter. Alle ließen die Predigt nochmals auf sich wirken:

»Wie könnt ihr rechten mit mir?
Ihr seid alle von mir abgefallen, spricht der Herr.
Alle meine Schläge sind vergeblich an euren Söhnen,
sie lassen sich doch nicht erziehen;
euer Schwert frißt eure Propheten
wie ein wütender Löwe.
Bin ich denn für Israel eine Wüste oder ödes Land?
Warum spricht denn mein Volk: ›Wir sind freie Herren
und brauchen dir nicht mehr nachzulaufen?‹
Vergißt wohl eine Jungfrau ihren Schmuck
oder eine Braut ihren Schleier?
Mein Volk aber vergißt mich seit endlos langer Zeit.
Wie fein findest du Wege, dir Liebhaber zu suchen!
Darum hast du dich auch gewöhnt,
auf bösen Wegen zu wandeln.
Auch findet man an deinen Kleidern

das Blut von Armen und Unschuldigen,
die du nicht beim Einbruch ertappt hast,
sondern die alledem widerstanden.
Und doch sprichst du: Ich bin unschuldig;
er hat ja doch seinen Zorn von mir gewandt.
Siehe, ich will dich richten,
weil du sprichst: Ich habe nicht gesündigt.«

Alle

Noch vier Wochen bis zum Passafest. Sonst grünte und blühte um diese Zeit das ganze Land. Doch in diesem Jahr war es anders. Die Regenzeit war im Herbst des vergangenen Jahres nicht eingetreten. Darum lastete eine schreckliche Dürre auf dem Land. Auch war auf keine Besserung mehr zu hoffen, denn die Tage der üblichen Regenzeit waren vorbei.

Dennoch wanderten in diesen Tagen viele Menschen aus allen Gauen Judas nach Jerusalem. Es war ein außergewöhnlicher Festtag angesetzt. Groß feierte man den fünfundzwanzigsten Geburtstag König Josias. Schon mit acht Jahren war er zum König gekrönt worden. Und jetzt, als er herangewachsen war, zeigte sich immer mehr, daß er eine große Hoffnung war für sein Volk. Immer deutlicher traten die Umrisse einer klugen und selbständigen Politik hervor.

Die Pilger, die durch das Wachttor im Osten das Heiligtum betraten, sahen zuerst den jungen König in seinem ganzen Glanz auf seinem Platz vor der Säule rechts vom Tor. Doch dann richteten sich alle Augen auf den Prophetenvorsteher Elisa. Ihm hatte man die Gestaltung der Feier übertragen und vor allem deren wichtigsten Teil, den Bericht über die religiöse Lage im Land. Die Beamten des Königs wußten, warum sie Elisa mit dieser Aufgabe betraut hatten: Von ihm durften sie eine wohlwollende Darstellung erwarten. Sie sollte sich nicht getäuscht haben.

Der Höhepunkt des Festes nahte. Zwölf Gruppen, je eine aus jedem der zwölf Gaue, in die Josia sein Reich jüngst eingeteilt hatte, schritten am König vorbei, grüßte ihn und zogen dann zum Brandopferaltar. Es war ein farbenprächtiges Bild, denn jede Gruppe war in der besonderen Tracht des betreffenden Gaues gekleidet. In Körben und Schalen trugen sie ihre Gaben zum Altar. Da gingen Hirten und Hirtinnen aus der Wüste Juda mit Wolle und Lämmern. Bauern aus dem Hügelland im Westen schritten daher mit Getreide und Oliven. Weingärtner aus dem Tal Eschkol bei Hebron brachten Wein und Feigen. So zog Gruppe um Gruppe zum Altar des Herrn. Während sie ihre Gaben darbrachten, sprachen sie: »Wir sind Glieder deines erwählten Volkes Juda und stehen mit dir im Bund. Zum Zeichen unsrer Treue bringen wir hier unsre Gaben.«

Nachdem dies unter dem feierlichen Schweigen des Volkes geschehen war, versammelten sich alle Priester und Propheten in ihrer weißen und braunen Dienstkleidung vor dem Altar. Sie trugen Schriftrollen, die heiligen Schriften, in Händen. Auf ein Zeichen Elisas verteilten sie sich strahlenförmig zwischen die zwölf Gruppen. Die Priester sprachen: »Wir geben, o Herr, dem Volk die Weisung aus deinem Wort, das du uns anvertraut hast!« Dann sprachen die Propheten: »Wir sagen das Wort weiter, o Gott, das du uns gegeben hast!« Der Kanzler, der neben dem König stand, sprach zu diesem: »Du siehst, Herr, das Volk steht treu im Bund mit Gott. Priester und Propheten sind die Wächter des Bundes!« Aber das Gesicht des Königs blieb verschlossen.

Auch Jeremia war zum Fest gekommen. Er hörte die feierlichen Worte der Gruppen aus dem Volk und die Priester und Propheten. Hier bekannten Menschen aus ganz Juda ihre Treue zu Jahwe. Es stellten sich die Priester und Propheten dar als Menschen, die treu ihre Amtspflichten verwalteten.

Wie verhielt sich das zu den Beobachtungen, die er in Mizpa gemacht hatte und im Ben-Hinnomtal? Wie reimte sich das zusammen mit den Worten, die er im Auftrag Gottes gesprochen hatte:

> »Denn von jeher hast du dein Joch zerbrochen
> und deine Bande zerrissen . . .
> Die Priester fragten nicht: Wo ist der Herr? . . .
> und die Propheten weissagten im Namen des Baal . . .«

Am anderen Tag saß Jeremia ganz allein in seinem Zimmer im oberen Stock des Hauses seines Onkels. Dieser war mit seinen

Gehilfen nach Zenan gefahren im westlichen Hügelland, um dort einige Fälle von Schuldknechtschaft zu klären.
Jeremia saß in Gedanken verloren vor einer großen Reliefkarte Judas, die der Onkel sich hatte machen lassen. Sie lag auf einem großen Tisch. Jeremia saß so, daß er das Land von Süden, vom Negev her überblicken konnte. Vor ihm breitete sich die Wüste Juda aus, das Hügelland im Westen und die heilige Stadt selbst mit ihrer Umgebung. Unwillkürlich dachte Jeremia an das, was er gestern im Tempel gesehen und gehört hatte. Nur zu gerne stellte er sich vor, wie es nach den Worten bei diesem Fest draußen im Land aussehen mußte: Jahwealtäre auf fast allen Hügeln in der Nähe der Städte und Dörfer. In Scharen zogen die Menschen zu den Heiligtümern. Nur ganz wenige Baalsaltäre gibt es an Orten wie Mizpa und im Ben-Hinnomtal.
Dann richtete sich sein Blick auf Jerusalem. Dort wirkten die Priester und Propheten. Sie waren das eigentliche Bollwerk gegen den Abfall zum Baal. Dort erscholl nicht nur klare Weisung und eindeutiges Gotteswort, sondern die Priester und Propheten waren zugleich Vorbilder im Handeln nach Gottes Wort für das ganze Volk. Auf einmal richtete sich Jeremia auf. Plötzlich war er ganz Ohr. Es schien, als stünde der Sprecher, auf den er hörte, gerade der Reliefkarte gegenüber. Was er hörte, verwandelte jäh das Bild, das er sich so gern gemacht hätte. Jahwealtar um Jahwealtar verschwand. Einsam lagen die Höhen. Anstelle der Altäre für Jahwe brannten die Opferfeuer für den Baal. Das Land war voll davon. Sie brechen den heiligen Bund. Das ungezügelte Leben vor den Baalsaltären wirkte sich zersetzend aus auf die Ehen. Es hatte zerstörenden Einfluß auf das Leben der Bürger untereinander. Klagerufe der Entrechteten im ganzen Land drangen an sein Ohr. So schrecklich war die Offenbarung für Jeremia, daß er am ganzen Leib zitterte.
Große Unruhe packte ihn. Er starrte auf die Karte: Gab es denn kein Bollwerk gegen den Abfall zu Baal? Doch – die Priester und Propheten! Jeremia stand auf, wie um das zu beweisen. Doch er fing plötzlich an zu schwanken wie ein Betrunkener. Denn mit großer Wucht trafen ihn weitere Worte Jahwes. Entsetzlich war, was er hören mußte: Auch Priester und Propheten, Diener Gottes – gottlos! Verbrechen sogar im Heiligtum Gottes! Die reinen, sorgfältig gepflegten weißen Priesterkleider und die braunen Mäntel der Pro-

pheten verwandelten sich vor den Augen Jeremias: sie waren alle mit Schmutz und Unrat bedeckt und durchtränkt. Zitternd und schwankend sank Jeremia auf einen Stuhl.
Doch – kaum saß er, da griff er sich laut aufstöhnend ans Herz. Stechende Schmerzen raubten ihm fast den Atem. Denn jetzt sah er, was sich an seinem geliebten Volk vollzog: Das Mädchen Israel ging auf gefahrvollem Weg im Gebirge, vorbei an steilen Abgründen. Es achtete nicht darauf, daß unter ihren leichtfertigen Schritten der Weg schlüpfrig wurde, es glitt aus – und fiel!
Jähes Entsetzen befiel ihn, denn der Herr selbst war es, der sie in den Abgrund stürzte. Für Jeremia wurde es furchtbare Gewißheit: Das Gericht ist unausweichlich. Aus der Ferne meinte er, ein surrendes, brodelndes Geräusch zu hören, der fliegende Kessel . . .

Schallum musterte am anderen Tag seinen Neffen mit besorgter Miene: »Du siehst aus wie einer, der an einer schweren Krankheit leidet. Ist es das Herz? Ich sehe, daß ich für Abwechslung sorgen muß!« Am selben Tag noch sandte er Jeremia nach Aschdod. »Simon, Bürger von Aschdod, hat unter den Bauern der Umgebung sehr viele Schuldner. Wir haben mit fast allen gesprochen. Stelle du nun fest, wie dieser Mann zu dem vielen Geld kommt, das er gegen hohen Zins ausleiht.«
Zenan lag im westlichen Hügelland. Jeremia erreichte es über Bet-Schemaesch, Aseka und Libna. Von Zenan aus sah man über die Philisterebene hinweg bis zum großen Meer. An den Hängen östlich des kleinen Städtchens standen eine ganze Reihe neuerbauter Ferienhäuser. Man konnte sich vorstellen, daß man in dieser Gegend den Sommer sehr gut verbringen konnte. Als Jeremia einen Bauern von Zenan auf die Neubauten ansprach, sagte dieser erbittert: »Das waren einmal unsre Weinberge und Felder. Wir mußten sie an Simon abtreten, um unsre Schulden zu tilgen. Dieser hat dann die Grundstücke weiterverkauft.« – »An wen?« wollte Jeremia wissen. Doch der Bauer konnte ihm dies nicht beantworten.
Am anderen Tag hörte Jeremia den Lärm eines Baalsfestes auf dem Hügel vor der Stadt. Auch hier lastete die Dürre schwer auf dem Land. Jetzt riefen die Notleidenden Baal um Hilfe an. In Jeremias Ohren dröhnte das Wort: »Denn das Land ist voller Ehebrecher.«
Er erfuhr, daß Simon ursprünglich ein kleiner Händler gewesen

war. Wie aber konnte er jetzt über so große Gelder verfügen? Noch am gleichen Tag erlebte Jeremia mit, daß der Bote des Tempelhauptmanns, eines führenden Priesters in Jerusalem, zu Simon kam. Dann brachte er in Erfahrung, daß alle die Häuser am Hang im Osten Priestern und Propheten aus Jerusalem gehörten. Ein furchtbarer Verdacht stieg in Jeremia auf: Sollten die Priester und Propheten Jerusalems Simon, den Anhänger Baals, mit Geld unterstützen um zu Hab und Gut in dieser schönen Gegend zu kommen? Einer der Ältesten des Ortes bestätigte ihm das.
Jeremia war stundenlang wie gelähmt. Er zitterte, wankte und sein Herz schmerzte ihn. Furchtbar klangen ihm die Worte:

»Denn Propheten wie Priester sind Schurken,
auch in meinem Hause finde ich ihre Bosheit«

Jeremia ging nach Anatot zurück. Jetzt erschien ihm die Dürre, die das Land aussog, in einem neuen Licht. War sie nicht als Fluch zu sehen, den der Bundesbruch des Volkes, der Priester und Propheten nach sich zog?
In Anatot aber setzte er sich an den Tisch und schrieb mit wehem Herzen die schwersten Worte auf, die er bis jetzt geschrieben hatte. Denn es waren Worte, die anzeigten, daß das Gericht unausweichlich ist:

»Mein Herz will mir in meinem Leibe brechen,
alle meine Gebeine zittern;
mir ist wie einem trunkenen Mann
und wie einem, der vom Wein taumelt,
vor dem Herrn und vor seinen heiligen Worten.
Denn das Land ist voller Ehebrecher
und wegen des Fluchs vertrocknet das Land
und die Weideplätze in der Steppe verdorren.
Böse ist wonach sie streben,
und ihre Stärke ist das Unrecht.
Denn Propheten wie Priester sind Schurken,
auch in meinem Hause finde ich ihre Bosheit,
spricht der Herr.
Darum ist ihr Weg wie ein glatter Weg,

auf dem sie im Finstern gleiten und fallen;
denn ich will Unheil über sie kommen lassen,
das Jahr ihrer Heimsuchung, spricht der Herr.«

Lied der Liebe

Die Dürre hielt an. Vergeblich wartete man in diesem Jahr auch auf den Herbstregen. Kein Wölkchen zeigte sich am Himmel. Jeden Tag brannte die Sonne auf das ausgedörrte Land nieder. Die Bauern konnten ihre Felder nicht bestellen. Die Hirten fanden kaum mehr Futter für ihre Herden. Die Not war groß. Jeremia aber ging Tag für Tag zu seinem Onkel zur Arbeit. Ihn bedrückte die Not unter der das Land nun schon länger als ein Jahr litt.
Als er eines Morgens die enge Hauptstraße hinaufging, hörte er auf einmal hinter sich schnelle Schritte. Ein Mann holte ihn ein: »Bist du Jeremia?« - »Ja!« antwortete er. »Hier, ein Brief für dich!« sagte der Mann. Jeremia wollte den Unbekannten fragen: »Von wem? Wer bist du?« Doch schon war er wieder verschwunden.
Jeremia hielt eine kleine Schriftrolle in der Hand. Sie war versiegelt, trug aber keine Adresse. Er war sehr verwundert. Jeremia barg den Brief unter seinem Kleid und ging eilig ins Haus seines Onkels. Dieser war heute dienstlich in Jerusalem.
Hastig öffnete er die Schriftrolle. Sein Blick fiel auf kleine, selbstbewußte Schriftzüge, nicht ohne einen Zug von Eigenwilligkeit. »Ester!«, er rief vor Überraschung halblaut ihren Namen. Ein Brief von Ester! Plötzlich stand sie ihm vor Augen mit ihrem schmalen Gesicht, den glänzenden Augen, ihrer ganzen Gestalt. Er sah sie so, wie er sie als Kedesche in Mizpa auf der Bühne erlebt hatte. Was wollte sie von ihm?
Er las: »Mein lieber Jeremia! Du bist der einzige, an den ich mich wenden kann. Es ist nun über ein Jahr her, daß ich nicht mehr in Anatot bin. In den ersten Wochen meinte ich, ich hätte jetzt das Leben gefunden, das ich in Anatot vergeblich suchte. So fühlte ich mich, als Du mich in Mizpa gesehen hast. Das waren schöne Tage mit Kaleb. Aber jetzt ist er wieder ganz bei seinen Geschäften. Ich sehe ihn nur selten. Und nun wirst Du Dich wundern: Heute bin ich in einer Ver-

fassung in der ich nichts lieber wünschte, als wieder zu Ela zurückkehren zu können! Weißt Du, daß ich rechtlich von ihm geschieden bin? Er hat mir den Scheidebrief zugesandt. Das war freundlich von ihm. Denn wenn er das nicht getan hätte, stünde ich immer in Gefahr, als Ehebrecherin angeklagt und gesteinigt zu werden. So war ich also frei, um Kaleb zu heiraten. Das habe ich auch getan. Aber, Jeremia, ich zweifle, ob dieser Schritt richtig war? Wundere Dich deshalb nicht, um was ich dich bitte, bei unsrer Freundschaft! Du bist doch bei Schallum, dem klugen Richter. Teile mir mit, ob es möglich ist, daß ich wieder zu Ela zurückkehren kann. Tu diesen Dienst Deiner Freundin. Ester!«
Jeremia war so erregt, daß er sich setzen mußte. Menschenherz, was bist du für ein trotziges und verzagtes Ding! Ester war sehr impulsiv. Jeremia wußte es. Sie bereute ihren Schritt.
Als Schallum am Abend von Jerusalem zurückkam, gab ihm Jeremia den Brief. Schallum überflog ihn: »Was lese ich da? Sie ist von ihrem ersten Mann geschieden und möchte sich jetzt von Kaleb trennen, um dann wieder zu Ela zurückkehren zu können? Das hätte sie sich vorher überlegen müssen! Nun muß sie die Folgen tragen. Hol das Gesetzbuch!« Schallum schlug es auf und wies auf eine Stelle. »Lies! Hier! Es ist eine von mir gefertigte Zusammenfassung des Gesetzes.« Jeremia las:

»Wenn ein Mann sich von seiner Frau scheidet
und diese eine zweite Ehe eingeht,
darf sie ihr erster Mann,
der sie verstoßen hat,
nicht wieder zum Weibe nehmen.
Denn solches ist ein Greuel vor dem Herrn –,
damit du nicht Sünde in das Land bringst,
das dir der Herr, dein Gott zum Erbe gegeben hat«

»Darum geht das nicht!« sagte Richter Schallum scharf. »Das Gesetz ist die gerade und heile Ordnung Gottes. Verbiegen wir es, so beschmutzen wir das Land. Die Rückkehr ist von Rechts wegen also ausgeschlossen. Das ist das eherne, aber auch heilsame Recht!« Von dieser Stunde an lag eine zweifache Last auf Jeremia. Es bedrückte ihn die Not des Landes, und die Esters.

Am späten Nachmittag, als Jeremia noch im Hause seines Onkels war, wurde er auf eine große Unruhe im Städtchen aufmerksam. Rufe und eilige Schritte ließen ihn aus seiner Arbeit aufschauen. Jeremia trat zum Fenster und schaute hinaus. Vor Schallums Haus umringte eine große Menge einen Mann, der ein Papier in Händen hielt. Immer mehr Menschen liefen herzu und riefen durcheinander: »Ein Bote ist aus Jerusalem gekommen!« – »Was will er denn?« – »Er selbst soll reden!« Der Abgesandte rief: »Ein Bußgottesdienst findet statt im Heiligtum zu Jerusalem! Kommt, um den Schöpfer des Himmels und der Erde um Hilfe anzurufen in der großen Not, die uns getroffen hat!« Die Kunde von diesem bevorstehenden Ereignis verbreitete sich schnell durch das ganze Städtchen. Die Menschen atmeten auf. Es war, als käme schon mit der Nachricht von diesem Bußgottesdienst die Wende der Not.
Als Jeremia später nach Hause ging, reichte ihm der Bote ein Liedblatt. Es enthielt ein Lied, das beim Bußgottesdienst gesungen werden sollte. Jeremia las:

»Du, o Gott, bist mein Jugendfreund;
du wirst nicht ewig zürnen!
Du wirst unsre Schuld vergeben
und nicht nachtragen,
du, der du uns zu deinem Volk erwählt.«

Jeremia wurde sehr nachdenklich, als er das las. Wenn es bei diesen Worten blieb – was für eine leichtfertige, oberflächliche Buße! Dieses Bußlied hatte Paschhur verfaßt.
In der Nacht vor dem Bußgottesdienst begann Jeremia einen Brief an Ester. »Liebe Ester! Ich habe Deinen Brief erhalten. Mein Onkel hat mich auf eine Gesetzesbestimmung hingewiesen, die ich Dir mitteilen muß. Leider . . .«

So viele Menschen waren zu diesem Bußgottesdienst gekommen, daß sie im Tempel nicht alle Platz fanden. Weit vor den Toren standen sie noch und hörten aus der Ferne zu. Jeremia stand an der Boassäule. Er achtete nicht auf die Blicke, die ihm die Priester zuwarfen. Seine Aufmerksamkeit war durch einen anderen Vorgang gebannt. Er blickte angestrengt auf den Berg im Südwesten der Stadt. Bleich

wurde das Gesicht Jeremias und sein Herz schlug heftig. Dort stieg zur selben Zeit, als man sich im Tempel zum Bußgottesdienst versammelte, der Rauch auf vom Altar Baals. Die Gebetsrufe zu Baal vernahm man bis in den Tempel.
Nur wie aus weiter Ferne hörte Jeremia die Worte des Oberpriesters. Er achtete nicht auf das Bußlied. Erst die Worte der Erhörung, die der Oberpriester im Namen Gottes sprach, drangen wieder zu ihm:

»So spricht der Herr. Fürchte dich nicht!
Ich habe dich erhört
und will deine Not wenden!«

Mit großer Freude nahm die Gemeinde diese Worte auf. Alle waren der Meinung, mit diesem Gottesdienst umgekehrt zu sein zu ihrem Gott.
Als das Volk sich schon anschickte, den Tempel zu verlassen, schallte die Stimme des jungen Propheten über den Platz: »Es erging das Wort des Herrn an mich!« Jeremia wartete, bis die große Menge auf ihn schaute. Sein Gesicht war von tiefem Schmerz gezeichnet. Es tat ihm weh, daß er jetzt gegen Paschhur, seinen einstigen Freund antreten mußte:

»Wenn sich ein Mann von seiner Frau scheidet
und sie geht von ihm und gehört einem andern,
darf er sie auch wieder annehmen?
Ist's nicht so, daß das Land unrein würde?«

Männer und Frauen aus dem Volk blickten verständnislos auf Jeremia: »Was soll das? Wir sind doch nicht vor dem Ehegericht!« Manchem Priester stieg die Zornesröte ins Gesicht: »Was geht dich das Gottesvolk an? Das ist Sache der Priester. – Schweig endlich! Du hast kein Recht, hier zu reden!« Paschhur nur ahnte, daß Jeremia den Bußtag und sein Bußlied im Blick hatte. Schon fuhr Jeremia mit erhobener Stimme fort:

»Du aber hast mit vielen gehurt
und solltest wieder zu mir kommen? spricht der Herr.«

Der scharfsinnige Paschhur erfaßte jetzt mit einem Schlag, was Jeremia sagen wollte: Das ganze Volk verglich er mit einer Hure! Schon wollte er auf Jeremia zustürzen. Doch dann rief er: »Du hast kein Recht, das Volk Gottes so zu beschimpfen. Siehst du nicht, wie es Buße tut?« Aber Jeremia wies mit der Hand auf die Höhen rings um der Stadt. Jetzt erst erkannten sie es alle: Dort stieg selbst in dieser Stunde der Rauch von den Baalsaltären zum Himmel empor:

»Hebe deine Augen auf zu den Höhen und sieh,
wo du allenthalben dich preisgegeben hast!
An den Wegen sitzt du und lauerst auf sie,
wie ein Araber in der Wüste
und machst das Land unrein
mit deiner Hurerei und Bosheit.«

Paschhur ließ die Faust sinken. Mit ihm schwiegen alle. Betroffen schauten sie hinauf. Der Rauch trat als Zeuge gegen sie auf. Und mit schneidender Stimme ging Jeremia jetzt zum direkten Angriff auf Paschhur über, den Verfasser des leichtfertigen Bußliedes:

»Aber du hast eine Hurenstirn,
du willst dich nicht mehr schämen
und schreist jetzt zu mir: ›Lieber Vater,
du Vertrauter meiner Jugend!
Willst du denn ewiglich zürnen
und nicht vom Grimm lassen?‹
Siehe, so redest du und tust Böses
und lässest dir nicht wehren.«

Diese direkte Anspielung führte zu Paschhurs Zornesausbruch. Er wandte sich ans Volk: »Bedenkt doch, was diese Rede bedeutet: Keine Rückkehr zu Gott ist mehr möglich. Solche falsche Theologie muß man doch bekämpfen!«
Da kam der Oberpriester seinem jugendlichen Freund Paschhur zu Hilfe und rief: »Hinaus mit ihm! Werft ihn hinaus!« Die Tempelpolizei gehorchte dem Oberpriester aufs Wort. Sie packten Jeremia und stießen ihn hinaus.

Jeremia lag wie betäubt im Sand. Ungeheuerliches war geschehen: Der Prophet Gottes wurde aus dem Heiligtum Gottes geworfen! War von einer solchen Gewalttat nicht Gott selbst betroffen? Im Staube liegend sprach Jeremia:

»Und ich dachte: Wie will ich dich halten,
als wärst du mein Sohn,
und dir das liebe Land geben,
den allerschönsten Besitz unter den Völkern!
Und ich dachte: Du würdest mich dann ›Lieber Vater‹ nennen
und nicht von mir weichen.
Aber das Haus Israel hat mir nicht die Treue gehalten,
gleichwie ein Weib wegen ihres Liebhabers
nicht die Treue hält, spricht der Herr.«

Jeremia saß dann noch lange Zeit völlig benommen auf einer steinernen Bank am östlichen Ausgang des Tempels. Er war ganz in sich versunken. Die Nacht brach herein.
Plötzlich spürte er, daß sich jemand neben ihn gesetzt hatte. Zunächst wagte er gar nicht, zur Seite zu blicken. Doch dann tat er es und fuhr vor Erstaunen zurück. Ein schmales, von schwarzen Haaren umgebenes Gesicht unter rotem Schleier, Jeremia konnte es kaum fassen: »Ester!«
Immer wieder blickte er sie an, um sich zuvergewissern, daß tatsächlich sie es war. Sie hatte sich in der vergangenen Zeit verändert. Ihre Gesichtszüge waren schärfer geworden. Er wußte, daß sie eine Baalsdienerin war. Aber dennoch erschien sie ihm auch jetzt wieder wie die Verkörperung Israels selbst.
Sie weidete sich zunächst eine Zeitlang an seinem Erstaunen. Dann sprach sie spöttisch: »Also – nach dem Gesetz ist es unmöglich.« Jeremia verstand sofort: »Ja, es ist unmöglich.« Sie erhob das Gesicht und durchmaß mit den Augen den Tempel, der vor ihr lag: »Und diese da, denen du predigst?« Wieder antwortete Jeremia: »Nach dem Gesetz ist ihre Umkehr zu Gott in ihrem Zustand unmöglich, du hast es gehört!«
Lange schwiegen beide. Dann sprach Ester: »Ich habe Lust, den Tempel zu betreten. Jetzt, bei Nacht, darf ich das. Gehst du mit?« Sie betraten miteinander den völlig leeren Tempel. Auf dem Brandop-

feraltar glühten noch die Reste des heutigen Opfers. Sie setzten sich auf die Stufen des Altars. Es war sehr still. Man hörte die Schritte der Wachsoldaten auf der Stadtmauer. Doch da auf einmal – was war das? Der junge Mann und die junge Frau lauschten. Ester wußte sofort, woher dieser Lärm kam, der durch die Stille der Nacht zu ihnen drang. Dann wußte es auch Jeremia. Das war Festlärm von den benachbarten Baalshöhen.
Ester sprach: »Du hörst, daß sie nicht umkehren wollen. Baal ist mächtiger!« Jeremia sank in sich zusammen. Ein tiefer Schmerz grub sich in sein Gesicht ein. Er sagte: »Das bedeutet das Ende.«
Wieder schwiegen beide lange Zeit. Doch auf einmal reckte sich Jeremia auf. Er horchte angestrengt. »Was hast du?« fragte Ester verwundert. Jeremia aber sprach langsam, vorsichtig, als traue er seinen eigenen Worten nicht:

»Man hört ein klägliches Heulen und Weinen
der Kinder Israel auf den Höhen.«

Sie blickte ihn zunächst ungläubig an. Dann sprach sie: »Was hörst du? Weinen?« Sie lachte laut auf: »Weltferner Junge! Lustschreie sind's! Ich muß dir doch nicht erzählen, was dort jetzt geschieht!«
Doch Jeremia antwortete fest: »Nein, es ist Weinen!« Er war sehr verwirrt, weil er zunächst nicht verstehen konnte, was dieses Weinen zu bedeuten hatte. »Also gut«, sprach Ester kalt, »ich höre Lachen, du hörst Weinen!«

»Weil sie übel getan
und den Herrn, ihren Gott, vergessen haben.«

Sie lachte auf: »Zum Tempel haben sie dich heute hinausgeworfen!« – »Gott wird sie zur Buße führen«, erwiderte ihr Jeremia bestimmt. »Und wenn sie es täten, wann soll das sein?« entgegnete Ester. Betont antwortete Jeremia: »Es wird sein!«
Plötzlich sah Jeremia ein festes, wohlgebautes Haus. Er wußte: Das ist das Haus des Vaters. Dort wohnte er zuerst zusammen mit seinen Söhnen. Aber sie lehnten sich gegen ihn auf und verließen ihn. Die Augen Jeremias hafteten auf der Tür des Vaterhauses. Sie war so fest verschlossen, als wäre sie den Ungehorsamen für immer un-

zugänglich. Zu groß war ihre Schuld, zu groß die Beleidigung für den Vater. Aber da, weit, weit entfernt vom Vaterhaus, hinter den Bergen, hörte man die weinenden Söhne. Sie weinten aus Schmerz über ihre Schuld und bereuten bitter ihren Ungehorsam. Man mußte dieses Weinen im Vaterhaus hören können, aber nichts regte sich. Die Tür blieb fest verschlossen.
Doch da! Jeremia beugte sich vor, als wolle er genauer sehen: Die Tür bewegt sich. Sie geht auf. Der Vater tritt heraus. Er hat das Weinen seiner Söhne doch gehört. Ihre Not bewegt sein Herz und er eilt ihnen entgegen. Aus den Gesten des Vaters schließt Jeremia: Er lädt sie ein zur Heimkehr. Seine Hände sind weich, sein Herz ist gütig. Er will sie heilen. Jeremia sieht die Söhne kommen. Sie verlassen den Baal und gehen zum Vater. Sie wenden sich so deutlich und so entschlossen von Baal ab, daß klar wird: Sie haben ihn durchschaut. Sie wissen, daß bei ihm das Leben nicht zu finden ist, sondern er sie in den Untergang führt. Vor dem Vater sinken sie auf die Knie und bekennen ihre Schuld. Der Vater beugt sich zu ihnen herab. Er hebt sie auf und umarmt sie, einen nach dem anderen. Dann führt er sie ins Haus.
Ester hatte lange geschwiegen. Jetzt sprach sie: »Du warst wie abwesend. Hast du etwas gesehen?« Jeremia antwortete langsam, als käme er von weit her: »Unfaßbares habe ich gesehen. Etwas ganz Neues! Es ist wie eine neue Schöpfung!« Ester fragte: »Willst du es mir nicht sagen?« Jeremia begann mit leiser Stimme zu sprechen:

»Man hört ein klägliches Heulen und Weinen
der Kinder Israel auf den Höhen,
weil sie übel getan
und den Herrn, ihren Gott, vergessen haben.«

Jeremia schwieg. »Und dann?« fragte Ester.

»Kehrt zurück, ihr abtrünnigen Kinder,
so will ich euch heilen von eurem Ungehorsam.«

»Das hat Gott gesagt?« – »Ja!« Ester stand auf. Sie trat vor Jeremia. »Es gibt also doch eine Rückkehr!« – »Ja!« antwortete Jeremia: »Nach dem Gesetz ist es unmöglich. Aber Gottes Barmherzigkeit macht die Umkehr möglich!« – »Das ist das Neue, das du gesehen hast. Du hast die Liebe Gottes gesehen! – Wie geht es weiter?«, fragte Ester.

»Siehe, wir kommen zu dir;
denn du bist der Herr, unser Gott!
Wahrlich, es ist ja nichts als Betrug mit den Hügeln
und mit dem Lärm auf den Bergen.
Wahrlich, es hat Israel keine andere Hilfe
als am Herrn, unserm Gott.
Der schändliche Baal hat gefressen,
was unsere Väter erworben hatten von unsrer Jugend an,
ihre Schafe und Rinder, Söhne und Töchter.
So müssen wir uns betten in unsrer Schande,
und unsre Schmach soll uns bedecken.
Denn wir haben gesündigt
wider den Herrn, unsern Gott.«

Ester stand auf. Diese Worte trafen sie tief. Jeremia hatte ausgesprochen, was das tiefste Wesen Baals war. Aber sie mochte es sich nicht selbst eingestehen.
Die Morgendämmerung brach an und grußlos verließ sie Jeremia. Er sah ihr nach und es war ihm, als wandte sich Israel für immer von seinem Gott ab.

Ebed-Melech

Die Wellen des Mittelmeers schlugen sanft an den Strand. Sechshundert Meter davon entfernt ragte eine Insel aus dem Meer auf mit der unbezwingbaren und weltberühmten Stadt Tyrus. Am Ufer stand ein Mann und wartete auf die Überfahrt. Es war Kaleb. Er hatte eine erstaunliche Laufbahn hinter sich. War er doch bis vor wenigen Jahren Priester Baals in dessen Heiligtum zu Mizpa gewesen. Seit einiger Zeit lebte er mit Ester in Jerusalem, denn er war entschlossen, dort sein Glück zu versuchen. Macht und Einfluß wollte er gewinnen.

Aber der fünfunddreißigjährige Mann, der jetzt am Ufer stand und auf die Überfahrt wartete, wußte noch nicht, auf welchem Weg er zu seinem Ziel gelangen konnte. Auch um darüber Klarheit zu gewinnen, war er nach Tyrus gereist. Handfester Zweck seiner Reise aber war es, von seinem Freund Bekuel nicht weniger als einhunderttausend Silberschekel zu leihen, zum niedrigsten Zinssatz. Wie er sie in Jerusalem anlegen wollte, wußte er allerdings noch nicht. In den Handel einzusteigen war unmöglich, denn Einfuhr und Ausfuhr von Waren lagen ganz in den Händen des Königs und dessen Beamten.

Von der Insel her nahte ein Boot. In ihm saß, unter farbenprächtigem Sonnensegel, Kalebs Freund, der phönizische Geschäftsmann Bekuel. Seine Schiffe befuhren das ganze Mittelmeer. Er besaß Niederlassungen auf Kittim (Cypern), in Nordafrika, Griechenland und sogar im fernen Spanien. Seine Karawanen zogen nach Osten. Ebenso kannte man ihn tief im Süden, in Saba. Bekuel war der reichste Mann in Tyrus. Großen Gewinn brachte ihm dabei besonders seine Verbindung mit der Insel Delos. Dort war das Zentrum des Sklavenhandels.

Die beiden Männer begrüßten sich. Das Boot brachte sie sofort zurück zur Inselfestung. König Hiram I., ein Freund Salomos, hatte das Stadtgebiet durch Aufschüttung erweitert. Er war es auch, der die beiden Inselhäfen anlegen ließ, den ägyptischen Hafen im Süden und den sidonischen im Norden der Insel. Bekuel und Kaleb fuhren in den ägyptischen Hafen ein, der von geschäftigem Leben erfüllt war. Schwer beladene Schiffe mit Gütern aus fernen Ländern fuhren in den Hafen ein. Andere wurden bereits von hart arbeitenden Sklaven entladen.

Kaleb ging an Bekuels Seite über das Hafengelände, um in das Büro des Geschäftsmannes zu kommen. Er war zum dritten Mal in Tyrus. Hier fühlte er sich am wohlsten. Denn Tyrus war eindeutig eine Stadt Baals. Hier machte ihm niemand seinen Rang streitig wie das in Juda – noch immer – der Fall war. In Tyrus war Baal »Melkart« – Stadtkönig.

Das erste Mal war Kaleb in der Inselstadt gewesen, als er sich zum Priester Baals ausbilden ließ. Bekuel führte seinen Gast durch die aufgetürmten Waren hindurch. Sie umgingen einen Stapel von Elefantenstoßzähnen. Soviel Elfenbein hatte Kaleb noch nie auf einem

Haufen gesehen. Er war so beeindruckt, daß er fast über ein größeres Bündel gestolpert wäre, das gleich neben dem wertvollen Elfenbein lag. Kaleb blieb vor Staunen stehen, denn das Bündel lebte.
Vor ihm lag eine ganz besondere »Ware« in eigenartiger »Verpakkung«. In ein Fischernetz eingewickelt, und darin unentrinnbar gefangen, lag vor ihm ein etwa zwölfjähriger Junge, ein Negersklave. Er musterte den zusammengekrümmten Jungen genau. Regungslos lag er da. Nur seine Augen bewegten sich voll Angst. Doch es war kein gewöhnlicher Schwarzer. Kaleb bewunderte die Pracht seiner Kleidung und den Goldschmuck am Hals und an den Fuß- und Handgelenken! Auch Bekuel war stehengeblieben und belustigte sich an dem Staunen seines Gastes. Kaleb konnte die Frage nicht unterdrücken: »Wo habt ihr denn diesen her?« Doch kaum hatte er sie ausgesprochen, da bereute er seine Neugier schon. Er wußte, daß die Sklavenjäger nicht gerne Auskunft gaben über die Herkunft ihrer Beute. Doch Bekuel ging diesmal auf Kalebs Frage ein: »Meine Leute fuhren den Nil abwärts, um Elfenbein zu holen. Von dieser Reise haben sie den Jungen mitgebracht.« – »Im Netz?« fragte Kaleb. Inzwischen waren zwei der Leute Bekuels hinzugekommen. Sie sahen sehr verwegen aus. Einer sprach: »Als wir das Elfenbein übernommen hatten, streiften wir in der nahen Steppe umher. Da sahen wir diesen da!« Er stieß mit dem Fuß nach dem Bündel. »Wir konnten ihn erst bändigen, als wir dieses Netz über ihn geworfen hatten!«
Als Kaleb vor diesem menschlichen Bündel stand, hatte er eine Idee, die sein ganzes künftiges Leben – und nicht nur seines – bestimmen sollte: Menschen fangen im Netz, aber in dem von Kaleb ersonnenen und ausgeworfenen Netz! Die Fäden dieses Netzes wollte er zu spinnen und zu weben beginnen mit dem Silber, das ihm Bekuel lieh. Die Fischer, die das Netz auswerfen und es dann zusammen mit seinen Dienern einholten, das war er selbst und seine Vertrauensleute, die er überall im Land anzuwerben gedachte.
Schon am anderen Tag ließ sich Kaleb wieder auf das Festland übersetzen. Bei sich hatte er zwei Schätze, von denen jeder auf seine Weise seinen Aufstieg begünstigen sollte: Der eine waren die hunderttausend Silberschekel; der andere aber war der jugendliche schwarze Sklave. Noch in Tyrus hatte ihn Kaleb zu seinem Sklaven gemacht. Er nahm ihm seine Kleider und seinen Goldschmuck. Der Junge schrie zwar immer wieder verzweifelt: »Panta Tigre! Ben Ti-

gre!« Aber niemand verstand die Sprache des Unglücklichen. Kaleb warf ihm einen Sklavenschurz zu, schor dem Widerstrebenden das Kraushaar, daß sein Kopf kahl war. Dann ließ er ihm ein »S« auf die linke Hand tätowieren.

In Jerusalem angekommen erregte Kaleb mit seinem Sklaven Aufsehen in der ganzen Stadt. Denn Sklaven sah man selten in Begleitung von Diplomaten und Fürsten in die Königsburg gehen und schwarze Sklaven gab es sonst überhaupt keine. So gewichtig war die Ankunft des Sklaven, daß sich auch Elihu, der Weise, im Unterricht mit ihm befaßte. Er stellte fest: »Das ist ein Kuschit! Aber keiner aus dem Königreich Kusch, dessen Hauptstadt Napata ist und das eine ganze Dynastie von Herrschern hervorgebracht hat. Nie würden die Könige von Kusch dulden, daß einer der ihren Sklave würde. Der Schwarze Kalebs ist ein Kuschit aus einem der vielen Stämme südlich des Königreichs Kusch.« – So hieß der Junge vorläufig: Der Kuschit.

Zunächst nahm ihn Kaleb als Diener für sich und Ester. Der Junge war hellwach und von großer Intelligenz. Er erkannte sofort, daß Flucht für ihn sinnlos war! Wo sollte er hin? Wo konnte er sich mit seiner Hautfarbe verbergen? Zunächst nahm er sich vor, die Landessprache zu lernen, um alles zu verstehen, was um ihn herum vorging. Dann öffnete sich für ihn vielleicht auch einmal das Tor zur Freiheit.

Er wohnte mit anderen Sklaven zusammen in einem Anbau neben Kalebs Palast. Zuerst waren es nur sechs: Vier hebräische Sklaven, die nach dem Gesetz im siebten Jahr freigelassen werden mußten. Ferner ein ausländischer Sklave, der lebenslang sein schweres Los zu tragen hatte. Auf der untersten Stufe aber stand der Schwarze. Doch nicht lange nach seiner Ankunft erlebte der junge Kuschit, daß die Zahl der hebräischen Sklaven von Woche zu Woche wuchs. Erst allmählich kam er dahinter, weshalb das so war.

Kaleb hatte angefangen sein »Netz« auszuwerfen. Anfangs war es noch klein, aber es vergrößerte sich von Monat zu Monat. Er lieh Geld aus. Wer die Zinsen nicht zahlen konnte, der zappelte bereits in Kalebs Netz, denn am Ende stand die Versklavung.

Das »kleine Netz«, das Kaleb auswarf, arbeitete vorzüglich. Er war jetzt bald einer der reichsten Männer in Juda. Nun mußte er allmählich Vorbereitungen dafür treffen, eines Tages das »große Netz«

auszuwerfen. Doch das konnte er nur, wenn es ihm gelang im Dienst des Königs zu stehen. Aber auch hier zog er schon eifrig seine Fäden für das künftige »große Netz«. Er mußte jemand am Königshof ganz für sich gewinnen. Mit König Josia durfte Kaleb nicht rechnen. Er spürte, daß dieser ganz anderen Geistes war. Wer also war der geeignete Mann für ihn?
Die Wahl Kalebs fiel auf Eljakim, den Kronprinzen. Der war zwar jetzt noch ein Knabe. Aber Kaleb konnte warten. Ihm machte Kaleb ein Geschenk, ein lebendiges! Er schenkte ihm den jungen Kuschiten. Eljakim erst gab ihm einen Namen und nannte ihn »Ebed-Melech«, Königsknecht. Eljakim machte sich ein Vergnügen daraus, den Schwarzen nach Belieben an die Großen Jerusalems auszuleihen.

Kessel II

Schallum rief Jeremia zu sich und sprach: »Du bist schon lange Zeit bei mir. Ich meine, daß du nun größere Aufträge übernehmen könntest!« – »Was soll ich tun?« fragte Jeremia. Schallum griff nach einem Papyrusblatt. »Das ist die Klage Enoschs gegen Melek. Beide sind Weber in Jerusalem. Du kennst Enosch schon. Ich bin sein Anwalt. Versuche herauszubringen, ob seine Klage gegen Melek zu Recht besteht. Hier ist mein Siegel; das weist dich gegen jedermann aus und stellt dich unter meinen Schutz!«
Jeremia betrat Jerusalem durch das Ephraimtor. Er mußte die ganze Stadt durchqueren, denn die Webergasse befand sich im Süden. Dort waren auch die Gassen der Färber und der Purpurhändler. Gleich nachdem Jeremia in die Stadt gekommen war, hörte er vom Quelltor her Geschrei, das gar nicht zum friedlichen Alltag paßte. Er spürte Unruhe. Etwas Gefährliches lag in der Luft. Immer wieder eilten Menschen an ihm vorbei. »In die Webergasse!« hörte er sie rufen. Jeremias Spannung wuchs.
Als er von der Königsstraße in die Webergasse bog, schien diese wie ausgestorben zu sein. Das Haus des Enosch und alle Nachbarhäuser waren leer! Er öffnet eine Tür. Die Webstühle waren verlassen und die Spinnräder standen still. Lediglich ein paar

alte, gehunfähige Männer und Frauen saßen im Schatten der Häuser. »Wo sind die anderen?« fragte Jeremia. »Dort sieh doch!« sagten sie und deuteten die Straßen hinunter. Am Ende der Webergasse liefen Männer und Frauen zusammen. Wild schreiend drängten sie sich vor einem Haus. Dann hörte Jeremia schmetternde Schläge. Immer lauter wurde das Geschrei: »Schlagt die Tür ein!«
Als Jeremia näher kam, sah er, daß einige Männer mit Weberbäumen, die sonst dem Anschlag der Schußfäden dienten, die Tür eines Hauses aufzubrechen versuchten. Die aufgebrachten Menschen beachteten Jeremia überhaupt nicht. Immer heftiger wurden die Stöße gegen die Tür, immer wütender das Geschrei. Dann – Splittern und Krachen – die Tür war aus den Bändern gerissen und fiel ins Haus. Die Menge brach über sie hinweg ins Haus ein. »Die Schuldbriefe! Wo hat der Schuft die Schuldbriefe!« schrien sie. Krüge flogen zum Fenster hinaus. Schmetternd zerbrachen sie auf dem Pflaster zu Scherben. Pergamentrollen kamen zum Vorschein. Die Krüge hatten als Behältnisse für wichtige Dokumente gedient. Die Menge stürzte sich über sie. Wer den Schuldbrief fand, der auf seinen Namen ausgestellt war, der zerriß ihn unter Hohngeschrei in Fetzen und warf diese gegen das Haus. Oder er machte sich mit dem Dokument eilends nach Hause.
Schon stieg Rauch aus den Fensterhöhlen. Jemand mußte Feuer gelegt haben. Plötzlich ein Aufschrei: »Soldaten!« Der Haufen stob auseinander – doch es war schon zu spät. Soldaten mit vorgestreckten Spießen hatten die beiden Eingänge der Webergasse abgeriegelt. Viele versuchten sich durch die Häuser in andere Stadtteile zu retten. Ganz Gewandte zogen sich an den Wänden empor, um über die flachen Dächer zu fliehen. Doch zu spät, hinter den Häusern, auf den Dächern waren überall Soldaten.
Alle Männer wurden gefangengenommen. Frauen schrien und weinten. Kinder flohen verstört. Auch auf Jeremia drangen die Soldaten ein. In letzter Minute rettete ihn das Siegel seines Onkels, das er dem Hauptmann zeigte, der das Überfallkommando befehligte. »Da kann ich nichts machen, du bist frei und kannst gehen.«
Noch bleich vor Angst eilte Jeremia durch die Webergasse. Durch Fenster und Türen schauten ihm verängstigte Frauen und Kinder nach. Seine Spannung wuchs. Was ging hier vor? Warum dieser Aufruhr der Menschen?

Zwei Tage später erst bekam Jeremia die Erlaubnis vom Aufseher des Gefängnisses, Enosch zu besuchen. Schon am Eingang der Königsburg begegneten ihm mißtrauische Blicke, die die Frage erkennen ließen: Was will dieser? Steckt er mit den Aufrührern unter einer Decke? Doch auch hier half ihm das Siegel seines Onkels. Ein Soldat schloß die Tür zum Gefängnis auf. Eine schmale Treppe führte in die Tiefe. Er betrat zum erstenmal eine Welt, die er bisher nur vom Hörensagen kannte. Die Treppe endete vor einem schmalen, nassen, nur notdürftig beleuchteten Gang. An beiden Seiten schloß sich Tür an Tür an. Endlich blieb der Soldat stehen. Er schob einen schweren Riegel zurück: »Hier!« Er wies den zögernden Jeremia in einen Raum. »Aber nur eine halbe Stunde Sprechzeit!«
Jeremia betrat zögernd den kleinen, nur von einem einzigen Fenster erhellten Raum. Die modrige Luft nahm ihm fast den Atem. In der Ecke nahm er eine hockende Gestalt wahr. »Bist du Enosch?« fragte er. Doch Jeremia erhielt keine Antwort. Noch einmal mußte er fragen. »Was willst du?« knurrte es aus der Ecke. »Jeremia, der Sohn des Hilkija bin ich. Mein Onkel Schallum schickt mich zu dir!« Jetzt endlich kam Leben in die zusammengesunkene Gestalt. Ein bleiches, schmales Gesicht schaute ungläubig zu ihm auf. »Jeremia bist du? Du bist der junge Mann, der schon mehrmals im Tempel gesprochen hat?« – »Ja, ich bin Jeremia aus Anatot. Ich war schon einmal bei dir.« Da ging ein Ruck durch den Gefangenen. Mühsam erhob er sich, von seinen Fesseln behindert, und wankte auf Jeremia zu. »Jeremia! Bist du es wirklich?« Er versuchte mit gefesselten Händen die Hände Jeremias zu ergreifen. »Deine Reden – ich kenne sie auswendig . . .

›. . . mich, die lebendige Quelle verlassen sie . . .
Ist denn Israel ein Sklave oder unfrei geboren . . .?
Von jeher hast du dein Joch zerbrochen . . .!
Vergißt wohl eine Jungfrau ihren Schmuck?
Wenn ein Mann seine Frau entläßt . . .‹

Beim Weben hat man manchmal den Kopf frei. Ich heftete deine Reden an den Kettbaum und lernte sie auswendig.«
Jeremia war sehr bewegt, als er tief im Gefängnis einem Menschen begegnete, dem seine Reden etwas bedeuteten. »Aber jetzt sprich, was willst du von mir?« fragte der Weber. »Mein Onkel schickt

mich. Er möchte die Gründe für deine Klage erfahren!« antwortete Jeremia. Enosch setzte sich auf das Bett an der Längsseite der Zelle. Zu seinem großen Erstaunen sah Jeremia über dem Haupt des Sitzenden an der Wand eine große Zeichnung. Jemand mußte sie in die Wand geritzt haben. Er sah ein großes Netz, in dem verschiedene Menschen unterschiedlicher Größe zappelten. Die Fäden aber hielten übergroß dargestellte Gestalten. Sie wurden dabei von vielen kleinen Gestalten, die rings um das Netz standen und dieses zusammenhielten, unterstützt. Was sollte das bedeuten?
Enosch sprach weiter: »Setz dich, so will ich dir die Gründe nennen! Melek hat mich von zwei Seiten her kaputtgemacht. Mit Kett- und Schußfäden hat er sein Gewebe fein gesponnen. Dabei weiß ich bis heute noch nicht, woher er das Material für die Schußfäden, nämlich das Geld, hatte.« – »Du sprichst in Rätseln!« sagte Jeremia. »Die Kettfäden zu seinem Gewebe, womit er mich fing, waren die Preise für die Wolle, die er bei den Hirten der Wüste Juda hochgetrieben hat. Da konnte ich nicht mithalten. Keiner konnte sie zahlen. Und wenn, dann doch nur ein- oder zweimal. Also hatte ich keine Wolle mehr, um sie zu verarbeiten. Und die Schußfäden? Am Königshof drückte er dagegen die Preise. Bot ich den Hemdenstoff für fünfzig Schekel an, so er für vierzig. Wenn ich aber die gestiegenen Preise für Wolle zugrunde legte, konnte ich nicht unter sechzig verkaufen. Ich habe drei Kinder, meine Frau und zwei Arbeiterinnen zu versorgen. Schließlich ging gar nichts mehr. Ich besaß keinen einzigen Faden mehr für die fünf Webstühle. Nichts mehr hatte ich auf Lager, um es zu verkaufen. Das war der erste Schlag! – Und dann wurde mir mitgeteilt, daß ich nicht mehr königlicher Hoflieferant bin. Der Königshof aber war meine Einkommensquelle. Alle meine Vorfahren haben davon gelebt, den Königshof mit Hemdenstoff zu beliefern, und jetzt war ich am Bettelstab angekommen. Als ich in der tiefsten Not saß kam Melek. ›Arbeite für mich! Vier Schekel Lohn für zehn Meter!‹ Was sollte ich tun? Ich sagte zu. Endlich liefen die Webstühle wieder. Doch dann zahlte er nur drei Schekel. Aber – er hatte mich jetzt ganz und gar in der Hand. Ich mußte Geld bei ihm aufnehmen, nur um mich und meine Familie am Leben erhalten zu können. – So wie mir ging es fast allen in der Webergasse. Da gibt es keinen mehr, der nicht einen Schuldschein bei Melek unterschrieben hat. Gestern nun hat er den Zins für die ausgeliehenen Gelder

um die Hälfte erhöht. Da war meine Geduld zu Ende! Du warst Zeuge, wie wir versuchten, die Schuldscheine an uns zu bringen!«
Jeremia wollte ihn ermutigen, darum sagte er: »Es wird zu einer Gerichtsverhandlung kommen. Da kannst du alles vorbringen, was du jetzt mir gesagt hast. Mein Onkel wird dich unterstützen!«
Enosch lächelte müde: »Ich habe keine große Hoffnung. Melek und seine Hintermänner sind mächtiger. Da ist jemand, der ein Netz gesponnen und es über uns alle geworfen hat, alle Kleinen werden darin zappeln, wie die Wachteln im Netz des Vogelstellers!« – »Ein Netz?« fragte Jeremia. »Ja, ein verschlagener Plan ist das! An ihm werden wir alle zugrunde gehen. Nur die, die das Netz gesponnen haben und die, die es in Händen halten, werden dick und fett!«
Jeremia zeigte auf die Zeichnung an der Wand: »Jetzt weiß ich, was diese Zeichnung zu bedeuten hat. Aber es sind doch nur einzelne, die diesen bösen Plan verfolgen?« – »Es sind sehr viele«, entgegnete Enosch. »Und die Folge der Unterdrückung ist, daß auch die kleinen Leute untereinander sich betrügen. Nur um überhaupt am Leben zu bleiben. Ich weiß nur noch nicht, wer die Großen sind, die das Netz über uns geworfen haben!« Er schwieg eine Zeitlang. Dann sagte er: »Du hast von einem fliegenden Kessel gesprochen . . .!« Der Soldat betrat den Raum. Das Gespräch war beendet.

Der Auftrag, den Schallum seinem Neffen gegeben hatte, war jetzt erfüllt. Jeremia konnte aber noch nicht nach Anatot zurückgehen. Es trieb ihn vor die Stadt hinaus, nach Süden, an jenen Ort an dem er vor zwei Jahren den von Norden heranfliegenden Kessel im Traum gesehen hatte. Jeremia stieg die Skorpionensteige hinauf und hatte auch schon bald jenen Platz gefunden. Er setzte sich. Zu seinen Füßen lag die Stadt. Nichts war zu hören und zu sehen von dem Unrecht und den Gewalttaten, die in den Mauern dieser Stadt geschahen. Keine Spur des unheimlichen Netzes, das dort im ganzen Land ausgeworfen war. Statt dessen hörte Jeremia von der Königsburg her Musik. Festtagsfreude! Jeremia meinte festliche Gewänder zu sehen. Und im gleichen Frieden schien ringsum das Land zu ruhen.
Doch plötzlich, von Norden her, was war das für ein Geräusch? Ein Surren und Brodeln! Jeremia richtete sich auf. Alle seine Sinne waren gespannt. War das wieder der fliegende Kessel? Brachte er jetzt

das Unheil über das Land und die Stadt? Jeremia sank in sich zusammen. Furchtbare Bilder bedrängten ihn! Er schrie auf. Dann fiel er ihn Ohnmacht.
So fand ihn nach einer Stunde Ahikam. Dieser war in seinem Weinberg gewesen, um den Arbeitern Anweisungen zu geben. Als er den Ohnmächtigen sah, rief er einem seiner Arbeiter: »Hilf mir, Jeremia in meinen Wagen zu bringen!« Dann brachte er ihn nach Anatot. Ahikam konnte sich nicht erklären, warum Jeremia in diesem Zustand war.
Erst am Abend erlangte Jeremia wieder das Bewußtsein. Mühsam erhob er sich. Er ging an seinen Schreibtisch. Noch in großer innerer Erregung schrieb er auf, was er im Weinberg Baruchs erlebt hatte. Völlig erschöpft legte er sich dann wieder zu Bett und schlief. Als er am anderen Morgen zu seinem Schreibtisch ging – waren die Blätter verschwunden! Jeremia stürzte in großer Erregung zum Fenster. Er beugte sich hinaus und schaute in den Garten. Große Angst peinigte ihn. Diebe? So etwas war noch nie vorgekommen. Er eilte in den Garten und suchte nach Spuren. Vergeblich.

Am Vormittag des gleichen Tages meldete sich Zuf, ein junger, sportlich aussehender Priester, bei seinem Herrn, dem Oberpriester Uria. Zuf hatte von seinem Herrn mit sechs auserlesenen anderen Priestern zusammen einen für ihr Amt ganz ungewöhnlichen Auftrag übertragen bekommen. Er war Mitglied und Führer der »geheimen Überwachungsgruppe«.
Uria fand es vor einigen Jahren an der Zeit, den Feinden der Lehre der Priester schon frühzeitig nachzuspüren, um sie dann vor das »geheime Gericht« zu ziehen. Seiner Meinung nach wäre es nicht zu unliebsamen Auftritten von Propheten wie Amos und Hosea gekommen, hätte es eine solche Einrichtung schon früher gegeben. Da es angesichts der Minderjährigkeit des Königs keine eigentliche Königsmacht gab, weitete Uria seine Macht im Verborgenen mit der Schaffung dieses scharfen Instruments aus.
Der junge Priester näherte sich seinem Herrn und überreichte ihm zwei Pergamentblätter. Als Uria einige Zeilen gelesen hatte, rief er erstaunt: »Was ist das? Bringst du mir etwa einen Kriegsbericht?« Doch als er dann weitergelesen hatte, rief er: »Jetzt weiß ich es! Ein neues ›Werk‹ dieses ›Knaben‹!«

Doch dann zog er die Augenbrauen hoch. Er pfiff durch die Zähne. »Zuf, das ist ein ganz neuer Ton! Staatsgefährdend!« Er überlegte kurz. Dann sagte er: »Melde mich bei Asaph, dem Befehlshaber der Leibwache. Dieses Papier berührt nicht nur meinen Bereich. Darüber müssen alle oberen Beamten Bescheid wissen!«
Asaph ließ das Schriftstück sofort abschreiben. Dann berief er für den anderen Tag eine Gruppe von höheren Beamten zu sich. Auch Ahikam gehörte zu ihnen. Asaph wußte nicht, daß dieser Jeremia zugetan war.

Die Geladenen versammelten sich im großen Sitzungssaal der Königsburg. Der Prophetenvorsteher, der Weisheitslehrer; Oberpriester Uria hatte den Priester Zuf gesandt; Ahikam und einige höhere Offiziere waren anwesend. Alle hatten Jeremias Schrift gelesen. Elihu, der Weisheitslehrer, und der Priester Zuf hatten überdies von Asaph je einen besonderen Auftrag bekommen.
Asaph rief die Männer in den Südteil des Saales. Dort ließ einst König Usia auf den Fußboden eine große Karte zeichnen, die alle Länder um Juda zeigte. Inmitten eines jeden Staatsgebietes stand, aus Holz geschnitzt, die Figur des Königs, der dort regierte. Die Größe der Figur zeigte seine Macht an. Die Geladenen waren zunächst verwundert. Doch bald verstanden sie die Absicht des Obersten.
Asaph begann: »In diesem Pamphlet wird ein Angriff aus dem Norden beschrieben. Man kann deutlich vier Phasen des Angriffs unterscheiden.«
Asaph setzte einen schwarzen Holzklotz auf die Karte in den Norden Galiläas. »Das sind die fremden Angreifer. Zuerst wird die Zeit unmittelbar vor dem Ausbruch des Kriegs beschrieben.« Asaph schob den Holzklotz mit einem Stab nahe an die Nordgrenze des einstigen Israel heran. »Die Landbevölkerung wird aufgerufen, vor dem Feind in die festen Städte zu fliehen. Die Schockwellen der drohenden Kriegsgefahr dringen bis nach Jerusalem. Die Staatsführung ist gleich zu Anfang völlig demoralisiert!« – »Jetzt folgt der Angriff, die zweite Phase, die das Schriftstück schildert. Von Dan her kommt die Unheilsbotschaft über das Nahen der Feinde!« Asaph schob den Holzklotz über die Grenze und brachte ihn bis Samaria. »Jetzt sind die Feinde schon in Ephraim!« – »Dritte

Phase: Die Stadt Jerusalem, voll mit Flüchtlingen, wird von den Feinden eingeschlossen!« Ruckartig schob Asaph den drohenden Klotz bis vor die Tore der heiligen Stadt. Wie gebannt hörten alle auf Asaphs Worte und blickten auf den schwarzen Klotz. Elihu, der Weisheitslehrer, wischte sich den Schweiß von der Stirn.
Asaph fuhr fort: »Vierte Phase: Untergang der Stadt und des Landes . . .!« Er vermochte seine große innere Erregung kaum zu bändigen: »Der Junge räumt das Land aus. Zerstört ist das Fruchtland, verschwunden sind Menschen und Vögel. Die Städte zerstört! – Ich habe noch nie so etwas Furchtbares gelesen. Es ist wie beim Weltuntergang!«
Ahikam hörte die Schilderung Asaphs mit großer innerer Bewegung. So also sah der fliegende Kessel von Norden in Wirklichkeit aus! Auf einmal verstand er, warum er seinen Freund vorgestern in tiefer Ohnmacht gefunden hatte! Alle anderen aber waren empört. Elihu rief: »Dieser Mann ist gefährlich! Er arbeitet auf den Untergang des Gottesvolkes hin. Er muß zum Verstummen gebracht werden!«
Asaph wandte sich an Elisa, den Vorsteher der Propheten: »Du hast die Schrift gelesen und vor allem die Bildebene untersucht?« Elisa sprach: »Die Bilder, die Jeremia gebraucht, unterstreichen das Schreckliche, das du, Asaph, uns auf der Karte schon vorgestellt hast. Da ist die Rede vom Löwen, vom Völkerwürger; von Glutwind, Sturm und Wettergewölk. Das sind alles Bilder, die Angst erzeugen sollen. In panische Angst soll das Volk versetzt werden! – Wir müssen diesen Jeremia vor Gericht bringen!«
Asaph fuhr fort: »Jetzt noch deinen Bericht, Zuf. Du hast die theologische Seite dieses Machwerks untersucht.« – »Alles, was du uns vorgestellt hast, Asaph, und das, was die Bilder beschrieben, die Elisa gezeigt hat, kommt auf Jahwes Geheiß über uns!« Giftig stieß Zuf hervor: »Wegen unserer Bosheit, behauptet Jeremia. – Ich stimme meinem Vorredner zu: Dieser Staatsfeind, dieser Religionsfeind muß weg, denn jetzt ist es genug!«
Jetzt konnte Ahikam nicht mehr schweigen: »Aber bedenkt doch, meine Herren, wie wollt ihr diese Anklage vor Gericht begründen? Mit dieser Schrift Jeremias, die dann den Richtern vorliegen muß? Jeremia ein Staatsfeind? Lest doch, wie er selbst unter dem leidet, was er schaut:

›O mein Leib, mein Leib,
ich muß mich winden!
O meine Herzenswände . . .‹

Aber nicht nur aus diesem besonderen Aufschrei, aus dem ganzen Stil der Schrift geht hervor, wie er sein Volk liebt. Anklage als Staatsfeind – nein, damit kommen wir nicht durch! – Und überdies: Ruft er nicht deutlich zur Umkehr? Lest doch:

›So wasche nun, Jerusalem,
dein Herz von der Bosheit,
auf daß dir geholfen werde.‹«

Die Worte Ahikams waren so beeindruckend, daß man zu dem Entschluß kam, Jeremia zwar scharf im Auge zu behalten, ihn aber jetzt noch nicht vor Gericht zu ziehen.

Eine Woche später ritt Ahikam im Auftrag des Königs hinauf nach Hazor. Er trug die Schrift Jeremias bei sich. Als er auf dem Heimweg durch Galiläa ritt, las er, was dort über den drohenden Krieg im Grenzland geschrieben stand:

»Verkündet in Juda
und schreit laut in Jerusalem und sprecht:
›Blast die Posaune im Lande!‹
Ruft mit voller Stimme und sprecht:
›Sammelt euch
und laßt uns in die festen Städte ziehen!‹
Richtet in Zion ein Fluchtzeichen auf;
flieht und säumt nicht!
Denn ich bringe von Norden Unheil herzu
und großen Jammer.
Es steigt herauf der Löwe aus seinem Dickicht,
und der Verderber der Völker hat sich aufgemacht
und ist ausgezogen von seiner Stätte,
dein Land zu verwüsten
und deine Städte zu verbrennen,
so daß niemand darin wohnt.

Darum zieht Trauerkleider an,
klagt und heult;
denn der grimmige Zorn des Herrn
will sich nicht von uns wenden.

Zu der Zeit, spricht der Herr,
wird dem König und den Fürsten der Mut entfallen,
die Priester werden bestürzt
und die Propheten erschrocken sein
und sagen: Ach, Herr Herr,
du hast dies Volk und Jerusalem sehr getäuscht,
als du sagtest: ›Es wird Friede bei euch sein‹,
und nun sitzt uns das Schwert am Halse!«

Als Ahikam später durch das Gebirge Ephraim kam, erschütterten ihn die Worte Jeremias vom Heranstürmen des Feindes:

»Zu der Zeit wird man diesem Volk
und Jerusalem sagen:
›Es kommt ein heißer Wind
von den kahlen Höhen aus der Wüste,
geraden Wegs zu der Tochter meines Volks,
nicht zum Worfeln oder Reinigen.‹
Ja, ein Wind kommt auf mein Geheiß,
der ihnen zu stark sein wird;
da will ich dann mit ihnen rechten.
Siehe, er fährt daher wie Wettergewölk,
und seine Wagen sind wie ein Sturmwind,
seine Rosse sind schneller als Adler.
Weh uns! Wir sind verloren!

So wasche nun, Jerusalem, dein Herz von der Bosheit,
auf daß dir geholfen werde.
Wie lange wollen bei dir bleiben
deine heillosen Gedanken?
Horch! Es kommt ein Geschrei von Dan her
und eine böse Botschaft vom Gebirge Ephraim.
Warnt Benjamin,

verkündet in Jerusalem:
Belagerer kommen aus fernen Landen
und erheben Kriegsgeschrei gegen die Städte Judas.«

Es war ihm zumute, als müsse er selbst vor den Feinden fliehen. Er trieb sein Pferd an. Bald näherte er sich Jerusalem. Welches Schicksal kündigte die Schrift Jeremias der Stadt an? Ahikam las:

»Sie werden sich um Jerusalem lagern
wie die Wächter auf dem Felde;
denn es hat mich erzürnt, spricht der Herr.
Das hast du zum Lohn für deinen Wandel und dein Tun.
Das kommt von deiner Bosheit,
daß es so bitter um dich steht
und dir bis ans Herz dringt.
Aus allen Städten werden sie vor dem Geschrei
der Reiter und Schützen fliehen
und in die dichten Wälder laufen
und in die Felsen kriechen.
Alle Städte werden verlassen stehen,
so daß niemand darin wohnt.«

Langsam ritt Ahikam nun durch Anatot, das unweit von Jerusalem lag. Dort stand das Haus, in dem Jeremia wohnte. Er hatte den Untergang des heiligen Landes und des Gottesvolkes geschaut:

»Ich schaute das Land an, siehe, es war wüst und öde,
und den Himmel, und er war finster.
Ich sah die Berge an, und siehe, sie bebten,
und alle Hügel wankten.
Ich sah, und siehe, da war kein Mensch,
und alle Vögel unter dem Himmel
waren weggeflogen.
Ich sah, und siehe, das Fruchtland war eine Wüste,
und alle seine Städte waren zerstört
vor dem Herrn und vor seinem grimmigen Zorn.
Denn so spricht der Herr:
Das ganze Land soll wüst werden,

aber ich will mit ihm doch nicht ganz
ein Ende machen.
Darum wird das Land betrübt
und der Himmel droben traurig sein;
denn ich hab's geredet,
ich hab's beschlossen,
und es soll mich nicht gereuen,
ich will auch nicht davon ablassen.«

Ahikam hielt vor dem Haus, stieg aber nicht ab. Wie dieser Mann unter dem litt, was er sah:

»O mein Leib, mein Leib,
ich muß mich winden!
O meine Herzenswände!
Es wallt mir die Seele,
ich kann nicht schweigen,
denn den Schall der Trompete höre ich,
den Lärm der Feldschlacht;
Niederlage auf Niederlage wird gemeldet.
Denn das ganze Land wird verheert,
plötzlich sind meine Hütten und meine Zelte zerstört.
Wie lange noch soll ich das Fluchtzeichen sehen
und der Posaune Hall hören?
Aber mein Volk ist toll und glaubt mir nicht;
weise sind sie genug Übles zu tun,
aber rechttun wollen sie nicht lernen.«

Mit bleichem Gesicht, bedrängt von den furchtbaren Bildern ritt Ahikam auf Jerusalem zu. »Die Tochter Zion«, so wurde sie in festlichen Liedern genannt, »die Jungfrau!« Jetzt drängte sich Ahikam das Bild auf, mit dem Jeremia seine Gerichtsschau abschloß. Es war so furchtbar, daß es bei der Sitzung unter Asaphs Vorsitz niemand erwähnte. Auch Elisa, der die Bilder darzustellen hatte, unterdrückte es: Die junge Frau, die Braut Gottes – eine Dirne, die meint, sie könne sich für die Eroberer begehrenswert machen und so ihr Leben retten:

»Du aber, was machst du,
daß du dich in Scharlach kleidest,
Goldschmuck anlegst,
daß du dir die Augen mit Bleiglanz schminkst?
Umsonst machst du dich schön!
Die Buhlen begehren dich nicht,
dein Leben wollen sie!
Ja, Geschrei wie von einer Kreißenden höre ich,
Angstgeschrei wie von einer Erstgebärenden,
die Stimme der Tochter Zion,
die aufstöhnend die Arme ausbreitet:
Weh mir! Ich sterbe unter Mörderhand!«

Einer

Jeremia wußte nicht, was aus seiner gestohlenen Rede geworden war. Er stellte sie aus dem Gedächtnis wieder her. Als die Bilder des Kriegs und der Zerstörung wieder vor ihm aufstiegen, spürte er erneut stechende, angstauslösende Schmerzen. »Das ist das Ende für Israel!« stöhnte er.
Aber dann stand er plötzlich auf. Eine Gestalt stand ihm auf einmal vor Augen, die ihm seit früher Kindheit vertraut war – Abraham! Das Gericht Gottes drohte der Stadt Sodom – so wie jetzt Juda und Jerusalem.

»Es ist ein großes Geschrei über Sodom und Gomorra,
daß ihre Sünden sehr schwer sind . . .«

Was tat Abraham, als er davon hörte? Er betete für die bedrohte Stadt:

»Willst du den Gerechten mit dem Gottlosen umbringen?
Es könnten vielleicht fünfzig Gerechte in der Stadt sein;
wolltest du sie umbringen
und dem Ort nicht vielmehr vergeben
um der fünfzig Gerechten willen, die darin sind?«

In dem Ringen mit Gott, das nun anfing, senkte Abraham die Zahl der Gerechten bis auf zehn. Abraham bat für eine ihm fremde Stadt. Mußte sich da Jeremia nicht einsetzen für sein Volk und für Jerusalem? Mußte er jetzt nicht das Amt ausüben, das zu dem des Propheten gehörte, das der Fürbitte?
Jeremia kniete nieder. Tief beugte er sein Haupt. Er sprach: »Ach Herr, du bedrohst unser Volk und deine Stadt mit dem Gericht. Wir haben es verdient. Ich weiß es. Aber – wie einst Abraham für die heidnische Stadt Sodom bat, so bitte ich dich für deine Stadt, für Jerusalem . . .« Jeremia schwieg. Er wagte nicht eine Zahl von Gerechten zu nennen, die man in der Stadt wohl finden könnte um derentwillen sie dann verschont würde. Aber wenn er daran dachte, daß Jerusalem Gottes Stadt war, in der der Tempel des Herrn stand, in der Priester und Propheten sich um den Willen Gottes mühten, dann meinte er, an fünfzig Gerechte denken zu dürfen.
Jeremia verharrte in gebeugter Haltung. Dann hörte er die Stimme des Herrn:

»Durchstreift die Gassen Jerusalems,
seht doch
und forscht, und sucht
auf den Straßen der Stadt
ob ihr einen findet,
ob einer da ist, der Recht übt
und nach Wahrhaftigkeit strebt,
so will ich ihr vergeben.«

»Durchstreift! – Sucht! – Forscht!« Das war zwar ein Auftrag an viele, Jeremia aber bezog ihn auf sich selbst. Er war ganz überwältigt als er hörte: Nicht fünfzig; einer! Wenn er in Jerusalem nur einen einzigen Gerechten fand, so war die Stadt gerettet! Dann wären alle bedrohlichen Bilder und Worte nichtig!
Jeremia sprach: »O Gott, ich danke dir! Du bist so, wie du dich einst Mose geoffenbart hast auf dem Sinai. Barmherzig, gnädig und geduldig bist du! Du bleibst dem Bund treu, den du mit deinem Volk geschlossen hast!«
Niemand wußte, in welch einmaliger Mission sich Jeremia am anderen Tag auf den Weg nach Jerusalem machte. Er trug die Worte

des Herrn, die er in der Nacht gehört hatte, aufgeschrieben bei sich und wiederholte sie immer wieder:

»Durchstreift die Gassen Jerusalems,
seht doch und forscht . . .
ob einer da ist . . .«

»Recht und Wahrhaftigkeit«, das waren die Grundlagen des Bundes, den Gott mit seinem Volk geschlossen hatte. So mußte jetzt Jeremia in Jerusalem einen Menschen finden, der sich vom Recht Gottes leiten ließ und im Zusammenleben mit seinen Mitmenschen wahrhaftig, treu und zuverlässig war. Aber wie sollte er ihn unter den sechstausend Einwohnern der Stadt finden?

Als Jeremia in die Stadt kam, eilten viele Menschen zum Gerichtsplatz im Taltor. »Da findet heute die Gerichtsversammlung gegen den Weber Enosch statt!« Das Taltor wurde aus vier mächtigen Ecktürmen gebildet, von denen zwei direkt mit der Stadtmauer verbunden waren. Die beiden anderen standen zehn Meter vor der Mauer. Zwischen diesen vier Türmen war ein freier Platz, das »Tor«.
Als Jeremia zum Taltor kam, hatten sich dort schon viele Menschen versammelt, bis vor die Stadt hinaus. Jeremia gelang es noch am Eingang zum »Tor« einen Platz zu finden, von dem aus er die Geschehnisse verfolgen konnte. Die Richter hatten an der Nordseite des Tores Platz genommen. Über ihnen hingen steinerne Tafeln mit den Zehn Geboten. Jeremia kannte den Richter, der den Vorsitz führte. Er hieß Obed.
Dieser schlug dreimal mit einem Hammer auf den Tisch und rief: »Im Namen des Königs! Ich eröffne die Verhandlung gegen den Weber Enosch und zwei Mitangeklagte. Sie sind angeklagt wegen Aufruhrs, Hausfriedensbruchs, Raubs und des schwersten Verbrechens – des Mordes an dem Weber Melek!«
Seit Menschengedenken war vor diesem Gericht keine Mordsache mehr verhandelt worden. Alle Versammelten warteten gespannt auf die Verhandlung und deren Ausgang. Der Richter fuhr fort: »Enosch, was hast du zur Sache zu sagen?« Enosch stand mit gesenktem Haupt da. Als er anfing zu sprechen, erhob er es nur wenig. »Es sind zwei Anklagen, Herr Richter, wegen Aufruhrs und

wegen Mords. Zuerst zum Anklagepunkt Aufruhr!« Jetzt wurde es ganz still. »Melek hat große Not über mich und über meine Familie gebracht. Er hat die Wollpreise so in die Höhe getrieben, daß weder ich noch die anderen Weber in der Lage waren, Wolle zu kaufen. Die Webwaren verkaufte er dagegen so billig, daß niemand mehr unsere Waren abnahm. Das alles haben wir Weber geduldig ertragen, aber als er dann den Zins für geliehenes Geld erhöhte . . .« – »Dann bist du losgestürmt mit dem Weberbaum«, unterbrach ihn Obed. »Deine Mitangeklagten und viele andere Weber sind dir gefolgt. Ihr habt die Tür aufgebrochen, Melek erschlagen und die Schuldbriefe vernichtet. Ist es so?«
Jetzt meldete sich der Angeklagte Micha zu Wort: »Es ist nicht so gewesen, Herr Richter. Nicht wir haben die Tür aufgebrochen und miteinander Melek erschlagen!« – »Wie ist es dann gewesen?«, fragte der Richter. Micha schluckte. Dann sprach er: »Enosch hat die Tür allein aufgebrochen. Er allein hat Melek erschlagen!« – »Das ist nicht wahr!« rief Enosch heftig. Doch Enosch mußte zu seinem Entsetzen bemerken, daß der andere Angeklagte Micha recht gab.
Jeremia war entsetzt. Er hatte alle drei mit Enosch zusammen die Tür aufbrechen sehen. »Könnt ihr das beschwören?« fragte der Richter. Es wurde im Tor und draußen vor der Mauer totenstill. »Wir können es!« riefen sie. »So schwört: So wahr Jahwe lebt: Wir waren am Aufbrechen der Tür und an der Ermordung Meleks nicht beteiligt!« – »Aber – Herr Richter!« rief Enosch entsetzt. »Schwört!« rief dieser. Die beiden wiederholten die Worte des Richters. Jeremias Herz klopfte heftig. Der Schweiß brach ihm aus.
»Herr Richter! Ich kann das Gegenteil beschwören!« – »Wer bist du?« – »Jeremia aus Anatot!« Der Richter wiederholte den Namen Jeremias mit einem gehässigen Unterton. »Du hast also die drei Angeklagten beim Aufbrechen der Tür gesehen?« – »Ja!« – »Das ist nicht wahr, Herr Richter!« rief Micha. »Dieser junge Mann war so weit von uns entfernt, daß er gar nicht sehen konnte, was vor dem Haus geschah!« – »Du beschwörst auch das, Micha?« – »So wahr Jahwe lebt!«
Jeremia schwieg bestürzt. Nur mit Mühe konnte er dem weiteren Verlauf der Verhandlung folgen. Richter Obed mit seinen Beisitzern wies alle Vorstellungen Enoschs zurück. Sie rechtfertigten das

Vorgehen Meleks. Auch der Tod Meleks wurde Enosch allein angelastet. Der Richter sprach das Todesurteil. Enosch schrie: »Ich lege Berufung ein beim Gericht des Königs!«

Jeremia verließ den Gerichtsplatz wie betäubt. Die Worte Jahwes dröhnten ihm im Ohr:

»Seht doch und forscht . . .
ob ihr einen findet,
ob einer da ist, der Recht übt,
der nach Wahrhaftigkeit strebt . . .«

Er hat an dem Ort gesucht, wo sich Recht und Wahrhaftigkeit zeigen mußten. Aber – der eine Gerechte war hier nicht zu finden . . . Schon wollte er niedergeschlagen nach Hause gehen. Da beunruhigten ihn die Worte Jahwes:

»Durchstreift . . . seht . . . forscht . . . sucht . . .«

Nur einen Teil der Einwohner Jerusalems hatte er beobachtet. Noch einmal wollte er sich auf die Suche machen. Er mußte gründlicher sein, denn das Leben der Stadt hing davon ab.
Noch in der Nacht schrieb Jeremia ein Gesuch an das Gericht des Königs: »Die Unterzeichneten bitten das königliche Gericht um Aufhebung des Todesurteils gegen den Weber Enosch und um neue Verhandlung der Sache vor dem Gericht des Königs. Recht und Wahrhaftigkeit sollen im Volk Gottes walten. Dafür unterschreiben wir mit dem Buchstaben »Mem« (mischpat) für Recht und »Aleph« (amuna) für Wahrhaftigkeit!«
Mit diesem Gesuch ging Jeremia am anderen Tag zuerst in die Gasse der Weber und Färber. Er ging von Haus zu Haus, von Werkstatt zu Werkstatt und trug sein Anliegen vor. Jedermann in Jerusalem kannte die Sache von Enosch. Aber – es gab niemand, der das harte Urteil für Unrecht hielt, obwohl bisher nicht endgültig geklärt werden konnte, wer der Mörder war. »Tretet ein für Recht und Wahrhaftigkeit! Unterschreibt doch! Das Leben des Webers Enosch hängt davon ab!«
Als der zweite Tag zu Ende ging, war Jeremia in der Gasse der klei-

nen Händler beim Ecktor angelangt. Kein einziger Buchstabe stand auf dem Gesuch.
Jeremia war tief erschüttert. Auf dem Heimweg dachte er über die »Kleinen« nach. Die Mühe des Alltags lastete so schwer auf ihnen, daß sie das Gesetz Gottes nicht studieren konnten. Sicher hatten auch viele Angst vor noch schwererem Druck der Mächtigen. Schwer lastete jetzt Jahwes Wort auf Jeremia:

»Seht doch und forscht,
und sucht . . . ob ihr einen findet,
ob einer da ist, der Recht übt
und nach Wahrhaftigkeit strebt,
so will ich Jerusalem vergeben.«

Es hatte sich keiner gefunden! Aber da sah Jeremia auf einmal eine letzte Hoffnung: Die Reichen, Mächtigen, die Großen. Sie kannten ihre Pflicht gegen Gott. Sie waren gebildet. Der Druck des Alltags belastete sie nicht im selben Maße wie die kleinen Leute. Zu ihnen wollte er morgen gehen.
Jeremia nahm gleich nach Sonnenaufgang am Morgengottesdienst im Tempel teil. Den ganzen Tag über eilte er durch die vornehmen Viertel. Er ging von Haus zu Haus, klopfte an alle Haustüren. Aber überall begegnete ihm eisige Ablehnung. Sein Vorhaben hatte sich herumgesprochen. Die »Großen« waren vorgewarnt. Aber Jeremia ließ sich nicht abschrecken. Er mußte seine Arbeit gründlich tun. Bis zum Schluß hoffte er, den einen Gerechten doch noch zu finden.
Es wurde Abend. In der Davidstadt hatte Jeremia noch drei Häuser vor sich: das Haus Asaphs, des Befehlshabers der Leibwache, das des Weisheitslehrers Elihu und – das Kalebs.
Jeremia klopfte an das Haus des Befehlshabers der Leibwache. Ein Diener öffnete. Jeremia begann: »Ich komme in der Sache des Enosch. Ihm ist Unrecht . . .« Der Diener unterbrach Jeremia: »Entschuldige, junger Mann. Mein Herr läßt dir sagen, er habe die Akten dieses Falles genau studiert und finde das Urteil gerecht.« Ohne ein weiteres Wort schloß er die Tür.
Der Weisheitslehrer Elihu bat ihn ins Haus. Zum erstenmal betrat Jeremia das Haus eines vornehmen Bürgers von Jerusalem. Da standen Statuen an den Wänden, Blumen in wertvollen Vasen dazwi-

schen. Elihu geleitete Jeremia in sein Arbeitszimmer und bat ihn sich zu setzen. Bevor er Jeremia zu Wort kommen ließ sprach er: »Ich kenne dein Anliegen. Es ist dieses Bittgesuch an das königliche Gericht wegen Enosch. Lieber Jeremia! Ich kenne deinen Vater und schätze ihn als gewissenhaften Priester. Wäre es für dich nicht viel besser, wenn du eine Ausbildung als Priester beginnen würdest, anstatt dich in Sachen einzumischen . . .«
Jeremia hatte jetzt noch einen einzigen Besuch zu machen, den bei Kaleb. Sollte er ihn nicht auslassen, weil hier nach allem, was er von Kaleb gehört hatte, nichts zu hoffen war? Doch wieder klangen ihm die Worte Gottes im Herzen:

». . . seht . . . forscht . . . sucht . . .«

Zaghaft klopfte er an die Tür. In der Tiefe seines Herzens wünschte er, Kaleb möge nicht zu Hause sein.
Doch da stand er schon vor ihm. Der reichste Mann Judas, der Erfinder des »Netzes« und einer der Hauptfeinde des Propheten stand ihm gegenüber. Flüchtig, aber deutlich genug nahm Jeremia einen Geruch wahr, der ihm bekannt vorkam. Plötzlich fiel es ihm ein: Mizpa, Ester! Ihr Parfüm!
Kaleb war ein mittelgroßer, kräftig gebauter, schon etwas beleibter Mann von ungefähr vierzig Jahren. Unter dem schwarzen Haar zeigte sich eine breite Stirn und eine kräftige Nase. Lippen und Kinn zeigten Jeremia den willensstarken Menschen, der kein Mittel scheute, um zu seinem Ziel zu gelangen. Mit scharfem Blick musterte er den jungen Mann, der vor ihm stand. »Jeremia, Sohn des Priesters Hilkija . . .« sagte er mit spöttischem Unterton. »Ich weiß, was du willst. Aber du bist an der falschen Adresse. – Was hast du schon getan, Priestersohn, in deinem Leben? Ich aber habe mir dies alles hart erkämpfen müssen!« Er wies mit der Linken auf den Luxus, der ihn umgab. »Ich habe in harten Erfahrungen gelernt, daß im Leben nur zwei Dinge zählen – die Macht und das Geld! Dabei ist Geld fast wichtiger; mit ihm kann man die Mächtigen kaufen und selber mächtig sein. Bei Baal finde ich dieselben Erfahrungen im Bild des Gottes dargestellt!« Er wies auf eine kleine Baalstatue. »Ich rate dir, laß die Finger von der Sache mit Enosch. In Melek bin auch ich getroffen. Diese Weber sollen

meine Macht spüren. Und jetzt ...« Er ging zur Tür und öffnete sie.

Die Nacht brach schon herein, als Jeremia nach diesem aufwühlenden Erlebnis den Tempel betrat. Der weite Vorhof war fast leer. Lange blieb Jeremia wie verloren stehen. Kein Gerechter! Nicht unter den »Kleinen«, nicht unter den »Großen«! Aber – war da nicht auch Ahikam, war da nicht auch er selbst? Aber wer war wirklich »gerecht«, ganz treu in seinem Verhältnis zu Gott und zu den Menschen? In der Nähe des Brandopferaltars war niemand. Dort kniete sich Jeremia nieder und sprach:

»Herr,
deine Augen wollen ja Recht und Wahrhaftigkeit sehen,
aber auch, wenn sie ›So wahr Jahwe lebt!‹ sagen,
fürwahr, einen Meineid schwören sie.
Du schlägst sie, aber sie fühlen's nicht;
du machst fast ein Ende mit ihnen,
aber sie bessern sich nicht.
Sie haben ein Angesicht, härter als Fels
und wollen sich nicht bekehren.
Ich aber dachte: Wohlan,
es sind arme, unverständige Leute
und wissen nicht um des Herrn Weg
und um ihres Gottes Recht.
Ich will zu den Großen gehen
und mit ihnen reden;
die werden um des Herrn Weg
und ihres Gottes Recht wissen.
Aber sie alle haben das Joch zerbrochen
und die Seile zerrissen!«

Tränen rannen über Jeremias Gesicht. Er hörte die Antwort des Herrn:

»Darum wird sie auch der Löwe aus dem Walde zerreißen,
und der Wolf aus der Steppe wird sie verderben,
und der Panther wird um ihre Städte lauern;

alle, die von da herausgehen, werden zerfleischt.
Denn ihre Sünden sind zu viele,
und sie bleiben in ihrem Ungehorsam.«

Jeremia wußte es: Löwe, Steppenwolf und Panther, das waren Bilder für die Mächte, die Juda überwältigen werden.
Jeremia war völlig verzagt. Er mußte dem Todesurteil über sein Volk recht geben. Würde Abraham noch etwas unternommen haben, wenn er erfahren hätte, daß in Sodom keine zehn Gerechte waren? Mußte jetzt nicht auch Jeremia schweigen und das Gericht abwarten?
Aber da raffte er auf einmal alle seine Sinne zusammen: Nein, nein! Er mußte weiter gehen, als Abraham einst ging. Jakob fiel ihm ein. »Ich lasse dich nicht, du segnest mich denn«, rief dieser als er in der Nacht mit dem Engel kämpfte. Da segnete Gott ihn und vergab ihm seine große Schuld. Jeremia faßte Mut. Er wagte, was bisher noch keiner gewagt hatte »Ach Herr . . .« stöhnte er aus heißem Herzen hervor, »ach Herr, du hast einst Jakob vergeben, der so große Schuld auf sich geladen hat! Barmherziger, gnädiger Gott, vergib deinen Kindern, vergib auch Israel seine Schuld!«
Die Nacht war jetzt hereingebrochen. Da sprach Gott zu Jeremia:

»Warum soll ich dir, Israel, vergeben?
Deine Söhne haben mich verlassen
und schwören bei dem, der nicht Gott ist.
Als ich sie satt gemacht hatte, trieben sie Ehebruch
und liefen ins Hurenhaus.
Wie die vollen, müßigen Hengste führen sie sich auf:
Jeder wiehert nach der Frau seines Nächsten.«

Ja, so war es. Jeremia konnte dem kein Wort entgegenhalten.

»Darum spricht Jahwe:
Sollte ich solche Leute nicht heimsuchen,
oder an einem derartigen Volk nicht Rache üben?
Stürmt ihre Weinberge hinauf
und zerstört die stützenden Mauern;
aber verwüstet sie nicht ganz!

Reißet ihre Weinranken weg;
denn sie gehören nicht dem Herrn!
Sie verachten mich, spricht der Herr,
das Haus Israel und das Haus Juda.«

Jeremia lag tief gebeugt auf den Steinen vor dem Brandopferaltar.
Das war das Verwerfungsurteil!
Schon in früher Jugend hatte Jeremia sich das Weinberglied Jesajas, seines großen Vorgängers, eingeprägt:

»Wohlan, ich will euch zeigen,
was ich mit meinem Weinberg tun will!
Sein Zaun soll weggenommen werden,
daß er verwüstet werde;
und seine Mauer soll eingerissen werden,
daß er zertreten werde.«

Jetzt hatte Jeremia hundert Jahre nach Jesaja den Befehl Gottes an die Zerstörer seines Weinbergs gehört.
Zur selben Zeit, als Jeremia nach Jerusalem ging, um nach dem einen Gerechten zu suchen, klopfte Zuf, Priester und Leiter der »geheimen Überwachungsgruppe« an die Tür des Dienstzimmers seines Herrn, des Oberpriesters Uria. Der Oberpriester wußte, warum er kam: »Ich habe das Protokoll der Sitzung bei Asaph gelesen. Schwächlinge! Jetzt müssen wir selbst etwas gegen Jeremia unternehmen. Zu was rätst du mir?«
Als Jeremia nach Hause kam, überreichte ihm seine Mutter mit ängstlichem Blick ein versiegeltes Schreiben des Oberpriesters. »Was will er von dir? Deine Reden . . .!« Jeremia versuchte sie zu beruhigen: »Hab keine Angst. Es wird einen Ausbildungsplatz für mich in der Priesterschule geben!«
Als er in seinem Zimmer war, öffnete er hastig das Schreiben: »In meiner Vollmacht als vom König eingesetzter Oberpriester lade ich dich, Jeremia, Sohn des Hilkija, zu einem Gespräch in meine Diensträume. Der Termin dafür ist heute in drei Tagen zu Beginn der ersten Nachtwache. Uria, Oberpriester.«
Als Jeremia nach drei Tagen zur festgesetzten Zeit das Dienstzimmer des Oberpriesters betrat, fand er nicht diesen vor, sondern

einen ihm unbekannten Priester. »Folge mir!« sprach dieser und führte ihn zu seinem Erstaunen in Räume, die unter der Erde lagen. Immer tiefer schien es zu gehen. Beängstigend war die Fülle der verwinkelten Gänge, durch die Jeremia geführt wurde. Schließlich brachte ihn sein Führer in einen großen, gewölbten Raum, der mit Öllampen erhellt war. Der Priester führte ihn zu der der Tür entgegengesetzten Seite und wies ihn an: »Bleib hier stehen! Achte darauf!« Er verließ ihn. Jeremia war allein in dem dunklen, unheimlichen Kellergewölbe.

Als er sich umsah, bemerkte er zu seinem Erstaunen an den Wänden links und rechts große Plakate. Drei waren es auf jeder Seite. Auch zu seiner Linken hing eins. Und dann erkannte er auf einmal was das war. Seine Reden! Da die »Quellrede«, die »Sklavenrede«, die »Jochrede«. So ging es weiter. Und da – links – das war die »Kriegsrede«, die man ihm gestohlen hatte. Schon wollte Jeremia nähertreten, als er sich an die eindringliche Warnung des Priesters erinnerte – zu seinem Glück.

Denn plötzlich standen ihm gegenüber, als wären sie aus dem Boden gewachsen, sieben Gestalten. An den Gewändern sah Jeremia, daß es sich um Priester handelte. So unheimlich aber wirkten sie, weil alle Kopf und Gesicht unter einer spitzen, weißen Kapuze verbargen, aus der nur die Augen herausschauten. Jeder der sieben Unheimlichen trug eine brennende Fackel.

»Du stehst hier vor der ›geheimen Überwachungskommission‹. Hüte dich davor, uns nicht zu gehorchen und irgend einem Menschen zu sagen, was du jetzt erfährst. Unsre Macht, zu schaden, ist groß!« Als der erste Vermummte das sprach, öffneten sich mit schmetterndem Schlag drei Falltüren, genau an den Stellen, wo seine Reden hingen. Jeremia blickte starr vor Schrecken in die Tiefe, die sich kaum einen Fußbreit links neben ihm gähnend öffnete. – Dann schlossen sie sich wieder.

Nun begann der Vermummte in der Mitte: »Sind das deine Reden? »Ich kann sie nicht genau erkennen«, antwortete Jeremia. – »Tritt ruhig ohne Angst näher«, sprach der Priester. Jeremia trat näher und las, was auf den großen Papieren stand. »Geh wieder zurück an deinen Platz! Sind das deine Reden?« – Es sind sie«, antwortete Jeremia wahrheitsgemäß.

»Fünf Irrtümern bist du erlegen: Erstens verfälschst du das Bild unsres Gottes. Unser Gott ist ein barmherziger Gott. Bei dir ist er voll Zorn und Gedanken des Gerichts. Gott aber ist die Liebe. Er will das Heil seines Volks. Zweitens beschimpfst du das erwählte Volk Gottes. Du nennst es eine Dirne, eine ehebrüchige Frau. Wir aber sind Gottes erwähltes und darum geliebtes Volk. Drittens bedrohst du das Volk Gottes mit Vernichtung. In deinen Reden liegt in diesem Punkt eine Steigerung vor, die ihren unerträglichen Höhepunkt in deiner letzten Rede erreicht hat. Das erwählte Volk Gottes aber wird in Ewigkeit bestehen. Viertens wirfst du unsrem Volk allgemeinen Abfall zum Baal vor. Das ist eine Beschimpfung des Volkes, das sich Tag für Tag und Fest für Fest vor seinem Gott im Heiligtum versammelt. Fünftens lastest du das alles uns Priestern und Propheten an. Das ist eine Beleidigung dieser von Gott eingesetzten Stände! Fünf Ketzereien! Wiederhole sie nicht!«

Jeremia wollte reden, sich rechtfertigen. Doch im selben Augenblick hielten alle sieben ihm drohend ihre Fackeln entgegen: »Schweig! – Hüte dich! Was ist das denn für ein Gott, von dem du redest und in dessen Auftrag du angeblich sprichst? – Ein Nichts ist das! Ein Gespinst deiner Phantasie! Und was ist es mit dem Gericht, das du androhst? Uns trifft kein Unheil! Schwert und Hunger erleben wir nicht! Und ihr angeblichen ›Propheten‹? Was sind eure Worte? Luft! Kein Gotteswort!«

Dann schritten die sieben Vermummten zu den Plakaten und zündeten sie an. Die Flammen züngelten empor. Jäh öffneten sich ein zweites Mal die Falltüren. Langsam fielen die verkohlten Reste seiner Reden in die gähnende Tiefe.

Am anderen Tag ging Jeremia in Anatot in den Garten hinter dem Haus. Wie ein Stachel im Fleisch schmerzten ihn die Worte:

»Und die Propheten?
Die erweisen sich als Luft,
das Wort Gottes ist nicht in ihnen.«

Waren seine Worte leer? War wirkungslos, was er gesagt hatte? Da sah er, daß der Mandelbaum blühte. Er erinnerte sich an die Worte, die er vor drei Jahren hier im Garten gehört hatte:

»Ich will wachen über meinem Wort, daß ich's tue.«

Am Abend schrieb Jeremia auf, was Gott zu ihm unter dem Mandelbaum am Tag nach jenem schrecklichen Geschehen sprach:

»Darum spricht der Herr, der Gott Zebaoth:
Weil ihr solche Reden führt,
siehe, so will ich meine Worte in deinem Munde
zu Feuer machen
und dies Volk zu Brennholz,
daß es verzehrt werde.
Siehe, ich lasse über euch kommen
ein Volk aus der Ferne,
ihr vom Haus Israel,
ein unüberwindliches Volk ist es.
Es verwüstet deinen Weinstock und Feigenbaum,
es zertrümmert deine festen Städte,
auf die du dich verlässest.«

Jeremia sah die furchtbaren Auswirkungen dieses Wortes. Das Land wurde zur Wüste, menschenleer. Noch einmal raffte er sich auf, noch einmal sträubte er sich gegen das Unheil. »Suche sie nicht heim, strafe sie nicht!« flehte er inständig. Doch da fielen wie endgültige Hammerschläge die Worte:

»Es finden sich in meinem Volk Gottlose,
die das Netz knüpfen,
wie Vogelsteller Fallen stellen,
um Menschen zu fangen.«

Jeremia mußte es bestätigen. Das war das »Netz« der Unterdrükkung, das Kaleb erfunden hatte und zu dem die Mächtigen ihre Zustimmung gaben:

»Wie ein Korb mit Vögeln voll ist,
so sind ihre Häuser voll von Betrug:
Auf solche Art sind sie groß und reich geworden,
fett und dick;
dabei unterstützen sie den Bösewicht in seiner Sache,
ums Recht ist es ihnen nicht zu tun.«

Jeremia sah den Richter vor Augen, der in der Sache Enoschs »Recht« gesprochen hatte. Auch die Rechtssprechung diente dem »Netz«:

»... der Waisen Sache fördern sie nicht,
daß ihnen ihr Recht werde,
und helfen den Armen nicht zum Recht.«

Jeremia beugte tief sein Haupt:

»Sollte ich das an ihnen nicht heimsuchen, spricht der Herr,
und sollte ich mich nicht rächen an einem Volk wie diesem?«

Das »Esterfest«

Ester stand im Badezimmer vor dem Spiegel. Hinter ihr, im Wohnzimmer, waren zwei Dienerinnen damit beschäftigt, die Kleider der Herrin bereitzulegen. Ester machte heute die Hauptprobe für ein großes, dreitägiges Fest, das in einer Woche im Libanonwaldhaus stattfinden sollte. Kaleb und Ester richteten es aus. Jetzt sprach man überall vom »Esterfest«.
Vor dem Spiegel hatte sie bereits mit braunem Bleiglanz die Augenbrauen nachgezogen. Jetzt malte sie die Augen mandelförmig aus. Sie wandte sich zu der Dienerin mit Namen Debora: »Sind sie so groß genug?« – »Du mußt die Mandelform noch mehr betonen«, gab jene ihrer Herrin zur Antwort.
Debora war gerade dabei, das weiße Spitzenkleid der Herrin zurechtzulegen, da rief Ester unvermittelt aus: »Ein verrückter Kerl!« »Wen meinst du denn damit?« fragte die Dienerin. »Da, lies mal!« Ester reichte ihr ein Papyrusblatt. Debora las mit Zeichen wachsender Verwunderung:

»Ob du dich auch in Scharlach kleidest,
mit Goldschmuck dich schmückst,
mit Bleiglanz die Augen schminkst ...«

Debora ließ das Blatt voll Staunen sinken: »Es ist ja gerade, als ob ein Dichter dich beschreiben würde, Herrin!« – »Ich denke schon, daß der Verfasser an mich gedacht hat!« antwortete sie. »Wer ist es denn?«, wollte Debora wissen. »Jeremia heißt der verrückte Kerl, ein jüngerer Bruder meines ersten Mannes.« – »Ach, der Prophet?« fragte Debora. »Er beschreibt mich so, wie er mich vor drei Jahren in Mizpa gesehen hat«, sagte Ester lachend. »Er nimmt mich als Bild für die von schrecklichen Feinden bedrohte Stadt.« Debora zeigte auf das Papyrusblatt: »Das Ende der Geschichte ist schrecklich!« – »Ja, da erleidet die Tochter Zion den Tod durch Mörderhand«, sagte Ester. »Aber mach dir keine Sorgen, Jeremia ist ein gutmütiger Kerl. Nur leider auch ein Phantast. Reich mir jetzt den Goldschmuck!«
Während Debora ihrer Herrin eine Halskette umlegte, fuhr Ester fort: »Bei diesem Fest werden wir zeigen, daß wir voll Zukunftshoffnung sind. Wir werden die Worte dieses Unruhestifters Lügen strafen!« Debora bewunderte ihre Herrin: »Ach, wie du jetzt dastehst, mit dem weißen Kleid, dem Goldschmuck und so kunstvoll geschminkt, siehst du aus wie das blühende Leben selbst!« – »Danke. Reiche mir jetzt die Liste der Eingeladenen«, gebot Ester.

Am Abend begann das Fest in der Libanonwaldhalle an der Ostseite der Königsburg. Viele der Geladenen fuhren mit dem Wagen vor. Sie stiegen aus und gingen auf die Halle zu. Man hatte sich etwas Besonderes einfallen lassen: Um die Verschiedenheit der Stämme und Völker kenntlich zu machen, sollten alle Gäste in der jeweiligen Stammes- oder Landestracht erscheinen! Die Judäer und Judäerinnen hatten sich auf die Grundfarben Weiß für die Kleidung und Blau für den Gürtel geeinigt. Wer aber aus dem Stamm Benjamin kam, trug eine rote Kleidung und einen schwarzen Gürtel. Die Zuschauer an der Königsstraße staunten, in welch vielfältigen Formen man diese Kleidung tragen konnte. Dazu kamen die bunten Trachten der Geladenen aus anderen Völkern. Phönizier und Phönizierinnen konnte man sehen, sogar Babylonier und Babylonierinnen. Wahrhaftig, das »Esterfest« war international. Man sah, Kaleb hat Beziehungen fast in der ganzen Welt.
Jetzt betraten die Gäste die Halle, die prächtig mit Blumen und

wertvollem Geschirr geschmückt war. Noch mehr aber zog die Blicke etwas anderes an. An der Decke hing, lässig gespannt, ein Netz aus goldenen Fäden. Alle wußten, was das bedeutete, denn mit der Idee des Netzes hatte Kalebs Aufstieg begonnen, und jeder der sich jetzt in der Halle befand, war in irgendeiner Weise mit diesem Netz verwoben.

Doch dann verstummten die Gäste. Die, die am Eingang zur Festhalle standen, begannen zu klatschen. Das Klatschen steigerte sich und wurde zu einem gewaltigen Rauschen, zwischen das sich Hochrufe mischten, denn Ester und Kaleb betraten den Saal.

Ester trug ein wunderbares Seidenkleid, das sie aus Phönizien bezogen hatte. Darüber einen leichten Überwurf aus Scharlach. Wie eine Königin sah sie aus. Am Hals glitzerten Perlen und in ihrem schwarzen Haar trug sie ein feingeschmiedetes Diadem aus Gold. Neben ihr ging Kaleb. Sein Kleid bestand aus feinem ägyptischen Leinen und darüber hatte er lässig ein Leopardenfell geworfen. Sie grüßten nach links und rechts. Kaleb geleitete Ester bis zur Stirnseite im Osten des Saales.

Die Gäste setzten sich. Man sah es deutlich an den vielen weiß- und blaugekleideten Gästen, die Judäer waren in der Überzahl. Kaleb sprach: »Ich danke euch allen, die ihr zu diesem Fest gekommen seid. Man nennt es das ›Esterfest‹ zu Ehren meiner Frau. Was wollen wir am ›Esterfest‹ feiern? Wir möchten mit diesem Fest etwas sichtbar machen. Alle Bürger und Bürgerinnen dieses Landes und auch alle Gäste aus dem Ausland sollen sehen, daß wir in Jerusalem sicher und geborgen leben. Nichts ängstigt uns. Sicherheit verbürgen uns die festen Mauern der Stadt und das Heer, das sie zu verteidigen bereit ist. Aber nicht nur die Bürger dieser Stadt sind sicher. Wir haben soviel Platz in unserer Stadt und sind so reichlich mit Vorräten versehen, daß wir im Kriegsfall alle Benjaminiten aufnehmen könnten. Ein Gefühl der Sicherheit und Geborgenheit soll ausgehen auf uns alle von diesem Fest, dem ›Esterfest!‹«

Begeistert klatschten die Gäste Beifall. Dann betrat der Prophetenvorsteher Elisa die Bühne: »Im Namen aller Gäste danke ich dir, Ester, und dir, Kaleb, für die Einladung. Was du, lieber Kaleb, eben ausgesprochen hast, das läßt sich in einem Wort zusammenfassen, aber einem von tiefer Bedeutung: Friede! Daß wir den Friedenszustand erreicht haben, von dem du sprachst, das haben wir zu einem nicht geringen Teil deinem unermüdlichen Einsatz zu verdanken. Der Friede Gottes sei mit dir, Ester! Der Friede Gottes sei mit dir, Kaleb! Friede, Friede!« rief er allen zu.

Ein Blitzschlag hätte keine heftigere Wirkung haben können als das, was dann geschah. »Diese starke Festung wird uns schützen?«, wiederholte jemand die Worte Kalebs, stellte sie aber in Frage. »Die stärkste Festung wird nicht schützen, darum ›flieht, ihr Leute von Benjamin‹.«

Kaleb wollte aufspringen, denn er wußte sofort, daß Jeremia es war, der sein Fest störte. Auf Kalebs Fest aber würde es keine Redefreiheit für Angstmacher und gefährliche Träumer geben. Da fühlte er wie Ester ihn an der Hand faßte: »Laß den Phantasten reden, mir zuliebe!« Alle Gäste warteten voll Spannung auf Kalebs Eingriff. Sie sahen aber, wie er, besänftigt von seiner Frau, sitzen blieb.

Jetzt richtete sich alle Aufmerksamkeit auf Jeremia. In einem einfachen weißen Kleid, mit blauem Gürtel, stand er an der Seite der Bühne und wiederholte die Worte:

> »Flieht, ihr Leute von Benjamin, aus Jerusalem.«

Jetzt löste sich unter den Gästen die Spannung: »Warum? Wieso? Flucht aus der Stadt Gottes? Warum nur die Benjaminiten?« fragten sie sich und vor allem die Benjaminiten selbst wurden unruhig. Nur Ahikam, der auch geladener Gast war, verstand die Worte ganz: Das hier war die Fortsetzung der ersten »Kriegsrede«. In ihr hatte Jeremia beschrieben, wie die Benjaminiten in die heilige Stadt fliehen. Jetzt aber stand der Fall der Stadt bevor, darum sollten sie von Jerusalem wegfliehen. Aber warum nur sie? Wird der Rest gerettet? Jeremia sprach weiter:

> »Blast die Posaune in Tekoa
> und richtet ein Fluchtzeichen auf über Bet-Kerem!«

In die Wüste von Juda sollten die Benjaminiten fliehen; denn Tekoa lag südlich von Bet-Kerem am Rande der Wüste. Dort, in den Höhlen und Klüften sollten sie die Sicherheit suchen, die es in Jerusalem nicht mehr gab.

Diese Worte lösten neue heftige Zwischenrufe aus: »Warum fliehen? – Wieso? – Ist der verrückt?« Auch Rufe nach Kalebs Einschreiten wurden laut: »Verbiete ihm das Wort!« Doch wieder hielt ihn Ester zurück.

»Denn es droht von Norden her
Unheil und großer Jammer.«

Mit höhnischem Gelächter wurden die Worte bedacht. Kaleb rief: »Der fliegende Kessel, ha! Der Feind aus dem Norden!« Ester flüsterte ihm zu: »Warte, warte, er wird von alleine verstummen.« Jeremia setzte seine Rede jedoch mit einem neuen Bild fort:

»Die Tochter Zion ist wie eine liebliche Aue;
aber es werden Hirten über sie kommen mit ihren Herden;
die werden Zelte aufschlagen rings um sie her
und ein jeder seinen Platz abweiden.«

Ester zog den Purpurumhang fester um sich und dachte: »Das ist die Belagerung!« Aber dann wies sie alle Angst weit zurück: »Pah, der Träumer!«
Das Hirtenbild zeigte zwar die Gier der Feinde, aber doch ohne Angst zu machen. Um so härter wirkte das, was Jeremia jetzt rief:

»Rüstet euch zum Krieg gegen sie!
Wohlauf, laßt uns hinaufziehen,
solange es noch heller Tag ist!
Wehe, es will Abend werden,
und die Schatten werden lang!
Wohlan, laßt uns hinaufziehen bei Nacht
und ihre Paläste zerstören!«

Die Paläste sollten zerstört werden, das griff an Esters Herz. Prophetenvorsteher Elisa aber rief: »Du sprichst vom Angriff eines unbekannten Feindes auf die Stadt Gottes? Sie sind sehr eifrig: Sogar einen Nachtangriff riskieren sie!« Dann wandte er sich an alle und sprach: »Sollte es je zu dem kommen, was dieser Mensch da sagt, dann wird Gott selbst eingreifen. Denn das steht fest: Dies ist die

Stadt, in der Gott selbst wohnt!« – »Nein!« rief Jeremia mit schneidender Stimme:

»Denn so spricht der Herr Zebaoth:
Fället Bäume und werft einen Wall auf gegen Jerusalem.«

Diese Worte Jeremias ließen zuerst alle verstummen! Ungeheuerlich war das, was er da gesagt hatte. Doch dann brach ein Sturm der Entrüstung los: »Was sagst du da? Gott, unser Gott feuert unsere Feinde an?« Den Prophetenvorsteher hielt es nicht mehr an seinem Platz. Er stürmte zur Bühne und schrie: »Du wagst es zu behaupten, daß Gott selbst die Feinde befehligt, die gegen seine Stadt kämpfen? Du hast die Frechheit, den Glaubenssatz anzugreifen, der für alle Zeit feststeht: Gott wohnt auf dem Zion? Kaleb . . .«
Jeremia fuhr unbeirrt fort:

». . . denn es ist eine Stadt, die heimgesucht werden soll.
Ist doch nichts als Unrecht darin!
Denn wie ein Brunnen sein Wasser quellen läßt,
so quillt auch ihr Bosheit.«

Kaleb hatte sich nun von Ester losgerissen und schrie: »Jetzt ist's genug! Du wirst jetzt aus der Stadt fliehen! Dich schicken wir in die Wüste.«
Schon als Kaleb aufstand, traten aus Seitennischen einige seiner Leute hervor und packten Jeremia. Doch noch einmal riß er sich los:

»Bess're dich, Jerusalem,
ehe sich mein Herz von dir wende
und ich dich zum wüsten Land mache,
darin niemand wohnt!«

Hiebe und Fäuste prasselten auf Jeremia, als er aus dem Saal geschleppt wurde. Ahikam stand wie versteinert:

»›Bess're dich, Jerusalem . . .‹,

sah man daran nicht, wie Jeremia sein Volk liebte? Spürte man nicht, wie er selbst litt unter dem Gericht, das er ankündigen mußte?«

Im Libanonwaldhaus wurden köstliche Speisen gereicht, Wein und andere Getränke angeboten. Dann begann der Tanz. Ahikam saß stumm und einsam unter den Gästen. Er aß und trank nicht. »War dies nicht ein Fest Baals?«, so fragte er sich. »Wo war der Unterschied zwischen dem, was in Mizpa geschah und dem, was sich in Jerusalem ereignete?« An der Decke hing das Netz, gesponnen aus goldenen Fäden!

Hohnlachend warfen Kalebs Knechte Jeremia auf einen Wagen. Dann fuhren sie mit ihm im rasenden Galopp nach Süden. »Wohin bringt ihr mich?« fragte Jeremia. »Das fragst du? Dorthin, wohin die Benjaminiten fliehen sollen!« sagten sie. Der Wagen verschwand in der Nacht.

Jeremia schüttelte den Staub aus seinem weißen Festkleid. Er rieb die immer noch schmerzenden Stellen an seinem Körper. Dann machte er sich auf den Rückweg. Zwei Stunden brauchte er dazu. Bittere Gefühle stiegen in ihm hoch. Er versuchte sie zu ordnen. Nicht dem Menschen Jeremia hatte das gegolten, was geschehen war, sondern dem Gottesboten.

Während er durch das nächtliche, schweigende Land ging, mußte er daran denken, was er in den vergangenen beiden Jahren als Prophet erlebt hatte. Wie warb da zuerst der gütige Gott um die Untreuen:

»Ich gedenke der Treue deiner Jugend
und der Liebe deiner Brautzeit . . .
Kehrt zurück, ihr abtrünnigen Kinder,
so will ich euch heilen von eurem Ungehorsam.«

Dieser Geist der vergebenden Liebe kam Jeremias Wesen sehr entgegen. Damals war er voll Jahweliebe. Sie sprach aus seinen Worten und aus seinem Verhalten. Aber dann kam die wachsende und anhaltende Ablehnung. Immer klarer sah Jeremia, wie tief das ganze Volk verdorben war. Scharf waren jetzt die Worte, die ihm aufgetragen wurden:

»Siehe, ich gehe ins Gericht mit dir . . .
Sollte ich solche Leute nicht heimsuchen?«

So, wie vorher der Geist der Jahweliebe Jeremia geprägt hatte, so geschah es jetzt mit dem Jahwezorn.

». . . so will ich meine Worte in deinem Munde
zu Feuer machen
und dieses Volk zu Brennholz,
daß es verzehrt werde.«

Jeremia wußte aber auch, daß es ein Zorn war, hinter dem sich Liebe verbarg. Ein Zorn, dessen Grund Liebe ist. Jeremia war voll von diesem Jahwezorn.
Er war schon eine Stunde gegangen, als er plötzlich Jahwes Stimme vernahm:

»Halte Nachlese am Rest Israels
wie am Weinstock,
strecke deine Hand immer wieder aus
wie ein Winzer nach den Reben . . .«

Jeremia war über diese Aufforderung so erstaunt, daß er mitten auf dem Weg stehen blieb. Wenn ein Weinberg in einem schlechten Jahr wenig Frucht gebracht hatte, dann konnte man bei der üblichen Nachlese doch noch einzelne Früchte finden. Der Weinberg Gottes, Israel, brachte keine Frucht. Nun sollte er trotzdem noch einmal suchen?
Jeremia mußte an die Erlebnisse der letzten Stunden und Wochen denken. Er hatte nach dem einen Gerechten gesucht, bei den kleinen Leuten ebenso wie bei den Großen. Das bittere Gefühl der Vergeblichkeit seines Tuns stieg nun in ihm hoch. Es wuchs so mächtig in ihm auf, daß er seine Worte nicht zurückhalten konnte:

»Ach, mit wem soll ich noch reden,
und wem soll ich Zeugnis geben?
Daß doch jemand hören wollte!

Aber ihr Ohr ist unbeschnitten;
sie können's nicht hören.
Siehe, sie halten des Herrn Wort für Spott
und wollen es nicht haben.
Darum bin ich von des Herrn Zorn so voll,
daß ich ihn nicht zurückhalten kann.«

Es ging schon auf den Morgen zu. Bald sah man über dem Ölberg die Morgendämmerung. Jeremia stand jetzt auf der Skorpionensteige über der Stadt, nicht weit entfernt von der Stelle, wo er vor wenigen Wochen die Vision gehabt hatte, die ihm zeigte, wie der Kessel aus dem Norden in Wirklichkeit aussieht. Festlärm hörte er von der Stadt herauf, Johlen und Singen der Betrunkenen, Schreie der Lust. Das ›Esterfest‹ war zum Baalsfest geworden. Jeremia erinnerte sich an Enosch, der vor wenigen Stunden in dieser Stadt getötet worden war.
Da – auf einmal die Stimme Jahwes! Kam jetzt der Befehl, Nachlese zu halten, trotz aller gegenteiligen Erfahrungen?

»Gieße aus . . .«

»Was?« wollte Jeremia fragen. Da durchfuhr es ihn heiß: »Die Zornesglut Jahwes sollte er ausgießen.« Er ahnte, was jetzt kommen mußte. »Alle hatten Jahwe zurückgestoßen . . .:

›Gieße sie aus über die Kinder auf der Gasse
und über die Schar der jungen Männer!
Denn es sollen alle, Mann und Frau,
Alte und Hochbetagte,
gefangen weggeführt werden.
Ihre Häuser sollen den Fremden zuteil werden
samt den Äckern und Frauen;
denn ich will meine Hand ausstrecken, spricht der Herr,
wider die Bewohner des Landes.‹«

Jeremia wußte, was der Grund für dieses Gericht beim Volk, bei den Priestern und Propheten war:

»Denn sie gieren alle, klein und groß,
nach unrechtem Gewinn,
und Propheten und Priester gehen alle mit Lüge um
und heilen den Schaden meines Volks nur obenhin,
indem sie sagen: ›Friede! Friede!‹
und ist doch nicht Friede.
Sie werden mit Schande dastehen,
weil sie solche Greuel getrieben haben;
aber sie wollen sich nicht schämen
und wissen nichts von Scham.
Darum sollen sie fallen unter die Fallenden,
und wenn ich sie heimsuchen werde,
sollen sie stürzen, spricht der Herr.«

Zweiter Tag des »Esterfestes«. Am späten Nachmittag fand im Tempel ein großer Festgottesdienst statt. Noch waren bei vielen die Nachwirkungen der langen Nacht im Libanonwaldhaus zu spüren. Am frischesten waren noch die ausländischen Gäste. Sie waren neugierig und zum erstenmal in ihrem Leben bei einem Fest im Tempel des Herrn dabei.
Oberpriester Uria dagegen litt noch unter den Auswirkungen der Nacht. »Wenn ich nur erst meine Rede hinter mir hätte«, dachte er. »Der Weg zum Glück« war sein Thema.
Der Priesterchor sang und Opfer wurden in großer Zahl dargebracht; Brandopfer für die Sünden und Schlachtopfer, von denen dann ein Teil verzehrt wurde. So feierte man die Gemeinschaft mit Gott. Das ganze Heiligtum war erfüllt vom Geruch des Weihrauchs, der aus dem fernen Saba kam. Und dieses da – Oberpriester Uria schnupperte – war Duft von Gewürzrohr.
Jetzt war der Zeitpunkt für Urias Predigt gekommen. Er begann: »Auf vielen Wegen seid ihr ins Heiligtum gekommen. Was wären wir ohne die Wege in unsrem Land? Wir brauchen sie um zueinander zu kommen. Wir benützen sie bei unserer täglichen Arbeit. Wer auf einem Weg geht, befindet sich in Bewegung und hat ein Ziel vor sich. Dieses Bild kann man auf den Menschen übertragen. Sein ganzes Leben kann man mit einem Weg vergleichen. Was ist das Ziel dieses Weges? Ist nicht jeder bestrebt, den Weg zum Glück zu suchen? Aber welches ist der Weg zum Glück?«

Plötzlich schallte von der Boassäule her die Stimme Jeremias:

»So spricht der Herr:
Tretet hin an die Wege und schauet
und fragt nach den Wegen der Vorzeit,
welches der gute Weg sei, und wandelt darin,
so werdet ihr Ruhe finden für eure Seele!«

Judäer und Benjaminiten, die ausländischen Gäste, alle schauten auf Jeremia. Noch klangen ihnen die Worte in den Ohren, die er im Libanonwaldhaus gesprochen hatte. Noch sahen sie, wie ihn Kalebs Leute zum Ausgang schleiften. Woher der junge Mann nur den Mut nahm, die Rede des Oberpriesters im Tempel zu stören? Sie wußten, was gemeint war mit den »Wegen der Vorzeit«: Das waren die heiligen Schriften, die Gebote Gottes, der Weg zum Glück! Gott hatte ihn klar gewiesen. – Jeremia fuhr fort:

»Aber sie sprechen:
Wir wollen's nicht tun!«

Der Oberpriester geriet in heftigen Zorn. Gerade weil ihm der Kopf nach der Festnacht noch schmerzte, wurde er noch ungehaltener. Er raffte mit der Linken sein Festkleid zusammen und stürmte auf Jeremia zu: »Du wirst jetzt sofort schweigen, oder ich lasse dich durch die Tempelpolizei hinauswerfen!«
Jeremia schaute in das hochrote Gesicht des mächtigen Mannes, aber er wich nicht zurück, vielmehr entgegnete er Uria: »Du hast kein Recht, dem Boten Gottes das Wort zu verbieten! Laß mich meine Rede vollenden:

›Auch habe ich Wächter über euch gesetzt:
Achtet auf den Hall der Posaune!‹«

Die Wächter waren die Propheten. Viele mußten dabei an Jesaja denken, der hier ebenso von Jahwe gesprochen hatte. Wie klar hatte er doch den rechten Weg gezeigt. Jeremia fuhr fort:

»Aber sie sprechen:
Wir wollen's nicht tun!«

Jetzt hatte sich die Verblüffung Urias gelegt. Er fand zu seiner gewohnten Entschlußkraft zurück: »Tempelpolizei, hierher!« Jeremia aber wandte sich an die ausländischen Gäste:

»Darum höret, ihr Völker, und merkt auf,
samt euren Leuten!
Du Erde, höre zu!
Siehe, ich will Unheil über dies Volk bringen,
ihren verdienten Lohn,
weil sie auf meine Worte nicht achten
und mein Gesetz verwerfen.«

»Aber die großen Opfer, der Weihrauch, zählt das nicht?« fragte ein Phönizier. Jeremia rief – wie eine Antwort gebend – aus:

»Was frage ich nach dem Weihrauch aus Saba
und nach dem köstlichen Gewürz,
das aus fernen Landen kommt?
Eure Brandopfer sind mir nicht wohlgefällig,
und eure Schlachtopfer gefallen mir nicht.«

Mühsam bahnte sich die Tempelpolizei den Weg durch die Menge. Gleich würden sie Jeremia packen. Doch er redete noch weiter:

»Darum spricht der Herr:
Siehe, ich will diesem Volk Anstöße in den Weg stellen,
daran sich Väter und Söhne zugleich stoßen
und ein Nachbar mit dem anderen umkommen soll.«

Sie schleiften Jeremia zum Tempel hinaus.

Schon nach dem Auftreten Jeremias im Libanonwaldhaus sprach man überall in der Stadt von ihm und seinen Worten. Jetzt, nach dem Skandal im Tempel, sah es aus, als wäre das »Esterfest« gescheitert. Nur Kaleb war noch zuversichtlich. Der dritte Tag war der Hö-

hepunkt des Festes. Dafür hatte er sich etwas ganz Besonderes einfallen lassen.
In der Königsburg ließ er vor der Südseite des Libanonwaldhauses eine große Bühne errichten. Als es Nacht geworden war, versammelte sich hier die festliche Schar. Rings um die Bühne flammten plötzlich Fackeln auf und bildeten einen großen Strahlenkranz. Dann schritt Ester allein auf die Bühne. Sie hatte den Scharlachumhang abgelegt und stand nun in ihrem weißen Spitzenkleid mit dem blauen Gürtel um die Hüften und einen Zweig vom Ölbaum in der Rechten vor den Festgästen. »Das ist die Tochter Zion! – Sie stellt das Volk dar!« So riefen ihr viele beeindruckt zu. Lächelnd stand sie da, Ester, die Verkörperung Israels. Dann schritten Männer auf die Bühne. Sie trugen Steine mit sich und bauten daraus um die Tochter Zion eine Mauer. »Sie ist sicher! Wir, wir alle sind sicher und geborgen!« Soldaten schritten herauf. Sie stellten sich mit ihren Waffen schützend vor die Tochter Zion. Jeder schaute wie gebannt auf das Bild. Doch als alle sich im Gefühl der Sicherheit wiegten, geschah es zum dritten Mal. Mitten aus der feierlichen Menge heraus erschallte dieses Mal die Stimme Jeremias:

»So spricht der Herr:
Siehe, es kommt ein Volk von Norden,
und ein großes Volk wird sich erheben vom Ende der Erde.«

Aber schon war Kaleb aufgesprungen: »Packt ihn! Werft ihn hinaus!« Kalebs Leute stürzten sich auf den Propheten. Dumpf nur klang seine Stimme, dann wurde sie wieder lauter, während sie ihn zum Ausgang der Burg zerrten:

»Sie führen Bogen und Speer,
sind grausam und ohne Erbarmen.
Sie brausen daher wie ein ungestümes Meer
und reiten auf Rossen, gerüstet als Kriegsleute,
gegen dich, du Tochter Zion.«

Schon wollten sie ihn die Treppe hinabstoßen. Da riß Jeremia sich noch einmal los und stürmte zur Bühne. Dann standen sie sich gegenüber, Ester und Jeremia. Der Prophet maß sie mit einem einzigen Blick. Es war ein Blick tiefsten Schmerzes. Dann rief er:

»O Tochter meines Volks,
zieh den Sack an
und wälze dich im Staube!
Trage Leid wie um den einzigen Sohn
und klage bitterlich;
denn der Verderber kommt über uns plötzlich.«

Memento mori

Das Haus des Priesters Hilkija in Anatot befand sich im Festkleid. Mit farbigen Bändern geschmückte Bäume standen vor dem Eingang, denn Hilkijas jüngster Sohn, Sacharja, feierte heute Hochzeit mit Hanna, der Tochter des Richters Josaphat, der auch Bürger von Anatot war. Jetzt ging die Tür auf und der Bräutigam trat heraus. Er ging mit seinen lachenden und singenden Freunden der Braut entgegen.

Schon hörte man vom Haus Josaphats her die Lieder der Brautjungfern. Jetzt begegneten sich die beiden Gruppen. Hanna trug ein rotes Kleid, das von einem goldenen Gürtel zusammengehalten wurde. Ihr Gesicht war verschleiert. Nur die Augen konnte Sacharja sehen. Aber was konnte er in diesen Augen lesen: Glück, Freude, Hoffnung auf ein gutes, gemeinsames Leben. Sacharja führte Hanna ins Haus seiner Eltern. Die Festgesellschaft setzte sich an den Tisch. Oben an der Tafel saß das Brautpaar, dann folgten die Eltern der Braut und des Bräutigams, anschließend die Verwandten. Überall sah man festliche Gesichter, als nun die Speisen aufgetragen wurden.

Ela aber, der ganz in der Nähe seines Bruders saß, wurde unruhig. Doch er bezwang sich, weil er das Fest nicht stören wollte. Seine Unruhe rührte von dem leeren Platz zu seiner Linken her. Leise flüsterte er Sacharja zu: »Wo ist Jeremia? Du hast ihn doch eingeladen?« – »Natürlich«, antwortete ihm sein Bruder.

Obwohl Ela eine Freundin der Braut bat, sich auf den leeren Platz

zu setzen, wußten es während des Festessens schon alle: Ein Bruder des Bräutigams ist nicht zum Fest gekommen, Jeremia!
Jeder machte sich seine eigenen Gedanken darüber. Die Verwandten der Braut dachten: »In was für eine Familie hat da Hanna eingeheiratet? Dem ältesten Bruder läuft die Frau davon; der zweitälteste kommt nicht zur Hochzeit!« Nur Onkel Schallum versuchte bei sich, seinen Neffen zu entschuldigen: »Wenn man solche Bilder sieht, wie Jeremia, kann einem die Lust auf Hochzeitsfreuden vergehen!« Vater Hilkija war sehr traurig.

Zwei Wochen später. Jeremia war am Tage vorher aus Beerscheba zurückgekehrt. Am frühen Vormittag hörte man auf einmal im ganzen Städtchen langgezogene, klagende Rufe: »Ho, ho; ach, ach!« Es war die Totenklage. Die Rufe kamen aus dem Haus Schemajas. Er war der Onkel Jeremias mütterlicherseits und nach langer Krankheit gestorben.
Alle Verwandten taten jetzt was Brauch und Sitte war. Die Männer schoren sich die Haare und streuten Asche auf ihr Haupt. Die Frauen zogen Trauerkleider an. Dann nahmen alle etwas Brot und in einem Gefäß etwas zum Trinken. Damit machten sie sich auf den Weg zum Trauerhaus. Wer von den Männern der Sippe in Jerusalem Dienst tat, wurde benachrichtigt. Sofort machten auch sie sich auf den Weg.
Im Trauerhaus umringten die Verwandten den Verstorbenen. Man hatte ihn schon auf die Bahre gelegt. Hilkija nahm die Hände der Witwe und versuchte, sie zu trösten. Dann übergaben sie ihr das Brot und das Getränk, das sie mitgebracht hatten, weil alle Speisen und Getränke, die sich im Haus des Verstorbenen befanden, als »unrein« galten. Würde man von ihnen etwas essen oder trinken, so konnte man sich dem heiligen Gott nicht mehr mit Gebet und Opfer nahen. Am Nachmittag trug man die Leiche zum Grab vor der Stadt. Die ganze Verwandtschaft nahm an der Beerdigung teil.
Diesmal fiel es zuerst Tamar auf, der Frau des Verstorbenen: Alle Verwandten waren gekommen – bis auf einen, Jeremia. Aber diesmal wurde das Ärgernis noch größer, denn als der Leichenzug am Haus Schallums vorbeiging, wer stand am Straßenrand? Es war Jeremia. Ela meinte später, er habe noch nie einen solch traurigen Ausdruck in den Augen seines Bruders gesehen wie an diesem Tag.

Am meisten Sorge bereitete dieses eigenartige Verhalten seines Sohnes dem Priester Hilkija. Er hatte sich zwar vorgenommen mit ihm zu sprechen, gab aber dann diese Absicht auf. Er gedachte seinen Sohn mit einem Plan zu überraschen. »Vielleicht nimmt Jeremias Leben einen ganz anderen Verlauf, wenn er auf meinen Vorschlag eingeht«, überlegte er bei sich.
An einem Sommerabend schien ihm die Gelegenheit gekommen und so sagte er zu seinem Sohn: »Komm, laß uns noch ein wenig vor die Stadt hinausgehen!« Dann begann er: »Jeremia, dein jüngster Bruder ist verheiratet. Zwar sorgt jetzt deine Mutter noch für dich, aber du weißt, sie ist alt. Darum denke ich, es wäre gut, wenn auch du heiraten würdest. Das wäre eine große Freude für deine Eltern und Geschwister!«
Jeremia ging schweigend neben seinem Vater. »Du sagst nichts«, fuhr der fort. »Nun, ich habe mir in den letzten Wochen überlegt, auf welches Mädchen du wohl ein Auge hast. Ich sehe dich oft mit Eva, der Tochter des Priesters Aaron. Meinst du nicht auch, daß du mit ihr glücklich werden könntest?«
Doch Jeremia antwortete auch jetzt noch nicht. Schweigend ging er neben seinem Vater her. Hätte dieser ihm in die Augen gesehen, er hätte denselben tieftraurigen Ausdruck festgestellt wie Ela am Tag der Beerdigung Schemajas. Unsicher geworden sprach Hilkija weiter: »Glück und Segen findet ein Mann vor allem in der Ehe. Ich habe das im Zusammenleben mit deiner Mutter immer wieder gespürt. Und Kinder, sie sind der wahre Segen für die Eltern!« Da endlich brach der Sohn sein Schweigen. »Vater, ich heirate nicht!«
Der Priester blieb stehen vor Bestürzung. Ganz entgeistert schaute er seinen Sohn an. Dann sprach er: »Das ist jetzt das dritte Mal in den letzten Wochen, daß ich mich über dich wundern muß! Du kommst nicht zur Hochzeit deines Bruders, gehst nicht zur Beerdigung deines Onkels und jetzt dieses: Du willst nicht heiraten. Du bist mir eine Erklärung schuldig!«
Während sie langsam in die Stadt zurückgingen, sprach Jeremia: »Vater, Hochzeitsfreude, Eheglück, Trost in der Trauer, das ist das, was zu einem heilen Leben gehört. Ich weiß es. Für dich und mich aber ist das Leben nur dann wirklich heil, wenn Gottes Heil, seine Gnade und Barmherzigkeit über uns walten.« Hilkija wartete mit großer Spannung, worauf Jeremia mit seinen Worten hinauswollte.

Doch er ahnte es. Das merkwürdige Verhalten seines Sohnes hing gewiß mit seinen letzten Predigten zusammen und mit dem schrecklichen Bild des siedenden Kessels, der von Norden kommen sollte.
Ganz langsam und mit großem Ernst sprach Jeremia weiter. Er wußte, daß er Ungeheures aussprach, wenn auch andere vor ihm schon ähnlich gesprochen hatten, Amos zum Beispiel. Er sprach: »Gott aber hat uns seine Gnade und Barmherzigkeit entzogen. Er hat keine Freude mehr an uns. Er neigt sich nicht mehr zu uns als der Tröster. Er segnet uns nicht mehr!«
Entsetzen spiegelte sich auf dem Gesicht des alten Priesters, als er diese Worte seines Sohnes hörte. Das war ja gegen den Glauben der Väter der ihn sein ganzes Leben lang getragen hatte. Wenn Gott uns nicht mehr barmherzig ist, das bedeutete ja das Ende der Heilsgeschichte! Dieser Schlag war so ungeheuer für ihn, daß er sich nur zu helfen wußte, indem er seinem Sohn die Worte des Psalms entgegenhielt:

»›Barmherzig und gnädig ist der Herr . . .
So hoch der Himmel über der Erde ist,
läßt er seine Gnade walten . . .‹

Das ist mein Glaube, Jeremia. Wo kämen wir hin . . .« Jeremia aber sprach: »Du hast den Psalm nicht ganz zitiert:

›. . . läßt er seine Gnade walten
über denen, die ihn fürchten!‹«

Hilkija sprach: »Du hast recht, wir sind abgewichen von Gott. Wir können Gott nur bitten, daß er seinen Zorn über uns zurückhält. Aber du, warum ziehst du dich von allem zurück?« Jeremia erwiderte: »Ich muß die Haltung Gottes seinem untreuen Volk gegenüber darstellen mit meiner ganzen Person. Es ist auch für mich ganz neu, aber ich soll mich nicht nur mit Worten für Gott einsetzen. Ich muß es mit meinem ganzen Leben tun. Gott will, daß alle durch mein Verhalten an das Gericht erinnert werden, das uns droht!«
Endlich sah der alte Priester ein, welch ungeheuren Auftrag sein Sohn bekommen hatte. Daher also kam dieses anstößige Verhalten.

Müde sagte er zu ihm: »Hast du die Worte aufgeschrieben, die du empfangen hast?« Jeremia sagte ihm: »Sie liegen auf meinem Schreibtisch. Du sollst sie als erster lesen.«
Sie gingen nach Hause. Jeremia gab seinem Vater das Papyrusblatt, auf das er vor vier Wochen geschrieben, was Gott ihm gesagt hatte. Der Vater nahm das Blatt entgegen. Er wußte, von welcher Bedeutung dieser Augenblick war. Bisher hatte er immer noch gehofft, er könne den Lebensweg seines Sohnes wenigstens mitgestalten. Nun mußte er erkennen, daß Gott selbst über das Leben seines Sohnes verfügte und ihn zum Gerichtszeichen für sein Volk setzte. Er las:

»Und des Herrn Wort geschah zu mir:
Du sollst dir keine Frau nehmen
und weder Söhne noch Töchter zeugen an diesem Ort.
Denn so spricht der Herr
von den Söhnen und Töchtern,
die an diesem Ort geboren werden,
und von ihren Müttern, die sie gebären,
und von ihren Vätern, die sie zeugen in diesem Lande:
Sie sollen an bösen Krankheiten sterben
und nicht beklagt noch begraben werden . . .«

Hilkija ließ das Blatt sinken und schaute Jeremia an: »Ach, mein Sohn! Einsam wirst du sein, ohne Lebensgefährtin und ohne Kinder. Du wirst nichts von dem Segen spüren, den eine Familie für einen Mann bekommen kann!« Dann las er weiter:

»So spricht der Herr:
Du sollst in kein Trauerhaus gehen,
weder um zu klagen, noch um zu trösten;
denn ich habe meinen Frieden
von diesem Volk weggenommen,
die Gnade und die Barmherzigkeit, spricht der Herr.
Große und Kleine sollen sterben in diesem Lande,
und nicht begraben und beklagt werden,
und niemand wird sich ihretwegen wund ritzen
oder kahl scheren.
Auch wird man keinem das Trauerbrot brechen,

um ihn zu trösten wegen eines Toten,
und auch nicht den Trostbecher zu trinken geben . . .«

Wieder hielt der Priester mit Lesen inne: »Das Zeichen für das Gericht Gottes sollst du sein! Alle werden dich darum hassen!« Betroffen las er auch den letzten Teil der Niederschrift Jeremias:

»Du sollst auch in kein Hochzeitshaus gehen,
um bei ihnen zu sitzen zum Essen und zum Trinken.
Denn so spricht der Herr Zebaoth, der Gott Israels:
Siehe, ich will an diesem Ort
vor euren Augen und zu euren Lebzeiten ein Ende machen
dem Jubel der Freude und Wonne,
der Stimme des Bräutigams und der Braut!«

Der Priester hatte Tränen in den Augen: »Allein wirst du sein, ohne Freunde. Du wirst bei ihnen nicht neue Kraft schöpfen können!« Er stand auf, trat vor seinen Sohn und legte ihm beide Hände auf die Schultern: »Gott segne dich, mein Sohn. Er gebe dir die Kraft, mit deinem Leben das Zeichen seines Gerichts zu sein!«

Bilanz

Der Silberschmied Jabal war so sehr beschäftigt, daß er Jeremia zuerst gar nicht sah. Jeremia wußte, daß er jetzt nicht stören durfte. Jabal stand vor dem Schmelzofen und schaute gespannt in die Glut. Man konnte den Tiegel mit dem Metall im Ofen sehen. Der Schmelzprozeß war jetzt auf seinem kritischen Höhepunkt angelangt. Ob sich das Silber vom Blei wirklich trennen ließ oder ob alles mißlang und unbrauchbare Bleiglätte herauskam, das mußte sich jetzt entscheiden.
Ein Geselle bediente den Blasebalg. Keuchend ging sein Atem und Schweiß stand ihm auf der Stirn. »Schneller!« verlangte Jabal. Noch eifriger bearbeitete der Geselle den Blasebalg.
Jeremia sah das alles und war ganz in Gedanken versunken. Früher freute er sich am Sprühen der Funken und an der farbigen Glut des

Feuers. Immer hatte ihn die ganz andere Welt, die so sehr von der Arbeit des Bauern verschieden war, gepackt. Heute aber betrachtete er alles mit anderen Augen. Edelmetall sollte hier gewonnen werden. Silber, das zu Schmuck verarbeitet oder zu kostbaren Gefäßen geformt, heiß begehrt war von den Reichen im Land. Mühevoll war die Arbeit des Prüfens und Scheidens, aber welchen Lohn hatte man nach dieser Mühe!

Jeremias Auftrag war es als Prüfer gewesen, jene Menschen zu finden, die treu zu ihrem Gott hielten und nach seinen Geboten lebten. Ungleich wertvoller wie Silber war das, was er gewinnen sollte, darum auch Jeremias leidenschaftlicher Einsatz. Er blickte auf den Gesellen, der den Blasebalg bediente. Sein Gesicht war gerötet, Schweiß floß ihm über die Wangen und pfeifend ging sein Atem. Dieser Mann setzte alles ein, um seinen Meister Silber gewinnen zu lassen.

Jeremia mußte an die Angst, Mühsal und Gefahren der letzten Jahre denken, die er auf sich genommen hatte, um jene Menschen zu finden, die auf dem Weg Gottes gehen, aber es war alles umsonst. Jeremia sah nicht weit von jenem Schmelzofen, vor dem Jabal stand, einen Haufen von Metallklumpen liegen. Jabal hatte sie weggeworfen, weil ihm bei ihnen der Schmelzprozeß mißglückt war. »Bleiglätte!« sagte er verächtlich. Jeremia hatte das oft gehört. Er senkte den Kopf und dachte, so wird jetzt Gott sein Volk verwerfen.

Inzwischen brachte Jabal den Schmelzvorgang zu Ende. »Genug!« rief er dem Gesellen zu. Das Fauchen des Blasebalgs hörte augenblicklich auf. Die Stichflamme, die seither aus dem Kamin über dem Ofen meterhoch emporgeschossen war, wurde kleiner und kleiner. Jabal wartete einige Zeit, dann holte er mit einer langen Zange den Tiegel vorsichtig aus der Glut. Er neigte ihn langsam über eine Form, die dazu bestimmt war, das Edelmetall aufzunehmen. In einem langen, weißglühenden Strahl floß reines Silber in die Form aus Ton. Jabal atmete auf. Ein Schimmer von Stolz und Freude überzog sein von Hitze gerötetes Gesicht. »Silber!« rief er. »Es ist gelungen!« Jetzt erst bemerkte er Jeremia.

Sofort erlosch die Freude auf seinem Gesicht. Da war nichts mehr von freundschaftlicher Zuneigung wie früher. Zutiefst hatten Jeremias Worte auch Jabal getroffen. Ein haßerfüllter Blick traf Jeremia. Doch wie der Silberschmied über Jeremias Tun dachte, das zeigte er

ihm auf eigenartige Weise. »Komm«, sagte er rauh, »ich will dir zeigen, was mir in den letzten Jahren gelungen ist!«
Er führte Jeremia zuerst ins Innere des Hauses und schloß einen Raum auf, den Jeremia noch nie betreten hatte. Als Jabal ein Licht anzündete, wurde Jeremia von dem, was er sah, fast geblendet. Auf Regalen lagen Silberbarren in großer Zahl, daneben standen kunstvoll getriebene Silberkelche und Silberteller. An den Wänden hing Schmuck, vom zarten Filigran bis zur kunstvollen schweren Kette. »Das alles habe ich geschaffen in dieser Zeit«, sagte der Silberschmied rauh. »Ich habe meinen Betrieb vergrößert. Aus drei Schmelzöfen sind sechs geworden. Zwölf Gesellen arbeiten in zwei Werkstätten.« Hart schloß er die Tür. Dann trat er vor Jeremia. Wut blitzte aus seinen Augen. »Und du, was hast du getan?« fragte er. Jeremia wollte antworten. Doch der Silberschmied fuhr fort: »Unruhe und Angst hast du gebracht über das Volk.« – »Höre doch, Meister Jabal«, sagte Jeremia, »zum Prüfer für das Volk hat mich Gott bestellt!« – »Was? Prüfer?« rief der Silberschmied. »Nichts als Unruhe stiftest du! Laß dich nicht mehr bei mir blicken!«
Tiefe Niedergeschlagenheit erfüllte Jeremias Herz, als er sich auf den Heimweg machte. Es schmerzte ihn schon, wenn fremde Menschen sich gegen ihn stellten, daß jetzt aber auch der väterliche Freund seiner Jugend sich von ihm abgewandt hatte, das tat ihm tief im Herzen weh.
Jeremia dachte an den Tag, an dem er vor zwei Jahren den Auftrag bekommen hatte, Prüfer zu sein. Er setzte sich auf einen Stein am Weg. Tief senkte er sein Gesicht und bedeckte es mit beiden Händen. Wieder standen jene Worte deutlich vor seiner Seele:

»Ich habe dich zum Prüfer gesetzt für mein Volk,
daß du seinen Wandel erkennen und prüfen sollst.«

Jeremia wußte, daß nun Rechenschaft von ihm gefordert war. Was hatte die Prüfung ergeben? Ach, wenn er jetzt auch Silber vorweisen könnte, wenn er Menschen nennen könnte, die auf dem Weg Gottes gingen. Alle Menschen traten vor sein inneres Auge, denen er in den letzten Jahren begegnet war. Er sah Kaleb vor sich, die Richter, die Priester, das Volk im Tempel. Alle diese Begegnungen floßen zusammen im Bild Esters.

Nein, da war keine Treue zu Gott, da war kein Silber, alles war mißglückt. Alle Mühe war umsonst; nur unbrauchbare Bleiglätte war das Ergebnis aller seiner Mühen. Alle waren untreu geworden, alle hatten sich abgewandt vom Weg Gottes. Bitter sprach Jeremia:

»Sie sind ganz und gar abtrünnig
und wandeln verleumderisch.«

War er nicht eifrig genug gewesen, hatte er es an Einsatz fehlen lassen oder war er nicht deutlich genug? Wieder dachte er an die Begegnungen der letzten Jahre. Noch leidenschaftlicher war er am Werk gewesen, als jener Geselle, der den Blasebalg bediente. Und er sprach:

»Der Blasebalg schnaubte,
das Blei wurde flüssig;
aber das Schmelzen war umsonst,
denn die Bösen sind nicht ausgeschieden.«

Nun mußte Jeremia selbst die Folgerung ziehen. Wieder sah er vor sich die groben Klumpen, die Jabal als unbrauchbar weggeworfen hatte. Ebenso würde es jetzt auch Israel ergehen. Tränen standen Jeremia in den Augen:

»Darum heißen sie ›Verworfenes Silber‹,
denn der Herr hat sie verworfen.«

II

Ein Buch macht Geschichte

Der Löwe erwacht

»Die Sicht ist klar, Herr Gaufürst. Man kann bis zum Jordan sehen«, Hauptmann Bukki stand auf der Plattform des Turms der Burg von Geba, neun Kilometer nördlich von Jerusalem, und rief durch eine Luke nach unten. Gaufürst Schelom schaute hinauf. Er hatte in den langen, ruhigen Jahren seiner Dienstzeit sehr an Gewicht zugenommen und scheute jede überflüssige Anstrengung. »Wenn die Sicht so gut ist, wie du sagst, will ich nach oben kommen«, sagte er und stieg mühsam die knarrende Treppe hinauf. Heftig atmend kam er auf der Plattform an.

Schelom war Gaufürst über den nördlichsten Gau Judas. Von Geba aus konnte man deutlich die Grenze sehen, die zwischen dem kleinen Juda und dem großen assyrischen Weltreich verlief. Zu den Aufgaben des Gaufürsten gehörte es, sie sorgsam im Auge zu behalten. Schelom wischte sich den Schweiß von der Stirn und schaute sich um. »Du hast recht, Bukki«, sagte er zustimmend. Im Norden war deutlich der Bergkegel zu sehen, auf dem Bethel lag. Wenn man nach Osten blickte, sah man durch leichten Dunst die grüne Ebene, in deren Mitte zwischen einem Wald von Fruchtbäumen Jericho lag. Weiter nach Osten lag im Dunst der Jordan.

Jetzt suchte Schelom mit seinen scharfen Augen die Grenze ab, die genau von Westen nach Osten verlief. »Hast du etwas Vedächtiges gesehen?« fragte er seinen Hauptmann. »Nein, Herr Gaufürst. Der assyrische Bär schläft«, antwortete ihm dieser. »Schlimm steht es um ihn, Bukki. Er ist krank und gerade jetzt fallen seine Feinde über ihn her. Der babylonische Löwe greift an.« Aber dann fügte er hinzu: »Trotzdem ist größte Vorsicht geboten!«

Schweigend schauten die beiden Männer zur Grenze. Der assyrische Bär! Über hundert Jahre währte der Zustand schon, den die beiden Männer vor Augen hatten. So schrecklich war die Herrschaft der Assyrer gewesen, daß auch jetzt noch, wo das Weltreich Schwächen zeigte, die Furcht vor ihm alle in seinen Bann schlug. Blitzschnell konnte die assyrische Armee zuschlagen. Mit ihrer Hilfe bauten die assyrischen Großkönige ihr Weltreich auf. In der Blütezeit, unter Asarhaddon, umfaßte es nicht nur das Zweistromland und Kleinasien, sondern für kurze Zeit auch Ägypten. Zur Blitzkriegtaktik kam die Brutalität, die die unterjochten Völker in Angst bannte.

Schelom und Bukki hatten die assyrische Provinz Samaria vor Augen. Sie kannten deren blutige Geschichte. Nachdem die Hauptstadt Samaria gefallen war, wurde die gesamte Oberschicht deportiert. So rotteten die Assyrer ganze Völker aus.
Nur um ein Haar konnte Juda demselben Schicksal entgehen. Das war vor achtzig Jahren, als Sanherib Jerusalem belagerte und den König Hiskia in seiner Hauptstadt wie in einem Vogelkäfig einsperrte. Nur ein Wunder, eine Seuche im Kriegslager, ersparte Jerusalem die scheinbar unvermeidliche Eroberung. Sanheribs Armee mußte abziehen.
Aus diesen Gedanken wurden die beiden Männer durch Stimmen gerissen, die aus dem Innern des Turms zu ihnen hinaufdrangen: »Ein Brief vom Heereskommandanten in Jerusalem an den Gaufürsten, der durch Boten persönlich zu überbringen ist.« Schelom wunderte sich sehr, denn als König Josia noch minderjährig war und ein Regentschaftsrat regierte, kam jahrelang keine Weisung aus Jerusalem. Auch dann, als Josia endlich die Zügel des Reichs selbst in die Hand nahm, wurde das nicht anders. Und jetzt kam ein Brief, wohl gar mit einem Befehl?
»Soll heraufkommen«, rief er in knappem Kommandoton. Der Bote stieg hinauf und überreichte dem Gaufürsten eine Schriftrolle. Dieser brach das Siegel auf und öffnete sie. »Ein Befehl des Königs«, rief er überrascht. Bukki schaute seinen Herrn gespannt an. Er sah, wie das Gesicht des Gaufürsten beim Lesen erbleichte. Das Schriftstück begann in seinen Händen zu zittern. Endlich ließ er die Schriftrolle sinken. Bukki sah, wie die Augen des Gaufürsten sich fest auf die assyrische Grenze richteten. Dann sprach er mit feierlichem Ernst: »Hauptmann Bukki, wir erleben jetzt den Anfang einer neuen Zeit!« Der Hauptmann schaute seinen Herrn fragend an. »Lies«, gebot er ihm.
Bukki las mit leiser Stimme: »Der Heereskommandant an den Gaufürsten Schelom. Befehl des Königs: Gaufürst Schelom überschreitet mit zwei Heeresgruppen die Grenze zur ehemaligen Provinz Samaria, denn sie ist herrenlos. Der Auftrag ist: Im Norden sind Bethel und Ofra zu besetzen. Im Osten ist Jericho einzunehmen und der Jordan zu erreichen. Alle Zeichen der assyrischen Herrschaft sind zu beseitigen.«
Der Hauptmann war starr vor Staunen: »Bethel, Ofra, Jericho!« wie-

derholte er. Dann fuhr er fort: »Ehemalige Provinz Samaria – herrenlos!« Aber der Gaufürst hatte inzwischen seine Fassung wiedergewonnen. »Auf«, rief er, »von Jerusalem her weht ein neuer Wind!« Und mit einer Behendigkeit, die man dem behäbigen Offizier nicht zugetraut hätte, eilte er die Stufen der Treppe hinunter.

Zur gleichen Stunde, als dies in Geba geschah, saß Oberpriester Hilkija am Schreibtisch seines Amtszimmers in seinem Palast an der Südseite des Heiligtums. Hilkija war ein kräftig gebauter Mann von mittelgroßer Gestalt. Er war fünfzig Jahre alt und seit vier Jahren der Nachfolger Urias als Oberpriester. Bis dahin war er Erzieher des minderjährigen Königs gewesen. Bei seiner Wahl zu diesem Amt war die Königinmutter Jedida ausschlaggebend gewesen. Sie hielt den damals noch jungen Priester für den treuesten Mann in der Priesterschaft, der sich zudem durch den größten Bildungswillen auszeichnete. Tatsächlich verwandte Hilkija einen Großteil seiner freien Zeit zum Studium nicht nur theologischer Schriften, sondern fast aller gelehrten Literatur. Auf diese Weise hatte er sich einen umfassenden Überblick über das Wissen seiner Zeit verschafft. Bei der Wahl war außerdem nicht unwesentlich, daß er wie Jedida aus Bozkat, südwestlich von Jerusalem, stammte.
Der Kronprinz war zehn Jahre alt, als Hilkija sein Erzieher wurde. Hilkija hatte sich für den Königssohn eine ganz eigenartige Weise der Bildung und Erziehung ausgedacht. Die Hälfte seiner freien Zeit verbrachte der junge König mit einer Gruppe von sechs Jungen, die Hilkija aus ganz Juda ausgewählt hatte. Hier waren alle Schichten des Volkes, vom Sohn des Armen bis zu dem des Fürsten, vertreten. An jedem Tag waren zwei Stunden dafür vorgesehen, daß sich die Jungen gegenseitig von ihren Erfahrungen erzählten. Der Morgen diente dem Eigenstudium. Hilkija stellte zu diesem Zweck jeweils für eine Woche im Lehrsaal die Schriftrollen frei auf, die die Jungen selbst lesen konnten. Jeder durfte seine Lektüre frei wählen. Vier Gebiete waren zu bearbeiten: Theologie, Weltgeschichte, Sprachen und Länderkunde. Am Nachmittag waren zwei Stunden für körperliche Bewegung aller Art vorgesehen. Danach erzählten sich die Jungen, was sie vormittags gelesen hatten und diskutierten mit Hilkija darüber. So regte Hilkija den Bildungseifer der Jungen an.

Als wieder einmal von der Geschichte des Gottesvolkes die Rede war, zeigte Hilkija diesen Jungen zum erstenmal die große Geschichtsrolle, die er gestaltet hatte, um sie in den Geschichtsablauf einzuführen. Er entrollte das gut sieben Meter lange Werk so, daß sie über König Amon, den Vater Josias, dann über die Könige Manasse und Hiskia zurückgeführt wurden. Wie glänzten ihre Augen, als sie zur Zeit Davids kamen, und wie verschlossen, aber auch tief ergriffen, waren ihre Herzen bei Saul. Er führte sie zurück bis zu Mose. Diese Zeit hatte Hilkija auf andersfarbigem Papier dargestellt, denn sie war ja der Ursprung des Heils.

Als längere Zeit die Geschichte Davids gelesen worden war, besuchte er mit seinen Schülern fast alle Stätten, die an David erinnerten. Die Jungen standen sich im Terebinthental als Philister und Israeliten gegenüber. Der Lehrer stellte Goliath dar und der Kleinste durfte David spielen.

Hilkija war zwar verheiratet, aber er hatte keine Kinder. So wandte er seine ganze Liebe an diese Jungen, dabei bevorzugte er keinen. Dennoch wußte er, daß ganz Juda darauf wartete, in Josia einen guten König zu bekommen. Oft meinte Hilkija zu erkennen, daß seine Lehren in der Seele des jungen Königssohnes Wurzeln geschlagen hatten, aber noch hatte er dafür keinen Beweis. Als Josia volljährig wurde, endete Hilkijas Tätigkeit und er wurde Oberpriester.

Heute dachte Hilkija wieder an diese Zeit zurück. Aber auch er wurde – wie Gaufürst Schelom – durch einen Boten aus seinen Gedanken herausgerissen, der ihm einen Brief des Königs überbrachte. Hilkija war sehr gespannt, denn es war das erste Mal, daß ihm sein einstiger Schüler schrieb. Der Oberpriester las den Brief. Kein Zug seines Gesichts verriet, was beim Lesen in ihm vorging. Dann legte er das königliche Schreiben auf den Schreibtisch und schritt langsam auf das Dach des Palastes.

Er schaute über den Tempelplatz. Hier hatte er vor Augen, wovon im Brief des Königs die Rede war. Rechts vom Brandopferaltar stand der Altar des Gottes Assur und davor sein Bild. Das war der oberste Gott der Assyrer, ihr Kriegsgott. Hilkija hatte schon oft sein gußeisernes Bild betrachtet. Es stellte ihn dar, wie er gerade die gefährlichste Waffe der Assyrer bediente, den Bogen mit dem Pfeil. Links vom Heiligtum standen die Bilder und Altäre für die drei kosmischen Götter: Anu, Gott des Himmels, Ea, Gott des Süßwassers,

und Enlil, Gott der Erde. Rechts vom Heiligtum standen der Mondgott Sin, der Sonnengott Schamasch und die Göttin des Kriegs und der Liebe, die Himmelskönigin Ischtar.
In der nördlichen Tempelwand befand sich der Ausgang, der zum Haus der Dirnen führte, die sich im Dienste der assyrischen Liebesgöttin preisgaben. Von der Nordostecke der Mauer her konnte man das Wiehern der Pferde hören, die am Akitufest den Wagen des Sonnengottes zogen.
Die Götter der assyrischen Weltmacht umschlossen den Altar des lebendigen Gottes wie ein eiserner Ring. Vor über hundert Jahren hatte das angefangen. Den Altar ließ König Ahas errichten, als er Vasall Assurs wurde. Der entscheidende Einbruch des assyrischen Götzendienstes aber geschah in der Zeit Manasses, des Großvaters Josias. Der Enkel wollte jetzt dem allem ein Ende setzen.
Hilkija wiederholte für sich den Befehl, den er vom König erhalten hatte: »Der König an den Oberpriester Hilkija, seinen Stellvertreter, und die Priester, die zu Hütern der Schwelle am Haus des Herrn bestellt sind: Entfernt aus dem Haus des Herrn alle Geräte, die dem Gott Assur und der Göttin Ischtar und allem Heer des Himmels gemacht worden sind. Verbrennt sie draußen vor der Stadt im Tal Kidron und bringt die Asche nach Bethel, um das Götzenheiligtum dort zu entheiligen!«

Am Abend des anderen Tages versammelte sich der Staatsrat. Auch alle Gaufürsten und Ältesten des Volkes waren zugegen. Noch nie hatte Hilkija diese Männer in solcher Erregung gesehen. Die Ereignisse des vergangenen Tages waren in aller Munde. »Schelom ist in die assyrische Provinz Samaria eingefallen!« – »Wer hat ihm das befohlen?« – »Das bedeutet Krieg mit Assur!« – »Warum reizen wir den assyrischen Bären?« – »Die Leviten haben alle assyrischen Götter aus dem Heiligtum entfernt. Das Feuer, das sie mit ihnen im Kidrontal schürten, hat die ganze Nacht über gebrannt!« – »Die Priester der assyrischen Götter haben fluchtartig das Land verlassen!«
So schwirrten die Nachrichten hin und her. Der Staatsrat spaltete sich in zwei Parteien. Die Anhänger einer assurtreuen Politik beschworen die Gefahr, die jetzt dem kleinen Juda drohte. »Das werden die Assyrer sich nicht gefallen lassen. Sie sind immer noch mächtig genug«, riefen sie. Diejenigen aber, die für die Trennung

von Assur waren, freuten sich: »Lange genug haben wir Tribut gezahlt. Hundert Jahre schon stehen assyrische Götter im Tempel des Herrn. Endlich geht es mit Assur zu Ende.« – »Die Worte Jesajas vom Untergang Assurs erfüllen sich!«
Dann erscholl der Ruf: »Der König!« Die Gespräche verebbten, bis es schließlich ganz still war. Der König war jetzt dreiundzwanzig Jahre alt, schlank und von mittelgroßer Gestalt. Seiner Kleidung sah man an, daß sie mit Sorgfalt ausgewählt worden war. Er schritt zum Thron und setzte sich. Mit einem Blick erfaßte er alle Versammelten. Aus den Augen, die auf der erregten Versammlung ruhten, leuchtete jugendliches Feuer und zugleich sprach aus ihnen Überlegung und Besonnenheit. Er sprach: »Zuerst soll Gaufürst Schelom reden!«
Schelom stand auf und meldete: »Mein König, deine Befehle wurden ausgeführt. Bethel, Ofra und Jericho sind besetzt. Es gab keine Berührungen mit Assyrern. Alle Zeichen der hundertjährigen assyrischen Besetzung des Landes wurden entfernt!«
»Danke, Gaufürst!« sagte der König kurz und befahl dann: »Oberpriester Hilkija!« – »Auf Befehl des Königs wurden alle assyrischen Götter aus dem Heiligtum des Herrn entfernt, zerstört und das Holz im Kidrontal verbrannt«, teilte Hilkija mit.
»Auch dir Dank«, sagte der König kurz. Dann fuhr er fort: »Ich selbst ließ die beiden Altäre und das Astartebild entfernen, die mein Großvater Manasse in den beiden Vorhöfen des Tempels aufgestellt hat. Das Haus der Dienerinnen der Ischtar wurde niedergerissen. Die Pferde, die den Sonnenwagen zu ziehen hatten, wurden dem Heer übergeben und der Sonnenwagen im Kidrontal verbrannt. Niederreißen ließ ich die Altäre für die Gestirngötter, die König Ahas auf dem Dach seines Palastes errichten ließ. Schließlich habe ich die Absetzung und Ausweisung der assyrischen Priester veranlaßt!«
Bei den letzten Worten des Königs war die Erregung im Saal immer größer geworden. Die Anhänger der assyrischen Partei zeigten immer deutlicher ihren Unwillen. Ein Gaufürst rief: »Wurde bedacht, welche Folgen das haben kann?«
Statt die Frage zu beantworten stand der König auf und schritt zu der großen Karte im Südteil des Sitzungssaales. Die Größe des assyrischen Weltreichs stand hier jedem Betrachter eindrücklich vor

Augen. Mächtig ragte bei seiner Hauptstadt Assur die Gestalt des Großkönigs auf. Kein anderer König war in seiner Nähe zu sehen. Seine Macht reichte immer noch von den Bergen Mediens im Osten bis zur Küste des Mittelmeers und von den Bergen Armeniens bis vor die Tore Jerusalems.
Vor den zum Teil entsetzten, aber auch zum Teil freudig leuchtenden Augen der Zuschauer vollzog sich jetzt eine erschütternde Veränderung. Josia wies mit seiner schmalen Hand auf das Bild des Großkönigs und sprach zu dem Diener an seiner Seite: »Wirf ihn ins Feuer!« Es wurde nach diesen Worten totenstill. Nicht wenige der Zuschauer erbleichten. Am Verhalten des Dieners aber sah man am besten, welcher Schrecken von Assur ausgegangen war und auch jetzt noch unverändert ausging. Der Diener blieb wie angewurzelt stehen, ja, er wich sogar zurück und widersetzte sich dem Befehl des Königs. Josia wiederholte langsam seine Worte. Da endlich gehorchte der Diener, aber wie? Mit allen Zeichen der Furcht schritt er auf die Figur zu, zögerte, packte sie dann zitternd und warf sie ins Feuer des offenen Kamins. Die Funken stoben empor, langsam wurde das Bild schwarz, die Farben bröckelten ab und schließlich brannte es und wurde ein Raub der Flammen.
Josia aber stellte an den Platz der großen Figur eine andere, viel kleinere. Südlich davon aber, in Babylon, setzte er die Figur eines Königs, die jetzt Assur weit überragte. Von den Bergen Mediens herab drohte ein weiterer König und auch im Norden, aus den Weiten Rußlands, drang ein Herrscher auf das klein gewordene Assur ein.
Dieses alles hatte sich vollzogen, ohne daß ein einziges Wort gesprochen wurde. Jetzt erst sagte der König: »Das ist die weltpolitische Lage. Der Bericht meines geheimen Gesandten Baruch stimmt mit den anderen Nachrichten, die wir hierüber erhalten haben, überein. Die Stunde Assurs hat geschlagen!«

Das Buch

Schafan verließ seine Amtsräume in der Königsburg. Von zwei Dienern begleitet ging er hinauf zum Tempel des Herrn. Die Wachen vor der Königsburg präsentierten und die Bürger, die ihm begegneten, grüßten ihn ehrerbietig. Schafan hatte eines der höchsten Ämter im Staat inne, das des Schreibers. Nur der Palastvorsteher stand noch über ihm. Er selbst griff dabei nur selten zum Schreibgerät, wenn etwa an einen König zu schreiben war. Aber er hatte die Oberaufsicht über alle Schreibarbeiten, die in innen- und außenpolitischen Angelegenheiten in der Königsburg angefertigt werden mußten.

Schafan war mit einem Befehl des Königs auf dem Weg zum Oberpriester Hilkija. Er war davon überzeugt, daß Hilkija diesen Befehl seines Herrn mit großer Freude ausführen würde. Der König hatte vor wenigen Tagen den Tempel besichtigt. Er erschrak über die Schäden, die die Mauern des Heiligtums an vielen Stellen aufwiesen.

Hilkija kam seinem hohen Besucher entgegen. Die beiden Männer fühlten sich eng verbunden. Sie hatten auf den Gebieten der Religion und der Politik die gleichen Vorstellungen. Schafan hätte bemerken können, daß heute eine ganz ungewohnte Unruhe den sonst so gelassenen Oberpriester erfüllte. Es war, als ob ihn etwas umtrieb, was er seinem Kollegen sofort mitteilen wollte. Doch Schafan war so beseelt von seiner Mission, daß er nicht bemerkte, in welcher Anspannung Hilkija war.

Nachdem er sich gesetzt hatte, sprach Schafan: »Ich komme im Auftrag des Königs. Er hat zu mir gesagt: ›Geh hinauf zu dem Oberpriester Hilkija. Nehmt zusammen das Geld aus den Opferkästen, das man im Tempel eingesammelt hat. Bringt es dann den Werkmeistern, die beauftragt sind, auszubessern am Haus des Herrn, was baufällig ist. Sie sollen damit die Zimmerleute und Bauarbeiter bezahlen. Die Werkmeister aber brauchen keine Rechenschaft zu geben, von dem Geld, das sie bekommen haben. Auf Treu und Glauben soll man mit ihnen verfahren.‹«

Schafan meinte, daß es nur eine Antwort des Oberpriesters geben könnte: Freudige Zustimmung! Dann den gemeinsamen Gang zu den Opferkästen, um diese zu öffnen. Doch auf die Worte des Schreibers gab der Oberpriester eine ganz unerwartete Antwort: »Ich habe das Gesetzbuch gefunden im Hause des Herrn.« Erstaunt blickte Schafan den Oberpriester an. Viele Gedanken stürmten durch den Kopf des Schreibers: Das Gesetzbuch im Haus des Herrn? Da konnte es sich nur um Gottes Gesetze handeln.

Statt weiter etwas zu sagen, stand Hilkija auf, schloß einen Schrank auf und entnahm ihm eine Schriftrolle. Mit feierlicher Gebärde überreichte er sie dem Schreiber. Wieder blickte Schafan den Oberpriester fragend an. Doch dieser schwieg und wies auf das Buch.
Sofort begann Schafan zu lesen. Es war, als ob ihn der Inhalt des Buches unwiderstehlich anzog. Er setzte sich und las und las – drei Stunden lang. Hilkija aber saß schweigend dabei.
Als der Schreiber mit dem Lesen fertig war, schwieg er lange. So tief hatte ihn der Inhalt des Buches erschüttert. Dann sprach er zu Hilkija: »Das muß der König hören!«
Schnell öffneten und leerten sie die Opferkästen. Dann riefen sie die am Tempel angestellten Werkmeister zu sich und teilten ihnen mit, wozu das Geld bestimmt war, das sie ihnen aushändigten. Doch während dies geschah, brannte beiden Männern die Unruhe im Herz: »Das Buch, das Buch! Der König muß davon hören!«
Endlich war der Befehl des Königs ausgeführt. Schafan verließ mit der Buchrolle das Heiligtum. Hilkija blickte ihm nach, bis er ihn nicht mehr sehen konnte.
Als Schafan die Königsburg betrat, sah er diese mit Unruhe erfüllt. Der Wagen des Königs war angespannt. Reiter und Soldaten zu seiner Begleitung versammelten sich. Jetzt trat der König aus dem Palast. Als er Schafan sah, rief er ihm zu: »Ich muß nach Bethel. Gaufürst Schelom berichtet von Ansammlungen assyrischer Truppen an der neuen Nordgrenze. Es ist unaufschiebbar!«
Während er schon weiterging, fragte er: »Geht im Tempel alles den rechten Weg?« Da sprach Schafan: »Deine Knechte haben das Geld ausgeschüttet, das im Haus des Herrn gesammelt ist und haben es den Werkmeistern gegeben.« – »Gut«, antwortete der König und wollte den Wagen besteigen. Da trat der Schreiber auf den König zu, zeigte ihm die Schriftrolle und sprach: »Der Priester Hilkija gab mir ein Buch!« Als er das sagte, schaute Schafan den König mit großem Ernst an.
Der König war sich nur einen kurzen Augenblick darüber unschlüssig, was er jetzt tun sollte. Dort, jenseits von Bethel, drohte wirklich Gefahr; hier wurde ihm durch die Hand des Schreibers ein Buch gegeben, im Heiligtum gefunden, also mit göttlicher Botschaft? Dann sagte er entschlossen: »Wir verschieben die Reise um drei Stunden! Komm, Schafan!«

Es war Dezember und kalt. Der König nahm auf seinem Thron Platz. Vor ihm brannte in einem Kohlenbecken Feuer, das den Raum erwärmte. Die Spannung des Königs war groß: Was enthielt das geheimnisvolle Buch? Zugleich mußte er Gedanken verdrängen, die ihn mahnten, sofort nach Bethel aufzubrechen. »Setz dich und lies!« gebot er Schafan. Schafan begann zu lesen:

»Dies ist das Gesetz,
das Mose den Kindern Israel vorlegte
jenseits des Jordan im Tal gegenüber Bet-Peor . . .«

Die ersten Worte, so groß und bedeutungsvoll sie auch waren, rauschten an Josias Ohr vorüber. Er dachte an Bethel und die Assyrer. Aber als er den Namen des Städtchens Bet-Peor hörte, geschah es, daß er sich auf einmal an diese Stelle versetzt sah. Oft war er mit seinem Lehrer Hilkija dort, östlich des Jordan, gewesen. Über das Hügelland hinweg sah man von Osten her den Jordans, und die Palmenhaine, die Jericho umgaben. Dahinter ragten aus dem Dunst der Ebene die steilen Berge des judäischen Berglandes auf. Immer wieder pries Josia seinem Lehrer das schöne Land und wies auf seinen Wohlstand hin. Hilkija aber sprach zu ihm: »Dieses Land ist auch die Stätte der Versuchung! Dort strecken Baal und Astarte ihre Hände nach jedem Israeliten aus!« Josia hörte die Worte seines Lehrers und es schien ihm, als stünden über dem Land gewaltig Baal und Astarte, lockend und verheißend.
Dann trat vor den König die Gestalt Moses, des Mannes, der dem Volk den Weg gewiesen hatte, bis hierher. Und hinter ihm sah er das Volk stehen. Um die Herzen dieser Menschen wurde dort drüben in Kanaan bald gerungen. »Höre Israel . . .«, das war der Aufruf zum Hören an jene, die sich jetzt bewähren mußten. Aber wie konnte man die künftigen Gefahren bestehen?
Josia stellte sich den Einzug ins Land vor und was dort nach den Worten des Buches geschehen würde. Es war ihm, als träume er wachend, geleitet von den Worten, die Schafan las.
Was für ein herrliches Land betrat Josia und mit ihm das Volk: Da gab es prächtige Palmenhaine um Jericho, die fruchtbaren Täler im Hügelland. Und wie anziehend war etwa die jüdische Wüste im Frühling? Aber jetzt war auch die Stunde der Versuchung.

Eine Dürre brachte die israelitischen Bauern in große Not. Da traten die Kanaanäer an sie heran: »Baal ist der Herr des Landes. Er spendet den Regen. Zu ihm müßt ihr beten!« Die Kanaanäerinnen sagten zu den israelitischen Frauen: »Bei Astarte, der Liebesgöttin, ist die Erfüllung des Lebens!« Aber Schafan las, was Mose sprach:

»... der Herr ist unser Gott,
der Herr allein.«

Spalte um Spalte las Schafan:

»... und du sollst den Herrn, deinen Gott liebhaben
von ganzem Herzen, von ganzer Seele
und mit all deiner Kraft ...«

Josia spürte, wie Gott um das Herz seines Volkes warb. Nur wenn das Herz für Gott gewonnen war, konnte es den Kampf bestehen. Er begriff auf einmal, warum Mose so beschwörend sprach:

»Nicht hat euch der Herr angenommen und euch gewählt,
weil ihr größer wäret als alle Völker
– denn du bist das kleinste unter allen Völkern –
sondern weil er euch geliebt hat ...«

Josia erlebte mit, wie das Volk im Lande auf diese Liebe antwortete: Alle Heiligtümer des Baals wurden entfernt. Vom Karmel bis nach Beerscheba. Die Pfähle der Astarte wurden umgehauen und mit Feuer verbrannt. Sogar jene Stätten, an denen Jahwe von früher her verehrt wurde, wie in Bethel, wurden abgeschafft:

»Ihr sollt dem Herrn eurem Gott so nicht dienen,
sondern die Stätte, die der Herr euer Gott erwählen wird
aus allen euren Stämmen,
daß er seinen Namen daselbst wohnen läßt,
sollt ihr aufsuchen und dahin kommen.«

Da sah Josia das Heiligtum in Jerusalem vor sich. Ganz Israel hatte sich hier versammelt. An dem Ort, den Gott erwählt hatte durch

David, wollten sie allein den Gott anbeten, der auch allein ihr Heil war. Wie das Fest der Weizenernte und das Laubhüttenfest, so sollte auch das Passa nur hier gefeiert werden.
Die Glut im Kohlenbecken sank zusammen. Aber weder der König, noch sein Schreiber, spürten die eindringende Kälte. Denn mit staunenden Augen sah Josia jetzt, wie das Gottesrecht in alle Bereiche hineingriff. Bei jeder dieser Ordnungen hörte Josia den Satz mit:

»Höre Israel, der Herr ist euer Gott,
der Herr allein!
Darum sollt ihr auch die Fremdlinge lieben;
darum sollt ihr einen Hebräer,
den ihr als Sklaven verkauft habt,
nach sieben Jahren freilassen;
darum sollt ihr das Recht nicht beugen;
darum . . .«

Schafan war bei den letzten Spalten angelangt:

»Wenn du nun der Stimme des Herrn, deines Gottes,
gehorchen wirst . . .,
werden über dich kommen und dir zuteil werden
alle diese Segnungen:
Gesegnet wirst du sein in der Stadt,
gesegnet wirst du sein auf dem Acker . . .
gesegnet wird sein die Frucht deines Leibes,
gesegnet . . .«

Josia sah wie in einer Vision, die die Worte des Buches ausgelöst hatte, den segnenden Gott inmitten eines gehorsamen Volkes.
Das Kohlenfeuer war erloschen. Es wurde kalt. Da fuhr Josia plötzlich jäh aus seinem Wachtraum auf: Was er gesehen hatte, war ein Traum. Die Wirklichkeit war ganz anders: Da gab es kein hörendes Volk, das den rechten Weg gehen wollte, keine Gottesgemeinde, die in der Stunde der Versuchung ihr Herz auf Gott gerichtet hätte! Es gab nicht die eine Kultstätte. An vielen Orten wurde Jahwe verehrt. Auf unzähligen Baalshöhen brannten Opferfeuer. Und das Furchtbarste waren die sozialen Zustände im Land: War da nicht

alles vom Geist Baals durchtränkt? Das war die schreckliche Wirklichkeit.
Der König achtete nicht darauf, daß Schafan immer noch dastand, die Rolle in der Hand. Er stand auf, ergriff mit beiden Händen den Königsmantel an der Brust und zerriß ihn zum Zeichen des Schmerzes.
Dann kniete er mit dem Gesicht zum Heiligtum auf den Boden. Er beugte sein Haupt bis es die Erde berührte und weinte.

Hulda

In der Neustadt, westlich vom Tempel des Herrn, wartete Hulda spät in der Nacht auf Schallum, ihren Mann. Er war Kleiderverwalter im Tempel und hatte in diesem Amt die Dienstkleidung des Oberpriesters und der anderen Priester in höheren Rängen zu beschaffen, zu verwahren und zu versorgen.
Hulda war fast sechzig Jahre alt. Sie war groß und kräftig gebaut. Ihrem Gesicht sah man an, daß sie in ihrer Jugend sehr schön gewesen sein mußte. Die Backenknochen waren etwas breit gestellt und über klugen, scharfen Augen wölbte sich eine breite Stirn. An der Form des Mundes und des Kinnes war zu erkennen, daß sie einen ausgeprägten Willen hatte. Aber die vollen Lippen und der Blick der Augen sprachen von einem tiefen Gemüt.
Hulda war Prophetin. Sie übte diesen Beruf seit ihrem siebzehnten Lebensjahr aus, obwohl sie nie eine Prophetenschule besucht hatte. Trotzdem war sie in der Stadt Jerusalem und weit darüber hinaus von jedermann als Prophetin anerkannt. Aber seitdem sie vom Auftreten Jeremias aus Anatot gehört hatte, meinte sie, ihre Zeit wäre jetzt vorüber. Es schien ihr, als hätte Gott ihr Amt in jüngere Hände gelegt. Schon seit zwei Jahren trug sie ihren Prophetenmantel nicht mehr.
Huldas Vater Abia war bereits Prophet gewesen. Viele Menschen kamen zu ihm, um ihn in ihren Nöten nach dem Willen Gottes zu fragen. Er trat gemeinsam mit anderen kritischen Männern unter den Propheten gegen König Manasse auf. Sie sahen täglich die gefährlichen Auswirkungen seines Vorbildes auf das Volk. Immer

mehr Menschen hingen dem Baal an. Hulda war dabei, als ihr Vater mit seinen Berufsgenossen ein Wort an den König formulierte:

»Weil Manasse, der König von Juda,
diese Greuel getan hat, die ärger sind
als alle, die die Amoriter getan haben,
und weil er auch Juda sündigen gemacht hat
mit seinen Götzen,
darum spricht der Herr, der Gott Israels:
Siehe, ich bringe Unheil über Jerusalem und Juda . . .«

Sie bangte mit ihrem Vater, als er am entscheidenden Tag aus dem Haus ging, um dieses scharfe Wort dem König zu übergeben. Er kam nicht mehr nach Hause, aber Gerüchte durchschwirrten die Stadt, der König habe alle sieben Propheten verhaften und töten lassen. Hulda war wie versteinert.
Doch in der Nacht pochte es leise an ihr Fenster. Sie sah ein Gesicht im Mondschein – der Vater! Sie öffnete und fragte: »Du lebst?« Sie schlang die Arme um ihn. Der Vater kam herein und sagte gehetzt: »Laß das Licht aus! – Ich konnte fliehen, aber ich muß sofort weg. Ich weiß nicht wohin, und nicht, ob ich wiederkommen werde!« Bang fragte sie ihn: »Und ich, Vater? – Nimm mich mit!« Doch der Vater sprach: »Du weißt, wie wichtig in dieser Stadt ein Prophet ist. Wenn ich fort bin, ist keiner mehr da. Sie werden dann in ihren Nöten zu den Wahrsagern und Zauberern gehen! Sei jetzt stark, meine Tochter!« Bei diesen Worten zog der Vater seinen Prophetenmantel aus. Dann sprach er feierlich: »Ich berufe dich, Hulda, zur Prophetin des Herrn, so wie Elia einst Elisa berufen hat!« Dann legte er seinen Prophetenmantel feierlich und zärtlich um die Schultern seiner Tochter.
Dies war kaum geschehen, als heftig gegen die Haustür geschlagen wurde. »Aufmachen! Die Polizei des Königs! Verflucht! Willst du endlich aufmachen?» Wortlos schloß Abia seine Tochter in seine Arme. Dann riß er sich los und floh durch das rückwärtige Fenster. Aber er lief seinen Häschern in die Hände.
Langsam wuchs Hulda in ihr Amt hinein. Zuerst wollten ihr vor allem die Frauen kein Vertrauen schenken. Doch ihr Können und das Verständnis, das man bei ihr fand, ließen ihr Ansehen wachsen. Sie

tröstete, mahnte und nahm die Zukunftsangst. Wie ihr Vater suchte sie Klarheit in den heiligen Schriften und im Gebet. Sie stemmte sich leidenschaftlich gegen den Abfall zu Baal und Astarte, aber sie konnte ihn nicht verhindern.

Sie war schon über dreißig, als sie mit Schallum, dem Kleiderverwalter, in die Ehe trat. Hulda meinte, ihre Zeit als Prophetin wäre vorüber. Immer seltener zog sie den Prophetenmantel an.

Immer noch wartete Hulda an diesem Abend auf ihren Mann, da pochte es an die Tür. »Das wird Schallum sein«, dachte sie und öffnete. Doch was sie dann im fahlen Licht des Mondes sah, ließ sie erbleichen. Sie wich einen Schritt zurück ins Haus. Dann rief sie bestürzt: »Du bei mir in der Nacht, Schreiber Schafan? In solcher Begleitung!« Oberpriester Hilkija, Ahikam, Schafans Sohn, Achbor und Kämmerer Asaja waren in seiner Begleitung. Hulda konnte vor Erregung fast nicht mehr reden. »Was wollt ihr von mir? Jetzt in der Nacht?« – »Laß uns eintreten«, sagten sie nur.

Als sich die fünf höchsten Beamten von Juda gesetzt hatten, sprach Schafan: »Wir kommen zu dir in einer dringenden Staatsangelegenheit, Prophetin Hulda!« – »Staatsangelegenheit?« Huldas Erregung wuchs.

Dann machte Schafan sie mit dem Inhalt des Buches bekannt und mit dem Gericht, das um der Sünden der Väter willen darin angedroht war. Er schilderte auch, wie der Inhalt des Buches auf den König gewirkt hatte. Dann sprach er: »Der König will jetzt durch dich den Herrn befragen für sich, für das Volk und für ganz Juda: Ist das Gericht unausweichlich? Ist es aufschiebbar? Oder wird es sogar aufgehoben, wenn König und Volk das Gesetz mit ganzem Ernst halten?«

Tief traf Hulda der Gerichtsspruch Gottes. Plötzlich stieg die Gestalt ihres ermordeten Vaters vor ihr auf. Und dann wurde ihr bewußt, daß sie jetzt vor der schwersten Aufgabe ihres Lebens stand. Sie erhob sich, schritt zum Schrank und holte den Prophetenmantel heraus. Sie zog ihn an und stand nun groß aufgerichtet vor den gespannt wartenden hohen Staatsbeamten. Kurz nur schloß sie die Augen. Jäh kam ihr die Erleuchtung:

»So spricht der Herr, der Gott Israels:
Sagt dem Mann, der euch zu mir gesandt hat:

So spricht der Herr:
Siehe, ich will Unheil über diese Stätte
und ihre Einwohner bringen . . .«

Alle fünf erbleichten. Es gab also keine Schonung, das Maß war voll. Und weiter sprach die Prophetin:

». . . alle Worte des Buchs,
die der König von Juda hat lesen lassen,
weil sie mich verlassen
und anderen Göttern geopfert haben,
mich zu erzürnen mit allen Werken ihrer Hände;
darum wird mein Grimm gegen diese Stätte entbrennen
und nicht ausgelöscht werden.«

Es ging also nicht um die Schuld der Väter, für ihre eigenen Sünden wurden sie bestraft. Hilkija mußte unwillkürlich an die Prophetin Mirjam denken. Diese besang einst das Heil Gottes, Hulda mußte jetzt das Gericht verkündigen. So stand eine Frau am Anfang der Geschichte dieses Volkes und ebenso jetzt eine an ihrem Ende.
Schafan, der älteste unter den Abgesandten des Königs, war so tief betroffen, daß er die Augen mit den Händen bedeckte. Allen war es, als ob sich in diesem Augenblick eine gewaltige Lawine in Bewegung setzte, um alles unter sich zu begraben.
Doch die Prophetin fuhr fort:

»Aber dem König von Juda,
der euch gesandt hat, den Herrn zu befragen,
sollt ihr sagen:
So spricht der Herr, der Gott Israels:
Weil du im Herzen betroffen bist
und dich gedemütigt hast vor dem Herrn,
als du hörtest, was ich geredet habe
gegen diese Stätte und ihre Einwohner,
und weil du deine Kleider zerrissen hast
und vor mir geweint hast,
so habe ich dich auch erhört, spricht der Herr.
Darum will ich dich zu deinen Vätern versammeln,

damit du mit Frieden in die Grube kommst
und deine Augen nicht sehen das Unheil,
das ich über diese Stätte bringen will.«

Der Bund

Viele Menschen aus dem ganzen Land waren unterwegs nach Jerusalem. Sie wanderten meist in Gruppen und führten erregte Gespräche. Der König rief die Ältesten aus dem ganzen Land in die Hauptstadt. Sie wußten, daß im Tempel ein wichtiges Buch gefunden worden war und nahmen an, daß das der Grund sei, warum der König sie in die Stadt gerufen hatte.
Auch Jeremia ging nach Jerusalem. Aber er schritt einsam daher. Viele Menschen wichen ihm aus, als er in die Stadt kam. Niemand sprach ihn an. Er stellte sich an den äußersten Rand der Menge, die sich vor dem Königspalast versammelt hatte. Die Ältesten aus dem ganzen Land und alle Bürger von Jerusalem waren zusammengekommen. Alle warteten in großer Spannung. Viele Fragen bedrängten sie: Warum hat uns der König gerufen? – Was wird der Tag bringen? – Was steht in dem geheimnisvollen Buch, von dem überall gesprochen wird?
Dann verstummte die Menge plötzlich. Der König trat aus dem Palast. Jeremia sah ihn das erste Mal aus der Nähe. Zum Bild eines Königs gehörte für ihn die Krone und das Zepter. Doch beides hatte Josia abgelegt. Sein Gesicht war geprägt vom Ernst der Stunde. Statt des Zepters trug der König etwas anderes: Mit beiden Händen drückte er eine Buchrolle gegen seine Brust. Es war, als wäre er mit dem Buch eins geworden. Feierlich schritt er damit zum Tempel hinauf. Schweigend folgten ihm die Ältesten von Juda und die Bürger und Bürgerinnen Jerusalems. Der König schritt bis zur Säule rechts vom Heiligtum.
Als Jeremia über den Tempelplatz schaute, fiel ihm alles ein, was sich hier ereignet hatte, von dem Tag an, als er dort an der Boassäule stand und sprach:

»Ich gedenke der Treue deiner Jugend . . .«

Er sah die Halle des Oberpriesters, in deren Keller man ihm in nächtlicher Stunde mit dem Tod gedroht hatte.
Noch nie hatte Jeremia seine Einsamkeit so quälend empfunden wie jetzt in der gespannt wartenden Menge. Er sagte sich: »Was kann heute schon Großes geschehen? Für mich ist es ein bitterer Tag. Denn ich bekomme deutlich zu spüren, daß ich ein Ausgestoßener bin! Wäre ich nur nicht nach Jerusalem gegangen!«
So tief war er in seine düsteren Gedanken versunken, daß er fast den Anfang der Verlesung des Buches versäumt hätte.
Doch dann hörte er, wie der König selbst las:

»Dies ist das Gesetz, das Mose . . .«

Die Gestalt Moses trat vor Jeremias Augen. Von Kind auf war er mit ihr vertraut. Jeremia kannte die Geschichten von ihm, er wußte, daß er der Bundesmittler war. Doch – wie weit war das Volk jetzt von Mose entfernt! Sein Gesetz bewegte die Herzen nicht mehr.
Doch je länger der König las, desto aufmerksamer hörte Jeremia zu. Die Sprache dieses geheimnisvollen Buches war zwar ganz anders als seine eigene, aber der Geist, der aus ihm sprach, kam Jeremia sehr verwandt vor:

»Nicht hat euch der Herr angenommen
und euch erwählt,
weil ihr größer wäret als alle Völker
– denn du bist das kleinste unter allen Völkern –
sondern weil er euch geliebt hat.«

». . . weil er euch geliebt hat!« Es war Jeremia bei diesen Worten auf einmal, als käme Mose auf ihn zu und streckte ihm die Hand entgegen. Jeremia senkte das Haupt. Ihm traten alle Bilder und Worte vor die Seele, die er gebraucht hatte, um die Liebe Gottes zu seinem Volk auszudrücken: Israel, Gottes Braut, von ihm geliebt.
Jeremia meinte, allen müßte jetzt dieses Bild der Braut Gottes bei den Worten des Buches vor die Augen treten. Aber was war daraus geworden? Die Braut war ihrem Geliebten untreu geworden. Jeremia wagte nicht aufzuschauen. Aber jetzt wußte er auf einmal, daß er nicht einsam war. Mochten ihm auch alle widersprechen, moch-

ten sie ihn ausstoßen und mit dem Tode bedrohen: Mose sprach für ihn. Mose bestätigte den Priestersohn aus Anatot.
Als er dann aufblickte sah er, daß viele erkannt hatten, wie dieses Buch für Jeremia sprach. Es bestätigte ihn. Mose reichte ihm die Hand. Der König las weiter und weiter:

»Du sollst die Armen nicht unterdrücken!«

Jeremia dachte daran, wie er von dem Netz gesprochen hatte, das die Reichen über das Volk warfen, um es auszubeuten.
Als dann die Worte vom Segen und vom Fluch erschallten, stieg vor den Augen aller der fliegende Kessel auf, jenes Bild, mit dem Jeremia das Gericht angekündigt hatte. Jeremia selbst war von zwiespältigen Gefühlen hin- und hergerissen. Er freute sich über die ganz unerwartete Bestätigung, die er jetzt durch Mose und damit durch Gott öffentlich erhielt. Aber zugleich packte ihn tiefe Trauer. Denn nun waren es zwei Zeugen, die das Gericht ankündigten. War nicht seine Predigt vergeblich gewesen? Er hatte gemahnt:

»Tretet hin an die Wege und schauet
und fragt nach den Wegen der Vorzeit,
welches der gute Weg sei, und wandelt darin,
so werdet ihr Ruhe finden für eure Seele!
Aber sie sprechen: Wir wollen's nicht tun!
Auch habe ich Wächter über euch gesetzt:
Achtet auf den Hall der Posaune!
Aber sie sprechen: Wir wollen's nicht tun!«

Schmerzlich stieg vor Jeremia das Bild des drohenden Chaos auf. Von diesen Gedanken war er so bewegt, daß er nur wie aus weiter Ferne erlebte, was weiter geschah.
Ein ganz anderer aber verfolgte das Geschehen mit höchster Aufmerksamkeit. Das war der schwarze Königssklave Ebed-Melech. Seit dem Tag, an dem ihn Kaleb in diese Stadt gebracht hatte, waren drei Jahre vergangen. Inzwischen hatte der intelligente junge Mann Hebräisch gelernt. Mit dem Eindringen in die Sprache beschäftigte ihn immer mehr die Religion seiner Herrn. Zunächst

schien es ihm, als ob sie nur aus schönen, aber leeren Worten und feierlichen, aber unwirksamen Riten bestünde.
Aber Ebed-Melech ließ sich nicht abstoßen. Er kam nicht los von dem, was er vom Gott Israels hörte: Nicht eine dunkle, geheimnisvolle Macht war dieser, die man mit Zauber und Beschwörung beeinflußen konnte. So war es bei den Göttern seines Stammes. Der Gott Israels aber sprach klare, verständliche Worte. Er hatte mit seinem Volk ein Ziel und teilte ihm seinen Willen mit. Dieser Gott war ganz anders als die Götter seines Volkes.
Ebed-Melech wollte zum innersten Wesen dieses Gottes vorstoßen. Keine Gelegenheit des Lernens versäumte er. Gespannt hatte er alles verfolgt, was ein junger Mann mit dem Namen Jeremia im Tempel von diesem Gott sagte. Ebed-Melech hörte ihn sehr gern. Heute war er in den Tempel geschlichen, weil überall von einem geheimnisvollen Buch die Rede war.
Ebed-Melech hatte die Verlesung des Buches mit großen Augen und mit offenem Herzen gehört. Mit den Worten des Buches wurde er über Höhen und durch Tiefen geführt. Ihn beeindruckte mächtig der Satz:

»Höre Israel,
der Herr, dein Gott, ist einer.«

Es rührte sein Herz an, daß dieser Gott sein Volk liebte. Aufmerksam hörte er, was von den Sklaven geschrieben stand: Im siebten Jahr waren sie freizulassen. Schmerzlich war es für ihn zu erkennen, daß das nur für hebräische Sklaven galt. Aber es zog über sein Gesicht strahlende Freude, als er hörte:

»Darum sollt ihr auch die Fremdlinge lieben.«

Auf einmal sah er, daß der Gott Israels auch an ihn gedacht hatte. Er, der verachtete, versklavte Fremdling kam in diesem Buche vor. Viel klarer als fast alle Anwesenden erkannte er die scharfe Anklage, die dieses Buch enthielt. Denn Ebed-Melech spürte am eigenen Leib, wie sehr dieses Volk von Gott abgefallen war.
Als die Verlesung des Buches beendigt war, durfte er miterleben, von was er schon oft gehört hatte: Die Bundeserneuerung! Hier

durch den König. Ebed-Melech war es, als käme gerade im Bund das ganz andere des Gottes Israels im Vergleich zu allen anderen Göttern zum Ausdruck. Er stellte sich auf die Zehenspitzen um alles zu sehen, und zu hören, was jetzt geschah.
Totenstill war es geworden, als die feierlichen Worte vom Segen und vom Fluch erklangen. Jetzt stieg der König auf einen Steinblock, der vor einer Säule an der rechten Seite des Tempels angebracht war. Feierlich sprach er: »Gott hat uns am Sinai einen Bund gewährt. Diesen hat zuerst Mose im Land Moab erneuert, wie wir eben aus dem Buch gehört haben. Dasselbe hat nach ihm Josua vor seinem Tod in Sichem getan!« Ebed-Melech schloß die Augen. Das war es: Der Gott Israels gewährte seinem Volks einen Bund. Er sicherte ihm dauernde Liebe zu. Das war das Herz dieser Religion.
Der König fuhr fort: »Uns aber hat Gott verpflichtet, entsprechend der Bundesordnung zu leben!« – Leise sprach der König weiter: »Wir aber sind abgefallen.«
Ebed-Melech schaute auf: Wie dieses Volk seinem Gott ungehorsam war, das erlebte er täglich. Israel hatte den Bund, den ihm sein Gott gewährte, tatsächlich gebrochen. Darum kündigte ihm der Prophet Jeremia und jetzt dieses Buch Gericht an. Ebed-Melech schien es, als könne es nun nicht mehr weitergehen. Nun konnte sich nur noch der Fluch erfüllen. Jetzt konnte sich nur noch aus dem Kessel die Flut des göttlichen Zorns ergießen. Doch nicht so der König. Er schien anderer Auffassung zu sein. Später kam er Ebed-Melech vor wie ein Steuermann, dessen Schiff auf Klippen zufährt, wo es zerschellen wird, und der im letzten Augenblick die Kraft dazu hat, das Steuer herumzureißen, um Schiffbruch und Untergang abzuwenden.
Dann, nach einer langen und drückenden Stille sprach der König: »Heute nun verpflichte ich mich selbst zuerst, diesen Bund zu halten. Gott will ich lieben mit ganzem Herzen, mit ganzer Seele und mit allen Kräften!« Dann rief er: »Euch aber fordere ich auf, dieser Verpflichtung beizutreten! Wollt ihr das, so sprecht mir nach: Wir verpflichten uns, diesen Bund zu halten. Gott wollen wir liebhaben von ganzem Herzen, von ganzer Seele und mit aller Kraft!«
Ebed-Melech horchte mit ganzer Aufmerksamkeit, was jetzt wohl geschehen würde. Er hörte, wie das ganze Volk diese Verpflich-

tung auf sich nahm. Der schwarze Mann war von der Größe dieser Stunde so ergriffen, daß er die Worte der Verpflichtung mitsprach. Jeremia verließ den Tempel ganz anders, als er ihn betreten hatte. Zwar sprach ihn niemand an. Aber alle sahen ihn so an, als ob Mose an seiner Seite ginge. Staunen, ohnmächtiger Trotz und Achtung sprachen aus den Blicken, die ihn begleiteten. Am Ausgang des Tempels trat er auf Ebed-Melech. Da wagte es der schwarze Sklave, Jeremia anzusprechen: »Großer Tag heute für Propheten Jeremia!« Das war das erste Mal, daß ihn jemand »Prophet« nannte.
Erstaunt fragte Jeremia den Schwarzen: »Wie meinst du das?« – »Worte des Buches stimmen in vielen Teilen überein mit Predigt von Jeremia! Bestätigung durch Mose; Bestätigung durch Gott!« sprach dieser begeistert. Jeremia war von diesen Worten des schwarzen Sklaven tief gerührt: »Ja, es ist ein großer Tag, Ebed-Melech. Aber auch ein schwerer: Das Gericht ist nun durch zwei Zeugen angedroht!« – »Aber – wie du denken über Bund?«
»Das ist wohl wahr, Ebed-Melech. Aber – unser Herz, das Herz bleibt dasselbe!«

Die Reform

Über den Bergen westlich von Mizpa braute sich ein Gewitter zusammen. Es waren die ersten Wolken seit dem Frühjahr. Sie kündigten nach der Dürre des Sommers die nahe Regenzeit an. Die Besucher des Baalsheiligtums auf der Höhe bei Mizpa schauten immer wieder zu ihnen hinauf. Denn sie erwarteten sehnsüchtig die Antwort Baals auf ihre Bitten.
Wieder hatten sie zuerst im Spiel den Tod Baals gesehen, besiegt von Mot, dem Todesgott. Dann flehten sie um seine Wiedererstehung. Auch der heiligen Hochzeit hatten sie beigewohnt. Manche Besucher dachten an Ester aus Anatot, die vor drei Jahren noch hier am Baalsheiligtum Priesterin gewesen war. Danach ging alles unter im Rausch der Sinne, der zum Fest des Baal gehörte.
So war auch in diesem Jahr alles gewesen wie in jedem Jahr vorher. Und doch war heute die Grundstimmung ganz anders. Denn es kamen erregende, bedrohliche Nachrichten aus Jerusalem: »König Jo-

sia will alle Baalsheiligtümer niederreißen! Das steht in einem Buch, das im Heiligtum in Jerusalem gefunden wurde!«
Groß war die Erregung der Festbesucher in Mizpa. Diese Nachrichten mochten dazu beigetragen haben, daß sich in diesem Jahr weniger Menschen zum Fest der Wiedererstehung des Baal eingefunden hatten. Hauptpriester Joel beruhigte die Menge. »Solche Eingriffe haben schon einigemal stattgefunden, unter König Joas und unter Hiskija. Baal hat sie alle überlebt. Denn er gehört zu diesem Land. Er gibt Regen und Fruchtbarkeit, mehr noch: Er gehört zu uns Menschen. Baal, das ist die Antwort auf die tiefste Sehnsucht von uns allen!« Vorsorglich aber hatte er die Tempeltore schließen lassen. Weniger deshalb, weil er Abgesandte des Königs gefürchtet hätte. Aber zu was waren aufgebrachte Massen nicht fähig?
Inzwischen hatten sich die Gewitterwolken im Westen so verdunkelt, daß deutlich sichtbar war: Nun wird Baal bald die dürstende Erde befruchten. Aber noch war kein Blitz zu sehen, kein Donner zu hören.
Da wurde laut gegen die Tür gepocht. Der Hauptpriester ging selbst um nachzusehen. Wie überrascht war er, als er keinen Geringeren vor sich sah als den Oberpriester Hilkija. »Ich komme im Auftrag des Königs. Laß mich zum Volk und zu den Priestern sprechen!«
Als der Oberpriester das Heiligtum betrat, verstummte jäh alles festliche Treiben. Die Priester verschwanden. Die Kedeschen versteckten sich, blickten aus Türspalten, bereit, im Augenblick der Gefahr das Weite zu suchen. Hilkija warf nur einen kurzen Blick auf den Altar und das Bild Baals. Dann kam er schon zur Sache. Er wies auf die Schriftrolle, die er bei sich trug. Es war eine Abschrift des im Tempel gefundenen Buches. Dann sprach er: »Ihr habt gewiß alle von dem Buch gehört, das im Heiligtum zu Jerusalem gefunden wurde. Hört, was Mose schreibt:

›Höre Israel,
der Herr ist euer Gott, der Herr allein;
und du sollst den Herrn, deinen Gott lieben,
von ganzem Herzen, von ganzer Seele
und mit allen deinen Kräften . . .‹

Ihr versteht, was das bedeutet: Es darf in diesem Land kein anderer

Gott angebetet werden als der Eine. Der König gewährt den Priestern und Kedeschen von Mizpa drei Tage Zeit, diesen Ort zu verlassen. Dann muß das Heiligtum zerstört werden. Denn es heißt in diesem Gesetzbuch:

›Die Bilder ihrer Götter sollst du mit Feuer verbrennen
und sollst nicht begehren das Silber und Gold . . .‹«

Die Versammelten konnten zunächst die Worte des Oberpriesters nicht fassen: Das Baalsheiligtum, das jahrhundertelang bestanden hatte, sollte jetzt zerstört werden? Zu wem sollten die Bauern dann um Regen flehen?
Hilkija rief: »Versteht doch, daß dies Jahwes Land ist und daß er es ist, der Regen spendet!« Haßerfüllt rief der Hauptpriester: »Baal wird es nicht dulden, daß man sein Heiligtum zerstört!« – »Gebt mir eine Axt!« rief Hilkija. »Wage es nicht, sie gegen Baals Bild zu führen! Ein Blitz wird dich erschlagen«, sprach der aufgebrachte Baalspriester.
Das Gewitter hing schon über dem Heiligtum. Blitze zuckten, Donner grollte. Gespannt starrte das Volk auf den Oberpriester, dann wieder hinauf zu dem schwarzdrohenden Himmel. Einen Augenblick lang erregte Angst sogar Hilkijas Herz. Waren Götter wirklich »Nichtse«, wie Jeremia gesagt hatte? Waren das nicht doch unsichtbare Mächte?
Die drohenden Gewitterwolken bedeckten jetzt den ganzen Himmel über Mizpa. Der letzte Sonnenstrahl verschwand. Es wurde dunkel. Drohend hing die Wolke über dem Heiligtum Baals. Man hörte nur die Schritte des Oberpriesters, der jetzt auf das Bild Baals zuschritt. Die Menge wich entsetzt vor ihm zurück. Der Oberpriester erhob die Axt. Er schlug zu. Tief drang das Eisen in das Bild Baals. Es zitterte. Späne flogen. Hieb auf Hieb tat der Oberpriester. Immer tiefer wurde die Kerbe. Und jetzt – das Bild wankte. Noch ein Hieb! Das Bild Baals fiel nach vorn. Es schlug auf dem Boden auf. Und fast im selben Augenblick fiel prasselnder Regen.
Was in Mizpa geschah, ereignete sich am selben Tag an vielen Orten. Die Bilder Baals fielen im ganzen Land. Mit ihnen die Pfähle der Astarte. Die jahrhundertealten Heiligtümer wurden zerstört. Als Hilkija am Abend von Mizpa nach Jerusalem zurückfuhr, be-

merkte er auf vielen Höhen Feuer. Die Bilder Baals verbrannten und mit ihnen die Pfähle der Astarte.
Der Auftrag, den Hilkija an diesem Tag zu erfüllen hatte, war nicht der schwerste. Den hatte der König selbst übernommen. Zwei Stunden später, als Hilkija in Mizpa angekommen war, fuhr der König die Höhe hinauf, die wenige Kilometer nördlich von Hebron lag. Dort befand sich eines der ältesten Jahweheiligtümer des Landes. Das Heiligtum von Mamre war mit einer Mauer umgeben. Der König fuhr zum Nordtor hinein. Sein erster Blick fiel auf die mächtige, jahrhundertealte Terebinthe, die dem Nordeingang schräg gegenüber stand. Das war jene Terebinthe, unter der einst in der Mittagshitze Abraham saß, als ihm drei Männer erschienen. Rechts von dem ehrwürdigen Baum befand sich der Abrahamsbrunnen und links der Altar.
Die Priester des Heiligtums liefen herzu, um den hohen Gast mit allen Zeichen der Ehrerbietung zu empfangen. Voll Bewunderung schauten sie auf den jungen König. Schon viel Gutes hatten sie von ihm auch in dem von Jerusalem weit entfernten Mamre gehört. Der Priesterälteste verneigte sich mit allen seinen Genossen tief vor dem König: »Wir stehen zu deinen Diensten! Was führt den hohen Gast zu uns? Ist Eure Majestät auf dem Weg zur alten Davidsburg in Hebron?« Schon schickte sich der Priesterälteste an, dem König die Sehenswürdigkeiten des Heiligtums zu zeigen, den Abrahamsbrunnen . . .
Als der König diese echte Ehrerbietung sah, spürte er, daß er innerlich zitterte, wenn er an den Auftrag dachte, den er diesen gehorsamen Priestern des Herrn auszurichten hatte. Aber sofort machte er sein Herz wieder fest. Der König war entschlossen nach dem Willen Moses zu handeln: »Laß alle Priester zusammenrufen!«
Der König trat an den Stamm der Terebinthe. Die Priester scharten sich um ihn. Erwartungsvoll blickten sie ihn an. Sie konnten sich von ihm nichts anderes erwarten als eine gute Botschaft. Der König wies mit der Rechten auf das Buch, das er mit der Linken an sein Herz drückte: »Ihr habt davon gehört, daß das Gesetzbuch Moses im Tempel zu Jerusalem gefunden wurde?« Der Priesterälteste und die Priester bestätigten, daß sie von diesem Ereignis wußten. »Hört also auf die Worte Moses:

›Höre, Israel,
Der Herr ist euer Gott, der Herr allein . . .‹«

Große Zustimmung schlug dem König entgegen. Die Priester in Mamre kämpften seit Jahrhunderten gegen den Baal und gegen seine Kultorte. Der Priesterälteste sprach aus, was alle Priester von Mamre dachten: »Der Gott Abrahams, Isaaks und Jakobs, das ist der eine Gott. Hier ist der Eine dem Erzvater Abraham erschienen!« Dann fuhr der Priesterälteste nicht ohne Stolz fort: »Hier im Hain von Mamre haben die Priester immer darauf geachtet, daß nur der eine Gott angebetet wurde. Keine Frau darf das Heiligtum betreten, die das Zeichen der heiligen Hochzeit trägt. Wir hier in Mamre sind Jahwe immer treu geblieben!«
Dann las der König weiter. Wieder stimmten ihm alle Priester freudig zu, als er las, daß nach dem Gebot Moses alle heidnischen Heiligtümer zerstört werden mußten und daß das gerade jetzt in dieser Stunde im ganzen Land geschah. Der Priesterälteste war so überwältigt, daß er ausrief: »Gott möge dich dafür segnen, daß du endlich den wahren Gottesdienst überall im Lande herstellst!« Schon sahen er und seine Priester mit ihm den Rang ihres ehrwürdigen Heiligtums steigen. Doch der König mußte weiterlesen:

»Ihr sollt dem Herrn eurem Gott so nicht dienen,
sondern die Stätte, die der Herr euer Gott erwählen wird . . .
sollt ihr aufsuchen und dahin kommen . . .«

Da erbleichten alle Gesichter. Aber der König erklärte mit fester Stimme: »Nach dem Willen Moses darf es für den einen Gott nur ein Heiligtum geben. Dieses von Gott erwählte Heiligtum ist der Tempel in Jerusalem!«
Da war bei allen die Erschütterung groß. Solange man denken konnte, wurde am Heiligtum in Mamre der Namen Gottes angerufen. Hier nur war Gott einem Menschen in Menschengestalt begegnet, dem Erzvater Abraham. Und jetzt sollte der Gottesdienst hier zu Ende sein? Das war nicht auszudenken.
Noch hatten die Priester von Mamre, vom ältesten bis zum jüngsten, keinen einzigen Gedanken darauf verwandt, was denn dann mit ihnen selbst werden sollte.

Sie bestürmten den König mit einem Freimut, wie er das bisher noch nie erlebt hatte. »Aber dieses Heiligtum hat Jahwe doch auch erwählt und zwar vor Jerusalem«, sagten sie. Einer der jüngeren Priester fing an die heilige Geschichte zu rezitieren, die den Ruhm des Ortes begründete:

»Und der Herr erschien ihm im Hain Mamre,
während er an der Tür seines Zeltes saß,
als der Tag am heißesten war.«

Wiewohl das Herz des Königs tief bewegt war vom Ernst und vom Eifer der Priesterschaft von Mamre blieb er doch dabei: »Binnen dreißig Tage ist das Heiligtum zu räumen. Alle Priester haben sich nach Jerusalem zu begeben und fortan dort Dienst zu tun.« Der König verschwieg, was diese Männer im tiefsten verletzt hätte: Dann ist das Heiligtum zu zerstören und die Stätte zu entweihen.
Wie im Hain Mamre, so geschah dasselbe überall in Juda, wo sich Jahweheiligtümer befanden: in Hebron, Beerscheba, Arad und an vielen anderen Orten.
Stumm und gesenkten Hauptes wie bei einem Leichenbegängnis standen die Priester, als der König das dem Untergang geweihte Heiligtum verließ.

Das Fest

Giddel schlug die Eingangsdecke seines Zeltes zurück und trat vorsichtig ins Freie. Noch lag Dunkel über der Wüste. Aber über den Bergen im Osten sah man das erste Licht des neuen Tages. Wenige Schritte vom Zelt entfernt in einem Gehege aus Steinen und Dornen schliefen noch die Schafe und Ziegen eng zusammengedrängt.
Giddel war ein Kleinviehnomade. Jahr für Jahr zog er von den Feldern um Bet-Schemesch, südwestlich von Jerusalem, weit nach Süden in die Wüste Juda, bis nach Jattir. Im Oktober war er hierhergekommen. Fast sieben Monate lang gab es während der Re-

genzeit in der Wüste genug Futter für seine Herde. Doch das war jetzt wieder vorbei. Der Regen, der seither in der Wüste Gräser, Kräuter und Stauden sprießen ließ, hatte aufgehört.
Giddel schnupperte, denn es war ein bestimmter Geruch in der Luft. In wenigen Tagen wird der Ostwind anfangen zu blasen. Wie aus einem glühenden Ofen kam er daher, dieser Glutwind. Das Gras verwelkte, die Blumen verdorrten, die Stauden wurden kahl. Das wenige Wasser, das es in der Wüste gab, verdunstete. Der Hirte mußte jetzt seinen Weideplatz verlassen und wieder nach Bet-Schemesch ziehen, um auf den abgeernteten Feldern der Bauern für seine Tiere Futter zu finden.
Vorher aber, vor dem Aufbruch zur großen Wanderung, galt es noch einen uralten Brauch zu vollziehen. Giddel mußte das Passalamm schlachten und das Fest feiern, das damit verbunden war. Er hatte schon das Lamm ausgesucht. Es war ein männliches, fehlerloses Tier, das erste, das im vergangenen Jahr geboren wurde. Der Hirte schaute nach dem Mond, der wie eine goldene Scheibe über den dunklen Bergen stand. Wenn der Frühlingsmond voll ist, dann wird das Fest sein. Giddel zählte die Tage seit dem Neumond: In sechs Tagen findet das Fest statt.
In der Familie Giddels reichte die Überlieferung zurück bis auf Mose, der dem Fest einst beim Auszug aus Ägypten einen neuen Sinn gegeben hatte. Nicht nur die Hirten, alle Bewohner des Landes feierten seither das Passafest, auch die Bauern und Handwerker. Aber Giddel wußte: Ursprünglich war es ein Fest der Hirten.
Als der Kleinviehnomade das alles überdachte, rief ihn jemand an. Es war Asna, sein Nachbar. Er sagte: »Du brauchst nicht nach dem Passalamm zu schauen!« – »Wie meinst du das?« fragte er ihn. »So wie ich es gesagt habe. In diesem Jahr darf niemand das Passalamm bei sich zu Hause schlachten«, sagte ihm Asna. »Du willst mir wohl einen Bären aufbinden! So früh am Morgen!« lachte Giddel. »Nein, der König befiehlt das«, beharrte Asna. »König Josia?« – »Ja, Josia.« – »Woher weißt du das?« fragte Giddel. »Von dem Ältesten Sakkai. Er ist gestern aus Jerusalem zurückgekommen«, erklärte ihm Asna. Doch Giddel konnte es nicht verstehen: »Das Passalamm nicht schlachten? Das ist doch unmöglich!« – »Komm heute abend zu Sakkais Zelt, er will uns alles erklären!«
Als es Abend wurde, füllte sich das Zelt Sakkais mit den Kleinvieh-

nomaden, die um Jattir ihre Herden weideten. Sie saßen um das Feuer, das in der Mitte brannte. Wer keinen Platz im Zelt fand, saß oder stand draußen so, daß er Sakkai sehen konnte. Alle waren gekommen. Es waren Männer, denen man das Leben in der freien Natur ansah. Die Gesichter waren gebräunt und die Haut sah aus wie gegerbt.

Giddel rief: »Erzähl uns allen die Neuigkeiten, die du aus Jerusalem mitgebracht hast!« Sakkai sagte: »Das ist ganz einfach. Und auch ganz schwer. Der König gebietet dem ganzen Volk: ›Haltet dem Herrn eurem Gott Passa, wie es geschrieben steht in dem Buch des Bundes!‹« – »Ah, das Buch«, sagte Giddel. Sogar die Hirten in der Wüste Juda hatten davon gehört. »Was steht dort geschrieben?« – »Das will ich euch allen sagen:

›Du sollst dem Herrn, deinem Gott das Passa schlachten,
Schafe und Rinder
an der Stätte, die der Herr erwählen wird,
daß sein Name daselbst wohne.‹«

»Was heißt das?« fragte Giddel. Langsam und bedächtig sprach Sakkai: »Das heißt, daß das Passa von nun an nur noch in Jerusalem gefeiert werden darf!«

Noch nie hatte Sakkai die Hirten so aufgeregt gesehen wie nach diesen Worten. Wie ein Gewittersturm brachen ihre Fragen über ihn herein: »In Jerusalem! Wir sollen alle nach Jerusalem ziehen? Wie stellt sich der König das vor? Und gerade jetzt vor dem Aufbruch auf die Sommerweiden. Eine Woche geht uns da verloren, Sakkai, hörst du das?« – Und dann: »Wir sollen den altgeheiligten Brauch aufgeben? Wir dürfen das Fest nicht mehr mit unsren Familien, in unsren Zelten feiern? Unsre Väter, Großväter und alle unsre Vorfahren haben das so gemacht. Wir sollten jetzt diesen ererbten Brauch aufgeben? Nein!« Giddel machte sich zum Sprecher aller: »Erkläre uns das! Warum in Jerusalem? Warum nicht mehr in unsren Zelten?«

Sakkai wartete, bis alle schwiegen. Dann sprach er bedächtig: »Hört mir alle gut zu! Laßt mich beim letzten anfangen: Bisher ist es so gewesen: Jede Familie hat das Passafest für sich gefeiert, abgesondert von der Jahwegemeinde!« – »Und? War das nicht gut? Ist es

nicht das schönste Fest? Warum soll es nicht so bleiben?« fragten sie. Sakkai überlegte. Dann sagte er: »Seht, das Passa allein feiern, das ist wie allein essen. Wie ganz anders ist es, wenn man mit der ganzen Sippe ißt. Da fühlt man sich mit allen verbunden. Man spürt: Wir alle gehören zusammen! Der König will euch das erleben lassen: Alle Sippen sollen sich bei diesem Fest zu einem Volk verbunden fühlen. Denn – nicht einzelne, alle zusammen hat der Herr aus Ägypten geführt. So sollen auch alle miteinander das Fest der Befreiung feiern!«
»Also gut!« rief Giddel. »Aber warum gerade in Jerusalem? Und – eine Woche lang, Sakkai! Hebron liegt für uns viel näher. Oder Beerscheba!« – »Weil das die Stadt Gottes ist, Giddel!« rief Sakkai. »In Jerusalem steht der Tempel des Herrn. Dort regiert der von Gott eingesetzte König. Das ist unser Lebenszentrum, unser Herz. Von dort aus erhält alles seinen Sinn.« Lange noch dauerten an diesem Abend die Gespräche. Es sah ganz so aus, als ob nur wenige Hirten von Jattir dem Befehl des Königs gehorchen würden. Noch nie hatten sich die Priester am Heiligtum in Jerusalem so gründlich auf ein Fest vorbereitet, wie auf dieses erste gemeinsame Passa. Denn Oberpriester Hilkija und alle verantwortlichen Priester wußten, daß sie etwas bieten mußten, um den deutlich spürbaren Unwillen des Volkes zu dämpfen. Tagelang probten im Tempel die Priesterchöre. Ganz Neues geschah: Kulissen wurden aufgebaut, abgerissen und in veränderter Form wieder aufgerichtet.
Der Festabend brach an. Aus allen Teilen des Landes waren die Menschen gekommen. Sie versammelten sich im Tempel. So viele kamen zusammen, daß die Vorhöfe des Heiligtums sie nicht faßten. Viele drängten sich auf den Mauern. Andere standen in den Straßen und Gassen der Stadt. Auch Sakkai war aus Jattir gekommen, zusammen mit Giddel und Asna und fast allen übrigen Hirten.
Wer sich im Tempel umsehen konnte bemerkte, daß hier ein neuer Geist eingekehrt war: Es war kein Bild eines assyrischen oder eines anderen Götzen mehr zu sehen!
Alle schauten auf etwas, was man bisher im Heiligtum Gottes noch nicht gesehen hatte. Viele empörten sich – war das nicht eine Zumutung für das Volk Gottes? Rechts vom Brandopferaltar er-

hob sich nämlich – eine Pyramide, wohl fünfzehn Meter hoch. Aber alle begriffen, was das zu bedeuten hatte: Dort, in Ägypten, war der Ursprung des Festes.
Ein lang anhaltendes Signal der Schofarhörner. Die Volksmenge verstummte. Das war das Zeichen dafür, daß jetzt, in diesem Augenblick, die Sonnenscheibe im Westen den Horizont berührte. Zu diesem Zeitpunkt begann nach uralter Tradition das Fest.
Da reckten sich alle Köpfe, beugten sich vor. Es gab etwas zu sehen. Über die Bühne, die vor der Pyramide errichtet worden war, zogen Sklaven, von schweren Lasten auf den Rücken niedergedrückt. Über ihnen reckten sich die ägyptischen Fronvögte und schwangen die Peitschen. Mit feierlicher Stimme verkündigten Gruppen von Priestern, die überall im Tempel unter den Festbesuchern verteilt waren:

»Die Ägypter behandelten uns schlecht
und bedrückten uns
und legten uns einen harten Dienst auf . . .«

Nacht hatte sich jetzt über die Stadt und die Tempel gesenkt. Das Geschehen auf der Bühne wurde von wenigen Fackeln erhellt. Ergriffen sahen die Zuschauer, wie die Sklaven niederknieten. Wieder zitierten die Priestergruppen:

»Da schrien wir zum Herrn, dem Gott unsrer Väter.
Und der Herr erhörte unser Schreien . . .«

Jetzt reckte sich auf der Bühne eine Gestalt auf – Mose. Die Sklaven sammelten sich um ihn. Sie schauten auf zu ihm.

»Sucht Schafe aus
und nehmt sie für euch und eure Familien
und schlachtet das Passa . . .«

Es wurde für wenige Augenblicke totenstill. Das Gedenken galt dem Passalamm.

»Und nehmt ein Büschel Ysop

und taucht es in das Blut in dem Becken
und bestreicht damit die Oberschwelle
und die beiden Pfosten
an euren Hauseingängen . . .«

Alle sahen, wie jetzt dieser Brauch an dem Türgerüst vollzogen wurde, das am rechten Rand der Bühne stand. Dann wurde ein Tisch auf die Bühne getragen. Feierlich wurde er gedeckt, Wein aufgetragen, ungesäuertes Brot, bittere Kräuter – und dann das Passalamm.
Jetzt nahmen die Gäste am Passatisch Platz. Groß war das Erstaunen aller, als sie auf dem Haupt eines Gastes einen goldenen Stirnreif glänzen sahen. Ein Flüstern ging durch den Tempel, setzte sich über die Mauern fort bis in die Stadt hinein: »Es ist der König! König Josia, unser König, nimmt am Passamahl teil!«
Das Spiel selbst hätte das nicht zuwegegebracht, aber die Teilnahme des Königs: Jetzt fühlte jeder – das ist kein Brauch, der nur an die Vergangenheit erinnert. Uns geht das heute an! Uns führt Gott in die Freiheit! Heute! Jetzt!
Wieder hörte man die Stimme Moses, während die Gäste am Festtisch saßen:

»Und kein Mensch gehe zu seiner Haustür heraus
bis zum Morgen.
Denn der Herr wird umhergehen und die Ägypter schlagen.
Wenn er aber das Blut sehen wird an der Oberschwelle
und an den beiden Pfosten,
wird er an der Tür vorbeigehen,
und den Verderber nicht in eure Häuser kommen lassen,
um euch zu schlagen . . .«

Eine schwarzgekleidete Gestalt schritt durch die Reihen der Ägypter. Immer wieder berührte sie einen mit seinem Stab. Dieser sank zu Boden. Als sie dann an die Tür der Israeliten kam, blieb sie stehen und stellte fest, daß Blut an den Balken gestrichen war; dann ging sie weiter.
Während die Festgemeinde aß, erhob sich bei den Ägyptern lautes Geschrei. Der Pharao trat auf, rief Mose zu sich und sprach zu ihm:

»Zieht fort
und dient dem Herrn!«

Da standen die Gäste am Tisch auf und eilten zur Tür hinaus. Mose ging ihnen voran – in die Freiheit!
Als dies geschehen war, stand der König allein auf der Bühne. Mit der Linken hielt er die gefundene Schriftrolle. Er sprach:

»Haltet dem Herrn, eurem Gott, Passa,
wie es geschrieben steht in diesem Buch des Bundes!«

Dann begann das große Fest für Israel. Sakkai hatte für seine Hirten in der Stadt keinen Platz gefunden. Dort war alles überfüllt. Nicht nur in den Häusern, auf allen freien Plätzen versammelten sich die Familien um ein Passalamm. Darum hatte der Älteste für seine Sippe einen Platz auf dem Ölberg gesucht. Von dort aus konnte man die ganze Stadt übersehen. Giddel war sehr verwundert. Immer wieder blickte er auf die unzähligen Feuer in der Stadt. Dann sagte er zu Sakkai: »Was für ein großes Volk wir doch sind!« Sakkai sagte zu ihm: »Und wir alle gehören zu denen, die Gott aus Ägypten befreit hat!«

Der Traum des Königs

Gleich nach dem Passafest rief der König den Staatsrat und die in Jerusalem versammelten Ältesten zu einer außerordentlichen Sitzung zusammen. Über hundert Männer versammelten sich im Thronsaal. Sie waren gespannt, warum diese außerordentliche Sitzung einberufen wurde.
Als der König kam, blickten ihn alle erwartungsvoll an. Er sprach: »Ihr habt selbst miterlebt, wie im Land die religiöse Reform durchgeführt wurde. Zerstört sind die Altäre der Götter. Nur noch an einem Ort wird Gott angebetet, in Jerusalem. So will es das Gesetzbuch. Das Reich wurde neu gegliedert. Das war notwendig, weil im Norden Bethel und im Osten Jericho angegliedert wurden. Auch das Heer wurde neu geordnet. Neben dem stehenden Heer, den Be-

rufssoldaten, wurde der Heerbann wieder eingeführt. Jeder wehrfähige Mann wird im Kriegsfall zu den Waffen gerufen. – Ihr wißt, daß Assur im Zerfall begriffen ist. So wird es uns aus Babylon, aber auch aus Moab und Ammon berichtet.«
Vor aller Augen entstand durch diese knappen Worte des Königs das Bild eines wohlgeordneten, mächtigen Juda. Und das in einer Zeit, in der Assur zerbrach.
Der König stand auf. Und zum Erstaunen aller nahm er die Buchrolle, legte sie in der Reliefkarte zuerst auf Juda und rollte sie dann über Samaria hinaus so aus, daß sie schließlich bis hinauf nach Hazor reichte. Wer ganz nahe bei der Karte stand konnte sehen, daß der König das Buch so aufgeschlagen hatte, daß man die Worte lesen konnte:

»Höre Israel,
der Herr ist unser Gott, der Herr allein.
Und du sollst den Herrn, deinen Gott liebhaben,
von ganzem Herzen, von ganzer Seele
und mit all deiner Kraft.«

Dann sprach der König feierlich: »Die Botschaft dieses Buches ist die von dem einen Gott, der an einer Kultstätte, nämlich in Jerusalem, von dem einen Gottesvolk verehrt wird. Ich kenne seit meiner Kindheit nur ein Ziel: Das Großreich meines Urahn David wieder herzustellen. Der erste Schritt dazu war die Ausweitung meines Reichs nach Bethel und Jericho. Dann kam dieses Buch. Es brachte die Bestätigung meiner Pläne: Dem einen Gott, der in Jerusalem angebetet wird, das ganze Gottesvolk zuzuführen, das ist meine Aufgabe. Das bedeutet, daß wir die assyrischen Provinzen Samaria, Dor, Megiddo und Gilead besetzen werden. Dann soll auch dort das Gesetz Moses wie in Juda Geltung haben. – Dies aber soll kein Feldzug, kein Eroberungskrieg sein. Wir handeln vielmehr nach dem Willen unsres Gottes, der in diesem Buch offenbar ist.«
Drei Tage nach dieser Sitzung erlebten die Bürger und Bürgerinnen von Jerusalem ein Schauspiel wie nie zuvor. Der König stand vor der angetretenen Leibwache im Tempel und schaute voll Erwartung auf die Priester, die auf die Tempeltore zuschritten und sie öffneten. Heraus schritten vier Priester, die die Bundeslade trugen.

Nachdem sie den Tempel verlassen hatten, setzten sie die Lade nieder. Oberpriester Hilkija trat vor das Heiligtum, beugte die Knie und rief:

»Herr, steh auf!
Laß deine Feinde zerstreut werden
und alle, die dich hassen, flüchtig werden vor dir.«

Dann hoben die vier Priester die Lade wieder auf und schritten feierlich zum Tempelausgang. Der König und sein Heer folgten der Lade. So wie einst beim Einzug ins Land die Lade vorangetragen wurde, so sollte es auch jetzt bei dem Zug nach Norden geschehen. Nicht wenige unter den Priestern beobachteten den Vorgang mit ungläubigem Staunen, ja sogar mit Schmerz. Der alte Priester Rehabja sprach zu Hilkija, Jeremias Vater: »Du hast doch auch die Worte der Prophetin Hulda gehört:

›Siehe, ich will Unheil über diese Stätte
und alle ihre Einwohner bringen,
alle Worte des Buches,
das der König von Juda hat lesen lassen.‹

Und dann: Denke an die Worte deines Sohnes vom fliegenden Kessel aus dem Norden! – Und nun zieht der König mit der Lade nach Norden, als wolle er sich ein dauerhaftes Reich schaffen. Diese Worte und das, was ich heute gesehen habe, das reimt sich nicht zusammen!«
Schon am anderen Tag gelangte die seltsame Prozession nach Bethel. Der König betrat unmittelbar hinter der Bundeslade das Heiligtum. Schweigend verharrte er dann lange Zeit. Er sah alles vor sich, was er von seiner Kindheit an von dieser heiligen Stätte gehört hatte: Jakobs Traum, den ihm seine Mutter erzählt hatte; diesen Stein da hatte Jakob am Morgen gesalbt und dieser Altar war jener, den der Erzvater nach seiner Rückkehr von Haran erbaut hatte.
Das Reichsheiligtum mit dem goldenen Stierbild, das Jerobeam hier später errichten ließ, war von den Assyrern zerstört worden. Aber später fand hier dann doch wieder Gottesdienst statt. Jedoch in einer seltsamen Vermischung mit der Verehrung der Astarte. Da!

Dieser Pfahl war ihr Symbol. Auch hier handelte Josia nach den Worten des Buches. Er sprach zu seinen Begleitern: »Zerstört diesen Altar! Verbrennt das Bild der Astarte!«

Nach fünf Tagen gelangte die Prozession nach Samaria. Die Priester schritten mit der Lade über die Trümmer der zerstörten Stadt. Dann stieg der König mit der Lade auf den Karmel hinauf. Er blickte nach Osten: Vor ihm breitete sich weit die Ebene Jesreel aus, im Süden begrenzt durch das Bergland von Samaria und im Norden durch Galiläa. Und dort im Osten, wo das Auge den Dunst nicht mehr zu durchdringen vermochte, mußte der See Genezareth liegen.

Am folgenden Tag kam der König an den See Genezareth. Der See selbst und die Gegend um ihn, kam dem König vor wie ein Stück des Paradieses.

Doch zum Träumen war jetzt keine Zeit. Der König befahl Malkija, dem Heeresobersten, die Nordgrenze des Reiches zu sichern. Hazor, nördlich des Sees Genezareth, sollte besetzt werden, ebenso Bet-Schean und Megiddo. In Megiddo blieb Josia drei Tage. Er wußte, welch große strategische Bedeutung diese starke Festung hatte. Sie kontrollierte den einzigen Zugang von der Ebene Jesreel nach dem Mittelmeer. So hoch schätzte Josia die Festung ein, daß er Malkija befahl, ihm hier seinen Befehlsstand einzurichten.

In Jerusalem aber hoffte in jenen Tagen Jeremia auf eine baldige Rückkehr jener Israeliten, die die Assyrer vor über hundert Jahren nach Norden verschleppt hatten. Er richtete an sie ein »Trostbüchlein«.

Die zurückkehrende Lade, der König und das Heer wurden in Jerusalem mit großem Jubel empfangen. Josia ritt unmittelbar hinter der Bundeslade. Da saß er, jugendlich aufgerichtet, auf dem Pferd. Aus dem kühn geformten Gesicht blitzten die Augen. Der Stirnreif glänzte in seinem Haar. Es war, als ritte David selbst ein in die Stadt – oder vielleicht sogar ein größerer? Von Josia war noch viel zu erwarten. Jetzt, wo die ganze Weltgeschichte im Umbruch war, war diese glanzvolle Gestalt ein Geschenk des Himmels.

Fast auf selber Höhe mit dem König ritt Eljakim, sein ältester Sohn. Doch nur wenige riefen seinen Namen. Aber das fiel in dem allgemeinen Jubel nicht so auf. Eljakim wurde ein verschwenderisches Leben nachgesagt und es hieß, daß er seine Diener behandelte wie Sklaven. Wohl auch deshalb, weil man sich von ihm nichts Gutes

erhoffte, begrüßte die Menge Josia so leidenschaftlich. Etwas zurückgesetzt hinter dem König und dem Kronprinzen ritt Josias zweitältester Sohn, Schallum. Ihm galt wie dem Vater die ungeteilte Liebe des Volks. Schallum wirkte noch sehr jugendlich. Er freute sich darüber, daß nicht die Last möglicher Thronnachfolge auf ihm lag. Dahinter ritt Mattanja, jüngster Sohn des Königs. Er war ein gutmütiger, aber auch wankelmütiger junger Mann.
Als der König, nach dem festlichen Einzug, sich mit der ganzen Familie am Fenster des Palastes dem Volk zeigte, kannte die Begeisterung keine Grenzen mehr: »Lang lebe Josia; ewig währe das Haus Davids!«

Warum?

Ein Reiter preschte im Galopp auf das Benjamintor zu. Der junge Offizier, ein Hauptmann, war in der Festung Hazor, nördlich des Sees Genezareth, stationiert. Dort hatte er von einem Kurier, der von Babylon kam, eine Nachricht übernommen. »Baruch sendet mich. Hier, für den König!« hatte dieser noch gerufen, dann war er todmüde vom Pferd gesunken.
Hauptmann Jorah war jetzt den zweiten Tag unterwegs. Er nahm sich nur für den Pferdewechsel Zeit – in Bet-Schean und in Sichem. Das Land, durch das er ritt, war erst seit zehn Jahren wieder frei. Hundert Jahre lang hielten es die Assyrer besetzt. Jetzt reichten die Grenzen des Königreichs Juda wieder hinauf bis nach Galiläa und nach Dan. Der Hauptmann ritt durch ein nach jahrzehntelanger Ausbeutung wieder aufgeblühtes Land. Er sah Täler, in denen Olivenbäume neu angepflanzt worden waren. Auf den Hügeln grünten Weinberge. Felder wurden bewässert und standen darum jetzt, Anfang September, nach monatelanger Dürre dennoch grün da. Wege und Straßen waren gut. Als Soldat wußte er, daß sich die Festungen des Landes in bestem Zustand befanden. Hauptmann Jorah sah sogar Zeichen beginnenden Wohlstandes – in vielen Ortschaften wurden neue Häuser errichtet. Aber in den kurzen Gesprächen, die der junge Offizier führen konnte, erfuhr er, daß die Menschen trotzdem zwischen Furcht und Hoffnung schwankten.

Noch lastete der Druck, den Assur so lange auf das Land ausgeübt hatte, auf allen.
Jetzt ritt er durch das Benjamintor. »Wo kommst du her?« hielt ihn die Wache an. »Von Hazor. Kurier mit wichtiger Nachricht für den König!« antwortete der Hauptmann. »Gibt es etwas Neues im Osten?« fragte die Turmwache noch. Im Vorbeiritt rief er den Fragenden zu: »Ninive ist gefallen!«
Diese Nachricht verbreitete sich mit Windeseile durch die ganze Stadt. Auf der Mauer riefen es sich die Soldaten zu. Sie pflanzte sich in den Straßen und Gassen der Stadt fort. Noch bevor es König Josia erfuhr, wußte es die ganze Stadt: »Ninive, die Hauptstadt von Assur, ist gefallen!
Nur ganz wenige Einwohner der Stadt hatten Ninive selbst gesehen. Man konnte sie an den Fingern einer Hand aufzählen: Kaleb, Heeresoberst Malkija, Baruch und der Schreiber Schafan. Aber alle hatten den entsetzlichen Druck verspürt, der von dieser Stadt ausging. Auf allen lag die Last der Abgaben, die man jährlich entrichten mußte. Manche hatten Nachbarn und Verwandte, die Enkel jener wenigen Bürger Samarias waren, die nach dem Fall der Stadt vor über hundert Jahren nach Juda entkamen. Alle hatten die lange Zeit der assyrischen Besatzung erlebt und sie hatten immer wieder die assyrischen Götzen im Tempel gesehen.
Jetzt atmeten sie auf: Ninive, die Zwingburg der Welt, war gefallen. Die Bürger und Bürgerinnen von Jerusalem ließen die Arbeit liegen und eilten zur Königsburg. Zu Hunderten standen sie und redeten aufgeregt miteinander über das große Ereignis. Einer aber war es, der den Empfindungen aller Worte verleihen konnte. Plötzlich stand er auf der Treppe vor der Königsburg im braunen Prophetenmantel. Es war einer der im Tempel angestellten Propheten, Nahum mit Namen. Sie kannten ihn. »Nahum, du hast das Ende Ninives angekündigt!« riefen sie ihm zu. »Ja«, sagte er triumphierend. »Hört noch einmal meine Worte:

›So spricht der Herr:
Jetzt will ich sein Joch, das du trägst, zerbrechen
und deine Bande zerreißen . . .
Siehe auf den Bergen die Füße eines guten Boten,
der da Frieden verkündigt!

Feiere deine Feste, Juda,
und erfülle deine Gelübde!
Denn es wird der Arge nicht mehr über dich kommen;
er ist ganz ausgerottet.‹«

Das Jubelgeschrei der Menge war im Thronsaal, wo sich inzwischen der Staatsrat versammelt hatte, nur gedämpft zu hören. Schreiber Schafan empfing die Meldung aus der Hand des Hauptmanns, öffnete sie und las: Alle sahen auf seinem Gesicht, wie diese Nachricht die Seele des alten Mannes aufwühlte. Dann sprach er: »Dies ist eine weltgeschichtliche Stunde. Was einst Jesaja vom Untergang Assurs gesagt hat, erfüllt sich in unsren Tagen. Hört, was Baruch schreibt: Ninive ist gefallen! Babylonier und Meder, denen sich die Umanmanda anschlossen, hatten sich im Mai zum Angriff auf die Hauptstadt von Assur versammelt. Die schweren Kämpfe dauerten mehrere Wochen. Im Monat August wurde die scheinbar unbesiegbare Stadt Ninive eingenommen. König Sin-schar-ischkun ist gefallen. Resten der Besatzung gelang es zu entkommen. Aschur-uballit, der neue König, zieht sich mit ihnen nach Westen, nach Haran, zurück. – Baruch, Gesandter des Königs in Babylon!«
Als Schafan las, sah Heereskommandant Malkija für einen Augenblick die gewaltige Stadt vor sich: Hoch aufragende Mauern, die jedem Ansturm zu trotzen schienen. Er selbst hatte gesehen, daß sie an manchen Stellen fünfundzwanzig Meter breit waren. Er sah den prunktvollen Tempel der Göttin Ischtar, der Göttin der Liebe und der Schlachten, der die Stadt geweiht war; sah den glanzvollen Palast Assurbanipals, unter dessen Herrschaft Assur von den Bergen Mediens bis nach Ägypten reichte. Hatte er doch das hunderttorige Theben, die Hauptstadt Ägyptens, erobert.
König Josia aber sprach: »Die Geisel der Völker ist zerbrochen. – Entscheidend ist für uns jetzt das Verhalten Ägyptens!«

Ein Jahr später. Fast auf den Tag genau nach jenen Ereignissen verlas König Josia im Staatsrat selbst die Nachricht, die ihm der judäische Geheimdienst aus Memphis übermittelte: »Pharao Necho, Nachfolger des Pharao Psammetich I., hat sein ganzes Heer versammelt und zieht nach Norden um König Aschur-uballit zu unterstützen, der inzwischen die Stadt Haran an die Babylonier verloren hat.«

»Es war zu erwarten«, sagte Schreiber Schafan, »daß Necho II. die Politik seines Vorgängers fortsetzen wird!« Der König sprach weiter: »Hört den Aufruf, den Pharao Necho an seine Heere erlassen hat: ›Soldaten! Ich will euch die Gründe nennen, die mich dazu zwingen, euch in den Kampf nach Norden, weit außerhalb eurer Heimat am Nil zu führen. Erstens führt König Aschur-uballit von Assur einen heldenhaften Kampf gegen die Babylonier und Meder. Wenn wir ihn nicht unterstützen, werden diese beiden ungeheuer gefährlichen Mächte über uns kommen und wir werden ihnen dann allein gegenüberstehen. Zweitens haben alle Pharaonen vor mir gewußt, daß die Länder im Norden, Juda, Moab, Ammon, die Eingangstür darstellen in das Haus, das eure Heimat ist. Diese Länder müssen darum unsre Oberherrschaft anerkennen. Wir marschieren nach Norden, um Assur zu helfen und um diesen unsren Anspruch geltend zu machen!‹«

Alle Mitglieder des Rates schwiegen tief betroffen. Schafan, der alte Schreiber, seufzte: »Da atmeten wir auf, weil wir die assyrische Herrschaft losgeworden sind. Und jetzt kommen wir unter die ägyptische Knute.«

Nur der König blieb gelassen: »Was ratet ihr mir, was ich tun soll?«

Zuerst sprach Oberpriester Hilkija: »Daß die Großreiche uns beherrschen, ist so gewesen, soweit die Erinnerung reicht. Immer war Kanaan der Zankapfel, um den sie sich stritten. Ich vermute, daß Pharao Necho das Ende Assurs nicht aufhalten kann. Dann wird es kommen, wie er in seinem Aufruf schreibt: Wir werden seine Oberherrschaft anerkennen müssen!« Fast die Hälfte der Ratsmitglieder waren Hilkijas Meinung.

»Du rätst also zur Unterwerfung. Gibt es andere Meinungen?«, fragte der König. Jetzt erhob sich Malkija, der Heereskommandant: »Widerspruch, Oberpriester! König Josia hat das Großreich Davids wieder errichtet. Wir alle sehen, wie das zur hohen Blüte gekommen ist, was er gesät hat. Nur einen Feind haben wir noch – Ägypten. Früher hatten wir es immer mit zwei Weltreichen zu tun, mit Assur und mit dem Reich am Nil. Haben wir da nicht die Aufgabe, zu versuchen unsre Selbständigkeit zu bewahren? Es wäre sicher vermessen zu sagen, wir könnten die Ägypter besiegen. Aber wir können sie an unsren Grenzen zurückweisen!«

König Josia sprach: »Das will ich tun, was Malkija gesagt hat, dem

die Mehrheit des Rats zustimmt. Gott war mir gnädig und ließ mich das eine Gottesvolk, das Großreich Davids wieder herstellen. Dieses Werk ist gefährdet, wenn Pharao Necho unser Oberherr wird. Der ägyptische Staatskult wird dann statt des assyrischen im Heiligtum des Herrn einziehen. Die zum einen Gottesvolk vereinigten Stämme kann er nach Belieben trennen. Um der Botschaft dieses Buches willen, Hilkija, das du im Tempel gefunden hast, müssen wir Pharao Necho in seine Grenzen zurückweisen!«
Oberpriester Hilkija wagte noch einen Versuch, um den König umzustimmen. Beschwörend klangen seine Worte: »Mein König, du kennst die Worte der Prophetin Hulda:

›So spricht der Herr:
Siehe, ich will Unheil über diese Stätte
und ihre Einwohner bringen . . .‹«

Der König wurde sehr ernst, als er diese Worte von seinem alten Lehrer hörte. Aber er war nicht mehr zu bewegen, seinen Plan zu ändern. Noch am selben Abend alarmierte Josia alle Festungen im Norden. Er selbst aber zog mit großer Heeresmacht über das Gebirge Ephraim nach Megiddo.
Sofort nach der Ankunft in der Festung gab er Malkija und den anderen Heeresobersten seinen Angriffsplan bekannt: »Das Heer des Pharao ist uns dreifach überlegen. Wir werden ihm daher in offener Feldschlacht, auch wenn wir sehr tapfer sind, nicht lange standhalten können. Darum müssen wir ihn zum Kampf stellen in einer Gegend, die ihm nicht erlaubt, seine ganze Macht einzusetzen. Dafür kommt allein jenes schmale Tal in Frage, das gleich südlich Megiddo in südwestlicher Richtung zwischen dem Karmelgebirge und dem Bergland von Manasse von der Ebene Jesreel hindurch zum Meer führt. Am nordöstlichen Ausgang des Tales werden wir den Kampf wagen. Die Festung Megiddo sichert uns dabei den Rücken. Zwei starke Heeresgruppen werden auf den Höhen beiderseits der Schlucht verhindern, daß die Ägypter uns umgehen. Die vierte Heeresgruppe aber wird dem Pharao bei Dor den Weg am Karmel vorbei nach Akko versperren. Erst wenn sich die ägyptische Streitmacht in der Schlucht befindet, beginnt der Angriff. Die beiden Gruppen auf den Höhen fallen den Ägyptern in die Flanken. Ich

selbst werde mit meiner Leibwache auf der Straße angreifen. Unser Ziel ist nur, den Ägyptern zu zeigen, daß wir allein Herren sind in unserem Land!« Die Ägypter wurden am Vormittag des anderen Tages erwartet.
Zu seinem großen Erstaunen erhielt König Josia, nachdem er seinen Offizieren den Angriffsplan mitgeteilt hatte, eine Botschaft des Pharao. Er las: »Was habe ich mit dir zu tun, König von Juda? Ich komme jetzt nicht gegen dich, sondern gegen das Königreich, mit dem ich Krieg habe, und Gott hat gesagt, ich soll eilen. Vergreif dich nicht an Gott, der mit mir ist, daß er dich nicht verderbe!«
Am anderen Tag vollzog sich alles nach dem Plan des Königs. Späher meldeten den Anmarsch des ägyptischen Heeres. »Sie sind in Gilgal am Meer!« – »Sie haben Ofra erreicht!«
Josia konnte sich ausrechnen, daß die Ägypter erst gegen Abend Aruna erreichen würden und damit den Eingang des Tales. Deshalb sprach er zu Malijka: »Laß uns durch das Tal fahren, bevor die Ägypter kommen und den Kampfplatz des morgigen Tages genau noch einmal betrachten. Das wird die Aussicht auf unsren Sieg vergrößern!« Der König fuhr auf dem Streitwagen langsam in das Tal hinein. An seiner Seite stand der Wagenlenker. Hinter ihm, als »dritter Mann«, Hauptmann Delaja. Malkija folgte mit drei weiteren Streitwagen. Der König machte den Heereskommandanten darauf aufmerksam, wie günstig die Ausgangslage für den Kampf sei. Auf alle Besonderheiten im Kampfgebiet wies er seine Begleiter hin. So war die kleine Gruppe bis zur Mitte des Tales gelangt.
Plötzlich schwirrten von beiden Seiten des Tales Pfeile auf die kleine Gruppe. Heereskommandant Malkija sah es zuerst: Hinter Felsblöcken, beiderseits der Schlucht, hockten ägyptische Schützen und schossen Pfeil auf Pfeil gegen den Wagen des Königs. Und jetzt! Sie stürzten auf den König zu. »Eine Falle! Kehrt!« Die Pferde bäumten sich auf. Die Wagenräder knirschten. Die Streitwagen preschten in rasendem Galopp zurück. Da gellte der Schrei: »Der König ist verwundet!«
Als die Streitwagengruppe außer Schußweite der ägyptischen Pfeilschützen war, ließ Malkija anhalten. Er lief auf den Wagen des Königs zu. Der König war im Streitwagen zusammengesunken. Ein Pfeil hatte ihn an der Hüfte getroffen. Als der König den Heereskommandanten sah, sprach er zu ihm: »Führt mich fort, denn ich bin

schwer verwundet!« Als die kleine Gruppe Megiddo erreichte, war der König tot.
Die Nachricht vom Tod des Königs verbreitete sich sofort im ganzen Heer. Tiefe Trauer und Niedergeschlagenheit ergriff alle Soldaten. Doch dann wich die Trauer ungestümem Kampfeswillen: »Rache für den Tod unsres Königs! Führt uns in den Kampf!«
Heereskommandant Malkija rief die Offiziere der vier Kampfgruppen zu einem Kriegsrat nach Megiddo. Vier der fünf anwesenden Offiziere setzten sich für die Durchführung des Plans des toten Königs ein. Nur einer gab zu bedenken: »Die Ägypter werden doch nicht in eine erkannte Falle gehen!«
Die Beratung nahm ein unerwartetes Ende. Von der Nordspitze des Karmels kam die Meldung: »Die Ägypter haben die Kampfgruppe, die das Heer des Pharao am Meer aufhalten sollte, vom Wasser und vom Land her angegriffen und überwältigt!« Alle Versammelten wußten, was das zu bedeuten hatte. Kurze Zeit später kam die Bestätigung: »Das Heer des Pharao zieht nicht über Aruna und Megiddo auf dem Weg zum Meer. Es zieht am Karmel vorbei hinauf nach Akko. Die Spitze des Heeres steht jetzt zwanzig Kilometer nördlich von Dor!« Malkija senkte das Haupt. Es war für Gegenmaßnahmen zu spät. Müde sprach er: »Der König ist tot, der Feldzug ist gescheitert!«

Nachdem König Josia Abschied genommen hatte, verließ Jedida, die Mutter des Königs, das Dach des königlichen Palastes nur noch für die Nachtstunden. Unaufhörlich spähte sie nach Norden und wartete auf die Boten, die die Nachricht vom Sieg ihres Sohnes über das Heer des Pharao bringen würden.
Als sie dann endlich zwei Reiter in rasendem Galopp auf das Benjamintor zureiten sah, meinte sie, diese könnten nichts anderes als die Siegesnachricht bringen. Um so verwunderter war sie deshalb, als sich unmittelbar nach ihrem Eintreffen eine lähmende Stille über die ganze Stadt ausbreitete und diese dann durch furchtbare Totenklage zerrissen wurde.
Tamara, ihre junge Dienerin, war in den Hof gelaufen um nachzuforschen, was geschehen sei. Als sie lange ausblieb, rief Jedida das Mädchen zu sich. »Was ist geschehen?« fragte sie. »Sage es mir!« Das Mädchen brach in Tränen aus und lief fort. Energisch verlangte

jetzt die alte Frau nach Noomi, der ältesten ihrer Dienerinnen. »Setze dich, Herrin!« sagte diese beruhigend. »Schlechte Nachrichten sind eingetroffen!« – »Ist die Schlacht verloren?« fragte Jedida. »Nein, Schlimmeres«, antwortete die Dienerin. »Der König ist tot!«

Die Augen Jedidas wurden ganz groß und Blässe breitete sich auf ihrem Gesicht aus. Doch dann sprach sie mit entschiedener Stimme: »Nein, das kann nicht wahr sein. So früh darf mein einziger Sohn nicht sterben!« Dabei blieb es. Alles Reden der Hofdamen führte zu nichts.

Erst als ihr der Heereskommandant den Kronreif des toten Königs überreichte und ihr persönlich Bericht erstattet hatte, glaubte sie ihm. »Führe mich zu ihm!« sprach sie mit fester Stimme.

Die Soldaten des Königs hatten den Leichnam ihres Herrn schon in den Vorraum der Gruft gebracht, der die Gräber der Könige von Juda enthielt. Der offene Sarg des Königs stand so, daß man hinter ihm an der Wand fast alle Tafeln der hier begrabenen Könige von Juda sehen konnte, von David und Salomo über Usia und Hiskia bis hin zu Amon, Josias Vater.

Jedida setzte sich so, daß sie das Gesicht ihres Sohnes sehen konnte. Sie wies Malkija an, sie mit dem Toten allein zu lassen. Schweigend warteten draußen vor der Gruft alle Diener des Königs vom Schreiber Schafan an bis zum geringsten, dem schwarzen Sklaven Ebed-Melech. In den Straßen aber vor der Gruft und auf den Mauern der Stadt stand das Volk von Jerusalem und von ganz Juda. Es war totenstill.

Unverwandt blickte die Mutter des Königs auf ihren einzigen Sohn. Alles, was sie mit ihm zusammen erlebt hatte, trat in dieser Stunde vor ihr Auge. Wieder dachte sie an die Stunde, als Amon, ihr Mann, ermordet wurde und sie gefangen im Palast des Königs um ihr Leben, aber noch mehr um das ihres Sohnes bangen mußte. Und welch wunderbarer Wechsel ihres und ihres Sohnes Geschick trat dann ein – das Kind wurde, achtjährig, zum König von Juda gekrönt.

Sie sah ihn dann als jungen, entschlossenen Mann vor sich, der den assyrischen Götzendienst ausrottete. Damals schon konnte sie im Herzen ihres Sohnes lesen und wußte darum, daß er nach einem ganz großen Ziel strebte. »Ich will das Reich meines Ahnherrn David noch herrlicher errichten, als es war!«

Dann kam der Tag, an dem das Buch im Tempel gefunden wurde, von dessen Inhalt der König sich fortan leiten ließ, ja, mit dem er eins

wurde. Für Jedida war das wie eine Bestätigung von Gott, daß ihr Sohn mit seinem Plan auf dem richtigen Weg war.
Dann sah sie ihn, wie er sich vor zwei Tagen von ihr verabschiedete: »Es muß sein, Mutter«, sagte er. »Der König über das Volk Gottes darf sich nicht der Herrschaft des Pharao beugen!«
Und jetzt, jetzt war er bei den Toten. Jedida blickte auf die Tafeln mit den Namen der Könige von Juda. Nur David war mit ihm zu vergleichen. Ja, er wäre über David emporgestiegen auf seiner königlichen Bahn. »Und jetzt bist du tot«, flüsterte sie. Dann seufzte sie: »O Gott, o Gott, warum?« Jedida ließ ihr Haupt sinken und weinte bitterlich.

III

Der Marsch durch die Hölle

Totenlied für einen Lebenden

Hauptmann Jorah, Wachoffizier am Benjamintor, konnte nicht verhindern, daß alle seine Soldaten auf die Mauer hinaufstürmten und wie gebannt auf die Wagen starrten, die vor der Stadt aufgefahren waren. Auf jedem der insgesamt sieben Wagen standen drei Männer. »Das sind Ägypter«, schrie einer der Soldaten. Endlich erschien Jorah. Die Soldaten machten Platz. Jorah ging bis zur Brüstung der Mauer und schaute zu den Ankömmlingen hinunter.

Im ersten Wagen der Ägypter hob der am prächtigsten Gekleidete die rechte Hand: »Fürst Tefnachte von Sais! Ich komme im Auftrag meines Herrn, des Pharao Necho, und bringe eine Botschaft an Schallum, der sich als Joahas König von Juda nennt. Führe mich zu ihm!« Hauptmann Jorah war nicht wenig verwundert, denn der vornehme Ägypter führte eine seltsame Sprache. Er bat nicht, er forderte. Und wie er von König Joahas sprach: ›Schallum, der sich als Joahas König von Juda nennt.‹ – »Warte, Fürst Tefnachte!« rief Hauptmann Jorah. »Ich werde sofort König Joahas, meinem Herrn, Meldung erstatten!«

Kurze Zeit später öffnete sich ein Flügel des Benjamintors. Doch nur der Wagen Tefnachtes durfte in die Stadt fahren. Fürst Tefnachte nahm die Beschränkung mit ironischem Lächeln zur Kenntnis. Hauptmann Jorah geleitete den hohen ägyptischen Beamten zur Königsburg.

Seit drei Monaten regierte hier Schallum, Joahas hieß er mit seinem Thronnamen. Seine Krönung zum Nachfolger Josias erfolgte nicht ohne Widerspruch. War doch Eljakim, Josias ältester Sohn, als Kronprinz der eigentliche Anwärter auf den Thron. Doch die judäischen Vollbürger zogen ihm Schallum, Josias zweiten Sohn, vor. Eljakim galt als verschwenderisch, tyrannisch und neigte zu einem Bündnis mit Ägypten. Joahas aber würde die Unabhängigkeitspolitik seines Vaters fortsetzen.

Gleich nach seiner Krönung zeigte Joahas, daß er diese Erwartung erfüllte. Seit Ahas hatten alle judäischen Könige willig oder widerwillig einen Oberherrn anerkannt. Das war bisher der Großkönig von Assur. Auch Josia hatte anfangs ihm gehuldigt, dann aber seine Oberherrschaft abgeschüttelt. Joahas huldigte niemandem.

Zu seinen ersten Regierungsmaßnahmen gehörte die Sperrung des

Hafens von Jafo für ägyptische Schiffe. Es sollte kein Nachschub mehr für das Heer des Pharao rollen, das für den assyrischen König Aschur-uballit Haran von den Babyloniern zurückerobern wollte. Judäische Soldaten fingen sogar an, die Nachschubwege des Pharao, die durch Juda führten, zu stören. Joahas war fest entschlossen, die Freiheitspolitik seines großen Vaters fortzusetzen. Doch auch bange Fragen unter dem Volk begleiteten diese Politik: Wie lange würde das gutgehen? Was würde geschehen, wenn der Pharao im Norden nicht mehr gebunden war?

Im Thronsaal saß König Joahas und erwartete den ägyptischen Fürsten. Um ihn war der Staatsrat versammelt. In der Nähe des Königs saß Eljakim, der übergangene Thronfolger, mit finsterem, verschlagenem Gesicht. Er lauerte scharf, es war ihm, als ob das Erscheinen des ägyptischen Würdenträgers ihn seinem Ziel, dem Thron, näherbringen könnte.

Jetzt betrat Fürst Tefnachte den Saal. Aus seinem ganzen Auftreten sprach das Bewußtsein, Abgesandter des mächtigsten Mannes der Welt zu sein. Er kam jetzt gerade von Ribla am Orontes, aus dem Hauptquartier des Pharao. Alle Anwesenden blickten auf den ägyptischen Würdenträger. Seit den Tagen des Königs Hiskia war es nicht mehr geschehen, daß ein Abgesandter des Pharao diesen Saal betreten hatte.

Fürst Tefnachte begann: »Botschaft des Pharao Necho an Schallum . . .!«

Heeresoberst Malkija meinte den Fürsten an dieser Stelle unterbrechen zu müssen: »Mit Verlaub, Fürst: An König Joahas«, sagte er.

Doch der Ägypter fuhr unbeirrt fort: »Dies hat mir mein Herr aufgetragen: Ich befehle dir, Schallum, zu mir in mein Hauptquartier nach Ribla zu kommen!« Der König und alle Staatsräte wurden unruhig. Malkija brauste auf: »Befehle! Befehle! Was für eine Sprache führst du dem König von Juda gegenüber?« – »Der Pharao ist Herr über dieses ganze Gebiet«, sagte Tefnachte. »Wir sind ein freies Volk«, beharrte Malkija. Doch der Gesandte fuhr zum König gewandt fort: »Der Pharao spricht: Wenn du nicht gehorchst, falle ich sofort mit meiner Armee in dein Land ein!«

Nach dieser unmißverständlichen Drohung währte die Beratung im Staatsrat nur kurze Zeit. Oberpriester Hilkija sprach: »Wir

können es auf einen Krieg mit Ägypten nicht ankommen lassen. Dem Pharao zu gehorchen, ist daher das kleinere Übel.«
Alle Bürger von Jerusalem säumten die Straßen, als am anderen Tag König Joahas mit nur geringem Gefolge Jerusalem verließ. Viele standen mit tiefem Schmerz im Herzen da: Daß der heidnische Pharao den König von Juda, Gottes adoptierten Sohn, den er selbst zum Herrscher von Juda eingesetzt hatte, so zu sich befehlen durfte? So etwas war noch nie vorgekommen, solange es Könige von Juda gab. Vielen Menschen standen Tränen in den Augen.
Aber noch lebte auch die Hoffnung, daß König Joahas von Ribla wiederkommen wird und – zwar etwas eingeschränkt durch das mächtige Ägypten – das Werk seines großen Vaters fortsetzt.
Am Abend des anderen Tages versammelten sich die Einwohner von Jerusalem zusammen mit den Ältesten von Juda und Israel am Grab Josias. Heute war der Abschluß der Staatstrauer um den großen König, die drei Monate gedauert hatte. Die Menschen standen dichtgedrängt in den engen Gassen, auf den flachen Dächern, den Mauern und sogar weit bis vor das Quelltor hinaus.
Die Menge schwieg in tiefer Trauer. Nach dem, was gestern geschehen war, erschien der Freiheitstraum, den zu erfüllen König Josia versprochen hatte, um so verlockender. Alle hatten den harten Zugriff der Weltmacht verspürt, deshalb schmerzte jetzt der Tod des Königs noch mehr.
Unmittelbar am Grab stand der Priesterchor. Im strengen Ton der Quina, der Totenklage, sangen sie:

»Weinet, Bürger von Jerusalem, Juda und Israel
um den großen toten König.
Du hast gehört auf das Gesetzbuch des Herrn
und hast seinen Willen erfüllt.
Wiederhergestellt hast du mit Pracht
das Reich deines Ahnherrn David.
Dein Leben hast du eingesetzt im Kampf
und dein Werk mit dem Tod besiegelt.
Weinet, Bürger von Jerusalem, Juda und Israel
um den großen toten König!«

Ergriffen dachten die Trauernden an den Toten und viele schluchzten.
Plötzlich hörte man über den Klagerufen und Seufzern eine einzelne, laut singende Stimme. Sie nahm mit den ersten Tönen die Melodie des Leichenlieds auf, veränderte diese dann aber:

»Weinet nicht über den Toten
und grämt euch nicht um ihn;
weint aber über den,
der fortgezogen ist . . .«

Der Sänger machte eine lange Pause. Dann fuhr er fort:

». . . denn er wird nicht mehr wiederkommen
und sein Vaterland nicht mehr wiedersehen.«

Ein Flüstern ging durch die große Schar: »Es ist Jeremia.« Viele hatten ihn schon vergessen. Zwölf Jahre fast hatte er geschwiegen. Aber jetzt, wo sein Name ausgesprochen wurde, erinnerten sie sich wieder an die Worte, die er vor zwölf und mehr Jahren gesprochen hatte. Schon flammte alter Haß in vielen Herzen neu auf. Die Männer, die in Jeremias Nähe standen, fuhren ihn an: »Warum nimmst du uns auch die letzte Hoffnung?« Da sprach Jeremia:

»Denn so spricht der Herr
über Schallum, den Sohn Josias:
Der von dieser Stätte fortgezogen ist,
wird nicht wieder herkommen,
sondern muß sterben an dem Ort,
wohin er gefangen geführt ist,
und wird dies Land nicht mehr sehen.«

Der Haß auf Jeremia war groß. Aber das Bild, das er mit seinen Worten in den Herzen wachrief, war mächtiger: König Joahas, Liebling des Volks; dreiundzwanzig Jahre war er erst alt. Sie sahen ihn wieder so vor sich, wie er gestern die Stadt verließ: Er wird nicht mehr zurückkehren, hieß es nun. Schweigend und betroffen ging die Menge auseinander.
Ein banges Warten begann. Manche zwar schlugen die Worte Jere-

mias in den Wind. »Ist schon eins der Worte dieses Unheilspropheten in Erfüllung gegangen?« riefen sie. Andere aber sagten: »Viel spricht dafür, daß er diesmal recht behält.«
Eine Woche verging, zwei Wochen. Der König kam nicht. Der Herbstregen setzte ein. In anderen Jahren wurde er mit Freuden begrüßt, diesmal blieben alle Gesichter verschlossen und gespannt. Viele Bürger und Bürgerinnen von Jerusalem stiegen immer wieder auf den Benjaminturm und blickten sehnsüchtig nach Norden. Doch von König Joahas war nichts zu sehen.
Statt seiner erschien nach vier Wochen vergeblichen Wartens ein ägyptischer Unterhändler vor dem Benjamintor. »Botschaft des Pharao Necho an den Kanzler und den Staatsrat von Juda«, rief er. Furchtbare Ahnungen erfüllten die Herzen aller Einwohner Jerusalems. Die Stadt hielt den Atem an. Schreiber Schafan öffnete vor dem versammelten Staatsrat die Botschaft: »Das befiehlt Pharao Necho, Herr über Oberägypten und Unterägypten und Herrscher über alle Länder bis zum Euphrat: Öffnet Jerusalem und alle eure Festungen für meine Truppen . . .!« »Was ist mit König Joahas?« wollte Schafan wissen. »Er sitzt gefangen im Kerker zu Ribla«, antwortete der Unterhändler. »So geht der Pharao mit allen um, die seine Herrschaft nicht anerkennen!«
Eine Woche später zog der ägyptische General Hathor-em mit einer Streitmacht in der Stadt ein. General Hathor-em setzte – auf Befehl des Pharao – Eljakim zum König von Juda ein. Bevor der König von Ägyptens Gnade den Thron bestieg, sprach der General zu ihm: »Damit du erkennst und auch dein Volk sieht, daß Pharao dein Herr ist und du sein Untertan, gibt er dir einen neuen Namen. Nicht mehr Eljakim heißt du, sondern Jojakim! Merke die Feinheit: Dein Name bedeutet: Jahwe möge aufrichten. Denn im Namen deines Gottes handelt Pharao!«

Räuberhöhle

Ammiel fuhr bis vor die Königsburg. Dort hielt er, stieg ab und versorgte die Pferde. An den vielen anderen Wagen, die schon dastanden, sah er, daß er einer der letzten war.

Ammiel gehörte unter den großen Grundbesitzern in Juda zu den reichsten. Fast alles Land im Norden von Jerusalem zwischen den Städten Anatot, Geba, Gibeon und Zela gehörte ihm.
Seit über hundert Jahren war die Zahl der kleinen Bauern immer mehr zurückgegangen. Es entstand die Kaste der großen Gutsbesitzer. Diese saßen einst in Jerusalem. Jetzt aber gab es sie im ganzen Land.
Als Ammiel den äußeren Vorhof der Königsburg betrat, sah er, daß seine Nachbarn hier schon versammelt waren und dazu viele andere, die er aber alle schon einmal gesehen hatte. Es waren lauter Gutsbesitzer wie er. Mit Erstaunen aber stellte er fest, daß es nur solche vom Land Juda waren, Landjudäer, wie man sie nannte. Es waren keine Gutsbesitzer aus Jerusalem und dem Gebiet des Stadtstaats anwesend.
»Was will der König von uns?« fragte Ammiel seinen Nachbarn Gaddi aus Kirjat-Jearim. Seine Güter grenzten im Westen an die Ammiels an. »Geld«, sagte Gaddi ironisch. »Ich kann mir nicht denken, daß Jojakim etwas anderes von uns will«. »Er soll sich zuerst an die Krongüter halten und an den Königsschatz«, brummte Ammiel.
»Der Fronvogt des Königs«, rief eine Stimme. Die Gutsbesitzer verstummten. Auf der Treppe der Audienzhalle erschien ein vornehm gekleideter Mann. Ein Flüstern ging durch die Schar der Versammelten: »Kaleb!« Fast alle betrachteten ihn mit mißtrauischen, ja ablehnenden Blicken.
Flüchtig dachte Ammiel an ihn und seinen Weg. Wie er war Kaleb ein Judäer. Vor einigen Jahren trat er noch in Baalstempeln auf und verkörperte den Baal. Überall sprach man davon, daß Ester von Anatot um seinetwillen ihren Mann verlassen hatte. Gleich danach wurde er in Jerusalem durch Geschäfte reich. Und dann, was für eine Karriere! Sofort nach der Krönung Jojakims zum König berief ihn dieser als seinen Vertrauten in seinen Rat. Und nach wenigen Wochen ernannte er ihn zum Fronvogt. Dieser hatte die Abgaben für den König aus den zwölf Gauen Judas einzutreiben. Man sprach sogar davon, daß Kaleb Aussichten habe, demnächst Palastvorsteher zu werden. Damit hätte er das höchste Amt im Staat nächst dem König inne.
Den Fronvogt berührte das eisige Schweigen der Gutsbesitzer von Juda nicht. »Der König hat mich beauftragt, euch mitzuteilen, welchen Tribut ihr dem Pharao entrichten müßt«, sagte er. Schon das

Wort »Tribut« erregte alle. »Der Pharao legt dem Land Juda einen Tribut auf in der Höhe von zehn Talenten Gold und hundert Talenten Silber. Das sind zehn Millionen Silberschekel. Diese Summe wird umgelegt auf alle Landjudäer. Jeder zahlt entsprechend der Größe seines Besitzes!«

Jetzt erhob sich unter ihnen einstimmiger Protest: »Warum sollen nur wir zahlen? Allen muß der König den Tribut auferlegen!« Kaleb erwiderte kalt: »Seid nicht ihr es gewesen, die zuerst Josia und dann Joahas zum Thron verholfen haben? Dann habt ihr die antiägyptische Politik der beiden unterstützt. Nun rächt sich der Pharao an euch. Ihr müßt für diese eure Politik zahlen!« Zähneknirschend schwiegen alle.

Kaleb lachte höhnisch: »Denkt daran: Ihr sollt den Tribut zahlen, ihr! Laßt nicht andere für euch büßen. Rückt euer Silber, euer Gold heraus!« Das Geschrei wurde noch lauter. Gaddi schrie: »Mit was sollen wir zahlen? Das Land ist ausgesaugt von den Assyrern! Unsre Kassen sind leer, viele von uns sind überdies hoch verschuldet!« – »Land habt ihr doch genug. Der König kann es brauchen. Verkauft an ihn!« erwiderte Kaleb kalt.

Ammiel quälten schwere Sorgen, als er am Nachmittag nach Hause fuhr. Jetzt hatte er sein Königreich erreicht, wie er seinen Besitz oft stolz nannte. Soweit er sehen konnte, gehörte das meiste Land ihm. Da waren zunächst viele Felder und Weinberge sein eigener Besitz. Andere Grundstücke hatten Bauern und Weingärtner von ihm gepachtet. Weiter gab es eine ganze Reihe kleiner Bauern, die ihm Geld schuldeten. Die Zahl der Sklaven, die für ihn arbeiteten, konnte Ammiel nicht genau angeben. Er hatte israelitische Sklaven, die er jeweils nach sechs Jahren freilassen mußte. Lieber waren ihm ausländische, die Ammiel von seinen phönizischen Geschäftspartnern bezog. Für diese gab es solche Einschränkungen nicht. Sie gehörten ihm wie andere Sachen.

Einhundertfünfzigtausend Silberschekel! So hoch war sein Anteil am Tribut. Wie sollte er diese ungeheure Summe aufbringen? Mit eigenem Silber und Gold sollten sie zahlen, hatte Kaleb zwar höhnisch gesagt. Ammiel aber war fest entschlossen, keinen eigenen Schekel herzugeben. Er hatte sein Geld in Tyrus gut angelegt und das Land zu verkaufen, etwas von seinem Königreich preiszugeben, dagegen sträubte sich in Ammiel alles.

Am gleichen Tag fuhr Jeremia mit einem gemieteten Wagen nach Tekoa. Es war eine seltsame Reise: Onkel Schallum hatte von den Ältesten dieser Stadt einen Brief erhalten: »Endlich ist es gelungen, die Räuberbande des Enak, die seit Jahrzehnten das Land unsicher macht, gefangenzunehmen. Die Höhle, in der sich die Räuber versteckten, wurde gefunden. Alles Raubgut wurde sichergestellt. In dein Haus in Hebron ist Enaks Bande auch einmal eingebrochen. Deshalb bitten wir dich, deinen Besitz aus dem Raubgut auszusondern. Zu diesem Zweck solltest du aber in die Räuberhöhle kommen. Kannst du morgen nach Tekoa fahren? Wir werden dich dann zu der Höhle bringen.«
Schallum freute sich sehr. Eine Geldkassette und ein Behälter mit Schmuck waren ihm gestohlen worden. Dabei hatte er Glück gehabt, denn nur Wertgegenstände waren den Räubern in die Hände gefallen. Anderen war es schlimmer ergangen. Viermal töteten sie Männer, die sich ihnen widersetzten.
Im ganzen Land sprach man von Enak und seiner Bande und rätselte, wo wohl ihr Unterschlupf sein könnte.
Schallum sprach zu Jeremia: »Erledige du das für mich. Hier ist eine Liste der geraubten Gegenstände.«
Zwei Älteste von Tekoa geleiteten Jeremia zur Räuberhöhle. Zuerst konnte man noch den Wagen benutzen. Als sie aber zu einem Regenbach kamen, dem Wadi-el-Manaa, mußten die Männer den weiteren Weg zu Fuß fortsetzen. Tief hatte der Bach sich in die Wüste eingefressen.
Immer wieder suchte Jeremia die Gegend ab. Hier sollte irgendwo die Höhle sein? Seine Begleiter lachten: »Nicht leicht zu finden, was? Enak hat sich einen der sichersten Orte ausgesucht!« Endlich – kaum sichtbar – ein Höhleneingang. Jeremia mußte sich tief bücken. Er meinte, jetzt am Ziel zu sein. Als sich Jeremia aber an die Dunkelheit gewöhnt hatte, sah er nichts. Nur kahler Fels war ringsum. Enak war offensichtlich sehr auf Sicherheit bedacht gewesen. Die Begleiter Jeremias schoben im rückwärtigen Teil der Höhle einen großen Stein beiseite. Durch eine schmale Öffnung gelangte Jeremia in einen zweiten Raum der Höhle. Einer seiner Begleiter zündete eine Öllampe an. Jeremia schaute sich um: An den Seiten waren auf dem Boden Decken ausgebreitet. Überall standen Kisten und Säcke – das Raubgut.
Einer der Ältesten entrollte eine Karte von Juda. Rot waren alle Orte

unterstrichen, an denen Raubüberfälle vorgekommen waren. »Sobald Enak der Boden zu heiß wurde«, erklärte er, »zog er sich mit seiner Bande hierher in die Räuberhöhle zurück. Diese hatte für ihn eine zweifache Aufgabe: Sie sollte ihm und seinen Leuten Sicherheit gewähren vor der Verfolgung. Und außerdem wollte er hier Kraft schöpfen mit seiner Bande für neue Raubtaten.« Er wies auf die Lebensmittel- und Weinvorräte. »Was geschieht mit Enak und den anderen Bandenmitgliedern?« wollte Jeremia wissen. »Das kannst du dir denken bei vier Raubmorden, die ihnen zur Last gelegt werden«, sagte der Dorfälteste nur. Jeremia suchte heraus, was seinem Onkel gehörte, dann fuhr er zurück.

Eine Woche später verließ Jeremia zur gewohnten Zeit das Haus, um zur Arbeit zu gehen. Plötzlich hörte er lautes Weinen und Schreien aus dem Haus seines Nachbarn Jigdal, des Bauern. Laut weinend stand Debora, Jigdals Frau, vor dem Haus. »Warum weinst du«, erkundigte er sich. »Ammiel ist dagewesen«, schluchzte die Frau. »Er hat uns alles genommen, Felder, Weinberge – nur das Haus ließ er uns noch.« – »Wie ist das möglich«, fragte Jeremia bestürzt. »Er hat die Abgaben erhöht, die wir zahlen müssen. Da wir aber nicht zahlen können, nahm er statt dessen fast unsren ganzen Besitz«, antwortete sie ihm.

Am selben Tag noch hörte Jeremia, daß auf den Feldern Ammiels viele Sklaven verschwanden. Selbst solche, die geheiratet hatten, wurden von ihren Familien weggerissen. »Wo sind sie hingekommen«, fragte Jeremia einen. »Nach Ezjon-Geber, Herr, ins Bergwerk. Diese Schwerarbeit bedeutet soviel wie ein Todesurteil.« Plötzlich schoß es Jeremia durch den Kopf: »Räuber . . .!«

Nicht überall gelang es Ammiel, seine Absicht widerstandslos durchzusetzen. Zwei Bauern aus Gibeon klagten im Tor ihrer Stadt wegen zu hoher Abgaben. Der Gutsherr brauste auf: »Wie soll ich denn anders das Geld für den Tribut aufbringen? Die Umstände zwingen mich dazu, so zu handeln.« Ein Ältester erwiderte ihm: »Das ist wahr, die Zeiten sind hart. Aber hättest du nicht wenigstens einen Teil des Tributs selbst aufbringen können?« – »Nein«, beharrte der Gutsherr, »kein Silberschekel ist in meinem Haus.« – »Kannst du das beschwören?« fragten ihn die Richter. »Das schwöre ich, bei Jahwe, meinem Gott«, sagte dieser.

Mizpa, wo das Heiligtum des Baal war, gehörte mit zum Besitz Ammiels. Er war dabei gewesen, als Oberpriester Hilkija das Bild Baals fällte. Aber nur für wenige Jahre hörten die Feste für Baal auf. Mit dem Regierungsantritt Jojakims wurde alles anders. Vor allem zum Fest der Wiedererstehung Baals strömten jetzt immer mehr Menschen zusammen. Wiewohl Ammiel regelmäßig Feste und Gottesdienste im Tempel zu Jerusalem besuchte, billigte er doch die Feiern für den Baal in Mizpa und nahm oft selbst daran teil. Er schätzte das lockere Leben, das sie begünstigten. Ammiel hatte nämlich schon seit langer Zeit ein Auge auf Sara, die Frau seines Nachbarn Gaddi, geworfen. Beim letzten Fest in Mizpa gelang es ihm, sie zu verführen.
Während Ammiel seine Geschäfte betrieb und Jeremia für seinen Onkel tätig war, arbeiteten der Priester Paschhur und der Prophet Hananja an einer »Neuen Theologie«, wie sie ihr Werk nannten. Sie sollte eine Antwort sein auf die Angst, die das Volk Gottes in diesen unsicheren Zeiten erfüllte. Kernpunkt war dabei die Grundverheißung, die dem Zion und damit dem Heiligtum galt:

»Der Herr hat den Zion erwählt
und es gefällt ihm dort zu wohnen!«

Dieses Wort gehörte mit der Verheißung der ewigen Dauer des Königtums Davids zur Liturgie des Herbstfestes.
Als beide Männer wieder einmal vor dem Heiligtum standen, sagte Hananja: »Im Allerheiligsten steht die Bundeslade, der Thron des unsichtbaren Gottes. Weit ist der Weg, den sie bis hierher zurückgelegt hat. Zuerst wurde sie dem Volk voran durch die Wüste und über den Jordan getragen. Dann stand sie im Zentralheiligtum der zwölf Stämme in Silo. David erst brachte sie auf den Zion.«
Paschhur zog die Folgerungen aus der geschichtlichen Darstellung Hananjas: »Hier im Heiligtum hat Jahwe Ruhe gefunden; an dieses Haus hat er sich gebunden, Hananja. Wo aber Gott ist, da ist Schutz und Sicherheit für alle Verzagten. Darum – fürchtet euch nicht. – Das ist der Kern meiner ›Neuen Theologie‹. Am Herbstfest werden wir mit ihr gegen die Angst kämpfen. Wir müssen nur noch die zündende Formel dafür finden.«
Zur großen Freude Jeremias kam Baruch endlich aus Babylon zu-

rück. Er fühlte sich nach so langer Trennung von der Heimat in Jerusalem aber nicht fremd. Jeremia hatte ihn in seinen Briefen über die Zustände in Juda genau unterrichtet. Um einen Einblick in die Verhältnisse zu bekommen, wie sie jetzt gerade waren, besuchte Baruch den Unterricht in der Priesterschule. Dadurch erhielt Jeremia Kenntnis von Paschhurs und Hananjas »Neuer Theologie«. Als Baruch ihm die Kerngedanken vortrug, fragte Jeremia: »Hat Paschhur das wirklich gesagt?« »Gewiß, das sind seine Worte«, bestätigte ihm sein Freund. »Aber Baruch, bedenke die Folgen! Dann ist jeder geschützt und sicher, der in den heiligen Bereich eintritt, ganz gleich wie er sich sonst verhält.« Jeremia wurde immer erregter, als er weitersprach: »Paschhur macht Gott zu einem Gefangenen des Tempels. Zu einer Sache erniedrigt er ihn, bestenfalls zu einer Burg, die jeden schützt, der sich in sie flüchtet. Das kann auch ein Räuber sein. – Ist das der Gott Israels, Baruch?« fragte er. »Er ist der heilige Gott, der ein heiliges Volk will«, antwortete ihm sein Freund. Leidenschaftlich sprach Jeremia: »Er ist nicht im Tempel, ist nicht an ihn gebunden. Gott ist frei. Darum heißt es auch:

›. . . und es gefällt ihm dort zu wohnen.‹

. . . zu wohnen, weißt du, was das bedeutet?« – »Natürlich«, sagte Baruch. »Wer an einem Ort wohnt, hat die Freiheit, ihn auch zu verlassen. Schon König Salomo sagt das:

›Aber sollte Gott wirklich auf Erden wohnen?
Siehe, der Himmel und aller Himmel Himmel
können dich nicht fassen –
wie sollte es dann dies Haus tun,
das ich dir gebaut habe?‹«

Jeremia schaute seinen Freund mit großem Ernst an: »Es wird einen harten Kampf geben.« Dann schwiegen beide.

Das Herbstfest fand an einem strahlenden Tag statt. Mehr Menschen als in den früheren Jahren versammelten sich vor dem Quelltor im Süden der Stadt. Hinter der Bundeslade zog dann die Festgemeinde hinauf zum Heiligtum. Was für ein Festjubel war das doch

in früherer Zeit gewesen. Doch in diesem Jahr war alles anders. Man sah allseits ernste Gesichter, eine gedrückte Stimmung beherrschte den Festzug. Denn nicht König Josia führte ihn an. Vor einem halben Jahr hatte man ihn, die große Hoffnung Israels, zu Grabe getragen. Sein Sohn Joahas schmachtete an diesem Tag in irgendeinem Kerker. Voraus zog heute König Jojakim und an den Straßenrändern standen schwerbewaffnete ägyptische Soldaten. Verflogen war der Freiheitstraum. Am meisten verängstigte aber die Festgemeinde die Tatsache, daß keiner der Fürsten an der Prozession teilnahm. Diese hielt eine Krisensitzung in der Königsburg fest. So gespannt war die Lage im Norden – bei Karkemisch.
Zwei berittene Kuriere jagten an der Festgemeinde vorbei hinauf zur Königsburg.
Da schritten sie im Festzug: Ammiel und Kaleb, jeder mit seiner besonderen Vergangenheit und seinen Plänen für die Zukunft. Jigdal, der Schuldsklave, ging finster einher. Auch Baruch schritt hinauf und in seiner Nähe Michaja, der zwölfjährige Sohn des Fürsten Gemarja. Jeder fragte sich auf seine Weise: Wie wird uns Gott begegnen dort im Heiligtum, im Wort der Priester und Propheten? Wie werden wir das Heiligtum nach dem Gottesdienst verlassen?
Jetzt war die Prozession im inneren Vorhof des Tempels angelangt. Die Türen des Heiligtums öffneten sich und die Lade zog ein. Die Priester sprachen:

»Der Herr hat Zion erwählt
und es gefällt ihm dort zu wohnen!«

Dann wandten sich die Priester an den König, die Angehörigen der königlichen Familie und an das Volk:

»Der Herr hat David einen Eid geschworen:
Ich werde dir auf den Thron setzen einen,
der von dir kommt, ewiglich!«

Aber die alten, heiligen Worte bewegten heute die Herzen nicht. Die Angst blieb, ja sie steigerte sich bei der Verheißung an David. Wenn zwei Könige so schnell den Thron verlassen mußten, was hatte man da noch zu erwarten?

Da traten Paschhur und Hananja aus den Chören der Priester heraus. Paschhur rief: »Wir kennen eure Angst. Wir wissen, woher sie kommt. Aber bedenkt doch, wo ihr seid! Seht da, das Heiligtum! Hier ist Gott!« Hananja sprach: »Er ist da für uns wie eine Burg, in die man eintreten und sich in ihr bergen kann. Vor hundert Jahren, als Sanherib von der Stadt abzog, wurde der Beweis dafür erbracht. Wo Gott ist, da ist Schutz und Sicherheit. Vertraut darauf! Darum, fürchtet euch nicht!« Nach diesen Worten sangen die Priester und Propheten:

»Hier ist des Herrn Tempel!
Hier ist des Herrn Tempel!
Hier ist des Herrn Tempel!«

Kaleb horchte auf: »Was für eine Botschaft war das. Wie herrlich begegnet uns heute Gott im Wort der Priester und Propheten«, dachte er bei sich. »Wir dürfen uns bei ihm geborgen und sicher fühlen.«
Vor aller Augen stand das Heiligtum. Dort im Heiligtum ist Gott. Er verbürgt die Sicherheit. Die Angst schwand einem Gefühl der Geborgenheit. Und es antwortete das ganze Volk laut im Chor:

»Hier ist des Herrn Tempel!«

Nur Baruch wunderte sich, daß diese Zusage göttlichen Schutzes auch an Menschen wie Ammiel und Kaleb erfolgte. Dann erinnerte er sich, daß er diese Formel schon mehrmals gehört hatte. Es war beim Fest des Gottes Marduk in Babylon. Dort riefen die Priester ebenso beschwörend: »Hier ist Marduks Tempel.« Sie meinten, sie könnten ihn mit diesen beschwörenden Rufen herbeizwingen.
Da erschallte plötzlich eine laute, unüberhörbare Stimme:

»Höret des Herrn Wort,
ihr alle von Juda,
die ihr zu diesen Toren eingeht,
um den Herrn anzubeten!«

Man brauchte nicht lange zu fragen, wer auf solche Art das Fest störte. Jeder kannte diese Stimme. Nach langer Zeit des Schweigens hatte Jeremia vor einem halben Jahr wieder gesprochen. Ärgerlich genug, denn er stimmte die Totenklage über den noch lebenden König Joahas an. Heute aber wandte er sich an das ganze Gottesvolk:

»So spricht der Herr Zebaoth, der Gott Israels . . .!«

Gerade noch hatten die Priester und Propheten im Namen des Herrn gesprochen, und jetzt erhob Jeremia denselben Anspruch, im Namen des Herrn zu sprechen. Prophet Hananja wurde zornig und rief ihm entgegen: »Durch uns allein, die ausgebildeten und eingesetzten Propheten, spricht Gott!«
Baruch hörte die Botenformel mit nicht geringerer Bewegung wie damals, als er von Jeremias Berufung las. »Was wird Jeremia im Namen des Herrn sagen? Wird es zu einem Kampf kommen zwischen ihm und den Priestern und Propheten?« so fragte er sich gespannt.

»Bessert euer Leben und euer Tun,
so will ich bei euch wohnen an diesem Ort . . .!«

Baruch erkannte sofort: Jeremia ist gegen die unbedingte Schutzzusage der Priester und Propheten. Nur bei Menschen, die sich darum mühen, nach Gottes Gebot zu leben, ist er. Er erkannte auch sofort, daß Jeremia ein neues Wort einführte. Er sagte nicht: Dann ist Gott da im Tempel! Nein, er »wohnt«. Baruch verstand den Sinn: Gott ist frei. Er läßt sich nicht binden.
Er wußte, daß jetzt der Kampf unausweichlich war. Hart standen sich die zwei Sätze gegenüber: Gott ist hier in seinem Heiligtum, Schutz für jeden, bedingungslos. Und: Der heilige Gott will ein heiliges Volk. Nur dann wohnt er in seiner Mitte.
Paschhur und Hananja waren nicht willens, ihre »Neue Theologie« vor allem Volk aufzugeben. Durch die Menschenmenge bahnten sie sich einen Weg zu Jeremia. Die Freunde von einst standen sich gegenüber. Das Volk scharte sich um sie. Jeder einzelne war betroffen, denn es ging darum, welcher von den beiden Stimmen sie gehorchen sollten. Paschhur rief beschwörend:

»Hier ist des Herrn Tempel . . . ist . . . ist!«

Hananja schloß sich ihm an: »Wer sich ihm anvertraut, ist geborgen wie in einer Burg. Willst du das bestreiten?« fragte er. Alles Volk wartete auf Jeremias Antwort.
Jeremia sagte: »Ihr wißt, daß Gott ein heiliges Volk will. In seiner Gnade hat er den Bund mit uns geschlossen. Dabei aber gab er uns die Zehn Gebote. – Aber was vertretet ihr in eurer ›Neuen Theologie‹?« Laut rief er dann:

»Verlaßt euch nicht auf Lügenworte, wenn sie sagen:
Hier ist des Herrn Tempel,
hier ist des Herrn Tempel,
hier ist des Herrn Tempel!«

Bleich vor Zorn herrschte Paschhur Jeremia an: »Lügenworte? – Wenn dir schon unsre reine Gnadentheologie nichts gilt, wo ›wohnt‹ denn dann deiner Meinung nach Gott?«
Jeremia fuhr in seiner Rede vor dem Volk unbeirrt fort:

»Sondern bessert euer Leben und euer Tun,
daß ihr recht handelt einer gegen den andern
und keine Gewalt übt gegen Fremdlinge, Waisen und Witwen
und nicht unschuldiges Blut vergießt an diesem Ort
und nicht andern Göttern nachlauft
zu eurem eigenen Schaden,
so will ich immer und ewig
bei euch wohnen an diesem Ort,
in dem Lande, das ich euren Vätern gegeben habe.
Aber nun verlaßt ihr euch auf Lügenworte,
die zu nichts nütze sind.«

Auch Ammiel hörte Jeremias Worte. Er wußte, daß er von den Geboten Gottes sprach. Gegen alle, die Jeremia nannte, hatte sich Ammiel vergangen. Das Wort der Priester und Propheten von der bequemen Sicherheit bei Gott und das Wort Jeremias vom Gehorsam gegen die Gebote Gottes kämpften in Ammiel miteinander.
Baruch hatte diese erste Rede seines Freundes, die er selbst hörte, mit

großer Aufmerksamkeit verfolgt. Sie war nicht so scharf, wie er es erwartet hatte! Er spürte, wie sein Freund um das Herz seines Volkes warb.
Ammiel aber hatte sich jetzt entschieden, ebenso wie Kaleb und tausend andere. Tief aus den Herzen stieg es auf: Wir wollen so bleiben, wie wir sind. Unser gewohntes Leben möchten wir weiterführen. Wir wollen in unserem Tun bestätigt werden. Das aber geschieht durch das Wort der Priester und Propheten. Bei diesem Gott sind wir sicher. Das ist Theologie nach unserem Geschmack. Sie drängten auf Jeremia zu. Und Tausende riefen:

»Wir sind geborgen . . .!«

Paschhur und Hananja hatten scheinbar gesiegt. Jeremia war tief erschüttert, denn das Volk hatte einen Götzen, der Gefangener seines Heiligtums, der eine tote Sache ist, vorgezogen gegenüber dem lebendigen, heiligen, freien Gott.
Schutz jedem, der sich hineinbegab, gewährte das nicht auch die Räuberhöhle? Jeremia sah sich wieder mit den beiden Ältesten von Tekoa in Enaks Höhle. War der Tempel für diese Menschen, die sich vom Wort der Priester und Propheten verführen ließen, etwas anderes?
Sie brachen im täglichen Leben die Gebote Gottes, dann kamen sie in den Tempel, um sich geborgen zu fühlen. Dann gingen sie neugestärkt, um ihr Tun fortzusetzen. Nichts hatte der Gottesdienst verändert. Jeremia rief von heiligem Zorn gepackt:

»Ihr seid Diebe, Mörder, Ehebrecher und Meineidige
und opfert dem Baal und lauft fremden Göttern nach,
die ihr nicht kennt.
Und dann kommt ihr
und tretet vor mich in diesem Hause,
das nach meinem Namen genannt ist,
und sprecht: Wir sind geborgen –
und tut weiter solche Greuel.
Haltet ihr denn dies Haus,
das nach meinem Namen genannt ist,
für eine Räuberhöhle?«

›Räuberhöhle!‹ Baruch zuckte zusammen. Ein Wort von dieser furchtbaren Schärfe kannte er bisher aus dem Mund Jeremias nicht. Die Priester und Propheten schrien auf. »Was sagst du über das Heiligtum Gottes? Du lästerst Gott!«
Das ganze Volk wurde wütend auf Jeremia: »Er beschimpft den Tempel unsres Gottes«, schrien viele. Baruch begann für seinen Freund zu fürchten. Doch zugleich eilten seine Gedanken weiter: »Wenn der Tempel einer Räuberhöhle glich, was drohte ihm dann?« Baruch wagte den Gedanken nicht weiter zu denken. Da hörte er und mit ihm alle, wie Jeremia ein Lied anstimmte. Es war ein Wallfahrtslied, ähnlich den Liedern, die man auf dem Weg hierher ins Heiligtum gesungen hatte:

»Geht hin an meine Stätte zu Silo,
wo früher mein Name gewohnt hat,
und schaut, was ich dort getan habe
wegen der Bosheit meines Volks Israel.«

Blitzartig stand allen die Trümmerstätte von Silo in Israel vor Augen. Dort befand sich zu Samuels Zeit die Stiftshütte und in ihrem Allerheiligsten die Bundeslade. Aber dann zerstörten die Philister das Heiligtum.
Jeremia aber rief nicht zur Wallfahrt nach Silo auf, um dort bei Gott geborgen zu sein, sondern das Gericht Gottes sollen die Wallfahrer vernehmen:

»Weil ihr denn lauter solche Dinge treibt,
spricht der Herr,
und weil ich immer wieder zu euch redete
und ihr nicht hören wolltet,
und ich euch rief
und ihr nicht antworten wolltet,
so will ich mit dem Hause,
das nach meinem Namen genannt ist,
auf das ihr euch verlaßt,
und mit der Stätte,
die ich euch und euren Vätern gegeben habe,
ebenso tun, wie ich mit Silo getan habe.«

Eine unheimliche Stille trat ein. Es war die Stille vor dem Sturm. Jetzt erst griff Oberpriester Asaph ein, Hilkijas Nachfolger. Alle Worte, die Jeremia gegen Priester und Propheten gesprochen hatte, jagten ihm durch den Sinn:

»Die Priester fragten nicht: Wo ist der Herr?«
»Die Propheten weissagten im Namen des Baal«
»Die Propheten weissagen Lüge
und die Priester herrschen auf eigene Faust«
»Propheten und Priester gehen alle mit Lüge um.«

Zu all diesen Anklagen gegen die Diener Gottes hatte Asaph bisher geschwiegen. Aber jetzt griff dieser Mensch Gott selbst an. Er drohte dem Haus und der Stadt Gottes den Untergang an, im Namen Gottes. Wie aber könnte Gott sein eigenes Werk zerstören? Es war offensichtlich, daß Jeremia den Namen Gottes mißbrauchte. Gotteslästerung, das war es.
Haß flammte im Herzen des Oberpriesters auf. Jetzt war es genug! Er, Oberpriester Asaph, würde nicht dulden, was sein Vorgänger vor zwölf Jahren ertragen hatte. Ein anderer Wind wehte jetzt. Jeremia mußte sterben durch die wahren Diener Gottes.
Die Priester und Propheten standen noch regungslos vor dem Heiligtum. Aber sie warteten in höchster Spannung darauf, was jetzt zwischen dem Oberpriester und Jeremia geschehen würde. Dieser wandte sich plötzlich mit einem Ruck zu ihnen um: »Hierher!« rief er.
Da stürmte die ganze Menge der Priester und Propheten auf Jeremia zu. Das Volk wich auseinander. Jischija, Ammiels Bruder, packte Jeremia beim Arm. Und er und alle Priester und Propheten riefen: »Du mußt sterben!« Der Prophetenvorsteher schrie ihn an: »Warum weissagst du im Namen des Herrn: ›Es wird diesem Haus gehen wie Silo, und die Stadt wird so wüst werden, daß niemand mehr darin wohnt‹?«
Jetzt geriet auch das Volk in Bewegung. Jeremia hatte mit seinem Angriff auf den Tempel und die Stadt die nationalen Gefühle angetastet. Der Zorn der aufgebrachten Volksmasse brach los und ein ungeheures Geschrei erhob sich. Sie zerrten und schleiften Jeremia auf den östlichen Tempelausgang zu, um ihn draußen vor dem

Wachtor zu steinigen. Nichts schien mehr das in Gang gekommene Geschehen aufhalten zu können. Jeremia drohte der Tod.
Jigdal, der in Schuldknechtschaft verkaufte Bauer, stand beim Südausgang des Tempels. Scharf beobachtete er alles. Kaum hatte der Oberpriester »Hierher!« gerufen und noch bevor Baruch hätte handeln können, wandte er sich um und lief so schnell wie er nur konnte in den Königspalast.
Später wußte er nicht mehr zu sagen, was ihm den Mut dazu gab. Er lief an den Wachen vorbei und riß die Tür zum Sitzungssaal auf. Hier war der ganze Staatsrat versammelt, nur der König fehlte. Die Fürsten waren gerade auf das laute Geschrei aufmerksam geworden, das gewiß nicht zur Liturgie des Festes gehören konnte. Unter den Fürsten war nur einer, den Jigdal kannte, Ahikam, Schafans Sohn. »Sie wollen Jeremia töten«, rief er ihm zu.
Nur wenige Mitglieder des Staatsrats waren Jeremia wohlgesonnen. Aber Ahikam, Freund Jeremias, hatte im Staatsrat trotz seiner Jugend großen Einfluß. Ohne ein Wort zu sagen, sprang Ahikam auf und verließ eilends den Sitzungssaal. Seine Freunde folgten ihm. Die übrigen Mitglieder des Rates schlossen sich der Gruppe an.
»Die Fürsten!« schrien viele, als sie Ahikam und die anderen Räte in den Tempel eilen sahen.
Ahikam schritt sofort auf den dichten Menschenhaufen zu: »Was geht hier vor?« herrschte er Jischija an. »Dieser Mann muß sterben; er hat Gott gelästert«, antwortete er aufgebracht. »Ohne Gerichtsverhandlung, ohne Urteil wollt ihr ihn töten? Halt!« befahl Ahikam.
Er sprang auf eine niedrige Mauer, so daß er das ganze Volk überschauen konnte: »Laßt uns zu einem ordentlichen Gericht zusammentreten, um über Schuld oder Unschuld dieses Mannes zu beraten.« Die Menschen schauten einander an: »Ahikam hat recht; man soll Jeremia vor ein ordentliches Gericht stellen«, rief jemand.
Jeremia wußte kaum, was ihm geschah. Er blickte auf und sah Ahikam.
Die Fürsten gingen zum »Neuen Tor«, das die Verbindung zwischen der Königsburg und dem Tempel herstellte. Es war zugleich der Gerichtsplatz. Die Fürsten setzten sich. Um sie scharte sich das Volk. Die Fürsten und alle freien Bürger des Volks bildeten den Ge-

richtshof. Sie mußten jetzt über Schuld oder Unschuld des Angeklagten befinden.
Jeremia wurde vorgeführt. Noch hielten ihn Priester und Propheten. »Ankläger, bringt eure Klage vor!« rief Ahikam. Priester und Propheten sagten: »Dieser Mann ist des Todes schuldig; denn er hat geweissagt gegen diese Stadt, wie ihr mit eigenen Ohren gehört habt.«
»Angeklagter, was sagst du dazu?« fragte Ahikam. Jeremia sah vor sich seine Feinde, die Priester und Propheten, das Volk, und die Großzahl der Fürsten. Er fühlte sich elend und schwach. Aus sich heraus hatte er überhaupt keine Kraft mehr. Doch dann erinnerte er sich plötzlich an die Worte in der Stunde seiner Berufung:

»Denn ich will dich heute zur festen Stadt,
zur eisernen Säule,
zur ehernen Mauer machen im ganzen Lande
wider die Könige Judas,
wider seine Großen,
wider seine Priester,
wider das Volk des Landes,
daß, wenn sie auch wider dich streiten,
sie dir dennoch nichts anhaben können;
denn ich bin bei dir, spricht der Herr,
daß ich dich errette.«

Diese starken Worte paßten scheinbar gar nicht zu ihm. Aber aus ihnen wuchs ihm Kraft und die Gewißheit zu: Ich stehe in Gottes Hand, auch wenn ich sterben müßte. Furchtlos fing er darum an zu reden:

»Der Herr hat mich gesandt,
daß ich dies alles, was ihr gehört habt,
weissagen sollte gegen dies Haus
und gegen diese Stadt.«

Das Volk staunte. Jeremia, der mit dem Tod bedroht war, bettelte nicht um sein Leben. Er wies vielmehr darauf hin, daß ihn Gott gesandt hatte. Jeremia fuhr fort:

»So bessert nun eure Wege und euer Tun
und gehorcht der Stimme des Herrn, eures Gottes,
dann wird den Herrn auch gereuen das Übel,
das er gegen euch geredet hat.«

Alle hörten es: Es gab noch eine Möglichkeit der Rettung, wenn sie alle umkehrten.

»Siehe, ich bin in euren Händen,
ihr könnt mit mir machen,
wie es euch recht und gut dünkt.
Doch sollt ihr wissen:
Wenn ihr mich tötet,
so werdet ihr unschuldig Blut auf euch laden,
auf diese Stadt und auf ihre Einwohner.
Denn wahrlich,
der Herr hat mich zu euch gesandt,
daß ich dies alles vor euren Ohren reden soll.«

Ernst klangen diese Worte. Er appellierte an ihr Gewissen. Sie wußten alle: Unschuldig vergossenes Blut schreit zum Himmel und ruft Gottes Gericht herab.
Trotzdem herrschte nach diesen Worten Ratlosigkeit. Behauptung stand gegen Behauptung. Wie sollte man einen Freispruch begründen?
Da rief plötzlich einer der Ältesten: »Es gibt einen ähnlichen Vorgang in unsrer Geschichte. Da hat ein Prophet ebenso Gericht verkündet und wurde doch nicht getötet!« – »Wer ist das denn gewesen?« wollten andere wissen.
Einige der Ältesten traten vor. Sie sprachen: »Zur Zeit Hiskias, des Königs von Juda, war ein Prophet, Micha von Moreschet; der sprach zum ganzen Volk Juda:

›So spricht der Herr Zebaoth:
Zion wird wie ein Acker gepflügt werden,
und Jerusalem wird zum Steinhaufen werden
und der Berg des Tempels zu einer Höhe wilden Gestrüpps.‹«

Erschüttert hörten alle diese Gerichtsworte. Das war ja dieselbe Gerichtsdrohung wie die Jeremias, nur noch viel kräftiger: Zion wie ein Acker gepflügt, Jerusalem ein Steinhaufen, der Berg des Tempels ein Heckengestrüpp. Die Ältesten fuhren fort: »Doch ließ ihn Hiskia, der König von Juda, und das ganze Juda deswegen nicht töten, vielmehr fürchteten sie den Herrn und flehten zu ihm. Da reute auch den Herrn das Übel, das er gegen sie geredet hatte. Wir aber würden großes Unheil über uns bringen, wenn wir Jeremia töteten!«
Alle schwiegen betroffen. Wenn König Hiskia damals auf den Gerichtsboten gehört hatte, dann mußten sie das auch tun. Da stand Ahikam auf und sprach: »Dieser Mann ist des Todes nicht schuldig!«

Chasida

Langsam ging die Regenzeit zu Ende. Jeremia sah immer wieder zum Himmel auf nach den Zugvögeln, die aus dem Süden zurückkehrten und jetzt in großen Schwärmen nach Norden flogen. Er wartete auf etwas.
An einem solchen Vorfrühlingstag kam Baruch zu ihm. Er gab ihm zwei eng beschriebene Papyrusblätter. »Lies«, sagte er nur. Jeremia las und sein Erstaunen wurde immer größer: »Als aber die Priester und Propheten und alles Volk Jeremia hörten, daß er solche Worte redete im Hause des Herrn . . . ergriffen ihn die Priester, Propheten und das gesamte Volk und sprachen: Du mußt sterben!«
Man sah an Jeremias Miene, daß ihm durch diese Worte die dramatischen Ereignisse, die nun schon einige Monate zurücklagen, wieder ganz gegenwärtig wurden.
Als Baruch die Ergriffenheit seines Freundes sah, sprach er: »Ich mußte diese Geschichte aufschreiben, Jeremia. Sie darf nicht vergessen werden. Was da geschehen ist, bedeutet einen neuen Abschnitt in deinem Leben. Man hat dich in eine Reihe mit dem Propheten Micha gestellt! Vor einem ordentlichen Gericht wurde bestätigt, daß du ein wahrer Jahweprophet bist.« – »Was willst du mit dieser Geschichte machen?« fragte Jeremia. »Wenn du einverstan-

den bist«, antwortete sein Freund, »bringe ich sie unter das Volk, in hundert Exemplaren. Im ganzen Land soll sie gelesen werden. Sie müssen jetzt auf dich hören. Versteh doch: Neues Licht fällt jetzt auf alle deine Worte. Meinst du nicht auch, daß jetzt viele umkehren werden?«

Jeremia hörte die zuversichtlichen Worte seines Freundes: »Baruch«, begann er zu sagen, aber er wurde plötzlich unterbrochen. Ein ungewohntes Geräusch vor dem Fenster ließ beide Männer aufhorchen, ein Klappern und eigenartiges Sausen war zu hören. Auf einmal ging ein Aufleuchten über Jeremias Gesicht. Er stand auf, ging zum Fenster und rief: »Chasida!« Dann öffnete er das Fenster. »Du bist es!«

Jetzt erst sah Baruch, um was es sich handelte. Chasida, Jeremias Storch, stand auf dem Fensterbrett. Auf ihn hatte Jeremia seit Tagen gewartet.

Dieser hatte schon seit fünf Jahren zusammen mit seiner Gefährtin sein Nest auf dem Nachbarhaus, in dem Jigdal wohnte. Jeremia beobachtete das Storchenpaar schon lange aufmerksam. Mit Chasida hatte er sich besonders angefreundet. Jetzt waren die Störche aus dem fernen Afrika zurückgekehrt, zusammen mit Turteltauben, Kranichen und Schwalben.

Chasida war ein prächtiger Weißstorch. Man sah den Augen des Tieres an, daß es in Jeremia einen alten Freund wiedererkannte. Chasida breitete die Flügel aus und klapperte anhaltend, als wolle er Jeremia viel erzählen. »Komm herein«, sagte Jeremia und ohne Zögern schritt der Storch über das Fensterbrett und stand jetzt auf dem Tisch vor Jeremia. Wieder breitete er die Flügel ganz weit aus und klapperte mit dem Schnabel.

Jeremia betrachtete den Vogel mit großer Freude. Ein Hauch unermeßlicher Ferne und die Gerüche ferner Länder gingen von ihm aus. Nie würden Baruch und Jeremia sehen, was er gesehen hatte! Jeremia streichelte dem prächtigen Vogel über die feinen weißen Federn am Kopf und am Hals. Er berührte sacht die großen weißen und schwarzen Schwungfedern der Flügel. Der Vogel aber zeigte mit den Bewegungen seines Kopfes und Halses an, daß er glücklich darüber war, wieder bei Jeremia zu sein.

Jeremia ergriff tiefe Rührung: »Du bist pünktlich zurückgekehrt, Freund. Du kennst die Zeiten nicht nur, die dir der Schöpfer gesetzt hat, du beachtest sie auch. – »Warte«, sagte er dann, »ich will dich belohnen.« Er ging und holte dem Storch ein Stückchen Fleisch, das vom Mittagessen noch übrig war. »Nun geh und schau nach deinem Nest, deine Gefährtin wartet auf dich!«

Als der Storch weggeflogen war, sah Baruch, daß Tränen in den Augen Jeremias standen. »Ach, Baruch, mein Storch kehrt um. Er hält sich an die vom Schöpfer festgesetzte Zeit. Aber dieses Volk da? Es kehrt nicht wieder um, hält fest am Irrtum und rennt in die falsche Richtung weiter!«

Baruch fragte: »Hast du denn nach deiner Tempelrede gar keine Zeichen der Umkehr beobachtet?« Baruch wies auf die Geschichte, die er geschrieben hatte: »Alle haben gehört, daß du ein wahrer Prophet des Herrn bist! Das kann doch nicht ohne Wirkung bleiben!«

Wortlos griff Jeremia nach drei Blättern, die vor ihm auf dem Tisch lagen. Baruch las:

»Bericht eins: Gespräch mit Jigdal, den Ammiel als Schuldsklaven verkauft hat: Ich habe Jigdal auf einem Feld bei Gibea getroffen. Er sah sehr bleich und mager aus. Ängstlich schaute er um sich, bevor er überhaupt wagte mit mir zu sprechen. Ich dankte ihm dafür, daß er mich rettete, indem er zu den Fürsten lief. Dann fragte ich ihn: ›Spürst du etwas davon, daß sich Ammiel geändert hat? Läßt er dich frei?‹ Jigdal lachte bitter: ›Ammiel und sich ändern! Wegen deiner Worte? Hast du nicht gehört, daß er zwei weitere Bauern von Anatot zu Schuldsklaven gemacht hat? Und von dem Verkauf weiterer Sklaven nach Ezjon-Geber weißt du nichts? Ammiel und sich ändern! Er sagt: Ich bin gezwungen so zu handeln. Wie soll ich anders das Geld für den Tribut zusammenbringen? Sollte ich jemand Unrecht tun, so wird das durch meine Spenden für den Tempel reichlich gedeckt!‹ Ich sagte zu Jigdal: ›Das ist doch alles Lüge!‹ Dieser antwortete: ›Trotzdem beharrt Ammiel darauf!‹

Bericht zwei: Beobachtungen in Anatot und in Jerusalem: Nicht nur die Reichen beuten das Volk aus und lügen. Ebenso verhält es sich mit den kleinen Leuten. Jeder trachtet nur nach Gewinn!

Bericht drei: Beobachtungen im Tempel: Die Formel: ›Hier ist des Herrn Tempel!‹ ist zu einem festen Bestandteil der Liturgie geworden. Sie wird jetzt in jedem Gottesdienst verwendet. Als ich mit einem jungen Priester darüber sprach, sagte dieser: ›So ist die Verheißung Gottes gemeint!‹«

Baruch warf die Blätter auf den Tisch und sagte: »Wie sie lügen! Gott ist frei, er läßt sich nicht an das Heiligtum binden.«
Jeremia sagte mit tiefem Schmerz: »Jetzt siehst du, daß sie bei ihrer Abkehr von Gott bleiben! Unaufhaltsam stürmen sie auf diesem Weg weiter. Wie ein Schlachtroß, Baruch!« Tief erschüttert war Baruch von diesen Erfahrungen seines Freundes. Er konnte ihm kein Wort erwidern.
Jeremia fuhr fort: »Dabei widerspricht das alles ihrem sonstigen Verhalten. Hast du schon einmal gehört, daß einer hinfällt und nicht sofort wieder aufsteht? Und wenn einer merkt, daß er auf dem falschen Weg ist, kehrt der nicht sofort um?«
Jeremia stand auf. »Warum nur hält dieses Volk fest an der Abkehr von Gott?« fragte er bitter.
Vom Dach des Nachbarhauses her war jetzt wieder das Klappern der Störche zu hören. Jeremia und Baruch blickten lange zu den beiden Tieren hinauf, die auf dem Nest standen.
»Ich glaube, daß ich es jetzt weiß!« rief Jeremia auf einmal. »Chasida kennt den Zeitpunkt der Rückkehr nicht nur so, daß er darum weiß. Aus dem Wissen wird bei ihm sofort Tat. Das ist ihm ins Herz geschrieben. Bei diesem Volk ist es anders: Es kennt das Gesetz Gottes nicht.« Baruch hielt ihm entgegen: »Das sagst du, obwohl du weißt, wie sich die Priester bemühen, das Gesetz zu lehren? Denk vor allem auch an König Josia.« – »Ja, sie wissen viel. Aber es bewegt ihre Herzen nicht«, sagte Jeremia traurig.
Als Baruch gegangen war, sah Jeremia auf dem Tisch die Geschichte, die Baruch geschrieben hatte. Dann sagte er entschlossen: »Auch ich will das jetzt aufschreiben, was wir eben gesprochen haben! Ganz Juda soll es erfahren!«

Es war an einem der ersten Frühlingstage, als sich vor dem südlichen Tempeltor eine große Menschenmenge drängte. »Da ist etwas angeschlagen«, sagte einer. »Wer kann lesen?« fragte ein anderer. Ein Schüler der Weisheitsschule sprang die Stufen zum Tempeltor hinauf und begann zu lesen:

»Wo ist jemand, wenn er fällt,
der nicht gern wieder aufstünde?

Wo ist jemand, wenn er irregeht,
der nicht gern wieder zurechtkäme?«

»Was soll das?« rief einer der Umstehenden. »Das ist doch alles selbstverständlich!« – »Warte, gleich geht's weiter«, erwiderte der Schüler. »Ich ahne schon, von wem das Plakat stammt.« Und er las:

»Warum will denn dies Volk zu Jerusalem
irregehen für und für?
Sie halten fest am falschen Gottesdienst,
daß sie nicht umkehren wollen.«

Das Geschrei der Menge wurde, während der Schüler las, immer lauter und erregter: »Unglaublich! – Wir sollen im Irrtum sein? – Dieser verkommene Priestersohn irrt sich.« Der Schüler las weiter, ohne sich von dem Lärm um ihn herum stören zu lassen:

»Ich sehe und höre,
daß sie nicht die Wahrheit reden.
Es gibt niemand,
dem seine Bosheit leid wäre
und der spräche:
Was habe ich doch getan!
Sie laufen alle ihren Lauf wie ein Hengst,
der in der Schlacht dahinstürmt.«

»Diese Beleidigung soll er büßen«, schrie es mehrfach aus der Menge. Fäuste ballten sich.

»Der Storch unter dem Himmel weiß seine Zeit,
Turteltaube, Kranich und Schwalbe halten die Zeit ein,
in der sie wiederkommen sollen;
aber mein Volk will das Recht des Herrn nicht wissen.«

Jetzt verwandelte sich der Vorhof des Tempels in einen brodelnden Kessel. »Unerhört! Wir sollen Gottes Gesetz nicht kennen? Hätten wir diesen Mann doch getötet beim Herbstfest. Reißt den Fetzen herunter!« riefen sie aufgebracht durcheinander.

Der Schüler der Weisheitsschule riß das Blatt mit wutverzerrtem Gesicht vom Tempeltor ab. Die Menge griff danach, zerriß es in Fetzen und zertrampelte es mit den Füßen.
Hoch über den Köpfen der Menge aber zogen in majestätischer Keilformation Störche nach Norden.

Empathie

Ein Wagen hielt vor Jeremias Haus. Gleich danach trat Baruch in Jeremias Zimmer. »Komm mit nach Mizpa!« sagte er kurz. »Was soll ich dort?« fragte Jeremia. »Mich begleiten«, antwortete Baruch. »Ich weiß, dein Onkel hat dir heute freigegeben und das trifft sich gut, denn ich muß dort im Auftrag des Königs den Zustand der Mauern und Zisternen prüfen. Das ist nötig für die Sicherheit im Kriegsfall. Ein Sicherheitsplan wird für das Land aufgestellt. Du kannst an der Schlußsitzung in Jerusalem teilnehmen. Dort wird der Sicherheitsplan vorgestellt.«
Jeremia fuhr mit Baruch nach Norden. Die kleinen Dörfer, durch die sie fuhren, waren schutzlos, wenn ein feindliches Heer nahte. Sicherheit für ihre Bewohner gab es nur hinter den festen Mauern der großen Städte. Dorthin mußten sie fliehen, um Leben und Gut zu retten.
Schon aus der Ferne sahen sie die Mauern und Türme von Mizpa. Wie eine mächtige Burg lag die Stadt vor ihnen. Je näher sie kamen, desto eindrücklicher wurde das Bild.
Die Ältesten empfingen den Abgesandten des Königs freundlich. Nicht so seinen Begleiter; ihm warfen sie abweisende, ja feindliche Blicke zu. Auch wer am Herbstfest nicht im Tempel zu Jerusalem gewesen war, kannte inzwischen die berüchtigte »Tempelrede«. »Eine Räuberhöhle hat er den Tempel des Herrn genannt«, zischte einer der Ältesten seinem Nachbarn ins Ohr und schaute Jeremia haßerfüllt an. Sie richteten das Wort allein an Baruch und taten, als wäre Jeremia nicht da.
»Du kannst alles sehen. Und wirst auch alles in Ordnung finden«, sagten sie ihm nicht ohne Stolz. Zuerst gingen sie mit Baruch an der Mauer entlang. Sie stiegen mit ihm auf verschiedene Türme.

Am aufmerksamsten aber untersuchte Baruch die Toranlage. Er ließ die Tore schließen und prüfte die Stärke der Riegel. Jeremia folgte der Gruppe in einiger Entfernung.
Dann besichtigte Baruch die vier Zisternen, die an verschiedenen Stellen der Stadt in die Erde gegraben worden waren.
Am Schluß bestätigte Baruch den Ältesten den guten Zustand der Stadt. Er sagte: »Mizpa kann im Kriegsfall Fluchtburg sein für die Bewohner von zehn Dörfern.« Die Ältesten antworteten ihm mit sichtlichem Stolz: »Wenn ein feindliches Heer kommt, Baruch, und die Bewohner der schutzlosen Dörfer rufen: ›Laßt uns in die festen Städte fliehen!‹, dann können sie zuversichtlich nach Mizpa laufen. Wer zu uns kommt, wird sicher sein und sein Leben retten!«
Am anderen Tag brachen sie frühmorgens auf und fuhren nach Norden, um die Ältesten des Dorfes Beerot mit dem Sicherheitsplan des Königs bekannt zu machen. Jeremia sah diesem Besuch mit großer Spannung entgegen. Denn er wußte, daß Kaleb auf der Höhe von Beerot sich ein prunkvolles Sommerhaus errichtet hatte. Auch er mußte dem Alarmplan des Königs zufolge nach Mizpa fliehen. Als sie sich am frühen Morgen dem Dörfchen näherten, waren sie sehr überrascht über die Stille, die überall herrschte. Kein Bauer bestellte sein Feld und auch in den Weinbergen und Feigenbaumhainen war niemand zu sehen.
Sie fuhren in das Dorf hinein. Keinen Menschen sah man auf der Dorfstraße oder in den kleinen Höfen. Nicht ein Laut drang aus den Häusern.
Entsetzt waren sie, als sie in der Mitte des Dorfes zwei Häuser völlig zerstört fanden. Die Spuren der Zerstörung waren noch frisch. Das alles mußte erst vor wenigen Stunden geschehen sein. Die Freunde schauten sich fragend an. Ein totes Dorf? Zwei eben zerstörte Häuser? Im Frieden? Was hatte das zu bedeuten?
»Da! Schau! Ein Plakat!« rief Baruch. An die Tür eines Hauses war ein großes Plakat genagelt: »Warnung! – Alle Bewohner des Dorfes werden vor Aufruhr und Empörung nachdrücklich gewarnt. Rebellen werden gefangengesetzt und einer strengen Bestrafung zugeführt; ihre Häuser dem Erdboden gleichgemacht. – Kaleb, Fronvogt von Juda!«
Jetzt ahnten Jeremia und Baruch, was hier vorgefallen war.
Endlich bemerkten sie im Dunkel eines Hauseingangs eine veräng-

stigte Frau und verstörte Kinder, die schreiend flohen, als sie die beiden Fremden sahen. »Was ist hier geschehen?« fragte Baruch. »Wißt ihr es nicht? Jigdal hat Ammiel niedergeschlagen.« »Warum?« fragte Baruch. »Ammiel wollte ihn nach Ezjon-Geber ins Bergwerk bringen lassen, da griff Jigdal Ammiel an«, erzählte die Frau. »Dann haben sich die Bauern von Beerot, unter ihnen mein Mann, gegen die Aufseher Ammiels erhoben. Diese flohen.« Die Frau schluchzte und trocknete ihre Tränen mit der Schürze. »Aber dann kamen die Soldaten des Königs und umstellten das Dorf«, fuhr sie fort. »Alle Männer nahmen sie gefangen und brachten sie nach Jerusalem.« »Warum sind die beiden Häuser zerstört?« wollte Jeremia wissen. »Sie gehörten Jizkar und Keheb. Sie und Jigdal waren die Sprecher der Bauern. Auch Jigdals Haus in Anatot wurde zerstört.« Jeremia durchfuhr ein tiefer Schmerz. Das Haus Jigdals, das er von frühester Jugend an vor Augen gehabt, wo er so oft gespielt hatte und auf dessen Dach Chasida und seine Gefährtin ihr Nest bauten, hatte man zerstört.

Jeremia geriet in große Erregung. Er sagte zu Baruch: »Wie furchtbar ist Judas Zustand. Sieh das Elend an in diesem Dorf. Wahrhaftig, dem Netz Kalebs entgeht keiner. Dazu ist der Gottesdienst entartet. Auf den Höhen wird dem Baal und der Astarte geopfert. Und dann noch dieses unerträgliche Sicherheitsgefühl!«

Baruch hatte noch nicht erkannt, wie tief sein Freund verletzt war. Sonst hätte er nicht zu ihm gesagt: »Komm mit mir und höre dir morgen die Vorstellung des Sicherheitsplans in der Königsburg an! Weil du bei deinem Onkel, dem Richter Schallum, tätig bist, hast du Zutritt.«

Zur Vorstellung des Sicherheitsplans waren so viele Gäste gekommen, daß die Versammlung nicht in der Königsburg stattfinden konnte. Die Geladenen versammelten sich in einem großen Kreis im Hof der Königsburg. Die Ältesten von Juda waren anwesend. Sie vertraten ihre Städte und Dörfer. Dazu kamen alle Offiziere und Hofbeamten, die Priester und Propheten.

Heeresoberst Malkija trat in die Mitte. Er hatte die Weltkarte, die sich im Südflügel des Sitzungssaals der Königsburg befand, etwas vergrößert auf den Boden des Platzes malen lassen. Auch alle Figuren der Herrscher waren aufgestellt.

Er begann zu reden: »Meine Herren! Wir leben in einem unsicheren

Zeitabschnitt. Niemand weiß, wann und wie es anders wird. Immer noch ist im Norden keine Entscheidung gefallen. Pharao Necho verteidigt zäh die Stadt Karkemisch. Sie ist für ihn eine entscheidende Festung. Wir müssen uns darauf einrichten, daß die Unsicherheit noch länger anhält. Angst hat viele Menschen in unserem Volk ergriffen. Ein selbsternannter Prophet schürt sie. Um solcher Angst zu wehren, haben wir diesen Sicherheitsplan aufgestellt: Alle Städte, die im Kriegsfall Flüchtlinge aufnehmen sollen, wurden von unseren Beamten auf ihre Tauglichkeit geprüft. Ergebnis: Sie sind in bestem Zustand! Aber den eigentlichen aktiven Schutz verbürgt uns unser Heer. Wir haben es auf die größtmögliche Stärke gebracht. Beim Angriff eines Feindes aus dem Norden stellen wir ihm zehntausend Berufssoldaten entgegen.«
Malkija baute zehn Soldatenfiguren an Judas Nordgrenze auf: »Dazu kommen dank der Heeresreform unsres großen Königs Josia fünfzigtausend Mann des Heerbanns.«
Er stellte weitere fünfzig Figuren auf. Dann fuhr er fort: »Es könnte jemand von euch sagen: Eure Soldaten, Unterführer und Offiziere haben keine Kriegserfahrung. Ihnen fehlt im Ernstfall der Mut. Dem beugen wir vor, denn alle Unterführer und Offiziere schicken wir seit einem Jahr zur Frontbewährung nach Karkemisch, ins Heer des Pharao. Die Berichte, die mir der ägyptische General Marner schickt, zeigen die Tapferkeit unsrer Soldaten. Fünfzehn von ihnen wurden schon mit dem höchsten ägyptischen Tapferkeitsorden ausgezeichnet. Ergebnis: Juda kann im Kriegsfall unbesorgt sein. Wir sind sicher! Und dann vergeßt nicht das Entscheidende: Diese sechzigtausend Mann sind Soldaten des Gottesvolkes. Gott ist mit uns!«
Die Versammelten klatschten dem Heeresoberst begeistert Beifall. Jeremia aber trafen feindliche Blicke.
Oberpriester Asaph schloß sich an: »Auch ich muß entschieden Stellung nehmen gegen diesen falschen Propheten, der überall Angst verbreitet. Blickt zurück in die Geschichte des Gottesvolks. Denkt an die Siege Davids über seine Feinde. Gott wird auch uns beistehen. Es könnte aber einer sagen: Ist nicht auch viel Schuld bei euch? Wer will das bestreiten? Aber bei Gott ist auch die Vergebung. Im Tempel stand bis auf die Zeit Hiskias das Bild der ehernen Schlange, die Nehuschtan. An was erinnert sie? Das Volk murrte

auf dem Weg durch die Wüste gegen Gott und Mose. Da sandte ihnen Gott zur Strafe feurige Schlangen. Die bissen das Volk und viele starben. Da erkannten sie ihre Sünde und flehten zu Gott um Hilfe. Auf Gottes Weisung hin machte dann Mose die eherne Schlange und hängte sie an einem Pfahl auf. Jeder, der gebissen war und auf sie schaute, blieb am Leben. So hoffen auch wir auf Gottes Vergebung!«

Dann rief Heeresoberst Malkija: »Nun kommt vor das Benjamintor. Dort führt uns das Heer modernes Kriegsgerät vor.«

Jeremia aber sprach zu Baruch: »Komm, laß uns gehen!« Jetzt erst sah Baruch, wie aufgewühlt sein Freund war.

Nur ganz wenige der Versammelten wußten, daß der Sicherheitsplan auch einen geheimen Teil hatte. Dieser sah die strenge Überwachung aller Unruhestifter vor. Dazu gehörte vor allem Jeremia aus Anatot. Zu diesem Zweck wurde der Geheimdienst der Priesterschaft mit dem des Heeres zusammengelegt. Heeresoberst Malkija schärfte den Spähern ein: »Macht eure Sache nicht wieder so plump wie beim ersten Mal, als Jeremias Schrift gestohlen wurde. Nehmt nichts weg, sondern schreibt ab!«

So kam es, daß Malkija schon drei Tage später den Wortlaut der neuesten Schrift Jeremias vor sich liegen hatte. Ein Späher schrieb sie im Haus Hilkijas ab, während ein anderer auf Wache stand. Es war leicht, denn Jeremia lag seit drei Tagen mit hohem Fieber und Herzbeschwerden im Bett. Nur Baruch wußte von der Ursache der plötzlichen Erkrankung des Freundes.

Malkija überflog das Blatt. Sein Zorn wuchs mit jeder Zeile, die er las. »Sicherheit!« höhnte er. »Was hilft das, was ich tue? Dieser Mann untergräbt alles. Aber warte nur, einmal ließ ich mich von Ahikam umstimmen, diesmal nicht. Dieser Mann ist eine Gefahr für den Staat. Dem mach ich jetzt ein Ende.« Er rief einen seiner Diener: »Laß das dreimal abschreiben. Dann bitte Oberpriester Asaph, Prophetenvorsteher Ahia und Baruch zu mir!«

Eine Stunde später saßen diese drei Männer dem hohen Offizier gegenüber. Vor ihm lag Jeremias Rede in drei Exemplaren. »Ihr kennt den geheimen Zusatz des Sicherheitsplans. In seinem Sinn ist der Geheimdienst nicht untätig gewesen. So ist er in den Besitz dieser Schrift gelangt. Lest sie und ratet mir dann, was ich tun soll!«

Kaum hatte der Oberpriester gelesen, als er rief: »Da braucht man nicht zu fragen, von wem das stammt!« Der Prophetenvorsteher war entsetzt: »So eine haßerfüllte Schrift gegen das Volk Gottes habe ich noch nie gelesen!« Baruch schwieg.
Der Heeresoberst sprach: »Ich befasse mich nur mit dem militärischen Teil der Rede. Für die theologische Seite seid ihr zuständig. Sicher habt ihr erkannt, daß dasselbe Geschehen geschildert wird, wie in einer früheren Rede Jeremias. Das war noch vor Josias Reform. Priester Zufs Leute haben diese damals in unsre Hand gebracht. Also: Diese Schrift schildert denselben Vorgang in zwei Phasen. Erste Phase: Kriegsgefahr droht. Die Bewohner der Dörfer werden darum aufgefordert, in die festen Städte zu fliehen:

›Sammelt euch,
und laßt uns in die festen Städte ziehen.‹

Zweite Phase: Die Feinde fallen ins Land ein.

›Man hört ihre Rosse schnauben von Dan her.‹

Also, das äußere Geschehen ist dasselbe. Aber welch furchtbare Änderung folgt dann. Nicht um gerettet zu werden, fliehen sie in die Städte, sondern hört nur, es heißt dort:

›. . . laßt uns in die festen Städte ziehen,
daß wir dort umkommen.‹

Dann die zweite Phase: Jetzt wird das radikale Ende auf das ganze Land ausgedehnt. Die Feinde kommen und nun hört:

›Sie fahren daher
und werden das Land auffressen
mit allem, was drin ist,
die Stadt samt allen, die darin wohnen.‹

Es ist also aus mit dem heiligen Land. Aus ist's mit der heiligen Stadt. Dieser Mann nimmt damit unserem Volk jede Hoffnung. Er muß verschwinden! Zu diesem furchtbaren Geschehen passen zwei abscheuliche Bilder, die er bringt. Er spricht von einem giftigen Trank und giftigen Schlangen. Das mußt du mir erklären, Asaph!« Asaph sprach: »Beim ›Giftwasser‹ handelt es sich nicht eigentlich um Gift. Es ist Wasser aus dem Heiligtum mit Staub von diesem vermischt. Es wird verwendet, um den Ehebruch einer Frau festzustellen. Das ›Giftwasser‹ führt zum Tod der Schuldigen. Wenn dieser abtrünnige Priestersohn schreibt:

›Denn der Herr, unser Gott,
wird uns umkommen lassen
und uns tränken mit einem giftigen Trank‹,

so will er damit sagen, daß alle schuldig sind und darum sterben müssen. Ja, mehr noch, sie begehren für sich den Tod der Schuldigen. Er spricht das ja ganz direkt aus:

›. . . der Herr, unser Gott, wird uns umkommen lassen.‹

Sie bekennen zwar ihre Sünde:

›. . . weil wir so gesündigt haben wider den Herrn‹,

aber es ist offenbar zu spät. Das andere Bild, von den giftigen Schlangen, ist deutlich eine Anspielung auf meine Rede bei der Vorstellung des Sicherheitsplanes. Gott ließ einst ein Heilmittel gegen die giftigen Schlangen errichten, die Nehuschtan. Dieser ›Prophet‹ aber schreibt, daß es jetzt keine Rettung mehr gibt, keine Nehuschtan. Gott selbst läßt er sagen:

›Denn siehe,
ich will Schlangen und Nattern unter euch senden,
die nicht zu beschwören sind.‹

Resultat: Hier wird mit äußerster Härte, um nicht zu sagen Brutalität, die Unabwendbarkeit des Gerichts behauptet. Das ist ein Schlag ins Gesicht jeder Theologie, die etwas von der Barmherzigkeit Gottes weiß, denn Gott selbst rottet sein Volk aus. Unvorstellbar, wie ein solcher Gedanke im Gehirn eines Menschen entstehen kann.«

Jetzt wandte sich der Heeresoberst an Ahia, den Prophetenvorsteher: »Kannst du uns etwas sagen zum Anfang der Rede?« Ahia sagte: »Ja, da will Jahwe ernten vom Weinstock und vom Feigenbaum. Mit beidem ist das Volk Gottes gemeint. Aber er findet keine Trauben und Feigen. Vielmehr sind sogar die Blätter verwelkt. Das ist eine Anspielung auf das Weinberglied Jesajas. Bei diesem bringt der Weinberg saure Trauben. Jetzt aber ist sein Zustand völlig hoffnungslos, sogar die Blätter sind verwelkt. Das heißt, daß die Weinstöcke und Feigenbäume absterben. Weil Jahwe aber keine Frucht findet bei seinem Volk, kommt jetzt das Gericht.«
Malkija schaute Baruch heimtückisch an. Er wußte, in welchem Verhältnis dieser zu Jeremia stand. »Du hast bisher geschwiegen. Willst du uns nicht diese Schrift deines Freundes vorlesen und uns dann deine Meinung darüber sagen?«
Baruch las:

»Will ich bei ihnen ernten, Spruch Jahwes,
so sind keine Trauben am Weinstock
und keine Feigen am Feigenbaum
und die Blätter verwelkt;
so habe ich ihnen bestimmt
Verwüster, die sie verwüsten.
Wozu wollen wir noch dasitzen?
Sammelt euch
und laßt uns in die festen Städte ziehen,
daß wir dort umkommen.
Denn der Herr, unser Gott, wird uns umkommen lassen
und uns tränken mit einem giftigen Trank,
weil wir so gesündigt haben wider den Herrn . . .
Man hört ihre Rosse schnauben von Dan her,
vom Wiehern ihrer Hengste erbebt das ganze Land.
Sie fahren daher und werden das Land auffressen
mit allem, was darin ist,
die Stadt samt allen, die darin wohnen.
Denn siehe,
ich will Schlangen und Nattern unter euch senden,
die nicht zu beschwören sind;
die sollen euch stechen, spricht der Herr.«

Malkija rief: »Ist das etwa nicht gotteslästerlich? Ist der nicht ein Feind des Volkes, der so etwas schreibt, und hat deshalb keine Gnade verdient?«
Baruch schaute die drei Mächtigen an: »Ich kann mir die Entstehung dieser Schrift gut vorstellen. Jeremia war am Tag vorher mit mir in Beerot. Ihr habt von dem Aufstand gehört, den es dort gegen Kaleb gegeben hat. Das Dorf wurde dann von deinen Soldaten, Malkija, besetzt, die Männer alle ins Gefängnis gebracht. Jeremia sah die weinenden Frauen und Kinder. Wir standen vor zwei zerstörten Häusern und hörten, daß in Anatot das Haus Jigdals, des Nachbarn Jeremias, ebenfalls eingerissen wurde. Das alles traf ihn furchtbar. Er sah greifbar vor Augen die Auswirkungen des Netzes Kalebs. Denkt auch an seine früheren Erfahrungen! Dies alles mündet jetzt ein in die Unabwendbarkeit des Gerichts, das er im Namen Gottes ankündigen muß.«
»Er ist ein Feind des Volkes!« rief Malkija heftig. »Wir müssen ihn sofort vor Gericht stellen.« Der Oberpriester und der Prophetenvorsteher stimmten ihm zu. »Ein Feind des Volkes, Baruch, du mußt es zugeben«, sagten sie.
»Nein, niemals!« rief Baruch leidenschaftlich. »Ich gestehe euch zu, daß jeder von euch sein Volk liebt. Aber, laßt mich das so sagen: Eine solche Liebe zum Volk Gottes wie bei Jeremia habe ich bisher noch bei niemand entdeckt.«
»Wie kannst du so etwas behaupten mit dieser Rede in der Hand? Sie zeugt gegen ihn«, hielt ihm der Prophetenvorsteher entgegen.
»Hättet ihr sie ganz, so würdet ihr vielleicht anders über Jeremia urteilen. Aber«, sagte Baruch ironisch, »eure Späher haben nur den ersten Teil abgeschrieben; offenbar wurden sie bei ihrer ›Arbeit‹ gestört!« – »Kannst du uns sagen, was in diesem zweiten Teil steht, damit wir etwas von der ›Liebe‹ deines Freundes zu seinem Volk erfahren?« höhnte Malkija.
Leidenschaftlich begann Baruch seine Verteidigungsrede: »Jeremia ist ganz anders als wir alle. Er erlebt das, was er nachher sagt oder schreibt, mit. Er spricht nicht ungerührt:

›. . . daß wir dort umkommen.‹

Er sieht vielmehr Menschen, die er selbst kennt, umkommen: Freunde und Bekannte. Er sagt auch nicht von oben herab:

›. . . weil wir so gesündigt haben wider den Herrn.‹

Er leidet unter dieser Sünde. Sein Herz schmerzt ihm. Dieses Mitleiden geht so weit, daß sich bei ihm das Geschrei der Leidenden und das Stöhnen der Sterbenden in einer Gestalt verdichtet, der ›Tochter Zion‹! Ich bin davon überzeugt, daß er dieses Mädchen zunächst wirklich aus der Ferne schreien hört. Sie schreit in ihrer Not nach Gott, aber der Retter kommt nicht! Das Herz bricht Jeremia fast, als ihm das gewiß wird, es gibt keine Hilfe mehr bei Gott. Dann aber sieht er sie leibhaftig vor sich. Sie ist verwundet am Kopf. Ein Schlag hat sie getroffen. Sie blutet und es ist dringend Hilfe nötig. Das ergreift ihn so, daß ihn Entsetzen packt. Er selbst erleidet den Schlag, den sie bekam. Das Mädchen, in dem Israel verkörpert ist, so eng ist es mit ihm verbunden, als wäre sie seine eigene Tochter. Da ruft er selbst nach Menschen, die der Verwundeten helfen könnten:

›Ist denn keine Salbe in Gilead,
oder ist kein Arzt da?‹

Aber niemand antwortet. Es ist keine Hilfe bei Gott und keine bei den Menschen zu finden. Das bedeutet, daß die geliebte Tochter sterben muß. Ihm aber bleiben nur die Tränen, um das furchtbare Ende der Tochter Zion zu beweinen. So groß ist seine Trauer, daß normales Weinen nicht ausreicht. So zeigt der, den ihr einen ›Feind des Volkes‹ nennt, sein Mitleid mit denen, denen unabänderlich das Gericht droht.« Baruch holte ein Blatt aus der Brusttasche und las:

»Aufsteigt in mir der Kummer,
mein Herz ist krank!
Da! Horch! Geschrei der Tochter meines Volks
weit und breit im Lande:
›Will denn der Herr nicht mehr Gott sein in Zion,
oder soll es keinen König mehr haben? . . .‹
›Die Ernte ist vergangen, der Sommer ist dahin,

und uns ist keine Hilfe gekommen!‹
Mich jammert von Herzen,
daß mein Volk so zerschlagen ist;
ich gräme und entsetze mich.
Ist denn keine Salbe in Gilead,
oder ist kein Arzt da?
Warum ist denn die Tochter meines Volks nicht geheilt?
Ach, daß ich Wasser genug hätte in meinem Haupte
und meine Augen Tränenquellen wären,
daß ich Tag und Nacht beweinen könnte
die Erschlagenen meines Volks!«

Baruch faltete das Blatt zusammen und steckte es ein. Dann sagte er: »Nach diesen Worten ist Jeremia zusammengebrochen. Er ist lebensgefährlich erkrankt. Sein Herz ist in einem schlimmen Zustand. Ich weiß nicht, ob er überhaupt mit dem Leben davonkommt.«
Heeresoberst Malkija hatte die drei Männer zu sich gerufen, um mit Jermia ein für allemal Schluß zu machen. Jetzt ließ er den Plan fallen.

Auswandern

Jeremia kam zu dem Platz, an dem vor wenigen Tagen noch Jigdals Haus stand. Er sah Mauerreste, Balken, Bretterstücke und zerschmettertes Gerät. Jeremia stieg über den Trümmerhaufen. Tränen traten ihm in die Augen, als er an den Mann im Gefängnis in Jerusalem dachte, der früher einmal hier gewohnt hatte. Wo war seine Frau, wo seine Kinder? Er fand Überreste von Chasidas Nest und dann hörte er ein Klappern und Flügelschlagen.
»Chasida!« rief er. Der Storch setzte unmittelbar neben Jeremia auf und stand auf einem Mauerrest. Er schaute Jeremia mit vorwurfsvollen Blicken an, als wolle er sagen: »Was macht ihr Menschen da? Wie geht ihr mit meinem Nest um?« Jeremia sagte zu ihm: »Wir müssen für dich und deine Frau nach einem neuen Nistplatz suchen.« Er nahm die kläglichen Reste von Chasidas Nest. Dann wies er auf sein Haus und fragte: »Dort oben?« Er trug Zweige, Stroh

und Federn hinauf und legte sie an der Südseite des flachen Daches nieder. »Komm, Chasida!« lockte er den zögernden Storch. »Morgen muß ich Jigdal besuchen«, dachte er.
Am anderen Tag trug er der Wache vor der Eingangshalle zum Königspalast seine Bitte vor. Er spürte den Haß, der ihm aus den Blikken des einfachen Soldaten entgegenschlug. Dieser rief nach dem wachhabenden Offizier. Jeremia wurde gründlich untersucht. »Wehe, wenn wir bei dir etwas finden, das Jigdal zur Flucht verhelfen könnte«, warnte er ihn.
Dann endlich führte ihn ein Soldat zum Gefängnis. Jeremia hatte vermutet, daß Jigdal in dem Gefängnis, das sich in der Eingangshalle befand, festgesetzt sei. Doch er hatte sich getäuscht. Sein wortkarger Begleiter führte ihn in den Innenhof des Königspalastes und dort zur Südseite der Audienzhalle. Er schloß eine schwere, eisenbeschlagene Tür auf. Stickige Luft schlug Jeremia entgegen. Er sah, daß unmittelbar hinter dem Eingang Stufen in die Tiefe führten. Der Soldat ging voraus. Sie stiegen in die Tiefe und gingen einen langen Flur entlang. An der linken Seite reihte sich Gefängniszelle an Gefängniszelle. Jeremia staunte, denn er hatte noch nie etwas von einem Gefängnis unter der Königsburg gehört. »Seit wann gibt es denn dieses Gefängnis?« fragte er. »Kaleb ließ es von Sklaven anlegen, gleich nachdem er oberster Fronvogt wurde«, antwortete ihm der Soldat.
Endlich hielt sein Begleiter vor einer Zellentür. »Hier ist es!« Er schloß auf. Jeremia betrat die Zelle. Sie war sehr schmal. »Wie im Grab!« dachte Jeremia. Ein wenig Licht nur fiel aus einer vergitterten Luke an der südlichen Wand.
Als Jeremias Augen sich an das Dunkel gewöhnt hatten, bemerkte er Jigdal. Jeremia hatte einen völlig zusammengebrochenen Mann erwartet. Doch es kam anders. Zwar war Jigdal sehr bleich und ein struppiger Bart war ihm gewachsen. Aber Jeremia fand einen Mann voll ungebrochenen Mutes.
»Du bist es, Jeremia!« rief er erfreut. Er stand auf und wollte Jeremia umarmen, aber seine Ketten, mit denen er an die Wand geschmiedet war, hinderten ihn. »Wie geht es dir?« fragte Jeremia. Jigdal sprach: »Es tut mir leid, daß ich Ammiel niedergeschlagen habe. Aber bitte versteh mich, es war zu viel. Er drohte mir mit der Verbannung nach Ezjon-Geber. Da konnte ich mich nicht mehr beherr-

schen.« »Ich glaube es dir, Jigdal«, sagte Jeremia. »Was meinst du, wie es dir vor Gericht ergehen wird?« Jigdal antwortete: »Wenn meine Sache vor dem Ortsgericht in Anatot verhandelt würde, hätte ich Angst. Da habe ich zwar viele Freunde, aber auch Feinde. Aber ich komme ja vor das Gericht des Königs und der vom König eingesetzte Richter wird den Streit schlichten. Er wird mir mein Recht verschaffen.« – »Hast du Zeugen?« fragte Jeremia. »Ja, Bukki wird für mich aussagen. Er ist mein Freund. Mit ihm bin ich schon zur Schule gegangen. Er hat immer treu zu mir gehalten. Und dann Abischia. Den kennst du auch. Er ist zu mir wie ein Bruder. Bukki und Abischia werden noch Freunde mitbringen. Ich kann mich auf sie verlassen. Du wirst sehen – die Wahrheit wird ans Licht kommen«, sagte Jigdal zuversichtlich. »Wann wird denn deine Sache verhandelt?« wollte Jeremia wissen. »Morgen«, sagte Jigdal. »Du kommst doch?«

Jeremia lag noch lange wach, wegen Jigdals bevorstehendem Prozeß. Als er endlich einschlief, hatte er einen seltsamen Traum. Er sah vor sich einen mächtigen Turm, der sehr hoch und breit war. Einen solchen hatte er noch nie gesehen. Auch bestand er nicht aus abweisenden Mauern, so wie die Wohntürme in Jerusalem. Er war so fein gegliedert, daß er in manchen Teilen eher einer luftigen Weinberglaube glich. Darum konnte Jeremia sehen, daß der Turm im Innern seiner vielen Stockwerke mit buntem Leben erfüllt war. Bauern arbeiteten auf den Feldern, Fürsten sorgten für das Wohl des Landes. Sklaven verrichteten verschiedene Dienste. Priester und Propheten traten für das Volk vor Gott und sagten ihm seinen Willen.

»Das könnte ja ein Bild meiner Welt sein!« sagte Jeremia im Traum. Was Jeremia aber besonders auffiel war dies: Alle diese Menschen verschiedener sozialer Herkunft lebten friedlich miteinander. Sie befehdeten sich nicht gegenseitig. Man konnte einen Fürsten im vertrauten Gespräch mit einem Sklaven sehen und einen Bauern an der Tafel des Königs.

Er war so erstaunt, daß er keinen Blick von diesem Turm abwenden konnte.

Wie war diese Eintracht und intakte Gemeinschaft nur möglich?

Da sah Jeremia auf einmal einen Mann vor dem Turm stehen. Baruch? »Komm!« sagte dieser. Er führte ihn näher vor den Turm. Er

zeigte auf das Fundament des erstaunlichen Bauwerks. Dieses war aus mächtigen, glatt geschliffenen Quadern gefügt.
»Lies!« Jetzt erst sah Jeremia, daß in großen Buchstaben etwas in das Fundament eingemeißelt war, so tief, als müsse es für immer Bestand haben. Jeremia las: »TREUE, WAHRHAFTIGKEIT, WAHRHEIT!«
Über diesen Worten aber wies ein Pfeil nach oben, dort stand: »VERTRAUEN, VERLÄSSLICHKEIT, FRIEDE!« – »Das ist das Fundament dieses Turms?« fragte Jeremia. »Ja, dort wo diese Worte gelten, lebt eine Gemeinschaft in Frieden«, hörte er Baruch sagen. »Wenn es aber Streit gibt?« fragte er weiter. »Da, sieh das Gericht, gleich über dem Fundament; dort wird der Streit geschlichtet und so die Gemeinschaft bewahrt«, erklärte ihm Baruch im Traum.
»Diese Menschen stellen den Frieden her – im ganzen Turm?« fragte Jeremia zweifelnd. Baruch antwortete: »Sie führen ihn zwar durch, aber er hat einen anderen Ursprung.« – »Wo?« fragte Jeremia. »Sieh!« Baruch wies auf ein Buch, das der Richter in der Hand hielt: »Das ist die Geschichte Gottes mit seinem Volk und die Ordnungen, die er ihm gegeben hat!«
Der Traum war so eindrücklich gewesen, daß ihn Jeremia auch nach dem Erwachen noch deutlich vor Augen sah. Er nahm ein großes Pergamentblatt und zeichnete ihn mit allen Einzelheiten auf. Dann heftete er die Zeichnung an die Wand neben das Südfenster seines Zimmers.
Von diesem Fenster aus sah er auf die Ruine, die Jigdals Haus gewesen war; sah Anatot, sein Heimatstädtchen, und in der Ferne Jerusalem, die Stadt der Gerechtigkeit und des Friedens.
Mit großer Spannung betrat Jeremia wenige Stunden später das »Neue Tor«. Nur wenige Monate waren vergangen, seitdem er hier selbst vor Gericht gestanden hatte. Wie würde es Jigdal heute ergehen?
Kurz darauf wurde er in Ketten herbeigebracht. Viele riefen ihm zu: »Keine Angst, wir unterstützen dich! – Zeigs ihnen! Du bist im Recht!« Jetzt kam der königliche Richter. Es war Hagab, ein sehr hagerer Mann. Die Richter und Ältesten setzten sich.
Der königliche Richter verlas die Anklageschrift: »Gegen Jigdal, Bauer von Anatot und jetzt Schuldsklave, wird Anklage erhoben in vier Punkten: Körperverletzung in einem Fall, Anstiftung zur Zu-

sammenrottung, Widerstand gegen die Staatsgewalt, unerlaubte Beziehungen zu einer ausländischen Macht mit dem Ziel, die bestehende Ordnung zu stürzen.«
Jigdal erhob sich. Er sprach laut und ohne Angst. Jeremia war sehr erstaunt, daß der einfache Bauer solche Gewandtheit im Reden zeigte. »Ich bin ein Schuldsklave. Aber ich bin es geworden, weil Ammiel die Abgaben, zu denen ich verpflichtet war, fast verdoppelte. So hat er die Last des Tributs auf mich abgewälzt, um selbst frei zu sein. Er tut damit dasselbe, was viele Grundbesitzer im Land ebenso machen. Zu dem Zwischenfall in Mizpa ist es gekommen, weil er mir drohte, mich nach Ezjon-Geber ins Bergwerk zu schikken. Da verlor ich die Beherrschung. Alle anderen Anklagen sind Lügen. Daß Ägypter zu mir gekommen wären, ist lächerlich!«
Ammiel stand auf. Man sah die Spuren des Zwischenfalls noch in seinem Gesicht. »Jigdal ist unter meinen Pächtern der Widerspenstigste gewesen. Gewiß, ich hatte vor, ihn nach Ezjon-Geber bringen zu lassen, aber das war aus Gründen der Sicherheit nötig, denn er ist der Anführer einer Bande und unterhält staatsfeindliche Verbindungen mit Ägypten.« – »Du lügst!« unterbrach ihn Jigdal. Der Richter: »Aussage steht gegen Aussage. Wir müssen die Zeugen hören!«
Er wandte sich an Jigdal: »Hast du Zeugen für deine Behauptungen?« – »Ja, Bukki und Abischia.« Die Gerichtsdiener riefen nach den Zeugen. Unter den Zuschauern entstand eine Unruhe, denn die Aussagen der beiden Männer wurden mit großer Spannung erwartet. Jigdal wartete in ruhiger Gewißheit, denn er war sich sicher, daß jetzt seine Entlastung kam. »Meine Freunde und Brüder werden das Lügengewebe zerreißen«, dachte er bei sich.
Bukki trat vor den Richter. Er machte einen zaghaften Eindruck und schaute auch Jigdal kein einziges Mal an, obwohl dieser den Anblick seines Freundes suchte. Dann begann er: »Ich bin selbst dreimal dabeigewesen, als im Hause Jigdals Versammlungen stattfanden.«
»Hatten sie etwas mit der Verschwörung zu tun, von der Ammiel sprach?« fragte der Richter. »Ja, zuerst sollte Ammiel getötet werden, dann Kaleb«, erzählte Bukki. »Dann sollten alle Bauern und alle anderen Unterdrückten nach Jerusalem marschieren und die Königsburg besetzen.«

Es war totenstill, als Bukki seine Aussage machte. Man konnte die Raben krächzen hören, die in den Mauerrissen der Stadtmauer ihre Nester hatten. Jeremia war fassungslos. Er betrachtete Jigdal genau. Er sah, wie dieser erbleichte, seine Augen groß wurden und wie er dann zusammenzuckte und schmerzhaft sich wand, wie von einem tödlichen Pfeil getroffen. Mit vor Entsetzen verzerrtem Gesicht starrte er den Zeugen an. »Bukki«, rief er dann, »mein Freund!«
Dann trat Abischia auf. Er wiederholte die Aussage Bukkis.
Zuerst waren alle, die diese Szene miterlebten, wie vor den Kopf gestoßen. Niemand hatte mit diesen Aussagen gerechnet. Doch dann schrie einer auf: »Sie lügen! Sein Freund und Bruder, beide sind ihm in den Rücken gefallen!« Jetzt erhoben sich viele ähnliche Stimmen. Das ganze Volk tobte: »Lüge! – Verleumdung! – Sie sind bestochen!«
Selbst der Richter war von diesen Zeugenaussagen überrascht. Ihm war nicht entgangen, daß Jigdal von ihnen Entlastung erwartet hatte.
Endlich gelang es ihm, sich wieder Gehör zu verschaffen, und er fragte: »Könnt ihr das beschwören? Ihr wißt, was ein Meineid ist und seid euch im klaren darüber, welche Folgen eure Aussagen für Jigdal, euren Dorfgenossen und Nachbarn, haben. Bedenkt das!«
Aber beide hoben die Hand zum Schwur: »Bei Jahwe, unsrem Gott, schwören wir, daß wir die Wahrheit gesagt haben!«
Jeremia sank in sich zusammen. Plötzlich sah er das Traumbild, das er in dieser Nacht gesehen hatte, wieder vor sich, den Turm. Mit schrecklichem Knall fuhr plötzlich von unten, vom Fundament her, ein Riß durch den hohen Bau. Dann stürzte der herrliche Turm mit entsetzlichem Krachen in sich zusammen.
So sehr ergriff ihn dieses Geschehen, daß er nur wie von Ferne das Urteil hörte, das über Jigdal gefällt wurde: Verbannung ins Bergwerk nach Ezjon-Geber.

Bevor Jeremia am Abend nach Anatot zurückging, sprach er noch einmal mit Jigdal. Er traf jetzt einen völlig zusammengebrochenen Mann an. Er fragte ihn: »Kannst du mir erklären, warum die beiden, dein Freund und Bruder, gegen dich ausgesagt haben?« – »Daß sie es mit Baal halten, wußte ich schon lange. Aber jetzt erst weiß ich, welche Folgen das haben kann«, antwortete ihm Jigdal.

Die Worte des Gefangenen erhellten die Nacht in Jeremias Gemüt wie ein schrecklicher Blitzstrahl: »Diese Männer sind dem Bund mit Gott untreu geworden – Ehebrecher!« Jeremia versuchte Jigdal zu trösten: »Ich will für deine Frau und deine Kinder sorgen.« – »Ja, tu das. Grüße sie von mir. Und mach Chasida ein neues Nest«, bat ihn Jigdal unter Tränen.

Bevor Jeremia die Stadt durch das Benjamintor verließ, wurde er auf lauten Zecherlärm aufmerksam, der aus einer Gaststätte in der Nähe der Stadtmauer kam. Er näherte sich der Tür und spähte hinein. Im trüben Licht einer Lampe sah er Bukki und Abischia, umringt von anderen Bürgern aus Anatot. Sie feierten den »Sieg« über Jigdal. Abischia: »Wie überzeugend du bei deiner Aussage gewirkt hast!« Bukki: »Und du erst! Konnte da einer merken, daß alles erlogen war?« Dröhnendes Gelächter. Gläserklirren.

Jeremia aber bebte vor Zorn: »Du hast deine Zunge ans Lügen gewöhnt!«

Todmüde machte er sich auf den Weg nach Anatot. Wie liebenswert erschien ihm in seiner Jugend seine Heimatstadt. Wenn er in Jerusalem war, sehnte er sich zurück. Doch nach diesem Prozeß war alles anders geworden.

Je mehr er sich Anatot näherte, desto mehr veränderte sich ihm das Bild seiner Heimatstadt. So also war das, Lüge und Verleumdung herrschte in ihr. Und dorthin sollte er zurückgehen? Konnte er in dieser von der Lüge verpesteten Luft überhaupt noch atmen? Es graute ihm.

Aber war's nicht überall so, im ganzen Land? Anatot – voll Lüge und Verleumdung, wo einer den anderen mit der Zunge mordet, war es nicht Abbild des ganzen Landes?

Sollte er in ein anderes Dorf oder eine andere Stadt ziehen? Doch das half nichts; denn es war überall das gleiche. Tiefe Mutlosigkeit erfaßte ihn.

Auf einmal stieg das Bild einer kümmerlichen Herberge in der Wüste vor ihm auf, die ringsum nur mit Steinen, Bergen, Himmel und Wind umgeben war. Kein Mensch war dort anzutreffen. Nach dieser Einsamkeit sehnte er sich.

Als er endlich in seinem Zimmer war, fand er keine Ruhe. Was er heute erlebt hatte, es wütete wie ein Feuerbrand in ihm. Er mußte sich davon befreien, aber wie nur?

Da sah er sein Schreibgerät und Papier. Jeremia setzte sich und fing an zu schreiben:

»Ach, daß ich eine Herberge hätte in der Wüste,
so wollte ich mein Volk verlassen
und von ihnen ziehen!
Denn es sind lauter Ehebrecher
und ein treuloser Haufe.
Sie schießen mit ihren Zungen lauter Lüge
und keine Wahrheit
und treiben's mit Gewalt im Lande
und gehen von einer Bosheit zur andern,
mich aber achten sie nicht, spricht der Herr.«

Jeremia schaute auf und überlas alles, was er geschrieben hatte. »Ich muß weiterschreiben; ich muß alles sagen«, dachte er bei sich. Er sah wieder den Turm vor sich. Nach dem, was heute geschehen war, konnte man sich auf niemand mehr verlassen. Sollte er zur Wahrhaftigkeit aufrufen? Das hatte keinen Sinn. Nur warnen konnte er. »Öffentlich anschlagen will ich's in Jerusalem«, dachte Jeremia, dann schrieb er weiter:

»Seid auf der Hut vor jedem Freund
und mißtraut jedem Bruder,
denn jeder Bruder lügt wie Jakob
und jeder Freund verleumdet.
Ein tödlicher Pfeil ist seine Zunge,
Betrug sind die Worte seines Mundes:
Wohlwollend redet er mit seinem Freund,
aber im Innern stellt er ihm die Falle.
Jeder täuscht den anderen
und die Wahrheit reden sie nicht.
Sie haben ihre Zunge ans Lügen gewöhnt,
handeln verkehrt,
wollen nicht umkehren.
Trug über Trug,
Betrug über Betrug!
Sie wollen Jahwe nicht kennen!

Siehe, ich schmelze und prüfe sie.
Jedoch, was kann ich machen
bei ihrer Bosheit?«

Am anderen Tag heftete Jeremia das Blatt ans Tempeltor, doch nur wenige Menschen kümmerten sich darum.

Unternehmen Zedernholz

Die rechte Hand König Jojakims ging unablässig zwischen einer mit Nüssen gefüllten Schale und seinem Mund hin und her. Daß er der Sohn Josias war, konnte man ihm nicht ansehen. Zwar glich er ihm an Körpergröße, aber er war im Gegensatz zu ihm sehr dick und sein Gesicht war aufgedunsen.
Die Augen des Königs waren heute auf das gerichtet, was Bascha, ein ägyptischer Architekt, auf dem Tisch vor ihm und seinen Räten aufbaute. Pharao Necho hatte ihn empfohlen, denn Bascha hatte die Baukunst nicht nur in Ägypten, sondern auch in Babylon und Assur, ja sogar im Westen, bei den Griechen, studiert.
Aus maßstabsgetreuen, genau nachgebildeten Einzelteilen ließ der Architekt vor dem König Stück für Stück die Königsburg und den Tempel des Herrn entstehen. Eingangsgebäude, Audienzhalle und Libanonwaldhaus waren schon fertig. Jetzt wuchs an der Westseite der Audienzhalle der Bau mit den Privatgemächern des Königs empor.
Dann entstand mit ebensolchen Bauelementen der Tempel. Als Bascha alles vollendet hatte, sagte er: »So sieht die Königsburg seit den Tagen Salomos aus.« Dann fuhr er feierlich fort: »Und so soll sie nach dem Willen König Jojakims künftig aussehen.« Jetzt sahen der König und seine Räte, wie der Architekt über den Privatgemächern des Königs ein neues Stockwerk entstehen ließ, so daß dieser Teil der Königsburg alle anderen Bauten überragte. Als Bascha fertig war, bückte sich König Jojakim und visierte mit dem rechten Auge über das Dach des neuen Stockwerks das Allerheiligste des Tempels an: Der Privatpalast des Königs war jetzt fast so hoch wie das Heiligtum.

»Das hast du gut gemacht! Lang genug hab' ich in den niederen, engen Räumen meiner Vorfahren gewohnt! Höher und weiträumiger will ich alles haben«, rief der König mit sichtlicher Vorfreude. Dann zeigte er auf die Ostseite der Audienzhalle: »Hier brichst du mir ein Fenster aus, ein ›Erscheinungsfenster‹, wie das bei ägyptischen Königspalästen üblich ist. Von hier aus will ich mich dem Volk an Festtagen zeigen.«
Alle Räte hatten mit Staunen gehört, welch umfangreiche Baumaßnahmen dem König vorschwebten. Kaleb wies auf das neue Stockwerk und sagte: »Dazu sind große Mengen von Holz erforderlich.« Bascha antwortete: »Das ist richtig. Große Teile der Architektur werden in Holz ausgeführt.« – »Holz ist sehr teuer«, wandte Kaleb ein. Bascha antwortete: »Ich dachte an Wacholderholz.« Der König lachte: »Wacholderholz? Zedernholz will ich haben für dieses Stockwerk! Und nicht nur dafür, die ganze Königsburg will ich innen mit Zedernholz täfeln lassen. Seit meiner Jugend mußte ich auf graue Steine starren. Jetzt ist Schluß damit, Salomo ist mein Vorbild und wie dieser sich durch König Hiram von Tyrus Zedernholz beschaffen ließ, so will ich es auch machen.«
Elihu, oberster Weiser des Königs, runzelte die Stirn: »Seit König Hirams Zeiten hat sich die Lage grundlegend verändert. Zuerst haben die assyrischen Großkönige den Libanon fast abgeholzt. Jetzt hat Pharao Necho die geringen Restbestände an Zedern zum ägyptischen Heeresgut erklärt. Der Libanon ist darum militärisches Sperrgebiet. Die Ägypter brauchen das wertvolle Holz für ihre Schiffe, Streitwagen und Speere. Sie werden uns, als ihren ehemaligen Feinden, keinen Span Zedernholz geben.«
Kaleb wagte einzuwenden: »Und selbst wenn wir Zedernholz bekämen, wer sollte es bezahlen? Unsere Kassen sind leer.«
Doch der König wischte alle Einwände vom Tisch und beharrte darauf: »Ich will Zedernholz haben! Soll ich denn hinter Salomo, hinter dem assyrischen Großkönig oder hinter dem Pharao zurückstehen? Ich will in Räumen wohnen, die mit duftendem, glänzendem und insektensicherem Zedernholz getäfelt sind! Ihr seht Hindernisse? Wozu habe ich denn meinen Weisen, Starken und Reichen?« Bei den letzten Worten wies er auf Elihu, auf den General und auf Kaleb. Dann raffte er sein Kleid um seinen massigen Körper zusammen

und schon im Gehen rief er: »Weiser gib Rat, Starker laß deine Muskeln spielen, Reicher laß Silber klingen!«
Elihu ging sehr niedergeschlagen in seine Amtsräume im südlichen Teil der Audienzhalle. Als Weiser im Rat war er zuständig für die Beziehungen Judas zu den anderen Königshöfen. Er reiste im Auftrag des Königs in die fremden Hauptstädte und führte dort für diesen oft schwierige Verhandlungen. Außerdem beriet er ihn in außenpolitischen Fragen, aber nicht nur in diesen. Viele schwierige Aufgaben hatte er schon gelöst. Jetzt lag die schwerste vor ihm. Obwohl Jojakims Politik ägyptenfreundlich war – noch! –, verhielten sich die Ägypter Juda gegenüber kühl, ja sogar frostig. Pharao Necho konnte nicht vergessen, daß sich ihm Juda bei Megiddo in den Weg stellen wollte. Also war in Sachen Zedernholz auf normalem diplomatischem Weg nichts zu erreichen.
Das Problem türmte sich vor dem Weisen auf wie eine steile, hohe Felswand. Wie früher schon in ähnlichen Fällen, nahm er auch jetzt zuerst Zuflucht zur Lehre. Dort fand er meist Trost und Weisung. Er griff nach einer Schriftrolle mit Sprüchen der Weisen, der man die Spuren eifriger Benutzung ansah. Wie von einer unsichtbaren Stimme beraten schlug er jedoch nicht aufs Geradewohl auf. »Weg!« sprach er leise zu sich und »Geschenke«.
»Hier ist es! ›Ein Wort, geredet zur rechten Zeit, ist wie goldene Äpfel in silberner Schale‹.« Er rollte die Schriftrolle weiter auf: »›Das Geschenk des Menschen schafft ihm Raum und bringt ihn zu den großen Herren!‹«
Geleitet von diesen Worten der Weisen vor ihm, faßte Elihu einen Entschluß. Noch bevor die Sonne unterging, war er schon auf dem Weg, um diesen in die Tat umzusetzen.
Elihu reiste nach Ägypten. In Theben hatte er drei Jahre lang ägyptische Weisheit studiert. Seit jener Zeit war er mit Senemut, dem Haupt der ägyptischen Weisen, eng verbunden.
Senemut empfing seinen ehemaligen Schüler mit großer Herzlichkeit. Elihu berichtete ihm von der Aufgabe, die er zu lösen hatte. »Was kann ich für dich tun?« fragte der ägyptische Weise. »Es ist einfach«, antwortete Elihu. »Nenne mir unter den führenden Offizieren im Libanongebiet diejenigen, die ein aufwendiges Leben führen und Geld brauchen können.« Senemut lachte: »Ich sehe, daß du nicht vergeblich bei mir Weisheit studiert hast.«

Am anderen Tag verließ Elihu Theben und reiste ohne jeden Aufenthalt nach Tyrus. In dieser wichtigen Hafenstadt, wo Schiffe aus Ägypten und anderen Ländern anlegten und abfuhren, wimmelte es von ägyptischen Soldaten.
Elihu hatte sehr schnell in Erfahrung gebracht, wo die Stabsoffiziere ihre Abende verbrachten. Er zog das eleganteste Kleid an, das er hatte, bestellte eine Kutsche und fuhr mit dieser zu einem hellerleuchteten Haus in der Hafengegend. Dort gesellte er sich, ägyptisch sprechend, zu den Offizieren, die sich am Spieltisch mit Geldspielen die Zeit vertrieben.
Bald hatte er unter drei anwesenden Generälen seinen Mann ausgemacht. Er erlebte mit, wie General Marner mehrmals hohe Einsätze verlor. Seine Kameraden hänselten ihn außerdem wegen seiner hohen Spielschulden.
In der Pause sprach Elihu den ägyptischen General an und lud ihn zum Essen ein. Während des Essens lenkte der Weise das Gespräch auf das Spiel und deutete an, daß er ihm Geld vorschießen könne.
»Das machst du nicht umsonst«, sagte der General. »Richtig. Ich dachte an eine kleine Gegenleistung.« – »Worin soll sie bestehen?« fragte sein Gesprächspartner zurück. »Du bist Oberbefehlshaber über das Sperrgebiet Libanon-Wald. Erlaube mir dort hundert Zedern zu schlagen und sorge dafür, daß ihr Abtransport nicht behindert wird. Es könnte alles so geschehen, als wäre dies eine Unternehmung deiner Soldaten. Wenn alles glücklich abgeschlossen ist, erhältst du zu diesem Vorschuß hinzu tausend Silberschekel«, erläuterte ihm Elihu.
Mit einer Sondererlaubnis des Ägypters versehen, ließ sich Elihu dann im Wagen und die letzte Strecke mit einem Reittier bis auf die Höhen des Libanon bringen, um die Zedern in Augenschein zu nehmen.
Kaum wieder in Jerusalem angekommen, bat er Kaleb und den General Jojakims zu sich. Nachdem er mit beiden ein kurzes, aber äußerst wichtiges Gespräch geführt hatte, meldeten sich alle drei beim König.
Dieser saß gerade an der reich gedeckten Tafel, hatte köstliche Gerichte vor sich und funkelnden Wein.
»Hast du einen Rat?« rief er Elihu entgegen. »Ja, hundert Zedern im Libanon warten darauf, daß sie für dich gefällt werden«, sagte

Elihu. Der König fragte weiter: »Wer bringt das Geld dafür auf?« »Ich«, antwortete Kaleb kurz und trocken. Mit erhobener Stimme fuhr er fort: »Unter der Bedingung, daß ich es durch Steuererhöhungen eintreiben darf.« – »Genehmigt!« sagte Jojakim lässig. »Das Volk soll für seinen König etwas tun. Wer holt die Zedern vom Libanon herab?« Der General antwortete: »Das übernehme ich. Wir bringen sie durch das Beka-Tal herunter.« Der Weise erhob abwehrend die Hände: »Das ist unmöglich! Die Ostabhänge des Libanon sind zu steil. Du mußt das Holz zum Meer schaffen und mit Schiffen nach Aschkelon oder Jafo bringen.«

Nach zwei Monaten lagen hundert riesige Zedernstämme im Hof der Königsburg, sauber geschält und die Hälfte schon zu Brettern zerschnitten. Man sah nicht das Blut, das unsichtbar an den Stämmen klebte.

Ein in Waldarbeiten ungeübter Soldat war von einer fallenden Zeder erschlagen worden. Zwei weitere verletzten sich beim Transport der riesigen Stämme ins Tal. Einer davon rang in Gibea mit dem Tode. Ein vierter Soldat ertrank, als man die Stämme im Hafen von Tyrus auf Schiffe verlud.

Ebensowenig hörte man die empörten Schreie der Berghirten, die sich leidenschaftlich dagegen wehrten, daß die letzten Zedern gefällt wurden, die ihre Zuflucht bei Hitze und Gewitter, ja ihr ganzer Stolz waren.

Sie ahnten, daß ein geheimer Zusammenhang bestand zwischen diesen königlichen Baumriesen, den Regenfällen und dem Graswuchs. Und nun fällten Fremde eine der letzten Zedern nach der andern. Der General mußte die Protestierenden durch seine Soldaten mit Waffengewalt vertreiben lassen.

Der König aber schritt majestätisch um das aufgestapelte Holz. Er sog begierig den Duft ein, der von den Zedern ausging. Dann rief er: »Kommt jetzt alle zum Fest, das ich für euch veranstalten werde! Morgen ist dann Baubeginn.«

Während des Festes lobte nicht nur König Jojakim seinen Weisen, Starken und Reichen. Die drei übertrafen sich selbst darin, ihren Einfallsreichtum, ihre militärische Stärke und ihre Finanzkraft zu rühmen.

Jeremia erfuhr von dem Unternehmen Zedernholz erst, als in Gibea der Soldat starb, der beim Abtransport der Stämme lebensgefähr-

lich verletzt worden war. Er ging zur Beerdigung des jungen Mannes, den er gut gekannt hatte.
Schon auf dem Weg nach Gibea sah er immer wieder die drei Mächtigen dieses Unternehmens vor sich, den Weisen, Starken und Reichen. Riesengroß erschienen ihm die drei, Elihu, der General und Kaleb.
Dann, am Grab, ergriff ihn die Trauer der Eltern um ihren Sohn und der Geschwister um ihren Bruder. Und er erkannte, zu was Weisheit führte, die sich nicht vor Gott demütig beugt, Stärke, die sich nicht von ihm abhängig weiß, und Reichtum, der nicht in Verantwortung vor ihm verwaltet wird. Da gab es keine Rücksicht auf den Mitmenschen und die Schöpfung.
Als Jeremia auf dem Heimweg war, sah er wieder die drei Mächtigen vor sich. Aber nun nahm das Unheil, das von ihnen ausging, umfassende Züge an. Ihm wurde klar – nicht nur wenige Menschen, das ganze Volk richten sie zugrunde. Mit Entsetzen sah Jeremia vor sich das endgültige Chaos: Die Städte zerstört, die Felder verwüstet, das Land lag voll Leichen. Brände verdunkelten die Sonne. Weltuntergang!
Daheim griff er zuerst nach der Schriftrolle mit der Josefsgeschichte. In der Gestalt Josefs war das ganz andere Bild eines Weisen, Starken und Reichen in einer Person gezeichnet. Dieser Weise, Starke und Reiche unter Gott wurde zum Segen für Ägypten und für seine eigene Familie. Weil dieser Weise den barmherzigen Gott kannte, darum übte er selbst Barmherzigkeit. Barmherzigkeit, das war das Herz der wahren Weisheit. Da kam plötzlich Gottes Wort zu ihm:

»So spricht der Herr:
Ein Weiser rühme sich nicht seiner Weisheit,
ein Starker rühme sich nicht seiner Stärke,
ein Reicher rühme sich nicht seines Reichtums.
Sondern wer sich rühmen will,
der rühme sich dessen,
daß er klug sei und mich erkenne,
daß ich der Herr bin,
der Barmherzigkeit, Recht und Gerechtigkeit übt auf Erden;
denn solches gefällt mir, spricht der Herr.«

Eselsbegräbnis

In der Königsburg saßen sich der ägyptische Architekt Bascha und der Minister für Bauvorhaben gegenüber. Das war Ahikam, Schafans Sohn. Schafan war vor kurzer Zeit gestorben. Auf dem Schreibtisch lagen Baupläne, Listen und Kostenaufstellungen. Ahikam sagte: »Du weißt, daß ich dem König einen Finanzierungsplan vorlegen muß. Das Zedernholz, das im Hof der Königsburg liegt, erinnert mich täglich daran. Mit welchen Kosten rechnest du?« Der Ägypter griff nach einer Liste: »Hunderttausend Silberschekel für den gesamten Umbau!« – »Das ist eine sehr hohe, für uns fast unerschwingliche Summe«, seufzte Ahikam. Aber der Ägypter sagte: »Es bleibt nicht dabei!« – »Warum?« fragte Ahikam erschrocken. »Die eingehende Prüfung des Mauerwerks der Königsburg hat ergeben, daß die vorhandenen Mauern den vergrößerten Aufbau nicht tragen. Wir müssen sie verstärken«, erläuterte ihm der Architekt. »Was kostet das?« wollte Ahikam wissen. »Fünfzigtausend bis achtzigtausend«, veranschlagte Bascha.

Am andern Tag trat der Staatsrat zusammen. Der König sprach: »Ahikam, lege den Finanzierungsplan vor, denn wir müssen mit dem Bau endlich beginnen. Am Jahrestag meiner Krönung möchte ich vom Erscheinungsfenster aus zum Volk sprechen.« Ahikam sagte bedächtig: »Mein König, ich kann nur einen Kostenvoranschlag vorlegen. Einen Finanzierungsplan zu machen, war mir unmöglich.« – »Was soll das heißen?« fragte der König unwillig. »Die Kosten für den beabsichtigten Umbau betragen hundertfünfzigtausend Silberschekel«, erläuterte der Minister. »Es ist aber kein Geld in der Staatskasse. Neue Steuern zu erheben, ist unmöglich, denn das ganze Land seufzt schon unter dem ägyptischen Tribut.«

Nach kurzem Überlegen fragte Jojakim: »Was rät mir also mein Minister?« Vorsichtig antwortete Ahikam: »Du solltest den Bau um ein oder zwei Jahre hinausschieben.« – »Und das Zedernholz, das ich schon eingekauft habe?« entgegnete der König barsch. »Es könnte so gelagert werden . . .«, wollte Ahikam erklären. Doch der König wurde zornig, daß er seine Gewohnheit unterbrach, während der Sitzung zu essen. Einmal ärgerte ihn die insgeheime Weigerung Ahikams, einen Finanzierungsplan zu machen. Noch

mehr aber erregte ihn der Vorschlag, den Bau aufzuschieben. So unterbrach er Ahikam und sagte: »Wenn du dir schon keine Gedanken gemacht hast, wie ich den Umbau finanzieren könnte, so habe ich das doch getan.«
Ahikam war sehr gespannt, welche geheimen Geldquellen der König erschließen wollte. »Wie hoch sind die Lohnkosten?« fragte Jojakim. Ahikam griff nach der Liste: »Eine sehr hohe Summe, mein König, achtzigtausend Silberschekel.« – »Streiche sie!« befahl dieser. »Ich greife auf das System der Fronarbeit zurück. Damit hat schon Salomo billig gebaut.« – »Mein König, kein Judäer . . .« Doch Ahikams Einwand wollte Jojakim nicht hören: »Fronarbeit habe ich gesagt!« Noch einmal wagte Ahikam einen Einwand: »Majestät, andere Herrscher können von ihren Untertanen solche Dienste verlangen. Dem König von Juda ist das nicht erlaubt.« Doch es war vergebens. Des Königs Entschluß stand fest.
Alle Mitglieder des Staatsrats sahen, wie das aufgeschwemmte Gesicht des Königs bei diesen Worten Ahikams rot anlief: »Ich habe mir von dir keinen Rat erbeten!« schrie der König. »Du hast meine Befehle nicht ausgeführt. Ich verbanne dich darum für einen Monat vom Hof. Fort! Mir aus den Augen!«
Am selben Tag noch ernannte Jojakim einen neuen Minister. Er erinnerte sich an den Mann, der das »Netz« erfunden hatte, mit dem man den ägyptischen Tribut eintrieb, an Kaleb!
Dieser schlug zwei Maßnahmen vor: Die Abgaben für den Tribut werden um ein Drittel erhöht; alle Judäer, die als Gegner der Ägypter bekannt waren, mußten zudem eine Sonderabgabe leisten. Kaleb setzte sie auf Weisung des Königs unter Druck: »Zahlt ihr nicht, so liefern wir euch den Ägyptern aus!«
Bald darauf wurde mit dem Umbau begonnen. Der ganze Burghof wimmelte von Bauarbeitern. Alle waren froh darüber, endlich wieder etwas verdienen zu können. Mit großem Eifer wurden alte Mauern verstärkt und neue errichtet. Dann wuchsen auf diesen die Mauern hoch.
Immer wieder kam König Jojakim und besichtigte den Bau. Stolz schritt er in dem emporwachsenden Bau umher. Im Glanz dieses Palastes konnte er sich endlich mit anderen Königen, sogar mit dem Großkönig und dem Pharao messen.
Als die Bauarbeiter einen Monat lang mit großem Fleiß gearbeitet

hatten, verlangten sie am Tag vor dem Sabbat ihren Lohn. Als das Schreien und Murren anhob, rief Bascha, der selbst den Bau leitete, nach Kaleb.
Kaleb stand auf der Treppe vor der Königsburg. Die Arbeiter standen vor ihm und riefen: »Gib Anweisung, daß uns der Lohn ausbezahlt wird!« – »Ihr arbeitet hier als Untertanen des Königs«, hielt Kaleb entgegen. »Was soll das heißen?« schrien sie. Da antwortete Kaleb barsch: »Ihr leistet Fronarbeit. Dafür gibt es keinen Lohn!«
Als sich die Verblüffung der Bauarbeiter gelegt hatte, erhob sich unter ihnen großes Geschrei: »Kein Judäer muß Fronarbeit leisten. Das ist ungerecht! Willkür! Der König läßt für sich arbeiten und zahlt uns den Lohn nicht!« riefen sie aufgebracht.
Nicht geringer war zur selben Zeit die Erregung unter den Bauern. Bald war im ganzen Land bekannt, warum die Abgaben für den Tribut erhöht worden waren. Eleasa, Bauer aus Bethlehem, setzte sich an die Spitze der Murrenden. Er reiste im ganzen Land umher und sprach mit den Unzufriedenen.
Sie beschlossen, gemeinsam nach Jerusalem zu gehen. Zwei Wochen vor dem großen Herbstfest sollte der Marsch zur Königsburg stattfinden. Der König sollte Eleasa empfangen und eine Bittschrift entgegennehmen.
»Die Bauern kommen!« Diese Nachricht erregte die ganze Stadt. Noch nie vorher hatte es so etwas gegeben. Am meisten bewegte diese Kunde jedoch die Bauarbeiter. Als die Bauern sich über die Königsstraße der Königsburg näherten, konnten Bascha und seine Mitarbeiter die Bauarbeiter nicht mehr aufhalten. Sie verließen die Baustelle, liefen den Bauern entgegen und zogen mit ihnen zusammen zur Königsburg.
Der Hauptmann, der am Tor der Burg Wache hatte, wußte nicht, wie er sich verhalten sollte. Er lief zu Kaleb, dem Minister. Sofort befahl dieser: »Stelle sofort hundert Pfeilschützen und Speerwerfer auf die Mauern um den Innenhof der Burg!«
Dann ging Kaleb zum König, um sich von diesem weitere Befehle zu holen.
Später trat er selbst den Aufrührern am Eingang zur Burg entgegen und sagte: »Kommt nicht in den Burghof. Seht ihr die Pfeilschützen und die Speerwerfer? Geht alle zurück an eure Arbeit. Je zwei Anführer der Bauern und der Bauarbeiter will ich anhören.«

»Wir wollen mit dem König sprechen!« riefen sie und stürmten in den Burghof.
Da gab Kaleb Schießbefehl. Pfeile flogen und Speere sausten. Schmerzensschreie der Getroffenen waren zu hören. Sterbende und Tote lagen auf dem Pflaster. Wer sich retten konnte, floh aus dem Burghof.
Die Grausamkeit des Vorgehens löste in der Stadt und im ganzen Land Entsetzen aus.
Am anderen Tag wurden die Toten, fünfzehn Männer, auf der Westseite des Ölbergs, dem Tempel gegenüber, begraben. Bis in die Stadt hinein hörte man den hundertfachen Weheruf der Trauernden.
Da trat auf einmal Jeremia an die Gräber zu den Trauernden. Alle wurden still und schauten auf ihn. Er reckte seine Hand aus und wies auf die Königsburg. Alle sahen den noch unvollendeten Bau. Jeremia aber rief:

»Weh dem,
der sein Haus mit Sünden baut
und seine Gemächer mit Unrecht,
der seinen Nächsten umsonst arbeiten läßt
und gibt ihm seinen Lohn nicht
und denkt:
›Wohlan, ich will mir ein großes Haus bauen
und weite Gemächer‹
und läßt sich Fenster ausbrechen
und mit Zedern täfeln
und rot malen.«

Die Trauernden starrten auf den Propheten. Er wagte es, über einen Lebenden – über den König! – das »Wehe« zu rufen! Das bedeutete, daß er jetzt schon im Bereich des Todes war.
Kaum war Jeremia wieder zu Hause, da meldete sich ein Bote des Königs bei ihm: »Erscheine morgen zur dritten Stunde (neun Uhr) vor dem König!«
Jeremia ergriff zunächst große Angst. »Der König kann dich töten lassen, er hat die Macht dazu«, dachte er bei sich.
Doch dann fiel ihm das Wort ein, das Gott ihm bei seiner Berufung gesagt hatte:

»Denn ich will dich heute
zur festen Stadt,
zur eisernen Säule,
zur ehernen Mauer machen
im ganzen Lande
wider die Könige Judas.«

Er nahm eine Schriftrolle zur Hand, die die Geschichte der Könige von Juda enthielt. Dort las er nach, was über König Josia geschrieben stand, den Vater Jojakims.
Josia genoß das Königsein auch, aber er übte Recht und Gerechtigkeit. Er war der Anwalt der Elenden und Armen. Damit zeigte er, daß er den barmherzigen Gott kannte. Aber sein Sohn Jojakim?

König Jojakim musterte den Propheten haßerfüllt. Dann herrschte er ihn an: »Höre, Priestersohn! Ich muß mir von dir nicht vorschreiben lassen, was ich tue und lasse. König bin ich. Und ich will mich als König ausweisen!«
Jeremia wußte, wie gefährlich für ihn jedes Wort werden konnte, das er sprach. Doch als er an die Trauernden von gestern dachte und an die Toten, konnte er nicht schweigen:

»Meinst du, du seiest König,
weil du mit Zedern prangst?
Hat dein Vater nicht auch gegessen und getrunken
und hielt dennoch auf Recht und Gerechtigkeit,
und es ging ihm gut?
Er half dem Elenden und Armen zum Recht,
und es ging ihm gut.
Heißt dies nicht, mich recht erkennen?
spricht der Herr.«

Jeremia sah, wie sich das Gesicht Jojakims unheildrohend verdüsterte. Trotzdem fuhr er fort:

»Aber deine Augen und dein Herz
sind auf nichts anderes aus
als auf unrechten Gewinn

und darauf, unschuldig Blut zu vergießen,
zu freveln und zu unterdrücken.«

»Mir aus den Augen!« schrie der König. »Es kommt die Zeit, wo ich mit dir abrechnen werde.«
Die Räte des Königs konnten den Tobenden kaum beruhigen. Sie wiesen ihn auf die Stimmung im Volke hin. »Unternimm wenigstens zunächst nichts gegen Jeremia«, warnten sie ihn.
Endlich war der Umbau vollendet. Die Beamten des Königs aus dem ganzen Land wurden in den Hof der Königsburg befohlen. Von den Bürgern und Bürgerinnen der Stadt und des Landes stellte sich jedoch niemand freiwillig ein.
Viele gingen zur selben Stunde auf den Ölberg an die Gräber der Ermordeten.
Der König aber schritt mit Minister Kaleb und anderen hohen Beamten hinauf zum neuen Obergemach. Wie herrlich und weiträumig war der neue Saal. Wie duftete und glänzte das Zedernholz. Und insektensicher war alles! Von der roten Farbe der Innenräume schien Wärme des Lebens auszugehen.
Dann ging Jojakim zum »Erscheinungsfenster« und zeigte sich seinen Beamten und dem Volk. Zögernde Rufe: »Hoch lebe König Jojakim!« kamen auf.
Die Trauernden aber auf dem Ölberg schauten von den Gräbern zur Burg hinüber. Fern war dieser König ihren Herzen. Er litt nicht mit ihnen. Er dachte nur an sich selbst und sein Wohlergehen.
Jeremia aber sprach:

»Darum spricht der Herr über Jojakim,
den Sohn Josias, den König von Juda:
Man wird ihn nicht beklagen;
›Ach Bruder! Ach Schwester!‹
Man wird ihn nicht beklagen:
›Ach Herr! Ach Edler!‹
Er soll wie ein Esel begraben werden,
fortgeschleift und hinausgeworfen
vor die Tore Jerusalems.«

Der brennende Ölbaum

Paschhur, der führende Theologe der Priester in Jerusalem, war schon sehr früh am Morgen in seinem Amtszimmer bei der Arbeit. Er hatte eine steile Karriere hinter sich. Schon während der Ausbildung in der Priesterschule zählte er zu den Begabtesten. Nach kurzer Dienstzeit als Priester berief ihn Oberpriester Asaph in sein wichtiges Amt. Er entwickelte die »Neue Theologie«. Jetzt lagen vor ihm auf dem Tisch alle Predigten Jeremias, seines früheren Freundes, ausgebreitet.
Paschhur löschte die Öllampe und verließ das Zimmer. Er ging in den Tempelhof. Hier ruhte noch alles im Dämmerschein der langsam weichenden Nacht. Auf dem weiten Platz war noch kein Mensch zu sehen. Paschhur, der gelehrte Priester, ging raschen Schritts zur Südwestecke des Heiligtums.
Dort zeigten sich im Dämmerschein des kommenden Tages die Umrisse eines Baumes. Es war ein Ölbaum, der schon seit Urzeiten hier stand. Ein Levit war damit beauftragt, ihn zu pflegen. So wichtig war der Ölbaum, daß es noch kein Oberpriester versäumt hatte, mindestens einmal in der Woche nach ihm zu schauen. War er doch ein Symbol Israels vor seinem Gott.
Paschhur blieb in dieser frühen Morgenstunde sinnend vor dem Baum stehen. Seine Augen glitten über den kurzen, knorrigen Stamm. Voll unverwüstlicher Lebenskraft ragte er aus dem Boden auf. Der gelehrte Priester betrachtete die Äste, die die runde dicke Krone bildeten. Er griff nach einem Zweig und schaute auf die länglichen, spitzen Blätter, die noch von Tau bedeckt waren. Paschhur sah, daß die Zweige über und über voll Früchte hingen. Jetzt wurde ihm wieder schmerzlich bewußt, was ihn von seinem früheren Freund trennte. Der sprach zwar nicht vom Ölbaum, aber vom Weinstock und Feigenbaum, und meinte damit das Volk Gottes. Aber nicht im Schmuck der Blätter und im Glanz der Früchte standen sie da. Ihre Blätter waren verwelkt. Unfruchtbar waren sie, im Absterben begriffen.
Paschhur war es nicht entgangen, daß sich ein radikaler Wechsel in Jeremias Predigten vollzogen hatte. Waren sie anfangs auf den Ton der Klage Gottes über sein Volk gestimmt, so nahmen sie schon kurz vor Josias Reform den Ton des Gerichts an. Aber seitdem er

jetzt wieder auftrat, hatte sich die Schärfe der Gerichtsdrohung von Predigt zu Predigt gesteigert.
Die Ankündigung des Gerichts über das erwählte Volk beunruhigte nicht nur die Priester, sondern auch Israel. Oberpriester Asaph hatte deshalb Paschhur gestern den Auftrag gegeben, ein oder zwei Bildworte dafür zu finden, daß Gott sein Volk erwählt hat, unverbrüchlich. Ein ähnliches Wort sollte es sein, wie vor drei Jahren beim Herbstfest. Solche Bildworte, in Strophen gefaßt, sollten für das kommende Herbstfest erneut in die Liturgie eingefügt werden.
Das erste Licht des nun stärker sich ankündigenden Tages ließ den grünenden, fruchtbaren Ölbaum immer deutlicher vor Paschhur erscheinen.
Plötzlich hatte er das erste Bildwort gefunden. Ein Gefühl der Befreiung durchzog ihn. Noch größer wurde die erste Gabe dieses Tages, denn es fiel ihm die Strophe ein, die der Priesterchor dem Volk zusingen sollte. Sofort schrieb er sie auf.
Dann ging Paschhur langsam nach rechts, zum Brandopferaltar. Auch hier blieb er stehen. Eine leichte Rauchfahne stieg zum Himmel. Als Paschhur sinnend vor dem Altar stand, ging ihm wieder die ganze Größe der Erwählungstheologie auf. Nur Israel durfte sich hier dem einen Gott, dem Schöpfer und Herrn der Welt nahen. Israel war dasselbe Recht eingeräumt wie Kindern gegenüber dem Vater. Nur ihm!
Noch schärfer sah Paschhur hier seinen Gegensatz zu Jeremia. Noch hallten für den Priester von den heiligen Mauern die ungeheuren Worte Jeremias wider:

»... und will euch von meinem Angesicht verstoßen.«

So hatte Jeremia in seiner berüchtigten Tempelrede gesagt.
Hier, vor dem Altar, dem sich das Volk Gottes nahen darf, fiel Paschhur das zweite Bildwort ein. Erneut griff er zu Stift und Papier und schrieb von dem »Geliebten«, der sich seinem Gott nahen darf.
Wenige Stunden später übergab Paschhur dem Oberpriester die beiden Strophen, die er geschrieben hatte. Dieser las mit großer Aufmerksamkeit. Dann sprach er: »Das hast du gut gemacht! Den Worten Jeremias vom Gericht setzen wir hiermit entschieden die Theologie der Erwählung entgegen. Das Volk soll wissen, wie es zu

seinem Gott steht. Und Gott soll sehen, wie wir zu ihm stehen. Unsere Priester werden ein großes Opfer darbringen.«
Schon wenige Tage später sandte Baruch seinem Freund die Liturgie des Herbstfestes mit den beiden Strophen. Als Jeremia die Strophe las, in welcher die Rede vom »Geliebten des Herrn« war, erkannte er, daß Paschhur sich mit seinen bisherigen Worten eindringlich auseinandergesetzt hatte. Ganz deutlich war diese Strophe eine Antwort auf seine erste Predigt:

»Ich gedenke der Treue deiner Jugend
und der Liebe deiner Brautzeit . . .«

Nur sprach der Priester nicht von »der Geliebten«, sondern von »dem Geliebten«. Die Strophe vom Ölbaum war eine Antwort auf seine bisher schärfste und bitterste Rede:

»Will ich bei ihnen ernten,
so sind keine Trauben am Weinstock
und keine Feigen am Feigenbaum
und die Blätter verwelkt . . .«

Dann aber dachte Jeremia bitter: »Wie kann Paschhur jetzt noch so reden? Juda – Gottes Liebling!« War nicht der Abfall zum Baal und zur Astarte in vollem Gange? Jede Nacht sah Jeremia wieder auf den Höhen die Opferfeuer aufflammen. Und wenn man meinte, man könne Gott durch Opfer beeinflussen, ohne Umkehr, wurde da nicht der Gott Israels zum Baal gemacht? Waren die sozialen Mißstände im Land je so kraß gewesen wie jetzt? Gewiß übte Kaleb den größten Druck aus, aber gaben nicht alle diesen Druck auf ihre Weise weiter?
Ja, Jeremia wußte von der großen Liebe Gottes zu seinem Volk. Was aber, wenn die Liebe gar kein Echo fand? Eine große innere Müdigkeit überfiel Jeremia. Er stützte den Kopf mit den Händen und seufzte:

»Ach, daß ich eine Herberge hätte in der Wüste,
so wollte ich mein Volk verlassen und von ihnen ziehen!«

Doch plötzlich wurde sein Auge und sein Ohr von Gott in Anspruch genommen:

». . . mein Gelieber . . .«

sprach er. Und

»Grüner Ölbaum,
mit schön gewachsenen Früchten,
Feuer ist an ihn gelegt . . .«

Jeremia schrieb die Vision auf und formte an der wörtlichen Gestaltung bis in die späte Nacht.

Dann nahte das große Herbstfest. Viele Tausende kamen aus dem ganzen Land in die heilige Stadt. Nicht wenige trieb auch die Neugier her, vielleicht etwas von Jeremia zu hören, der das Land erneut mit seinen Reden beunruhigte.
Doch zunächst zog das große Fest alle in seinen Bann. Sie erlebten, wie mit großer Feierlichkeit das Festopfer dargebracht wurde. Vierundzwanzig Priester, darunter auf besondere Weisung des Oberpriesters hin alle Verwandten Jeremias, brachten das Fleisch eines Jungstiers zum Brandopferaltar. Während die Priester feierlich und würdevoll dem Altar entgegenschritten, setzte sich auch das ganze Volk in Bewegung und zog langsam auf den Altar zu. Der Priesterchor sang:

»Höre, Volk Gottes, nah und fern,
für immer bist du der Geliebte des Herrn!
Komm, opfre Gott, voll Gnade und Huld,
gern vergibt er dir all deine Schuld!«

Alle spürten: Das sind ganz andere Worte als die Jeremias. Paschhur aber stand auf der Rampe vor dem Brandopferaltar. Er nahm die Fleischstücke von den Priestern entgegen und legte sie auf das Feuer.
Nach dem Opfer schritten die Priester entgegen dem hergebrachten Festbrauch zum Ölbaum. Sie stellten sich um ihn und sangen:

»Höre, Volk Gottes, versammelt zum Fest,
welchen Namen Gott dir geben läßt:
Der ›grünende Ölbaum‹ bist du genannt,
gepflanzt von ihm selbst in dieses sein Land.«

Alle Augen richteten sich während des Gesangs auf den herrlichen Ölbaum. War jetzt nicht alles in Ordnung? Gottes Geliebte waren sie, gesegnet wie ein Ölbaum? Wer sollte da noch Angst haben – vor belastenden Ereignissen der Vergangenheit oder der Zukunft? Doch da geschah es! Auf einmal erschallte eine einzelne Stimme. Jeremia stand auf der Rampe vor dem Brandopferaltar, wies auf das brennende Opferfeuer hin und sprach voll Ironie:

»Was macht mein geliebtes Volk in meinem Hause?
Sie treiben lauter Bosheit
und meinen, Gelübde und heiliges Opferfleisch
könnten die Schuld von ihnen nehmen;
und wenn sie übel tun, sind sie guter Dinge darüber.«

Alle waren zunächst durch den Mut, den Jeremia bewies, wie gelähmt. Er wagte es, an der Stätte erneut zu reden, an der er genau vor einem Jahr durch die Priester und Propheten fast den Tod gefunden hatte.
Jeremia zeigte auf den Ölbaum und fuhr in seiner Rede fort:

»Der Herr nannte dich
einen grünen, schönen, fruchtbaren Ölbaum;
aber nun hat er mit großem Brausen
ein Feuer um ihn anzünden lassen,
so daß seine Äste verderben müssen.«

Jetzt wurden die Priester unruhig. Aufgebrachte Schreie waren aus dem Volk zu vernehmen. Doch Jeremia fuhr unbeirrt fort:

»Denn der Herr Zebaoth, der dich gepflanzt hat,
hat dir Unheil angedroht
um der Bosheit willen des Hauses Israel
und des Hauses Juda,

die sie getrieben haben,
um mich zu erzürnen mit ihren Räucheropfern,
die sie dem Baal darbrachten.«

Die letzten Worte Jeremias gingen im Geschrei der Menge völlig unter. Der Tempel verwandelte sich in einen brodelnden Hexenkessel. Es wäre um Jeremia geschehen gewesen, hätten sich nicht plötzlich Soldaten, die aus der Königsburg herbeieilten, als schützende Mauer um ihn gestellt. Sie führten ihn zum Salomotor des Tempels. Dort wartete ein Streitwagen, Jeremia wurde hinaufgeschoben. Kaum stand er, als die Pferde auch schon mit ihm davonpreschten. Der Wagenlenker fuhr durch die Stadt und raste durch das Benjamintor. Erst nachdem die halbe Strecke nach Anatot zurückgelegt war, hielt er an. Der Wagenlenker sprach: »Auf Befehl Ahikams haben wir dich herausgeschafft.«
Der Zorn des Oberpriesters über den ungeheuerlichen Vorfall entlud sich erst am Abend. Alle Priester hatte er in der großen Halle um sich versammelt. Er begann: »Jetzt muß endlich Einhalt geboten werden! Dieser selbsternannte Prophet greift die Erwählung an, den Kernpunkt priesterlicher Theologie, und er bezweifelt die Wirksamkeit der Opfer. Das Gerichtsfeuer, mit dem der Gott Israels die Heiden bestraft, kommt in seinen Reden über sein eigenes Volk.« Dann wandte er sich dem Bruder Jeremias und seinen drei Vettern zu: »Ihr müßt jetzt dafür sorgen, daß er verstummt, endgültig! Hört ihr?«

Der Anschlag (1)

Jeremia ging in Anatot die Straße hinauf, die zu seinem Elternhaus führte. Noch wirkten die Ereignisse der letzten Stunden mächtig in ihm nach.
Aus dem Hause Bukkis hörte er schon von ferne fröhliche Stimmen. Jeremia wußte, daß Bukki heute ein Kalb schlachtete. Es war üblich, daß fast alle Familien Fleisch bei ihm holten. Morgen würde es dann überall in Anatot Kalbfleisch geben. Als Jeremia an Bukkis Haus vorbeiging, wandten ihm einige Männer, die vor der

Haustür standen, den Rücken zu. Aus den Blicken anderer sprach Haß. Keiner erwiderte Jeremias Gruß.
Kurz darauf trat Jeremia in sein Zimmer. Noch nie hatte er die Stille seiner Wohnung so tief empfunden wie heute. Aus dem unteren Stockwerk hörte er die Stimmen seiner Schwester und seiner Schwägerin. Ein Gefühl tiefer Geborgenheit kam über ihn. Draußen mochten ihn Haß und Streit bedrohen, doch hier war seine Zuflucht.
Mit großer Spannung ging Jeremia am Abend in den großen Gemeinschaftsraum. Es war Sitte, daß sich über die Festtage an den Abenden hier die ganze Sippe versammelte.
Aber als Jeremia eingetreten war, verlief alles so wie an jedem Abend zuvor. Es bot sich ihm das vertraute Bild: Seine Brüder, Vettern und auch Onkel Jojada und Piltai saßen auf den Bänken längs der Wand. Frauen kamen ab und zu aus der Küche und brachten Speisen und Getränke.
Jeremia grüßte seine Verwandten. Er wurde von ihnen willkommen geheißen. Sein älterer Bruder Ela forderte ihn sogar auf, sich zu ihm zu setzen. Dann sprach dieser weiter mit seinem Schwager Hanamel über die Olivenernte, die im Gange war.
Jeremia erst brachte das Gespräch auf die Geschehnisse des heutigen Tages. Er sagte zu Ela: »Du bist mir nicht böse wegen meiner Worte?« – »Warum sollte ich dir böse sein?« antwortete ihm sein Bruder. »Meine Worte gegen das Opfer werden nicht allen Priestern gefallen haben«, fuhr Jeremia fort. Aber Ela sagte nur: »Mach dir keine Sorgen, Opferkritik hat es immer schon gegeben. Denk an Jesaja. Das ist nicht neu.« Und Ela fuhr fort: »Nein, du brauchst keine Angst zu haben. Bei uns kannst du dich wohl fühlen. Du gehörst zu uns. Die Sippe ist deine Burg!« Und Jojada sagte: »Wir sind stolz darauf, daß wir einen solch kritischen Geist, wie du es bist, in der Familie haben.«
Jeremia hätte nach diesen Worten seinen Bruder und seinen Onkel am liebsten umarmt. Jetzt erst fühlte er sich ganz sicher. Das waren die Bande des Blutes. Mochten ihn alle anfeinden, auf seine Sippe konnte er sich verlassen. Tiefer Friede kam über ihn.
Seit dem Tode seiner Mutter vor einem Jahr sorgte seine Schwester Rut für Jeremia. Sie aß mit ihrem Mann und ihren Kindern erst am Abend, wenn Hanamel nach Hause kam. Nur für Jeremia machte sie ein Mittagessen.

So ließ sie ihm am anderen Tag, wie immer mittags, durch ihren jüngsten Sohn das Essen in sein Zimmer bringen.
Was ihm seine Schwester bereitet hatte, roch vorzüglich. Es war Kalbfleisch; Rut hatte also auch bei Bukki Fleisch geholt.
Jeremia setzte sich an den Tisch. Er nahm sich Salat, Fleisch und Soße. Da hörte er auf einmal ein Geräusch, das zu dieser Tageszeit ungewöhnlich war. Erst war es ein Klappern und Rauschen, dann klopfte es am Fenster. »Chasida!« rief Jeremia verwundert. »Was willst du denn jetzt? Das ist doch ganz gegen deine Gewohnheit!« Sonst kam der Storch erst am Abend.
Jeremia ging zum Fenster und öffnete. Der Storch stand da, schlug mit den Flügeln und sah Jeremia an. Er streichelte den prächtigen Vogel. Dann sprach er: »Komm, ein Stückchen Fleisch; weil du mich heute sogar am Mittag besucht hast!« Jeremia ging zum Tisch, schnitt ein Stückchen Kalbfleisch ab und brachte es Chasida.
Jeremia ging wieder zum Tisch. Er hatte Hunger und wollte jetzt essen. Da hörte er auf einmal einen dumpfen Schlag. Er schaute sich um. Chasida lag auf dem Fensterbrett mit halb geöffneten Flügeln. Ein furchtbarer Krampf schüttelte das Tier. Noch einmal, schon mit ausgestrecktem Hals, blickte das herrliche Geschöpf Jeremia an. Dann brachen ihm die Augen. Chasida war tot.
Plötzlich erkannte Jeremia den Zusammenhang. Das Fleisch war vergiftet. »Bukki hat es vergiftet«, dachte Jeremia. »Er wollte mich treffen, seinen Freund.« Doch dann packten ihn Zweifel. Er hörte mit furchtbarer Gewißheit die Worte:

»Denn auch deine Brüder
und deines Vaters Haus sind treulos,
sie schreien hinter dir her aus vollem Halse.
Darum traue du ihnen nicht,
wenn sie auch freundlich mit dir reden.«

Doch so sehr er sich auch noch gegen diese Worte wehrte, es wurde ihm immer klarer: Es war nicht Bukki. Hätte er das Fleisch vergiftet, so wären auch andere Menschen gefährdet gewesen. Die furchtbare Gewißheit drängte sich ihm auf: Hier in seinem Elternhaus war der Anschlag auf sein Leben geplant worden. Hier hatte man das Gift ins Fleisch getan.

Wenn Gott ihn nicht gewarnt hätte durch den Storch, wenn Gott ihm nicht gezeigt hätte, daß die Freundlichkeit seiner Verwandten nur Schein war ... Nur sicher wollten sie ihn damit machen. Er hatte nichts geahnt.
Er stand auf und ging mit schweren Schritten hinunter zu seiner Schwester. Sie schaute ihn mit unsicheren Blicken an. Dann wollte sie gehen. »Halt! Bleib hier«, rief Jeremia. »Du hast gewußt, daß Gift im Essen war. Chasida ist tot. Du hast dich dazu hergegeben, mich zu ermorden, mich, deinen Bruder. Warum hast du das getan, Rut?« Sie fing plötzlich an zu weinen und sagte: »Sie haben deinen Tod beschlossen, weil du eine Schande bist für die ganze Sippe. Sie haben lange beraten, wie sie dich töten könnten. Sie sagten:

›Laßt uns den Baum in seinem Saft verderben
und ihn aus dem Lande der Lebendigen ausrotten,
daß seines Namens nimmermehr gedacht werde.‹«

»Wer kam auf das Gift?« fragte Jeremia. »Ela«, sagte sie. »Aber besorgt hat es Onkel Jojada, es ist Schlangengift.«
Jeremia stürzte zurück in sein Zimmer. Er mußte fort, denn hier, in seinem Elternhaus, war er jetzt ständig von Todesgefahr umgeben. Ein Gefühl grenzenloser Verlassenheit ergriff ihn. Zum Haß des Volks, der Priester und Propheten kam jetzt auch noch der Haß der Verwandten. Die engsten Bande, die ihn mit Menschen verbanden, waren jetzt durch diesen Anschlag zerschnitten.
Er mußte fort, aber wohin? – Da fiel ihm sein Freund Baruch ein. In seiner Weinberghütte wollte Jeremia sich verstecken. Er raffte die wenigen Sachen zusammen, die er besaß: ein paar Kleider, seine Schriftrollen und sein Schreibzeug.
Dann fiel ihm Chasida ein. Er ging in den Garten und hob ein Grab unter dem Mandelbaum aus. Dann hüllte er das Tier in ein weißes Tuch und legte es ins Grab. Lange blieb er mit Tränen in den Augen stehen. Ihm hatte der Anschlag gegolten. Chasida hatte ihn gerettet. Dann brach er einen Zweig des Mandelbaums ab und legte ihn auf das Grab.
Am liebsten wäre Jeremia sofort gegangen, aber er mußte zuvor noch mit seinen Verwandten sprechen.
Als er am Abend vor seine Brüder und Vettern trat, verstummte das

Gespräch plötzlich. Sie starrten ihn an wie einen Geist. »Das habt ihr nicht erwartet«, sagte Jeremia. »Wenn es nach euch gegangen wäre, wäre ich jetzt tot, aber Gott hat eure Pläne durchkreuzt. Sagt mir: Warum wolltet ihr mich heimtückisch durch Gift töten? Was habe ich euch getan?«
Ela sagte hart: »Wir haben nichts gegen dich als Bruder. Arbeite bei deinem Onkel und verdiene dir dein Brot! Aber als ›Prophet‹ bist du eine Schande für uns. Ich als dein ältester Bruder und Oberhaupt der Familie befehle dir:

›Weissage nicht im Namen des Herrn,
wenn du nicht von unseren Händen sterben willst.‹«

Jeremia reckte sich: »Das ist für euch ein Ärgernis, daß ich im Namen Gottes weissage? Du sagst das, ein Priestersohn und selbst Priester? Ich kann nicht anders! Er hat mich in dieses Amt berufen!«
Bei Nacht verließ Jeremia Anatot. Als er auf der Anhöhe vor Anatot angekommen war, blieb er stehen und schaute zurück. Jeremias Herz war tief bewegt. Dort war er zur Welt gekommen, dort mit seiner Schwester und seinen Brüdern aufgewachsen, dort hatte ihn Gott berufen.
Weil er Gott gehorchte, zog er sich jetzt sogar den Haß seiner engsten Verwandten zu. Weil er den Beruf ausübte, zu dem ihn Gott bestimmt hatte, mußte er seine Heimat verlassen.
Um Mitternacht pochte er bei Baruch an und bat ihn um den Schlüssel zu seiner Hütte. »Du, Jeremia, mitten in der Nacht, was ist geschehen?« fragte Baruch.
Jeremia erzählte seinem Freund alles. Als Baruch ihn angehört hatte, sprach er: »Zieh dich nicht zurück. Du mußt die Sache vor Gericht bringen. Räche dich!« Doch Jeremia lehnte ab: »Nein, Baruch, das ist Gottes Sache. Ungeheuer ist die Weltordnung gestört. Brüder wollten ihren Bruder töten, weil er Gott gehorsam war. Der Richter der Welt selbst muß das Recht wiederherstellen. Sein ist die Rache.«
Baruch wollte seinen Freund zur Weinberghütte begleiten. Doch dieser wehrte ab.
Jeremia konnte nicht schlafen. Er fand eine Öllampe und entzündete sie. Psalmverse gingen ihm durch den Sinn. Er dachte an alle,

die vor ihm im Dienst Gottes standen und Verfolgung leiden mußten. Das Bild Josefs stand vor ihm auf, dem seine Brüder nach dem Leben trachteten. David fiel ihm ein, den Saul töten wollte. An die Ausweisung des Amos aus Israel mußte er denken. Auch Hosea kam ihm in den Sinn.
Neben diesen bekannten Gestalten standen viele, viele Unbekannte. Und es war ihm, als gehöre er jetzt zu dem großen Chor derer, die in einem Psalm zu Wort kommen:

»Auf dich, Herr, mein Gott, traue ich.
Hilf mir vor meinen Verfolgern und rette mich,
daß sie nicht wie Löwen mich packen und zerreißen,
weil kein Retter da ist ...
Schaffe mir Recht, nach meiner Gerechtigkeit und Unschuld.
Laß der Gottlosen Bosheit ein Ende nehmen,
aber die Gerechten laß bestehen;
denn du, gerechter Gott,
prüfst Herzen und Nieren ...«

Aber dann fühlte Jeremia den Drang, jetzt seine Sache Gott mit seinen eigenen Worten vorzutragen. Er nahm ein Blatt Papier und fing an zu schreiben. Zuerst dachte er an die wunderbare Errettung. Er dachte an Chasida. Furchtbar erschien ihm der feige Mordanschlag. Er sah vor sich, wie sich seine Brüder, Vetter und Onkel zusammensetzten, um seinen Untergang zu beschließen. Dann schrieb er:

»Der Herr tat mir kund ihr Vorhaben,
damit ich's wisse und er zeigte es mir:
Auch deine Brüder und deines Vaters Haus sind treulos,
auch sie haben sich allesamt hinter deinem Rücken
verschworen!
Darum trau ihnen nicht,
wenn sie freundlich mit dir reden!
Denn ich war wie ein argloses Lamm gewesen,
das zur Schlachtbank geführt wird
und wußte nicht, daß sie gegen mich beratschlagt
und gesagt hatten:
Laß uns den Baum in seinem Safte verderben

und ihn aus dem Lande der Lebendigen ausrotten,
daß seines Namens nimmermehr gedacht werde . . .!«

Dann wurde die Erzählung zum Gebet. Gott selbst, seine Sache, war in seinem Propheten angegriffen. Er wird das Treiben seiner Feinde nicht zulassen. Nicht der Mensch rächt sich. Gott antwortet mit seinem Gericht. – Dem Richter der Welt, der alles weiß und sieht, stellte sich Jeremia. Ihn rief er an, damit er die zerstörte Ordnung wieder herstelle:

»Aber du, Herr Zebaoth,
du gerechter Richter,
der du Nieren und Herzen prüfst,
du kennst und siehst mich
und prüfst mein Herz vor dir.
Reiße sie weg wie Schafe zum Schlachten
und sondere sie aus, daß sie getötet werden!
Laß mich sehen, wie du ihnen vergiltst,
denn dir habe ich meine Sache befohlen.«

Am anderen Tag war sich Jeremia gewiß, daß Gott sein Gebet erhört hatte. Er kniete in der Hütte nieder und betete: »O Gott, deine Sache ist beleidigt worden. Du bist der gerechte Richter. Du greifst ein. Mein Gedächtnis wollten sie auslöschen. Nun werden sie ohne Nachkommen sein.« Dann schrieb er die Antwort Jahwes auf:

»Darum spricht der Herr über die Männer von Anatot,
die mir nach dem Leben trachten und sprechen:
Weissage nicht im Namen des Herrn,
wenn du nicht von unsren Händen sterben willst!
– darum spricht der Herr Zebaoth:
Siehe, ich will sie heimsuchen.
Ihre junge Mannschaft soll mit dem Schwert getötet werden,
und ihre Söhne und Töchter sollen vor Hunger sterben,
daß keiner von ihnen übrig bleibt;
denn ich will über die Männer von Anatot
Unheil kommen lassen in dem Jahr,
da ich sie heimsuchen werde.«

Das Gericht in der Hütte (2)

Es war um Mitternacht. Jeremia ging den ausgewaschenen Weg hinauf, der zu der Hütte in Baruchs Weinberg führte. Endlich stand er vor der Hütte und hatte nur noch einen Wunsch, sich auf die Bank in der Hütte zu legen und zu schlafen. Er schloß die Tür auf. Da geschah etwas völlig Unerwartetes.

Plötzlich sprang ein Mann aus dem Dunkel des Raumes auf ihn zu. Jeremia erschrak sehr. Doch urplötzlich bändigte der unheimliche Fremde seine Bewegung. Jeremia sah, wie sich die Faust mit dem todbringenden Stahl langsam senkte.

Dann erkannte Jeremia, wen er vor sich hatte. »Jigdal«, rief er, »du bist es? Was tust du denn hier?« Auch Jigdal verwandelte sich jetzt; aus dem, der meinte, sich seines Lebens wehren zu müssen, wurde der arme und verfolgte Nachbar Jigdal.

Schweigend saßen sie sich zuerst gegenüber. Im Mondlicht sah Jeremia das bleiche, ausgezehrte Gesicht des Bauern. Dann fing Jigdal an zu erzählen. Mit kurzen Sätzen, stoßweise hervorgebracht, berichtete er von seinem Schicksal von jenem Tag an, als sie sich im Gefängnis in der Königsburg zum letztenmal gesehen hatten.

Während Jigdal erzählte, entstand vor Jeremia eine fremde Welt. Er sah vor sich das schmale Tal südlich des Toten Meeres. Es erstreckte sich bis zum Roten Meer. In der Gluthitze des Sommers sah Jeremia Jigdal unter den Sklaven, die von Dienern Kalebs an den Ort ihrer Bestimmung geführt wurden. Fast erschöpft vom Durst und von der Anstrengung des Marsches, hatten sie ihr Ziel erreicht, Timna mit seinen Kupferbergwerken. Die Schlucht, die durch die Berge gebildet wurde, öffnete sich nun im Westen in eine Bucht, die wohl fünf Kilometer tief war. In ihrer Mitte befand sich ein Berg, Har Timna. Aus den Höhlen, die in diesen Berg und in die Bucht gegraben worden waren, hatten einst schon die Ägypter und später Arbeiter Salomos Kupfer geholt. Jetzt gruben hier die Sklaven Kalebs nach dem wertvollen Metall.

»Du kannst dir nicht vorstellen, wie furchtbar die Hitze dort ist«, erzählte ihm Jigdal. »Die Luft, vor allem in den Höhlen, ist stickend heiß. Immer wieder stürzen Gesteinsbrocken von den Decken der Höhlen herab. An dem Tag, als ich ankam, wurde ein Arbeiter davon erschlagen. Ich sagte mir: Wenn du hier bleibst, bist du ein

Kind des Todes. Darum floh ich bei der ersten Gelegenheit. Sie bot sich mir, als die Wächter betrunken waren.« Jigdal hielt erschöpft inne, dann fuhr er fort: »In die Hütte Baruchs bin ich eingedrungen, weil ich nicht wußte, wo ich sonst hätte hingehen sollen. Auch wußte ich, daß er dein Freund ist und mich deshalb wohl nicht an Kaleb ausliefern wird.«
»Gewiß nicht!« sagte Jeremia. »Aber was willst du jetzt tun?« – »Ich möchte nur noch einmal meine Frau und meine Kinder sehen«, antwortete Jigdal, »dann fliehe ich ins Ausland, nach Moab vielleicht.«
Nun erzählte auch Jeremia, wie es ihm seit der Begegnung im Gefängnis der Königsburg ergangen war. Und auch Jigdal war über den kaltblütigen Mordanschlag der Sippe Jeremias sehr entsetzt. Danach schliefen beide, Brüder im Leid, erschöpft von der Last, die sie zu tragen hatten, ein. Auch als es Tag wurde, verließen sie die Hütte nicht. Trotzdem konnte ihnen am Nachmittag der festliche Lärm, den der Wind von der Königsburg herübertrug, nicht entgehen.
Als sie zur Königsburg hinüberschauten, sahen sie dort viele Menschen versammelt. Aber sie konnten sich nicht erklären, aus welchem Anlaß ein Fest in der Königsburg stattfand.
Am Abend kam Baruch. Er war sehr überrascht, als er Jeremia nicht allein fand. Als dieser ihm Jigdal vorgestellt hatte, rief er erregt: »Du wirst von der Polizei gesucht. Überall in der Stadt sind Plakate angeschlagen. Tausend Silberschekel zahlen sie dem, der dich der Polizei ausliefert oder ihr deinen Aufenthaltsort nennen kann.« Jigdal rief erschrocken: »Weh mir!« Baruch fuhr fort: »Alle Grenzen sind zudem scharf bewacht. Du kannst sie ohne fremde Hilfe nicht überschreiten. Hast du jemand, der dir zur Flucht ins Ausland verhelfen kann?« Jigdal schüttelte verzweifelt den Kopf.
Die drei Männer schwiegen eine ganze Weile. In die bedrückende Stille hinein drang der Festlärm von der Königsburg herüber. Dann sprach Baruch: »Ich werde dich durch einen meiner Diener im Wagen an die Grenze bringen lassen. Sobald es Nacht ist, müßt ihr losfahren.«
Dann packte Baruch die mitgebrachten Getränke und Speisen aus, Wein, Brot und Käse. Als die Männer mit Heißhunger gegessen hatten, fragte Baruch: »Habt ihr den Festlärm von der Königsburg her gehört?« – »Wir haben ihn gehört«, sagten beide. »Aber wir konn-

ten uns nicht erklären, was das zu bedeuten hat.« Baruch erklärte ihnen: »Kaleb feiert heute seine Erhebung zum höchsten Amt im Staat. Der König hat ihn zum Palastvorsteher ernannt.« Diese Nachricht traf die beiden wie ein furchtbarer Schlag.
Es war inzwischen Nacht geworden. Baruch drängte Jigdal zur Eile. »Vor Mitternacht noch mußt du in der Wüste Juda sein. Mein Diener ist zuverlässig. Er zeigt dir einen sicheren Übergang nach Moab.« Jigdal raffte hastig die wenigen Sachen zusammen, die seine ganze Habe ausmachten. Bitter sprach er: »So muß ich jetzt fliehen ohne nochmals meine Frau und meine Kinder gesehen zu haben.«
Jeremia war zuerst stumm vor Mitleid mit dem Flüchtling. Wortlos legte er dann seinen Arm um ihn und sagte: »Gott sei mit dir, Jigdal!« Diese Nennung des Namens Gottes war es, die Jigdal zu einem furchtbaren Ausbruch veranlaßte. Die Erinnerung an Gott ließ in ihm den Damm bersten, hinter dem sich seine Gefühle bisher gestaut hatten.
Jeremia und Baruch mußten miterleben, wie sich in wenigen Minuten der Zusammenbruch eines Gottesbildes ereignete: »Gott, der gerechte Richter!« rief Jigdal höhnend. »So haben wir das in der Schule gelernt. – Wie Abraham gesagt hat: ›Sollte der Richter über alle Welt nicht gerecht richten?‹ Aber sagt mir: Wo bleibt seine Gerechtigkeit? Was ist das für ein Richter? Diejenigen, die Unrecht tun, läßt er triumphieren!« Jigdal wandte sich Jeremia zu: »Dich wollten sie vergiften und wie geht es mir? Mein Haus ist zerstört, meine Frau und meine Kinder sitzen im Elend und ich bin auf der Flucht.« Jigdal brach in schreckliches Gelächter aus: »Kaleb aber, der Erfinder des Netzes, wird zum höchsten Amt erhöht, Palastvorsteher, und er feiert ein Fest. Hört ihr, wie er triumphiert? Und da wagt es noch jemand, von Gott als dem gerechten Richer zu sprechen? Nein, man muß ihn vor Gericht stellen, diesen Richter, so wie sie mich und dich vor Gericht gestellt haben. Ich selbst will ihm als Ankläger seine Ungerechtigkeit vor Augen stellen. Dieser ›Richter‹ steht auf der Seite des Unrechts. Gott ist weit und fern, er kümmert sich nicht um uns Elende. Gott, ich klage dich an!«
Jeremia war von dem Ausbruch des Bauern so betroffen, daß er darüber Ort und Zeit vergaß. Baruch war nicht weniger erschüttert. Doch zugleich war er um die Sicherheit Jigdals besorgt. Darum

spähte er angestrengt in die Nacht hinaus und behielt das Quelltor der heiligen Stadt im Auge. Plötzlich rief er: »Reiter kommen! Das gilt dir, Jigdal! Wir müssen fort.«
Baruch und Jigdal waren erst seit wenigen Minuten verschwunden, als Jeremia Hufschlag hörte. Fäuste trommelten an die Tür. »Aufmachen!« rief es von draußen. Als die beiden Polizisten Jeremia sahen, waren sie verblüfft. »Was tust du hier?« fragten sie. »Ich übernachte in der Hütte meines Freundes«, erklärte er. Sie fragten nicht weiter und verließen die Hütte.
Jeremia war von den Erlebnissen der letzten Stunden so erschöpft, daß er todmüde auf die Bank sank. Furchtbar gellten Jigdals Schreie in seinen Ohren: »Ich klage Gott an, den ungerechten Richter!« Mit einem Schlag hatte ihm der Bauer das Problem vor Augen gestellt, das groß und übermächtig wurde, wenn man das Glück der Gottlosen und Gott, den gerechten Richter, zusammendenken wollte.
Jeremia war es, als müsse er jetzt aufstehen, vor die Hütte treten und hinüberschreien zum Tempel des Herrn: »Ich klage dich an, denn du läßt einen Kaleb wachsen, blühen und Furcht bringen!« Und neben Kaleb erschienen alle anderen Feinde Jeremias. Paschhur sah er vor sich und Ela, seinen eigenen Bruder. Sie stiegen alle auf, Paschhur in wenigen Jahren zum Tempelhauptmann, Ela eine Sprosse höher in der Priesterhierarchie.
Wie aber ging es Jeremia? Er war mit knapper Not dem Tod entgangen und nun auch noch heimatlos. Bittere Vorwürfe stiegen in ihm auf: »Du unterstützt die Gottlosen! Warum tust du das? Ich klage dich an.«
Doch je länger Jeremia nachdachte, desto klarer wurde ihm, daß er nicht mit Jigdal übereinstimmen konnte. Er blickte zurück auf die Geschichte seines Volkes. Hatte Gott ihm nicht treue Gemeinschaft gehalten und ihm immer wieder Recht verschafft? Hatte er ihm nicht dem Pharao gegenüber zum Recht verholfen? Und wie war es bei der jüngsten Bedrohung durch Assur? Selbst seinem treulosen Volk hatte Gott noch geholfen.
Dann erinnerte sich Jeremia an sein eigenes Schicksal. Hatte Gott ihm nicht erst vor wenigen Stunden das Leben gerettet? Nein, er konnte Gott nicht so entgegentreten, wie Jigdal geschrien hatte, und wie auch er in seiner ersten Erschütterung zu denken geneigt war. Das erste Wort mußte sein: »Gerecht bist du! Du hast treu Ge-

meinschaft gehalten mit deinem Volk, mir hast du das Leben gerettet. Gerecht bist du!«
Dennoch waren die quälenden Fragen nach dem »Warum?« da, wenn er an den Aufstieg Kalebs und das Glück der Gottlosen dachte. Jeremia wandte sich dem Heiligtum zu und sank auf die Knie. Dann wurde aus den leidenschaftlichen Gedanken ein Gebet:

»Gerecht bist du, Herr.«

Jeremia schwieg lange, wie um diesen Worten ganzen Nachdruck zu verleihen. Dann betete er weiter:

»Herr, wenn ich auch mit dir rechten wollte,
so behältst du doch recht;
dennoch muß ich vom Recht mit dir reden.
Warum geht's doch den Gottlosen so gut,
und die Abtrünnigen haben alles in Fülle?
Du pflanzest sie ein,
sie schlagen Wurzeln und wachsen und bringen Frucht.
Nahe bist du ihrem Munde,
aber ferne von ihrem Herzen,
denn sie denken:
Nicht sieht Gott unsre Wege.«

Am anderen Morgen, kurz nach Sonnenaufgang, verließ Jeremia die Hütte mit all seiner Habe. Er machte sich auf den Weg in die Stadt.
Vor dem Quelltor kam ihm Baruch entgegen und fragte: »Wo willst du hin?« – »Ich muß in die Stadt hinein«, sagte Jeremia. »Aber das ist doch unsinnig«, widersprach Baruch. »Sie trachten dir nach dem Leben. Außerdem mußt du dich zuerst erholen von dem, was du erlebt hast. Komm, geh mit mir zurück. Dort, in der einsamen Hütte, kommst du wieder zu dir, dort bist du sicher!«
»Nein!« sagte Jeremia entschieden und dann folgten Worte, die für Baruch zunächst völlig unverständlich waren: »Ich muß einen Wettlauf mit Pferden antreten, muß mich aufs äußerste anstrengen. Ich muß hinein ins Dickicht des Jordan. In die Unsicherheit muß ich mich wagen!«

Baruch rief bestürzt: »Ich verstehe dich wirklich nicht, du sprichst in Rätseln!«
»Du hast gehört, was Jigdal gesagt hat. Ich habe zu Gott gerufen: Warum tust du das? Warum läßt du die Gottlosen gedeihen? Diese Frage quälte mich so, daß ich wie gelähmt war. – Hier hast du die Antwort Gottes«, erklärte Jeremia und gab Baruch ein Papyrusblatt. Baruch las kopfschüttelnd:

»Wenn es dich müde macht, mit Fußgängern zu gehen,
wie wird es dir gehen, wenn du mit Rossen laufen sollst?
Und wenn du schon im Lande, wo keine Gefahr ist,
Sicherheit suchst,
was willst du tun im Dickicht des Jordan?«

Aber nachdem er kurze Zeit über diese Worte nachgedacht hatte, sagte er bedächtig: »Jetzt verstehe ich! – Was du bisher erlebt hast an Schwerem, das ist nur klein gegenüber dem, was dir bevorsteht. Gott gibt dir keine Antwort. Er stellt dir Fragen.« Jeremia sagte: »Ich habe gelernt, daß ich gehorchen soll. Das zu tun bin ich jetzt auf dem Wege.«

Der verdorbene Hüftschurz

Ahikam ließ Jeremia durch einen Diener ein Zimmer im zweiten Stock seines geräumigen Hauses zuweisen. Jeremia war wie gebannt von all dem Neuen, das auf ihn einstürmte. Stundenlang vergaß er alle seine Sorgen. Groß war der Unterschied zwischen seinem stillen Zimmer in Anatot und diesem Haus.
Jeremia lebte jetzt in unmittelbarer Nähe der Königsburg und des Tempels und damit nahe dem Zentrum des Gottesvolkes. Schaute er zum Fenster hinaus, so sah er das pulsierende Leben der Königsstadt. Schon am frühen Morgen fuhren mehrere hohe ägyptische Offiziere in Streitwagen vor. Die Wache trat heraus und salutierte. Später verließ eine mit vier Pferden bespannte Kutsche den Burghof. Das war der judäische Gesandte, der sich nach Rabba-Ammon, der Hauptstadt des Ammoniterreiches, begab. Kaufleute aus vielen

Ländern mit ihren Waren gingen aus und ein. Dazwischen sah Jeremia Priester, die zu ihrem Dienst in den Tempel schritten.
Ahikam hatte Jeremia Arbeit als Schreiber in seinem Büro versprochen, aber noch war die Stelle nicht frei. Jeremia hatte also Zeit, darum sprach Ahikam schon am Abend des ersten Tages zu ihm: »Willst du nicht die Prophetenschule als Gast besuchen? Was du dort hörst, kann dir in deinem neuen Aufgabenbereich sicher sehr nützlich sein.«
Am anderen Tag ging Jeremia zur Prophetenschule. Er wurde kaum beachtet, als er den Lehrsaal betrat. Denn außer etwa fünfzig Prophetenschülern waren viele andere Hörer aus der Stadt und dem Land anwesend.
Jeremias Aufmerksamkeit wuchs, als endlich Hananja eintrat, mit dem er einst die Abende des Hosealehrers besucht hatte. »Über was wird Hananja sprechen?« fragte sich Jeremia. Sein Thema war heute die Heilsprophetie. Er entwickelte sie aus der Verheißung, die einst Nathan im Auftrag Gottes David und seinem Haus gegeben hatte:

»Aber dein Haus und dein Königtum
sollen beständig sein in Ewigkeit vor mir
und dein Thron soll ewiglich bestehen.«

Dann sagte Hananja: »Wir leben heute in unsicheren Zeiten. Viele Menschen blicken voll Angst in die Zukunft. Hier hat die Prophetie eine große Aufgabe. Sie besteht darin, dem Volke Gottes Heil zuzusprechen und es zu ermutigen. Wir dürfen uns dabei nicht beirren lassen durch andere Stimmen. Die Predigt des Heils, das ist unser Auftrag!«
Alle Köpfe beugten sich. Die Federn der fleißigen Studenten glitten über das Papier. Wie anders klangen diese Worte im Vergleich mit jenen, die Jeremia aufgetragen worden waren! Es war klar, zu den »anderen Stimmen«, auf die man nicht hören sollte, gehörte zuerst die seine.
Aber dann wurde Jeremia auf einmal Zeuge einer erregenden Szene. Ein junger Mann von etwa fünfundzwanzig Jahren fragte den selbstsicheren Lehrer: »Darf man Heil predigen, wenn Mißstände offenkundig sind? Werden dann nicht diejenigen, die Böses tun, in Sicherheit gewiegt?« Als Hananja sich darauf versteifte, daß

die Predigt des Heils vorrangig sei, wurde der Schüler kühner: »Hat der Prophet Elia einst in Israel Heil gepredigt?« Jetzt wurde Hananja scharf: »Wie kommst du dazu, die damaligen Zustände in Israel mit jenen in Juda zu vergleichen? Mir scheint, daß du zuviel von Jeremia gelernt hast.«
Jeremia folgte der Auseinandersetzung mit großer Anteilnahme. Aus den Worten des Prophetenschülers spürte er etwas von dem Geist, der sein Geist war. Erst als Hananja Jeremias Namen nannte, sah er, daß sich viele Augen teils neugierig, teils argwöhnisch und haßerfüllt auf ihn richteten. Es war gut, daß die Vorlesung jetzt endete. Beim Verlassen des Lehrsaals erfuhr er den Namen des jungen Mannes: »Das ist Uria aus Kirjat-Jearim«, sagte ihm ein Nachbar.
Am Vormittag des anderen Tages ging Jeremia durch den »Ophel«, wo fast nur höhere Beamte wohnten. Verschlossen ging er seinen Weg und in sich gekehrt. Es war, als sinne er über etwas nach. Er betrat durch das Nordtor die Davidsstadt. Nachdem er am alten Davidspalast vorbeigegangen war, bog er nach rechts ab. Die Gasse, in die er jetzt kam, war sehr schmal. Überall hingen Tücher in den verschiedensten Farben aus Fenstern, Türen, ja sogar über dem Weg. Auf Tischen vor den Häusern lagen Stoffe in allen Farben und Größen. Jeremia befand sich in der Webergasse. Hier hatte er einst Nachforschungen in der Sache Enosch betrieben. In dieser Gasse befanden sich die Geschäfte der Tuchhändler, oft mit einer Schneiderei verbunden.
Jeremia stand jetzt vor dem Geschäft des Pinchas. Der Händler trat auf ihn zu: »Brauchst du etwas? Komm herein!« Jeremia trat in das Innere des Tuchgeschäfts. Da waren Stoffe in großer Zahl in Regalen aufgehäuft. Es roch unverwechselbar. Pinchas griff nach einem Stoffballen und entrollte ihn auf dem Tisch: »Wolle!« Dann holte er einen anderen vom Regal: »Und hier ist Leinen. Für was brauchst du den Stoff?« – »Ich möchte mir einen Hüftschurz machen lassen«, erklärte Jeremia. »Ein Unterkleid also«, sagte der Händler eilfertig. »Da nimmst du am besten Leinen, denn beim Hüftschurz kommt es darauf an, daß er ganz eng anliegt.« Pinchas legte einen Teil der Leinenstoffe sich selbst um die Hüften: »Siehst du, so muß sich der Hüftschurz dem Mann anschmiegen. Außerdem brauchst du einen Gürtel, um den Hüftschurz festzuhalten. Hier sieh, das ist ein ganz prächtiges Stück, aus bestem Ziegenleder

gearbeitet und mit echten Silberfäden durchwirkt. Beim Gürtel solltest du nicht sparen, denn er ehrt den Mann. Soll ich dir gleich die Maße abnehmen?«
Der Tuchhändler machte sich sofort mit einem Maßband ans Werk und schrieb alle Maße sorgfältig auf. »In drei Tagen kannst du dir deinen Hüftschurz abholen«, erklärte er schließlich.
Drei Tage später holte Jeremia den bestellten Hüftschurz ab. Als er Pinchas Geschäft verließ, traf er auf Uria. Der Prophetenschüler erkannte Jeremia sofort und begrüßte ihn. Der junge Mann war etwa fünfundzwanzig Jahre alt. Aus seinen dunklen Augen blitzte ein wacher und scharfer Geist. Uria sprach: »Ich habe alle deine Reden abgeschrieben und auswendig gelernt!« Jeremia war tief bewegt, als er hörte, daß ein junger, ihm bisher unbekannter Mann sich mit dem Wort Gottes beschäftigte, das er zu verkünden hatte. Dann sagte Uria: »Du hast bei Pinchas eingekauft?« – »Ja«, antwortete Jeremia, »ich habe mir einen Hüftschurz machen lassen.« Dann fuhr er bedächtig fort: »Aber es ist eine merkwürdige Sache damit. Ich denke schon seit einer Woche darüber nach. Vielleicht kannst du mir Gewißheit verschaffen.« – »Das will ich gerne tun«, versicherte Uria mit großem Eifer. Geheimnisvoll sprach Jeremia: »Ich habe mir diesen Hüftschurz nämlich im Auftrag Gottes gekauft.« Uria war sehr erstaunt: »Im Auftrag Gottes?« – »Ja«, erklärte ihm Jeremia.

»So sprach der Herr zu mir:
Geh hin und kaufe dir einen leinenen Hüftschurz
und gürte damit deine Lenden,
aber laß ihn nicht naß werden!«

Jeremia schwieg eine Weile. Dann sagte er: »Ich ahne, was das zu bedeuten hat. Was aber meinst du, will Gott mir damit sagen?« Die beiden Männer, der ältere und der jüngere, waren unter diesem Gespräch bis zum Tempel hinaufgekommen. Uria blieb stehen. Er sagte zu Jeremia: »Es ist ganz einfach. Du weißt es auch. Der Hüftschurz ist ein Gleichnis für Israel. So wie der Hüftschurz sich an dich eng anschmiegt und dir gleichsam anhaftet, als wäre er ein Stück von dir, so soll es auch mit Israel und seinem Gott sein. Er hat uns aus Ägypten befreit, damit wir uns ganz fest an ihn schmiegen und an ihm haften sollen. Denn wie der Gürtel den Mann ehrt, so

sind wir geschaffen zur Ehre Gottes.« – »Das habe ich mir auch gedacht«, sagte Jeremia. »Doch deine Worte geben mir Gewißheit.«
Uria aber sprach mit dem ganzen Ungestüm seiner Jugend weiter: »Aber die Wirklichkeit sieht ganz anders aus. Viele haben sich von Gott getrennt. Dir brauche ich das nicht zu sagen. Für jede einzelne Gruppe in unsrem Volk kann man das nachweisen. Schau dir den König an und seinen Palastbau. Woher nimmt er das Geld dafür? Wie geht er mit seinen Arbeitern um? Denk an die Gräber der fünfzehn Ermordeten. Betrachte die Gier Kalebs und der anderen Beamten. Fast ist Ahikam die einzige Ausnahme. Und das Volk? Gibt da nicht jeder den Druck, der von oben kommt, an seinen Nachbarn weiter? Die Propheten und Priester aber, sie sind blind für das alles. Sie predigen Heil, Heil. Das ist doch der Sinn von Paschhurs ›Neuer Theologie‹.« Uria vermochte seine Erregung fast nicht zu zähmen. Er sprach so laut, daß schon einige Besucher des Tempels auf die beiden Männer aufmerksam wurden. »Die Wurzel aber ist der Hochmut«, fuhr er fort, »der so viele Menschen in unsrem Volk beseelt. Sie führen sich auf, als wären sie Gott!«
Nach diesem Gespräch verspürte Jeremia den tiefen Wunsch, mit diesem jungen Mann Freundschaft zu schließen.

Der Sommer neigte sich seinem Ende zu. Weinberge, Olivenhaine und Obstgärten schütteten ihren Segen aus. An einem Tag, an dem die ersten Wolken die kommende Regenzeit ankündigten, verließ Jeremia die Stadt und wanderte nach Norden. Er ging auf altvertrauten Wegen und viele Erinnerungen überkamen ihn. Er sah Anatot vor sich liegen. Lange verweilten seine Blicke auf seinem Elternhaus, aber er ging nicht in das Städtchen hinein. Vielmehr wandte sich Jeremia einem kleinen, tief ausgehöhlten, jetzt noch trockenen Bachbett – Wadi Phrat genannt – wenige Kilometer östlich des Dorfes zu.
Er stieg in die tief ausgewaschene Schlucht hinab und suchte eine Weile, bis er eine handbreite, tiefe Felsspalte an der Seite des Bachbettes fand. In diese schob er ein kleines, weißes Bündel. Dabei wiederholte er leise den Auftrag, den er von Gott bekommen hatte:

> »Nimm den Hüftschurz,
> den du gekauft und um deine Lenden gegürtet hast,

geh an den Fluß Phrat
und verstecke ihn dort in einer Felsspalte!«

Jeremia betrachtete nachdenklich das weiße Bündel. Was würde mit Hüftschutz und Gürtel geschehen, wenn die Regenzeit kam? Nebel und Nässe würden das Kleidungsstück durchdringen, das sich bisher an ihn geschmiegt hatte. Und dann würde es unter diesen Einflüssen langsam verrotten. Es würde zu nichts mehr zu gebrauchen sein. Nicht anders würde es dem Gürtel ergehen.
Als Jeremia am Abend nach Jerusalem zurückging, verfinsterte sich der Himmel. Es donnerte und blitzte. Dann begann es zu regnen.
In den nächsten Tagen spitzten sich die Ereignisse so zu, daß Jeremia darüber zeitweilig seinen Hüftschurz in der Felsspalte vergaß. Schon seit Wochen sprach man in der Stadt über die Absicht des Königs, die ägyptischen Staatsgötter Amon und Horus wieder im Tempel aufzustellen. Vergeblich versuchte Oberpriester Asaph, den König im Staatsrat umzustimmen. »Das ist gegen die Bestimmungen des Gesetzbuches, das dein Vater zum Staatsgesetz erhoben hat«, wandte er ein. Aber der König verzog spöttisch den Mund und sagte: »Ich werde diesen Teil des Gesetzbuches außer Kraft setzen.«
Als er sah, daß einige Staatsräte wegen dieser Ankündigung bestürzt waren, fuhr er fort: »Darüber hinaus ist es meine Absicht, ebenso mit weiteren Bestimmungen dieses Buches zu verfahren. Ich kann nicht einsehen, warum an den altberühmten Kultorten im Land nicht wieder Opferfeste stattfinden sollen.«
Die Nachricht von dem Entschluß des Königs verbreitete sich in der ganzen Stadt. Viele begrüßten ihn, wenige waren bestürzt, aber niemand wagte es, dem König offen zu widersprechen. Auch der Oberpriester fügte sich schließlich, denn alle fürchteten den Tyrannen.
Der König machte aus der Aufstellung der Götterbilder einen Staatsakt. Der Pharao sollte von der Willfährigkeit seines Vasallen hören. Darum hatte König Jojakim nicht nur seine Offiziere und Beamte in den Tempel befohlen. Auch die Vertreter Pharaos waren eingeladen. Nur Ahikam fehlte.
Jeremia stellte sich zu der Menschenmenge und schaute dem Geschehen zu. Mit Pferden bespannte Wagen brachten die steinernen

Bilder der Götter in den Tempel. Doch bevor die Bilder abgeladen und an den dafür bestimmten Platz vor dem Brandopferaltar gebracht wurden, kam es zu einem Zwischenfall.
An der Stelle, wo die beiden Bilder stehen sollten, stand plötzlich ein Mann. Als die Arbeiter gerade mit ihrem Werk beginnen wollten, streckte er abwehrend die Hände aus. Im selben Augenblick erkannte ihn Jeremia. Es war Uria, der junge Prophet. Jeremia wurde es heiß, denn er erkannte sofort die Gefahr, in die sich der junge Schüler begab. Er wollte vorstürzen und Einhalt gebieten, doch schon war es zu spät. Uria rief mit schneidender Stimme:

»So spricht der Herr:
Wenn ihr nicht auf mich hört
und nach dem Gesetz wandelt,
das ich euch vorgelegt habe,
mache ich dieses Haus wie Silo
und diese Stadt
mache ich zu einem Fluch für alle Völker!«

Jeremia, die Offiziere und Beamten erstarrten vor Schrecken. Der König aber wurde bleich vor Zorn. Alle fürchteten, daß es sofort zu einem furchtbaren Ausbruch käme. Doch im Blick auf seine Gäste beherrschte der König sich mühsam und brachte den Staatsakt zu Ende.
Aber kaum hatten die Ägypter den Tempel verlassen, schrie er: »Wer war das? Wer wagt es, meine Politik vor meinen Gästen anzugreifen? – Er muß sterben!« Dann fuhr er fort: »Und Jeremia auch. Denn das, was dieser gesagt hat, das sind seine Gedanken. Genauso hat Jeremia vor einem Jahr im Tempel gesprochen.« Er wandte sich den Fürsten zu: »Ihr habt ihn damals freigesprochen. Jetzt habt ihr gehört, was daraus wird. Alle beide müssen endgültig beseitigt werden.« Dann rief er nach Elnatan, dem Leiter des königlichen Geheimdienstes.
Jeremia eilte in großer Erregung zurück ins Haus Ahikams. Er rechnete jeden Augenblick mit seiner Verhaftung. Doch es geschah nichts. Ahikam war rechtzeitig von seiner Dienstreise zurückgekommen und setzte sich mit all seinem Einfluß für Jeremia ein. Zwar tobte der König, aber die Verdienste, die sich Ahikam um das Königshaus erworben hatte, banden ihm die Hände.

Doch er forderte den Kopf des jungen Uria. Elnatan und sein Geheimdienst waren ihm schon auf den Fersen. Doch Uria war weder in Jerusalem noch in Kirjat-Jearim zu finden. Er war geflohen und blieb verschwunden. Herbst und Winter und damit die Regenzeit gingen über das Land, ohne daß sich eine Spur des jungen Propheten fand.
Als mit dem Spätregen die Regenzeit aufhörte und sich der Frühling in seiner ganzen Pracht einstellte, schrieb Jeremia im Hause Ahikams folgende Worte auf:

»Mache dich auf und geh an den Phrat
und hole den Hüftschurz wieder,
den ich dich dort verstecken ließ!«

Dann machte sich Jeremia auf den Weg, um den Hüftschurz zu holen. Der Regenbach war jetzt wieder fast bis auf den Grund trocken. Bald hatte er die seitliche Felsspalte gefunden.
Doch bevor Jeremia noch Hand anlegte, sah er, was geschehen war. Einige Fäden, ja Fetzen, hingen ihm aus der Felsspalte grau entgegen. Als er dann widerstrebend nach dem unansehnlichen Bündel griff, fand er den Hüftschurz völlig verrottet. Als er versuchte, ihn auseinanderzufalten, zeigten sich große Löcher. Er war verdorben und zu nichts mehr zu gebrauchen, wie er vermutet hatte. Dasselbe war mit dem Gürtel geschehen. Das Leder war brüchig und rissig. Jeremia legte die Überreste in einen Sack. Dann ging er zurück in die Stadt.
Als er durch das Benjamintor gegangen war, fand er die Bewohner Jerusalems in großer Erregung. Überall sah er Männer und Frauen beieinander stehen. Alle sprachen sie über ein Ereignis: »Uria ist wieder da. Elnatan hat ihn mit seinen Männern in Ägypten aufgespürt. Die Ägypter haben ihm dem König ausgeliefert. Elnatan hat ihn in Fesseln vor den König gebracht.«
Am Abend des folgenden Tages brachte Ahikam ihm noch eine schlimmere Nachricht: »Uria ist tot.« Betroffen fuhr Ahikam fort: »Der König ließ ihn mit dem Schwert hinrichten. Sein Leichnam ist aber nicht ins Familiengrab gelegt worden, sondern soll auf den Begräbnisplatz der armen Leute im Kidrontal geworfen werden.«
Diese Nachricht wühlte Jeremia zutiefst auf. Uria, der jugendliche Freund, war tot. Er schloß sich in sein Zimmer ein und weinte.

Und was war mit ihm selbst? Ihn hatte Gott bewahrt durch die Hand Ahikams. Ihm war es bestimmt, weiter im Dienst Gottes zu stehen. Jeremia schüttelte die Reste des verdorbenen Hüftschurzes vor sich auf den Boden. Dann schrieb er die Worte auf, die er von Gott empfangen hatte:

»Ebenso will ich verderben
den großen Hochmut Judas und Jerusalems.
Dies böse Volk,
das meine Worte nicht hören will,
sondern nach seinem verstockten Herzen wandelt
und anderen Göttern folgt,
um ihnen zu dienen und sie anzubeten:
es soll werden wie der Hüftschurz,
der zu nichts mehr taugt.
Denn gleichwie der Hüftschurz
um die Lenden eines Mannes gebunden wird,
so habe ich, spricht der Herr,
das ganze Haus Israel
und das ganze Haus Juda um mich gegürtet,
daß sie mein Volk sein sollten,
mir zum Ruhm, zu Lob und Ehren;
aber sie wollten nicht hören.«

Der Tamkaru

»Der Tamkaru kommt!« Überall in der Stadt löste diese Nachricht freudige, hoffnungsvolle Stimmung aus. Der Tamkaru war einer der mächtigsten Babylonier. Er reiste im Auftrag des Königs von Babylon und knüpfte Handelsbeziehungen mit anderen Staaten an. Der Schmiedegeselle Irad saß bis zu diesem Tag untätig in seiner rußigen Schmiede. Seit Monaten hatte er nicht mehr den Hammer über dem glühenden Eisen geschwungen. Ähnlich wie hier stand es in allen Schmieden im Land. Eisen und Kupfer kam aus den Gruben von Amida. Amida aber lag im Gebiet des oberen Euphrat. Solange noch die Assyrer die Welt beherrschten, waren regelmäßig Liefe-

rungen des wertvollen Materials gekommen. Aber seit Nabopolassar zusammen mit den Medern die Assyrer angriff, gerieten sie immer mehr ins Stocken. Vor drei Jahren, nach dem Fall Ninives, hatten sie überhaupt aufgehört. Wer wollte in solch unsicheren Zeiten noch Handel treiben?
Aber nicht nur die Schmiede waren arbeitslos. Ähnlich erging es auch den Goldschmieden, denn sie bezogen viel von dem edlen Material aus den östlichen Gebieten Assurs. Am allermeisten aber litten die Webwarenhändler. Sie bezogen ihre Stoffe zum großen Teil aus dem Osten, nun standen ihre Regale seit Jahren schon leer.
Jetzt aber hieß es: »Der Tamkaru kommt!« Wer das hörte schöpfte neue Hoffnung. Vielleicht war jetzt endlich wieder friedlicher Handel möglich. War nicht Friede in der Welt, seitdem Nabopolassar auch Haran erobert hatte?
Jedermann wollte dabei sein, wenn dieser Bote friedlicher Zeiten eintraf. Der Schmiedegeselle Irad sprang auf und lief zum Benjamintor. Auch Kenan, der Kleiderhändler, und Rehum, der Goldschmied, verließen ihre Werkstätten. Als sie zum Benjamintor kamen, waren dort schon Hunderte versammelt. Voll großer Erwartung schauten sie immer wieder auf die Straße, die nach Norden, nach Gibea führte.
»Solch einen Besuch haben wir schon lange nicht mehr erwartet«, sagte Rehum. Irad erinnerte an die Jahre assyrischer Vorherrschaft und setzte hinzu: »Wenn jemand von Norden kam, dann mußte Jerusalem sich fürchten.« Kenan wies auf die neuesten Gerüchte in der Stadt hin und meinte: »Der Tamkaru kommt in friedlicher Absicht. Wie man hört, will Kaleb mit ihm einen Handelsvertrag abschließen.«
Endlich rief Irad, der die schärfsten Augen hatte: »Da seht, jetzt kommen sie!« Dann sahen alle drei, wie die Babylonier auf ihren Kamelen vorbeiritten. Es war eine große Karawane mit fünfzehn bis zwanzig Tieren. Die Männer und Frauen Jerusalems hatten schon viele Kamele gesehen und auch fremde Gesandtschaften waren keine Seltenheit in der Königsstadt, aber jetzt, wo der Tamkaru kam, schien alles anders zu sein. Da kam ja nicht der Gesandte irgendeines unbedeutenden Königs, sondern jenes Herrschers, der die Weltmacht Assur zu Fall gebracht hatte. Es kam der Gesandte des derzeit mächtigsten Mannes der Welt.

Hinter vorgehaltener Hand, wegen des Einflusses der Ägypter in Juda, sagten einige: »Jetzt steht Nabopolassar noch neben dem Pharao, bald wird er Herr über ihn sein!«
Drei Stunden später, am Abend, erwartete man die Gesandtschaft Babylons im Palast Kalebs, der sich in der Nähe der Eingangshalle zur Königsburg befand, neben dem Haus Ahikams, des Sohnes Schafans. Die Begegnung sollte hier und nicht in der Königsburg stattfinden, um nicht den Argwohn der Ägypter zu erregen. Schließlich waren sie die Verbündeten Judas und befanden sich immer noch im Kriegszustand mit den Babyloniern.
Kaleb hatte alles geladen, was an Handelsbeziehungen mit Babylon und an den fremden Gästen überhaupt Interesse haben konnte. Auch Hananja war da und Paschhur, der neue Tempelhauptmann.
Selten hatten sich in Kalebs Haus so viele festlich gekleidete Männer und Frauen versammelt. Die schönste unter den Frauen war Ester. Sie zählte jetzt schon über vierzig Jahre, aber man sah ihr dieses Alter nicht an. Sie trug ein tief ausgeschnittenes rotes Kleid. In ihre schwarzen Haaren hatte sie eine mattschimmernde Perlenkette gewunden.
Kaleb hatte ihr heute eine besondere Rolle zugedacht. Der Handelsvertrag, den er mit dem Tamkaru abschließen wollte, war in aller Munde. Schon sprach man auch von einer geheimen politischen Verbindung mit der neuen Weltmacht. Wenn davon hinter vorgehaltener Hand geredet wurde, fiel immer wieder der Name Merodach-Baladans, jenes babylonischen Königs, der einst eine Gesandtschaft zu König Hiskia geschickt hatte, um ihn zum Aufstand gegen die Assyrer zu ermutigen. Längst war vergessen, daß Jesaja dieses Sich-Verlassen auf fremde Mächte scharf gerügt hatte.
Jetzt betrat der Tamkaru mit seinem Gefolge den Saal. Er war ein Mann von königlicher Gestalt. Unwillkürlich wurde man von dem Blick der tiefschwarzen Augen angezogen, den er kraftvoll auf die Judäer und Judäerinnen richtete. Sein Bart war kunstvoll geflochten und über dem langen, schwarzen Haupthaar trug er einen rotschwarzen Turban aus Seide. Ein weißer, knielanger Mantel bedeckte ihn.
Die Judäer und ihre Frauen spürten deutlich das Neue dieser Begegnung. Die junge Weltmacht, die auf ein tausend Jahre altes Erbe zurückblicken konnte, begegnete dem kleinen Juda.

Kaleb gab Ester einen Wink mit den Augen. Diese trat einen Schritt vor. Der Tamkaru wandte sich nach hinten und man übergab ihm einen mit einem grünen Tuch überdeckten Gegenstand. Er schritt mit diesem auf Ester zu und musterte sie dabei mit raschem Blick. Zuerst war ihm, als hätte er eine Kedesche vor sich, eine Tempeldirne. Etwas im Gesicht und im Auftreten Esters schien ihm darauf hinzudeuten. Doch dann belehrte ihn ein Blick auf Kaleb, daß er nur zum Teil recht hatte.

Mit einem Wink seiner schwarzen Augen bedeutete er Ester, das Tuch abzunehmen. Sie zog es ab und sogleich stieß sie einen Schrei des Entzückens aus. Was Ester bisher nur aus Schilderungen kannte, sah sie jetzt als kunstvolles Abbild vor sich, aus Edelsteinen aufgebaut, in sieben sich nach oben verjüngenden Stufen: den Turm von Babel. Doch dieses Entzücken ging in höchste Freude über, als der Tamkaru die siebte oberste Stufe des Turms öffnete und ihm das schönste und wertvollste Halsband entnahm, das Ester je gesehen hatte. Er legte es ihr um den Hals.

Erst nachdem Ester sich von ihrer Überraschung erholt hatte, übergab sie das Geschenk, das Kaleb dem Tamkaru zugedacht hatte. Es war der in einen Jaspis geschnittene Löwe von Juda.

Nun trat Kaleb vor und sprach: »Großer Tamkaru, Gesandter des mächtigen Königs Nabopolassar von Babylon! Ich begrüße dich herzlich in unserem Land und heiße dich in meinem Haus willkommen. In unseren guten Zeiten waren wir immer eng mit Babylon verbunden. Wir erinnern uns noch der Erzählungen unserer Großväter vom Besuch der Gesandtschaft König Merodach-Baladans in unserer Stadt. Wir hoffen, daß dein Besuch bei uns dazu führt, daß wir diese Beziehungen wieder aufnehmen, denn wer Anschluß an den Welthandel und die Weltkultur haben will, muß mit Babylon in Verbindung treten.«

Nachdem der Schreiber Gad, Nachfolger Schafans, alles übersetzt hatte, antwortete der Tamkaru: »Wir sind mit großem Interesse in euer Land gekommen, denn auch wir sind am Handelsaustausch mit Juda interessiert. Möge Marduk, der Stadtgott von Babylon, diese Tage segnen.«

Dann setzte man sich zum Essen und anschließend begann der Tanz. Kaleb hatte lange nach Musikanten gesucht, die babylonische Tanzmelodien spielen konnten. Diese wurden jetzt aufgespielt.

Der Tamkaru tanzte mit Ester. Sie bot dabei alle ihre Liebenswürdigkeit auf, um ihn für sich einzunehmen. Kaleb hatte ihr gesagt: »Ich weiß, wie schön du bist. Biete heute bei diesem Fest alles auf, was du an Charme und Verführungskunst besitzt. Du kannst mit dem Tamkaru so weit gehen, wie immer er will. Gewinne ihn für dich zu einem vertrauten Freund und stimme ihn freundlich für uns. In deiner Person wirbt Juda um die Weltmacht Babylon.«
Ester widmete sich dieser Aufgabe mit großer Hingabe und wachsender Leidenschaft. Sie wußte, daß die Sprache der Liebe keine Sprachgrenzen kennt. Der Tamkaru verstand sofort und er tanzte nur mit Ester.
Die festlichen Klänge aus Kalebs Palast lockten immer mehr Menschen auf den Platz vor der Eingangshalle zur Königsburg. Die Feststimmung des Volkes wurde dadurch erhöht, daß der Tamkaru Wein aus Babylon ausschenken und babylonische Früchte unter die Menge verteilen ließ. Auch Rehum, der Goldschmied, Kenan, der Kleiderhändler, und Irad, der Schmiedegeselle, genossen den Rausch des Festes. Auf einmal schrie Irad: »Da ist Jeremia!«
Jeremia kam gerade von Baruch und wollte in seine Wohnung in Ahikams Haus gehen. Da trat ihm Irad in den Weg. Auf dessen Wink hin war auf einmal die »Karte« da. Kenan schleppte auf den Schultern eine mächtige Lederrolle herbei. Er warf sie Jeremia vor die Füße und entrollte sie auf dem Pflaster. Schnell waren sie von einer Menschenmenge umringt, die neugierig auf das schaute, was mit grellen Farben kräftig auf das helle Leder gezeichnet war.
»Seht ihr die beiden mächtigen Ströme und das herrliche grüne Land an ihren Ufern? Das ist Babylon mit den Flüssen Euphrat und Tigris, ein Land so schön wie der Garten Eden«, schwärmte Irad. Kenan wies auf die blaue Fläche im Westen und sagte: »Da ist das große Meer und da«, dabei zeigte er auf eine kleine Stadt im bergigen Land, »das sind wir, Jerusalem.«
Irad ging nun in die Hocke und bildete mit beiden nach vorne gestreckten Armen einen Kreis. Höhnisch blickte er zu Jeremia auf, der nur ahnen konnte, was das alles zu bedeuten hatte, und rief: »Du hast doch gesagt, der Kessel kommt vom Norden. Ich stelle mit meinen Armen den Kessel dar. Wer anders als die Babylonier könnte damit gemeint sein?«
Dann rutschte er sich so weit nach vorn, wie ihm das nur möglich

war, und rief: »Jetzt schießt das kochende Wasser auf uns herab. So hast du dir das gedacht, nicht wahr?« Dann sprang er auf und schrie Jeremia ins Gesicht: »Aber es ist ganz anders gekommen, als du Unheilsprophet es angedroht hast.« Er rief ein Mädchen, das unter den Leuten stand, und bat sie: »Stell dich dort hin, Eva, wo Jerusalem ist, du bist die Tochter Zion!« Irad erhob triumphierend seine Stimme: »Die Babylonier aber kommen in Wirklichkeit zu uns nicht als Feinde, sondern als Freunde, und sie bringen uns Geschenke. Bald wird aus dem Freund der Bräutigam und aus der Freundin die Braut!« Dabei ging Irad aufrecht mit weit ausgebreiteten Armen auf Eva zu. Er schritt über die Flüsse und Gebirge, dann schloß er das Mädchen lachend in die Arme. »So ist das!« rief er spöttisch. In seinen Spott auf Jeremias Prophezeiungen stimmten nun auch Rehum und Kenan ein. Lautes Hohngelächter der Umstehenden begleitete Jeremia, bis er endlich das Haus Ahikams erreicht hatte.

Er schloß heftig atmend die Tür hinter sich zu und lehnte sich gegen sie. Die äußere Gefahr war beseitigt. Zugleich aber wuchs Jeremias innere Unruhe. Immer wieder sah er das höhnische Gesicht Irads vor sich, als er, den Kessel spielend, auf Jerusalem zurutschte. Er sah, wie dieser als strahlender Freund auf Eva zuging und sie in die Arme schloß.

Am anderen Morgen betrat Ester das Arbeitszimmer Kalebs. Er schaute auf und bemerkte ein Kleid an ihr, das sie bisher noch nie getragen hatte. Es war aus feinstem lindgrünen Stoff gewoben. Der untere Saum des Kleides und der Halsausschnitt waren mit gelben Karos besetzt. »Wie schön du aussiehst«, sagte Kaleb bewundernd. »Woher hast du es?« – »Vom Tamkaru«, erklärte Ester triumphierend. »Er hat es mir heute morgen geschenkt.«

Eine Stunde später vermochte der Tempel kaum die Menschen zu fassen, die zum Gottesdienst gekommen waren. Jedermann wollte etwas vom Glanz der Gäste aus einer fernen Welt erhaschen. Mit diesem Besuch des Tamkaru schien sich tatsächlich das Tor in eine bessere Zukunft zu öffnen.

Doch noch bevor die Liturgie begann, sprach Jeremia. Bisher hatte er stets das Ende des Gottesdienstes abgewartet. Kreidebleich war das Gesicht des Fünfundvierzigjährigen, scharf und schrill klang seine Stimme.

Sein Blick war nur auf einen Menschen unter Tausenden gerichtet, auf Ester. Auf ihrem Gesicht konnte er lesen, wie seine Rede auf alle wirkte.
Er sah, wie sie ihre linke Hand auf ihr lindgrünes Kleid legte und ihn fragend anschaute, als wolle sie sagen: »Der Tamkaru, mein Freund, wird jetzt über mich als Feind kommen?« Ihr Mund öffnete sich vor Entsetzen, als er von Vergewaltigung sprach, und sie hob abwehrend beide Hände gegen ihn, als sie von ihm hörte, daß die Tochter Zion am Ende in all ihrer Schande bloßgestellt dastehe.
Als Jeremia seine Rede begann, stieß Irad Kenan an und sagte verwundert: »Er beschreibt ja genau das, was wir gestern am Benjamintor getan haben. Paß auf, er verändert jetzt seine gesamte Prophetie.«
Doch als Jeremia fortfuhr, fauchte Kaleb: »Dieser Dummkopf zerstört alle unsere Pläne. Fäden, die wir fein gesponnen haben, zerreißt er mit seinem Unheilsgeschwätz.«
Ein Murren ging durch die Schar der Propheten, als er das Volk Gottes mit einer vergewaltigten Dirne verglich. Er hatte es erneut gewagt, der großen Heilstheologie Hananjas zu widersprechen. Immer lauter wurden die Schreie: »Was für eine Sprache führst du hier am heiligen Ort, du elender Priestersohn!« Andere riefen: »Werft ihn hinaus!« Die letzten Worte Jeremias gingen fast völlig im Toben der Menge unter:

»Weh dir, Jerusalem!
Wann wirst du doch endlich rein werden?«

Mit geballten Fäusten gingen sie auf Jeremia los. Wie eine wandelnde Mauer rückten Priester und Propheten gegen ihn heran. Das Volk drängte nach. Jeremia wich, den Blick auf die Menge gerichtet, Schritt für Schritt zurück gegen den Südausgang des Tempels. Auf den Gesichtern stand die Wut geschrieben über die Rede, die er gehalten hatte.
Paschhur drang auf Jeremia ein und schrie ihn an. Er faßte die ungeheure Empörung in Worte: »Dein Vater war ein ehrenwerter Mann. Du aber bist nicht wert, daß dich dieser Boden trägt. Wir geben dich der Verachtung preis, wir spucken dir ins Gesicht.« Und dann fügte er in seiner ganzen Autorität als Tempelhauptmann hinzu: »Verflucht bist du!«

Jeremia zuckte zusammen, ihm war zumute, als würde der Boden unter seinen Füßen weggezogen. Die öffentliche Bloßstellung und der Fluch trafen ihn schwer. Der Volkshaufen aber gab den Fluchworten des Tempelhauptmanns noch Nachdruck, denn nun begannen Steinbrocken gegen Jeremia zu fliegen. Ein Brocken traf ihn dabei an der Stirn, so daß Blut über sein Gesicht floß.
Ahikam kam erst am späten Abend in die Stadt zurück. Als er hörte, was am Vormittag im Tempel geschehen war, beschleunigte er seine Schritte. Er fand Jeremia völlig zusammengesunken am Tisch sitzend. Den Kopf hatte er auf die Arme gelegt.
Ahikam legte seine Hand auf die Schulter Jeremias und fragte ihn: »Was hat sie so sehr gegen dich aufgebracht? Was hast du gesagt?«
Ohne sein Haupt zu erheben, sagte Jeremia: »Wie wenn ein Blitz nachts alles erhellt, so hat mir Jahwe die Schuld Judas gezeigt. Sie haben den Bund mit Gott gebrochen und brechen ihn täglich neu. Sieh nur ihr Buhlen um Babylon, das noch nicht einmal Großmacht ist. Schau dir den Götzendienst auf den Höhen an und die Ungerechtigkeit überall im Volk.«
»Wenn man vom Werben um Babylon absieht, dann hast du das schon oft gesagt«, erwiderte Ahikam. »Warum also die große Erregung überall im Volk?«
»Weil ich sehr dramatisch beschrieben habe, wie diese Schuld auf das Volk zurückfällt«, antwortete Jeremia.
»Man sagt, du habest Bilder gebraucht, die ungeheuerlich sind – dazu noch am heiligen Ort«, sagte Ahikam.
»Ich habe von Zion gesprochen und dabei an das Volk gedacht, die Tochter Zion. Das ist das Grundbild, in das ich die Botschaft gefaßt habe, die mir aufgetragen war. Aus ihm ergibt sich alles andere. Sie steht im Ehebund mit Jahwe, aber die Ehefrau buhlt mit Babylon. Sie hängt sich an die Baale und vergißt ihren Eheherrn, dem sie Treue gelobt hat. Diese Schuld schlägt auf die Tochter Zion zurück. Das unausweichliche Gericht verglich ich mit den Geburtswehen, die über eine Frau kommen. So wie sie unausweichlich und schmerzlich kommen, so auch das Gericht. In Ohnmacht und Schande wird Zion fallen. Dafür habe ich das Bild der Vergewaltigung gebraucht, denn das ist äußerste Ohnmacht und Schande. Für den Bundesbruch aber und die Treulosigkeit –

konnte ich da ein anderes Bild wählen als den Ehebruch? Zur Strafe dafür wird Gott sein Volk der Schande preisgeben.«
Jeremia schwieg erschöpft. Wieder senkte er sein Haupt auf die Tischplatte.
»Hast du die Rede geschrieben?« fragte ihn Ahikam. Jeremia reichte sie ihm und Ahikam begann zu lesen:

»Erhebe, Zion, deine Augen
und sieh, wie sie von Norden daherkommen.
Wo ist nun die Herde, die dir anbefohlen war,
deine prächtigen Schafe?
Was wirst du sagen,
wenn sie heimsuchen dich, Jerusalem?
Sie, die du selbst gewöhnt an dich
als traute Freunde?
Was gilt's? Es wird dich Angst ankommen
wie eine Frau in Kindsnöten.
Und wenn du in deinem Herzen sagen wirst:
›Warum begegnet mir das?‹
Um der Menge deiner Sünden willen
wird dir dein Gewand aufgehoben
und wird dir Schande angetan.
Das soll dein Lohn sein und dein Teil,
den ich dir zugemessen habe, spricht der Herr:
Weil du mich vergessen hast
und dich auf Lügen verläßt,
so will ich dein Gewand hochheben,
daß deine Schande sichtbar werde.
Denn ich habe gesehen deine Ehebrecherei,
deine Geilheit, deine freche Hurerei,
ja, deine Greuel auf den Hügeln und im Felde.
Weh dir, Jerusalem!
Wann wirst du doch endlich rein werden?«

Während Ahikam noch las, hörte er schon, wie der Lärm vor dem Haus immer lauter wurde. Er ließ das Blatt sinken, ging zum Fenster und spähte hinaus. Das Volk von Jerusalem und Juda rottete sich vor seinem Haus zusammen.

Jetzt waren auch heftige Schläge gegen die Tür zu vernehmen. Jemand rief: »Gib Jeremia heraus, Ahikam. Wie kannst du als Minister des Königs einem solchen Menschen Zuflucht geben?« Ahikam wurde bleich. Wenn die erboste Menge ins Haus eindrang, war Jeremia verloren. Fieberhaft suchte er nach einem Ausweg. Baruchs Weinberghütte kam ihm in den Sinn. Dort hatte Jeremia schon oft übernachtet. Doch er verwarf den Plan wieder. Die Schläge gegen die Tür wurden heftiger. Jetzt mußte schnell gehandelt werden. Ahikam hatte auch eine Lösung gefunden. Er packte Jeremia und sagte: »Flieh durch den geheimen Gang, der vom Keller aus unter der Mauer hindurch ins Freie führt. Geh aber nicht in den Weinberg Baruchs, dort könnten sie dich finden. Flieh in meine Höhle in der Wüste Juda. Aus dem Wadi Gihar kannst du trinken, der Bach führt noch frisches Wasser um diese Zeit.«
Immer ungestümer und drohender wurden die Rufe: »Heraus mit dir! Jetzt kommt über dich das Unheil, das du uns angedroht hast. Nicht wir werden vergewaltigt, sondern du fällst jetzt in unsre Gewalt.«
»Komm«, sagte Ahikam, »es ist keine Zeit mehr zu verlieren. Ich zeige dir den Weg. In zwei Tagen komme ich und bringe dir alles, was du brauchst.«
Ahikam nahm die Lampe. Er verdeckte sie, damit kein Licht nach außen drang. Dann eilte er Jeremia voraus in den Keller. Er schloß eine schwere Eichentür auf. Dumpfer Geruch von abgestandener Luft schlug ihnen entgegen. Ahikam gab Jeremia die Leuchte und sagte: »Lösche sie, bevor du ins Freie trittst.«

Berufung II (3)

Jeremia hastete durch den unterirdischen Gang. Im schwankenden Licht des Leuchters glänzten die nassen Wände, unter seinen Füßen gluckste das Waser.
Als Jeremia sah, daß er sich dem Ausgang näherte, löschte er die Lampe und stellte sie auf einen Stein. Er ging noch einige Schritte, blieb dann stehen und lauschte in die Nacht hinaus. Vorsichtig, nach allen Seiten sich umschauend, trat er hinaus.

Hinter ihm ragte drohend die Westmauer der Stadt auf. Gebückt und jeden Lärm vermeidend, schlich sich Jeremia hinweg. Wie ein Dieb machte er, Gottes Prophet, sich davon.
Je weiter er sich von der Stadt entfernte, desto mehr beschleunigte er seine Schritte. Er lief zuerst nach Süden, dann nach Südosten durch das finstere Ben-Hinnomtal. Das Mondlicht drang kaum in die tiefe Schlucht.
Die Finsternis wurde noch verstärkt durch die großen Bäume, die im Tal und an den steilen Hängen standen. Immer wieder blieb Jeremia stehen und horchte ängstlich zurück, ob er Schritte oder Stimmen vernahm. Schon sah er sich angegriffen und verhaftet, wie damals im Tempel. Aber es war nichts zu hören, seine Phantasie hatte ihn genarrt.
Am Ende der Schlucht stieg er die Skorpionensteige hinauf, die nach Bethlehem führte. Dabei hielt sich der Fliehende auch hier ängstlich im Schatten der Bäume. Endlich hatte er die Anhöhe der Steige erreicht. Jeremias Herz pochte heftig von dem steilen Aufstieg. Er wischte sich den Schweiß ab. Die Wunde an seiner Stirn blutete.
Jetzt blieb er zum erstenmal stehen und schaute zurück. Unter ihm, im Mondlicht, sah er die heilige Stadt, eingebettet zwischen den Bergen im Westen und dem Ölberg, langgestreckt von Süden nach Norden. Fahlweiß schimmerten die Häuser des Zion und des »Ophel«. Aus vielen Häusern leuchtete einladendes tröstliches Licht von Lampen. Eine tiefe Sehnsucht nach Geborgenheit stieg in dem Flüchtling auf.
Links drüben sah er die Nordstadt und die Königsburg, die ganz im Licht lag. Und dort war der Tempel des Herrn, das Haus Gottes. Jeremia konnte das Feuer auf dem Brandopferaltar erkennen. Ein süßes und zugleich bitteres Gefühl stieg in der Seele des Propheten auf. Sein Leben setzte er für diese Stadt und dieses Land ein. Wie liebte er doch die Braut, die junge Frau im Festschmuck. Gerade darum waren seine Gerichtspredigten so scharf. Er dachte wieder an den furchtbaren Kessel des Gerichts, der der Stadt und dem ganzen Land drohte. Ihn wollte er abwenden, denn er hing, trotz Irads Spott, auch jetzt über dem ungehorsamen Gottesvolk, drohender denn je.
Jeremia dachte an einzelne Menschen. Für Hananja hatte er gebetet in seiner Krankheit, obwohl er damals schon sein Feind war. Und doch, was hatte er dafür empfangen? Ablehnung, Bedrohung mit

dem Tod, Fluch und Entehrung hatte er sich damit eingehandelt. Ja, wenn er Geld an andere ausgeliehen hätte gegen Wucherzinsen und dieses eintreiben würde, dann wäre dieser Haß verständlich. Oder wenn er Geld für sich ausgeliehen hätte und dieses nicht zurückzahlen würde, aber all das konnte ihm niemand vorwerfen. Ihm geschah Unrecht.

Nur einer konnte ihm zum Recht verhelfen, das war Gott selbst. Jeremia sprach: »Wie nach Wasser dürstet meine Seele nach Gerechtigkeit. Nach dir dürste ich, nach deiner Hilfe. Nicht nach Rache habe ich Verlangen. Aber nach Herstellung des Rechts, ohne das keine Gemeinschaft bestehen kann. Du bist die lebendige Quelle. Lösche meinen Durst.«

Jeremia wandte sich dem Tempel zu. Er kniete nieder und betete:

»Ich bin niemandes Gläubiger oder Schuldner,
dennoch verfluchen mich alle:
Wahrlich, Jahwe, ich habe dir gedient in bester Absicht,
bin bei dir eingetreten für den Feind
zur Zeit seines Unglücks,
du weißt es!
Jahwe, denke mein
und nimm dich meiner an
und räche dich für mich an meinen Verfolgern,
raffe mich nicht weg in deiner Langmut,
erkenne, wie ich um deinetwillen Schmach trage.«

Jeremia erhob sich. Sein Herz war frei. Er blickte ein letztes Mal zurück nach Jerusalem, dann eilte er weiter. Nach zwei Stunden kam er an Bethlehem vorbei. Flüchtig dachte er an David. Noch eine Stunde war es bis Tekoa, auch hier nur ein kurzer Gedanke an Amos. Er mußte trotz bleierner Müdigkeit und Erschöpfung weiter. Von Tekoa aus hatte er noch eine Stunde zu gehen.

Schon aus der Ferne sah Jeremia den Gipfel des Rubi'a, einen der höchsten Berge in der Wüste Juda. Auf dessen halber Höhe lag Ahikams Höhle.

Jeremia keuchte den Berg hinauf, dann sah er den Eingang zur Höhle vor sich. Dort unten mußte der Wadi Gihar sein.

Es dämmerte schon, deshalb entschloß sich Jeremia, erst in der kom-

menden Nacht zum Wadi zu gehen. Völlig erschöpft nach dem nächtlichen Marsch ließ er sich am Eingang der Höhle nieder. Er fürchtete sich hineinzugehen, denn zu sehr war sein Innerstes verletzt, als daß er die Finsternis in der Höhle ertragen hätte.
Der Sonnenaufgang des folgenden Tages war ein Schauspiel. Auf halber Höhe des Rubi'a befand sich Jeremia fast auf dem Scheitel des Gebirges Juda. Nach Osten zu fiel es langsam ab bis hin zum Toten Meer. Lange schon hatte Jeremia keinen so wunderbaren Sonnenaufgang mehr gesehen. Wie ihn das Licht tröstete. Seine Seele lebte auf in diesem Glanz.
Nur etwas gab es, das unvergleichlich beglückender war: Jahwes Wort. Wie hatten ihn die Worte Hoseas in seiner Jugend erfüllt und wie beglückt war er als Prophet, wenn er Gottes Stimme hörte. Wie man hungert nach Brot, so hungerte es ihn nach Gottes Wort. Sein Glück bestand darin, daß er als Jahwes Prophet eng mit ihm verbunden war. Er gehörte ihm. Jeremia sprach dankbar folgendes Gebet:

»Dein Wort ward meine Speise,
sooft ich's empfing,
und dein Wort ist meines Herzens Freude und Trost;
denn ich bin ja nach deinem Namen genannt,
Herr, Gott Zebaoth.«

Der Tag stieg herauf. Jeremia saß vor der Höhle und dachte daran, was die Menschen in Jerusalem jetzt taten, unter denen er gestern noch war. Er mußte an Ahikam denken, der sich jetzt wohl von seiner Frau und seinen Kindern verabschiedete. Dann würde er Freunde und Arbeitskollegen treffen. Abends würde er erst recht die Gemeinschaft der Mitmenschen spüren dürfen. Ahikam würde im Kreis seiner Familie oder mit Freunden zusammensitzen.
In Jeremias Herz stieg das bittere Gefühl der Einsamkeit auf. Nichts als stumme, abweisende, trostlose Felsen und die schweigende Wüste umgaben ihn. Tagelang würde man in der Wüste Juda keinem Menschen begegnen. Jeremia war einsam.
Viel schrecklicher aber als diese äußere war die innere Einsamkeit zu ertragen. Wer dachte schon mit Liebe an ihn? Baruch und Ahikam vielleicht, aber sonst niemand. Das Gefühl der Einsamkeit schnitt Jeremia ins Herz. Er sann nach, wann dieser Weg in die Ein-

samkeit begonnen hatte. Er erinnerte sich daran, wie oft er mit seinen Freunden früher in festlicher Runde zusammensaß. Dann kam der Tag seiner Berufung. Von da an trennten sich die Freunde von ihm, Hananja, Paschhur. Immer stärker wurde der Widerstand des Volkes. Schließlich trachtete ihm auch seine Sippe nach dem Leben. Seine Gerichtsbotschaft war es, die ihn einsam machte. Tiefer Schmerz erfüllte ihn.
Durch den Fluch, der ihn heute getroffen hatte, war er nun völlig abgetrennt vom Volke Gottes. Jeremia führte sein Gespräch mit Gott in bitterer Klage fort:

»Ich habe mich nicht zu den Fröhlichen gesellt
noch mich mit ihnen gefreut,
sondern saß einsam, gebeugt von deiner Hand;
denn du hattest mich erfüllt mit Grimm,
warum währt doch mein Leiden so lange
und sind meine Wunden so schlimm,
daß sie niemand heilen kann?«

Die Sonne stieg höher und erwärmte die Felsen. Jeremia schlief vor der Höhle im Schatten eines Felsvorsprungs erschöpft ein. Er erwachte erst wieder, als die Sonne schon tief und rot über den Bergen im Westen stand. Quälender Durst peinigte jetzt den Flüchtling. Aber die Hoffnung auf das Wasser aus dem Bach hielt ihn aufrecht. Es wurde ihm zum Gleichnis für die Hilfe durch Gott. Von der lebendigen Quelle hatte er in seiner ersten Predigt gesprochen. Mit ausgetrockneten Lippen wiederholte er jene Worte:

»Denn mein Volk tut eine zwiefache Sünde:
Mich, die lebendige Quelle verlassen sie
und machen sich Zisternen,
die doch rissig sind
und kein Wasser geben.«

Das Wadi Gihar war sehr tief in die Schlucht zwischen dem Rubi'a und dem Heran eingeschnitten. Jeremia mußte sich an einer Felswand hinunterlassen, bis er endlich das Bett des Wadi erreichte. Überall lagen kleine und große Steinbrocken. Jeremia suchte ange-

strengt nach Wasser. Er begann, Steine zur Seite zu schaffen. Doch auch darunter fand er keine Feuchtigkeit. Er grub mit den Händen im Kies, aber kein Wasser sammelte sich in dem Loch. Mühsam stieg er über das Geröll weiter hinauf. Vielleicht würde er dort Wasser finden. Wieder begann er Steine wegzuräumen und noch tiefer im Kies zu graben. Doch der Boden war völlig ausgetrocknet. Seine Erschöpfung wuchs.
Zugleich wuchs in ihm ein bitteres Gefühl, das er seither nur ganz selten und nur als einen leisen Schatten gespürt hatte. Er raffte sich auf und scharrte verzweifelt mit einem scharfen Stein den Grund auf. Es war umsonst. Er ließ sich erschöpft auf die Steine fallen.
Da lag er, lang niedergestreckt. Er stöhnte: »Trugbach! Ich hoffte bei dir Wasser zu finden! Aber du hast mich betrogen!« Er schlug mit den Fäusten auf das harte Gestein. »Trugbach!«
Er raffte sich hoch und setzte sich auf einen Stein. Dann schaute er hinauf zum Himmel. Wie friedlich, wie tröstlich schien ihm noch gestern das Licht der Sterne zu sein. Doch heute war alles anders. Da war wieder das bittere Gefühl. Aber jetzt wuchs es mit unwiderstehlicher Kraft in ihm hoch. Er konnte sich nicht mehr dagegen wehren und wollte es auch nicht. Alle Enttäuschungen, die er bisher im Dienst Gottes erlebt hatte, brachen nun aus ihm heraus: Die Demütigungen, die ihm seine Reden eingebracht hatten, der Spott über das ausbleibende Gericht. Gott hatte versprochen, seine Widersacher zu strafen, und nichts war geschehen. Die Enttäuschung, die er mit Gott erlebte, war furchtbar. Er ist der Treue und Zuverlässige, sein Prophet wird etwas spüren von der Allmacht Gottes, das hatte er fest geglaubt. Wo war jetzt das Versprechen: »Ich bin bei dir«, und wo die Verheißung:

»Denn ich will dich heute zur festen Stadt,
zur eisernen Säule,
zur ehernen Mauer machen.«

Nichts, nichts sah Jeremia davon. Mächtiger stieg das Gefühl der Bitterkeit gegen Gott in ihm hoch. Es verbündete sich mit dem peinigenden Durstgefühl.
Er stieß mit aller Kraft gegen einen Felsbrocken. Dieser stürzte in

die Tiefe und rollte dann krachend und polternd den Wadi hinunter, immer schneller und schneller.
»Du, du bist ein Trugbach, ein Lügenbach«, schrie er. Tränen schossen ihm in die Augen. »Ein Trugbach bist du! Ein Lügenbach!« Er warf sich zu Boden. Und spürte den ausgetrockneten Fels an seinen Lippen. Von den kahlen Bergen ringsum aber hallte es gespenstisch: »Trugbach, Trugbach; Lügenbach, Lügenbach . . . bach, . . . bach!«
Es war Mitternacht. Jeremia schleppte sich mühsam zur Höhle hinauf. Trotzig war er entschlossen, die Folgerungen aus der Erkenntnis zu ziehen, die er meinte am Wadi Gihar gewonnen zu haben. Er sank in den Schlaf.
Als er wieder erwachte, war es schon Morgen. Zum ersten Mal seit seiner Jugend sprach er kein Morgengebet. Um was sollte er Gott, der ein Trugbach war, bitten? Er erwartete nichts mehr von ihm. Aber das war nur die erste Folgerung.
Am Abend kam Ahikam. Auf einem Esel brachte er Essen, Trinken und Wolldecken.
Er fand Jeremia in schlimmster Verfassung, halb verdurstet, vor. Bestürzt fragte er: »Der Bach! Hast du nicht davon getrunken?«
»Kein Wasser, leer, ein Trugbach«, stammelte Jeremia. Dankbar nahm er an, was Ahikam ihm mitgebracht hatte, aber die Hoffnung kehrte nicht zurück in sein Herz.
Als Ahikam wieder aufbrechen wollte, hielt ihm Jeremia eine Schriftrolle entgegen und sagte: »Das sind meine Predigten, nimm sie.« Ahikam war verwundert: »Aber das sind noch die Worte, die du im Auftrag Gottes gesprochen hast, Gotteswort. Ich weiß, daß du dich immer wieder mit ihnen beschäftigst.« – »Ich will mich von ihnen trennen«, erwiderte ihm Jeremia. »Du willst dich von Gottes Wort trennen?« fragte Ahikam. »Aber du bist doch Prophet. Baruch und ich – wir glauben an dich.«
Da brach es aus Jeremia so elementar heraus, daß Ahikam entsetzt war. »Ich will nicht mehr Prophet sein!« schrie er. »Bürger will ich sein unter Bürgern, wie jeder andere. Ich schwimme nicht mehr gegen den Strom. Ich will endlich die Schande und das bohrende Gefühl der Einsamkeit loswerden!«
Ahikam spürte den Schmerz, unter dem Jeremia litt. Er konnte ihn verstehen. »Du hast dir andere Vorstellungen vom Amt eines Pro-

pheten gemacht«, sagte er mitfühlend. »Ja, ich habe geglaubt, daß auf dieses Amt ein kleiner Schimmer der Allmacht Gottes fällt. Und Gott habe ich mir als den vorgestellt, der in seiner Allmacht seinem Propheten beisteht«, antwortete Jeremia.

Ahikam spürte dessen ganze Enttäuschung und fragte deshalb: »Was kann ich für dich tun?« – »Gib mir Arbeit auf einem deiner Güter, als Hirte oder Gärtner«, sagte Jeremia. »Ich will einer sein unter vielen, will mich angleichen, nicht mehr hervortreten. Gemeinschaft will ich haben mit den Menschen.«

Ahikam besann sich eine Weile. Dann sagte er: »Du kannst in den nächsten Monaten nicht in die Stadt zurückkommen, denn deine letzte Rede hat sie alle aufgebracht gegen dich. Bleibe noch eine Woche hier, dann geh auf mein Gut nach Hebron. Dort ist die Stelle eines Hirten frei. Meinem Verwalter gebe ich entsprechende Anweisung.«

Ahikam sattelte seinen Esel und verabschiedete sich von Jeremia. Er gab ihm die Schriftrolle zurück und sagte: »Verwahre sie in der Höhle für mich.«

Am Morgen des dritten Tages bei Sonnenaufgang verließ Jeremia die Höhle. Er war zwar sehr bleich, aber in seinen Augen war ein neuer Glanz. Es war, als ob er eine tiefe Krise durchlitten hatte und nun gefestigt aus ihr hervorging. Nur ein kleines Bündel trug er bei sich.

Er blickte auf die Sonne, dann schritt er hinunter zum Bach. Das Wadi war noch ebenso leer und ausgetrocknet wie vor drei Tagen. Aber heute kniete Jeremia nieder:

»O Gott, ich kehre um zu dir. Du bist trotz meiner Erfahrungen treu und zuverlässig. Auch wenn es mir schien, du wärest ein Trugbach, so bist du doch die lebendige Quelle. Vergib mir meine törichten Worte. Edles will ich hervorbringen: Bekenntnis zu dir und Lobpreis. Nie mehr soll Gemeines über meine Lippen gehen.« Er holte aus seinem Bündel eine Schriftrolle: »Ich danke dir, daß ich wieder dein Prophet sein darf.«

Am Abend sah Jeremia Tekoa vor sich. Es zog ihn jetzt zum Grab des Propheten Amos, das am Nordrand des Städtchens, außerhalb der Mauer, lag. Jeremia wartete, bis es dunkel geworden war. Er fand das Grab auch bei Nacht.

Jeremia setzte sich auf die große Steinplatte, auf der der Name des

Propheten stand. Lange saß er da, dann sprach er zu Amos wie zu einem Lebenden: »Du hast nicht gezweifelt an Gott, bist nicht irre geworden an deinem Amt als Prophet, Feindschaft und Ausweisung hast du ertragen. Doch ich bin irre geworden an Gott und an meinem Amt. Mein Leiden unter meinem Beruf wurde mir unerträglich.« Dann stand Jeremia auf. Er sprach: »Gott, hier am Grab des Amos erkenne ich, was das Neue ist, das du von mir erwartest. Du selbst leidest unter dem Abfall deines Volkes, darum muß auch ich viel leiden. Deine Verwerfung durch das Volk muß ich mittragen, das ist meine neue Gotteserkenntnis.«
Dann holte Jeremia aus seinem Bündel die Schriftrolle mit den Worten des Amos heraus. Er suchte und fand das Wort:

»Suchet den Herrn,
so werdet ihr leben.«

Am anderen Abend sah Jeremia in der Abenddämmerung wieder die heilige Stadt vor sich. Dorthin führte ihn die neue, zweite Berufung durch Gott in der Höhle. Wie unerfahren war er doch bei seiner ersten Berufung, und wie anders nahm er jetzt sein Amt neu auf die Schultern. Er blickte hinunter zur Stadt und dachte an die Menschen, die dort wohnten. Gott ließ es nicht zu, daß er sich ihnen anglich. Er sollte nicht denken und reden wie Irad, Paschhur und Hananja. Er sollte nicht Bürger sein unter Bürgern. Wie könnte er sonst zur Umkehr rufen?
Er sah die festen Mauern der Stadt und dachte an die Worte, die Gott ihm wie bei seiner ersten Berufung gesagt hatte:

»Denn ich mache dich für dieses Volk
zur festen, ehernen Mauer.«

Jetzt wußte er, wie er dieses Bild zu verstehen hatte. Als Leidender würde er eine eherne Mauer und eine eiserne Säule sein.
Ahikam war sehr verwundert, als Jeremia am folgenden Tag zu ihm kam. »Ich dachte, du wolltest nach Hebron gehen«, sagte er. »Nein, hier ist mein Platz«, antwortete ihm Jeremia. »Lies, was ich in den letzten Tagen mit Gott erlebt habe!« Ahikam nahm das Pergament aus Jeremias Händen und begann zu lesen:

»Weh mir, meine Mutter,
daß du mich geboren hast.«

Er erfuhr, daß der Prophet Gott um Hilfe anrief, weil er um seines Namens willen verfolgt wurde, und las, wie leidenschaftlich Jeremia Gott zugewandt war:

»Dein Wort ward meine Speise,
sooft ich's empfing.«

Ahikam erschütterte die Klage Jeremias über die Einsamkeit und seine Klage gegen Gott, von dem er sich so sehr enttäuscht fühlte:

»Du bist mir geworden wie ein trügerischer Born,
der nicht mehr quellen will.«

Ahikam las mit großer Spannung weiter: Wird Gott einen Mann, der so sehr irre geworden ist an ihm, nicht verwerfen? Und wenn nicht, wie wird dieser Durst gestillt? Verhilft er Jeremia endlich zu seinem Recht? Gibt er ihm einen Tatbeweis? Die Antwort kam:

»Darum spricht der Herr:
Wenn du dich zu mir hältst,
so will ich mich zu dir halten,
und du sollst mein Prediger bleiben.«

Ahikam schaute auf. Er wußte, das war die zweite Berufung Jeremias. Aber diesmal nötigte Gott ihn nicht. Jeremia konnte seinen Dienst nur neu aufnehmen, indem er freiwillig zurückkehrte zu Gott. Gott rief ihn zur Umkehr, wie Jeremia früher Gottes ungehorsames Volk zur Umkehr gerufen hatte:

»Und wenn du recht redest und nicht leichtfertig,
so sollst du mein Mund sein.«

Das war eine scharfe Zurechtweisung. Der heilige Gott verwehrte seinem Diener unheilige, unlautere Worte. Jeremias enttäuschte Klage vom »trügerischen Born« war ein solches:

»Sie sollen sich zu dir kehren,
doch du kehre dich nicht zu ihnen!
Denn ich mache dich für dies Volk
zur festen, ehernen Mauer.
Wenn sie auch wider dich streiten,
sollen sie dir doch nichts anhaben;
denn ich bin bei dir,
daß ich dir helfe und dich errette,
spricht der Herr,
und ich will dich erretten aus der Hand der Bösen
und erlösen aus der Hand der Tyrannen.«

Ahikam staunte. Kein Wort fand sich von einem Krafterweis Gottes. Der Prophet wurde statt dessen zur Umkehr gerufen und es werden ihm schwere Kämpfe vorausgesagt, aber dabei darf er den Beistand Gottes erfahren.
Ahikam sah, daß Jeremia einen sehr schweren Weg vor sich hatte: Er sollte die Verwerfung, die Gott durch sein Volk erfuhr, leidend mittragen.
Ahikam wollte das Blatt Jeremia zurückgeben. Doch dieser sagte: »Behalte es. Laß es andere lesen. Ich habe mich über Gott erhoben. Ich will mich unter ihn demütigen. Darum habe ich meine tiefe Krise beschrieben.«

Das Fell des Leoparden

Große Erregung herrschte in der Stadt Jerusalem, denn ein ganz ungewöhnliches Ereignis spielte sich vor den Augen der Bürger und Bürgerinnen der Königsstadt ab. Kinder und Greise, Arbeiter und Handwerker, Reiche und Arme liefen, um selbst in Augenschein zu nehmen, was sie bisher nur vom Hörensagen kannten. In einem wohlverschlossenen, eisernen Käfig, der auf einem Wagen festgemacht war, brachten Diener Kalebs einen Leoparden in die Stadt.
Der Wagen fuhr in den Hof Kalebs ein. Dort stand ein Tierzwinger, der das königliche Tier aufnehmen sollte. So viele Neugierige kamen, daß der Hof die Menschen kaum aufnehmen konnte. Kinder

und Jugendliche kletterten auf die Mauer, die den Hof umgab, um den König der Wüste sehen zu können.
Der Leopard lag lang hingestreckt in seinem Gefängnis. Den massigen Kopf mit den schräggestellten Augen trug das stolze Tier nur leicht erhoben. Fast wie herablassend blickte es auf die Menschen. Am auffallendsten aber war das gelbe Fell mit den ringförmigen schwarzen Flecken. Nicht genug konnte sich die Menge in der Bewunderung dieses Felles sattsehen.
Bewundernde Blicke richteten sich auch auf die Jäger, die gleich neben dem Wagen standen. In der Wüste Juda hatten sie den Leoparden aufgespürt. Zuerst kundschafteten sie seine Gewohnheiten aus und stellten fest, daß er immer zur selben Zeit am Abend zur Quelle kam, um dort zu trinken. Dann versteckten sie sich in einer Felsspalte hinter der Tränkstelle. Mit einem großen, engmaschigen Netz fingen sie das Tier ein, als es an die Tränke kam. Es verwickelte sich um so stärker darin, je mehr es sich gegen die Gefangenschaft wehrte.
Ein Raunen ging durch die Menge, als sich jetzt die mächtige Raubkatze erhob. Wie geschmeidig und wendig sie sich in dem engen Käfig bewegte. Plötzlich hob sie die mächtige Tatze und schlug wütend gegen die Eisenstäbe. Die grünen Augen sprühten Feuer. Die Kinder stoben kreischend auseinander, auch die Erwachsenen wichen erschreckt zurück.
Jetzt schickten sich die Jäger an, den Leoparden vom Käfig in den Zwinger zu bringen. Mit Hilfe von großen Stangen hoben sie den Käfig vom Wagen und setzten ihn vor die Eingangstür. Sie öffneten die Tür des Käfigs. Der Leopard zögerte lange, doch dann schritt er mit der Würde eines Königs in sein Gefängnis.
Am selben Tag noch rief Kaleb den Kuschiten Ebed-Melech, den schwarzen Sklaven, zu sich. Der König hatte ihn zuerst Kaleb zur Verfügung gestellt, dann sollte er in Ahikams Haus kommen. »Du wirst von heute an für den Leoparden sorgen«, sagte Kaleb zu ihm. »Ja, Herr«, antwortete Ebed-Melech gehorsam. Von dieser Stunde an sorgte der Mohr für den Leoparden. Traurig blickte er oft auf das königliche Tier, das ihm anvertraut war, und seufzte: »Wir zwei Gefangenen!«
Bei der Ankunft des Leoparden war jedoch kein einziger jener jungen Männer dabei gewesen, die die Weisheitsschule besuchten.

Das war noch dieselbe Schule, die einst schon Jebus und Jesaja besucht hatten, und immer noch befand sie sich in dem altersgrauen Gemäuer, das gegenüber der alten Davidsburg an der Königsstraße lag. Lehrer der Weisheit war jetzt Elihu. Seit seiner Fahrt nach Ägypten und dann nach Tyrus waren zwei Jahre vergangen. So gern er auch solche Fahrten für den König unternahm, sein eigentliches Element war der Unterricht. Oft gelang es ihm, seine jungen Schüler durch das Thema, den Vortrag oder die Arbeitsmittel zu fesseln. Da in wenigen Tagen der Bußtag gefeiert wurde, richtete sich der Inhalt seines Unterrichts danach aus.
Gleich nachdem er den Lehrsaal betreten hatte, bereiteten seine Schüler sich vor, seine wohlgegliederte Rede wie gewohnt mitzuschreiben. Aber es kam ganz anders. »Kommt alle mit«, sagte Elihu. Mit seinen Schülern verließ er den Lehrsaal. Nur die Jüngeren dachten, er würde mit ihnen zu dem Leoparden gehen, den man zur selben Stunde in der Stadt erwartete. Tatsächlich richtete er seine Schritte jedoch nicht hinauf zur Königsburg. Elihu schlug mit seiner Schar den entgegengesetzten Weg ein. Er führte sie in die Richtung des Quelltors am Südausgang der Stadt.
Vollends rätselhaft wurde allen der Zweck dieses Ganges, als er sie alle zu größter Stille aufforderte und mit ihnen zu den Königsgräbern ging. Die hohen Mauern, die die Begräbnisstätte der Könige von Juda umgaben, machten die Stätte düster.
Die Schüler der Weisheit sahen vor sich die Gräber der Könige von Juda. Beginnend mit David standen viele berühmte Namen auf den steinernen Tafeln, andere wieder waren kaum bekannt.
Elihu versammelte die schweigende Schar vor dem Grab des letzten Königs, der hier seine Ruhestätte gefunden hatte. Zahlreiche frische und verwelkte Blumen, die vor seinem Grabstein lagen, zeugten von der großen Verehrung, die man dem Toten auch jetzt noch, fast zehn Jahre nach seinem Tod, entgegenbrachte. Die älteren der Weisheitsschüler hatten ihn noch lebend gekannt. »Josia, König von Juda, gefallen im Alter von fünfunddreißig Jahren in der Schlacht bei Megiddo«, so lasen sie ehrfürchtig auf dem Grabstein. Elihu verharrte mit seinen Schülern lange schweigend vor dem Grab des großen Königs. Dann sprach er: »Übermorgen ist der Bußtag!« Seine Schüler wußten, daß sie jetzt aufgefordert waren zum Denken und zum Reden.

Nach einer kurzen Pause antwortete einer der jüngsten Schüler, Basai, Sohn eines Bauern aus Bethlehem: »Oberpriester Hilkija fand im Tempel ein Buch. Er gab es dem Schreiber Schafan. Nachdem dieser es selbst gelesen hatte, las er es dem König vor. Der König war vom Inhalt des Buches sehr erschüttert. Er zerriß sein Kleid und weinte. So tat der König selbst Buße.«
Ein älterer Schüler machte weiter: »Der zentrale Inhalt des Buches ist das Wort:

›Höre, Israel,
der Herr ist unser Gott, der Herr allein.
Und du sollst den Herrn, deinen Gott, liebhaben
von ganzem Herzen,
von ganzer Seele
und mit all deiner Kraft.‹

Nach diesen Worten handelte der König. Er schloß mit dem Volk einen Bund, von jetzt an nach den Worten des Buches zu leben.«
Ein Dritter sagte: »Er beseitigte nicht nur alle Baalsheiligtümer im Land. Auch die Tempel im Land, an denen man bisher Jahwe verehrt hatte, wurden abgebrochen. Nur noch an einem Ort sollte die Stätte der Anbetung Gottes sein, hier in Jerusalem.« Der älteste Schüler schließlich brachte alles auf den Begriff, indem er sagte: »An König Josia kann man sehen, was es heißt, Buße zu tun.«
Elihu hatte auf alles aufmerksam gehört, was seine Schüler sagten. Er merkte, daß der Leopard bei den meisten jetzt wohl gänzlich vergessen war. Dann sagte er: »So ist es, wie ihr gesagt habt. An Josia kann man sehen, daß der Mensch fähig ist zur Umkehr zum Guten. Das heißt, er ist fähig zur Umkehr zu Gott, fähig ihn zu lieben und seinen Mitmenschen gegenüber Recht und Gerechtigkeit zu üben. Wir müssen diese Umkehr zum Guten täglich vollziehen und wir können dies auch.«
Jetzt meldete sich Umi, einer der älteren Schüler. »Meister«, sagte er, »du sagst, der Mensch könne von sich aus umkehren zu Gott.«
»Willst du das Gegenteil behaupten?« fragte ihn sein Lehrer. »Nicht ich«, antwortete Umi vorsichtig, »aber es gibt auch andere Meinungen.« – »Andere Auffassungen über die Buße?« fragte Elihu weiter. Alle Schüler folgten dem Wortgefecht mit großer Aufmerksamkeit.

»Ja«, sagte Umi, »daß nämlich das Volk Gottes nicht zu Gott umkehren will.«
Die Augen Elihus funkelten gefährlich bei diesen Worten. »Wer sagt das?« rief er, obwohl er genau wußte, wer es war, der diese Ansicht vertrat. Umi antwortete betroffen: »Jeremia.«
Elihu gelang es nur mühsam, sich zu beherrschen, als er diesen verhaßten Namen hörte. »Das weiß ich wohl«, sagte er. »Du denkst wohl an jene Rede, in der es heißt:

›Du schlägst sie,
aber sie fühlen's nicht;
du machst fast ein Ende mit ihnen,
aber sie bessern sich nicht.
Sie haben ein Angesicht, härter als ein Fels,
und wollen sich nicht bekehren.‹«

»Ja, diese Rede ist es«, sagte Umi kleinlaut. Elihu widersprach heftig: »Was Jeremia da gesagt hat, ist gegen die gesamte heilige Überlieferung. Schaut auf Davids Grab. Hat er denn nicht Buße getan nach seinem Ehebruch? Konnte er etwa nicht umkehren?«
Umi wagte es noch einmal, seinem Lehrer zu widersprechen: »David ist zwar umgekehrt und von Josia wissen wir es auch. Wenn man aber die Verhältnisse in unserer Stadt und im Land betrachtet, möchte man bezweifeln . . .« Da unterbrach ihn der Meister zornig: »Du willst bezweifeln, daß Juda unter Josia Buße getan hat?« – »Nein, Meister«, sagte Umi kleinmütig.
Elihu aber war jetzt fest entschlossen, der Irrlehre von heute an an die Wurzel zu gehen. Er rief: »Schade, daß Jeremia aus der Stadt verschwunden ist. Sofort würde ich ihn stellen, jetzt noch, vor dem Bußtag!« Zu seinem großen Erstaunen erhielt er die Antwort: »Nein, Meister, Jeremia ist wieder da.«
Jeremia hörte durch Baruch noch am selben Tag von dem Vorfall. »Elihu, der Weisheitslehrer, wird dich zur Rede stellen wegen deiner Auffassung von der Buße, bei nächster Gelegenheit. Mach dich darauf gefaßt!«
Jeremia aber sah immer deutlicher, daß er mit seiner Auffassung von der Unfähigkeit seines Volkes, Buße zu tun, in einer großen Tradition stand. Schon Amos hatte das so gesehen und nach die-

sem Jesaja. Vor allem aber sein geliebter Lehrer Hosea hatte verkündet:

»Ihre bösen Taten lassen es nicht zu,
daß sie umkehren zu ihrem Gott . . .«

Wenn er an Kaleb dachte und an Ester, aber auch an viele Menschen aus dem Volk, wie hatten sie sich doch an das Böse gewöhnt. Auch an die Erfahrungen, die er mit sich selbst gemacht hatte, mußte er denken. Immer wieder fiel auch er von Gott ab. Wie oft war er verzagt und kleinmütig. Das alles bedachte Jeremia, aber es gelang ihm noch nicht, das Neue in einem Satz oder einem Bild zusammenzufassen.
Am Abend ging er mit Baruch zusammen in Kalebs Tiergehege, um den Leoparden anzuschauen. Jeremia sah mit großem Erstaunen das fremdartige Tier mit dem gelben Fell und den schwarzen Flekken darauf. Er sah Ebed-Melech zu, wie dieser das Raubtier fütterte. Da fiel ihm plötzlich ein, was er sagen mußte, wenn Elihu ihn angreifen würde.
Am Abend des anderen Tages lud Kaleb alles, was Rang und Namen hatte in Jerusalem, in sein Tiergehege ein, um allen den Leoparden zu zeigen.
Das Interesse der gebildeten Oberschicht von Jerusalem an dem König der Wüste war nicht geringer als das des Volkes. Aber man begutachtete das Tier mit einer gewissen Zurückhaltung, man äußerte sich nicht so spontan über diese Sensation, die überall Tagesgespräch war.
Kaleb stand mit Ester in der Nähe des Leoparden, jedoch in gebührendem Abstand vom Käfig. Der Leopard lag auf dem Boden und wandte den Kopf ab, als verachte er die vornehme Versammlung.
Die bewundernden Blicke aller galten zuerst dem Leoparden und seinem aufsehenerregenden Fell. War doch kaum jemand unter den Versammelten, der je in seinem Leben ein solches Tier gesehen hätte. Doch dann streiften die Augen der Vornehmen und ihrer Frauen die Gestalt Kalebs. Sie alle wußten, daß in Ägypten ein Leopardenfell nur der Thronfolger tragen durfte. Den Babyloniern galt der Leopard als Begleiter der Göttin Ischtar. Es schien darum allen so, als ob Kaleb, indem er sich dieses königliche Tier hielt, den

Rang unterstreichen wollte, den er unter den Mächtigen der Stadt einnahm.
Nachdem alle den Leoparden bestaunt und Kaleb zu seinem Besitz beglückwünscht hatten, kündigte dieser das Ereignis an, das den Höhepunkt des Abends bilden sollte: »Verehrte Gäste, ich habe euch nicht nur eingeladen, um euch den Leoparden zu zeigen. Ich möchte jetzt vielmehr um Gehör bitten für einen Mann, der in der Lage ist, unser Wissen über dieses königliche Tier zu erweitern.«
Jetzt trat Elihu, der Lehrer der Weisheit, an die Seite des Käfigs, so daß alle ihn selbst und zugleich den Leoparden sehen konnten. Alle sahen aber auch Ebed-Melech, den schwarzen Sklaven. Dieser hielt sich auf der anderen Seite des Käfigs im Hintergrund.
Der Weisheitslehrer wartete gelassen, bis auch der letzte der Gäste verstummt war. Seine Augen schweiften über die Versammelten als suche er jemand. Endlich hatte er im Hintergrund das Gesicht des Mannes gefunden, den er suchte. Ein Gefühl der Sicherheit durchströmte ihn. Bisher hatte er noch gezweifelt, ob er sich für das rechte Wort an diesem Ort vorbereitet hatte. Jetzt war er sich dessen sicher. Er begann seine Rede: »Ihr wundert euch vielleicht darüber, mich hier zu sehen. Hier neben dem Käfig eines Leoparden zu stehen, das ist freilich ein ungewöhnlicher Platz für einen Lehrer der Weisheit. Was hat die göttliche Weisheit mit einem Leoparden zu tun? Wenn man auf den Ursprung der Weisheit sieht, dann ist das eigentlich gar nichts Ungewöhnliches. Heißt es doch in den Überlieferungen schon von Salomo, dem Urbild der Weisheit: ›Er dichtete von den Bäumen, von der Zeder auf dem Libanon bis zum Ysop, der auf der Wand wächst. Auch dichtete er von den Tieren des Landes, den Vögeln, vom Gewürm und von den Fischen.‹ Wenn die Welt mit allem, was darin ist, Gottes Schöpfung ist, so kann sie kein Chaos sein. Es ist die Aufgabe des Weisen, die Ordnung zu erkennen, die Gott in die Schöpfung und in das Leben der Menschen eingestiftet hat. Ihre Erkenntnis soll dazu verhelfen, daß wir Menschen unser Leben nach diesen Ordnungen einrichten. Da steht nun in diesem Leoparden ein Geschöpf der ersten Hälfte des sechsten Schöpfungstages vor uns. Wohl noch nie hat jemand von uns ein solches Tier gesehen und dennoch steht dieses fremdartige Tier uns ganz nah, denn am gleichen Schöpfungstag, auf dem Höhepunkt der Schöpfung, wurde der Mensch geschaffen.«

Elihu machte hier eine Pause, um seine Worte wirken zu lassen. Dann sprach er weiter: »So nah stehen sie uns: Sie atmen wie wir; seht, wie das Fell seiner Flanken sich hebt und senkt. Sie haben Augen wie wir; sicher habt ihr schon darüber gestaunt, mit welch einem Ausdruck in den Augen er uns anschaut. Wer will bestreiten, daß in diesem mächtigen Haupt Empfindungen, ja sogar Gedanken entstehen, die das Verhalten des Tieres bestimmen? Und doch besteht ein entscheidender Unterschied zwischen diesen Geschöpfen der ersten Hälfte des sechsten Tages und uns, den Menschen. Die Jäger haben es uns erzählt: Der Leopard meidet den Menschen wo immer er kann. Nur wenn er selbst angegriffen wird, stellt er sich zum Kampf. Der Steinbock flieht, sobald sich ihm ein Mensch nähert. So sind alle Tiere mehr oder weniger festgelegt auf bestimmte Verhaltensweisen. Sie können sich gar nicht oder doch nur sehr schwer ändern. Das ist so nach Gottes Ordnung.«
Jetzt erhob Elihu seine Stimme und fuhr fort: »Beim Menschen ist das anders! Wer je einmal ein Haustier, etwa einen Hund, und ein Kind miteinander aufwachsen sah, der weiß, welche ungeheuren Möglichkeiten dem Menschen zur Verfügung stehen. Er ist im Gegensatz zum Tier frei, sich zu entscheiden für das Gute und das Böse.«
Die Worte des Weisheitslehrers steigerten das Hochgefühl der Gäste und bestärkten sie in ihrem Überlegenheitsgefühl. Mit einem Seitenblick auf den Schwarzen dachten viele: »Als das von Gott erwählte Volk stehen wir sogar hoch über diesem Heiden vom dunklen Ende der Welt.« Der Prophetenvorsteher und der Oberpriester warfen dem Weisheitslehrer anerkennende Blicke zu, paßte diese Rede doch ganz in ihre »Neue Theologie«. Elihu sprach weiter: »Ihr wundert euch vielleicht, daß ich so ins Grundsätzliche gehe.« Elihu richtete seine Augen jetzt fest auf Jeremia: »Es ist unter uns ein Mensch aufgestanden, der dieses großartige Können des Menschen bestreitet. Er wagt es zu behaupten, der Mensch könne nicht umkehren zu Gott. Aber warum feiern wir dann Bußtag? Warum sollten dann die Priester zur Versöhnung mit Gott auffordern?«
Elihus Stimme wurde laut und scharf: »Hier, an diesem Ort, wo uns ein Tier vor Augen steht, das hineingebunden ist in seine Art, sage ich: Im Unterschied zu diesem Tier sind wir Menschen frei, das Gute nicht nur zu wollen, sondern es auch zu tun. Wir als Gottes Ebenbilder können auf Gottes Stimme hören und ihr gehorchen!«

Mit verächtlichem Unterton fuhr er fort: »Jener Mann aber, der diesen ketzerischen Gedanken ausgesprochen hat, wird eines Tages bekennen müssen, daß seine Worte gegen Gottes Ordnung gerichtet, daß sie Lüge sind.«
Die meisten Gäste Kalebs bemerkten erst jetzt, daß Jeremia anwesend war. Sie waren sehr verwundert, denn sie hatten gemeint, er wäre für immer aus der Stadt verschwunden. Jetzt maßen sie ihn mit haßerfüllten Blicken.
Durch die plötzliche Stille beunruhigt, stand der Leopard auf. Man konnte seinen fauchenden Atem hören. Jeremia aber ging mit schweren Schritten zum Käfig. Er stand so, daß er zu seiner Linken das Raubtier und zur Rechten Ebed-Melech hatte.
Ein wütender Zuruf aus den Reihen der Priester und Propheten war zu hören: »Wir haben kein Bedürfnis nach einer Predigt. Geh nach Anatot oder verschwinde für immer in die Wüste Juda!« Kaleb war über den unerwarteten Auftritt Jeremias empört und überlegte fieberhaft, was er tun sollte.
»Keine Predigt«, rief Jeremia der wütenden Menge zu, »sondern nur zwei Fragen und eine Feststellung.« – »Behalte deine Fragen für dich. Wir sind hier nicht in der Schule«, rief man ihm entgegen. »Zwei Fragen zu dem Objekt eurer Bewunderung«, fuhr Jeremia unbeirrt fort. Er wies auf Ebed-Melech und auf den Leoparden:

»Kann etwa ein Mohr seine Haut wandeln
oder ein Leopard seine Flecken?«

Die Gäste Kalebs waren für einen Augenblick verblüfft, denn das war nicht der Stil, den man von Jeremia gewöhnt war. Dann aber schrien sie Jeremia zu: »Natürlich nicht, Hautfarbe und Flecken des Fells sind angeboren, jedes Kind weiß das. Was fragst du uns nach solchen Selbstverständlichkeiten? Wir sind keine Kinder.«
Elihu aber erkannte die Absicht Jeremias. Er nahm nur das auf, was der Weisheitslehrer gerade als Merkmal der Tiere aufgezeigt hatte, und erweiterte es auf die Hautfarbe des Schwarzen. Dumpf ahnte er bereits, wohin das führen würde.
Ebed-Melech stand an diesem Abend zuerst unbeteiligt am Käfig. Er hatte mehr das ihm anvertraute Tier im Auge als die festliche Gesellschaft. Das wurde von jenem Augenblick anders, als der Weis-

heitslehrer den Namen Jeremias erwähnte. Von da an verfolgte der schwarze Sklave hellwach, was geschah. Als dann Jeremia auf ihn wies und von ihm sprach, verstand er diese Worte richtig. In den ersten Monaten als Sklave in Jerusalem hatte er sich tatsächlich oft gewünscht, eine andere Hautfarbe haben zu können, denn als Schwarzer konnte er nicht fliehen, er fiel überall auf. Erst nachdem ihm bei seinen Besuchen im Tempel klar wurde, daß er als Farbiger ebenso Gottes Geschöpf war wie die Weißen, kam wieder Ruhe über ihn.

Jeremia wartete, bis sich das Geschrei gelegt hatte. An der Anspannung seiner Gesichtszüge und der ganzen Haltung war zu erkennen, daß er allen Mut zusammenraffte, zu dem er fähig war. Alle Augen waren jetzt auf ihn gerichtet.

Er griff die Rufe seiner Zuhörer auf und sagte: »Der Mohr kann seine Hautfarbe nicht verwandeln, selbst wenn er wollte, und der Leopard nicht sein Fell, das seht ihr ein.« Dann rief Jeremia:

> »So wenig könnt auch ihr Gutes tun,
> die ihr ans Böse gewöhnt seid.«

Die Menge schwieg zunächst. Dann aber erfaßte jeder die Ungeheuerlichkeit dieser Worte. Unter den Worten des Weisheitslehrers hatten sie sich frei und stolz gefühlt. Jeremia zerstörte ihr Überlegenheitsgefühl. Waren Jeremias Worte wahr, so stand es viel schlimmer um sie als um den Mohren und den Leoparden. Haut und Fell waren etwas Äußerliches und unter der schwarzen Haut konnte ein gutes Herz schlagen. Wenn sie aber unfähig waren, Gutes zu tun, dann war ihr Herz festgelegt auf das Böse.

Die Gesichter wurden deshalb bleich vor Zorn. Die Fäuste der Zuhörer ballten sich gegen ihn und in ihren Augen konnte Jeremia lesen: »So etwas wagst du zu uns zu sagen? Du nennst uns böse! Wir, Glieder des erwählten Volkes, wären unfähig, Gutes zu tun?« Der Oberpriester rief: »Das ist unerhört! Wie viele Opfer, wie viele freiwillige Gaben werden im Tempel täglich aus freien Stücken dargebracht. Lüge ist das, was Jeremia sagt, Verleumdung des Gottesvolkes.« Schon schrien einzelne: »Werft ihn hinaus! Wir lassen uns von diesem Menschen Kalebs Fest nicht verderben.«

Ebed-Melech gab Jeremia in der Tiefe seines Herzens recht. Je mehr er als Sklave seinen Herrn und dessen Freunde kennenlernte, desto klarer wurde es ihm, daß sie sich an das Böse gewöhnt hatten. Sie hatten zwar die Anleitung zum Guten, die Zehn Gebote, sie sprachen auch davon, aber sie konnten sich nicht mehr vom Bösen lösen. Und er wußte auch, warum das so war. Wieder Gutes zu tun, das hätte bedeutet, den Status aufzugeben, den man sich erworben hatte; das hätte bedeutet, sich selbst zu verurteilen und Jeremia recht zu geben. Ebed-Melech wartete darauf, was jetzt geschehen würde.

Die Weisheitsschüler, die dichtgedrängt bei der Tür standen, verfolgten das Geschehen mit angehaltenem Atem. Sie bewunderten das Vorgehen Jeremias: Wie er zuerst auf etwas wies, das alle vor Augen hatten, den Schwarzen und den Leoparden. Wie er am Äußeren des Menschen und des Tieres die Unmöglichkeit einer Änderung aufwies und wie er dann auf das Herz aller Anwesenden schloß.

Jeremia hörte den Wind um Kalebs Haus pfeifen, der den Herbstregen ankündigte. Wie der Wind jetzt die Spreu und das Stroh auf den Feldern und Tennen zerstreut, so wird Gott diese Hochmütigen und Selbstgerechten zerstreuen. Laut rief er im Namen Gottes:

»Darum will ich sie zerstreuen wie Spreu,
die verweht wird von dem Wind aus der Wüste.«

Schon bei Jeremias letzten Worten steigerte sich der Tumult. Wild durcheinander riefen die aufgebrachten Gäste: »Wir werden dich hinwegfegen! – Werft ihn hinaus! – Schlagt ihn tot!« In das Geschrei der Menschen mischte sich das Brüllen des Leoparden.

Die Hörner des Altars

Ester betrat stürmisch das Zimmer Kalebs. Er sah, daß sie sehr erregt war. Sie ging auf ihn zu und hielt ihm mit bleichem Gesicht und bebenden Lippen ein zerknittertes Blatt vor die Augen. Kaleb warf nur einen kurzen Blick auf das Blatt und rief dann entsetzt: »Woher hast du das?« – »Gerade eben wurde es, um einen Stein ge-

wickelte, in mein Zimmer geworfen«, sagte Ester. Sie zeigte Kaleb den hühnereigroßen Stein.
»Hast du auf der Straße jemand gesehen?« fragte Kaleb. »Ich lief sofort zum Fenster, sah aber nichts. Nur die Schritte eines weglaufenden Mannes meinte ich zu hören«, sagte Ester. »Verdammt! Das ist jetzt das siebte Mal«, rief Kaleb. »Das siebte Mal? Du weißt also, um was es sich da handelt?« wollte Ester von ihrem Mann wissen.
Kaleb öffnete eine Schublade seines Schreibtisches, holte drei Schriftstücke heraus und bat Ester, sie zu lesen. Nachdem sie einen Blick hineingeworfen hatte, schaute Ester Kaleb mit erschrockenen Augen an: »Drohbriefe?« »Ja«, bestätigte Kaleb. »Und alle tragen das gleiche Zeichen, das auch auf deinem Blatt zu sehen ist.«
Ester verglich kurz die Zeichnungen und sagte dann: »Der Mann da, in der Mitte, das sollst du sein. Von dir geht ein Pfeil aus und darunter steht: ›Kalebs Taten!‹, aber dann verläuft die Bahn des Pfeils so weiter, daß er dich von der anderen Seite her trifft. Darunter steht: ›Strafe, die Kaleb trifft!‹«
Ester schwieg eine Weile. Dann sagte sie: »Das sind drei Briefe; dazu kommt die Zeichnung, die man mir ins Fenster warf. Du sprichst von sieben Drohungen?«
»Nachdem ich diese Drohbriefe erhalten habe, ist mir dieses Zeichen noch dreimal begegnet: Das erste Mal auf der Schwelle dieses Hauses; dann groß an der Eingangstür unsres Sommerpalastes in Lachisch. Und das dritte Mal an der Tür meines Arbeitszimmers in der Königsburg«, erklärte ihr Kaleb.
Ester zog ihr Kleid eng an sich und verschränkte die Arme vor der Brust. »Ich habe Angst, Kaleb – um dich und um mich. Da ist jemand, der dir nachstellt! Was willst du tun?« fragte sie ihn.
Kaleb ging in seinem Zimmer auf und ab. Dann blieb er stehen und sagte: »Zuerst will ich mit dem Kanzler sprechen. Ich werde ihn um Polizeischutz bitten.« Nach einer kurzen Pause fuhr er fort: »Dann gehe ich zu Paschhur, dem neuen Tempelhauptmann.«
Am Nachmittag desselben Tages ging Kaleb zu Paschhur. Er erzählte dem mächtigen Priester alles, was ihn berunruhigte. Kaleb malte ihm das bedrohliche Zeichen mit einem Stock in den Sand.
Als Kaleb ihm alles erzählt hatte, sagte Paschhur erstaunt: »Du weißt, daß das ein Fall für die Polizei ist. Warum also kommst du zu mir?« – »Da war ich schon«, sagte Kaleb. »Jetzt komme ich zu dir als

Priester und zwar ebenfalls in dieser Sache.« Er wies mit dem Stock auf die Zeichnung, die deutlich den Zusammenhang zwischen Tat und Strafe zeigte. Plötzlich begriff Paschhur, was Kaleb wollte. Schuldgefühle hatte dieser harte Mann, das schlechte Gewissen plagte ihn, und nun fürchtete er die Strafe Gottes.

Darum antwortete Paschhur ohne Umschweife: »Bring ein Sündopfer dar.« – »Was erreiche ich damit?« wollte Kaleb wissen. »Ganz einfach«, erklärte ihm Paschhur. »Mit dem Sündopfer unterbrichst du den ehernen Zusammenhang zwischen möglicher böser Tat und der darauf folgenden Strafe Gottes. Sieh her!« Paschhur nahm Kaleb den Stab aus der Hand und zeichnete über die von Kaleb in den Sand gemalte Menschenfigur einen Altar. »Der Priester, der am Altar steht, handelt im Auftrag Gottes. Er erklärt dein Opfertier als Gott wohlgefällig. Das Blut dieses Tieres sühnt deine möglichen Vergehen. Du siehst in jedem Gottesdienst die Hörner des Altars und kennst ihre Bedeutung?« – »Natürlich«, antwortete Kaleb, »in diesen Hörnern denkt man sich in besonderer Weise die Kraft Gottes wohnend.« – »Im selben Augenblick nun, in dem der Priester Blut vom Opfertier auf die hochheiligen Hörner des Altars streicht, bist du von aller Schuld ledig wie ein neugeborenes Kind«, erklärte ihm Paschhur und zog einen scharfen Strich quer durch Kalebs Zeichnung. »Der Zusammenhang zwischen Schuld und Strafe ist unterbrochen.« Kaleb reichte Paschhur die Hand und rief erleichtert: »Erwarte morgen mein Sündopfer.«

Als Kaleb wegging, rief ihm Paschhur nach: »Was die Wirkung des Opfers angeht, so gibt es da zwei Theorien.« Kaleb blieb stehen und fragte: »Welche denn?«

Paschhur erklärte ihm: »Nach der einen wirkt der Vollzug des Opfers als solches, nach der anderen hängt die Wirkung von der Gesinnung dessen ab, der das Opfer darbringt.« – »Ich verstehe: von Umkehr und Buße!« sagte Kaleb nachdenklich.

Zur selben Zeit war Jeremia auf dem Weg nach Anatot. Dieser Gang fiel ihm schwer. Immer wieder dachte er daran, wie er nach jenem Giftanschlag das Haus seiner Eltern verlassen mußte. Aber obwohl sich sein Gefühl dagegen sträubte, er mußte nach Anatot.

In seiner Brusttasche trug er ein Schreiben Jigdals, der sich immer noch als Flüchtling in Moab aufhielt. Darin stand: »Wo ist meine

Frau, wo sind meine Kinder? Hat Kaleb sie in die Schuldknechtschaft verkauft, weil ich ihm entgangen bin? Du hast mir versprochen, dich ihrer anzunehmen. Kannst du etwas für sie tun?«
Sofort hatte Jeremia versucht, sie ausfindig zu machen. Das Unheil mußte geschehen sein, während er sich in der Wüste Juda befand. Doch an wen er sich auch in Jerusalem wandte, niemand konnte Auskunft geben. Da fiel ihm sein Onkel, der Richter Schallum, und sein Archiv ein. Wenn irgend jemand, dann mußte er es wissen. Seinem scharfen Blick und dem seiner Späher entging nichts. Onkel Schallum war der einzige in seiner großen Verwandtschaft, der ihm noch verbunden war. Er unterstützte seinen Neffen sogar regelmäßig mit Geld. Als Anatot vor Jeremia lag, warf er einen schmerzlichen Blick auf sein Elternhaus. Er konnte sogar den Mandelbaum im Garten sehen und mußte wieder an Chasida denken.
An der Haustür empfing ihn einer der beiden Schreiber, die sein Onkel beschäftigte. Jeremia mußte auf seinen Onkel warten. Sofort nahm ihn wieder der einzigartige Charakter dieses Hauses gefangen. Überall standen Regale, die bis an die Decke hinauf mit Schriftrollen gefüllt waren. Auf dem Tisch in der Mitte des Raumes lagen die Werkzeuge des Schreibers, ein Rohr, mit dem er mit Tinte auf Papier oder Leder schrieb, und das scharfe Messer, mit dem das Rohr zugeschnitten wurde.
Welcher Zauber ging doch von der Schrift aus. Mit ihr konnte man flüchtige Gedanken festhalten. Was geschehen war, blieb vor den Augen der Menschen durch die Schrift. Jeremia wußte, daß die Könige ihre Taten mit eisernen Griffeln in Felstafeln einmeißeln ließen.
Da kam Onkel Schallum. Er fragte Jeremia nach seinem Ergehen. Aufmerksam verfolgte er den schweren Weg seines Neffen. Jeremia dankte seinem Onkel für die Unterstützung, die er von ihm empfing.
»Was führt dich zu mir?« fragte Schallum. »Weißt du, wo Jigdals Frau und wo seine Kinder sind?« fragte Jeremia. Sein Herz wurde schwer, als er bemerkte, daß er ihn in den Raum führte, wo die Dokumente über Schuldknechtschaften verwahrt wurden.
Schallum suchte nur kurz in einem Regal, dann legte er Jeremia vier kleine Papierrollen vor. »Da ist Jigdals Weg festgehalten: Aufnahme eines Darlehens; Verkauf seines Besitzes an Kaleb; da ist der gerichtliche Bescheid über den Verkauf Jigdals in die Schuld-

knechtschaft«, erläuterte sein Onkel ihm die drei ersten Schriftstücke. Dann öffnete er das vierte Dokument und sagte: »Das ist der gerichtliche Bescheid über den Verkauf seiner Frau und seiner Kinder in die Schuldknechtschaft, weil er selbst nach Moab geflohen ist. Sie befinden sich auf den Gütern Kalebs in Gaza.« Schallum wies mit einer Handbewegung auf Hunderte von Schriftrollen: »Ein Fall unter Tausenden!« Dann führte er seinen Neffen zum erstenmal durch alle Räume.
Neben dem Raum mit den Schuldknechtschaften gab es einen, in dem alle Fälle von Geldstreitigkeiten aufbewahrt wurden. Dann folgte ein Raum mit Ehesachen und einer mit Fällen, die mit Verleumdung und Lüge in Zusammenhang standen. Schallum sagte schließlich zu seinem Neffen: »Das große Netz, Jeremia, das Kaleb ausgeworfen hat, ihm entgeht kein Mensch in den Gauen Judas.« Dann wies er auf eine Karte, die an der Wand angebracht war. Jeremia trat näher und sah, daß hier alle Heiligtümer Baals eingezeichnet waren, die unter Jojakims Herrschaft wieder aufblühten. Schallum sagte: »Das Netz aber wird gehalten von Männern und Frauen, deren Herzen hier sind. Schlimmer ist es als vor Josias Reform, denn jetzt gibt es keine Jahweheiligtümer mehr im Land, nur noch Heiligtümer Baals.«
Schallum führte Jeremia weiter in sein eigenes Zimmer und vor eine Zeichnung, auf der umrißhaft die Gestalt eines Mädchens abgebildet war. »Die Tochter Zion, von der du sprichst«, erklärte ihm sein Onkel. »Was hier dokumentiert ist, das sind nicht nur Flecken auf ihrer Haut, die man leicht abwaschen könnte. Das Böse kommt vielmehr aus dem Lebenszentrum, aus ihrem Herzen!«
Diese Worte seines Onkels bewegten Jeremia so sehr, daß er auf dem ganzen Rückweg daran denken mußte: »Das sind nicht nur Flecken auf der Haut, das kommt aus dem Lebenszentrum, aus ihrem Herzen!«
Als er wieder in seinem Zimmer im Haus Ahikams angekommen war, griff er zuerst nach der Schriftrolle, die die Geschichte von König Salomo enthielt. Er fand, was er gesucht hatte: »Und der Herr erschien Salomo zu Gibeon im Traum des nachts und Gott sprach: ›Bitte, was ich dir geben soll!‹«
Jeremia las, wie der junge König von der großen und schweren Aufgabe sprach, die vor ihm lag, und wie er darum Gott antwortete:

»So wollest du deinem Knecht ein gehorsames Herz geben, damit er dein Volk richten könne und verstehen, was gut und böse ist.«
Jeremia ließ die Schriftrolle sinken: »Ein gehorsames Herz ... um zu verstehen, was gut und böse ist«, wiederholte er leise. »Das ist es, aus dem Vertrauen, dem Hören auf Gottes Wort wächst die Erkenntnis. Diese wirkt auf den Willen, der durch das Gewissen geprüft wird, und am Ende steht die gehorsame Tat.«
Jeremia stellte sich Gestalten der Überlieferung vor: Aus dem Hören Abrahams kam der Gehorsam. Selbst wenn er abgewichen war vom rechten Weg, fand er wieder zurück. So war es auch bei David. Aber jetzt? Was hatten die Propheten vor ihm erlebt? Jesajas Worte wurden in den Wind geschlagen. Und was erlebte er selbst seit seiner Berufung? Taub waren die Ohren.
Dann dachte Jeremia wieder an das Archiv seines Onkels. Er schloß die Augen, da sah er auf einmal die umrißartige Gestalt der Tochter Zion vor sich, die ihm sein Onkel gezeigt hatte. Und jäh blitzte in ihm die Erkenntnis auf, daß mit ihrem Herzen etwas geschehen war. Dann schrieb er. Und während er schrieb, zogen Wolken auf und es wurde ganz dunkel.
Am anderen Tag fand das große Opferfest statt. Nicht nur Kaleb brachte heute ein Sündopfer dar. Ganz Juda war vertreten, denn viele dachten ähnlich wie Kaleb.
Jetzt war die Opferfeier auf ihrem Höhepunkt angelangt. Der Priester und Tempelhauptmann Paschhur schritt feierlich die Stufen zum Brandopferaltar empor. Er besprengte die vier Hörner des Altars mit dem Blut eines Stiers.
Andächtig verharrte die Menge, denn alle wußten, welche Bedeutung diese Handlung hatte. Dann wandte sich Paschhur dem Volk zu und rief:

»Ausgelöscht ist eure Sünde!
Rein ist euer Herz!«

Im gleichen Augenblick hallte scharf Jeremias Stimme über den Tempelplatz:

»Nein!
›Die Sünde Judas ist geschrieben mit eisernem Griffel

und mit diamantener Spitze gegraben
auf die Tafel ihres Herzens
und auf die Hörner an ihren Altären.‹«

Paschhur wurde bleich vor Wut über diese Störung der heiligen Handlung, aber er war entschlossen, den Gottesdienst zu Ende zu bringen. Darum sprach er mit großer Bestimmtheit weiter:

»Rein ist euer Herz,
weil ihr versöhnt seid mit Gott.
Euer Besitz soll gesegnet sein;
ihr werdet sicher wohnen
in dem Erbe, das Gott euch verliehen hat.«

Abermals widersprach Jeremia:

»Nein! So spricht der Herr:
Ich will dein Gut und deine Schätze zum Raube geben
als Lohn für alle deine Sünden,
und du sollst aus deinem Erbe verstoßen werden,
das ich dir gegeben habe,
und ich will dich zum Knecht deiner Feinde machen
in einem Land, das du nicht kennst,
denn ihr habt ein Feuer meines Zorns angezündet.«

Bis hierher nur kam Jeremia. Dann ergriff ihn die Tempelpolizei, der es nur mühsam gelungen war, sich einen Weg durch die erregten Menschen zu bahnen, die Jeremia umringten.
Noch am Abend fanden sich die führenden Männer der Priester, der Propheten und der Weisheit beim Oberpriester zusammen.
Groß war die Erregung der Priester. »Das ist ein direkter Angriff auf die Wirksamkeit des Opferdienstes. Jeremia bestreitet, daß damit Sünde gesühnt werden kann«, so ihre einhellige Meinung.
Auf einen Wink des Oberpriesters hin trat Hananja auf. Der gelehrte Prophet sagte: »Ich will zeigen, daß Jeremia den Weg, den er heute zu Ende gegangen ist, von Anfang an beschritten hat. Wir haben alle seine Worte gesammelt und stellen eine eindeutige Ausrichtung auf die heutige Aussage hin fest.«

Er befestigte eine große Schriftrolle mit Nadeln an der Wand und entrollte sie langsam.
Hananja wies auf das erste Wort:

> »Denn von jeher hast du dein Joch zerbrochen
> und dein Bande zerrissen.«

Er erläuterte: »Dieses Wort stammt aus seiner Anfangszeit. Hier schon wird die Richtung seiner Aussage deutlich: Israel sündigt fortgesetzt.« Er entrollte die Schriftrolle weiter.
Jetzt war zu erkennen, daß er die Worte auf eine Treppe geschrieben hatte, die steil nach unten führt. Er las das zweite Wort:

> »Du schlägst sie,
> aber sie fühlen's nicht;
> du machst fast ein Ende mit ihnen;
> aber sie bessern sich nicht.
> Sie haben ein Angesicht, härter als ein Fels,
> und wollen sich nicht bekehren.«

»Jetzt wird schon deutlicher ausgesprochen, daß das Volk Gottes auf dem Weg des Unheils ist«, kommentierte der Prophet Jeremias Botschaft. Weiter entrollte er das Plakat. Das Wort vom Mohren erschien, der seine Haut nicht wandeln kann, und von den unveränderlichen Flecken auf dem Fell des Leoparden. Hananja wies auf diese Worte. »Hier ist noch vom Äußeren die Rede. Jetzt aber hat er es deutlich ausgesprochen: Die Sünde ist eingegraben ins Herz. Sie kann nicht weggewischt werden. Es gibt keine Sühne in seinen Reden.«
Alle schwiegen bestürzt, denn ungeheuerlich war die Behauptung Jeremias. Der Weisheitslehrer fand als erster wieder Worte und sagte: »Das ist eine ungeheure Verfälschung des Menschenbildes, wie es in unsren heiligen Schriften aufgezeichnet ist. Umkehr soll unmöglich sein, die Sünde untilgbar eingegraben ins Herz. Ich denke daran, wie in den heiligen Schriften Josef und seine Brüder dargestellt werden. Josefs Brüder handelten zwar böse. Aber sie waren nicht unfähig zur Umkehr.«
Der Oberpriester griff nach einer Schriftrolle. Er entrollte sie und

pochte mit dem Finger auf eine Stelle, die er mehrmals unterstrichen hatte, und rief: »Hier! Der Mensch ist als Ebenbild Gottes geschaffen, als sein Gegenüber. Er ist frei in seinem Wollen. Das gehört zu seiner Würde. Jeremia degradiert den Menschen zu einem Tier, das unfähig ist zu wählen.« Der Prophetenvorsteher sagte scharf: »Umkehr zu Gott, das ist das eigentliche Thema der Prophetie. Man denke an Elia. Wer die Möglichkeit der Umkehr bestreitet, ist ein Irrlehrer!«
Der Oberpriester hatte damit gerechnet, daß seine Gäste ebenso dachten wie er. Jetzt fuhr er fort: »Man muß die Konsequenzen dieses Wortes bedenken!« Er wies auf das letzte, am tiefsten stehende Wort: »Wenn wir nicht Gutes tun können, dann ist fortan jedes sittliche Handeln unmöglich. Wozu das göttliche ›Du sollst!‹ der Zehn Gebote, wenn wir doch nichts Gutes tun können?« Der Prophetenvorsteher sagte: »Jeremias Wort spricht gegen die ganze Heilsgeschichte. Gott will das Heil seines Volkes. Mit diesem Wort aber ist das Unheil vorgezeichnet.«
Jetzt fragte der Weisheitslehrer den Oberpriester: »Was können wir tun?« Oberpriester Asaph stand auf. Er ging zur Wand, riß das Papier herab, zerknüllte es und warf es auf den Boden. Dann sprach er: »Wir müssen ihn jetzt unschädlich machen.« – »Was hast du vor?« fragte der Prophetenvorsteher. »Für Störungen im Tempel ist die Tempelpolizei verantwortlich. Tempelhauptmann Paschhur bekommt entsprechende Anweisungen!«

Heile du mich, Herr (4)

Der große Sitzungssaal in der Königsburg konnte die hohen Beamten, Offiziere, die Propheten und Priester kaum fassen. Die gesamte Oberschicht hatte König Jojakim hierher geladen. Sie saßen um den mächtigen runden Tisch, an dem so viele glückliche, aber mehr noch unglückliche Entscheidungen gefallen waren. Wer keinen Platz fand, stand an der Wand oder im Südteil des Saales, wo schon seit König Usias Zeiten auf dem Boden die ganze Welt abgebildet war. Wer nicht gerade mit seinem Nachbarn ein Gespräch führte, der schaute die Figuren an, die die Machtverhältnisse darstellten. Im Süden ragte groß und mächtig die Gestalt Pharao Nechos auf. Seine Macht reichte von Nubien, tief im Süden, bis hinauf nach Karkemisch, an den Euphrat. Weiter im Norden und Nordosten standen kleiner die Figuren der Könige, die seine Vasallen waren. Dazu gehörte auch König Jojakim. Im Nordosten aber stand groß und drohend die Gestalt Nabopolassars, des Königs der Babylonier. Seinen Siegeszug hatten die hier Anwesenden alle miterlebt. Man meinte von Karkemisch her das ungestüme Wiehern und Stampfen seiner Pferde und das Rollen der Kriegswagen zu hören. Wie eine schwarze, drohende Gewitterwand stand er im Norden. Das gewaltige Bild des fliegenden Kessels drängte sich manchem auf.

»Weiß jemand, warum uns der König hierher bestellt hat?« fragte der Tempelhauptmann Paschhur den Kanzler, der in seiner Nähe stand. »Ich kann nichts Genaues sagen. Vermutlich aber handelt es sich um die Mitteilung eines hochpolitischen Ereignisses«, antwortete ihm dieser.

Endlich betrat Jojakim den Sitzungssaal. Man sah ihm immer deutlicher die Spuren des ausschweifenden Lebens an, das er führte. Sein Gesicht war aufgedunsen und schwarze Schatten lagen unter seinen Augen. Sein Königsmantel vermochte kaum die massige Gestalt zu umhüllen.

Als sich die Versammelten gesetzt hatten, sprach der König: »Ich habe heute eine Mitteilung zu machen, die euch alle sehr freuen wird!«

Nach diesen Worten stand der König auf und schritt zur Weltkarte. Voll Spannung verfolgten alle Anwesenden, was er dort tat. Er packte die Gestalt Nabopolassars und stürzte sie zu Boden. Alle zuckten zusammen. Denn das tat der König mit einem der mächtigsten Männer der Welt, dem Großkönig, dessen Macht alle fürchteten. Er konnte in wenigen Wochen das Land und die Stadt zur Rechenschaft fordern. Und hatte Kaleb nicht einen Handelsvertrag mit dem Tamkaru geschlossen? Welche Gründe hatte Jojakim für seine Tat?

Der König ging an seinen Platz zurück: »Gestern erhielt ich folgende Meldung von meinem Gesandten in Babylon: König Nabopolassar ist schwer erkrankt. Die Ärzte rechnen mit seinem Tode.«

Diese Nachricht verschlug zunächst allen die Sprache. Dann spürte

man, wie ein fühlbares Aufatmen durch die Reihen der versammelten Großen ging. Es war, als wäre allen eine schwere Last abgenommen.
Der erste, der Worte fand, war der Kanzler. Er sagte: »Das bedeutet, daß er nicht nach Süden vorstoßen kann. Vielleicht kommt es sogar nach seinem Tod zu Thronwirren, weil einer der babylonischen Großen seinen Thron einnehmen will. Nabopolasser hat zwar einen Sohn, Nebukadnezar, aber er ist noch jung.«
König Jojakim: »Ja, das bedeutet es! Der babylonischen Expansion ist jetzt ein Ende gesetzt. Denn alles, was die Babylonier bisher vollbrachten, das haben sie Nabopolassar zu verdanken. Wir brauchen also jetzt keine Angst mehr zu haben vor dem ›Feind aus dem Norden‹.«
Jojakim sprach den Namen Jeremias nicht aus. Aber jedermann im Saal wußte, wer schon seit zwanzig Jahren davon sprach. Jetzt hellten sich alle Gesichter auf. Begeisterung ergriff die hohen Würdenträger. Denn nun konnte man Jahren ungehinderten Handels und allgemeinen Wohlstandes entgegensehen.

Gleich nach dieser Sitzung versammelte der Prophetenvorsteher alle Propheten um sich. Zuerst gab er bekannt, was er eben aus dem Munde des Königs vernommen hatte. Dann rief er: »Jetzt ist die Stunde gekommen, in der wir den ›Propheten‹ Jeremia endgültig vernichten können. Seine Drohung mit dem ›Feind aus dem Norden‹ ist mit dem heutigen Tag eindeutig als Lüge entlarvt. Sind's nicht schon zwanzig Jahre her, seit er damit Angst verbreitet? Aber seine Drohungen treffen nicht ein. In unseren heiligen Überlieferungen aber findet sich das Wort: ›Wenn ein Prophet redet im Namen des Herrn und es wird nichts daraus und trifft nicht ein, dann ist das ein Wort, das der Herr nicht geredet hat. Der Prophet hat's aus Vermessenheit geredet; darum scheue dich nicht vor ihm!‹«
Einer der jungen Propheten rief: »Woher hat er denn dann sein Wort?« – »Aus sich selbst!« rief der Prophetenvorsteher scharf. »Er haßt sein eigenes Volk. Aus diesem Haß heraus kommen alle seine Worte!« Dann erklärte er seinen Schülern: »Wir wollen ihn mit den Waffen des Spotts besiegen. Lächerlichkeit soll seine Worte – und ihn – töten. – Jetzt sind wir am Zuge! So lange mußten wir ihn ertragen, jetzt wollen wir uns seiner entledigen.«

Er rief zwei Prophetenschüler zu sich und trug ihnen auf: »Geht ihr zum Töpfer!«
Jeremia ging an diesem Nachmittag in den Tempel, um zu beten. Als er das Heiligtum durch die Königsburg verließ, sah er sich zu seiner Verwunderung von allen Seiten von Propheten umgeben. Darunter mischten sich hart und verwegen aussehende Männer, die zu Kalebs Schlägertruppe gehörten.
Die Propheten und diese Männer kreisten Jeremia ein. »Was wollt ihr von mir?« fragte sie Jeremia ruhig. »Das wirst du sogleich sehen«, gaben sie ihm zur Antwort. Immer mehr Menschen liefen zusammen. Sie drängten Jeremia zur Königsburg hinaus.
Plötzlich tauchte hinter ihm, von der Eingangshalle der Königsburg her, ein zweirädriger Karren auf. Auf dem Karren, den zwei Propheten schoben, stand – etwas erhöht – ein mächtiger Kessel. Er war aus Ton und eisengrau bemalt. Nach vorn war er geneigt, so daß sein dampfender Inhalt immer wieder überschwappte.
Der Volkshaufen bildete eine Gasse für das Gefährt. An deren anderem Ende stand Jeremia und wartete starr vor Schrecken darauf, was mit dem Kessel geschehen würde.
»Was siehst du?« rief der Prophetenvorsteher Jeremia höhnend zu. Statt Jeremia antwortete die Schar der Propheten im Chor:

»Ich sehe einen siedenden Kessel
überkochen von Norden her.«

Immer näher schwankte der Kessel auf Jeremia zu. Als die beiden Priester nur noch wenige Schritte von Jeremia entfernt waren, stürzten sie ihn plötzlich auf den Boden, so daß er in tausend Fetzen zerbarst.
Der Prophetenvorsteher aber rief: »So wie diesem Kessel, so ist es deiner Weissagung ergangen. Seit zwanzig Jahren drohst du mit dem fliegenden Kessel von Norden her. Zuerst konnte man ja wirklich nicht ahnen, wer der Kessel sein könnte. Doch dann kamen die Babylonier, kam Nabopolassar. Jetzt schien es, als hättest du recht. Aber Nabopolassar kam nicht vor fünf Jahren. Er kam auch später nicht. Und jetzt kommt er überhaupt nicht mehr. Der Großkönig lebt zwar noch, aber er gilt jetzt schon als toter Mann. Wo ist denn des Herrn Wort? Laß es doch kommen!«

Nun drangen die Propheten von allen Seiten auf Jeremia ein und riefen: »Du bist kein Prophet! Nicht im Namen des Herrn weissagst du, sondern aus deinem eigenen Herzen. Dein Haß auf unser Volk treibt dich, du bist eine Schande für deine Familie und für dein Volk. Pfui!« Sie lachten höhnisch und spuckten ihn an. Jeremia stand zunächst wie gelähmt.

Dann packten ihn die Männer Kalebs und zerrten ihn auf den Wagen. Sie banden ihn fest, dann rief einer: »Zum Scherbentor, zum Misttor!«

Unter dem Hohngelächter des Haufens rollte der Karren zuerst über die Scherben des zerbrochenen Kessels. Dann ging es in rasender Fahrt unter dem Gejohle der Zuschauer die Königsstraße hinunter, am alten Davidspalast vorbei bis zum Scherbentor. Dort lag der Schuttablageplatz. Topfscherben und stinkender Unrat lagen umher.

Die Männer stießen den Karren mit Jeremia bis zum Rand des Schutthaufens, wo dieser steil ins Ben-Hinnomtal abfiel.

Noch im Fahren hatten einige die Stricke gelöst, die Jeremia festhielten. Am Rande des Haufens angekommen, kippten sie den Karren nach vorn und warfen Jeremia die Schutthalde hinunter.

Einer schrie dem Stürzenden nach: »Wagst du es noch einmal, Unheil zu weissagen, dann geht es dir noch viel schlimmer!«

Jeremia lag zunächst wie ohnmächtig in Schutt und Unrat. Dann stand er mühsam auf. Er wischte sich den Schmutz aus dem Gesicht und klopfte sein Kleid aus. Die Nacht senkte sich herab. Wohin sollte er gehen, in die Stadt zurück? Dort wartete vielleicht neues Unheil auf ihn.

Dem Zerschundenen und Geschändeten fiel die Hütte Baruchs ein. Dorthin ging er, müde und gebrochen wie ein Schwerkranker. Er fand den Schlüssel und schloß die Hütte auf. Seufzend streckte er sich auf einer Bank aus.

Furchtbar standen die Geschehnisse dieses Tages vor ihm. Die Worte und Bilder brannten in seinem Herzen wie Feuer. Welch eine Kränkung! Vor allem das Wort des Prophetenvorstehers wütete in ihm wie ein todbringendes Messer: »Wo ist denn des Herrn Wort? Laß es doch kommen!«

Damit bestritt er, daß Jeremia ein wahrer Prophet sei. Seine ganze Existenz war in Frage gestellt. Ein Lügenprophet war er für sie. Zu-

gleich bezichtigte er ihn mit diesem Wort, er wolle Unheil über Juda bringen und sehne es sogar herbei.
Solche Vorwürfe machte man ihm, der unter den Gerichtsworten, die er aussprechen mußte, seelische und körperliche Not litt; ihm, der für sein Volk immer wieder fürbittend eingetreten war.
Und zu diesen schweren Anschuldigungen kam die furchtbare Drohung, die man dem im Schutt Liegenden zugerufen hatte.
Schon beschlich ihn dasselbe Gefühl wieder, wie damals am ausgetrockneten Bach in der Wüste Juda. O, er war krank, krank im Glauben. Woher konnte man sich Hilfe erwarten?

Die Krise währte bis gegen Mitternacht. Jeremia richtete sich auf. Sollte er zu Baruch gehen, um sich bei ihm auszusprechen, oder zu Ahikam? Oft waren sie seine Helfer gewesen. Plötzlich aber wurden Jeremias Blicke wie magisch angezogen von Buchstaben, die er selbst einst in die Bretterwand der Weinberghütte geritzt hatte. Im Schein des Mondlichts konnte er die Worte entziffern:

»Fürchte dich nicht vor ihnen;
denn ich bin bei dir,
und will dich erretten.«

Immer wieder las Jeremia diese Verheißung. Die Wogen seines Herzens glätteten sich, der Schmerz linderte sich und er betete mit wieder wachsender Glaubenskraft: »Du, du wirst mir helfen. Krankt mein Glaube, so kannst nur du mein Arzt sein. Du hast mir schon so oft geholfen, darum werde ich dich auch jetzt loben. Zu dir, in deinen Tempel, will ich gehen, um zu dir zu beten!«
Jeremia ging denselben Weg zurück, den er gekommen war. Am Scherbentor gedachte er der furchtbaren Drohung, die auf künftige Verfolgung wies. Als er durch das Taltor gegangen war und dann durch die Königsstraße schritt, hörte er wieder Hohn und Spott der Volksmenge.
Vor dem Königspalast lagen immer noch die Scherben des Kessels. Es knirschte unter Jeremias Schritten.
Jeremia ging am Libanonwaldhaus vorbei, um durch das Wachttor in den Tempel zu gelangen. »Dich will ich um Hilfe anrufen!« sprach er leise. »Dir will ich die Anklage unterbreiten, die man mir

gemacht hat und du sollst mein Unschuldsbekenntnis hören. Dann wirst du Recht sprechen, du mein Arzt und Richter.«
Es war ganz dunkel im Tempel. Nur auf dem Brandopferaltar glühten Kohlen. Jeremia beugte sich vor dem Altar so tief, daß seine Stirn den Boden berührte. Dann betete er:

»Heile du mich, Herr,
so werde ich heil;
hilf du mir, so ist mir geholfen,
denn du bist mein Ruhm.
Siehe, sie sprechen zu mir:
›Wo ist denn des Hernn Wort?
Laß es doch kommen!‹
Aber ich habe dich nie gedrängt,
Unheil kommen zu lassen;
auch hab ich den bösen Tag nicht herbeigewünscht,
das weißt du.
Was ich gepredigt habe,
das liegt offen vor dir.
Sei du mir nicht schrecklich,
meine Zuversicht in der Not!
Laß die zuschanden werden, die mich verfolgen,
und nicht mich;
laß sie erschrecken, und nicht mich.
Laß den Tag des Unheils über sie kommen
und zerschlage sie zwiefach!«

Ton

Kurz nach Mitternacht wurde Jeremia in seinem Zimmer in Ahikams Haus durch ein heftiges Geräusch aus dem Schlaf gerissen. Es klang als ob etwas aus der Höhe in den Innenhof des Hauses gefallen wäre. Er sprang erschreckt aus dem Bett, warf einen Mantel über und eilte aus dem Zimmer auf den Gang, von dem aus man in den Innenhof blicken konnte. Jeremia sah Ebed-Melech, der seit einem Monat als Diener bei Ahikam war, in der

Halle stehen. Vor dem Schwarzen lag ein länglicher Gegenstand auf dem Boden.
Jeremia eilte die Treppe hinunter. Ebed-Melech sagte: »Da, Herr, ein Sack. Es muß ihn gerade eben jemand von oben herabgeworfen haben. Ich hörte noch Schritte auf dem Dach. Die Männer müssen weggelaufen sein!«
Jeremia beugte sich und fühlte nach dem Inhalt des Sackes. Als er lauter kleine, spitze Gegenstände spürte, ahnte er, was der Inhalt war. »Mach auf!« sagte er zu dem Diener. Ebed-Melech öffnete den Sack. Es waren Scherben. »Das sind die Scherben des großen Kessels von gestern, Herr!« sagte Ebed-Melech. »Ich weiß, was das bedeutet, denn ich hörte die Propheten sagen: ›Es ist nichts mit Jeremias Gerichtsdrohungen. Gott ist anders. Seine Heilsverheißungen stehen dagegen.‹«
Jeremia blickte starr auf die Scherben. Es überlief ihn heiß. Grell standen wieder die Ereignisse des vergangenen Tages vor ihm. »Wirf sie zum Abfall«, befahl er dem Diener.
Mit schweren Schritten ging Jeremia wieder hinauf in sein Zimmer. Er konnte nicht schlafen, deshalb setzte er sich an den Tisch und suchte unter seinen Papieren, die auf dem Tisch lagen, nach dem Gebet, das er gestern im Tempel an Gott gerichtet hatte. Er las langsam die beiden Bitten am Schluß des Gebets:

». . . laß sie erschrecken und nicht mich.
Laß den Tag des Unheils über sie kommen
und zerschlage sie zwiefach!«

Er legte den Kopf auf die Tischplatte und flehte inständig: »Erhöre mich, mein Gott!«
Am frühen Vormittag traf Ebed-Melech Jeremia, als er gerade im Begriff war, das Haus zu verlassen. »Du willst in die Stadt gehen?« fragte er. »Ja, in die Töpfergasse«, antwortete ihm Jeremia. Ebed-Melech hob bittend die Hände: »Herr, die Töpfergasse ist ganz im Süden in der Davidsstadt. Du mußt also durch die ganze Stadt gehen. Deine Feinde werden dich sehen. Es kann dir Schlimmeres geschehen als gestern. Bleib wenigstens heute zu Hause, bitte, Herr!«
Jeremia beruhigte den Schwarzen und sagte: »Laß mich nur gehen, Ebed-Melech. Der Herr sendet mich. Er hat zu mir gesagt:

»Mach dich auf und geh hinab in des Töpfers Haus;
dort will ich dich meine Worte hören lassen.«

Als Jeremia auf die Straße hinauskam, zog er seinen Mantel so fest um sich, als fröre es ihn. Er eilte über den Platz vor der Königsburg, wo sich gestern das schmachvolle Geschehen mit dem Kessel abgespielt hatte. Er durfte nicht daran denken!
Darum richtete er all seine Gedanken jetzt fest auf das Ziel seines Weges, auf den Töpfer. Er versuchte sich an die zwei, drei Stellen aus der heiligen Schrift zu erinnern, in welchen vom Töpfer die Rede war. Zunächst fiel ihm die Stelle aus der Schöpfungsgeschichte ein:

»Da machte Gott der Herr den Menschen aus Erde vom Acker
und blies ihm den Odem des Lebens in seine Nase.«

Jeremia wußte, daß sich das Verhältnis des Schöpfers zu seinem Geschöpf mit dem Bild des Töpfers und des Tons beschreiben ließ. So unendlich überlegen, wie der Töpfer dem Ton gegenüberstand, so verhält sich Gott der Schöpfer zum Geschöpf.
Jeremia war so sehr an seine Gedanken hingegeben, daß er die spöttischen Blicke der Soldaten nicht sah, die am Nordtor Wache hielten. Ihm kam vielmehr in den Sinn, daß ihn selbst der Schöpfer geformt hatte. Denn er erinnerte sich an die geheimnisvollen Worte aus seiner eigenen Berufungsgeschichte:

»Ich kannte dich,
ehe ich dich im Mutterleib bereitete.«

Als er den Eingang zur Davidsstraße sah, kam ihm das Wort Jesajas in die Stirn:

»Wie kehrt ihr alles um!
Als ob der Ton dem Töpfer gleich wäre,
daß das Werk spräche von seinem Meister:
Er hat mich nicht gemacht . . .«

Auch hier war die Rede von der unendlichen Überlegenheit des Schöpfers, dem sich das Geschöpf unterwerfen muß.

Da war schon die Töpfergasse. Sie bog rechts von der Königsstraße ab. Die Gasse war sehr eng, deshalb fiel kaum das Licht der Morgensonne in sie hinein. Jetzt hatte Jeremia auch schon die Werkstatt des Töpfers erreicht, die nach der Straße hin offen war, so daß man den ganzen Raum überblicken konnte. An den Wänden links und rechts und an der Rückseite standen Gefäße aus Ton in vielen Formen: Teller und Becher, Töpfe zum Kochen und zum Aufbewahren von Speisen in verschiedenen Größen, Krüge, Vorratsgefäße und kleine Pilgerflaschen für Reisende. Auf einem kleinen Regal standen Lampen in verschiedener Größe und Form. Aber so verschieden die Gefäße auch waren, eines hatten sie gemeinsam, alle waren schön geformt und zu einem bestimmten Zweck brauchbar.

Mitten in der Werkstatt saß hinter der Töpferscheibe der Schöpfer all dieser nützlichen Dinge, der Töpfermeister. Um ihn standen mehrere Kinder und Erwachsene. Der Meister blickte nur kurz auf, erkannte Jeremia und sprach: »Ah, Jeremia!« Er meinte, Jeremia wolle etwas kaufen: »Warte, laß mich dies da zuerst fertig machen!« Der Prophet sah, daß der Meister gerade einen Klumpen Ton in der Hand hatte. Er legte ihn auf die Mitte der Töpferscheibe. Man sah dem Gesicht des Meisters an, daß er sich ganz auf sein neues Werk konzentrierte. Vor seiner Phantasie mußte bereits deutlich die Form des neuen Kunstwerks stehen.

Die Füße setzten die Töpferscheibe in Bewegung und alle schauten nun gebannt auf die formenden Hände. Welche neue Form brachten sie jetzt hervor?

Der Meister schuf zunächst den Gefäßboden, dann wuchsen die Gefäßwände hoch, wölbten sich nach außen und verengten sich dann nach innen. Jetzt wuchs der Ansatz zum Hals des Gefäßes empor.

Doch plötzlich stöhnte der Meister auf und hielt die Töpferscheibe jäh an. »Verdorben«, rief er ärgerlich. Und bevor noch die Zuschauer erkannt hätten, was verdorben war, zerstörte der Meister das unvollendete Werk. Er drückte die Gefäßwände zusammen und dann war auf der Töpferscheibe wieder nur noch ein Klumpen Ton zu sehen, wie zu Beginn der Arbeit.

Doch der Meister verzagte nicht. Ohne auch nur einen Augenblick sich zu besinnen, setzte er aufs neue die Töpferscheibe in Bewegung. Noch einmal strebte er das Ziel an, das ihm vor Augen stand.

Diesmal gelang es. Das Werk war fertig. Herrlich stand auf der Töpferscheibe der neue Krug, schön und brauchbar für gute Zwecke. Er fügte noch einen Henkel an den Hals, dann schaute er auf. Wo war Jeremia?

Ebed-Melech begrüßte Jeremia mit großer Freude: »Gott sei Dank, daß du wieder gesund und unverletzt da bist, Herr! Geh jetzt nicht mehr aus, bis alles vergessen ist.« – »Das kann ich nicht, Ebed-Melech«, antwortete ihm Jeremia. »Ich muß morgen in den Tempel.« Erschreckt rief der Schwarze: »Nein, Herr, da spielst du mit deinem Leben. Im Tempel werden sie dich töten!«
»Ich muß aber«, erwiderte ihm Jeremia. »Du weißt, daß ich gerade beim Töpfer war. Ich sah zu, wie der Meister einen Krug formte, aber er mißriet ihm unter den Händen. Da klumpte er den Ton wieder zusammen und begann sein Werk von vorn. Als ich das sah, sprach Gott zu mir:

›Kann ich nicht ebenso mit euch umgehen,
ihr vom Hause Israel, wie dieser Töpfer?
spricht der Herr.
Siehe wie der Ton in des Töpfers Hand,
so seid auch ihr vom Hause Israel in meiner Hand.‹

Israel sollte unter den Händen Gottes ein Gefäß des Segens werden für alle Völker. Dieses Ziel hatte Gott verkündigt, als er einst Abraham berufen hat. Um dieses Gefäß des Segens zu formen, hat er mit Israel einen Bund geschlossen und ihm die Gebote gegeben. Aber Israel hat sich der Absicht des göttlichen Meisters widersetzt. Das Werk ist fast mißraten.«
»Darum hast du von der untreuen Braut, von den Zisternen und vom verdorbenen Hüftschurz gesprochen«, sagte Ebed-Melech.
»Und jetzt zeigt mir Gott das Mißraten des Krugs«, fuhr Jeremia fort. »Aber noch zögert er, Ebed-Melech. Gott ist noch am Formen, es ist noch nicht alles verdorben. Noch ist Zeit zu Buße und Umkehr. Höre, was Gott zu mir gesagt hat:

›Und nun sprich zu den Leuten in Juda
und zu den Bürgern Jerusalems:

So spricht der Herr:
Siehe, ich bereite euch Unheil
und habe gegen euch etwas im Sinn.
So bekehrt euch doch,
ein jeder von seinen bösen Wegen,
und bessert eueren Wandel und euer Tun!‹«

»Oh, der Gott Israels ist ein langmütiger und barmherziger Gott«, sagte Ebed-Melech nach diesen Worten Jeremias. »Aber für dich, Herr, wird diese Botschaft neue Schmerzen und neue Verfolgungen bedeuten.«

Am anderen Tag im Tempel rief Jeremia laut:

»Siehe, ich bereite euch Unheil
und habe gegen euch etwas im Sinn.«

Er sah die kreisende Töpferscheibe vor sich. Das Werk war noch nicht verdorben, noch rief Gott sein Volk zur Umkehr:

»So bekehrt euch doch,
ein jeder von seinen bösen Wegen,
und bessert euren Wandel und euer Tun!«

Jetzt griff der göttliche Töpfer nach den Herzen. Jetzt formte er ein Gefäß des Segens.
Die Tempelpolizisten Paschhurs packten Jeremia; einer hielt ihm den Mund zu.

Fahre in die Grube (5)

Es war Abend, als Jeremia auf Ahikams Haus zuging und die Tür öffnete. Doch bevor er ins Haus eintrat, wandte er sich schnell um und blickte zurück in die Königsstraße, wo er hergekommen war. Er sah gerade noch, wie sich ein Mann ebenso schnell hinter eine Hauswand zurückzog.

Jeremia blieb noch einen Augenblick stehen, dann ging er in sein Zimmer. Er war sehr beunruhigt. Dieser Mann war ihm bereits den ganzen Tag gefolgt. Wo er auch gewesen war, er war auch da und suchte sich so nahe wie möglich an ihn heranzumachen.
Jeremia setzte sich, andere Beobachtungen der letzten Tage fielen ihm ein: Als er vorgestern nach Anatot ging, um mit seinem Onkel zu reden, verfolgten ihn auf dem ganzen Weg zwei Männer. Und dann die aufstachelnden Zwischenrufe in der letzten Zeit. Wies er auf die Schuld der Propheten hin, so rief jemand: »Die stehen im Dienst des Königs. Wie denkst du über ihn?«
Sprach er vom Volk, so fragte einer: »Wie steht es mit dem Einfluß des Königs auf das Volk?« Es sah so aus, als wolle man ihn veranlassen, erneut etwas gegen den König zu sagen. Und fast immer sah Jeremia in den letzten Tagen jemand, der seine Worte mitschrieb. Möglichst so, daß es ihm nicht auffallen sollte.
Jeremia ging voll Unruhe im Zimmer auf und ab. Warum geschah das gerade jetzt? Dann blieb er stehen. Sein Herz schlug heftig. Eine furchtbare Ahnung stieg in ihm auf: Er hatte es gewagt, den Löwen zu reizen. Eilig ging er an den Schreibtisch und suchte unter den Papierrollen: Hier war es, was er suchte. Er öffnete die Rolle und überlas sie: »Gegen die Priester! – Gegen die Beamten des Königs! – Gegen die Propheten!«
Ganz genau sah jetzt Jeremia wieder Ort und Zeit vor sich. Es war vor vierzehn Tagen, am Südausgang des Tempels, gar nicht weit weg von den Häusern der Priester und Propheten. Dort verwickelten ihn zwei Prophetenschüler in ein Gespräch. »Du hast dem Volk Gottes das Gericht angekündigt. Wer ist deiner Meinung nach vor allem dafür verantwortlich zu machen?« hatten sie ihn gefragt. »Das wißt ihr, denn ihr sammelt alle meine Worte und studiert sie sorgfältig«, hatte er ihnen geantwortet.
»Wir möchten es aus deinem Mund hören«, verlangten sie.
Jeremia umriß vor einer immer größer werdenden Schar von Zuhörern die Aufgaben jener Gruppen, die einen entscheidenden Einfluß auf das Volk haben und zugleich im unmittelbaren Dienst des Königs standen: »Die Priester sollen Mittler zwischen Gott und dem Volk sein. Er hat ihnen die Tora, seinen Willen anvertraut, deshalb sollen sie diesen dem Volk einprägen und auslegen. Die königlichen Beamten, die durch die Schule der Weisheit gegangen

sind, sollen den König so beraten, daß er das Volk auf den Weg Gottes führt. Die Aufgabe der Propheten aber ist die Fürbitte für das Volk und die Übermittlung des Willens Gottes jetzt und heute.«
»Das hast du treffend gesagt«, bemerkte einer der Prophetenschüler. »Worin aber besteht dann, deiner Meinung nach, ihre Schuld?« – »Das habe ich ganz deutlich in einer meiner ersten Predigten gesagt«, antwortete Jeremia und wiederholte seine damaligen Worte:

»Die Priester fragten nicht:
Wo ist der Herr?,
und die Hüter des Gesetzes achteten meiner nicht,
und die Hirten des Volkes wurden mir untreu,
und die Propheten weissagten im Namen des Baal.«

»Das ist eine schwere Anschuldigung«, riefen sie. »Aber sie besteht zu recht«, sagte Jeremia. »Denn den Priestern ist die Tora ganz und gar abhanden gekommen. Sie lehren dem Volk den Willen Gottes nicht in der rechten Weise, ebenso ist es bei den königlichen Beamten. Sie beraten den König zum Schaden des Volkes, und die Propheten reden dem Volk nach dem Mund.«
Diese Worte waren es, die die Bespitzelung auslösten. Die Spitzel mochten wohl Diener seines ärgsten Wiedersachers, Kaleb, sein.

Kurz nach Tagesanbruch klopfte Ebed-Melech an Jeremias Zimmertür und rief: »Ein Brief, Herr, aber ohne Absender!« – »Anonym«, sagte Jeremia, »dann wirf ihn ins Feuer!«
Ebed-Melech wog den Brief in seinen Händen und sagte verschmitzt: »Wenn mein Vater mächtige Feinde hatte, benützte er jedes Mittel, um sich ihrer zu erwehren!« – »Gut, gib her«, erwiderte Jeremia.
Er öffnete die Rolle und las, dann rief er: »Jetzt ist mir alles klar!«
»Was ist dir klar?« fragte der Diener. »Warum ich bespitzelt werde – und das provozierende Fragen!«
Dann las Jeremia Ebed-Melech den Brief vor:
»Jeremia, dies schreibt Dir ein Freund, der aber unbekannt bleiben will. Am Tage nach Deinem Gespräch mit den beiden Propheten-

schülern in der Anwesenheit vieler anderer Menschen berief der Oberpriester die Häupter der Priester, der königlichen Beamten und Propheten zu sich. In höchstem Zorn wiederholte er zuerst Deine Worte. Dann rief er:

›Kommt und laßt uns gegen Jeremia Böses planen;
denn dem Priester wird's nicht fehlen an Weisung
noch dem Weisen an Rat
noch den Propheten am Wort!‹

Die ganze Versammlung hieß diesen Vorschlag gut. Dann sprach Hananja, der Prophet: ›Wir müssen diesmal aber anders vorgehen wie damals nach der Tempelrede Jeremias. Da hätten wir ihn schon loswerden können, aber die Fürsten haben unseren Plan durchkreuzt.‹ Es wurden mehrere Vorschläge gemacht, aber schließlich gewann Hananjas Vorschlag die Zustimmung aller:

›Kommt, laßt uns ihn mit seinen eigenen Worten schlagen
und nichts geben auf alle seine Reden!‹

Das bedeutet nach Hananjas Vorstellung, daß man Dich veranlassen will, etwas gegen den König zu sagen. Dann sollst Du vor Gericht abgeurteilt und getötet werden.«
Jeremia war wie gelähmt vor Angst. Jetzt hatten sich die mächtigsten Gruppen im Volk gegen ihn verbündet. Jene Männer, die sich sonst nicht ohne Argwohn gegenüberstanden, im Kampf gegen ihn waren sie sich einig. Seine Angst steigerte sich durch die Entdekkung, die Ebed-Melech am selben Tag unfreiwillig machte.
Jeremia wurde durch ein krachendes Geräusch und dann durch einen gellenden Schrei des schwarzen Sklaven alarmiert. »Hilfe, Herr!« schrie er aus Leibeskräften. Die Stimme Ebed-Melechs klang dumpf, als käme sie aus der Tiefe. Als Jeremia vom Schreibtisch aufstand und sich zur Tür wandte, wurde er bleich vor Entsetzen, denn unmittelbar vor der Türschwelle gähnte eine dunkle Grube. Jeremia schrie auf: »Der Fußboden ist durchgebrochen. Ebed-Melech, bist du dort unten?«
Dieser hatte sich inzwischen in der etwa drei Meter tiefen Grube aufgerichtet. Als Jeremia über der Grube stand, schaute er herauf:

»Da war eine verborgene Grube – unter dem Fußboden. Als ich mich hinkniete, um die Platten zu reinigen, bin ich eingebrochen.« Er tastete mit den Händen die Wände der Grube ab. Dann sagte er: »Und da ist ein Gang, Herr!« – »Ein Gang?« fragte Jeremia. »Ja, Herr, nimm die Leiter im Flur, steig herab«, sagte der Schwarze. »Wir wollen sehen, wohin der Gang führt. Vergiß nicht, eine brennende Kerze mitzubringen.«

Jeremia stieg mit der brennenden Kerze in der Hand in die Grube. Tatsächlich führte von der Grube ein Gang weg. Er betastete die Wände der Grube und des Ganges: »Sieht alles aus, als ob es erst in den letzten Tagen gemacht worden wäre.« Im Schein der Kerze tasteten sich die beiden Männer weiter vor. Der Gang war so niedrig, daß Jeremia nur gebückt hindurchgehen konnte. Nachdem die beiden Männer etwa zwanzig Meter gegangen waren, vernahmen sie Stimmen. Es mußten Kalebs Diener sein. Dazwischen konnte Jeremia auch deutlich Kalebs Stimme vernehmen.

Leise sprach er zu Ebed-Melech: »Ich weiß genug. Laß uns umkehren.«

Als sie die Grube verlassen hatten, sagte Jeremia zu dem Diener: »Geh und besorge eine neue, große Platte, aber so, daß einer der Diener Kalebs hört, wofür du sie brauchst. Decke dann die Grube wieder ab. Aber sprich zu niemandem offen davon!«

Als Ebed-Melech gegangen war, stand Jeremia im Zimmer und blickte voll Entsetzen in die Grube.

Die Absicht seiner Feinde war unverkennbar: Ob Falle oder Lauschort, sie wollten ihn jagen wie ein Stück Wild, darum die Grube, darum die Falle.

Wilde Angst packte ihn. Jetzt, wo Ahikam und Baruch nicht in der Stadt waren, hatte er außer dem treuen Sklaven niemand, der ihm helfen würde. Nicht einmal vor Gericht konnte er gehen, denn die, die ihm dort Recht verschaffen sollten, waren seine Todfeinde.

Doch wie wenig hatte er den Haß der Priester, königlichen Beamten und der Propheten verdient. Immer wieder hatte er sich vor Gott für sie eingesetzt. Jetzt mußte Gott endlich Vergeltung üben! So wie sie ihn gänzlich austilgen wollten, mußtc der gerechte Richter sie bestrafen. Wie sein Name verschwinden sollte, so mußte ihr Gedächtnis ganz ausgelöscht werden. Keine Vergebung sollte es geben für diesen Haß, gegen ihn, den Boten Gottes. Jetzt gleich wollte er zu Gott beten:

»Herr hab acht auf mich
und höre die Stimme meiner Widersacher!
Ist's recht, daß man Gutes mit Bösem vergilt?
Denn sie haben mir eine Grube gegraben!
Gedenke, wie ich vor dir gestanden bin,
um für sie zum besten zu reden
und deinen Grimm von ihnen abzuwenden!
So strafe nun ihre Kinder mit Hunger
und gib sie dem Schwerte preis,
daß ihre Frauen kinderlos und Witwen seien
und ihre Männer vom Tode getroffen
und ihre junge Mannschaft im Krieg durchs Schwert getötet werden;
daß Geschrei aus ihren Häusern gehört werde,
wenn du plötzlich Kriegsvolk über sie kommen läßt!«

Jeremia richtete seine Augen auf die Grube, die immer noch offen dalag, als sollte sie sein Grab werden. Dann fuhr er in seinem Bitten um Strafe fort:

»Denn sie haben eine Grube gegraben,
mich zu fangen,
und meinen Füßen Fallen gestellt.
Aber, du Herr, kennst alle ihre Anschläge gegen mich,
daß sie mich töten wollen.
So vergib ihnen ihre Missetat nicht
und tilge ihre Sünde nicht aus vor dir!
Laß sie vor dir zu Fall kommen
und handle an ihnen zur Zeit deines Zorns!«

Baruch kehrte am anderen Tag von seiner Reise zurück. Jeremia erzählte ihm alles. Er ließ seinen Freund das Gebet lesen, das er inzwischen aufgeschrieben hatte. Als Baruch die Bitten las, war er zuerst verwundert, dann entsetzt: »Auch die Frauen und Kinder . . .?« sagte er leise. Die Maßlosigkeit des Vergeltungswunsches seines Freundes erschütterte ihn. Am meisten aber bewegte ihn, daß es keine Barmherzigkeit, keine Vergebung geben sollte. Die Worte des Psalms fielen ihm ein:

»... und vergilt uns nicht nach unserer Missetat.«

Wenn Gott nicht barmherzig wäre gegen unsere Feinde und – gegen uns? Auch gerade gegen uns?
Dieses Gebet wühlte die Seele Baruchs im tiefsten auf. Aber er wagte es nicht, seinem Freund Vorhaltungen zu machen oder ihn zu belehren. Immer noch gähnte in Jeremias Zimmer das Loch. Baruch wußte, wieviel sein Freund von seinen Feinden leiden mußte. Schweigend gab er ihm das Blatt zurück.

Magor missabib

Zwei Priester stiegen die vielen Stufen hinauf, die auf die oberste Plattform des Benjaminturms führten. Der Jüngere, der in respektvollem Abstand dem älteren folgte, war bekleidet mit dem üblichen weißen Priesterkleid, das durch einen blauen Gürtel um die Hüften zusammengehalten wurde. Auf dem Haupt trug er eine weiße, turbanähnliche Mütze. Der Ältere, der voranging, war vornehmer gekleidet. Man hätte zunächst meinen können, es wäre der Oberpriester. Denn er trug über dem weißen Priesterkleid einen purpurfarbenen Ehrenrock mit rotem Gürtel. Auch die Kopfbedeckung war der des Oberpriesters ähnlich.
Als die beiden auf die Plattform des Turms hinaustraten, präsentierte der Soldat, der dort Wache hielt, mit dem Spieß und meldete dem Älteren: »Soldat Ahimaaz, auf Wache auf dem Benjaminturm! Keine besonderen Vorkommnisse!«
Der Mann, der begleitet von seinem Diener eben den Benjaminturm bestiegen hatte, war Paschhur. Seine Kleidung und die Ehre, die ihm gezeigt wurde, wiesen ihn als den zweithöchsten Beamten im Tempel aus. Gleich auf den Oberpriester folgte dem Range nach er. Er hatte die oberste Polizeigewalt über Priester, Propheten und alle Besucher des Heiligtums inne.

Einmal in der Woche stieg Paschhur, der Oberaufseher des Tempels, auf den Benjaminturm. Oft, wenn er die Treppe nach oben stieg, mußte er an seinen Aufstieg vom einfachen Priester in das zweithöchste Amt der Priesterhierarchie denken. Wie viele andere hatte er in seiner steilen Karriere hinter sich gelassen!
Breitbeinig stand Paschhur jetzt oben auf dem Turm. Der Westwind bauschte das purpurne Ehrenkleid auf. Er stieg hier herauf, um einmal in der Woche alles überblicken zu können. So schweiften auch heute seine Augen zunächst hinaus ins Land, das man vom höchsten Turm in Jerusalem aus übersehen konnte. Alle Straßen führten hierher. Dann überblickte er die Stadt selbst, mit der Königsburg und dem Tempel. Lange verweilte sein Blick dort, war doch der Tempel das Herz des Landes. Zuletzt warf er noch einen langen Blick hinüber zum Westhang des Ölbergs. Er suchte die Stätte, wo seine Vorfahren begraben waren. Dort würden einst auch seine Gebeine ruhen, ganz in der Nähe des heiligen Tempels, in einem Ehrengrab. Das war ihm in seinem hohen Amt gewiß.
Oft, wenn er hier oben stand, kamen ihm jene Bilder in den Sinn, mit denen dieses Land und seine Menschen als zu Gott gehörig beschrieben wurden: Eigentum Gottes, Königreich von Priestern, heiliges Volk. Paschhur umschritt die ganze Plattform und faßte noch einmal alles ins Auge. Stolz überkam ihn dann, dies alles in seiner Schönheit zu bewahren und zu befestigen, dazu war er mit den anderen Mächtigen des Landes als Oberaufseher und Tempelhauptmann des Heiligtums berufen.
Jetzt trat der Jungpriester an ihn heran. Er hatte eine Schriftrolle geöffnet, wies auf sie und sprach: »Herr, die Kaufleute warten auf dich in der südlichen Halle des Tempels!«
»Danke, wir gehen sofort«, sagte Paschhur.
Kurze Zeit später betraten sie die südliche Halle. Etwa dreißig Kaufleute, an ihrer Spitze Kaleb, waren versammelt. Sie hatten sich zu einer gewagten Handelsunternehmung zusammengeschlossen. Sehr dringend brauchte man in der Stadt und im Land Eisen. Kaleb hatte erkundet, daß dieses wertvolle Material im Augenblick am billigsten in Tubal, an der Südküste des Schwarzen Meeres, zu erwerben war. Große Gewinne waren zu erwarten für den Fall, daß es gelang, das Eisen von dort einzuführen.
Dazu aber mußten Karawanen zuerst Syrien und dann noch von

den Babyloniern besetzte Gebiete durchqueren. Die wichtigste Voraussetzung für das Gelingen der Unternehmung also war Friede. Kamen aber nicht bedrohliche Nachrichten aus dem Norden? Sprach man nicht davon, daß bald der jetzige Kronprinz Nebukadnezar die Welt erneut in kriegerische Wirren stürzen würde? Und war da nicht die schreckliche Vision Jeremias mit dem von Norden heranbrausenden siedenden Kessel, die immer noch ihr Unwesen trieb?
Die besorgten Kaufleute riefen den hochgestellten Priester heute nicht als Priester, sondern als Propheten an. Denn Paschhur bekleidete ein Doppelamt, er war als Priester zugleich Prophet und hatte auch die Prophetenschule durchlaufen.
Der Oberaufseher des Tempels wandte sich an seinen Begleiter: »Hast du die Rede?« Er überflog sie noch einmal. Dann sprach er zu den Kaufleuten.
Während er sprach, hellten sich alle Gesichter auf. Paschhur bannte alle düsteren Bilder. Scharf rechnete er mit dem Angst verbreitenden Jeremia ab. Er nannte ihn einen Scharlatan und Staatsfeind.
»Friede, Friede; Heil, Heil euch und eurer Unternehmung, im Namen des Herrn!« rief er den Kaufleuten zu.
Kaleb wandte sich an seinen Nachbarn: »Ein Glückskind ist dieser Paschhur, ein Glücksfall für uns!« Der antwortete: »Nicht umsonst hat er so viele Freunde. In seiner Nähe wird es einem wohl. Zuversicht strahlt er aus!«
Nach dieser Rede vor den Kaufleuten wartete schon der nächste Termin. Zehn Zimmerleute in der Stadt hatte Paschhur gebeten, ihm Plan und Kostenvoranschlag für einen »Block« vorzulegen.
In der Ausschreibung hieß es: »Zwei übereinanderliegende Balken mit Öffnungen, um die Füße einzuzwängen; zwei ähnlich gearbeitete für die Arme und schließlich zwei für den Hals. Alle Balken sind durch Scharniere so zusammenzufügen und mit Schlössern zu versehen, daß ein Gefangener darin festgeschlossen werden kann.« Von den zehn Angeschriebenen waren nur drei erschienen, um der Bitte Paschhurs zu entsprechen. Er ließ sich von ihnen die Pläne vorlegen und fragte nach den Kosten. Dann wählte er den Vorschlag aus, der die massivste Bauart vorsah. »Der Block muß bis zum Herbstfest in vierzehn Tagen fertig sein«, sagte er dem Zimmermann, dem er den Auftrag erteilte. »Er wird am Benjamintor, am Hause des Herrn, öffentlich angebracht.«

Am späten Nachmittag vor dem Herbstfest betrat Jeremia mit einem Krug in der Hand seine Wohnung. Er hatte den großen, bauchigen, rotbraunen Krug gerade beim Töpfer gekauft. Jeremia blieb stehen und faßte ihn plötzlich mit beiden Händen. Wie in einer Aufwallung leidenschaftlichen Zorns hob er ihn hoch, als ob er ihn augenblicklich zerschmettern wollte.
Doch ebenso plötzlich hielt er inne. Er stellte das Gefäß vor sich auf den Tisch und setzte sich.
Schon brach die Abenddämmerung herein. Er entzündete eine Lampe. Dann betrachtete er den Krug: den braunen Leib, den Hals, die beiden Henkel.
Ja, er war zu etwas anderem als zur Zerstörung bestimmt. Er war dazu gemacht, etwas aufzunehmen: frisches, erquickendes Wasser, süße Milch, Öl, kühlen Wein. Die Menschen konnten sich seiner bedienen und der Krug gab die Gaben weiter.
Auf einmal weitete sich für Jeremia das Bild. Am liebsten hätte er auf den rotbraunen Leib des Gefäßes gemalt, was er sah: die heilige Stadt mit Königsburg und Heiligtum, ihre Bewohner, das ganze Land. Liebevoll umfaßte Jeremia den Krug mit beiden Händen. Wie dieser bestimmt war, etwas aufzunehmen, so hatte das Volk Gottes die Aufgabe, Gottes Liebe aufzunehmen und weiterzugeben.
Doch dann zeigte sich tiefer Schmerz im Gesicht des Propheten. Was war aus dem Gefäß der Liebe Gottes geworden? Sie kehrten ihrem Gott den Rücken zu und beugten sich vor anderen Göttern. Das Schrecklichste aber war, daß alle Umkehrpredigten nichts genützt hatten. Dafür war Jeremia selbst Zeuge. Was blieb jetzt noch anderes als das Gericht?
Inzwischen war das Licht herabgebrannt und noch immer saß Jeremia, tief in Gedanken versunken. Dann stand er auf. Weil es so mit dem Volk Gottes stand, hatte er den Auftrag bekommen:

»Geh hin und kaufe dir einen irdenen Krug vom Töpfer
und nimm mit etliche von den Ältesten des Volks
und von den Ältesten der Priester
und geh hinaus ins Tal Ben-Hinnom,
das vor dem Scherbentor liegt.«

Schon lief das Geschehen. Schon hatte Jeremia einige Älteste des

Volks und einige Älteste der Priester für morgen früh zum Scherbentor bestellt, um zu ihnen im Auftrag des Herrn zu sprechen.

Das Scherbentor lag noch ganz im Schatten der aufgehenden Sonne. Drei Älteste des Volkes gingen auf das Tor zu. »Was will Jeremia von uns? Warum bestellt er uns hierher?« fragten sie einander. Auch einige Älteste der Priester kamen. Widerwillig näherten sie sich dem Tor. Unweit von hier lag gleich der Schuttabladeplatz, und was noch schlimmer war, das Tofet befand sich in der Nähe. Diese Stätte des Götzendiestes hatte Josia für unrein erklärt. »Was will Jeremia mit uns Priestern am unreinen Ort?« fragte sich jeder. »Da kommt Jeremia!« rief einer der Ältesten.
Jeremias Gesicht war bleich und übernächtigt, die Augen von tiefer Trauer erfüllt. In der Hand trug er den Krug. Er blieb stehen und erfaßte die Ältesten mit einem Blick. Dann hob er den Krug mit beiden Händen hoch und sprach:

»So spricht der Herr Zebaoth:
Wie man eines Töpfers Gefäß zerbricht,
daß es nicht wieder ganz werden kann,
so will ich dies Volk und diese Stadt zerbrechen.«

Und mit diesen Worten zerschmetterte er den Krug vor den Augen der Ältesten, daß nur noch die Scherben vor ihnen lagen. Einige waren entsetzt zurückgewichen, andere hoben die Hände hoch, als wollten sie Unheil abwehren. Denn alle wußten, was das zu bedeuten hatte, was da eben geschehen war. Ein wirkungskräftiges Wortzeichen war das, was Jeremia tat. Mit dem Zerschmettern dieses Kruges war das Unheil über diese Stadt und das Volk bereits in Kraft gesetzt.
Die Ältesten maßen Jeremia mit haßerfüllten Blicken. Ohne ein Wort des Grußes wandten sie sich von ihm ab und gingen in die Stadt zurück. Jeremia blickte noch eimal auf die Scherben zu seinen Füßen. Dann machte er sich auf den Weg zum Tempel.
Im Tempel des Herrn waren viele Menschen zum Fest versammelt. Sie wichen vor Jeremia zurück. Er betrat den Vorhof des Tempels und rief:

»So spricht der Herr Zebaoth, der Gott Israels:
Siehe, ich will
über diese Stadt und über alle ihre Ortschaften
all das Unheil kommen lassen,
das ich gegen sie geredet habe,
weil sie halsstarrig sind
und meine Worte nicht hören wollen.«

Das war keine Bußpredigt mehr, die hatte ihre Zeit gehabt, jetzt kündigte Jeremia der Stadt und dem Land das Eintreffen des Gerichts an.
Paschhur saß gerade in seinem Arbeitszimmer, als ein Diener hereinstürmte: »Herr, Jeremia . . .!« – »Was ist mit ihm?« fragte er ihn. »Er hat vor einigen unserer Ältesten im Scherbentor einen Krug zerschmettert und angekündigt, daß ebenso Gott die heilige Stadt und das ganze Land zerschmettern werde.« – »Was?« rief Paschhur und stand auf. »Hier sind seine Worte; ich habe sie sofort mitgeschrieben«, sagte der Diener und übergab Paschhur ein Blatt.
Paschhur kannte alle Reden Jeremias. Als er diese jetzt las, trat das furchtbare Bild des von Norden heranbrausenden siedenden Kessels wieder vor seine Augen. Er preßte die Lippen zusammen und sein Gesicht wurde hart, als er sagte: »Dem mach ich jetzt ein Ende! Nimm die Torarolle und die Geißel!«
Als das Volk den mächtigen Mann kommen sah, wich es ehrerbietig zur Seite. Mit ungestümen Schritten ging er auf Jeremia zu, legte ihm die Hand auf die Schulter und rief: »Im Namen des Königs! Du bist verhaftet; wegen dieser Worte da!« Dann erhob er seine Stimme: »Das ist Gotteslästerung!«
Er führte Jeremia in den Gerichtsraum an der Südseite des Tempels. »Bindet ihn an der Säule fest!« befahl er seinen Dienern. Dann sagte er zu einem der Diener: »Lies ihm vor, was im Gesetz steht!«
»Wenn der Schuldige Schläge verdient hat, soll ihn der Richter hinlegen lassen und man soll ihm vor dem Richter eine Anzahl von Schlägen geben lassen nach dem Maß seiner Schuld«, las dieser aus dem Gesetzestext. Dann schlug Paschhur mit der Peitsche zu. Vierzigmal!
Jeremia schrie angesichts der schrecklichen Schmerzen, stöhnte, wurde stiller.

Der Diener meinte, Paschhur würde den Verhafteten nach dieser Auspeitschung freilassen, aber er hatte sich getäuscht. »Jetzt in den Block mit ihm!« befahl er.
Die Tempelpolizisten führten den über und über mit Striemen Bedeckten zum oberen Benjamintor. Dort war an der Mauer, unmittelbar am Rand der Straße, auf der täglich Hunderte vorbeigingen, der neue Block angebracht. Jeremia mußte sich auf den Boden setzen. Zuerst wurden seine Beine zwischen die beiden unteren Balken des Blocks gelegt und eingeschlossen. Dann mußte er sich weit nach vorn beugen. Jetzt geschah dasselbe mit den Armen und dem Hals.
Die oberen Balken des Foltergeräts waren nicht parallel zu den unteren angebracht. So kam es, daß Jeremia mit verdrehtem Körper in das Folterinstrument gespannt wurde.
Als das grausame Werk vollendet war, ließ sich Paschhur den Schlüssel geben, mit dem die Scharniere abgeschlossen wurden. Breitbeinig, im vollen Priesterornat, stand er da und blickte stolz auf den gekrümmt daliegenden Jeremia herab.
Er war fest eingeschlossen. Die Striemen, die durch die Geißelhiebe hervorgerufen worden waren, brannten. Die eingepreßten Glieder schmerzten. Krämpfe schüttelten den gekrümmt dasitzenden Mann. Sein Gesicht lag fast im Staub der Straße.
Die Menschen, die vorübergingen, sahen den Propheten. Manche starrten nur auf das armselige Bündel Mensch, das da lag und litt. Andere höhnten: »Da hast du's! Unruhestifter! Schreckensverbreiter! Gotteslästerer!«
Dann kam die Nacht. Es wurde allmählich still auf der Straße. »Paschhur, Paschhur!« stöhnte Jeremia in seiner qualvollen Lage.
Welch ein furchtbarer Gegensatz bestand doch zwischen diesem Mann und ihm. Für Paschhur, den ehemaligen Freund, war er inzwischen nur noch ein Unruhestifter und Gotteslästerer, ein Mann, der Schrecken verbreitete mit seiner Unheilspredigt. Nach dessen Meinung hatte er, Jeremia, eine falsche Vorstellung von Gott. Paschhurs Gott war der wahre, darum mußte er ihn, den falschen Propheten, zum Schweigen bringen.
Immer wieder murmelte Jeremia wie im Fieber: »Paschhur, Paschhur, Gottes Wort läßt sich nicht binden!« Unablässig umkreisten seine Gedanken diesen Mann und sein Geschick. Er konnte sich

vorstellen, wie Paschhur selbst sein künftiges Leben sah. Der Name Paschhur würde in aller Munde sein, denn er war der Priester mit der rechten Theologie. Der Heilsprophet und Glücksbringer für alle. »Paschhur, du bist eine der wichtigsten Säulen des Staats. Deine Heilspredigt ist die Triebkraft des Aufstiegs für ganz Juda«, so rief man ihm zu. Die Güter in der Stadt und die Schätze im Königspalast mehren sich. Wenn er dann alt und lebenssatt stirbt, erhält er als hochverdienter Mann ein Ehrenbegräbnis.
Doch jäh änderten sich die Bilder vor Jeremias Augen: Paschhur tritt auf in vollem Ornat. Doch die Freunde erstarren und fliehen vor ihm. Sie weisen entsetzt auf den Oberaufseher und rufen: »›Magor missabib‹ (Schrecken um und um), das ist sein Name. Das ist sein wahres Wesen, denn sein Wort stürzt uns ins Unglück!« Schon sind die Feinde da, wenn auch noch nicht deutlich zu erkennen ist, wer sie sind und woher sie kommen.
›Magor missabib‹ sieht seine Freunde durchs Schwert der Feinde fallen und muß nun selbst sehen, daß seine Worte Lüge waren. »Fluch dir! Du hast uns mit deinem Wort verführt, du hast die Umkehr verhindert«, rufen ihm die Unglücklichen zu.
Und jetzt sind die Feinde überall. Sie besetzen das ganze Land. Zum ersten Mal sieht Jeremia in dieser furchtbaren Nacht genau, wer die Feinde sind: Babylonier. Sie führen die Einwohner von Juda nach Babel und viele töten sie mit dem Schwert. Die Schätze des Landes werden geplündert. »Dieses Unheil bringen deine Worte über uns! Du bist daran mitschuldig, deine Heilsprophetie hat die falsche Politik des Königs gestützt«, werfen sie ihm vor, die ehemals seine Anhänger waren.
Nachdem ›Magor missabib‹ das alles mitansehen mußte, trifft das Unheil auch ihn selbst. Er und seine Hausgenossen werden gefangen und nach Babylon geführt. »Dort findest du im unreinen Land dein Grab bei den Freunden, die an deiner Lüge zugrunde gegangen sind«, das war der Ratschluß über Paschhurs Leben.
Jeremia war so erschöpft, daß er in kurzen, bleiernen Schlaf sank.

Am Morgen kam Paschhur. Er schaute auf den Zerschundenen herab und der Gefesselte blickte zu ihm hinauf. Paschhur sprach kein Wort. Er war überzeugt, daß Jeremia nach dieser furchtbaren Lehre schweigen würde, darum schloß er die Scharniere auf.

Jeremia konnte sich nur langsam und unter großen Schmerzen aufrichten. Jetzt stand er seinem Peiniger Auge in Auge gegenüber und rief:

»Der Herr nennt dich nicht Paschhur,
sondern ›Magor missabib‹ (›Schrecken um und um‹);
denn so spricht der Herr:
Siehe, ich will dich zum Schrecken machen
für dich selbst und für alle deine Freunde;
sie sollen fallen durchs Schwert ihrer Feinde,
und du sollst es mit eigenen Augen sehen.
Und ich will ganz Juda
in die Hand des Königs von Babel geben;
der soll sie wegführen nach Babel
und mit dem Schwert töten.
Auch will ich alle Güter dieser Stadt
und allen Ertrag ihrer Arbeit
und alle Kleinode und alle Schätze
der Könige von Juda
in die Hand ihrer Feinde geben;
die werden sie rauben,
mitnehmen und nach Babel bringen.
Und du, Paschhur,
sollst mit allen deinen Hausgenossen
gefangen weggeführt werden
und nach Babel kommen.
Dort sollst du sterben und begraben werden
samt allen deinen Freunden,
denen du Lügen gepredigt hast.«

Paschhur fuhr unter dieser schrecklichen Prophezeiung Jeremias zusammen. Die Folter hatte diesen Unheilspropheten also nicht zum Verstummen gebracht. Er wagte es, ihn, den Oberaufseher, persönlich anzugreifen. Einen Augenblick lang war er durch die Drohungen Jeremias weiß im Gesicht geworden, doch dann setzte er ein höhnisches Lächeln auf. Nichts als leeres Gerede, Fieberträume eines Gefolterten, waren Jeremias Worte. Er wollte sich nicht davon beunruhigen lassen.

Eine Woche später stieg der Oberaufseher Paschhur wieder mit seinem Diener hinauf auf den Benjaminturm und blickte über die Stadt und das Land. Als er nach Süden hin über die Stadt schaute, blieben seine Blicke auf dem Scherbentor haften. Dort war die Sache mit dem Krug geschehen. Paschhur hatte den Bericht über das Vorkommnis sorgfältig gelesen.
Und plötzlich sah er den Krug, riesengroß und herrlich bemalt. Das Land, die Stadt, den Königspalast und den Tempel, das alles sah er auf der Außenwand des Kruges. Doch plötzlich wurde er von einer unsichtbaren Hand hochgehoben und dann ... ›Magor missabib‹.

Erfahrungen mit Gott (6)

Im Heiligtum des Herrn zu Jerusalem wurde es ganz still. Alle versammelten Männer, Frauen und Kinder blickten mit großer Aufmerksamkeit zum Altar. Wer nicht in der Mitte des Heiligtums Platz gefunden hatte, reckte den Hals und stellte sich auf die Zehenspitzen, um etwas sehen zu können.
Vor dem Altar war ein Aufbau mit sechs Stufen errichtet worden, auf dem ein Thron stand. Diesen ehrenvollen Platz nahm Prophetenvorsteher Ahia ein. Seine Haare waren weiß und sein Gesicht abgemagert. Die rechte Hand umklammerte fest den Prophetenstab. Es war ein wichtiger Tag für die Stadt und das Land und ein großer Tag für die Propheten. Denn heute gab der greise Prophetenvorsteher sein Amt an seinen Nachfolger weiter.
Dieser würde sogleich zum erstenmal öffentlich in Erscheinung treten.
Der alte Prophetenvorsteher gab ein Zeichen mit seiner linken Hand, da erhob sich in der Schar der hundertfünfzig Propheten, die vor ihm saßen, ein Mann mittleren Alters. Er war groß gewachsen, mit einem eindrucksvollen Gesicht und edel in seinen Bewegungen. »Ehe du ins Amt des Prophetenvorstehers eingesetzt wirst, sage uns vor der ganzen Gemeinde, wer du bist«, sprach Ahia zu ihm. Der Berufene stand auf, ging zu den Stufen des Altars, verneigte sich und wandte sich dann dem Volk zu.

Jugendliches Feuer blitzte aus den Augen des Mannes. Das war der Tag, den er so lange herbeigesehnt hatte. Stolz sagte er:
»Hananja bin ich. Ich stamme aus Gibeon. Laßt mich hier im Heiligtum des Herrn, vor seinem Angesicht, von den guten Erfahrungen erzählen, die ich in meinem bisherigen Leben mit Gott gemacht habe. Sie begannen mit dem Tag meiner Geburt. Von da an hat mich Gott mit seinem besonderen Segen begleitet. Schon in früher Jugend faßte ich den Entschluß, Prophet zu werden. Gesegnet der Tag, an dem ich in die Prophetenschule eintrat. Nichts zwang mich dazu, nicht der Wunsch meiner Eltern, nicht die Sitte. Ich tat diesen Schritt freiwillig. Ich danke Gott für das, was ich lernen durfte aus seinem Wort. Besonders viel verdanke ich der Prophetie Jesajas. Beim Studium dieses Propheten wurde mir deutlich, daß die Weissagung des Heils für diese Stadt und dieses Land von großer Bedeutung ist. Die guten Erfahrungen verdichteten sich in meinem Amt als Prophet hier an diesem Heiligtum. Ich bin zu gering der Ehre, die man mir entgegengebracht hat und die man mir entgegenbringt durch die Berufung in das hohe Amt des Prophetenvorstehers.«
Alle hatten diesem eindrucksvollen Zeugnis gelauscht.
In der hintersten Ecke des Heiligtums stand auch Jeremia, mehr bereit zur Flucht als zum Bleiben.
Inzwischen aber schritt in der Mitte des Heiligtums Hananja feierlich die sechs Stufen hinauf zum Prophetenvorsteher und kniete vor ihm nieder. Ahia legte ihm die Hände auf und sprach: »Hananja von Gibeon! Ich setze dich hiermit ein in das Amt des Prophetenvorstehers. Gott erfülle dich mit seinem Geist, daß du Prophet sein kannst, Mittler des Wortes Gottes für sein Volk. Erhebe dich nun und empfange die Zeichen deines Amtes.« Daraufhin bekleideten ihn zwei seiner Kollegen mit dem schwarzen Mantel des Prophetenvorstehers. Ahia übergab ihm den Prophetenstab und dann eine Schriftrolle mit den Worten des Propheten Jesaja. Dann wandte sich Hananja dem Volk zu:

»Gott ist unsre Zuversicht und Stärke . . .!«

Das ganze Volk fiel in diesen Lobpreis ein:

»... eine Hilfe in den großen Nöten,
die uns getroffen haben!«

Noch während das Volk sang, verließ Jeremia das Heiligtum. Weil er unerkannt entkommen wollte, ging er bis zum Wachttor und lief dann zwischen den Mauern des Tempels und des königlichen Palastes hinunter, um in den ›Ophel‹ zu kommen. Aber er hatte sich getäuscht, denn als er an der Eingangshalle des königlichen Palastes vorübereilen wollte, geriet er in eine große Menschenmenge. Plötzlich hielten ihn kräftige Fäuste fest und eine Stimme hinter ihm sagte: »Halt! Hör an, was der Sänger Serach von dir singt! Das wird dir guttun, denn oft genug mußten wir ja schon widerwillig dich anhören.«
Jetzt erst sah Jeremia an der Mauer der Audienzhalle Serach stehen, einen Straßensänger. Er stand etwas erhöht, mit einem Zeigestab in der Hand. Neben ihm, an der Wand, hingen große Blätter. Serach war durch den Zwischenfall in seinem Vortrag unterbrochen worden.
Sie zerrten Jeremia bis vor ihn hin und sagten: »Schau, wen wir dir hier bringen. Gib ihm eine Sondervorstellung, solch ein Publikum hast du nicht jeden Tag!«
Serach sah den erblaßten Jeremia vor sich stehen. Er lachte laut auf und rief: »Vorhang auf!«
Nun zeigte er Plakat um Plakat, alle mit kräftigen Zeichnungen versehen. Während er mit dem Stab darauf zeigte, sang er:

»Wer steht denn da? Wen seht ihr da?
Das ist doch der Prophet Jeré-mia!
Weiß schon seit vielen Tagen
Nur von Gewalt und Frevel uns zu sagen.«

Nach jeder Strophe sang der ganze Haufen den Kehrvers mit:

»Jeremia aus Anatot,
weissagt als Prophet – doch ohne Gott.«

Mit jeder Strophe, die Serach vortrug, nahm das höhnische Gelächter zu und immer mehr Menschen blieben bei dem Sänger stehen:

»Droht mit n'em Kessel von Norden her!
Das ist der Kernpunkt seiner Lügenmär!
Nennt 'ne Räuberhöhle das Haus des Herrn!
Nein! Gott ist nicht da! Gott ist fern!
Doch so sehr er droht, soviel er spricht.
Pech hat er – sein Wort erfüllt sich nicht.
Was er sagt ist alles eitel Wind,
das kann mit Händen greifen jedes Kind!«

Jeremia erfaßte Todesangst. Hielten seine Feinde nicht schon Steine und andere Wurfgegenstände in den Händen? Hohn und Spott der Menge wurden immer lauter. Jemand warf eine mit Schweineblut gefüllte Blase gegen ihn. Das Blut spritzte ihm ins Gesicht und über sein ganzes Kleid. Serach aber rief:

»Drum geh, Phantast, Mann ohne Glück,
geh schnell nach Anatot zurück!«

Da endlich konnte Jeremia sich losreißen und ins Haus Ahikams flüchten. Er wischte sich das klebrige Blut vom Gesicht. Dann zog er seine verschmutzten Kleider aus und wusch sich. Das alles tat er mechanisch, dann sank er auf sein Bett. Gerade an dem Tag, an dem Hananja erhöht wurde, erlitt er diese Erniedrigung.
Als es schon dunkel geworden war, erhob er sich mühsam, ging zu dem Schrank, in dem er seine Predigten aufbewahrte, suchte zwei Papyrusblätter heraus und legte sie vor sich auf den Tisch. Das erste enthielt die Geschichte seiner Berufung. Er kannte jedes Wort auf diesem unscheinbaren Blatt. Oft hatte er sich in Stunden der Anfechtung daran aufgerichtet, daß Gott mit ihm ist.
Las er das, so entstand in ihm das Bild des treuen Gottes, der zu seinem Wort steht, aber heute – unter dem frischen Eindruck von Hohn und Spott – war dieses Bild in ihm zerbrochen. »Treuer Gott«, lachte Jeremia. »Ein Verführer ist er.« Wie süß, wie einschmeichelnd klangen die Worte seiner Berufung:

»Ich . . . bestelle dich zum Propheten für die Völker«,
»ich bin bei dir und will dich erretten«,
»ich lege meine Worte in deinen Mund.«

Von diesen Worten hatte er sich betören lassen, wie ein Mädchen sich von den Worten seines Freundes betören läßt. Langsam zerriß Jeremia das Papyrusblatt, aber es war keine Leidenschaft in diesem Zerreißen. Eher eine abgrundtiefe Trauer war es, die in seinem Gesicht geschrieben stand.
Dann griff Jeremia nach dem Wacholderzweig, der auf dem Tisch stand. Er erinnerte ihn an das Wort, das auf dem zweiten Blatt stand:

»Ich will wachen über meinem Wort,
daß ich's tue.«

Fast noch heftiger wurde Jeremias Gemütsbewegung.
Er hatte dieses Wort immer so verstanden, daß Gott zur Tat werden läßt, was er in seinem Auftrag sagte. Doch nichts geschah von dem, was er angekündigt hatte.
Und gerade das war ja die Ursache des Hohns und Spotts, den er erleiden mußte. Jeremia zerpflückte den verdorrten Wacholderzweig zu einem Haufen zerfetzter Blätter und Holzsplitter.
Wenn er an die Zukunft dachte, wuchs seine Verzweiflung, denn er wußte, daß es kein Entrinnen von diesem Auftrag gab. Er dachte daran, wie er damals in der Höhle Ahikams versucht hatte, den Prophetenberuf aufzugeben und wie ihn das Wort Gottes so sehr gepeinigt hatte, als würde in seinem Innern ein Feuer brennen. So würden also Hohn und Spott anhalten, weil er gezwungen war, weiter zu predigen. In tiefer seelischer Qual sank Jeremia auf sein Bett.
Am anderen Morgen schrieb er die Erfahrungen dieser Nacht auf:

»Herr, du hast mich überredet,
und ich habe mich überreden lassen.
Du bist mir zu stark gewesen
und hast gewonnen;
aber ich bin darüber zum Spott geworden täglich,
und jedermann verlacht mich.
Denn sooft ich rede, muß ich schreien;
›Frevel und Gewalt!‹ muß ich rufen.
Denn des Herrn Wort
ist mir zu Hohn und Spott geworden täglich.
Da dachte ich:

Ich will nicht mehr an ihn denken
und nicht mehr in seinem Namen predigen.
Aber es ward in meinem Herzen
wie ein brennendes Feuer,
in meinen Gebeinen verschlossen,
daß ich's nicht ertragen konnte;
ich wäre schier vergangen.«

Drei Tage später kam Ebed-Melech von der Gihonquelle zurück, wo er täglich frisches Wasser holte. Der schwarze Sklave kannte den Zustand Jeremias. Er, selbst ein Leidender, hatte gelernt, an der Miene den Bruder im Leid zu erkennen. Als er in der Küche die Wasserkrüge niedersetzte, traf er Jeremia. Dieser hatte schon seit Tagen kein Wort mehr gesprochen und das Haus nicht verlassen.
»Herr«, sagte der schwarze Sklave, »an der Quelle treffe ich Sklaven aus allen Häusern in Jerusalem. Es sind nur hebräische Sklaven. Sie reden frei miteinander, weil sie meinen, ich verstünde ihre Sprache nicht.« – »Was willst du mir sagen, Ebed-Melech?« fragte Jeremia.
»Wirst du es ertragen können, Herr, in deinem Zustand?« versuchte der Schwarze sich zu vergewissern. »Schlimmeres als das, was ich schon erlebt habe, kann nicht geschehen«, antwortete ihm Jeremia. »Also sprich!«
»Sie geben dir einen Spottnamen ›Magor missabib‹. Kannst du das verstehen?« fragte Ebed-Melech. Jeremia erklärte: »Im Auftrag Gottes habe ich Paschhur so genannt, nun verhöhnen sie mich damit. Ist das alles, was du gehört hast?«
»Die Propheten fordern, dich zu verklagen«, fuhr der Diener fort.
»Sie haben vor, mich vor dem königlichen Gericht anzuklagen«, sagte Jeremia nachdenklich. Nun wurde Ebed-Melech eindringlich.
»Hüte dich vor deinen Freunden«, warnte er, »denn sie werden dich dazu verleiten, daß du etwas gegen den König sagst. Sie sagen: ›Vielleicht läßt er sich überlisten, daß wir ihm beikommen können und uns an ihm rächen.‹« – »Das ist mir auch bekannt«, antwortete ihm Jeremia.
Dann sprach Ebed-Melech: »Es ist eine große Sitzung beim König. Wie ich gehört habe, sind alle führenden Männer eingeladen. Es geht dabei um dich. Die Sklaven sprachen vom ›Abschneiden‹.«
Jeremia zuckte zusammen.

Ein furchtbarer Gedanke stieg in ihm auf: »Sollten sie . . .«, doch er wehrte sich dagegen, diesen Gedanken weiter zu denken.
Plötzlich fiel der Sklave vor Jeremia auf die Knie und bat: »Geh, flieh, verlaß die Stadt! Der Herr wird mit dir sein!«
Jeremia hob den Knienden auf und sagte: »Beruhige dich, Ebed-Melech. Ich kann die Stadt nicht verlassen. Es wird mir nichts geschehen.«
Als Jeremia am späten Abend an Ebed-Melechs Zimmer vorbeiging, hörte er, daß der Sklave laut betete. Deutlich vernahm Jeremia die Worte:

»Nach dir, Herr, verlanget mich,
mein Gott, ich hoffe auf dich.
Um deines Namens willen, Herr,
vergib mir meine Schuld, die groß ist.«

Da überkam Jeremia das Gefühl tiefer Scham. Hatte dieser schwarze Sklave nicht ein viel härteres Los zu tragen als er? Er hatte die Freiheit verloren und mußte fern seiner Heimat lebenslang als Sklave dienen, dennoch hielt er fest im Vertrauen auf Gott, der ihn so unverständliche Wege geführt hatte.
Jäh änderte sich jetzt auf einmal Jeremias Stimmung und er fühlte sich plötzlich frei und losgelöst wie ein Vogel, der in einem tiefen Brunnenschacht gefangen war und nun frei nach oben flog. Wie aus unsichtbarer Quelle wuchs ihm neues Vertrauen auf Gott zu. In seinem Zimmer angekommen, kniete er nieder. Tief beugte er sein Haupt, denn er wußte, in welch große Schuld er geraten war. Dann betete er aus tiefstem Herzen die Psalmworte, die eben Ebed-Melech gesprochen hatte:

»Nach dir, Herr, verlanget mich,
mein Gott, ich hoffe auf dich.
Um deines Namens willen, Herr,
vergib mir meine Schuld, die groß ist.«

Dann schrieb er auf:

». . . ich höre, wie viele heimlich reden:

›Schrecken ist um und um!‹
›Verklagt ihn!‹
›Wir wollen ihn verklagen!‹
Alle meine Freunde und Gesellen lauern,
ob ich nicht falle:
›Vielleicht läßt er sich überlisten,
daß wir ihm beikommen können
und uns an ihm rächen.‹
Aber der Herr ist bei mir wie ein starker Held,
darum werden meine Verfolger fallen
und nicht gewinnen.
Sie müssen ganz zuschanden werden,
weil es ihnen nicht gelingt.
Ewig wird ihre Schande sein
und nie vergessen werden.«

Noch als er die letzten Worte schrieb, stiegen wieder düstere Gedanken in ihm auf: »Was jene Sklaven wohl mit dem ›Abschneiden‹ gemeint hatten?« fragte er sich.
In diesen Tagen starb Ahikam.

Eine Woche später feierte Jeremia seinen fünfzigsten Geburtstag. Am Vormittag traf ein Brief Baruchs ein, der im Auftrag des Königs nach Napata in Nubien gereist war. Baruch schrieb ihm:
»Schwere Lasten mußt Du tragen, Jeremia. Ich weiß, was Du leiden mußt. Dennoch sehe ich den Tag Deiner Geburt als einen gesegneten Tag an. Hat ihn nicht Gott zu einem Tag des Heils bestimmt? Denk nur an die Eingangsworte Deiner Berufung. Dein Geburtstag ist ein gesegneter Tag. Ein gesegneter Tag für mich, weil ich Dein Freund sein darf, ein gesegneter Tag aber auch für unser Volk, denn durch Dich wird meines Volkes, ja aller Menschen Erkenntnis von Gott vertieft.«
Dieser Brief versetzte ihn in eine wehmütige, von seinem geschwächten Zustand herrührende Stimmung.
Kurze Zeit später kam der Sklave in großer Aufregung herein und sagte: »Herr, drei hohe Beamte des Königs wollen dich sprechen.«
»Wer ist es denn?« fragte Jeremia. »Paschhur, der Tempelhauptmann, der neue Prophetenvorsteher Hananja und der Richter

Oreb«, gab ihm Ebed-Melech zur Antwort. »Du sollst hinunterkommen in den Vorhof.« Das bedeutete Schlimmes. Jeremia kleidete sich an, dann ging er zögernd die Treppe hinunter in den Vorhof.

Da standen die drei Abgesandten, Freunde von einst, und schauten ihn mit haßerfüllten Blicken an. Der Richter Oreb trug den Zweig eines Ölbaums bei sich. »Was hatte das zu bedeuten?« fragte sich Jeremia.

Paschhur, der in der Mitte stand, führte das Wort: »Wir sind gekommen, dir den Beschluß des königlichen Gerichts mitzuteilen.«

Jeremia war von dieser Ankündigung so überrascht, daß ihm alles Blut aus dem Gesicht wich. Ein Beschluß des königlichen Gerichts? Eine furchtbare Ahnung stieg in ihm auf und schnürte ihm die Kehle zusammen.

Feierlich öffnete Paschhur eine große Schriftrolle:

»An Jeremia aus Anatot!

Das königliche Gericht unter dem persönlichen Vorsitz des Königs hat über Dich einstimmig folgendes Urteil gefällt:

Du hast wiederholt dem Heiligtum Gottes, dieser Stadt und dem ganzen Land schweres Gericht und sogar den Untergang angedroht. Da dies aber Gottes Heiligtum, seine Stadt und sein Volk ist, hast Du mit diesen Worten Gott selbst angegriffen. Damit bist Du eine schwere Belastung für die ganze Gemeinschaft geworden. Deine Sünde verunreinigt auch uns und solange Du unter uns bist, ist unser Gottesdienst nicht in Ordnung.

Im Gesetz heißt es: Wenn aber ein einzelner aus Vorsatz frevelt, es sei ein Einheimischer oder ein Fremdling, so hat er den Herrn geschmäht. Er soll ausgerottet werden aus dem Volk. Deshalb schneiden wir Dich hiermit von der Gemeinschaft des Gottesvolkes ab und übergeben Dich dem Gericht Gottes.«

Bei diesen Worten nahm Paschhur den Zweig des Ölbaums, den Oreb trug. Mit einem scharfen Messers schnitt er ein Stück ab, warf es Jeremia vor die Füße und rief: »Verdorre! Zum Zeichen dafür, daß du ein Fluchträger bist, ist es dir künftig bei strenger Strafe verboten, das Heiligtum zu betreten!« Paschhur drückte dem wie versteinert dastehenden Jeremia das Blatt mit dem Urteil in die Hand. Dann wandten sich alle drei zur Tür und verließen grußlos das Haus.

Jeremia starrte auf den Ölzweig zu seinen Füßen, dann wandte er sich um und stieg die Treppe hinauf. Welch eine furchtbare Schande hatte ihn getroffen. Er, der Priestersohn, war ausgeschlossen aus dem Heiligtum, verstoßen von seinem Volk und zum Verdorren bestimmt. Diese Schmach kam allein von dem Auftrag, den er gezwungen war auszuführen. Wie mit Ketten war sein Leben an ihn geschmiedet. Ausweglos war alles. Noch bevor er sein Zimmer betrat, bestürmten ihn gräßliche Bilder.

König Saul fiel ihm ein, der sich auf den Höhen von Gilboa in ähnlich auswegloser Lage in sein Schwert gestürzt hatte.

Er dachte an Ahitofel, den Ratgeber Davids, der sich in seinem Haus erhängte, als er seine Pläne gescheitert sah. Sollte er sich nicht auch so von seinem Auftrag trennen, indem er seinem Leben ein Ende setzte?

Er trat in sein Zimmer und schloß die Tür hinter sich ab. Heftig pochte sein Herz. »Gott, Gott, du bist die eigentliche Ursache meiner Not!« schrie er. Mühsam bändigte Jeremia seine Erregung, dann fiel sein Blick auf Baruchs Brief. Bitter sprach er: »Ein gesegneter Tag, mein Geburtstag!« Ja, wenn das ein Leben auch nur des bescheidensten Erfolges gewesen wäre, dann könnte man diesen Tag als Ursprung dieses Erfolges ansehen, aber so?

Und da brach es plötzlich aus seinem gequälten Herzen heraus:

»Verflucht sei der Tag,
an dem ich geboren bin;
der Tag soll ungesegnet sein,
an dem mich meine Mutter geboren hat!
Verflucht sei,
der meinem Vater die gute Botschaft brachte
und sprach: ›Du hast einen Sohn‹,
so daß er ihn fröhlich machte!«

Dieser Narr! Wenn er gewußt hätte, welches Unheil mit diesem Tag begann. Dem radikalen Untergang sollte dieser Tag verfallen. Wie Sodom und Gomorra sollte er von Gott vernichtet werden, ohne Erbarmen. Alles Unheil wälzte Jeremia auf diesen Tag – Naturkatastrophe und Krieg:

»Der Tag soll sein wie die Städte,
die der Herr vernichtet hat ohne Erbarmen.
Am Morgen soll er Wehklage hören
und am Mittag Kriegsgeschrei,
weil er mich nicht getötet hat im Mutterleibe,
so daß meine Mutter mein Grab geworden
und ihr Leib ewig schwanger geblieben wäre!«

Auf einmal stand ihm sein ganzes verfehltes Leben vor Augen. Er sehnte sich, zu sterben, und schrie unter Tränen:

»Warum bin ich doch aus dem Mutterleib hervorgekommen,
wenn ich nur Jammer und Herzeleid sehen muß
und meine Tage in Schmach zubringe!«

IV

Der Becher des Zorns

Karkemisch

Auf der Straße, die von Hazor aus zum See Genezareth führte, preschte ein Reiter nach Süden. Seraja war Hauptmann in der judäischen Armee und ein Sohn des Fürsten Asriel. Die Erschöpfung eines langen Ritts sah man dem Gesicht des jungen Mannes an. Seine Kleidung war über und über verstaubt. Er kam von Karkemisch und wollte heute noch Bet-Schean errreichen. Sein eigentliches Ziel aber war Jerusalem. Er hatte eine entscheidende Nachricht zu überbringen.

Seit Wochen lag eine unheilvolle Spannung über dem Zion. Der Name der Stadt Karkemisch war in aller Munde, denn dort standen sich jetzt die Giganten gegenüber, Ägypter und Babylonier. Die Entscheidungstunde nahte, und vom Ausgang des Kampfes hing auch das weitere Schicksal Judas ab.

Schon vor Wochen war Pharao Necho selbst mit einem gewaltigen Heer auf der Küstenstraße nach Norden gezogen. Er hatte König Jojakim, und seine ganze Regierung nach Aschkelon bestellt, denn sie sollten die riesige Armee, über die der Pharao verfügte, mit eigenen Augen sehen, damit ihnen jede Lust zu einem möglichen Aufstand verginge. Auch wurden drei Tausendschaften judäischer Soldaten dem großen Kampfverband Pharaos eingegliedert. Hauptmann Seraja wurde damals ins Hauptquartier Pharaos abkommandiert. Die ägyptische Garnison in Jerusalem bestand dagegen nur noch aus wenigen, meist invaliden Soldaten.

Auf der Ebene nördlich der Stadt ließ der Pharao zuerst sein ganzes Heer an Jojakim und den anderen verbündeten Königen vorbeimarschieren. Leichte und schwere Infanterie zog vorüber, dann folgte die Reiterei und zuletzt rasselten endlos scheinende Kolonnen mit Streitwagen vorbei. Noch nie hatte ein Mensch ein so großes Heer gesehen.

Nach der Parade sprach der Pharao im großen Saal der Burg von Aschkelon zu den verbündeten Königen und ihren Fürsten: »Die Babylonier sammeln große Kräfte bei Karkemisch. Unsre Späher melden, daß der Angriff unmittelbar bevorsteht. Ich will diesem Knaben Nebukadnezar nicht weichen. Nicht nur erheben wir den Anspruch auf Vorherrschaft in Kanaan und Syrien, denn Kanaan ist die Türschwelle zum ägyptischen Haus und Syrien ist sein Vorhof, sondern wir erheben darüber hinaus Anspruch auf die Weltherrschaft. Erst, wenn ägyptischer Geist die ganze Welt durchtränkt, wird Friede sein. So wie der Nil im Frühjahr über die Ufer tritt und alles fruchtbar macht, komme ägyptischer Geist über die ganze Welt und erwecke in ihr neues Leben zum Heil der Völker. Karkemisch wird der Wendepunkt in der Geschichte der Welt. Wir werden dort Geschichte machen und ihr seid daran mit euren Streitkräften beteiligt. Heil und Segen jedem Volk, das uns unterstützt! Schwerste Strafen aber allen, die uns bei diesem Kampf in den Rükken fallen!« Danach mußten alle Verbündeten dem Pharao aufs neue Treue schwören.

Ebenfalls vor vier Wochen, genau zu derselben Zeit, als der Pharao in Aschkelon Heerschau hielt, jagte im fernen Mesopotamien auf der Straße von Nippur nach Babylon ein Streitwagen auf der fast schnurgeraden Straße von Ur nach Babylon dahin. Sechs Reiter folgten ihm. In der Nähe des Euphrat herrschte Bodennebel, so daß keine Fernsicht möglich war.
Der junge, sportliche und edel aussehende junge Mann an der Seite des Wagenlenkers fragte: »Wie weit ist es noch bis Babylon?«
»Prinz, wenn der Nebel fällt, können wir den Turm von Babylon sehen«, antwortete der Wagenlenker. Der junge Prinz war der Kronprinz Nebukadnezar. Er kam vom Krankenlager seines Vaters Nabopolassar und war jetzt unterwegs zum Heer nach Karkemisch. Endlich fiel der Nebel und die Sonne brach hervor. Wie ein Phantom ragte nun in der Ferne der Turm von Babylon in den Himmel. Er schien über den Wolken zu schweben. »Fahre bis zum Turm!« gebot der Prinz. An den Stadtmauern angekommen, nahm der Kronprinz sich kaum Zeit, die Meldung des wachhabenden Offiziers am Marduktor entgegenzunehmen. Er fuhr sofort weiter bis zu der Mauer, die den Tempelbereich mit dem Turm umgab.
Der Oberpriester eilte mit seinen Dienern herbei um den Kronprinzen zu begrüßen und seine Befehle entgegenzunehmen.
»Führe mich hinauf!« befahl der Prinz. Der Oberpriester wollte Einwände vorbringen, doch der Kronprinz erstickte sie: »Der König von Babylon ist der Vertraute Marduks. Er darf seinen Turm betreten!«
Zu dritt stiegen sie die Treppe hinauf, die auf die erste der sieben

Terrassenstufen des Turms führte. Der Oberpriester konnte dem ungestüm voraneilenden Kronprinzen fast nicht folgen, der bereits die dritte Terrasse erreicht hatte. Mit jeder Stufe konnte man weiter ins Land hinaus sehen.

Als sie endlich vor dem Hochtempel auf der siebten Terrassenstufe standen, meinte der Oberpriester, der Kronprinz wäre am Ziel seiner Wünsche. Doch nachdem dieser kurze Zeit in Andacht vor dem Heiligtum verharrt hatte, rief er: »Ich will ganz nach oben steigen!«

Der Oberpriester erschrak über die Kühnheit dieser Bitte. Doch Nebukadnezar befahl ihm: »Zeige mir den weiteren Aufstieg!« Der Oberpriester wies dem Kronprinzen und seinem Begleiter eine schmale Treppe, über die man bis auf die Spitze des Turms steigen konnte.

Als sie oben auf der Plattform standen, bot sich ihnen ein überwältigender Anblick. Ringsum, in der Nähe und in der Ferne, sah die Landschaft aus wie ein einziger gepflegter Garten, mit unzähligen Kanälen wie von Adern durchzogen, die sich alle bis auf den Euphrat zurückführen ließen, der sich im Westen wie ein grausilbernes Band in der Ebene erstreckte. Im Osten konnte man an einer leichten Dunstkette den Lauf des Tigris erahnen. Während im Osten und Westen in weiter Ferne Berge den Blick begrenzten, konnte das Auge nach Südosten und Nordwesten ungehindert schweifen.

Der Kronprinz und sein Begleiter waren von dem Anblick so ergriffen, daß sie zunächst nur schweigen konnten, ganz ins Schauen versunken. Dann sprach der Kronprinz: »Wo liegt Karkemisch?«

Der junge Offizier wies mit der Hand, genau entgegen dem Lauf des Euphrat, nach Nordwesten: »Dort, Majestät.« – »Breite die Karte auf dem Boden aus!« befahl ihm der Prinz. Der Hauptmann entfaltete auf dem Boden eine Karte und orientierte sie am Lauf des Euphrat.

Der Kronprinz kniete sich nieder, griff in seine Tasche und holte eine große Menge kostbarer durchsichtiger Steine heraus. Er legte sie auf das Zweistromland bei Karkemisch und sagte: »Das ist mein Heer, Hauptmann!« Dann schob er die Steine über Karkemisch weg mit scharfem Ruck nach Westen bis ans Mittelmeer, dann ungestüm nach Süden über Byblos, Tyrus, Jerusalem bis tief nach Ägypten hinein. Er erhob sich und sprach stolz: »Ich will mir die Welt erobern!«

Inzwischen war Seraja, nach einer Rast in Bet-Schean, mit der entscheidenden Nachricht so weit gekommen, daß man ihn von Jerusalem aus sehen konnte. Der Posten auf dem Benjaminturm erspähte ihn zuerst und meldete seine Beobachtung sofort dem wachhabenden Offizier.
Mehrere Treppenstufen auf einmal nehmend eilte dieser auf den Turm. Etwas bang fragte er: »Was für Nachrichten wird Seraja bringen? Unser aller Schicksal hängt davon ab!«
Die Nachricht vom Nahen des Boten verbreitete sich schnell in der ganzen Stadt. Die Spannung in Jerusalem war groß, denn einige Tage nach dem Abmarsch des Pharaos von Aschkelon nach Karkemisch waren in der Stadt plötzlich mehrere Blätter mit einem Gedicht aufgetaucht.
»Hört, das sind die Befehle des Pharao an seine Truppen!« sagte jemand. Dann las er:

»Rüstet Rundschild und Langschild
und zieht in den Streit!
Spannet Rosse an und laßt Reiter aufsitzen,
setzt die Helme auf und schärft die Spieße
und ziehet Panzer an!«

Dann, nachdem sich der Vorlesende vergewissert hatte, daß kein Ägypter anwesend war, sprach er: »Jetzt aber geht es ganz anders weiter:

›Wie kommt's aber, daß ich sehe,
daß sie verzagt sind und die Flucht ergreifen
und ihre Helden erschlagen sind?
Sie fliehen und wenden sich nicht mehr zurück.
Schrecken um und um! spricht der Herr.
Der Schnelle kann nicht entfliehen
noch der Starke entrinnen.
Im Norden am Euphratstrom sind sie gefallen
und niedergestreckt.
Wer ist's, der emporstieg wie der Nil,
und seine Wasser wälzten sich dahin wie Ströme?
Agypten stieg empor wie der Nil,

und seine Wasser wälzten sich daher wie Ströme,
und es sprach: ›Ich will hinaufziehen, das Land bedecken
und die Städte verderben samt denen, die darin wohnen.‹
Wohlan, setzt euch auf die Rosse, rennet mit den Wagen,
lasset die Helden ausziehen,
die von Kusch und aus Put, die den Schild führen,
und die Schützen aus Lud!
Denn dies ist der Tag Gottes, des Herrn Zebaoth,
ein Tag der Vergeltung,
daß er sich an seinen Feinden räche . . .
Geh hinauf nach Gilead und hole Balsam,
Jungfrau, Tochter Ägypten!
Aber es ist umsonst, daß du viel Heilmittel gebrauchst;
du wirst doch nicht heil . . .!«

Obwohl man lange nichts von Jeremia gehört hatte, klang dieser Text ganz nach ihm. Es war die Rede von einer Niederlage des Pharao. Seine Pläne der Welteroberung würden zunichte. Herr der Geschichte war allein der Gott Israels. Und dann wiederholte der Text, die Worte Jeremias gegen Paschhur, den Tempelhauptmann.
Zwiespältig nahmen die Bürger Jerusalems diese Worte auf. Soviel hatte Jeremia schon gesagt und nichts war davon eingetroffen. Ob er diesmal recht haben würde?

Seraja ritt zum Benjamintor hinein. Fast vermochte er sich nicht mehr im Sattel zu halten. Die Menschen standen dichtgedrängt und riefen: »Seht nur, er ist verwundet!« – »Ihm steht noch der Schrekken der Schlacht ins Gesicht geschrieben!« – »Wie ist's ausgegangen Seraja?«
»Das Heer des Pharao wurde bei Karkemisch vernichtend geschlagen.« antwortete Seraja. »Da, diese Wunde stammt von Nebukadnezars Schwert, der uns bis nach Hamat verfolgt hat. Nur ich konnte entrinnen, um dem König Meldung zu machen«.
Den Boten mit der großen Nachricht in ihrer Mitte drängte das Volk zum Königspalast. Immer mehr Menschen kamen hinzu. Noch konnten sie die Schicksalswende nicht fassen.
Da stand auf einmal Jeremia auf den Stufen, die zum Königspalast hinaufführten. Der fast zu Tode Gehetzte, dem man das Leben zur

Hölle machte, bis hin zur Ausstoßung aus dem Heiligtum, erschien ihnen nun wie einer, der von den Toten auferstanden ist. In seinem Gesicht standen Erfahrungen geschrieben, die keiner je gemacht hatte. Heute schrie ihn keiner nieder und niemand verspottete ihn. Mancher, der Jeremia persönlich angegriffen hatte, verbarg sich hinter seinem Vordermann. Sie dachten an die Beleidigungen, die Jeremia auf diesem Platz einstecken mußte, und es wurde ganz still unter ihnen. Da sprach Jeremia:

»Vom dreizehnten Jahr des Josia an,
des Sohnes Amons, des Königs von Juda,
ist des Herrn Wort zu mir geschehen bis auf diesen Tag,
und ich habe zu euch nun dreiundzwanzig Jahre lang
immer wieder gepredigt,
aber ihr habt nie hören wollen, wenn er sprach:
Bekehret euch, ein jeder von seinem bösen Wege
und von euren bösen Werken,
so sollt ihr in dem Lande,
das der Herr euch und euren Vätern gegeben hat,
für immer und ewig bleiben.
Aber ihr wolltet mir nicht gehorchen,
spricht der Herr.
Weil ihr denn meine Worte nicht hören wollt,
siehe, so will ich ausschicken
und kommen lassen alle Völker des Nordens,
spricht der Herr,
auch meinen Knecht Nebukadnezar, den König von Babel,
und will sie bringen über dies Land
und über seine Bewohner
und über alle diese Völker ringsum
und will an ihnen den Bann vollstrecken,
so daß dies ganze Land wüst und zerstört liegen soll.
Und diese Völker
sollen dem König von Babel dienen siebzig Jahre.«

Keiner sprach ein Wort. Alle hatten Jeremias Bild vom siedenden Kessel vor Augen.

Das Weltgericht

Baruch fuhr zum ersten Mal in seinem Leben auf der berühmten moabitischen Königsstraße. Sie führte aus dem tiefen Arnontal gegenüber Dibon heraus und in vier Kehren steil hinauf auf die moabitische Hochebene. Als Baruch diese erreichte, ragten vor ihm im Westen die Gipfel des Abarimgebirges auf, nach Osten zu senkte sich die Hochfläche bis zur Wüste. Baruch fuhr über Dannea und Rabbat-Moab auf die Hauptstadt des Landes zu.

Nach Süden stieg die Königsstraße nun langsam an. Endlich erschienen auf einem Felsen mächtige Mauern und Türme. Baruch fuhr nach Kir-Heres hinauf, in die moabitische Königsstadt. Auf der höchsten Stelle der Stadt lag die Königsburg, eine Festung innerhalb der festungsähnlichen Stadt.

Dort versammelten sich die mit Ägypten verbündeten Könige, um über die Lage nach der Schlacht bei Karkemisch zu beraten. So viele Könige und hohe Herren hatte Baruch noch nie um einen Tisch sitzen sehen. Da saß zuoberst der Abgesandte des Pharao, der selbst in Ribla, seinem Hauptquartier, unabkömmlich war. Neben ihm hatten die Stadtkönige von Aschkelon und Gaza Platz genommen, dann folgten die Könige von Ammon und Edom. Die Häuptlinge von Hazor und von Kedar, aus den Ländern nördlich des Sees Genezareth schloßen sich an. Die beherrschende Gestalt aber war der Gastgeber, der König von Moab. Er war ganz nach ägyptischer Mode gekleidet. Nur seine Kopfbedeckung, eine hohe, oben abgeflachte Krone, entsprach moabitischer Sitte.

Die versammelten Herren waren zwar vom Sieg Nebukadnezars bei Karkemisch beeindruckt, aber keineswegs beunruhigt. Wären irgendwo Ängste gewesen, Eglon, König von Moab, hätte sie zerstreut. Mit einem großen Gelage zeigte er seinen Gästen zuerst, daß Moab ein Weinland war, danach aber führte er sie hinauf auf den höchsten Turm der Burg. Dort bot sich allen ein wahrhaft königlicher Anblick. Wie mächtige Schildwachen standen im Süden und Westen die höchsten Gipfel des Abarimgebirges. Nach Osten zu schweifte der Blick über die Hochebene von Alt-Moab bis er sich im Dunst über der Wüste verlor.

Aber nicht um die Natur zu betrachten, hatte der König seine Gäste hier heraufgeführt. Er wies auf Berggipfel und Hochebene und

sprach voll Stolz: »Seht, welch einzigartige Lage Moab hat, schon die Natur macht es zu einer Festung! Zum Glück liegt es außerdem nicht an den großen Verkehrswegen, sondern seitab.«
Dann machte er seine Gäste auf die Festungen seines Landes aufmerksam, die man von hier aus sehen konnte. »Da, im Süden liegen die Burgen Eglajim und Iljiin-Abarim. Schaut nach Norden, seht ihr da die Festungen Dinon und Rabbat-Moab? Das alles ist aber nur ein Bruchteil der Burgen und Festungen meines Landes.
König Eglon erhob seine Stimme: »Moab ist unbezwingbar, wir verlassen uns auf unsre Burgen und Festungen, sie sind uns ein sicherer Schutz, deshalb kann kein Feind das Land erobern«.
Dann zeigte er hinunter in den Schloßhof. Dort übten Soldaten: »Seht mein Heer! Nicht nur waffengeübt ist es, sondern auch tapfer«. Dann machte Eglon eine weitausholende Geste: »Was ich von Moab gesagt habe, ist das nicht auch bei euch allen so?« Jeder stimmte ihm zu. Sie alle konnten sich auf ihre eigenen Städte und ihre eigene Weisheit verlassen.
König Eglon rief: »So stellt euch denn in einen Kreis, zieht die Schwerter und laßt sie einander bei der Spitze berühren. Dann schwört: »Wir verlassen uns auf unsere Burgen; wir verlassen uns auf unsre eigene Kraft!«
Wenige Augenblicke nach dieser feierlichen Szene kam es an demselben Platz auf der Zinne der Burg des Turms zu einem peinlichen Zwischenfall. König Eglon befahl einem seiner Diener: »Rufe die Priester; sie sollen unsren Gott Kemosch bringen, daß wir ihn verehren und um seinen Beistand bitten!«
Die Priester trugen das Bild des Gottes herbei. Mit der Linken hielt er eine Lanze vor der Brust und auf dem Haupt trug er einen Helm mit hinten herabhängendem Helmband. Als das Gottesbild gebracht wurde, sanken alle auf die Knie, nur Baruch nicht. Unvergeßlich hatte es sich ihm aus dem Gesetzbuch eingeprägt: »Höre Israel, der Herr ist unser Gott, der Herr allein . . .!« Er selbst war dabeigewesen, als König Josia den Altar des moabitischen Gottes Kemosch auf dem Berg östlich von Jerusalem zerstören ließ.
König Eglon war zwar schon etwas betrunken, dennoch sah er, daß Baruch nicht niederkniete. Diese Schmähung des Gottes Moabs erregte seinen Zorn. Er herrschte ihn an: »Auf die Knie Judäer!« Baruch antwortete: »Der Gott Israels verbietet andere Götter anzubeten«.

Jetzt fing König Eglon an zu schreien. Er höhnte: »Der Gott Israels! Ja ich weiß es, ihr sagt: Er ist der Herr der Welt! Aber was tut dieser angeblich so mächtige Gott? Israel ist schon zerstört, das doch auch sein Volk war, und Juda wird es nicht besser gehen«. Jetzt wandte er sich in höchster Wut nach Nordwesten als wäre nicht Baruch sein eigentlicher Widersacher sondern jemand ganz anderes. Dort konnte man über ein Tal und über das Tote Meer hinweg die Berge von Jerusalem sehen. Der König schüttelte die Faust und schrie: »Fluch dir, Gott Israels! Was bist du angesichts meiner Stärke?« Und die versammelten Könige und Abgesandten stimmten in seine Fluchworte mit ein.

Als Baruch von Moab zurückkehrte fand er Jeremia gekräftigt und voll Angriffsgeist. Er erzählte ihm zuerst alles, was er in Kir-Heres erlebt hatte. Was Jeremia hörte, erregte ihn sehr. Baruch aber fuhr fort: »Laß mich dir eine Frage stellen, die mich seit meinem Zusammenstoß mit König Eglon nicht mehr zur Ruhe kommen läßt!«

»Sprich!« forderte ihn Jeremia auf. Baruch sagte: »Du hast bisher unsrem Volk Gericht angesagt, und das mit Recht, denn Gott hat uns berufen ein Segen zu sein für die Völker, wir aber sind von ihm abgefallen. Das gerechte Gericht Gottes, der fliegende Kessel, kommt über uns. Was ist dann mit dem, was der König von Moab gesagt hat? Dieser Geist des Hochmuts und der Lästerung bleibt er ungestraft?« – »Was gehts mich an?« entgegnete Jeremia. »Meinem Volk predige ich; seine, unsre Sünde decke ich auf!«

Baruch schaute seinen Freund verwundert an. Dann breitete er auf dem Tisch eine Karte aus, auf der Juda und die Nachbarvölker verzeichnet waren, und fragte: »Bist du etwa nur zum Propheten für Juda berufen? Amos und Jesaja haben auch Unrecht und Übermut der Völker bestraft. Denk an den ersten Auftritt von Amos in Samaria oder lies, was Jesaja gegen Assur und Ägypten gesagt hat! Sie waren Propheten auch für die Heiden. Und du erst? Muß ich dich daran erinnern, daß du zum Völkerpropheten bestimmt bist! Du kannst nicht nur auf Juda schauen, du mußt hinausblicken in die Völkerwelt. Bezeuge ihnen Gottes Gerechtigkeit!« Baruch ging und Jeremia blieb voll Unruhe zurück. Er stand auf und ging zu dem Schrank, in dem er seine Reden und andere persönlichen Gegenstände aufbewahrte. Als er den Schrank öffnete, fiel sein Blick plötzlich auf den Kelch, den ihm Jabal, der Silberschmied, vor über zwanzig Jahren gegeben hatte. Er holte ihn, einer plötzlichen Eingebung folgend, heraus und stellte ihn auf den Tisch, auf dem noch die Karte lag. »Dieser Geist des Hochmuts und der Lästerung blieb er ungestraft?« fragte er sich.

Fast gewaltsam verdrängte Jeremia die Frage und versuchte sich auf den Becher zu konzentrieren. Zwei Szenen fielen ihm ein, wenn er ihn betrachtete. Wie erfrischte an heißen Tagen ein kühler Trank aus dem Becher? Aber auch ein anderes Bild stieg in ihm auf: Er sah einen Mann aus Anatot durch den Ort torkeln, dann zu Boden stürzen. Der Mann war betrunken, auch dazu konnte der Trank aus dem Becher führen. Und wieder wurden Jeremias Gedanken unwiderstehlich von Baruchs Frage angezogen: »Dieser Geist des Hochmuts und der Lästerung bleibt er ungestraft?«

Noch einmal gelang es Jeremia die Frage zu verdrängen und zwei andere Bilder traten jetzt vor sein inneres Auge: Ein Priester stand am Altar. Hoch erhob er einen Kelch und rief: »Wer aus diesem Kelch trinkt mit gläubigem Herzen, der hat Anteil an Jahwe!« Aber sofort fiel ihm ein anderes Bild aus dem Heiligtum ein: Eine Frau, die des Ehebruchs verdächtigt wurde, mußte den Becher des Zorns trinken, den »Giftbecher«! War sie unschuldig, so würde ihr der Trank nicht schaden, war sie aber schuldig, so verfiel sie mit dem Trunk aus dem Becher dem Gericht Gottes.

Jetzt auf einmal stand Baruchs Frage unabweisbar vor Jeremia: Dieser Geist des Hochmuts bleibt er ungestraft? So sehr bedrängte sie Jeremia, daß er auf die Knie sank um Gott anzurufen: »O Gott, du gerechter Richter, König der Völker, gib mir Antwort!« Noch während Jeremia auf den Knien lag, sah und hörte er die Antwort Gottes.

Er stand auf einmal im Königssaal zu Kir-Heres. Wie es ihm Baruch geschildert hatte, sah er die Könige und Häuptlinge, sogar der Pharao war jetzt anwesend. Zu seinem großen Erstaunen bemerkte Jeremia an sich selbst alle Anzeichen eines Mannes, der über einen Toten die Totenklage anstimmt. Er trug ein Trauergewand, hatte Staub auf dem geschorenen Haupt und trug keine Schuhe an den Füßen. Noch während Jeremia sich darüber verwunderte, reichte ihm Gott selbst einen Becher. Als Jeremia noch zögerte, diesen entgegenzunehmen, sprach der Herr zu ihm:

»Nimm diesen Becher
mit dem Wein meines Zorns aus meiner Hand
und laß daraus trinken alle Völker,
zu denen ich dich sende,
daß sie trinken, taumeln
und toll werden vor dem Schwert,
das ich unter sie schicken will.«

Nicht nur seinem eigenen Volk also mußte er das Gericht ansagen. Wie hatte er schon unter diesem Auftrag gelitten, jetzt aber legte sich eine noch viel größere Last auf seine Seele. Er mußte das Gericht auch den Völkern verkünden.
Plötzlich begriff er, warum er gekleidet war wie einer, der die Totenklage sogleich anstimmen wird. Mit bleichem Gesicht, den Kelch des Gerichts in den zitternden Händen, nahte sich Jeremia als Diener dem Tisch mit den Mächtigen der Welt. Doch diese schienen ganz anderen Mutes zu sein. Denn ganz unerwartet erschien an der entgegengesetzten Seite des Saales eine neue Gestalt.
Die Könige und Jeremia erblickten sie und sofort wußten sie, daß es Nebukadnezar, der König von Babylon, war. Er wollte den Zweikampf mit jedem der Könige am Tisch. Diese schauten Jeremia fordernd an und riefen: »Gib her von dem Wein, Mundschenk, wir wollen uns stärken aus dem Becher zum Kampf, zum Kampf bis zum Sieg!«
Mit bebenden Händen reichte Jeremia den Becher zuerst dem Pharao. Dieser trank in gierigen Zügen. Dann schob er mit einem Ruck den Stuhl zurück und erhob sich. Er zog sein Schwert, wandte sich Nebukadnezar zu und schrie: »Komm her, Knabe, daß ich dich lehre, was ein Ägypter ist!« Jeremia sah, wie der Trank wirkte. Machtrausch packte den Pharao. Er schritt waffenklirrend auf Nebukadnezar zu. Jedermann erwartete den Sieg des Pharao, doch im selben Augenblick als Nebukadnezar sich anschickte, auf den Pharao zuzugehen, veränderte sich alles. Des Pharaos Schritte wurden unsicher und er taumelte. Noch einmal gelang es ihm sich aufzurichten, dann stürzte er betrunken zu Nebukadnezars Füßen. Der gleiche Vorgang wiederholte sich bei den Königen der Philisterstädte, beim König von Moab und auch bei allen anderen Königen. Noch in derselben Nacht schrieb Jeremia die Vision auf.

Als Baruch nach zwei Wochen wieder zu Jeremia kam, gab dieser ihm wortlos sieben Papiere. Baruch las mit Staunen die Überschriften: »Über Ägypten«, »Über die Philister«, »Über Ammon«.
Jeremia sagte: »Du hast mich gefragt, ob dieser Geist des Hochmuts und der Lästerung ungestraft bleibt. Hier ist die Antwort!«
Baruch setzte sich. Er suchte die Schrift heraus, die Moab galt und las die sieben Strophen des Gedichts mehrmals. Noch ganz deutlich stand ihm sein Zusammenstoß mit dem König von Moab vor Augen.
Nach den Worten Jeremias konnte Baruch sich gut vorstellen, was mit dem König von Moab geschehen würde. Das Gedicht zog ihn so in seinen Bann, daß er das Schicksal des Königs von Moab über dem Lesen nacherlebte:
König Eglon befand sich in Dibon, der Stadt nördlich des Arnon, der wichtigsten im nördlichen Teil Moabs. Die politische Lage war sehr gespannt. Truppenbewegungen waren an der Nordgrenze festzustellen. Aber König Eglon und seine Moabiter wiegten sich in Sicherheit. »Unsre Burgen, unser tapferes Heer, sie sind uns Schutz und Schild!« riefen sie. Da prescht ein Reiter in die Stadt und meldete: »Nebo ist verwüstet, erobert ist Kirjatajim!«
Der König wurde bleich, denn mit diesen beiden Festungen war die nördliche Verteidigungslinie durchbrochen. Die Feinde hatten offenbar bei ihrem Kriegsrat in Hesbon das Verderben Moabs beschlossen, also konnte ihr nächstes Ziel nur Dibon sein. Und wenn Dibon gefallen war . . . Fluchtartig verließ der König die Stadt. Baruch konnte sich gut vorstellen, wie der König auf der Königsstraße, die er so oft triumphierend gefahren war, als ein Flüchtender dahinjagte. Heute flößten ihm die Berggipfel des Abarimgebirges im Westen keine Zuversicht ein. Im Gegenteil, man hörte Klagegeschrei vom Abarimgebirge her bis hinunter nach Zoar. Die Flucht des Königs wurde immer wieder von Scharen von Flüchtlingen, die seinen Weg kreuzten, aufgehalten.
Jetzt preschte er nach Kir-Heres hinauf, seiner Hauptstadt, die er für unbezwingbar gehalten hatte. Doch sein Sicherheitsgefühl war ihm zerbrochen. Er murmelte: »Kir-Heres, diesmal fällst auch du«. Dann eilte er in die Burg. Achtlos ging er am Bild des Gottes Kemosch vorbei. Den würden die Feinde mit in die Gefangenschaft nehmen.

Er eilte hinauf auf den Turm der Burg. Wieder schweiften seine Blicke über das Land, wie vor wenigen Wochen, als er den Zusammenstoß mit Baruch, dem Judäer, hatte. Doch etwas ganz anderes sah er heute: Zum Himmel aufsteigende Rauchsäulen, Flüchtlingsströme. Ja, Moab hatte über Jahrzehnte hin Ruhe gehabt, wie guter Wein in den Kellern des Landes, aber jetzt kam der Küfer um ihn umzuleeren. Fast unwiderstehlich wurde sein Blick nach Nordwesten gelenkt. Heute verwünschte er den Tag, an dem er in seinem Übermut den Gott Israels gelästert hatte. Doch es war zu spät, auf der Straße – unter seinen Augen – floh sein Heer. Die Schreckensrufe von Flüchtlingen gellten zu dem Einsamen hinauf: »Dibon ist gefallen!«
Jetzt war es klar, Moabs Untergang stand unmittelbar bevor. Schon stürmten die Soldaten des Feindes gegen die Burgtore. Unter den Stößen der Rammböcke barsten die Bohlen. Da nahm Eglon sich die Krone vom Haupt und schritt vom Turm hinunter, dem Feind entgegen.
Nachdem Baruch so die Geschichte des Königs nacherlebt hatte, las er das Gedicht nocheinmal:

»So spricht der Herr Zebaoth, der Gott Israels:
Wehe der Stadt Nebo, denn sie ist zerstört!
Geschändet ist Kirjatajim und eingenommen,
die hohe Feste ist zuschanden geworden
und zerbrochen.

Der Stolz Moabs auf Heschbon ist dahin;
in Heschbon sprach man Unheil wider es!
›Kommt, wir wollen sie ausrotten als Volk!‹
Und du, Madmen, mußt auch vernichtet werden;
das Schwert wird hinter dir her sein.

Man hört ein Geschrei vom Abarimgebirge,
von Verwüstung und großem Jammer.
›Moab ist zerschlagen!‹
ruft man schreiend bis Zoar hin.
›Flieht, rettet eure Leben
und lagert euch in der Wüste!‹

Weil du dich auf deine Burgen verließest
und auf deine Schätze,
sollst du auch erobert werden,
und Kemosch muß gefangen wegziehen,
samt seinen Priestern und Fürsten.
Denn der Verwüster wird über alle Städte kommen,
daß nicht *eine* Stadt entrinnen wird.
Es sollen die Täler verwüstet
und die Ebenen verheert werden;
denn der Herr hat's gesagt.

Setzt Moab ein Grabmal!
Denn es wird völlig zerstört,
und seine Städte werden wüst liegen,
daß niemand darin wohnen wird.

Moab ist von seiner Jungend an ungestört gewesen
und auf seinen Hefen still gelegen
und ist nie aus einem Faß ins andere gegossen worden
und ist nie in die Gefangenschaft gezogen;
darum ist sein Geschmack ihm geblieben
und sein Geruch nicht verändert worden.
Darum siehe, spricht der Herr, es kommt die Zeit,
daß ich ihnen Küfer schicken will,
die sie ausschütten sollen und ihre Fässer ausleeren
und ihre Krüge zerschmettern.

Wie könnt ihr sagen:
Wir sind Helden und rechte Kriegsleute?
Moab wird verwüstet
und seine Städte werden erstiegen . . .
Denn der Untergang Moabs wird bald kommen,
und sein Unglück eilt herbei . . .

Herunter von der Herrlichkeit du Tochter Dibon,
und setz dich in den Staub!
Denn der Verwüster Moabs wird zu dir hinaufkommen
und deine Bollwerke zerstören.

Tritt an die Straße und schaue,
du Einwohnerin von Aroer!
Frage, die da fliehen und entrinnen,
und sprich: ›Was ist geschehen?‹
Ach, Moab ist verwüstet und verheert!
Heulet und schreiet;
sagt's am Arnon, daß Moab vernichtet ist.
O ihr Bewohner von Moab,
verlaßt die Städte und wohnt in Felsen
und tut wie die Tauben, die da nisten in den Löchern!

Denn so hat Jahwe gesprochen:
Erobert sind die Städte und die Festungen eingenommen.
so wird Moab als Volk vernichtet,
weil es wider Jahwe großgetan!«

Als Baruch vom Papier aufschaute, sah er, das Jeremia Tränen in den Augen hatte. »Ausreißen und zerstören muß ich; jetzt auch in der Völkerwelt. Wann kommt das Pflanzen und Bauen?«

Die Passion des Buches

An einem Morgen im Frühsommer ging Baruch zum Haus Gemarjas, das einst seinem Bruder Ahikam gehörte. Er trug bei sich sein Schreibgerät, bestehend aus Schreibrohr und Tintenfaß. Jeremia hatte ihn durch Ebed-Melech zu sich geladen.

Baruch hatte die Bewohner der Königsstadt noch nie so voll gespannter Erwartung gesehen wie in diesen Tagen. Das hatte der Sieg Nebukadnezars bei Karkemisch bewirkt. Die Babylonier verfolgten die Ägypter bis über Hamat hinaus, doch dann stockte der Vormarsch. Denn es erreichte sie die Nachricht: König Nabopolassar ist gestorben. Nebukadnezar mußte deshalb das siegreiche Heer verlassen.

Was würde Nebukadnezar nun tun, wenn er Großkönig von Babylon geworden war, so fragten sich fast alle Bewohner Judas.

Baruch begrüßte seinen Freund und fragte ihn: »Was willst du von

mir?« Jeremia zeigte auf den Tisch. Dort lag eine große Schriftrolle. Baruch trat hinzu und rollte sie auf. »Leer?« sagte er. »Was willst du damit? Du hast doch bisher immer auf einzelne Blätter geschrieben.«
Jeremia wurde ganz ernst und sagte: »Der Herr sprach zu mir:

›Nimm eine Schriftrolle
und schreibe darauf alle Worte,
die ich zu dir geredet habe
über Israel, über Juda und alle Völker
von der Zeit an, da ich zu dir geredet habe,
nämlich von der Zeit Josias an bis auf diesen Tag.
Vielleicht wird das Haus Juda,
wenn sie hören von all dem Unheil,
das ich ihnen zu tun gedenke,
sich bekehren,
ein jeder von seinem bösen Weg,
damit ich ihnen ihre Schuld und Sünde vergeben kann.‹«

Baruch ahnte, daß jetzt von ihm etwas erwartet wurde, was bisher noch kein Schreiber in Israel getan hatte. Er sollte ein Buch schreiben, dessen Inhalt die Worte Gottes, die an seinen Freund ergangen waren, sein sollten. Dieses Buch war ein Zeichen der Barmherzigkeit Gottes, denn wurde es vorgelesen, so sollte der Inhalt das Volk zur Umkehr rufen. Ja, es sollte Jahrtausende überdauern und immer wieder Menschenherzen bewegen.
Baruch war von den Worten seines Freundes so betroffen, daß er die Frage verdrängte, die in ihm aufstieg: »Warum ich? Warum schreibst du nicht selbst?« Eine Antwort auf diese Frage bekam er erst später.
Dann betete Jeremia zusammen mit seinem Freund: »Herr, du hast mir den Auftrag gegeben: ›Schreibe die Worte, die ich zu dir gesagt habe, nieder.‹ Baruch und ich wollen das jetzt tun. Segne unsre Arbeit. Hilf uns, daß wir das Buch so schreiben, daß jedermann verstehen kann, was du willst. Und gib, daß dann, wenn es vorgelesen wird, das Volk umkehrt zu dir.«
Der Raum, in dem die beiden Männer arbeiteten, war völlig kahl. Nichts war da als der Schreibtisch mit dem Schreibgerät und der

neuen Buchrolle. Sie hatten keine Hilfsmittel; die einzelnen Blätter ausgenommen, auf die Jeremia seine Reden bisher geschrieben hatte. Aber der Geist Gottes wirkte und durchdrang das Herz des Propheten und des Schreibenden.
Als Jeremia jetzt anfing zu diktieren, geschah etwas, was es bisher noch nicht gegeben hatte: Baruch wurde zum ersten Menschen, der die Botschaft Jeremias im Zusammenhang hörte. Was bisher einzelnen, wirr durcheinanderliegenden Bausteinen glich, das fügte sich ihm jetzt zusammen zu einem einheitlichen Bau.
Zuerst diktierte Jeremia die Geschichte seiner Berufung. Jetzt, nach Karkemisch, in welch anderem Licht erschien sie beiden Männern. Der erwachende Zweig! Gott wachte tatsächlich darüber, daß sich seine Worte erfüllten. Der dampfende Kessel, das Bild des Feindes aus dem Norden, hatte jetzt einen Namen: Babylon!
Ganz still war es oft in dem schmucklosen Raum. Nur das Wort Jeremias unterbrach die Stille und das Geräusch, das das Schreibrohr verursachte. Aber an den ernsten Mienen der beiden Männer war zu sehen, was in ihren Herzen vorging.
Dann schrieb Baruch die ersten Reden Jeremias nieder. Sie reihten sich zu Szenen einer dramatischen Liebesgeschichte aneinander. Liebe zeigt sich normalerweise im vertrauten Gespräch; aber in dieser Liebesgeschichte warb nur noch einer mit Liebesworten, mit Klagen und auch mit Anklagen um die Geliebte. Sie selbst antwortete trotzig und verstockt oder gar nicht, denn sie hatte bereits einen anderen Mann. Kein Wunder, daß sie sich vom Geliebten trennen wollte.
Aber – Rätsel des Menschenherzens – nach der Scheidung will sie wieder zurückkehren zum ersten Mann. Das aber ist rechtlich unmöglich. Doch da – das Schreibrohr zitterte Baruch in der Hand – was für ein Wunder, dennoch hört das liebende Umwerben nicht auf:

»Kehrt um, ihr abtrünnigen Kinder,
spricht der Herr, denn ich bin euer Gott!«

Jetzt kam es tatsächlich wieder zu einem wirklichen Gespräch. Würde die Geliebte zu ihrer ersten Liebe zurückkehren?
Umso furchtbarer war für Baruch, was er dann schreiben mußte:

»Denn es sind lauter Ehebrecher
und ein treuloser Haufe«.

Und danach wurde der Schreibende jäh hineingerissen in die drei gewaltigen Reden, die das hereinbrechende Gericht anzeigten. Aber auch dies gehörte zu der einzigartigen Liebesgeschichte mit hinzu. Wie dem Propheten zuerst, so schmerzte jetzt dem Schreiber das Herz wegen des Unheils, das er aufschrieb. Doch dann kam der jähe hoffnungslose Abschluß:

»Darum heißen sie ›Verworfenes Silber‹;
denn der Herr hat sie verworfen«.

Das alles war das Werk eines einzigen Tages. In der Buchrolle waren jetzt fünfundzwanzig Spalten geschrieben.
Am anderen Tag erlebte Baruch seinen Freund anders als am Tag vorher. Auch nach dem erneuten gemeinsamen Gebet legte sich Jeremias Anspannung nicht. Er schien besorgt darüber zu sein, wie die Reden nach Josias Tod auf seinen Freund wirken würden, und er sorgte sich nicht ohne Grund, denn jetzt schien die Liebesgeschichte gänzlich vorbei zu sein. Baruch schrieb Reden auf, in denen die Schuld des Volkes schonungslos aufgedeckt wurde. Die Androhung des Gerichts steigerte sich zu unüberbietbarer Schärfe. Furchtbareres hatte Baruch noch nie geschrieben. Er legte das Schreibrohr weg: »Ich ertrage diese Worte nicht mehr!« Jeremia sagte: »Ich kann dich verstehen. Du weißt ja, wie ich selber unter diesen schrecklichen Gerichtsworten über unser Volk gelitten habe. Aber seit einigen Tagen sehe ich sie anders. Sie sind mir jetzt trotz ihrer Schärfe wie verwandelt«. – »Was kann denn diese furchtbaren Gerichtsandrohungen verwandeln?« fragte Baruch ungläubig. »Du brauchst nur daran zu denken, warum wir diese Worte aufschreiben sollen« gab Jeramia zu Antwort und entrollte ein Plakat, auf das er mit großer Schrift die Worte geschrieben hatte, die Gott zu ihm sprach:

»Nimm eine Schriftrolle
und schreibe darauf alle Worte,
die ich zu dir geredet habe . . .

Vielleicht wird das Haus Juda,
wenn sie hören von all dem Unheil,
das ich ihnen zu tun gedenke,
sich bekehren . . .
damit ich ihnen ihre Schuld und Sünde vergeben kann.«

»Ich verstehe«, sagte Baruch. »Die Worte, die wie endgültige Verurteilung klingen, sind jetzt Rufe zur Umkehr.« Jeremia erklärte ihm: »Ich habe gelernt, daß auch die Gerichte Gottes ihren Grund in seiner Liebe haben«. – »Jetzt kann ich weiterschreiben«, sagte Baruch erleichtert.
Baruch schrieb: Der Ölbaum verbrennt; der Hüftschurz verdirbt; Israel wird des Ehebruchs angeklagt und preisgegeben; die Sünden Judas sind aufgeschrieben mit eisernem Griffel. Aber Baruch sah jetzt, daß auch diese scharfen Worte aus dem liebenden Herzen Gottes kommen. Auch sie gehörten zu der Liebesgeschichte Gottes mit seinem Volk.
Am Ende dieses zweiten Tages waren vierzig Spalten gefüllt.
Am dritten Tag schrieb Baruch auf, wie Jeremia Juda aufforderte, dem König von Babel untertan zu sein, und dann die Reden gegen die Völker. Besonders erregte Baruch die Rede gegen Moab.
Baruch betrachtete jetzt seine Arbeit als abgeschlossen. Er schloß die Buchrolle feierlich, stand auf und wollte sie Jeremia geben: »Nimm sie und lies sie vor! Du hast gesehen, wie mich deine Worte, im Zusammenhang gesprochen, ergriffen haben. Wenn du sie dem Volk vorliest, wird das nicht anders sein«.
Doch Jeremia gab Baruch die Schriftrolle zurück. »Du sollst sie vorlesen«, sagte er dem erschrocken zurückweichenden Baruch. Dann fuhr er fort:

»Mir ist's verwehrt,
ich kann nicht in des Herrn Haus gehen.
Du aber geh hin und lies die Schriftrolle,
auf die du des Herrn Worte
wie ich sie dir gesagt habe, geschrieben hast,
dem Volk vor im Hause des Herrn am Fasttage,
und du sollst sie auch lesen vor den Ohren aller Judäer,
die aus ihren Städten hereinkommen.

Vielleicht werden sie sich mit Beten
vor dem Herrn demütigen
und sich bekehren,
ein jeder von seinem bösen Wege;
denn der Zorn und Grimm ist groß,
den der Herr diesem Volk angedroht hat.«

Baruch wußte, was es bedeutete, wenn er im Tempel die Schriftrolle vorlas. Das war ein öffentliches Bekenntnis zur Predigt Jeremias, aber er sprach: »Ich will es tun!«

Monatelang hing unterdesssen der ›drohend dampfende Kessel‹ wie festgekettet im Norden bei Hamat. Groß war die Spannung. Wann würde er wieder in Bewegung geraten?
Dann überstürzten sich die Schreckensnachrichten: Nebukadnezar hat Kadesch eingenommen. – Ribla ist in seiner Hand. – Das Heer des Pharao zieht sich weiter zurück. – Byblos ist von den Babyloniern erobert, sie rücken auf der Küstenstraße weiter nach Süden vor.
Sidon und Tyrus waren bedroht. Noch bevor jedoch der Fall von Sidon gemeldet wurde – Tyrus blieb unerobert –, hieß es plötzlich: Meggido ist gefallen! Es war eine unerträgliche Spannung. Wohin würde sich Nebukadnezar jetzt wenden? Würde er auf Jerusalem zumarschieren?
Aber nach wenigen Tagen war klar, was jetzt sein Ziel war. Nebukadnezar schloß die Philisterstadt Aschkelon ein. Von dort waren es bis nach Jerusalem nur siebzig Kilometer. In zwei Tagen konnte das Heer Nebukadnezars vor Jerusalem stehen. Jetzt war er noch durch die Philister gebunden, aber was unternimmt der Großkönig, wenn diese Stadt gefallen ist? Panik ergriff die Landbevölkerung. Die Bewohner der Städte und Dörfer im Westen flohen und suchten Zuflucht in Jerusalem. Die Menschen, die in die Stadt strömten, vermehrten die Angst in der Königsstadt.
Inzwischen war es Dezember geworden und dunkle Wolken verhüllten den Himmel. Die Priester und Propheten riefen in Übereinstimmung mit dem König einen allgemeinen Fasttag aus. So wollten sie die Erregung im Volk besänftigen.
Aus dem Land und aus der Stadt kamen die Menschen in den Tempel. Auf dem Brandopferaltar gingen große Opfer in Feuer

und Rauch auf. Die Priester rezitierten die Bußpsalmen. Selten war das Volk für das Wort seines Gottes so empfänglich gewesen wie jetzt.
Baruch hatte die Zeitereignisse mit großer Aufmerksamkeit verfolgt. Jetzt war die günstigste Zeit für die Vorlesung des Buchs. Wie ein Bauer hatte Baruch gewartet bis der Boden aufgebrochen und empfänglich war für die Aussaat.
Die Buchrolle wie einen Schatz an sich pressend ging Baruch in den oberen Vorhof des Tempels. Dort befand sich unter den Räumen an der Tempelmauer in der Nähe des neuen Tempeltors die Halle Gemarjas, des Sohnes des Staatsschreibers Schafan. Dort stellte sich Baruch auf. Seine Angst war groß, doch er überwand sie, als er daran dachte, was er mit der Vorlesung der Schriftrolle bewirken sollte:

»Vielleicht werden sie sich mit Beten
vor dem Herrn demütigen und sich bekehren . . .«

Er durfte jetzt an dieser eigenartigen Liebesgeschichte mitwirken. Baruch begann mit lauter Stimme zu lesen:

»Dies sind die Worte Jeremias,
des Sohnes Hilkijas,
aus dem Priestergeschlecht zu Anatot im Lande Benjamin.
Zu ihm geschah das Wort des Herrn zur Zeit Josias.«

Baruch las zuerst die Geschichte der Berufung des Propheten. Noch vor wenigen Wochen hätten die Hörer Baruch niedergeschrien. Doch jetzt hörten sie alle still zu. Durch das Geschehen seit Karkemisch war Jeremia vor jedem deutlich als Prophet ausgewiesen. Jetzt, in diesem Augenblick wenigstens, war Jeremia kein falscher Prophet mehr.
Sie sahen das Buch in Baruchs Händen. Nur das Wichtigste, was unbedingt die Zeit überdauern sollte, wurde aufgeschrieben. Das war jetzt mit den Worten Jeremias geschehen. Damit erhielten seine Worte für sie einen besonderen Rang.
Baruch las so, wie er die Worte beim Diktat Jeremias erlebt hatte: Werbend sprach er, klagend und anklagend. Die Menschen im

Tempel waren vom Inhalt des Buches gepackt. Jetzt gaben sie Jeremia recht: »Jeremia hat uns das Wesen unsres Gottes vor Augen gestellt. So ist unser Gott; er hat uns soviel Gutes getan«, dachten sie. »Jeremia hat uns auch richtig gezeigt wie wir sind. Wir verlassen Gott. Wenn wir aber in Not geraten, besinnen wir uns wieder auf ihn und rufen ihn um Hilfe an. Jetzt ruft er uns mit scharfen Worten zur Umkehr.« Sie hörten auch aus diesen scharfen Worten die Sprache der Liebe Gottes.
Baruch las zwei Stunden lang. Als er fertig war, rollte er die Buchrolle zusammen. Er hatte seinem Auftrag entsprechend gehandelt. Schon wollte er gehen.
Da stand plötzlich Jehudi vor ihm, einer der Diener des Staatsrats: »Nimm die Schriftrolle, aus der du dem Volk vorgelesen hast mit dir und komm!« Jehudi führte den erstaunten Baruch, der die Schriftrolle bei sich trug, in den Sitzungssaal des Staatsrats.
Unterwegs erfuhr er, daß Michaja, der Sohn Gemarjas, den Staatsrat von der Vorlesung des Buches benachrichtigt hatte. Michaja war noch ein Knabe, vierzehn Jahre alt, aber dennoch, als Baruch zu lesen begann, verstand er: Das waren Worte, von denen das Schicksal Judas abhing. Er dachte daran, was ihm sein Vater von jenem Buch erzählt hatte, das zur Zeit des Königs Josia eine so große Bewegung auslöste. Wenn jetzt die Führer des Gottesvolkes den Inhalt dieses Buches hörten und entsprechend handelten . . .
Michaja wußte, wo sie waren, denn sein Vater hatte ihm gesagt, daß eine Krisensitzung angesetzt war wegen Aschkelon. So erhielten Gemarja und die anderen Fürsten Nachricht von der Verlesung des Buches.
Zuerst regte sich bei einigen Unwille: »Was haben die Worte des Jeremia im Staatsrat zu suchen?« Doch Gemarja sprach: »Vergeßt nicht, daß wir Gottes Volk sind. Was könnte es für uns Wichtigeres geben als auf das Wort unsres Gottes zu hören?«
Zur Krisensitzung im Staatsrat waren zehn Fürsten versammelt. Als Baruch eintrat, sah er den Schreiber Elischama oben am Tisch sitzen. Er leitete die Sitzung. Ihm gegenüber saß Gemarja. Baruch konnte deutlich sehen, worüber gesprochen worden war. Auf der Karte am Boden im Süden des Saals, ragte die Figur Nebukadnezars bei Aschkelon auf. An den Wänden hingen Karten, in die schon der mögliche Anmarschweg Nebukadnezars nach Jerusalem einge-

zeichnet war. Andere Papiere enthielten Daten mit Angaben über Wasser und Lebensmittel in der Stadt.
Der Schreiber Elischama sagte zu Baruch: »Setze dich und lies, daß wir's hören!«
Baruch setzte sich und las. Und die Fürsten hörten mit den Ohren gebildeter, verantwortlicher Männer. Sie waren betroffen von der Eindringlichkeit der Sprache Jeremias und von der Schärfe der sich rasch ablösenden Bilder und Reden. Furchtbar war die Bedrohung der Stadt und des Landes dargestellt. Die Botschaft gipfelte schließlich in der Aufforderung, sich dem Joch des Königs von Babel zu beugen.
Alle waren entsetzt über die Worte des Propheten. Baruch sah zu seiner großen Freude, daß sie offenbar nicht abgeneigt waren, sich so zu verhalten, wie Jeremia sagte. Er wußte aber auch, daß sie keine Entscheidung treffen konnten ohne den König. Sie sagten zu Baruch: »Wir müssen alle diese Worte dem König mitteilen.«
Vorher aber vergewisserten sie sich noch einmal wie die Buchrolle entstanden war: »Sage uns, wie hast du alle diese Worte aufgeschrieben?« Baruch antwortete: »Jeremia hat mir alle diese Worte vorgesagt und ich schrieb sie mit Tinte auf die Schriftrolle.«
Die Fürsten wußten nicht, wie der König reagieren würde. Es war aber damit zu rechnen, daß er in Zorn geriet über die Buchrolle und ihre Urheber dafür bestrafen wollte. Für diesen Fall mußten sich Jeremia und Baruch in Sicherheit bringen. Die Fürsten sprachen zu Baruch: »Geh hin und verbirg dich mit Jeremia, daß niemand wisse, wo ihr seid!«
Jetzt sah Baruch, wohin das führte, daß er sich öffentlich auf die Seite Jeremias gestellt hatte. Jetzt geriet er mit ihm auch in Gefahr. Er eilte zu Jeremia und berichtete ihm von der Sitzung des Staatsrats. Gemäß dem Rat der Fürsten versteckten sich beide in einer Höhle in der Wüste Juda.
Voll Spannung gingen die Fürsten zum König, nachdem sie zuvor die Buchrolle in der Halle Elischamas in Sicherheit gebracht hatten. Der König saß im Winterhaus, in der Nähe des offenen, brennenden Kohlenbeckens, das den Raum erwärmte.
Der Schreiber Elischama sprach zum König: »Mein Herr, Jeremia hat seine Worte, die er bisher gesprochen hat, aufschreiben lassen. Du solltest sie unbedingt hören!«

Der König zog die Augenbrauen hoch, als er den Namen Jeremias hörte. Würde er sich überhaupt weigern, den Inhalt der Rolle zur Kenntnis zu nehmen?
Doch der König wandte sich an Jehudi: »Geh und hole die Schriftrolle!« Groß war die Spannung der anwesenden Fürsten und Diener, was jetzt geschehen würde. Sie alle wußten, daß in genau demselben Raum vor wenigen Jahrzehnten Schreiber Schafan, der Vater Gemarjas, König Josia die Schriftrolle vorgelesen hatte, die man zuvor im Tempel fand. So erschüttert war König Josia damals, daß er weinte und seine Kleider zerriß. Und dann handelte er nach diesem Buch und führte die Reform durch, deren segensreiche Folgen auch heute noch, wenigstens zum Teil sichtbar waren.
Wenn jetzt das gleiche sich bei seinem Sohn, bei Jojakim, ereignete? Freilich, sie alle kannten den König, ein Wunder müßte geschehen, wenn er ähnlich handeln würde.
Als Jehudi die Schriftrolle gebracht hatte, forderte ihn der König auf, sie vorzulesen. Er blieb ungerührt, als er hörte, daß hier der von Gott berufene Prophet sprach, und lachte höhnisch auf, als von dem dampfenden Kessel und vom Feind aus dem Norden die Rede war. Die Fürsten wußten, wie König Jojakim die Lage einschätzte. Er war der Meinung, Nebukadnezar habe sich schon mit der Einnahme von Karkemisch übernommen. Nichts Wichtigeres gebe es darum für den König von Juda, als treu an der Seite Ägyptens stehenzubleiben.
Und dann geschah das Unausdenkbare. Als Jehudi die ersten drei Spalten gelesen hatte, die Geschichte von Jeremias Berufung, nahm der König das Schreibmesser, schnitt die Spalten ab und warf sie ins Feuer. Elnatan, Delaja und Gemarja baten den König zwar, die Schriftrolle nicht zu verbrennen, doch der König war nicht zu beeindrucken. Auch jede weitere gelesene Spalte der Rolle schnitt er ab und warf sie ins Feuer.
Als nach zwei Stunden auch der letzte Rest verkohlt war, sagte der König zu seinem Sohn Jerachmeel, zu Seraja und Schelemja: »Geht und nehmt Baruch und Jeremia gefangen!« Aber sie konnten die beiden nicht finden.
Als Jeremia vom Schicksal des Buches hörte, war er tief erschüttert. So beantwortete der König des Gottesvolkes also das Werben sei-

nes Gottes! Alle Ablehnung seiner Botschaft, die er bisher erlebt hatte, erreichte in dem Verbrennen des Buches den Höhepunkt. Die Flammen des Kohlenbeckens, in denen das Buch verbrannte, erweiterten sich für ihn zu einem Großbrand, in dem Königspalast, Tempel und die ganze Stadt untergingen.
Eine Woche später ließ Jeremia Baruch ein zweitesmal durch Ebed-Melech zu sich rufen. »Sag ihm: Er soll das Schreibgerät mitbringen!«
Als Baruch bei Jeremia eintrat, konnte er sehen, was jetzt geschehen würde. Auf dem Tisch lag eine leere Schriftrolle. Baruch sah, daß sie größer war als die verbrannte.
Jeremia aber sprach zu Baruch: »Höre, was der Herr zu mir geredet hat:

›Nimm dir eine neue Schriftrolle
und schreibe auf sie alle vorigen Worte.
die auf der ersten Schriftrolle standen,
die Jojakim, der König von Juda verbrannt hat.
Über Jojakim aber, den König von Juda sollst du sagen:
So spricht der Herr:
Du hast diese Schriftrolle verbrannt
und gesagt: Warum hast du darauf geschrieben,
daß der König von Babel kommen
und dies Land verderben werde,
so daß weder Menschen noch Vieh mehr darin sein werden?
Darum spricht der Herr über Jojakim, den König von Juda:
Es soll keiner von den Seinen auf dem Thron Davids sitzen,
und sein Leichnam soll hingeworfen liegen,
am Tag in der Hitze und nachts im Frost.
Und ich will ihn und seine Nachkommen und seine Großen
heimsuchen um ihrer der Schuld willen,
und ich will über sie
und über die Bürger Jerusalems
und über die in Juda
kommen lassen all das Unheil,
von dem ich zu ihnen geredet habe
und sie gehorchten doch nicht.‹«

Drei Tage arbeiteten Jeremia und Baruch an dem neuen Buch. Beiden wurde noch deutlicher, wie sehr ihr Schicksal mit dem des Buches verbunden war.
Im Dezember fiel Aschkelon.

Die Rechabiter

Es war eine regnerische, dunkle und kalte Nacht im Dezember. Die Tore Jerusalems waren fest verschlossen und die Wachen waren verstärkt und zu erhöhter Aufmerksamkeit aufgefordert worden. Dennoch erschraken die Wachsoldaten am Benjamintor, als im Morgengrauen gegen das Tor geschlagen wurde: »Laßt uns hinein; die Babylonier kommen!« – »Wo kommt ihr her?« fragten die Soldaten. »Aus Jibleam, am Nordhang des Gebirges Gilboa«, antworteten die Flüchtenden. »Ein mächtiges Heer der Babylonier zieht durch die Ebene Jesreel nach Süden. Ihr Ziel ist Jerusalem«.
Die Tore wurden geöffnet und die Flüchtlinge eingelassen. Doch das, was jetzt geschah, sollte erst der Anfang sein.
Vier Jahre waren seit der Schlacht bei Karkemisch vergangen; vier Jahre, in denen viel Dramatisches geschehen war. Im Jahr nach Karkemisch nahm Nebukadnezar Aschkelon ein. Der König kam in Gefangenschaft, die Stadt wurde zerstört. König Jojakim von Jerusalem beugte sich jetzt den Babyloniern. Er selbst macht sich auf den schweren Weg nach Aschkelon ins Kriegslager und unterwarf sich. Schwerer Tribut wurde ihm auferlegt.
Dann rüstete Nebukadnezar für den Zug nach Ägypten. Erst wenn er die Ägypter niedergerungen hatte, war er wirklich Herr der Welt. Drei Jahre später war es dann soweit. Im Dezember zog der Großkönig von Babylon mit einem gewaltigen Heer auf der Küstenstraße gen Süden nach Ägypten. Die ganze Welt hielt den Atem an. Die Begegnung der beiden Heere war sehr verlustreich für beide Seiten. Nebukadnezars Heer war so geschwächt, daß er den Rückzug antreten mußte.
Auf diesen Augenblick der Schwäche der Babylonier hatte Jojakim gewartet. Sofort fiel er von Babylon ab und wandte sich wieder den Ägyptern zu. Doch dieser Schritt blieb nicht ohne Folgen. Zwar

griff Nebukadnezar nicht selbst ein, aber er sandte aramäische, ammonitische, moabitische und edomitische Hilfstruppen gegen Juda. Furchtbar litt das Land im Osten und Süden unter diesen Überfällen. Das aber sollte nur ein Vorspiel sein. Jetzt, vier Jahre nach Karkemisch, kam Nebukadnezar selbst mit einem großen Heer, um den abtrünnigen Vasallen zu bestrafen.
Der Zustrom der Flüchtlinge steigerte sich im Lauf des Tages. Da war mancher unter den Soldaten, der sich an die Worte Jeremias aus dessen Anfangszeit erinnerte:

»Verkündet in Juda
und schreit laut in Jerusalem und sprecht:
›Blast die Posaune im Lande!‹
Ruft mit voller Stimme und sprecht:
›Sammelt euch
und laßt uns in die festen Städte ziehen!‹ . . .
Es steigt herauf der Löwe aus seinem Dickicht,
und der Verderber der Völker hat sich aufgemacht . . .,
dein Land zu verwüsten und deine Städte zu verbrennen . . .«

An den Orten, aus denen die Flüchtlinge kamen, konnte man den Anmarschweg der Babylonier verfolgen und abschätzen, wie weit sie noch von Jerusalem entfernt waren. Inzwischen trafen auch Flüchtlinge aus Samaria ein. Von Jerusalem nach Samaria waren es sechzig Kilometer.
Viele der Geängstigten fanden auch den Weg in den Tempel. Sie beteten: »O Gott, warum tust du uns das an? Warum läßt du das zu? Errette uns!« Nach den Aussagen der Flüchtlinge zu schätzen, kamen die Babylonier stündlich näher. »Wir sind aus Sichem geflohen!« riefen die Neuangekommenen. Sichem lag etwa vierzig Kilometer von Jerusalem entfernt.
Immer mehr Menschen drängten in die Stadt, um hinter ihren festen Mauern Schutz zu suchen. Die Angst breitete sich unter den Bewohnern Jerusalems immer mehr aus und immer näher rückte das Heer der Babylonier. Niemand sprach in der geängstigten Stadt davon, aber viele mußten an jene furchtbare Vision Jeremias denken:

»Ich sehe einen siedenden Kessel
überkochen von Norden her«.

Während sich die Lage dramatisch zuspitzte, geschah etwas so Seltsames, daß darüber für Stunden die drohende Gefahr fast in Vergessenheit geriet. Waren die Flüchtlinge bisher Bauern und Handwerker gewesen, mit ihren Familien und ihrer Habe, so erschien jetzt eine kleine Karawane. Sie bestand aus etwa vierzig Männern und sechzig Frauen, dazu eine große Anzahl von Kindern. Die Kleidung dieser Schutzsuchenden unterschied sich von dem, was in Jerusalem und Juda Mode war. Die Frauen trugen einfache Kleider aus handgewebten Stoffen, die mit farbenreichen, länglichen Mustern verziert waren. An allen fielen die sonnenverbrannten Gesichter und die braunen Arme auf. Ihre Habe hatten sie auf Esel geladen. Ihr eigentlicher Besitz aber bestand aus der Herde, die sie mitbrachten, Schafe und Ziegen. Schon als diese Menschen zum Benjamintor kamen, erregten sie großes Aufsehen, denn hier handelte es sich nicht um Hirten, wie man sie aus der Wüste Juda kannte. Diese Menschen waren etwas anderes.
Die Wachen an allen Toren hatten den Auftrag nur judäische Bürger einzulassen; Fremde nur, wenn sie sich als sogenannte »Schutzbürger« im Land aufhielten.
Die Neuangekommenen schienen aber nicht dazu zu gehören. Darum sagte der Soldat, der Wache hatte: »Halt, was wollt ihr hier überhaupt? Hier kommen nur judäische Bürger herein!«
Da trat aus der Mitte der Männer ihr Anführer hervor, ein Mann mit braungebranntem, scharfgeschnittenem Gesicht. Er hatte das Amt des Ältesten inne: »Wir sehen zwar fremdartig aus, sind aber Judäer wie ihr alle, Nomaden vom Stamm Rechab. Hier ist die Urkunde, die uns König Josia ausgestellt hat.« Der Soldat eilte damit in die Wachstube, um das Dokument prüfen zu lassen.
Inzwischen versammelten sich immer mehr Menschen am Benjamintor, um die fremden, seltsamen Gestalten zu bestaunen.
Während die Rechabiter wortkarg dastanden und auf die Entscheidung warteten, rief ein Bürger von Jerusalem: »Die kenne ich, von ihnen habe ich schon gehört. Das sind die Leute mit den seltsamen Geboten!« – »Was sind das für welche?« fragte sein Nachbar. »Da ist zum Beispiel eins, sie dürfen keinen Wein trinken«, antwortete er

ihm. »Was? Da will ich einmal sehen, was sie tun, wenn sie in der Stadt sind!«

Jetzt trat der wachhabende Offizier heraus. »Bist du der Anführer des Stammes?« fragte er. »Ja, Jaasanja ist mein Name, Sohn des Jirmejas. Wir sind Nomaden vom Stamm Rechab!« erklärte der Angesprochene. »Ihr könnt passieren«, sagte der Offizier.

Man konnte am Verhalten dieser Nomaden sehen, daß sie noch nie in Jerusalem, ja vielleicht überhaupt noch nie in einer Stadt gewesen waren. Sie staunten über die mächtigen Mauern, duckten sich als sie durch das Tor schritten. Immer wieder schauten sie sich ängstlich um als sie über die Königsstraße hinaufgingen zu dem freien Platz vor der Königsburg.

Da gab es die nächste Überraschung, denn es wurden den Flüchtlingen die Quartiere zugewiesen. Das machte der wachhabende Offizier des Königspalastes. Meist lief das reibungslos ab; die Flüchtlinge waren froh, irgendeine Unterkunft zu finden. Für Hauptmann Jorah war dieser Vorgang schon selbstverständlich geworden. Ebenso gedachte er auch jetzt mit den Rechabitern zu verfahren.

»Wer ist euer Führer?« Jaasanja meldete sich auf diese Frage und trat vor die Gruppe, die noch ganz ins Bestaunen der ungewohnten Umgebung versunken war. »Wieviel Familien seid ihr?« fragte Jorah. »Zehn, Herr« antwortete der Rechabit. Mit einem Blick in seine Liste rief Jorah: Verdammt ich finde fast kein Haus mehr, in das man euch einweisen könnte«.

Da ging Jaasanja auf den ratlosen Hauptmann zu und sprach: »Entschuldige, Herr, wenn du es uns erlaubst, werden wir unsere Zelte in der Ecke des Palastes aufschlagen!« Der Hauptmann war sprachlos: »Also gut, mir soll es recht sein. Eure Herden könnt ihr dort oben, östlich der Tempelmauer unterbringen«. Schon nach einer Stunde standen zehn Zelte für die Familien der Rechabiter auf dem Platz vor der Königsburg.

Vielen Bürgern von Jerusalem war es, als begegnete ihnen in den Rechabitern ihre eigene Vergangenheit. Solche Nomaden, Kleinviehzüchter, waren auch einst ihre Vorfahren, Abraham, Isaak und Jakob gewesen, ohne festen Wohnsitz, ohne Ackerbau, aber inzwischen hatten sich die Zeiten gewandelt. Nicht wenige schauten darum auf die Rechabiter mit Verachtung herab. Einer sagte: »Es sind Hirten, die in den Bergen wohnen, keine Stadt kennen, nichts von Kultur wissen und ebensowenig etwas vom Getreideanbau verstehen«. Ein anderer höhnte: »Ein Rechabit ist einer, der im Zelt lebt, seine Knie nicht beugt, um Getreide oder Feldfrüchte anzubauen; das Essen verzehrt er roh, sein Leben lang hat er kein Heim und nicht einmal ein Grab nach dem Tod«. Die Stadtbürger fühlten sich hoch erhaben über die Nomaden.

In der Weisheitsschule aber benützte Lehrer Elihu die Gelegenheit, um wieder einmal einen wirklichkeitsnahen Unterricht zu gestalten. Er sagte zu seinen Schülern: »Geht selbst hin, fragt die Rechabiter nach ihren Sitten und ihrer Lebensweise, und ihren Geboten. Eins ist euch schon bekannt. Forscht weiter und schreibt alles auf. Ihr habt eine Stunde Zeit, dann kommt wieder. Ich will inzwischen etwas über die Geschichte der Rechabiter nachlesen. Du, Ruben, bleibst hier und zeichnest eine große Karte an die Tafel, auf der Kanaan zu sehen sein muß, Unterägypten und schließlich im Osten das Rote Meer.«

Nach einer Stunde versammelten sich die Schüler wieder. Schnell waren die Gebote zusammengetragen: »Ihr und eure Nachkommen sollt niemals Wein trinken und kein Haus bauen, keinen Samen säen, keinen Weinberg pflanzen noch besitzen, sondern ihr sollt in Zelten wohnen euer Leben lang, auf daß ihr lange lebt in dem Lande, in dem ihr umherzieht«.

»Es sind vier negative und ein positives Gebot«, erklärte Elihu. »Der Form nach sind sie den Zehn Geboten ähnlich. Das positive Gebot mit seiner Verheißung hat Ähnlichkeit mit der Verheißung zum Elterngebot«. – »Von wem stammen diese Gebote?« wollten die Schüler wissen. »Von ihrem ›Vater‹ Jonadab, dem Sohn Rechabs«, antwortete ihr Lehrer. »Unter ›Vater‹ ist da aber soviel wie ›Lehrer‹ oder ›Meister‹ zu verstehen.« – »Habt ihr noch mehr feststellen können?« fragte Elihu seine Schüler dann. Sie erzählten ihm, die Rechabiter seien Nomaden und lebten im Grunde noch so wie einst Abraham, Isaak und Jakob. Sie hätten keinen festen Wohnsitz. Während der Regenzeit lebten sie in der Steppe, östlich des Jordan. Wenn diese dann vorbei ist, zögen sie auf die abgeernteten Felder. So geht das Jahr für Jahr.

»Nun will ich euch erzählen, wie die Rechabiter entstanden sind«, sagte Elihu dann. »Wir müssen zweihundertfünfzig Jahre zurückgehen. Damals lebten die Propheten Elia und Elisa. Ihr wißt, daß das eine Zeit des Abfalls zu Baal war. Die Rechabiter lebten wie wir in Städten um das Gebirge Gilboa und in der Ebene Jesreel. Sie unterschieden sich in nichts von den anderen Israeliten. Sie tranken Wein, wohnten in Häusern, säten Samen, pflanzten Weinberge an. Aber Jonadab sah, daß eben das mit ein Anlaß war, zum Baal abzufallen. Wein wurde auch bei Baalsfesten getrunken, und um Regen für die Saat flehten die Kanaanäer zu Baal. Da erinnerte sich Jonadab an die Wüstenzeit, in der es das alles noch nicht gab. Jonadab dachte, wenn sie wieder so lebten, wie in der Wüste, dann gäbe es auch diesen Abfall zu Baal nicht. Darum gab Jonadab seinem Stamm diese Gebote. – Als dann Jehu den Baalskult ausrottete, stand Jonadab auf seiner Seite. – Respekt also, aber ob sie diese Gebote auch jetzt in der fremden Umgebung halten werden?«

Jeremia sah die Rechabiter von seinem Fenster aus. Er erlebte die Szene mit zwischen dem Hauptmann und ihrem Führer und er wußte auch, warum die Rechabiter das Angebot machten, ihre Zelte auf dem Platz vor der Königsburg aufzustellen. Sie handelten nach dem Gebot, das sie von ihrem Ahnherrn Jonadab bekommen hatten. Jeremia rechnete nach: Zweihundertundfünfzig Jahre, das waren acht Generationen. Acht Generationen lang schon wurde das Gebot eines Menschen von diesen Nomaden, die von Jerusalems Stadtbürgern verachtet wurden, treu bewahrt. Und Gottes Gebot?

In diesen zweihundertundfünfzig Jahren war nicht nur das Gebot Gottes da, so wie die Rechabiter das Gebot ihres Vaters hatten. Wieviele und was für große Zeugen hatte Gott seinem Volk gesandt, um es zum Gebot Gottes zurückzuführen: Elia, Elisa, Amos, Hosea, Jesaja, Uria, das Gesetzbuch, das König Josia zum Staatsgesetz gemacht hatte. Gar nicht zu vergessen der Dienst treuer Priester und Propheten in der Verkündigung, Auslegung und Anwendung des Gesetzes. Dann das Wort, das Gott durch ihn selbst, Jeremia, seinem Volk ausrichten ließ. Und das Ergebnis?

Am Nachmittag desselben Tages wurde Jeremia auf einmal sehr geschäftig. Zusammen mit Ebed-Melech trug er aus dem Keller Gemarjas mehrere Krüge voll Wein in den Tempel. Sie brachten diese in die Halle Hanans, einer der Hallen, die an den Tempel angebaut waren. Dann holte er auch Weinbecher und brachte sie an den gleichen Ort.

Ebed-Melech fragte: »Warum tun wir das, Herr?« Jeremia antwortete: »Im Auftrag Gottes muß ich die Männer aus dem Stamm Rechab vor allem Volk im Tempel prüfen. So sprach Gott zu mir:

›Geh hin zu den Rechabitern,
rede mit ihnen und führe sie in des Herrn Haus,
in eine der Hallen, und schenke ihnen Wein ein.‹

Als er alle Vorbereitungen getroffen hatte, ging er ins Zelt Jaasanjas: »Du und deine Brüder samt allen euren Söhnen und anderen Männern, würdet ihr mit mir in den Tempel kommen?« Jaasanja schreckte zunächst zurück: »Dorthin, wo alle Menschen zusammmenkommen? Nomaden lieben die Einsamkeit.« – »Es muß sein, Jaasanja«, sprach Jeremia. Da willigte er ein, denn der Name des Propheten war bis in die Einsamkeit der Nomaden gedrungen.
»Setzt euch!« lud er die Rechabiter ein. Dann schenkte Jeremia Wein ein, setzte ihnen diesen vor und forderte sie auf: »Trinkt Wein!«
Alle Gelehrtenschüler waren anwesend. Es herrschte größte Spannung, wie diese Probe ausgehen würde. Doch nach kurzer Zeit des Verwunderns antworteten sie wie aus einem Mund: »Wir trinken keinen Wein«.
Jaasanja sprach für alle:

». . . denn unser Vater Jonadab, der Sohn Rechabs,
hat uns geboten:
Ihr und eure Nachkommen sollt niemals Wein trinken
und kein Haus bauen,
keinen Samen säen,
keinen Weinberg pflanzen noch besitzen,
sondern ihr sollt in Zelten wohnen euer Leben lang,
auf das ihr lange lebet in dem Lande,
in dem ihr umherzieht.
Also gehorchen wir der Stimme unsres Vaters Jonadab,
des Sohnes Rechabs, in allem, was er uns geboten hat,
daß wir keinen Wein trinken unser Leben lang,
weder wir, noch unsre Frauen, noch unsre Söhne und Töchter;
und wir bauen auch keine Häuser, darin zu wohnen,

und haben weder Weinberge noch Äcker noch Samen,
sondern wir wohnen in Zelten
und gehorchen und tun in allem,
wie es unser Vater Jonadab geboten hat.
Als aber Nebukadnezar, der König von Babel
gegen das Land heraufzog,
sprachen wir: Kommt, laßt uns nach Jerusalem ziehen
vor dem Heer der Chaldäer und der Aramäer!
Und so sind wir in Jerusalem geblieben.«

Stille verbreitete sich nach diesen Worten. Da standen sich die Verachteten, Geringgeschätzten, aber gegen ein menschliches Gebot seit Jahrhunderten Treuen und die Stadtbürger, die das Gebot ihres Gottes nicht achteten, gegenüber. Jäh erkannten sie, warum diese eigenartige Prüfung im Tempel stattfinden mußte und nicht in den Zelten vor der Königsburg. Alle sollten sie Zeugen werden des Gehorsams, den diese Verachteten einem menschlichen Gebot gegenüber leisteten. Und sie sollten sich daran erinnern, wieviel Ungehorsam dieser heilige Ort gegen das Gebot Gottes schon miterlebt hatte.
In Jeremias Geist aber formte sich das Wort des Herrn, das das ganze Geschehen zur Spitze führen sollte. Er trat zwischen die Rechabiter und das Volk und rief:

»Wollt ihr euch denn nicht bessern
und meinen Worten gehorchen?
spricht der Herr.
Die Worte Jonadabs, des Sohnes Rechabs,
der seinen Nachkommen geboten hat,
daß sie keinen Wein trinken sollen,
werden gehalten,
und sie trinken keinen Wein bis auf diesen Tag;
denn sie gehorchen ihres Vaters Gebot.
Ich aber habe euch immer wieder predigen lassen,
doch gehorchtet ihr mir nicht.
Ich habe auch immer wieder meine Knechte, die Propheten,
zu euch gesandt und sagen lassen:
Kehrt um, ein jeder von seinem bösen Wege,

und bessert euer Tun
und folgt nicht anderen Göttern nach, ihnen zu dienen,
so sollt ihr in dem Land bleiben,
das ich euch und euren Vätern gegeben habe.
Aber ihr wolltet eure Ohren nicht zu mir kehren
und mir nicht gehorchen.
Ja, die Nachkommen Jonadabs, des Sohnes Rechabs,
haben ihres Vaters Gebot gehalten,
das er ihnen geboten hat.
Aber dies Volk gehorcht mir nicht!
Darum spricht der Herr, der Gott Zebaoth, der Gott Israels:
Siehe, ich will über Juda
und über alle Bürger Jerusalems
kommen lassen all das Unheil,
das ich gegen sie geredet habe,
weil ich zu ihnen redete
und sie nicht hören wollten,
weil ich rief
und sie mir nicht antworten wollten!«

»Die Babylonier sind in Bethel!« rief einer, der gerade in den Tempel geeilt kam. Die Menge lief auseinander. Jaasanja sprach voll Unruhe zu Jeremia: »Wie wird es uns ergehen, Herr?« Da antwortete ihm Jeremia:

»So spricht der Herr Zebaoth, der Gott Israels:
Weil ihr dem Gebot eures Vater Jonadab gehorcht habt
und alle seine Gebote gehalten
und alles getan, was er euch geboten hat,
darum spricht der Herr Zebaoth, der Gott Israels:
Es soll dem Jonadab, dem Sohn Rechabs,
niemals an einem Manne fehlen,
der vor mir steht.«

Am Abend sagte Ebed-Melech zu Jeremia: »Herr, die Rechabiter meinen, man müsse so leben, wie Israel einst in der Wüste lebte: Ohne Wein, Haus und Ackerbau. Nur so kann man Gott recht dienen. Haben sie recht?«

Jeremia antwortete: »Die Rechabiter sind für uns nur vorbildlich in der Treue gegen das Gebot ihres Ahnherrn. Aber wir können Gott auch hier im Land dienen. Wir dürfen Häuser bauen, Ackerbau treiben, Weinberge anlegen und Wein trinken. Das Entscheidende ist, daß wir immer in lebendiger Verbindung stehen mit Gott und seine Gebote halten«.

Der Siegelring

Es war eine Woche später. Über der Stadt lag eine bedrängende Stille. Die Wachen auf den Mauern spähten heute nicht nur nach außen, dorthin, wo die Babylonier herkommen würden. Sie blickten auch angestrengt zum Königspalast und auf die Königsstraße.
Jetzt war es soweit. Von der Königsstraße her näherte sich ein Trauerzug. Er bewegt sich langsam und feierlich die Königsstraße hinab. König Jojakim war tot.
Erst sechsunddreißig Jahre alt war er plötzlich gestorben. Er wußte, daß das Herannahen der Babylonier ihm galt. Vielleicht hatte die Angst vor der Rache der Babylonier bei dem Abtrünnigen eine vorhandene Krankheit beschleunigt oder es war übermäßiges Genußleben, das zu seinem vorzeitigen Tod führte.
Hinter dem Sarg des Königs schritt der Kronprinz Jojachin. Er führte am Arm die Königinmutter Nehuschta. Das Volk von Jerusalem und Juda stand am Straßenrand. Aber man hörte kein unterdrücktes Schluchzen, keine Klagerufe, ungerührt schauten die Menschen auf den Sarg und das Trauergefolge.
Jeremia stand neben Baruch am Fenster in Gemarjas Haus. Beide dachten in diesem Augenblick an die Szene als Jojakim im Königspalast die Schriftrolle mit den Gottesworten verbrannte, die König und Volk zur Buße rufen sollten. Sie erinnerten sich daran, wie sie sich verstecken mußten, um nicht dem Zorn des Königs zu verfallen. Ohne daß einer ein Wort sprach, fielen ihnen im Blick auf das ungerührte Volk die Worte ein:

»Man wird ihn nicht beklagen:
›Ach, Bruder! Ach, Schwester‹

Man wird ihn nicht beklagen:
›Ach, Herr! Ach, Edler!‹«

Schon drei Tage später aber ertönte am frühen Vormittag von allen Türmen der Stadt der Klang der Schofarhörner, ein freudiges, fast übermütiges Blasen. Von der Königsburg aus bewegte sich heute ein festlicher Zug unter dem Jubel des Volkes zum östlichen Eingang des Tempels. An der Seite des Oberpriesters Jojada schritt Jojachin, der Kronprinz, hinter ihm die Königsmutter. Alle Angehörigen des Hauses David folgten in festlichen Kleidern, dahinter die Spitzen des Staates: Elischama, der oberste Schreiber, dann die Fürsten Delaja, Elnatan, Gemarja, der Sohn Schafans und Zedekia. Zu den Geladenen gehörten aber ebenso alle Reichen und Mächtigen der Stadt, so auch Kaleb und Ester. Der Innenhof des Tempels konnte die Menschen kaum fassen. Ungezählte standen auf den Mauern, um dabei zu sein bei dem, was jetzt geschah. Es war ein beseeligendes Schauspiel, das das drohende Heer der Babylonier vergessen ließ.
Jojada geleitete Jojachin an den Platz des Königs an der Ostmauer des Tempels. Der Kronprinz stieg auf einen Podest, der majestätisch von Säulen flankiert war, dann stimmte der Priesterchor den Gesang an:

»Ich will singen von der Gnade des Herrn ewiglich
und seine Treue verkünden mit meinem Munde für und für;
denn ich sage: Für ewig steht die Gnade fest;
du gibst deiner Treue sicheren Grund im Himmel.
›Ich habe einen Bund geschlossen mit meinem Auserwählten,
ich habe David, meinem Knechte geschworen:
ich will deinem Geschlecht festen Grund geben auf ewig
und deinen Thron bauen für und für!‹«

Sie sangen gegen die Angst an, die ihre Herzen beunruhigte. Und sie besiegten sie, denn da stand Jojachin, Nachkomme Davids. Mit David aber hatte Gott einen ewigen Bund geschlossen.
Dann hielt Oberpriester Jojada feierlich eine Buchrolle hoch, die »Königsrolle«. Er öffnete sie und las, dem König zugewandt:

»Der Herr sprach zu meinem Herrn:
Setze dich zu meiner Rechten,
bis ich deine Feinde zum Schemel deiner Füße mache!«

Hierauf setzte er dem König die Krone auf, die aus einem goldenen, zwei Zentimeter breiten Reifen bestand. Dann überreichte er ihm die »Königsrolle«, aus der der König mit feierlicher Stimme las:

»Kundtun will ich den Beschluß des Herrn:
Er hat zu mir gesagt:
Du bist mein Sohn,
heute habe ich dich gezeugt!«

In ehrfürchtiger Stille verharrte das Volk, denn soeben las ja der König vom Wunder der Erwählung. Gott hat den Nachkommen Davids an Sohnes Statt angenommen und nun zum König eingesetzt.
Heiliges Öl träufelte der Oberpriester auf das Haupt des Königs: »Ausgesondert bist du zum Dienst für Gott als König, unantastbar, sakrosankt«.
Als das Volk das sah, jubelten alle, sie klatschten in die Hände und riefen: »Es lebe der König!«
In feierlicher Prozession zog der König anschließend mit dem Hofstaat, seinen Räten und den Mächtigen zum Königspalast. Hier stieg der neugesalbte Herrscher auf die Rampe vor der Audienzhalle. Wer konnte, hatte sich einen Platz verschafft, um zu hören, wie er jetzt seinen Herrschaftsauftrag verkündigte.
Da stand der achtzehnjährige König Jojachin. Nicht nur der Zauber der jugendlichen Erscheinung bestach die Menge, sondern das Wissen, daß mit diesem königlichen Jüngling der rechtmäßige Nachfolger auf dem Thron Davids vor ihnen stand, der König, dem Gott seine Gnade geschworen hatte. Was sollte angesichts dieser Verheißung des lebendigen Gottes das Drohen des Großkönigs von Babylon? Ihm galt nicht die Verheißung wie diesem da.
Der junge judäische König verkündigte jetzt seinen Herrschaftsauftrag:

»Der Herr sprach zu mir:
Bitte mich, so will ich dir die Völker zum Erbe geben

und der Welt Enden zum Eigentum.
Du sollst sie mit eisernem Zepter zerschlagen,
wie Töpfe sollst du sie zerschmeißen.«

Alle Angst vor den Babyloniern schmolz dahin. Jeremias Drohung mit dem heranfliegenden, siedenden Kessel verblaßte gegen diese Worte zu Nichts.
Paschhur, der Tempelhauptmann, hielt jetzt unter dem gespannten Schweigen des Volks einen kleinen Gegenstand empor, der in der Morgensonne in herrlichen Farben blitzte: »Majestät, wir überreichen dir einen Siegelring! Eingeschnitten in reinen Jaspis ist der Löwe von Juda, dein Name – Konja, so haben wir uns erlaubt ihn aus Liebe zu dir zu schreiben – und der Tag des Beginns deiner Herrschaft. Gestatte mir, deinem treuen Diener, ihn dir an den Finger zu stecken. – Nun ist dieser Siegelring fest und für immer mit dir verbunden, fest und für immer. Dieser Siegelring möge dir ein Gleichnis sein: So wie er mit dir, so bist du mit Gott verbunden. Denn so spricht Gott von dem König auf Davids Thron:

›Ich will ihm ewiglich bewahren meine Gnade
und mein Bund mit ihm soll fest bleiben!‹«

Bis spät in die Nacht dauerte das Krönungsfest.
Am anderen Morgen aber holte alle wieder der bedrängende Alltag ein. Er trug ein schreckliches Zeichen an der Stirn, die Stadt ging der unabwendbaren Belagerung entgegen.
Weiter strömten die Flüchtlinge in die Stadt. An diesem Morgen kamen bereits Bewohner von Bethel, das nur siebzehn Kilometer von Jerusalem entfernt lag.

Als Jeremia am Morgen in den Tempel ging, trat ihm Paschhur entgegen. Sofort liefen Priester, Soldaten, Männer und Frauen herzu, gespannt darauf zu hören, was diese beiden Männer in dieser Stunde einander zu sagen hatten. Paschhur sprach herablassend: »Du wirst jetzt deine Drohungen zurücknehmen müssen, Jeremia. Der junge König verbürgt uns Gottes Treue«.
Da blickte Jeremia auf. In seinen Augen stand bitterer Schmerz und er sprach, als stünde der König selbst vor ihm:

»So wahr ich lebe, spricht der Herr:
selbst wenn Konja, der Sohn Jojakims, der König von Juda,
ein Siegelring wäre an meiner rechten Hand,
so wollte ich dich doch abreißen,
und in die Hände derer geben,
die dir nach dem Leben trachten
und vor denen du dich fürchtest;
in die Hände Nebukadnezars,
des Königs von Babel und der Chaldäer.
Und ich will dich und deine Mutter, die dich geboren hat,
in ein anderes Land treiben,
das nicht euer Vaterland ist;
dort sollt ihr sterben.
Aber in das Land, wohin sie von Herzen gern wieder kämen,
sollen sie nicht zurückkehren.«

Jael

In der Nacht, die auf die Krönung des Königs folgte, bewachten Männer Kalebs das große Weizenlager, das dieser in der Nähe des Ecktors in der Neustadt angelegt hatte. Die Wächter, hartgesottene Burschen, hielten sich auf dem flachen Dach des Gebäudes verborgen.
Einer von ihnen ging auf leisen Sohlen auf dem Dach umher und spähte hinunter in die dunkle Usiastraße. Er stutzte. War da nicht ein Geräusch zu hören, wie wenn ein Stein weggeschoben wird? Es kam aus der Richtung, wo die Usiastraße zur Königsburg einbog. Lautlos ging der Wächter bis zum Dachrand. Im Dunkel der engen Gasse, sah er einen Mann, der sich gegen die Mauer des Magazins preßte. Ein zweiter war gerade dabei, durch ein eben ausgebrochenes Loch in das Magazin zu steigen.
Der Wächter wartete bis der Eingestiegene einen Sack herausgeworfen hatte, einen zweiten nachreichte und dann wieder aus dem Magazin herausstieg. Kaum war er bei seinem Gefährten angelangt, sprang der Wächter wie eine Katze vom Dach auf die beiden herab. Mit jeder Hand packte er einen der Getreidediebe im Genick

und hielt sie mit eisernem Griff fest. Er machte nicht den geringsten Lärm und die beiden Ertappten schwiegen aus Angst.
Der Wächter pfiff durch die Zähne seinem Gesellen: »Schließ das Magazin auf.« Als dieser aufgeschlossen hatte, stieß er die beiden Diebe hinein und sagte: »Da bleibt, bis man euch dem Richter vorführt.«
Etnan, königlicher Richter, ließ sich die beiden am anderen Morgen vorführen. Die Wächter Kalebs brachten ihre Anklagen vor: »Getreidediebstahl, Herr, zwei Säcke. Wir haben sie auf frischer Tat ertappt!«
Der Richter schaute die Gefangenen an; es waren Rechabiter. »Warum habt ihr das getan?« fragte er. »Wir mußten in das Magazin einsteigen, Herr, wegen der Not unserer Kinder«, antwortete einer der Beschuldigten. Ungläubig fragte Etnan: »Du, ein Rechabit, stiehlst? Ich denke, ihr haltet die Gebote eures Stammvaters Jonadab so genau. Dazu gehören doch auch die Zehn Gebote?« – »Herr, unsere Kinder hungern, und die hohen Preise für Weizen können wir nicht bezahlen«, antwortete der Rechabit. »Du hast doch deine Herde mit in die Stadt gebracht«, insistierte der Richter weiter. »Die ist längst verkauft. Herr, es ist nicht recht, wie man in der Stadt mit uns umgeht. Alle sollten an der Last der Zeit mittragen!« – »In der Stadt regiert das Gesetz Gottes und nach diesem Gesetz muß ich euch verurteilen«, erklärte Etnan. Die Rechabiter schrien: »Das Gesetz Gottes? Hier regiert der Geist Baals!« – »Wie meint ihr das?« fragte Etnan unwillig. »Es ist der Geist der Ichsucht und der Gewalt! Der regiert hier in allen!«

Während dies im Hof der Königsburg geschah, trat in der Burg der Staatsrat zusammen. Es war die erste Sitzung, die der neugekrönte König Jojachin einberufen hatte. Der Kanzler eröffnete die Sitzung: »Das babylonische Heer ist gestern in Bethel angekommen!« Bestürztes Schweigen herrschte in der Runde. Der Feind war also unmittelbar vor der Stadt. Täglich konnte jetzt die Belagerung beginnen. »Ihr erwartet den Angriff im Norden?« fragte der König. »Nur an dieser Stelle verspricht ein Angriff Erfolg«, erwiderte der Führer des Heerbanns.
Nachdem man dann zunächst alles auf der Lagekarte in Augenschein genommen hatte, erhob sich der König: »Ich werde jetzt so-

fort zum Benjamintor fahren, um die Verteidigungsanlage zu überprüfen.« Der ganze Hof und alle Räte erhoben sich, um den König dorthin zu begleiten.
Doch als der König sich eben zur Tür wandte, trat ein Offizier in den Saal. Er war völlig mit Staub überzogen. Das Gesicht von der Hitze gerötet.
»Was willst du?« fragte Jojachin.
»Verzeihung, Majestät, Hauptmann Migdol von der Festung Beerscheba!«
Der König und alle seine Begleiter horchten auf. Noch bevor der Hauptmann weitersprach, ahnten alle Schreckliches.
»Was ist geschehen, sprich«, forderte ihn der König auf. Die Worte des Hauptmanns fielen wie Keulenhiebe: »Babylonische Streifscharen griffen völlig überraschend die Dörfer östlich von Beerscheba an. Der Stadtkommandant befahl darum der Hälfte der Besatzung auszurücken, um den Überfallenen zu Hilfe zu kommen. Ich war mit dabei. Da griffen uns die Babylonier in großer Überzahl an. Wir konnten nicht standhalten. Das ganze Heer floh. Kein Führer – auch wenn er es versucht hätte – konnte die Fliehenden aufhalten. Sie fuhren auseinander wie Spreu auf den Tennen im Wind.«
Jäh erkannten alle Versammelten: Die Gefahr durch die Babylonier drohte nicht nur aus dem Norden. Dorthin schaute der Staatsrat bis jetzt wie gebannt, der Feind schlug aber zuerst im Süden zu.
Doch kaum war der Hauptmann weggetreten, da stürzte ein Oberst in den Saal, den rechten Arm in der Schlinge tragend. »Auch aus dem Süden?« wollte der König wissen. »Ja, Majestät, Oberst Jelek von der Festung Arad!« – »Was bringst du für eine Meldung?« »Starke babylonische Kräfte griffen die Festung überraschend in der Mittagshitze an«, meldete der Oberst dem König. »Die Besatzung wehrte sich tapfer. Der Kommandant und auch viele seiner Soldaten sind jedoch gefallen und die Festung geriet schließlich in die Hand der Feinde.«
Der König wurde totenbleich, er ging langsam zur Landkarte und wies auf Beerscheba und Arad: »Die Babylonier verschließen uns das Südland. Es ist nun kein Ausweichen nach dem Süden mehr möglich, wir sitzen wie die Katze im Sack.«
Die bestürzenden Nachrichten von der katastrophalen Lage im Süden jagten der ganzen Stadt Angst ein, denn es gab kaum eine Fami-

lie, aus der nicht einer oder gar mehrere Söhne in den Festungen im Südland Dienst taten.
Immer größer wurde die Menschenmenge vor der Königsburg, die etwas über den Verbleib von Angehörigen wissen wollte. Vor allem war Jael sehr besorgt. Sie gehörte zur königlichen Familie und war die Tante des Königs. Sieben Söhne hatte sie geboren und aufgezogen. Sie war sehr stolz darauf. Alle standen als Soldaten im Süden; drei in Beerscheba, je zwei in Arad und Ziklag.
Am Abend erst wurde endlich die erste Verlustliste angeschlagen. Die Menschen drängten sich an das Tor, um die Namen lesen zu können. Immer wieder hörte man einen Aufschrei, wenn jemand einen Angehörigen darauf entdeckte. Da war kaum ein Haus in Jerusalem, in dem nicht ein Toter zu beweinen gewesen wäre.
Solche blutigen Verluste hatte es in der Geschichte der heiligen Stadt noch nie gegeben. Nur Jael atmete beklommen auf, keiner ihrer Söhne stand auf der Liste. Kurze Zeit später wurde jedoch auf geheimem Weg die furchtbare Meldung in den Staatsrat gebracht: Alle Söhne Jaels waren tot. Man hatte die schreckliche Meldung bisher zurückgehalten. Alle im Rat verstummten, zu groß war das Leid, das über diese Frau hereinbrach. Jeder blickte den König an, ohne ein Wort zu sagen.
Der König ging zu Jael. Sie blickte ihn entsetzt an. Er begann stokkend: »Viele sind Witwen geworden in den letzten Stunden, Tante. Mütter haben ihre Söhne verloren.« – »Einer meiner Söhne ist gefallen? – Zwei . . .?«
»Alle sind tot!« sagte Jojachin und schwieg betroffen. Jael schloß die Augen. Es war ihr, als stürzte die Sonne vom Himmel. Der Inhalt ihres Lebens, ihr Stolz, ihre Hoffnung waren vernichtet. Sie stieß einen furchtbaren Schrei aus. Der König konnte nur noch herzueilen, um die Sterbende in seinen Armen aufzufangen.
Als der König in den Staatsrat zurückkehrte, und das Geschehen berichtete, schwiegen alle. Dann sprach der Oberpriester: »Das Südland ist verschlossen. Von Norden naht das Hauptheer der Babylonier. Alle unsere Freunde und Verbündeten haben uns verlassen. Nur noch einen gibt es, der uns beisteht, der Gott Israels. Ich bin gewiß, er hat Mitleid mit uns in der Not unsres Volkes. Er kehrt bei uns ein und fragt nach unserem Frieden. Kommt morgen nach Sonnenaufgang zum großen Bittgottesdienst!«

Am Abend hörte Jeremia zunächst tiefbewegt, was ihm Ebed-Melech von der Gerichtsverhandlung gegen die beiden Rechabiter erzählte. »Es ist wie in den Tagen der Tempelrede«, seufzte er. »Sie haben den Bund gebrochen«. Tief erschütterte ihn, was Baruch aus der Sitzung des Staatsrats berichtete: »Ich möchte weinen mit den Weinenden«.
Aber dann erstarrte er plötzlich, als er von der Absicht des Oberpriesters hörte. Spät am Abend erst trennten sich die Freunde.

Feierlich eröffnete der Oberpriester in der Morgenfrühe den Bittgottesdienst:

»Du, Gott, willst dich unser erbarmen,
du wirst Mitleid mit uns haben,
du wirst kommen und fragen, ob es uns gutgeht.«

Da trat Jeremia vor die Gemeinde:

»Wer will sich denn deiner erbarmen, Jerusalem?
Wer wird denn Mitleid mit dir haben?
Wer wird denn kommen
und fragen, ob es dir gutgeht?
Du hast mich verlassen, spricht der Herr,
und bist von mir abgefallen.«

»Wie kannst du in dieser Stunde des Leids solche Vorwürfe erheben?« unterbrachen sie Jeremia. »Denkt nur an die Verhandlung gegen die beiden Rechabiter. Haben sie nicht recht: Der Geist Baals regiert in der Stadt?« fragte Jeremia und fuhr mit seiner Anklage im Namen Gottes fort:

». . . darum habe ich meine Hand gegen dich ausgestreckt,
um dich zu verderben;
ich bin des Erbarmens müde.«

Das war so ungeheuer, daß alle verstummten. Hier stand einer und sagte das Ende des Erbarmens Gottes an.
»Es gibt Zeichen seiner Gnade!« rief der Oberpriester gegen diese

harten Worte Jeremias. »Wo denn? Ich sehe nur Zeichen des Gerichts«, gab Jeremia zurück. »Was bisher unsere Feinde traf, das trifft jetzt uns. Hört weiter das Wort des Herrn:

›Ich worfelte sie mit der Worfschaufel
in den Städten des Landes,
und mein Volk, das sich nicht bekehren wollte
von seinem Wandel,
machte ich kinderlos und brachte es um.
Es wurden mehr Frauen zu Witwen unter ihnen,
als Sand am Meer ist.
Ich ließ kommen über die Mütter der jungen Mannschaft
den Verderber am hellen Mittag
und ließ plötzlich über sie fallen Angst und Schrecken.
Die sieben Kinder hatte, welkte dahin,
und ihre Seele verschmachtete in ihr.
Ihre Sonne ging unter am hellen Tag;
ihr Ruhm und ihre Freude hatte ein Ende.‹«

Diese Gestaltung des Schicksals der Jael ging allen Versammelten zu Herzen. Aber sie selbst, alle, die hier standen, waren sie nicht davongekommen? Doch als hätte er ihre Gedanken erraten, setzte der Prophet das Gerichtswort fort:

»Und was von ihnen übrig ist,
will ich dem Schwert hingeben
vor ihren Feinden, spricht der Herr.«

Mit diesem harten Gerichtswort vom endgültigen Untergang beendete Jeremia seine Rede. Ein Bittgottesdienst um Friede und Verschonung schien zwecklos.

Schnüre dein Bündel

Eine dunkle, regnerische Nacht Ende Januar, die Wolken hingen tief und ein kalter Wind wehte aus Nordwesten über das Land und

die Stadt. Dan und Ruben waren auf dem Benjaminturm im Norden der Stadt für die letzte Nachtwache eingeteilt. Sie fröstelten. »Wenn nur die Nacht bald vorüber wäre«, sagten sie zueinander.
In diesem Moment horchten beide auf. Was war das? Wiehern von Pferden, Knirschen von Rädern schwerbeladener Wagen auf steinigen Straßen; Menschenstimmen waren auf der Straße von Sichem her zu hören.
Dan und Ruben beugten sich über die Mauerbrüstung hinaus. Das mußte aus der Gegend von Geba kommen, zehn Kilometer vor der Stadt. Wortlos hörten sie auf den gespenstischen Lärm in der Nacht. Jeder wußte, was er zu bedeuten hatte, doch keiner wagte das Ungeheuerliche auszusprechen. Angst umklammerte ihre Herzen.
Dann hörten sie den immer lauter werdenden Hufschlag eines einzelnen dahergaloppierenden Pferdes. Die beiden Männer umfaßten ihre Spieße fester, auf den nahenden Feind gefaßt. Doch als der Reiter näher herankam, gab er sich als einer der Vorposten zu erkennen, die man in Anatot aufgestellt hatte. Dan eilte, um das Tor zu öffnen. Es war Hauptmann Iddo. Ohne anzuhalten sprengte er durch das Tor: »Die Babylonier kommen, mit großer Heeresmacht!«
Kaum hatte Ruben das Alarmhorn geblasen, da erschallten die Signale auch schon von den anderen Türmen der Stadt. Ihr schreckliches Dröhnen zerriß die Morgenstille und riß die Bewohner der Stadt aus dem Schlaf. Es war eingetreten, was man so lange befürchtete.
Die Soldaten eilten auf ihre Posten. Die Stadt wurde in Windeseile in den Verteidigungszustand versetzt. Alle Tore wurden überprüft, Pfeile und Steinkugeln zurechtgelegt. Schon knarrten die eichenen Arme der Wurfmaschinen auf den Türmen.
Alle Bewohner der Stadt waren jetzt mit Tätigkeiten beschäftigt, die für die Verteidigung der Stadt wichtig waren. Dennoch fanden viele Zeit, um auf die Mauern und Türme – vor allem im Norden – zu eilen. Mit ängstlicher Neugier sahen sie den Aufmarsch des Heeres einer Weltmacht vor ihren Toren.
Zuerst jagten Reiter daher. Sie kamen auf der Hauptstraße von Sichem, aber auch von Nob, vom Ölberg, von Westen und sogar von Süden. Dann rückten die Fußtruppen an. Posten wurden ausgestellt. Andere fingen an Pfähle in den Boden zu rammen. Rings um

die Stadt. Und schon wurde ein Wall aufgeschüttet, der sie einschloß. Wochenlang noch wurde daran gearbeitet.

Auf dem Bejaminturm standen um die Mittagszeit neben Dan und Ruben auch Karmi, ein Schmied, und Hanna, eine junge Frau. An die emsige Tätigkeit der Fußsoldaten waren die Belagerten schon gewöhnt. Doch auf einmal wies Dan nach Norden: »Schaut! Was kommt dort?« Alle blickten auf die Hauptstraße, die von Sichem herkam. Pferde, Ochsen und Esel zogen Ungetüme daher. Hannas Augen wurden ganz groß. Karmi, der Schmied, sprach: »Das sind Pioniertruppen. Sie bringen die Belagerungsmaschinen und alles Gerät, das man zum Sturm auf die Stadt braucht. Was du da siehst, sind Rammböcke. Siehst du den Stachel, der aus dem Schutzschild herausragt? Von ihnen aus springen die Soldaten auf die Mauer!«
Darauf folgten schwere Wurfmaschinen. Auf anderen Wagen wurden Sturmleitern herangefahren.
Am späten Nachmittag war zu erkennen, daß im rechten Winkel zum ersten Wall ein besonderer direkt auf die Nordmauer zugeführt wurde. Karmi erklärte: »Den brauchen sie um die Rammböcke an die Mauer heranzuschieben. Gelingt es uns nicht sie abzuwehren, schlagen sie eine Bresche in die Mauer. Dann dringen sie in die Stadt ein.« Hanna bekam Angst. »Und dann?« fragte sie. »Das kannst du dir kaum ausmalen, Hanna, was dann geschieht. Frauen und Mädchen werden ihre Beute, und plündern werden sie, im Tempel . . .« – »Hör auf«, unterbrach sie Karmi.
Als die Nacht hereinbrach, war die Stadt fast völlig eingeschlossen, nur im Süden gab es Lücken. Als Hanna am späten Abend vom Benjaminturm herabstieg, war sie so mutlos, wie noch nie in ihrem Leben. Wer konnte einer solchen Heeresmacht widerstehen? Schon sah sich Hanna gefangen und mit vielen anderen Frauen in die Gefangenschaft abgeführt.

Zwei Wochen später. Eine unruhige Februarnacht ging zu Ende. Nachts hatte es einen Alarm gegeben, der alle Bewohner der Stadt erregt hatte. Es waren Klopfgeräusche zu hören. Die Babylonier unterminierten den Hauptturm der Stadt. Aber dann wurde alles wieder still.
Als die Sonne aufging, wurde etwas sichtbar, was die Belagerung in

einem neuen Licht erscheinen ließ. Dan und Ruben hatten die erste Tageswache. Noch schlaftrunken gingen sie die Straße hinauf zum Benjaminturm, um auf diesen zu steigen. Da stieß Ruben Dan an: »Was ist denn das?« In der halben Höhe des Turms war, aufgemalt mit weißer Farbe, ein seltsames, sehr großes Gebilde zu sehen. Dan blieb stehen. Dann rief er: »Das ist ein Kessel! Was hat denn das zu bedeuten?« – »Das ist nichts anderes als der fliegende Kessel, von dem Jeremia sprach«, antwortete Ruben nun. Auch andere Soldaten waren inzwischen dazugekommen. Einer rief: »Da ist noch etwas gemalt; das ist der Mandelbaumzweig.«
Immer mehr Menschen versammelten sich vor dem Benjaminturm und schauten die seltsamen Zeichen an. Da war keiner, der nicht an die Vision gedacht hätte, die Jeremia vor vierzig Jahren gehabt hatte:

»Und es geschah des Herrn Wort . . . zu mir:
Was siehst du? Ich sprach:
Ich sehe einen siedenden Kessel,
überkochen von Norden her.
Und der Herr sprach zu mir:
Von Norden her wird das Unheil losbrechen
über alle, die im Lande wohnen.«

Ein älterer Mann zitierte diese Worte. Er sprach dabei so feierlich, als zitiere er einen liturgischen Text. Er fuhr fort:

»Denn siehe,
ich will rufen alle Völker der Königreiche des Nordens
spricht der Herr,
daß sie kommen sollen
und ihre Throne setzen
vor die Tore Jerusalems
und rings um die Mauern her
und vor alle Städte Judas.«

Während der Alte das sprach, nahmen die Babylonier die Beschießung der Stadt auf. Wurfmaschinen schleuderten Steine in die Stadt.

»Schweig!« riefen mehrere, da verstummte der Alte.
Der siedende Kessel! Vor dreißig Jahren noch war er vielen als Hirngespinst Jeremias erschienen. Da konnte man ihn noch leicht verspotten. Als dann Nebukadnezar bei Karkemisch siegte, wurden seine Umriße deutlicher, aber auch da war die Gefahr noch fern. Wer kann denn wissen, wie sich die politische Lage entwickelt?
Aber jetzt war der fliegende Kessel furchtbare Wirklichkeit. Die Steine polterten in die Stadt. Feurige Pfeile zischten durch die Luft. Man hörte den Lärm der Bausoldaten an dem Sturmdamm, der täglich weiter an die Stadt heranrückte.
Das Entsetzen, das von dem fliegenden Kessel ausging, wurde noch verstärkt durch den gemalten Mandelbaumzweig. Tatsächlich blühte er jetzt in vielen Gärten, aber für alle, die Jeremias Weissagung kannten, hatte dieser blühende Zweig eine schreckliche Bedeutung:

»Jeremia, was siehst du?
Ich sprach:
Ich sehe einen erwachenden Zweig.
Und der Herr sprach zu mir:
Du hast recht gesehen;
denn ich will wachen über meinem Wort, daß ich's tue.«

So gewiß der Mandelbaumzweig in jedem Frühjahr als erster erwacht, so gewiß wird Gott über den Worten Jeremias wachen. Es sind nicht leere Worte, sondern der Herr läßt sie in Erfüllung gehen. Die Bewohner der Stadt gingen mit ernsten Mienen an ihre Arbeit.

In der Sitzung des Staatsrats wurde über diese Vorfälle gesprochen. Gemarja, Jeremias Freund, schwieg. Jehudi aber, einer der jungen Räte sagte: »Wir müssen unbedingt etwas gegen die Stimmung tun, die sich in der Stadt ausbreitet, denn jetzt sind wir nicht mehr nur von außen bedroht, sondern auch von innen. Die Worte Jeremias sind geeignet, das Volk in seiner Verteidigungsbereitschaft zu schwächen«. Juchal, ein Freund Jehudis, sprach: »Man muß das Volk über die wirkliche politische Lage aufklären«. Paschhur aber, der vor einem Monat Oberpriester geworden war, sagte: »Wir Priester werden sie an die Verheißungen Gottes erinnern.«

Ausrufer riefen am anderen Tag alle Familienältesten vor den Königspalast, aber weil die Babylonier immer wieder die Stadt beschossen, kamen nicht alle. Etwa zweihundert Männer versammelten sich vor dem Eingang zur Königsburg. Sie drückten sich ängstlich an die Mauern, denn immer wieder fielen krachend Steine auf die Dächer und die Straßen.

Jehudi trat auf, mit einer Schriftrolle in der Hand. »Männer«, rief er, »Bürger dieser Stadt, oder Schutzsuchende! Es ist verständlich, daß viele von euch Angst haben. Ihr meint unsere Stadt könnte in die Hände der Feinde fallen. Diese Angst wird verstärkt durch die Erinnerung an die Drohungen Jeremias.« Die letzten Worte Jehudis gingen in einem furchtbaren Krachen unter. Ein Stein war auf das Dach des Libanonwaldhauses gestürzt. Fetzen von Holz und Steinsplitter flogen durch die Luft. Jehudi mußte zur Seite springen.

Als sich der Staub gelegt hatte, fuhr er fort: »Laßt euch keine Angst einjagen, auch wenn die Babylonier die Stadt noch heftiger beschießen, sie können sie nicht erobern. Ihr selbst habt die Mauern und Türme instandgesetzt, der unterirdische Siloahkanal versorgt uns auf unabsehbare Zeit mit Wasser, Vorräte für Jahre lagern in den Magazinen. Wenn nur wir den Mut nicht verlieren, dann ist die Stadt uneinnehmbar.

Dazu kommt noch etwas . . .«

Er öffnete die Papyrusrolle, die er in der Hand hatte, und hielt sie hoch: »Seht da den Vertrag, den noch König Jojakim mit dem Pharao geschloßen hat. Hier heißt es: ›Ich, Pharao, verpflichte mich mit einem heiligen Eid bei den Göttern Amon und Re, daß ich dem Königreich Juda zu Hilfe komme, wenn es angegriffen wird. Insbesondere werde ich die Stadt Jerusalem entsetzen, wenn sie belagert werden sollte!«

Die versammelten Männer hörten Jehudis Rede an, aber keine Hand rührte sich zum Beifall, als er geendigt hatte. Jehudi ließ sich dennoch nicht entmutigen: »Kommt jetzt und hört, was der Oberpriester Paschhur euch im Tempel zu sagen hat«.

Nicht alle Versammelten folgten Jehudi, denn der Gang in den Tempel war gefährlicher als der Aufenthalt in der Königsburg. Bis hierher gelangten nur die Steine der Wurfmaschinen, in den Tempel aber zischten immer wieder Pfeile.

Es war ein klägliches Bild, das sich kurz darauf im Tempel darbot.

Die Gemeinde stand nicht wie sonst vor dem Brandopferaltar, denn alle versuchten, an der Nordmauer des Tempels Schutz zu finden. Oberpriester Paschhur mußte seinen Platz vor dem Brandopferaltar verlassen und sich ebenfalls in die Nähe der Nordmauer begeben. Die Schriftrollen mit den Zions- und Davidsverheißungen wurden aus dem Tempel geholt und dem Volk von Priestern vorgestellt. Oberpriester Paschhur wies auf die Einzigartigkeit dieses Vorgangs hin, dann sprach er: »Fürchtet euch nicht und euer Herz sei unverzagt! Der Gott Israels ist nahe uns zu helfen. Er hat uns eingepflanzt in dieses Land und in diese Stadt. Hier wohnt er selbst in diesem . . .«
Eine ganze Reihe von Steinen polterten auf das Dach und das Pflaster des Tempels. Aber Oberpriester Paschhur blieb fest: ». . . wohnt er selbst in diesem heiligen Tempel. David und seine Nachkommen hat er eingesetzt zu Königen in dieser Stadt. Er wird seine Stadt nicht preisgeben. Denkt daran, was vor hundert Jahren geschah, als der assyrische König Sanherib die Stadt belagerte. Die Pest zwang ihn abzuziehen. Glaubt mir: Nicht der Kessel des Unheils hängt über euch, sondern Gott wird euch den Kelch des Heils reichen! Gott ist unsere Zuversicht und Stärke.«
Da rief Dan: Aber Jeremias Weissagungen? Kann man nicht an dem Heer, das vor der Stadt steht, sehen, daß seine Worte wahr sind?«
Als Paschhur den Namen seines Erzfeindes hörte, regte sich in ihm ungestümer Kampfgeist: »Wo ist er? Er soll sich hier vor uns allen verantworten. Er soll es wagen und an diesem heiligen Ort den Verheißungen Gottes widersprechen«.
Paschhur wies auf die Schriftrolle mit den Davidsverheißungen:

»Ich will meinem Volk Israel eine Stätte geben
und will es pflanzen,
daß es dort wohne
und sich nicht mehr ängstigen müsse . . .«

Da trat Jeremia aus dem Hintergrund hervor. Kurz und hart klangen seine Worte, wie Hammerschläge:

»Raffe dein Bündel auf von der Erde,
die du sitzest in Bedrängnis!«

Die Begleitmusik zu diesen harten Worten lieferte eine ganze Serie von Steinen, die auf das Dach des Tempels stürzten. Die Familienältesten verstanden Jeremias schreckliches Wort: Es war die Aufforderung, den Gang in die Kriegsgefangenschaft anzutreten. Sie hatten schon viele Kriegsgefangene gesehen, kahlgeschoren und mit einem Lendenschurz notdürftig bekleidet, ihre wenigen Habseligkeiten auf dem Rücken tragend.
Aber Oberpriester Paschhur verstummte nicht. Die Schriftrolle in der Hand schritt er auf Jeremia mit festen Schritten zu. Er fuhr ihn an: »Du wagst es, dem Wort Gottes zu widersprechen und Kriegsgefangenschaft anzudrohen. Hier lies:

›Ich will meinem Volk eine Stätte geben
und will es pflanzen,
daß es dort wohne . . .!‹«

Doch ungerührt antwortete Jeremia:

»Denn so spricht der Herr:
Siehe, ich will die Bewohner des Landes
diesmal wegschleudern
und will sie ängstigen«.

Furchtbare Wut stieg in Paschhur auf. »Tempelpolizei!« rief er. Zehn Priester, die der Tempelpolizei angehörten, stürmten mit Knüppeln zu Paschhur. »Jagt diesen Mann hinaus. Er ist ein Feind Gottes und ein Feind dieser Stadt«.
Als Jeremia abgeführt war, schien Paschhur gesiegt zu haben. Einige Männer stimmten ihm zu. Ein Soldat munterte die Familienältesten auf: »Bleibt fest, dies hier ist nur ein vorübergehendes Leiden«. Und einer der Rechabiter sagte: »Noch steht das Zelt fest, die Seile halten im Sturm«. Eine Frau rief: »Die Stadt ist so sicher wie eine Mutter, die von ihren Söhnen beschützt wird«. Ruben sagte: »Wir vertrauen auf die Führer unsrer Stadt«.
Gemarja traf Jeremia am Abend. Er sagte zu ihm: »Es ist Paschhur gerade noch gelungen, die Ältesten für sich zu gewinnen«. Dann berichtete er, was drei Männer und eine Frau zu Paschhur und den Ältesten gesagt hatten.

Währenddessen drang von der Straße lautes Geschrei herein. Brandpfeile der Babylonier hatten ein Haus in Flammen gesetzt. Jeremia sprach bitter: »Heilbares Leiden; sicheres Zelt, getroste Mutter. Weise Führer . . .«
Langsam sank die Nacht über die belagerte Stadt herein. Jeremia aber sprach zu Gemarja: »Wenn das Unheil hereingebrochen ist über die Stadt, werden sie anders sprechen:

›Ach was habe ich für Jammer und Herzeleid!
Ich dachte: Es ist nur eine Plage,
ich muß sie erleiden.
Aber mein Zelt ist zerstört,
und alle meine Seile sind zerrissen.
Meine Kinder sind von mir gegangen
und nicht mehr da.
Niemand richtet meine Hütte wieder auf,
und mein Zelt schlägt keiner mehr auf.‹«

Jeremia schwieg. – Dann sprach er: »So werden sie sprechen. Und sie werden die wahren Ursachen des Unheils erkennen und dann sagen:

›Denn die Hirten sind zu Toren geworden
und fragen nicht nach dem Herrn.
Darum kann ihnen nichts Rechtes gelingen
und ihre ganze Herde ist zerstreut.‹«

Steig auf den Libanon

Schon einen Monat dauerte jetzt die Belagerung. Die Enge in der Stadt wurde von Tag zu Tag spürbarer. Oft sah man jetzt Hirten und Bauern auf der Mauer stehen, wie sie sehnsüchtig hinausblickten ins Land.
Auch Jeremia litt unter der Einschließung. Eines Tages kam Baruch zu ihm: »Weißt du noch, wie wir vor zehn Jahren die große Wanderung gemacht haben zu den Bergen, von denen aus man in das Land

Israel sehen kann? Es war in jenen Tagen, als König Josia das Großreich Davids wieder errichtet hatte«. – »Ich denke jetzt, wo wir gefangen in dieser Stadt sitzen, oft daran«, antwortete Jeremia, erfreut, daß sein Freund fühlte wie er selbst. Gemeinsam versuchten sie, das Erlebnis jener vergangenen Zeit wieder lebendig zu machen, um wenigstens in Gedanken die eingeschlossene Stadt verlassen zu können.

»Zu den Grenzen des heiligen Landes wollten wir, zu den Bergen, die Israel einrahmen. Zwei Monate Zeit nahmen wir uns dafür. Der Frühling war noch nicht gekommen, als wir aufbrachen«, so begann Jeremia.

Baruch erzählte weiter: »Zuerst wanderten wir nach Norden. Dort war unser erstes Ziel. Als wir durch Galiläa zogen sahen wir es bereits, wie eine gewaltige weiße Kuppel ragte es über dem Dunst auf, der Libanon. Als wir die Jordanquellen erreicht hatten, begann der Aufstieg. Das war ein schweres Stück Arbeit. Aber dann wurden wir belohnt durch den herrlichen Ausblick. Wir standen an der Nordgrenze des heiligen Landes. Weißt du noch, wie wir uns freuten, als wir nach Süden blickten und das Land unsrer Väter zu unsren Füßen sahen? Zwei Tage verbrachten wir auf dem Libanon und an seinem Südabhang. Wir ruhten unter den hohen Zedern aus. Einen Adler beobachteten wir, der seinen Horst auf dem Wipfel eines solchen Riesenbaums hatte. Für den Pfeil eines Schützen war er kaum zu erreichen. Wie sicher er sich doch fühlen konnte! Das war der schönste Tag meines Lebens«.

Jetzt erzählte Jeremia weiter: »Dann wanderten wir nach Süden und durchquerten das Baschangebirge. Wenn man nach Westen schaute, konnte man im Dunst den See Genezareth sehen und weiter im Westen das Gebirge Gilboa«.

Beide hatten die herrlichen Bilder jener Landschaft lebendig vor Augen. Baruch fuhr fort: »Jetzt ging es östlich des Jordans nach Süden. Wie herrlich war damals der Aufstieg auf den Nebo, dem nördlichsten Berg des Abarimgebirges. Dann standen wir endlich auf dem Gipfel. Wir waren ganz still geworden, du aber nahmst eine Schriftrolle aus deinem Rucksack und hast vorgelesen: ›Und Mose stieg aus dem Jordantal der Moabiter auf den Berg Nebo, den Gipfel des Gebirges Pisga, gegenüber Jericho. Und der Herr zeigt ihm das ganze Land ... Und der Herr sprach zu ihm:

Dies ist das Land, von dem ich Abraham, Isaak und Jakob geschworen habe: Ich will es deinen Nachkommen geben . . .‹ «.
Beide Freunde schwiegen. Sie dachten daran, wie sie damals über das Tote Meer und den Jordan hinweg nach Westen schauten auf Juda und Israel. Sie erinnerten sich daran, wie sie lachten vor Glück: »Sieh nur, unser Land, das Land, das Gott uns gegeben hat, das Großreich Davids!« Damals reichte Israel wieder von Beerscheba im Süden bis nach Dan im Norden.
So erzählten die Freunde einander die Geschichte dieser denkwürdigen Reise. Aber dann kam ihnen wieder zum Bewußtsein, daß sie jetzt in einer belagerten Stadt lebten, und jäh sahen sie den Unterschied. Was war von dem Land, das Gott einst den Vätern versprochen hatte, noch übrig? Und nun wurde auch die heilige Stadt von einem übermächtigen Feind bedroht. Stand ihr Ende nicht unmittelbar bevor?
Da trat Ebed-Melech ins Zimmer. »Herr, die Ägypter . . .«, mehr brachte er vor Aufregung nicht hervor. »Was ist mit den Ägyptern?« fragte Jeremia. Tagelang schon hielt sich in der Stadt das Gerücht, daß ein ägyptisches Heer im Anmarsch sei, um die Stadt zu entsetzen. Das geschah gemäß des Beistandsvertrags, den Jojakim mit dem Pharao geschlossen hatte. In der Stadt wurden schon die Vorbereitungen getroffen, um einen Ausbruch zu wagen, sobald sich die Ägypter nähern sollten.
Jetzt hatte der Schwarze sich wieder gefaßt: »Die Nachricht ist gekommen, daß ein ägyptisches Heer zwar ausgezogen ist. Aber die Babylonier haben es bei Gaza vernichtend geschlagen«. – »Und wir haben uns auf sie verlassen, wie eine Geliebte sich auf ihren Liebsten verläßt«, sagte Baruch bitter.
Lähmende Stille verbreitete sich in der ganzen Stadt. Jeder wußte, was diese Botschaft zu bedeuten hatte, Jerusalem war jetzt ganz auf sich selbst gestellt. Keine Hilfe von außen war mehr zu erwarten. Wie lange konnte man da dem Druck der Babylonier standhalten?
Am anderen Morgen brachte ein Priester seinem Herrn, dem Oberpriester Paschhur ein zerfetztes und beschmutztes Papier. »Was ist das?« fragte der Oberpriester. »Ein Flugblatt, Herr; die Babylonier haben in der Nacht solche Blätter in großer Zahl um Pfeile gewikkelt in die Stadt geschossen.« – »Gib her!« sagte Paschhur und dann las er:

»An die Bürger der Stadt Jerusalem!
Wir kämpfen nicht gegen Euch. Wir sind gekommen um den abtrünnigen König Jojakim und seine Beamten zu bestrafen. Nachdem dieser gestorben ist, trifft der Zorn des Großkönigs seinen Sohn Jojachin und dessen Anhang. Trennt Euch von diesen Verrätern! Macht nicht gemeinsame Sache mit ihnen! Verlaßt Euch nicht auf die Hilfe der Ägypter, denn wir haben sie zerschmettert.
Wir nennen Euch jetzt die Namen derer, die wir in Gefangenschaft führen werden . . .«
Das Blatt zitterte in den Händen des Oberpriesters. Erst nachdem er seine Erregung gemeistert hatte, las er weiter:
»König Jojachin, sein ganzer Hofstaat, Kaleb, Ester, Ammiel, Oberpriester Paschhur . . .«
Paschhur erbleichte, der Schweiß brach ihm aus. Er hatte zwar damit gerechnet, daß er auf der »schwarzen Liste« der Babylonier stehen würde. Als er aber nun wirklich seinen Namen las, traf ihn das härter, als er gedacht hatte. Er erinnerte sich wieder an jenen Morgen, als er Jeremia aus dem Block freiließ:

»Und du, Paschhur,
sollst mit allen deinen Hausgenossen
gefangen weggeführt werden
und nach Babel kommen.
Dort sollst du sterben . . .«

Mühsam nur gelang es ihm, die schreckliche Erinnerung an diese Worte zu verdrängen. Er schaute auf. Immer noch stand der Priester da, der das Flugblatt gebracht hatte. »Willst du noch etwas?« fragte ihn Paschhur. »Herr, die Angst in der Stadt ist groß, die Ägypter können uns nicht mehr helfen. Wenn nun alle Anführer weggeführt werden wie es in dem Flugblatt steht?« – »Beruhige dich!« antwortete der Oberpriester. »Wir werden etwas gegen die Angst tun müssen. Laß mich jetzt allein!«
Als der Priester gegangen war, las er das Flugblatt noch einmal, doch jetzt hatte er seine alte Gelassenheit wiedergewonnen. Er rief seinem Diener: »Geh zu Hananja, dem Prophetenvorsteher und bitte ihn, zu mir zu kommen«.
Schon kurze Zeit später kam der Prophetenvorsteher. »Du kennst

das Flugblatt?« – »Ja, Paschhur, ich bin nur überrascht, daß mein Name nicht auf der ›schwarzen Liste‹ steht, obwohl sonst die Propheten zahlreich vertreten sind. Ahab und Zedekia stehen drauf«. »Mich haben sie nicht vergessen«, sagte Paschhur. »Aber laß uns jetzt nicht an uns selbst denken, wir müssen etwas gegen die Angst tun, die die Schreckensnachricht von der Schlacht bei Gaza und dieses Flugblatt erzeugt.« – »An was denkst du?« fragte der Prophetenvorsteher. »Die Geschichte unseres Volkes begann mit dem Schreien zu Gott«, sagte Paschhur. »Du denkst an die Sklaverei in Ägypten?« sagte Hananja und zitierte:

»Lange Zeit danach starb der König von Ägypten.
Und die Israeliten seufzten über ihre Knechtschaft
und schrien
und ihr Schreien über ihre Knechtschaft kam vor Gott . . .«

»Ja, daran habe ich gedacht«, antwortete Paschhur. »So laß uns doch jetzt in dieser neuen großen Not einen Bittgottesdienst halten. Wir beide könnten zusammen das Bittgebet formulieren. Priester und Propheten sollen es im Wechsel vortragen. Das Volk soll antworten: ›Erhöre uns, du unser Gott!‹« – »Du weißt, daß dann der Oberpriester im Auftrag Gottes dem Volk dessen Antwort auf das Gebet übermittelt. Das ist bei Klageliedern des Volkes so Sitte«, sagte Hananja. »Ich dachte mir, daß wir beide zusammen nach dem Gebet ins Heiligtum gehen. Gemeinsam wollen wir dann die Antwort Gottes überbringen«, schlug Paschhur vor.
Am anderen Tag brachten Priester und Propheten an verschiedenen Stellen in der belagerten Stadt Plakate an: »Groß ist unsre Not. Kommt morgen am Vormittag zur dritten Stunde in den Tempel des Herrn, um mit uns zusammen zu Gott um Hilfe zu rufen. Oberpriester Paschhur; Hananja, Prophetenvorsteher.«
Baruch brachte Jeremia die Nachricht von dem geplanten Bittgottesdienst. Jeremia sagte bitter: »Sie rechnen mit Erhörung, Baruch?« »Ganz fest!« bestätigte Baruch. »Viele sagen: Sanherib ist vor hundert Jahren auch von der Stadt abgezogen.« – »Wie oft, Baruch, hat Gott durch mich zu diesem Volk gesprochen.« – »Das ist mir so recht klar geworden, als ich alle deine Reden aufgeschrieben habe . . .«, sagte Baruch. »Sie hörten nicht auf Gottes Stimme. Er warb um sie in

Liebe mit Worten des Gerichts und der Gnade. Es half nichts. Und jetzt, wo ihnen das Wasser bis zur Kehle reicht, sollten sie auf ihn hören? Wo sind Zeichen wirklicher Umkehr?« wollte Jeremia wissen.

Am anderen Morgen versammelte sich fast ganz Jerusalem im Tempel. Der König kam mit seinem ganzen Hofstaat, die Priester und Propheten, das Volk. Im Lager der Babylonier war es still. Sie schossen nicht. Es war, als ob sie auf die Wirkung ihrer Flugblätter warteten.
Dann wurde das Klagelied, das Paschhur und Hananja geschrieben hatten, von den Priestern und Propheten im Wechsel vorgetragen.
Priester:

»Du Hirte Israels, höre,
der du Josef hütest wie Schafe,
erscheine, der du thronst über den Cherubim!«

Propheten:

»Gott, tröste uns wieder,
und laß leuchten dein Antlitz,
dann genesen wir!«

Priester:

»Gott, es sind Heiden in dein Erbe eingefallen!«

Propheten:

»Deine heilige Stadt wird belagert,
dein Volk leidet große Not!«

Priester:

»Gott Zebaoth, wende dich doch zu uns.
Schaue vom Himmel und sieh darein,
nimm dich deines Weinbergs an.«

Propheten:

»Erhöre unser Schreien,
errette dein Volk,
wie du es einst aus Ägypten gerettet hast!«

Jedesmal antwortete das Volk auf die Verse von Priestern und Propheten:

»Erhöre uns, du unser Gott!«

Unter dem feierlichen Schweigen des Volkes schritten dann der Oberpriester und der Prophetenvorsteher ins Heiligtum. Tausende standen und warteten auf den Zuspruch der Erhörung des Gebets. Da trat auf einmal Jeremia vor den Brandopferaltar. Alle Augen richteten sich auf ihn. Niemand wagte etwas zu sagen, hing der Kessel des Gerichts doch greifbar genug über der Stadt. Jeremia sah das Volk vor sich. Er sah Ester. Sie trug ihr schönstes Kleid und hatte Festschmuck angelegt. Jeremia sah sie und wieder erschien sie ihm als Verkörperung der Tochter Zion: »Groß ist die Not, darum seid ihr heraufgekommen in den Tempel. Ihr habt zu Gott gerufen, doch die Not ist größer als ihr denkt:

›So spricht der Herr:
Steig auf den Libanon und schreie
und laß deine Klage hören in Baschan
und schreie vom Abarim her.‹«

Als Jeremia das sagte, fiel Baruch jener Tag vor zehn Jahren wieder ein, als sie auf dem Libanon standen und über das Land schauten, das Herz voll Freude. Vor dem Propheten standen Männer, Frauen und Kinder einer belagerten Stadt. Seit Wochen lebten sie auf engstem Raum zusammen. Und nun diese Bilder mit dem Aufruf, auf den Libanon zu steigen. Man konnte an bestimmten Tagen seinen schneebedeckten Gipfel von Galiläa aus sehen. Vor ihren Augen stand das Baschangebirge mit seinen herrlichen Eichen. Das Abarimgebirge in Moab konnte man vom Ölberg aus sehen. Auf diese Berge zu steigen, die wie vom Schöpfer geschaffene Wächter um das Volk Gottes standen, und zu Gott um Hilfe schreien, so daß der Klageruf weithin erschallt, das war ein gewaltiger, noch nie gehörter Aufruf. Jeremia fuhr fort:

»Denn alle deine Liebhaber sind zunichte gemacht!«

Der König erbleichte, ebenso die Männer und Frauen des Hofstaats. Auch Kaleb und Ester zuckten zusammen. Jedem stand dabei die Niederlage der ägyptischen Verbündeten vor Augen. Sie waren jetzt ganz auf sich selbst gestellt. Zaghafte Fragen richteten sich an Jeremia: »Dieses Schreien von den höchsten Bergen in der größten Not, wird es erhört?« – »Da gebt euch nur selbst die Antwort, jeder für sich selbst«, sagte Jeremia und setzte im Auftrag Gottes hinzu:

»Ich habe dir's vorhergesagt,
als es noch gut um dich stand;
du aber sprachst: ›Ich will nicht hören.‹
So hast du es dein Lebtag getan,
daß du meiner Stimme nicht gehorchtest.«

Die Ältesten dachten an die ersten Predigten Jeremias, als Spott und Ablehnung ihre Antwort waren. Den Priestern und Propheten fiel jener Tag ein, an dem sie hier im Tempel Jeremia töten wollten. Viele erinnerten sich daran, wie Jeremia unter dem Hohn des Volkes auf den Schuttabladeplatz gefahren wurde.
»Jetzt ist es zu spät, das Gericht kommt«, erklärte Jeremia:

»Alle deine Hirten weidet der Sturmwind,
und deine Liebhaber müssen gefangen fort.
Ja, nun bist du zu Spott und zuschanden geworden,
um all deiner Bosheit willen.«

Es schien keine Erhörung zu geben.
In diesem Augenblick öffneten sich die Tempeltore wieder. Der Oberpriester und der Prophetenvorsteher kamen, um Gottes Antwort zu übermitteln. Kaum waren die beiden zu sehen, da lief schon ein Priester, um ihnen den Vorfall zu berichten. Man sah es

beiden an, wie die Nachricht vom Auftreten Jeremias auf sie wirkte. Sie traten vor das Volk und verkündeten: »Gott hat euer Gebet erhört! Er ist Burg und Schirm seinem Volk. Er wird uns retten.«
Jetzt erst wagten es einige gegen Jeremia aufzutreten: »Trotz deiner Drohungen sind wir sicher wie ein Adler in seinem Horst hoch oben auf dem Libanon. Uns wird nichts geschehen«.
Jeremia entgegnete: »Nur eins ist für euch sicher: Überfallartig, unabwendbar wird die Not über euch kommen, wie die Wehen über eine gebärende Frau, denn so spricht der Herr:

›Die du jetzt auf dem Libanon wohnst
und in Zedern nistest,
wie wirst du stöhnen,
wenn dir Schmerzen und Wehen kommen werden
wie einer in Kindsnöten!‹ «

Land, Land, Land höre

Die Babylonier stellten Ende Februar auf einmal alle Kampfhandlungen ein. Keine Wurfmaschinen schossen mehr in die Stadt. Auch die Arbeit an den drei Sturmdämmen, die schon bedrohlich nahe an die Nordmauer herangeführt worden waren, wurde eingestellt. Statt dessen sahen die Bürger und Bürgerinnen Jerusalems, daß die Babylonier ein prächtiges Zelt aufstellten, gerade dem Benjamintor gegenüber. Andere aber schütteten eine Straße auf, die von Norden her schnurgerade auf dieses Zelt zuführte. Die Bewohner der belagerten Stadt sahen das alles mit Staunen.
Eines Vormittags geschah es. Auf der neuerrichteten Straße fuhr in schneller Fahrt eine Wagenkolonne daher. Prächtige Hengste zogen die Wagen. Silber- und Goldbeschläge der Geschirre und des Zaumzeugs glänzten. Schnell verbreitete sich die Nachricht durch die ganze Stadt. Tausende von Augenpaaren beobachteten von der Nordmauer aus das Schauspiel.
Vor dem ersten Wagen trug ein Reiter eine farbenprächtige Standarte. Der Wagen hielt vor dem Zelt an und die angetretenen Sol-

daten präsentierten. Aus dem Wagen stieg eine jugendliche Gestalt, in deren schwarzem Haar ein Goldreif glänzte.
Der Großkönig Nebukadnezar selbst war ins Kriegslager gekommen. Die Bewohner von Jerusalem sahen zum erstenmal den berühmten Sieger von Karkemisch, den Großkönig der Babylonier, der in Ägypten eindrang, den Herrn der Welt. Und sie ahnten, was diese persönliche Gegenwart des Großmächtigen für sie selbst bedeuten würde.
Wenige Stunden später erhielten sie Gewißheit. Ungleich heftiger setzte die Beschießung wieder ein. Tausende von Brandpfeilen flogen in die Stadt. Auf allen drei Sturmbahnen rollten Sturmböcke gegen die Nordmauer heran. Fast gleichzeitig dröhnten die furchtbaren Schläge der mächtigen Maschinen gegen die Mauer. Dahinter schwankten wie vorsintflutliche Ungetüme sieben Belagerungstürme gegen die Mauer heran. Ihnen folgten Sturmtruppen mit Sturmleitern. Lautes Kriegsgeschrei erfüllte die Luft. Es war die zweite Woche im März.
Doch nachdem einen Tag lang der Angriff gegen die Nordmauer getobt hatte, herrschte plötzlich Stille. Ein Unterhändler trat aus dem Lager der Babylonier hervor, der eine Botschaft an den König von Jerusalem überbrachte. Sie wurde am Benjamintor in Empfang genommen.
Im Königspalast las sie der junge König, umgeben von seinem ganzen Hof:
»Höre, König Jojachin! Dein Vater Jojakim ist von mir abgefallen. Er hat den Bund gebrochen, gerade als ich in schwere Kämpfe mit Ägypten verwickelt war. Er ist seiner Strafe durch den Tod entgangen. Aber nicht noch einmal will ich dieselben Erfahrungen mit Euch Davididen und mit Jerusalem, dieser aufrührerischen Stadt, machen. Du hast in den letzten Stunden gespürt, wie mächtig ich bin. Übergibst Du die Stadt nicht, so erstürmen wir sie. Dann bist Du an allem Elend schuld, das über die Stadt und das Land kommt. Ich gewähre Dir und Deinem Rat drei Tage Bedenkzeit.«
Schon eine Stunde später standen der König, sein ganzer Hofstaat und alle seine Räte um das große Lagerelief, im Sitzungssaal der Königsburg. Niemand setzte sich, auch nicht die ältesten Mitglieder des Rats. Sie schauten alle wie gebannt auf die Figur des Großkönigs, die vor der Stadt stand und auf den Kreis, der um die Stadt

gezogen war. Schweigend legte König Jojachin selbst das Ultimatum in die Stadt. »Was sollen wir tun?« fragte er in die Runde seiner Berater.

Der Heeresoberst erläuterte die Lage mit knappen Worten: »Das ganze Land ist in den Händen der Babylonier, vor allem ist das Südland abgeschnitten. Die Stadt ist ganz auf sich selbst gestellt. Nahrung ist zwar für drei Jahre in der Stadt, aber es ist kein Entsatz von außen zu erwarten. Denn wir sind von unserem Hauptverbündeten durch den Verlust des Südlandes nicht nur abgeschnitten, sondern sein Entsatzheer wurde vernichtend geschlagen. Selbst wenn wir weitere Sturmangriffe der Babylonier abwehren, die Verluste an Männern – durch Tod und Verwundung – werden zunehmen«.

Schefatja meldete sich zu Wort, Fürst und Sohn Mattans: »Deine Worte klingen sehr pessimistisch! Du hast nicht darauf hingewiesen, daß die Stadt durch ihre Lage und die starken Mauern an und für sich uneinnehmbar ist. Du weißt doch, daß einst die Jebusiter zu David sagten: ›Blinde und Lahme werden dich vertreiben!‹ – Wir sollten darum auf jeden Fall kämpfen. Alle Kräfte, die Angst machen, werden eingekerkert, zuerst Jeremia. Seine Reden wirken wie die Pest auf das Volk«.

Oberpriester Paschhur fuhr im selben Sinne fort: »Vertraut auf Gottes Verheißung! Dies ist seine Stadt, er gibt sie nicht diesen Heiden preis. Vergeßt nicht, wie schmählich Sanherib zur Zeit Hiskias abziehen mußte«. Viele stimmten Schefatja und Paschhur zu, vor allem die jüngeren unter den Fürsten. Doch Gemarja, der Sohn Schafans, und mit ihm andere widersprachen Schefatja und Paschhur: »Damals standen die Ägypter noch im Krieg mit den Assyrern. Wir sind heute ganz allein auf uns gestellt, das ist der Unterschied.«

Alle schauten jetzt auf den König und warteten auf seine Entscheidung. Der junge König schwieg lange. Jede Partei im Rat erwartete eine Entscheidung zu ihren Gunsten. Besonders die Anhänger Schefatjas und Paschhurs rechneten damit, daß der König ihrer Ansicht zustimmen würde.

Aber die Entscheidung des Königs fiel ganz anders aus und war für beide Gruppen überraschend: »Wir werden die Stadt weder übergeben, wie Nebukadnezar es will, noch werden wir kämpfen«. Alle waren überrascht. »Was willst du dann tun?« fragte der Heeresoberst.

»Ich und mein Hof werden freiwillig hinausgehen ins Lager der Ba-

bylonier. Das wird den Großkönig gnädig stimmen. Ich bin ja gar nicht von ihm abgefallen, mein Vater tat das. Der Großkönig wird mich nicht büßen lassen für seine Schuld«, erklärte Jojachin. »Du meinst also, daß der Großkönig dich in deiner Regierung bestätigen wird und die Stadt ungestraft läßt?« fragte der Oberpriester. »Ja, damit rechne ich«, sagte der König entschlossen. Besonders Schefatja und seine Anhänger versuchten, den König von seinem Plan abzubringen: »Du glaubst doch nicht im Ernst, daß Nebukadnezar so mit dir verfahren wird. Schon sind viele seiner Männer vor der Stadt gefallen«, rief Schefatja. Doch trotz aller warnenden Stimmen wurde der König in seinem Entschluß nicht wankend.
Endlich fragte Gemarja: »Wer soll dich auf deinem schweren Gang begleiten?« Und nun wankte manches Knie und in viele Herzen zog Furcht ein. »Meine Mutter, die Obersten und Kämmerer«, antwortete König Jojachin.

Die Nachricht vom unerwarteten Entschluß des Königs war bald in aller Munde. Jähes Entsetzen überfiel viele bei dem Gedanken daran, was geschehen würde wenn der Großkönig nicht Gnade walten läßt. Alle werden dann büßen, die den Abfall gebilligt haben. Der Großkönig wird abrechnen.
Kaleb hatte die Nachricht kaum vernommen, da hatte er seinen Plan schon gefaßt. Sofort bat er Ester zu sich. Er selbst verbrannte eigenhändig alle Akten, in denen es um seine Verhandlungen mit Ägypten ging. Dann füllte er seine Taschen mit den wertvollsten Edelsteinen und verpackte alles Gold in mit eisernen Bändern und schweren Schlössern gesicherten Kisten. »Ladet das alles auf drei Esel!« befahl er seinen Dienern. Ester kam. »Pack das Nötigste zusammen; vergiß nicht deinen Schmuck und dein Gold. Wir verlassen heute nacht noch die Stadt!« erklärte ihr Kaleb. »Wohin?« fragte sie. »In die Höhle bei Beer-Asphar in der Wüste Juda«, antwortete Kaleb.
Wie Kaleb und Ester verließen in dieser Nacht viele Beamte des Königs, Kaufleute und Fürsten die Stadt. Sie flohen durch ein Geheimtor bei dem Garten des Königs in der Ostmauer. Vor allem jene, die mit an dem »Netz« beteiligt waren, das der Ausbeutung des Volkes gedient hatte, suchten jetzt dem »Netz« der Babylonier zu entkommen.

Als der Morgen graute, waren sie schon in den Schluchten des Gebirges Juda verschwunden und fühlten sich sicher.
Als Jeremia am gleichen Morgen über den Fischmarkt unweit der Nordmauer ging, hörte er von den Ereignissen dieser Nacht. Ein Fischhändler, der Trockenfische verkaufte, hielt einen Fisch mit der Hand hoch und rief: »Wie die Fische dem Netz, so sind sie den Babyloniern entschlüpft; wie das Wild der Falle des Jägers, so sind sie entkommen!«
Ingrimmig dachte Jeremia an die Schuld, die diese Männer und Frauen auf sich geladen hatten. Plötzlich fiel ihm ein Wort des Propheten Amos ein, daß kein Schuldiger Gott je entrinnen kann, auch nicht, wenn er sich in den Tiefen des Meeres verbergen könnte. Aber dann bemächtigte sich mit aller Gewalt das neue Wort des Herrn seiner Seele. Er sprach zu dem Fischhändler: »Gib mir etwas zum Schreiben, und ein Blatt Papier«.
Über den Rücken des schreibenden Jeremia hinweg las der Fischhändler die Worte, die dieser schrieb:

»Siehe, ich will viele Fischer aussenden,
spricht der Herr,
die sollen sie fischen;
und danach will ich viele Jäger aussenden,
die sollen sie fangen auf allen Bergen
und allen Hügeln und in allen Felsenklüften.
Denn meine Augen sehen auf alle ihre Wege,
daß sie sich nicht vor mir verstecken können,
und ihre Missetat ist vor meinen Augen nicht verborgen.«

Als Jeremia das Wort des Herrn aufgeschrieben hatte und den Stift zurückgab, sprach der Fischhändler: »Darf ich dieses Wort da am Fischturm aufhängen? Ich will sehen, ob du recht behältst«.

Die ganze Stadt hielt den Atem an, als der dritte Tag nach dem Eingang des Ultimatums anbrach. Schon vor Anbruch des Tages versammelten sich fast alle Bewohner der Stadt vor der Königsburg, im Tempel und vor allem auf der Nordmauer. Als die Sonne auf halber Höhe stand, öffnete sich das Tor der Königsburg. Zuerst erschien der König, bekleidet mit dem königlichen Ornat. Auf seinem Kopf

glänzte der Reif, den als erster David getragen hatte. Er führte am Arm seine Mutter Nehuschta. Auf ihn folgten die höchsten Beamten des Königs, seine Großen, darunter der Schreiber Elnatan, Gemarja und Oberpriester Paschhur. Danach kamen die Obersten des Heeres und die Hofbeamten. Alle trugen ihre Staatskleider und die Zeichen ihrer Ämter. Unter dem tiefen Schweigen des Volkes ging der feierliche Zug zuerst hinauf zum Tempel.
Nachdem die ganze Gruppe vor dem Brandopferaltar kurz verweilt hatte, verließ der König mit seinem Gefolge die heilige Stadt durch das Benjamintor. Da war niemand, der nicht die Größe dieses Augenblicks geahnt hätte, da war kein Herz, das nicht mitgefühlt hätte mit dem jungen König und seinem Gefolge. Jeder wußte, mein eigenes Schicksal hängt von dem ab, was in den nächsten Stunden geschieht. Viele dachten bei diesem Auszug an Joahas, den Onkel Jojachins, der einst die Stadt verließ, um zum Pharao nach Ribla zu gehen. Der König verschwand im Prunkzelt des Großkönigs. Totenstille kehrte ein auf der Nordmauer. Jetzt mußte in diesem Zelt die Entscheidung fallen.
Was dann folgte kam so schnell und so schlagartig, daß niemand Zeit hatte, sich zu besinnen. Fast willenlos mußten die Bewohner der Gottesstadt alles hinnehmen. Anstatt daß der König mit der Botschaft des Gnadenaktes zurückkehrte, stürmten plötzlich babylonische Soldaten auf alle Tore zu. Im Handstreich wurden die Besatzungen überwältigt. Schon eine Stunde später war ganz Jerusalem in der Hand der Babylonier. Der Großkönig selbst zog durch das Benjamintor in die Stadt ein und betrat das Heiligtum des Herrn. Mit seinem Feldherrnstab bezeichnete er die goldenen Geräte, die er aus dem Tempel wegschaffen und in sein Lager bringen ließ. Ebenso verfuhr er in der Königsburg.
Am anderen Tag wurden alle Bewohner der Stadt registriert, auch diejenigen, die geflohen waren. Alle oberen Beamten des Königs, alle Kriegsleute, Waffenschmiede und Zimmerleute wurden zusammengetrieben und nach Babylon in die Verbannung geführt. Zehntausend waren das, einschließlich ihrer Familienangehörigen. Die Babylonier durchkämmten das ganze Land und spürten auch Kaleb und Ester auf.
Wer noch übrig blieb in der Stadt, der wurde Zeuge des letzten und schrecklichsten Akts in diesem Drama. Aus dem Zelt des Großkö-

nigs wurde König Jojachin herausgeführt. Sie hatten ihm Krone und königliches Gewand genommen. Seine Hände waren auf den Rücken gefesselt. Einen langen Blick warf er zurück auf Jerusalem, wo er nur drei Monate regiert hatte.
Es war, als stünde das Rad der Geschichte für wenige Sekunden still, um die Größe dieses Augenblicks anzuzeigen: Der letzte König, der auf dem Thron Davids saß, von Gottes Gnaden, war degradiert und wurde in die Gefangenschaft geführt. Männer und Frauen, Kinder und Greise auf der Mauer schluchzten laut auf bei diesem Anblick. Es war, als ob das Land selbst weinte und mit ihm alle seine Könige aus dem Stamm Davids.
Die Nacht brach herein und nur eine Frage stellte sich unter allen, die übriggeblieben waren: Wie durften die Feinde so etwas mit dem von Gott eingesetzten König machen? War er denn ein wertloses Gefäß, das man nach Gebrauch wegwirft? War er nicht Träger der Verheißungen, die David von Gott gegeben worden waren?
Nicht wenige drangen in Jeremia: »Du mußt uns aufrichten! Du mußt bestätigen, daß Konja wiederkommt, sonst ist doch die Geschichte Gottes mit uns zu Ende«.
Eine ganze Nacht verbrachte Jeremia bei den Königsgräbern im Südteil des Zion. Da ruhten alle Könige von Juda, mit David angefangen über Josia bis hin zu Jojakim. Gottes adoptierte Söhne waren sie, aber nun hatte er den letzten der von ihm adoptierten Söhne preisgegeben.
Es wurde Jeremia klar, daß von Konja nichts mehr zu erhoffen war. Die Geschichte Gottes mit dem Hause Davids war zu einem entscheidenden Wendepunkt gekommen. Jeremia mußte die Hoffnungen des Volkes auf eine Rückkehr Jojachins zerschlagen. Selten war ihm ein Gerichtswort so schwer gefallen wie dieses. Wie furchtbar war es, auszureißen und einzureißen.
Als er im harten Licht des Morgens, der über der besetzten Stadt anbrach, die fragenden Mienen verstörter Männer und Frauen sah, sprach er:

»Ihr habt mich gefragt:
›Ist denn Konja
ein elender, verachteter, verstoßener Mann,
ein Gefäß, das niemand haben will?‹

Ihr jammert:
›Ach, wie ist er doch samt seinem Geschlecht vertrieben
und in ein unbekanntes Land geworfen!‹ «

Dann erhob er beschwörend seine Stimme:

»O Land, Land, Land,
höre des Herrn Wort!
So spricht der Herr:
Schreibt diesen Mann auf als einen,
der ohne Kinder ist,
einen Mann, dem sein Leben lang nichts gelingt!
Denn keiner seiner Nachkommen wird das Glück haben,
daß er auf dem Thron Davids sitze
und in Juda herrsche.«

V

Das eiserne Joch

Der letzte auf dem Thron Davids

Der babylonische General Nergal fuhr auf das Quelltor zu. Er hatte den schwierigsten Auftrag seines Lebens zu erfüllen. Die Toranlage war noch zerstört. Die von den Stößen eines Rammbocks zerschmetterten Torflügel hingen zerfetzt in den Angeln. Mehrmals mußte der hohe Offizier anhalten, weil Steinbrocken auf der Königsstraße lagen und erst weggeräumt werden mußten. Verstörte Menschen, noch das Entsetzen der Plünderung der Stadt im Gesicht, verschwanden schnell von der Straße, als sie den Babylonier sahen. Der General fuhr vor die Königsburg. Er stieg ab. Überall standen Türen offen, Spuren der Plünderung, Kleiderfetzen lagen herum. Von der Stadt her wehte Brandgeruch durch die offenen Fenster. Gespenstisch hallten die Schritte des Generals in dem weitläufigen Gebäude. Nur hier und da ließ sich ein Bediensteter erblicken, verschwand aber schnell wieder, als wolle er neuem Unheil entfliehen.

Der Babylonier stutzte: War das nicht ein Schwarzer? Es war der erste Schwarze, den er in seinem Leben überhaupt sah. »Komm her! Zeig mir den Thronsaal!« befahl er dem scheuen Mann. Eilfertig öffnete der Schwarze die Türflügel und da nun stand der Thron.

Und dann sah er auch die berühmte Reliefkarte. Der General bewunderte die Nachbildung der Welt. Die Figuren standen noch so, wie sie vor der Belagerung gesetzt worden waren. Er bückte sich und setzte die Figur des Großkönigs in die Stadt. König Jojachin aber schob er hinüber nach Babylon.

Ein ironisches Lächeln zog über sein Gesicht: Hier also hatten der Zaunkönig und seine Beamten ihr Spiel getrieben; Zaunkönige! Wie groß war dagegen das Reich seines Herrn. Im Auftrag Marduks, der die Welt gemacht hatte, handelte der Großkönig. Also mußte auch die ganze Welt dem gehören, den der Stadtgott von Babylon zum König eingesetzt hatte. Von den stürmischen Ufern des Persischen Golfes erstreckte sich seine Herrschaft bis hinauf zu den klaren Wellen des Van-Sees. Im Westen reichte sie bis zu den Felsklippen und Sandstränden, an deren Fuß das Mittelmeer spielte. Im Süden aber machte sie erst Halt an den Grenzen Ägyptens.

So gewaltig groß aber das babylonische Weltreich auch war, dieses Land der Zaunkönige war von strategischer Bedeutung für die Weltmacht. Hier war das Einfallstor nach Ägypten. Es war von großer Bedeutung, daß dieses Land sich fest in der Hand des Großkönigs befand. Groß stand jetzt vor General Nergal der Auftrag, den ihm sein Herr gegeben hatte: »Suche einen Mann nach meinem Herzen, den ich zum König machen kann von Juda!«
Der General setzte sich auf den Thron der Könige von Juda. Das war das erste Mal, daß so etwas Ungeheuerliches geschah.
Die Schwere des Auftrags lastete auf dem Offizier. Er wußte genau, was das bedeutete: ». . . einen Mann nach meinem Herzen!« Das mußte jemand sein, der dem Großkönig willfähig war, unbedingt treu den Babyloniern, und der regelmäßig den Tribut ablieferte. Wie sollte er einen solchen Mann finden? General Nergal, auf dem Thron Davids sitzend, versank ins Nachdenken. Er wußte um die Eigentümlichkeit, die bisher in Juda im Blick auf die Thronfolge bestand. Immer saß ein Nachkomme Davids, des großen Königs, auf diesem Thron, seit vierhundert Jahren. Das galt als eherne, stets befolgte Regel.
Soviel der General wußte, war das in der Welt einzigartig.
Aber General Nergals Auftrag lautete nicht: Suche einen König aus dem Hause Davids. Er lautete: Ein König nach dem Herzen Nebukadnezars, denn schon zweimal hatte er schlechte Erfahrungen mit den Davididen gemacht.
Dem General fiel Gemarja ein, der Sohn Schafans. Die Familie Schafan, wiewohl zur Oberschicht gehörig, war nicht in die Verbannung geführt worden. Dieser Mann konnte ihm vielleicht helfen. Er ließ ihn rufen und beauftragte ihn: »Mache mir eine Liste von sämtlichen Ältesten, die noch in der Stadt sind.«
Nach einer Stunde schon brachte sie Gemarja. Er hatte siebzig Namen aufgeschrieben. Beraten durch Gemarja suchte Nergal zwölf davon aus, die als unbedingt babylontreu galten. »Rufe sie zusammen!« befahl er.
Als ihnen der General erklärte, was er beabsichtigte, waren sie entsetzt. Immer wieder blickten sie auf den Thron Davids. Einer nach dem anderen lehnte ab: »Ich bin ein armer Mann, mein Nachbar ist wohlhabender. – Er hat eine größere Verwandtschaft. – Mach ihn zum König über diesen Trümmerhaufen«. Doch auch dieser wehrte

bestürzt ab: »Warum soll gerade ich dem Land aus dieser Not helfen können? Ich bin völlig mittellos. König sein über dieses Volk? Nein!«
General Nergal war ein belesener Mann. Darum mußte er daran denken, daß eine ähnliche Szene irgendwo in der Weltliteratur vorkam. Plötzlich fiel ihm der Name Jesajas ein, eines großen Sohnes dieser Stadt. Dieser Judäer hatte eine ähnliche Szene beschrieben, wie er sie jetzt erlebte:

»Macht mich nicht zum Herrn über dieses Volk!«

Der erste Versuch war gescheitert. Dann also weiter mit den einflußreichen Ältesten aus den Städten des Landes. Diese Zusammenkunft fand drei Tage später statt. Aber auch da lehnte einer nach dem anderen ab, der Älteste von Lachisch, von Aseka, von Libna, und viele andere.
Schließlich drang Nergal in Gemarja selbst. Doch dieser hob beschwörend die Hände: »Nein Herr, ich bitte dich, sieh von mir ab!«
Nergal brach der Angstschweiß aus. Er fürchtete schon, er müsse seinem Herrn den Auftrag unerledigt zurückgeben. In dieser Not erst dachte er wieder an die Nachkommen Davids. Also doch einen aus diesem aufrührerischen Haus!
Zusammen mit Gemarja ging er alle Namen der noch lebenden Davididen durch. Aber da war der eine zu alt, der andere zu jung. Dieser war vielleicht tauglich, aber er stand auf der falschen Seite. Jener war zu eigensinnig. Verdammt! Daß gerade ihm, dem verdienten General, dieser Auftrag zuteil geworden war.
Als Nergal schon fast alle Hoffnung aufgegeben hatte, blieb noch ein Name übrig: Mattanja, dritter Sohn Josias, leiblicher Bruder des Joahas, Halbbruder Jojakims und Onkel Jojachins, einundzwanzig Jahre alt.
Fieberhaft prüfte General Nergal alles, was von ihm bekannt war. Die politische Einstellung: Mattanja war immer ägyptenfeindlich gewesen, wie sein Vater Josia; den Babyloniern dagegen wohlgesonnen. Verhalten beim Verrat Jojakims: Er war gegen ein solches Unternehmen. Während der Belagerung: Mattanja hielt sich zurück.
Eigentlich sprach alles für ihn. Er war babylonfreundlich und leicht

lenkbar. Dieser letzte Charakterzug war für den General ausschlaggebend.
General Nergal eilte den in die Verbannung Geführten nach. Er fand sie erst in Ribla. Zusammengepfercht in sieben Hütten, scharf bewacht von der Leibgarde des Großkönigs, verlaust und verdreckt, waren diese Männer und Frauen nur noch Schatten der einstigen Größe des Hauses Davids. Mitten unter diesen Geschlagenen, Niedergedrückten, erschien plötzlich die glänzende Gestalt des Generals: »Mattanja!«
In der letzten, siebenten Hütte fand er ihn. Mattanja saß zusammengesunken auf einem Bündel, das seine letzten Besitztümer enthielt. Er hatte sich schon längst damit abgefunden, daß er eine völlig unbedeutende Nebenfigur war, ein welkes Blatt am Baum Davids. Jetzt wehte der Sturm dieses Blatt irgendwohin, damit es dort vermodere. Und nun auf einmal vernahm er seinen Namen aus dem Mund eines babylonischen Generals. Beide sahen sich zum erstenmal.
Mühsam erhob sich Mattanja. Abgemagert und ungewaschen in zerknitterten und verschmutzten Kleidern, stand er vor dem General des Großkönigs.
»Du wirst König von Juda!«, der General sprach es wie einen Befehl. Diese Worte entsetzten Mattanja so, daß er wankte und sich setzen mußte. König von Juda? Er, die Nebenfigur, das vermodernde Blatt, auf dem Weg in die Verbannung? Und das nicht nach dem freiem Willen des Volkes von Juda, sondern nach dem der Babylonier?
Sein leiblicher Bruder fiel ihm ein und sein Schicksal. In Ägypten verschwand er im Gefängnis. Und sein Neffe Jojachin befand sich auf dem Weg in die Verbannung. Alles sträubte sich in Mattanja gegen das Ansinnen des Generals. Seinen aufgesprungenen Lippen entrang ein »Nein!«
Doch der General blieb hart. Hier konnte er gleich die Probe aufs Exempel machen, ob dieser Mann leicht lenkbar war oder nicht. Zudem war Mattanja seine letzte Zuflucht.
Alle Angehörigen des Hauses David hatten sich inzwischen vor der Hütte eingefunden. Der General spielte seinen letzten Trumpf aus: »Dann setzen wir einen Militärgouverneur über Juda, und du bist daran schuld«. Alle Davididen starrten Mattanja an, auch die ehemaligen hohen Offiziere und Beamten. Jojachin sprach: »Denk

daran, was du, nur du, jetzt für das Haus Davids tun kannst!« Das gab schließlich den Ausschlag. »Also gut!« willigte er ein.

Vierzehn Tage später ging General Nergal zusammen mit anderen hohen Offizieren zur Königsburg hinauf. Die Frühlingssonne schien und die Menschen standen an der Straße und beobachteten das Schauspiel, das sich ihnen bot. Es lag etwas wie Hoffnung in der Luft.

General Nergal schritt zur Krönung des neuen Königs, die sogleich im Tempel stattfinden sollte. Noch klangen ihm die Worte des Großkönigs im Ohr, die er ihm zugerufen hatte, als Nergal ihm Mattanja als König von Juda vorgeschlagen hatte: »Vergiß den Eid nicht!« Gemeint war der Treueid, den Mattanja dem Großkönig schwören mußte.

Der Oberst zur Rechten des Generals trug in Leder gebundene Schriftstücke. Das eine enthielt die Bestimmungen des Vertrags, den Nebukadnezar mit dem neuen König von Juda schloß, das andere den Wortlaut des Eides, den Mattanja schwören mußte.

Die Offiziere schritten in den Tempel. Mit einem Blick sah der General, daß die Götter der Ägypter zur Rechten des Brandopferaltars beseitigt waren. Da standen jetzt die babylonischen Götter und Göttinnen: Nabu, Marduk, Ischtar . . . Wie ganz anders ging es früher bei der Krönung von judäischen Königen zu: Priesterchöre, große Worte, Feierlichkeiten, Krönungsjubel. Heute gab es nichts von alledem. Auch einen neuen Oberpriester gab es noch nicht. Als der älteste Priester den General nach der Liturgie fragte, antwortete dieser: »Die wirst du kennenlernen, wenn ich sie zelebriere!«

Mattanja stand vor dem Thron, den man vor dem Brandopferaltar aufgestellt hatte. Er trug den weißen Krönungsmantel der Könige von Juda. Seinem Gesicht sah man noch deutlich die Leiden der vergangenen Wochen an.

Der General sprach zu Mattanja: »Der Großkönig nimmt dir deinen bisherigen Namen«, dabei nahm Nergal eine tönerne Tafel aus den Händen Mattanjas mit seinem Namen und zerschmetterte sie auf dem Boden. Dann nahm er selbst eine zweite zur Hand und sprach: »Der Großkönig gibt dir einen neuen Namen. Er lautet: Zedekia – Meine Gerechtigkeit ist Jahwe! Denk an zweierlei, sooft du diesen Namen hörst: Nebukadnezar ist dein Herr, denn er hat

dir den Namen gegeben. Und: Dein Gott ist treu; so sei auch du deinem Herrn treu!«
Dann las der General den Wortlaut des Vertrags: »So spricht Nebukadnezar, Großkönig von Babylon, Assur und Akkad! Ich mache Dich, Zedekia zum König von Juda. Mein Werkzeug bist Du. Regiere das Land für mich und liefere pünktlich den festgesetzten Tribut ab. Handle in allem nach meinem Willen!«
Danach nahm der General die zweite Schriftrolle in die Hand: »Und nun das wichtigste, der Eid. Auf die Knie!« Alle Judäer, auch Zedekia, sanken in die Knie. Nur die Babylonier standen. »Schwöre!« befahl Nergal und gab ihm die Schriftrolle. Sie zitterte in Zedekias Händen, als er mit der Eidesformel begann: »Ich schwöre bei meinem Gott, daß ich dem babylonischen Großkönig treu sein werde. Der Fluch treffe mein Haupt, wenn ich von ihm abfalle!«

Die Rotte Korah

Gleich am ersten Regierungstag machte sich der neue König daran, einen Überblick über die Zustände in der Stadt nach Belagerung und Beschießung zu bekommen.
Nahm in früheren Zeiten ein König eine Besichtigung vor, so begleiteten ihn ein ganzer Schwarm von Beamten und Räten. König Zedekia aber wurde nur von zwei Männern begleitet, die nicht einmal bestimmte Ämter innehatten. Auch seinen Staatsrat mußte sich König Zedekia zuerst selbst schaffen.
Die beiden Männer waren sehr verschieden. Zur Rechten des Königs schritt Gemarja, Sohn Schafans, und zu seiner Linken Juchal. Mit ihnen war schon der Keim zu dem Gegensatz gelegt, der die künftige Regierungsmannschaft spalten sollte.
Betroffen blieb der König stehen: Das Libanonwaldhaus war durch die Beschießung und durch Brände stark zerstört. Es bestand offensichtlich Einsturzgefahr. Der Mittel- und Südteil der Stadt war vor allem durch Brände, verursacht von Brandpfeilen, stark in Mitleidenschaft gezogen. Der König sah, daß sofortiger Wiederaufbau dringend nötig war.
Auf Schritt und Tritt stießen die drei Männer auf leere Häuser, de-

ren Türen offenstanden. Manche waren schon von Flüchtlingen oder Brandgeschädigten in Besitz genommen.
Zedekia kannte jene Familien, die früher hier gewohnt hatten. Plünderer trieben ihr Unwesen. Dringend waren im Blick auf diesen herrenlosen Besitz Maßnahmen nötig.
Verstörte Menschen mit hohlen Wangen und zerfetzten Kleidern starrten aus verängstigten Augen auf den jungen König und seine beiden Begleiter. Hoffnung glimmte in ihnen auf, als sie den Davididen Mattanja sahen, der nun Zedekia hieß. Sie wußten, daß er ein gutes Herz hatte. Wie verstörte, zerstreute Schafe schienen sie auf gute Führung zu warten.
Als der König mit seinen Begleitern auf dem Rückweg war, quälte ihn nicht nur das, was er gesehen hatte. Fast noch schwerer lastete auf ihm die Sorge, woher er die Mittel für den Tribut nehmen sollte, der in wenigen Wochen erstmals fällig war. Zedekia wollte seinen Eid halten, den er Nebukadnezar gegenüber abgelegt hatte.
Als König Zedekia schon die Treppe zur Königsburg hinaufsteigen wollte, fiel ihm ein Mann zu Füßen. Der König blieb stehen: »Wer bist du?« – »Korah, mein Herr und König!« antwortete der Mann. »Was willst du von mir?« fragte Zedekia. »Gar nichts, aber ich habe einen Plan für den Wiederaufbau der Stadt!«
Gemarja schaute Korah an. Er kannte ihn. Er war der mächtigste unter den Dienern Kalebs gewesen, seine rechte Hand.
Gemarja sprach zum König: »Höre nicht auf ihn! Er ist ein Diener Kalebs gewesen. Du mußt einen völligen Neuanfang wagen mit neuen Männern!«
Aber Juchal sprach: »Es ist richtig, Korah war ein Diener Kalebs. Aber er ist als tüchtiger und gewissenhafter Verwalter seiner Güter bekannt. Zudem hat er die besten Beziehungen nach Babylon. Womit sollen wir uns kleiden? Korah kann babylonische Wolle und Baumwolle beschaffen. Was sollen wir essen, ohne geerntet zu haben? In Babylon gibt es reichlich Korn und Oliven. Aber zuerst brauchen wir jemand, der uns das alles herbeibringt. Korah kann uns helfen.«
Zedekia war von den Nöten, die er gesehen hatte so beeindruckt, daß er jede Hilfe anzunehmen bereit war. Er bat Gemarja: »Laß uns einen Vesuch machen!« Dann wandte er sich an Korah: »Erkläre deinen Plan!«

Korah erhob sich: »Er umfaßt drei Maßnahmen. Erstens: Alle leeren Häuser, herrenlose Weinberge und Gärten gehen in den Besitz des Königs über. So war es seit jeher mit herrenlosem Gut. Dessen Wert wird festgestellt und dann gegen Barzahlung an den Meistbietenden verkauft. Zweitens: Das Vermögen aller Bürger wird neu eingeschätzt und für jeden danach die Tributhöhe festgelegt. Drittens: Mit der erlösten Summe wird der Tribut entrichtet und der Wiederaufbau betrieben!«
Der König staunte: »Das ist einleuchtend. Aber es bedeutet eine Riesenarbeit und mir steht überhaupt niemand zur Verfügung«.
Ohne ein weiteres Wort überreichte Korah dem König einen ins einzelne gehenden Plan, und zugleich Vorschläge, wie man ihn in die Tat umsetzen konnte. Noch am selben Tag stellte König Zedekia Korah mit Juchals Zustimmung ein. Stolz verließ der ehemalige Diener Kalebs die Königsburg als Bevollmächtigter des Königs für Tribut und Wiederaufbau.

Korah bezahlte sofort in bar die Summe für Kalebs gesamten Besitz. Fortan residierte er im Haus seines früheren Herrn beim Königspalast. Zunächst verwaltete er sein Amt ganz allein. Bis in die späte Nacht hinein betrieb er seine Amtsgeschäfte.
Schon nach einer Woche hatten alle herrenlosen Häuser neue Besitzer. Und die Kasse des Königs füllte sich mit Geld. Weigerten sich Flüchtlinge die Wohnung zu verlassen, die sie eigenmächtig bezogen hatten, so rief Korah nach der Polizei. Hausbesetzungen sollten nicht geduldet werden. Ebenso verfuhr Korah mit den herrenlosen Feldern und Weinbergen. Sehr schnell entstand so in der Stadt eine neue Oberschicht. Um den König scharten sich auf Fürsprache Juchals hin junge zahlungskräftige Männer. Der König ernannte die tüchtigsten zu Fürsten.
Korah legte von allem Anfang an größten Wert auf gute Beziehungen zu Priestern und Propheten. Wo immer er einem von ihnen eine Vergünstigung gewähren konnte, tat er das.
Zur Einschätzung der Bürger im Blick auf den Tribut stellte Korah eine Handvoll ausgewählter Männer an. Ein neues ›Netz‹ entstand. So bildete sich aber auch eine neue Schicht von Armen. Das waren diejenigen, die durch die Kriegsereignisse verwundet worden waren und solche, die Angehörige verloren hatten, von denen sie bisher

unterstützt worden waren. Dazu kamen jene, die im Süden des Landes ihren Besitz verloren hatten, ohne dafür entschädigt worden zu sein. Noch größer wurde die Not durch den auferlegten Tribut. Wer nicht bezahlen konnte, kam in die Schuldsklaverei.
Danach wurde der Wiederaufbau der Stadt betrieben. Korah begann mit der Behebung der Schäden im Tempel. Dann kam der Königspalast an die Reihe. Mühelos erreichte Korah alle Gesetze, die für den Wiederaufbau nötig waren. Die Waren aus Babylon floßen herbei. Wohlgefällig blickte der König auf Korah. Das war ein Mann, der sich jetzt schon um Juda verdient gemacht hatte.

Gaddiel war Sklave bei Korah und diente ihm in seinem Haus. Ursprünglich war er Sklave Kalebs gewesen, aber nach dessen Wegführung ging er in Korahs Besitz über. Er mußte nicht beim Wiederaufbau helfen, wie die meisten Sklaven. Heute war für Gaddiel ein Freudentag. Sechs Jahre waren vergangen und damit war seine Sklavenzeit zu Ende. Gaddiel wußte, daß es so im ›Bundesbuch‹ bestimmt war. Er selbst hatte es mit eigenen Ohren gehört, als König Josia das gleiche Gesetz auch aus dem gefundenen Gesetzbuch vorgelesen hatte:

»Wenn sich dein Bruder,
ein Hebräer oder eine Hebräerin, dir verkauft,
so soll er dir sechs Jahre dienen;
im siebenten Jahr sollst du ihn als frei entlassen.«

Als Gaddiel seinem Herrn die Bitte um Freilassung vortrug, hörte dieser sie wortlos an, fast wie unbeteiligt, aber innerlich arbeiteten seine Gedanken umso heftiger. Korah sah vor seinem inneren Auge die hunderte von Sklaven, die mit dem Wiederaufbau beschäftigt waren. Er hatte die Zahl derer im Kopf, die ebenso wie Gaddiel in den nächsten Wochen zur Entlassung anstanden, wenn man nach diesem Gesetz handelte. Das aber würde bedeuten, daß der Wiederaufbau um Jahre verzögert wurde. Kurz sagte er: »Komm morgen wieder!«
Korah eilte zum König und hielt ihm vor, was das bedeutete, wenn man nach diesem Gesetz handelte. Das Wirtschaftswunder würde in der Blüte verdorren, wo doch solche Früchte zu erwarten waren.

»Was soll ich tun?« fragte der König unschlüssig. »Das Gesetz aufheben!« erklärte Korah bestimmt. Noch am selben Tag wurde in Abwesenheit Gemarjas beschlossen, das Gesetz über die Freilassung hebräischer Sklaven nach sechs Jahren wegen dringender staatlicher Erfordernisse aufzuheben. Korah erhielt durch Boten eine Abschrift des Gesetzes.
Am nächsten Tag erschien Gaddiel wieder. Korah sagte schroff: »Es geht nicht. Du mußt bleiben!« – »Dann klage ich beim königlichen Gericht!« erwiderte der Sklave. Ohne ein Wort zu sagen hielt ihm Korah den Gesetzestext vor die Augen.
Jeremia war während der letzten Wochen kaum aus dem Hause gegangen. Ob es nach der Katastrophe einen Neuanfang geben wird? Jeremia blieb skeptisch.
Da kam Ebed-Melech zu ihm. »Herr, heute morgen hat mir Gaddiel an der Gihonquelle beim Wasserholen seine Geschichte erzählt.« Der schwarze Sklave berichtete mit aller Leidenschaft was zwischen Gaddiel und Korah vorgefallen war. »Ich weiß, daß ich als ausländischer Sklave nicht frei werde. Aber die hebräischen Sklaven? So hat es König Josia aus dem Gesetzbuch vorgelesen. Sie verachten das Gesetz Gottes, wenn sie die hebräischen Sklaven nicht nach sechs Jahren freilassen«, sagte der treue Diener.
Jeremia war erschüttert von dem, was er von Ebed-Melech hörte. Gott hatte einst sein Volk aus der Sklaverei befreit und nun gingen sie so mit ihren eigenen, zu Sklaven gewordenen Brüdern um. Ja, der schwarze Sklave sah es richtig: Aus dieser Maßnahme sprach eine Gesinnung, die das Gebot Gottes verachtete. Wie der Prophet Jesaja gesagt hatte, so war es:

»Sie verachten die Weisung des Herrn Zebaoth
und lästern die Rede des Heiligen Israels!«

Gleich nachdem Ebed-Melech ihn verlassen hatte, ging Jeremia zum König. Doch dieser erwiderte ihm: »Mir sind die Hände gebunden. Ich kann nichts tun gegen meine Räte«.
Eine Woche später wurde das Libanonwaldhaus wieder eingeweiht. Der in seiner alten Pracht wieder hergestellte Bau stand wie ein Zeichen des judäischen Wirtschaftswunders da. Der neueingesetzte Oberpriester sprach denn auch zur Einweihung: »Dieses Haus ist

ein Beweis dafür, daß wir bei Gott in Gnaden und von ihm Geliebte sind. Er führte sein Volk einst durch die Wüste. Als der gute Hirte hat er uns auch durch diese schwere Zeit hindurchgetragen«.
Nach dem Festakt fragte Fürst Juchal Jeremia spöttisch: »Was ist denn der ›Ausspruch des Herrn‹?«
Als Jeremia dieses Wort hörte, stellte sich in seinem Herzen plötzlich eine bisher ungewohnte Verbindung ein. »Ausspruch«, das klang in seiner Sprache genauso wie »Last«. So drängte sich ihm der Spruch Gottes auf, doch er war so ungeheuer, daß er zunächst zögerte ihn auszusprechen. Dann sprach er langsam, Wort für Wort setzend:

»Ihr seid die Last,
ich will euch wegwerfen, spricht der Herr.«

Die Entstehung der Träume

Eine Woche nach der Einsetzung Zedekias zum König, schritt frühmorgens ein einzelner Mann hinauf zum Tempel. Sein brauner Mantel war zerrissen und zerknittert, das bärtige Gesicht bleich. Es war der Prophet Kolaja, Stellvertreter Hananjas, des Prophetenvorstehers. Seinem verschlossenen Gesicht und dem zornigen Blick sah man an, was in ihm bei diesem Gang durch die Stadt vorging, die noch überall sichtbar die Spuren der handstreichartigen Eroberung trug. Er ging durch die noch ganz leere Königsburg und stand jetzt vor dem Prophetenhaus, vielmehr vor den Trümmern desselben, denn die Babylonier hatten es so heftig beschossen, daß es schließlich einstürzte.
Schweigend stand Kolaja vor den Ruinen seiner früheren Wohn- und Arbeitsstätte. Er dachte an seine Kollegen, die die Babylonier in die Gefangenschaft weggeführt hatten, an Ahab, Zedekia und Schemaja vor allem. Wieder sah er die vielen Bewohner der Stadt vor sich, die mit ihnen weggeführt worden waren. Unvergeßlich hatten sich ihm die Schreie der Sieger eingebrannt, die bis in sein Versteck hineindrangen: »Marduk ist groß! Marduk ist Sieger! Israels Gott ist klein und schwach!« Kolaja ballte die Fäuste. Haß

glühte in seinen Augen, der sich gegen die babylonischen Eroberer richtete. Dann wandte er sich von dieser Stätte der Zerstörung ab und machte sich auf den Weg zur Königsburg. Dorthin hatte Prophetenvorsteher Hananja alle jene eingeladen, die als Propheten in der Stadt noch übrig waren.

So wie Kolaja strebten viele andere Propheten auf die Königsburg zu. Sie hatten Belagerung und Einnahme der Stadt wie er körperlich unversehrt überstanden, in ihrer Seele aber waren sie alle zutiefst verwundet. Als alle Propheten versammelt waren, stellte Hananja zuerst die Zahl der Anwesenden fest. Einhundertfünfzig Propheten waren es vor der Eroberung der Stadt gewesen, jetzt waren noch neunzig von ihnen übrig. Sechzig Männer, wohlbekannt allen, die sich in der Königsburg um ihren Vorsteher versammelt hatten, waren getötet oder in die Verbannung geführt worden.

Schmerzliche Erinnerungen wurden wach, als Hananja die Namen der Fehlenden nannte. Manchmal hörte man unterdrücktes Schluchzen, dann wieder war es beklemmend still. Paschhur! Wo mochte Paschhur jetzt sein?

Nach einer langen Pause des Gedenkens sagte Hananja: »Fast vierhundert Jahre reicht die Geschichte der Propheten am Hofe Davids und im Heiligtum dieser Stadt zurück. Aber noch nie hat ein so schmerzlicher Eingriff in diese gesegnete Schar stattgefunden, wie jetzt durch die Babylonier«. Hananja schwieg wieder eine Zeitlang ergriffen, dann sagte er: »Wir müssen uns jetzt darauf besinnen, wie wir den Neuanfang wagen sollen«.

Zuerst meldete sich Beria zu Wort: »Was hinter uns liegt ist hart und schwer. Es darf uns aber nicht davon abhalten auf dem Weg weiterzuschreiten, den du, Hananja, und Paschhur uns gewiesen habt. Eure ›Neue Heilstheologie‹ steht nach wie vor in Geltung. Ja, wir sollten ihre Predigt jetzt noch verstärken! Nichts ist in dieser schweren Zeit wichtiger für unser Volk«.

Petachja und zwei seiner Kollegen meldeten Widerspruch an: »Jeder kann sehen, daß die Ereignisse gegen die Weissagungen Paschhurs gesprochen haben. Wir sollten darum jetzt genau überlegen, ob wir so weitermachen dürfen wie bisher. Stehen wir nicht am Abgrund? Jeder weitere Schritt kann den Absturz bringen«.

Kolaja warf ein: »Wie soll dieser Neuanfang denn eurer Meinung nach aussehen?« – »Strenge Besinnung auf die Tradition.« sagte Patachja. »Ich denke hier besonders an die Überlieferung von Abraham und Mose. Und eine Prüfung der Prophetie Urias und Jeremias«.

Bei diesen letzten Worten Petachjas erhob sich ein Sturm der Entrüstung: »Was, du willst uns die Gerichtstheologie Jeremias, dieses Babylonierfreundes, aufschwatzen? Pfui!« Petachja konnte nicht mehr weitersprechen.

Prophetenvorsteher Hananja sprach: »Es ist also die Meinung der meisten hier versammelten Propheten, daß die Predigt des Heils fortgesetzt wird, so wie sie in der ›Neuen Theologie‹ dargestellt ist. Dann fragte er: »Hat jemand von euch ein Wort des Herrn für uns und für unser Volk?« Als alle versammelten Propheten schwiegen, vertagte Hananja die Sitzung bis zum anderen Morgen.

Am anderen Morgen, am gleichen Ort, fragte wieder der Prophetenvorsteher: »Hat jemand von euch ein Wort des Herrn für uns und für unser Volk?«

Da meldete sich Beria, fast zaghaft zunächst: »Ich weiß nicht, ob ichs ein Wort des Herrn nennen darf«. Hananja ermutigte ihn: »Auch wenn du im Zweifel bist, laß es uns doch wissen«. – »Es war ein Traum!« fuhr er fort. »Ich sah zuerst unser Prophetenhaus so, wie wir es leider alle kennen, in Trümmern. Der Anblick schmerzte mich. Dann aber sah ich auf einmal viele weißgekleidete Männer, die lautlos Stein auf Stein fügten und das Prophetenhaus viel herrlicher errichteten, wie es vorher war. Ist das nun eine Offenbarung von Gott?«

Petachja scharf: »Gott spricht zu seinen Dienern und Dienerinnen, wenn sie bei wachem Bewußtsein sind. Das entnehme ich aus der ganzen Überlieferung über die beiden Propheten Amos und Jesaja«. Kolaja führte jedoch gegen diese Auffassung drei Einwände an: »Hat Gott nicht zu Jakob im Traum gesprochen? Liegt nicht Berias Traum ganz auf der Linie der ›Neuen Theologie‹? Und ist nicht gerade der Traum ein vorzügliches Mittel mit dessen Hilfe uns Gott seinen Willen kundtun kann?« Dann schloß er: »Berias Traum ist Offenbarung. Für mich ist dieser Traum Gottes Wort und wir sollten diese göttliche Willensoffenbarung in die Tat umsetzen und das Prophetenhaus so schnell wie möglich wieder errichten«.

Durch die Worte Kolajas fühlte sich jetzt Sichri, Berias Freund, ermutigt, auch seinen Traum zu erzählen. Es war plötzlich, als hätte

Berias Traumerzählung eine Schleuse geöffnet, durch die nun eine Fülle von Bildern strömte. Er begann: »Hört, was es mir geträumt hat! Mir träumte, ich stünde im Tempel Marduks in Babylon. Vor dem Bild des Götzen aber standen die silbernen und goldenen Gefäße, die Nebukadnezar aus dem Tempel des Herrn geraubt hat. Da sah ich auf einmal, wie der Götze in die Knie ging und sich anbetend vor den Gefäßen des Gottes Israels zu Boden warf.«

Kolaja war der erste, der Beifall klatschte. Viele andere fielen ein. »Wort des Herrn!« riefen sie. »Unstreitig Wort des Herrn!« Es schien jetzt eine neue Epoche angebrochen zu sein, die Epoche der Offenbarung Gottes auch im Traum. Hananja aber faßte zusammen: »Beide Träume weisen in die gleiche Richtung. Sie zeigen daraufhin, daß uns Gott bald von den Babyloniern befreien wird. Ihr wißt, daß ich zwar ganz der Offenbarung Gottes im Wort verpflichtet bin. Aber die beiden Träume in dieser dunklen Stunde unsres Volkes machen mir deutlich, daß Gott seinen Heilswillen auch im Traum offenbaren kann.«

Jetzt sprach Kolaja: »Beria und Sichri, eure Worte ermutigen mich, auch den Traum zu erzählen, den mir Gott in dieser Nacht eingegeben hat. Ich sah unser Land und die heilige Stadt. Überall im Land waren die Feinde, aber um die Stadt legte sich eine mächtige, schützende Hand. Und dann wandte sich diese Hand gegen die Feinde. Sie entfernte zuerst alle Feinde aus Juda. Doch machte sie damit nicht Halt. So weit trieb die mächtige Hand Gottes unsre Feinde zurück, bis schließlich das Großreich Davids wieder hergestellt war. Das Großreich Davids!«

Petachja rief erbost dazwischen: »Alleine eure eigenen Wunschträume sind das!«

Kolaja widersprach: »Wort des Herrn ist es! Alle drei Träume liegen auf der Heilslinie unsres Gottes. Seinen Friedensplan setzt er damit ins Werk.«

Prophetenvorsteher Hananja faßte wiederum zusammen: »Wir dürfen aus diesen Traumoffenbarungen schließen, daß es mit der Herrschaft der Babylonier bald zu Ende ist. Auch die Verbannung unsrer Brüder und Schwestern kann nur von kurzer Dauer sein. Laßt uns das an die Brüder Propheten in Babylon schreiben und unsre Fürsten wollen wir in diese Richtung ermutigen!«

Noch am selben Tag schrieb Prophetenvorsteher Hananja: »An die

Propheten Ahab, Zedekia und Schemaja in Til abubi, am Fluß Kebar in Babylon, sowie an alle andren Propheten in diesem Land: Fürchtet Euch nicht! Die Verbannung ist nur von kurzer Dauer. Pflanzt nicht, heiratet nicht, baut keine Häuser. Das ist das Wort des Herrn, uns geoffenbart in Träumen!«
Kolaja aber gab er den Auftrag mit dem neuernannten Feldhauptmann, Fürst Schefatja, zu sprechen.

Drachensaat

Schefatja, neuer Feldhauptmann von Juda, stand am Abend ganz allein im Südteil des großen Sitzungssaals in der Königsburg. Während im nördlichen Teil dieses Saals Juda umringt von den anderen Staaten auf dem Fußboden dargestellt war, war im Südteil Juda nur für sich allein zu sehen.
Schefatja war noch keine fünfunddreißig Jahre alt und hatte schon das hohe Amt des Feldhauptmanns inne. Nie wäre er in normalen Zeiten so früh in dieses hohe Amt aufgestiegen. Das war nur möglich, weil alle älteren Beamten von den Babyloniern entweder getötet oder in die Verbannung weggeführt worden waren. Aber nicht nur ein so junger Mann in diesem hohen Amt war einzigartig. Einzigartig war auch die Situation in der er sich befand. Zum erstenmal hatten die Judäer und Judäerinnen wirklich den Zugriff einer Weltmacht verspürt und spürten ihn täglich. Einzigartig war schließlich Schefatjas Lage auch durch den Charakter des Königs. Der junge Feldhauptmann hatte schon vor seiner Ernennung gewußt, daß dieser ein willenloses Werkzeug in der Hand dessen war, der ihn geschickt zu beeinflußen verstand.
In dieser Abendstunde nun sah Schefatja überdeutlich auf der Karte am Boden den Zustand des Landes: Immer noch lag die Armee des Generalobersten Nebuschasban im Lande, hielt alles in eisernem Griff und saugte es aus. Schefatjas Truppe konnte man dagegen mit bestem Willen keine »Armee« nennen; es war mehr eine schwache Polizeitruppe, die aus knapp tausend Mann bestand.
Schefatja war ein glühender Nationalist. Sein Haß auf die Babylonier wurde dadurch verstärkt, daß sein Vater in den ersten Tagen

der Belagerung gefallen war; sein Onkel und seine beiden älteren Brüder waren in die Verbannung nach Babylon verschleppt worden. So sehr er aber auch die Babylonier verwünschte, wußte er, daß es in dieser Lage für Juda nur eins gab: Stillhalten, die Babylonier zufriedenstellen und auf bessere Zeiten warten. Alles andere schien ihm, in diesem Augenblick jedenfalls, verantwortungslos zu sein.
Ein Diener trat ein. »Kolaja, der Stellvertreter des Prophetenvorstehers!« meldete er.
Nachdem sich die beiden Männer begrüßt hatten, sprach Kolaja vorsichtig: »Bist du allein? Kann uns niemand hören?« Schefatja versicherte dem besorgten Propheten, daß sie ungestört miteinander reden konnten.
»Dann versprich mir strengste Geheimhaltung; nur das Nötigste zu deinen Kollegen; vor allem aber äußerste Geheimhaltung dem König gegenüber«, verlangte Kolaja. Schefatja versprach alles und war gespannt, welche Mitteilung ihm Kolaja machen würde. Er ahnte jedoch, was kommen würde, als dieser sein Anliegen vorzutragen begann: »Der König hat ja den Babyloniern gegenüber einen verhängnisvollen Eid geschworen«. Dabei trat er nun nahe an die Reliefkarte heran und Schefatja sah jetzt mit immer größer werdendem Erstaunen, welche Veränderungen der Prophet auf der dargestellten Lage vollzog:
Zuerst holte er die Figur des Generalobersten Nebuschasban aus Jerusalem heraus; dann entfernte er dessen Armee aus Juda und schließlich schob er den Großkönig Nebukadnezar samt Generaloberst und Armeen weit nach Norden und dann nach Osten, bis über den Euphrat hinweg. Und der Prophet sagte zu dem staunenden Offizier: »Jerusalem frei; Juda frei; das Großreich Davids!«
Schefatja aber lächelte müde: »Wunschträume, Prophet! Nichts wäre mir freilich lieber als das, was du mir vorgemacht hast, aber sieh die Realität«. Der Feldhauptmann holte mit einem Seufzer den Generaloberst wieder in die Stadt und seine Armee wieder in das Land. Aber der Prophet machte die Züge des Feldhauptmanns energisch wieder rückgängig: »Nein! Es ist ein Wort des Herrn!«
»Wie soll das zugehen?« fragte der Feldhauptmann verwundert. »Du bist die Schlüsselfigur, Schefatja!« erklärte Kolaja. »In deiner Hand liegt alles. Zu vier Schritten raten wir Propheten dir: Gewinne deine Freunde, die hohen Beamten für den Aufstand gegen Baby-

lon! Dann rüste insgeheim und lege Vorräte an; bereite außerdem die Gesetze vor, die für die Verhängung des Kriegsrechts nötig sind. Deine wichtigste Aufgabe aber ist: Stelle geheime Beziehungen her zu Ägypten und zu den anderen Ländern. Bereite eine Konferenz vor, die alle Könige zusammenbringt, die zum Aufstand an Judas Seite bereit sind!«

Schefatja fragte, nachdem er sich von seinem Staunen erholt hatte: »Und ihr, was tut ihr in dieser Sache?« – »Wir gewinnen durch unsre Predigt das Volk für den Aufstand!« erklärte Kolaja.

Feldhauptmann Schefatja sprach schon am anderen Tag mit seinen Freunden. Das waren Juchal, der für das Fronwesen und die Abgaben zuständig war, Gedalja, Palastvorsteher, und Schreiber Paschhur. Gedalja bekam den Auftrag ein Spitzelnetz aufzubauen, das den König lückenlos überwachte. Juchal sollte so schnell wie möglich die Vorräte für den Belagerungsfall herbeischaffen und Paschhur sollte die Gesetze vorbereiten.

Feldhauptmann Schefatja aber übernahm die gefährlichste Rolle. Er reiste selbst geheim nach Ägypten, um das Reich am Nil um Beistand im Falle eines Aufstands zu ersuchen. Außerdem sandte er Boten in alle benachbarten Länder und ließ sondieren, wie diese zum Gedanken eines Aufstandes stünden. Als alle diese Fäden gezogen waren, erstattete der Feldhauptmann dem Prophetenvorsteher Bericht.

Am selben Tag noch übersandte Hananja dem Feldhauptmann das in Stein gehauene Relief des Löwen von Juda. Schefatja hängte dieses an der Stirnseite seines Amtszimmers in der Königsburg auf.

Das Mandelbäumchen

Debora verließ das Zelt, in dem sie mit ihren Eltern und ihren beiden Geschwistern schon seit vier Jahren leben mußte.

Sie war zwölf Jahre alt. Das schlechte Essen in der babylonischen Verbannung hatte ihr nicht geschadet. Immer noch sah sie gut genährt aus. Ihre Haare, die sie selbst zu langen Zöpfen flocht, waren ganz schwarz. Am auffälligsten aber waren ihre ungewöhnlich hellen Augen. Sie konnte sehr fröhlich sein. Dann leuchteten ihre

Augen und zwischen ihren Lippen schimmerten die Zähne. Wenn sie so richtig ausgelassen fröhlich war, konnte es geschehen, daß sich einige Haare aus den Zöpfen lösten und ihr ins Gesicht fielen. Doch heute war es ganz anders. Ein tiefer Schatten lastete auf ihrer Seele und prägte ihr Gesicht. Die Stimmung im Zelt, bei Eltern und Geschwistern war besonders gedrückt. Es war an einem trüben Tag, Ende Januar, noch hatte die Regenzeit nicht aufgehört.
An diesem Tag vor vier Jahren fingen die Babylonier an, die Stadt Jerusalem zu belagern. Damit begann nicht nur das Unheil Jerusalems, sondern auch das der Familie Jojadas.

Es war ein schrecklicher Tag damals, Mitte März, als babylonische Soldaten in Jojadas Haus eindrangen: »Alle in die Verbannung!« Keine Gegenwehr war möglich. »Packt sofort! Ein Rucksack als Gepäck ist zugelassen«. Die Soldaten fesselten Jojada, seiner Frau und den beiden ältesten Kindern die Hände: »Fort nach Babylon!«
Ein letzter tränenreicher Rückblick auf die heimatliche, die heilige Stadt. Dann begann der ungeheure Marsch über mehr als tausend Kilometer. Viele starben unterwegs, während der Sommer vorüberging und die Regenzeit begann. Dann tat sich ein Land vor ihnen auf, wie sie es noch nie gesehen hatten. Eine endlos scheinende, fruchtbare Ebene.
Sie überschritten den Euphrat. In der Ferne tauchte Babylon bereits auf. Debora sah den ungeheuren Turm, von dem sie schon oft erzählen gehört hatte. Er war dem Stadtgott Marduk geweiht. Und sie sah, zwar auch nur aus der Ferne, die gewaltige Stadt. Was war dagegen Jerusalem! Was war der Tempel! »Unser Gott Marduk hat euch besiegt, euer Gott ist besiegt!« höhnten die babylonischen Soldaten.
Endlich nach weiteren drei Tagen erreichten sie Nippur. In der Mitte der Stadt schien ein zweiter »babylonischer Turm« an den Himmel zu stoßen, doch der gehörte zum Heiligtum des Gottes Enlil, des Stadtgottes von Nippur. Östlich der Stadt, am Kanal Kebar, lag ein ausgedehnter Ruinenhügel. »Hier ist euer Verbannungsort, so bestimmt von Großkönig Nebukadnezar«, sagten ihnen die Babylonier. »Wie heißt er?« wollten die Verschleppten wissen. »Til abubi« bekamen sie zu hören, was babylonisch so viel bedeutet wie »Ruinenhügel«.

Etwa zweihundert Verbannte hockten zunächst völlig teilnahmslos in der Öde des Ruinenhügels. Jojada sagte: » ›Ruinenhügel‹, das paßt zu uns!«
Am selben Tag fuhren die Babylonier mit Ochsenkarren Baumaterial und Werkzeug heran. Auch Saatgut teilten sie an die Familien aus. Rings um den Ruinenhügel zogen sie einen Zaun: »Innerhalb des Zauns ist euer Gartenland«. Dann zeigten sie auf das Baumaterial: »Baut, pflanzt! Richtet euch ein!« Aber keine Hand rührte sich. Es war nicht nur das Heimweh, das sie davon abhielt zu bauen und zu pflanzen. Es waren vor allem die Worte der Propheten, die mit den anderen Bürgern zusammen in großer Zahl unter den Verbannten waren. Unter ihnen taten sich vor allem Ahab, Zedekia und Schemaja hervor. Sie sagten: »Nur im Land Israel, in Gottes Land, ist unsre Heimat. Nur dort können wir bauen und pflanzen im Segen; nur die Früchte essen wir, deren Erstlinge im Tempel auf dem Altar dargebracht wurden. Nur dort können wir gesegnete Ehen schließen. Die Hände im Gebet aufheben zu Gott – nur im heiligen Land und im Heiligtum ist das möglich. – Rührt nichts an! Denn:

›So spricht der Herr:
Die Verbannung ist nur von kurzer Dauer.
Das Reich der Babylonier, dieser Unmenschen,
ist schon im Zerfall begriffen.
Ihr kehrt in wenigen Monaten wieder heim!‹

Die Verbannten hörten das sehr gern. Viele murrten: »Warum hat gerade uns dieses Unglück getroffen? Sind wir etwa schlechter als die, die zurückbleiben durften?«
Besonders die Abende waren schlimm. Da saßen alle auf dem Ruinenhügel und blickten voll Sehnsucht dorthin, wo die Sonne unterging. Dort war ihre Heimat, dort lag das heilige Land. Alles Leben schien stillzustehen. Furchtbar war der erste Winter in den Zelten. Was für ein Wechsel war das doch, vom Palast in diese Armenhütte.

Jetzt ging bereits der vierte Winter zu Ende. Das Kleid Deboras war zerschlissen, aber sie reinigte es sorgfältig und nähte die Riße

zu, so gut sie es konnte. Heute verließ sie das Lager mit seinem Schmutz auf den engen Gassen. Sie ging durch das Gartenland am Fuß des Ruinenhügels. Auf den unbebauten, brachliegenden Beeten, wucherte das erste Grün des Unkrauts. Sie überschritt den Kanal Kebar, obwohl das verboten war.
Babylonische Bauern und Gärtner hatten am Vormittag hier gearbeitet. Die Judäer wandten sich jedesmal ab, wenn sie einen Babylonier sahen. Nein, sie konnten nicht vergessen, was ihnen diese Bestien angetan hatten. Doch Debora spürte immer wieder Lust, mit den babylonischen Kindern zu spielen.
Auf einmal bemerkte sie, daß etwas am Weg lag: Ein Bäumchen! Es war jetzt, in den letzten Wintertagen, noch völlig kahl. Aber da waren an einem Zweig schneeweiße Blüten zu sehen. Debora bückte sich. Sie staunte über das kleine Wunder. Jede Blüte hatte fünf Blütenblätter und aus der Mitte ragte eine ganze Menge rötlicher Stempel heraus. Sie gaben der Blüte etwas Weiches, Fröhliches. Auf einmal wußte Debora, was sie gefunden hatte, denn hinter dem Haus ihres Vaters in Jerusalem stand ein ähnliches Bäumchen. Es war ein Mandelbäumchen.
Sie liebte es über die Maßen. Es blühte als erstes nach der langen, dunklen Regenzeit. Wie freute sie sich, wenn die ersten Blüten aufbrachen; wie herrlich war das frische Grün der spitzen Blätter. Oft saß sie, ganz in sich versunken, im Schatten des kleinen Baumes. Und erst die Früchte des Mandelbäumchens; sie erinnerte sich ganz deutlich an ihren herbsüßen Geschmack. Und wie köstlich schmeckte die Mandelmilch, die die Mutter an heißen Tagen machte.
Debora war so sehr von ihren Erinnerungen überwältigt, daß sie die Warnungen der Propheten vergaß: »Baut nicht, pflanzt nicht, denn dies ist heidnisches Land«. Sie bückte sich und hob das Bäumchen auf, daß ein Babylonier achtlos weggeworfen haben mochte. »Ich werde dich einpflanzen«, sagte sie sich.
Sie holte einen verrosteten Spaten aus dem Haufen mit Werkzeugen heraus; über den schon allerlei Unkraut wucherte. Auf dem Gartenstück, das Jojada zugewiesen worden war, hob sie zuerst eine Baumgrube aus, legte auf deren Grund schwarze Erde und wässerte diese. Dann setzte sie sorgfältig das Mandelbäumchen hinein und begann sorgsam die Wurzeln mit Erde zu bedecken. Ein

bißchen festtreten mußte sie die Erde noch, um dem Bäumchen mehr Halt zu geben. Dann füllte sie den Rest der Grube auf. Plötzlich legte sich eine Hand auf ihre rechte Schulter. Debora richtete sich auf. Es war ihr Vater. Er nahm seiner Tochter den Spaten aus der Hand.

Jojada war Bibliothekar des Königs gewesen, er kannte daher nicht nur die Schriften, die es in Juda gab. Durch anhaltenden Fleiß hatte er sich die Kenntnis fast aller wichtigen Literatur aus Babylon, Assur und Ägypten angeeignet. Er liebte Debora sehr. Mit Freude sah er, daß sie sich für alle Schriften, die durch seine Hand gingen, interessierte. Suchte der Vater etwas, so war sie ihm eine unermüdliche Helferin und fand das Verlorene auch meist. Wie sehr Jojada unter der Verbannung, dieser buchlosen Zeit, litt, war ihm ins Gesicht geschrieben.

Gütig, aber doch bestimmt, sagte er jetzt zu seiner Tochter: »Du hast gehört, was die Propheten sagen . . .« Da hörten sie Schritte vom Lager her kommen. Der Vater wandte sich um: »Da ist ja einer der Propheten«.

Ahab sah nicht nur, was Debora tun wollte und was ihr Vater gerade noch verhindern konnte. Deutlich stieg in ihm die Erinnerung auf an jenen Mandelbaumzweig, von dem sein Feind Jeremia gesprochen hatte:

»Ich sehe einen erwachenden Zweig . . .«

Sein Gesicht verzerrte sich unter dem Ansturm mächtiger Haßgefühle, aber er verdrängte sie. »Es ist gut, daß du deiner Tochter wehrst, denn die Macht Babylons ist nur noch von kurzer Dauer«. Er hob drohend seine Hand gegen Nordwesten, wo man an hellen Tagen den Turm von Babel sah:

»›Tochter Babylon, du Verwüsterin,
wohl dem, der dir vergilt, was du uns angetan hast!‹

Darum – in diesem gottverfluchten Heidenland: Kein Haus, kein Garten, keine Ehe! Hier schlägt Gottes Volk keine Wurzeln!« Er packte das Mandelbäumchen und riß es heraus. »Nächstes Frühjahr kannst du im heiligen Land pflanzen, da sind . . .«

Er wurde durch lautes Geschrei, das aus der Mitte des Lagers kam, unterbrochen. Das Mädchen und die beiden Männer horchten auf: »Ein Brief!«
»Ein Brief?« wiederholte Ahab. »Ein Brief aus der Heimat?« Das war äußerst selten, darum war jeder Brief ein Ereignis. Alle drei liefen miteinander zur Lagermitte.
Da waren schon alle Judäer von Til abubi versammelt. Der Älteste Enosch, den die Babylonier zum Vorsteher des Ältestenrats eingesetzt hatten, stand etwas erhöht vor einem Zelt und hielt eine kleine Schriftrolle in der Hand. Ein Brief nährte Hoffnungen und Erwartungen.
»Von wem ist er denn?« fragte Ahab. »Von Jeremia«, antwortete Enosch mit gesenkter Stimme, denn er wußte, welche Empfindungen dieser Name bei seinen Landsleuten auslösen mußte.
In Ahab stieg zum zweitenmal an diesem Tag Haß gegen Jeremia auf. Jojada fielen die Gerichtsworte Jeremias ein: Wie recht er doch gehabt hatte. Debora aber dachte an die Sache mit dem zerschmetterten Krug.
Enosch las:

»Jeremia, an den Rest der Ältesten der Verbannten,
an die Priester und Propheten und an alles Volk
durch Elasa, den Sohn Schafans
und Gemarja, den Sohn Hilkijas . . .«

»Was haben sie in diesem Land zu tun?« fragte Jojada. Enosch erwiderte: »König Zedekia hat sie als Gesandte zu König Nebukadnezar geschickt.« Ahab rief: »Wir wollen doch hoffen, daß Zedekia diesem Tyrannen nicht auch noch seine Ergebenheit versichert.« Andere wurden ungeduldig: »Lies uns endlich vor, was er schreibt!«

»So spricht der Herr Zebaoth,
der Gott Israels, zu den Weggeführten,
die ich von Jerusalem nach Babel
habe wegführen lassen: . . .«

Wie das klang im Heidenland. Einige schauten hinüber zum Tem-

pel Enlils in Nippur und manche mit scharfen Augen suchten in der Ferne den Turm zu Babel.
Debora dachte: »Er schreibt im Auftrag Gottes!« Sie senkte ihren Kopf, um gesammelt hören zu können. Ahab höhnte: »Dieser Mann sollte diese Formel nicht in den Mund nehmen dürfen!« Jojada aber dachte, als er diese majestätischen Worte hörte: »Gott hat uns auch im Heidenland nicht vergessen.«
Die Menge schaute gespannt auf den Ältesten Enosch: »Lies weiter!« Doch dieser zögerte. Er ließ den Brief sinken und schaute über die zweihundert Judäerinnen und Judäer. Ungeduldig riefen jetzt fast alle: »Was schreibt er denn? Wir wollen es wissen!«

»Baut Häuser und wohnt darin;
pflanzt Gärten und eßt ihre Früchte;
nehmt für eure Söhne Frauen
und gebt eure Töchter Männern,
daß sie Söhne und Töchter gebären;
mehret euch dort, daß ihr nicht weniger werdet.«

Jeremias Worte wirkten wie Wasser auf das hell brennende Feuer ihrer Hoffnung einer raschen Heimkehr. Zuerst erstarrten alle sekundenlang, dann erhob sich jedoch ein geradezu stürmisches Aufbegehren: »Sollen wir etwa hierbleiben im Heidenland? Das können wir doch gar nicht. Hier ist unser Gott nicht. Wir wollen heim zum Zion.«
Jojada schaute auf das Baumaterial, das auf einem Haufen lag und langsam verrottete, und auf das Werkzeug. »Müssen wir also doch hier Wurzeln schlagen?« fragte er sich nachdenklich. Und Debora dachte an das Mandelbäumchen. Ahab aber protestierte: »Man hätte diesen Mann schon längst einsperren müssen. Er will nicht unser Heil, sondern das Unheil unseres Volkes.«
Enosch wartete ab bis sich die Erregung gelegt hatte. Dann schaute er wieder in den Brief. Plötzlich zitterte dieser in seinen Händen. »Was ist los? Lies! Schlimmer kann es nicht kommen«, rief Ahab.
Doch Enosch sagte verzweifelt: »Nein, das kann ich nicht vorlesen.«
Henoch, sein Stellvertreter, nahm ihm den Brief aus der Hand:

»Suchet der Stadt Bestes,
dahin ich euch habe wegführen lassen,
und betet für sie zum Herrn;
denn wenn's ihr wohlgeht,
so geht's auch euch wohl.«

Ein Sturm des Protests folgte, der so heftig war, wie er nur sein konnte, wenn Menschen etwas zugemutet wird, was es bisher noch nie gegeben hatte. Alle riefen durcheinander: »Was, wir sollen das Wohl des Landes suchen und für die Babylonier beten, für diese Räuber, Unterdrücker und Mörder; für diese Schänder des Heiligtums? – Dieser ehrlose Landesverräter soll uns büßen, wenn wir heimkommen.«

Jojada aber war ganz still geworden, als er diese Worte hörte. Aus ihnen sprach ein Geist, wie er ihm in den literarischen Werken der Völker noch nie begegnet war. Da wurde eine neue Seite, wirklich eine neue Seite, aufgeschlagen im Verhältnis der Völker zueinander.

Debora aber fielen auf einmal die Worte ein, die ihr ihr Vater als eine der schönsten eingeprägt hatte, die es in den heiligen Schriften Israels gibt: »Du sollst ein Segen sein.« – »Wir sollen ein Segen sein für die Babylonier und dieser Segen wirkt dann auf uns selbst zurück«, dachte sie bei sich und sie spürte, daß mit diesen Worten etwas ganz Neues anfing in der Geschichte Gottes mit seinem Volk und mit allen Völkern. Sie suchte die Hand des Vaters.

Die meisten der Verbannten blickten wutentbrannt auf den Brief in den Händen Henochs. Doch plötzlich sahen sie, daß dieser den Brief mitten entzweiriß: »Schluß, das lese ich nicht!« Er warf die beiden Stücke zusammengeknüllt auf den Boden.

Da trat Jojada vor, hob die Fetzen auf, glättete das Zerknitterte und hielt die Stücke nebeneinander. Er blickte hinein, um sich einen Überblick zu verschaffen. Einige Frauen fragten ihn: »Geht es denn so weiter? Hat er keinen Trost für uns?« – »Doch«, erwiderte Jojada, »aber einen harten. Wollt ihr ihn hören?

›Denn so spricht der Herr:
Wenn für Babel siebzig Jahre voll sind,
so will ich euch heimsuchen

und will mein gnädiges Wort an euch erfüllen,
daß ich euch wieder an diesen Ort bringe.‹«

»Siebzig Jahre!« rief eine Frau, dann kommt keiner von uns heim, nur die kleinen Kinder vielleicht.« – »Dann erst nimmt er sich unsrer an, wie er sich einst unsres Volkes in Ägypten angenommen hat? Dann erst kommt die Errettung aus der Verbannung?« fragte eine andere bestürzt. Deboras Mutter weinte laut und rief: »Nie mehr werde ich Jerusalem sehen. Wie kann ich das ertragen?«
Jojada las langsam und bedächtig, denn er wußte, daß seine Hörer und Hörerinnen jetzt Trost brauchten:

»Denn ich weiß wohl,
was ich für Gedanken über euch habe,
spricht der Herr:
Gedanken des Friedens und nicht des Leides,
daß ich euch gebe das Ende,
des ihr wartet.«

Ahab rief empört: »Das nennt er Gedanken des Friedens und des Heils . . .« Jojada antwortete ihm: »Es ist unter Gericht verborgenes Heil!« Deboras Mutter fragte verzweifelt: »Warum legt uns Gott das auf?« Langsam und bedächtig las Jojada weiter:

»Und ihr werdet mich anrufen
und hingehen und mich bitten,
und ich will euch erhören.
Ihr werdet mich suchen und finden;
denn wenn ihr mich von ganzem Herzen suchen werdet,
so will ich mich von euch finden lassen,
spricht der Herr,
und will eure Gefangenschaft wenden
und euch sammeln aus allen Völkern
und von allen Orten,
wohin ich euch verstoßen habe,
spricht der Herr,
und will euch wieder an diesen Ort bringen,
von wo ich euch habe wegführen lassen.«

Debora dachte: »Das sind ganz neue Gedanken. Jeremia spricht ganz anders, wie die Propheten, die bei uns sind. Man kann Gott im Heidenland auch suchen und finden, ohne Altar und ohne Tempel.« Jojada aber wurde es gewiß: »Wenn wir uns unter Gottes Gericht beugen, so wird er uns gnädig sein.« Dies war ein großer Trost für ihn.

Inzwischen hatten sich alle Propheten um Jojada versammelt. Ahab, Zedekia und Schemaja standen ganz vorn. Ahab rief empört: »Hört nicht auf die Worte Jeremias. Er ist ein falscher Prophet.« Viele aus dem Volk stimmten ihm zu und riefen: »Ja, wir haben zum Glück bei uns hier in Babylon wahre Propheten. Auf diese wollen wir hören.«

Jojada sagte: »Auch hierzu hat Jeremia etwas geschrieben:

›Laßt euch durch die Propheten, die bei euch sind,
und durch die Wahrsager nicht betrügen,
und hört nicht auf die Träume, die sie träumen!
Denn sie weissagen euch Lüge in meinem Namen.
Ich habe sie nicht gesandt, spricht der Herr.‹«

Ahab und Zedekia schrien: »Was erlaubt er sich! Wir sollen nicht gesandt sein vom Herrn, die wir vor allem Volk eingesetzt wurden ins Amt des Propheten, nach ordentlicher Ausbildung!«

Jojada wurde blaß: »Soll ich euch vorlesen, vor allem Volk, was er über euch schreibt?

›So spricht der Herr Zebaoth, der Gott Israels,
wider Ahab, den Sohn Kolajas,
und wider Zedekia, den Sohn Maasejas,
die euch Lüge weissagen in meinem Namen:
Siehe, ich will sie geben in die Hände Nebukadnezars,
des Königs von Babel.
Der soll sie totschlagen lassen vor euren Augen,
so daß man ihre Namen zum Fluchwort machen wird
unter allen Weggeführten aus Juda,
die in Babel sind und sagen:
Der Herr tue an dir, wie an Zedekia und Ahab,
die der König von Babel im Feuer rösten ließ,

weil sie eine Schandtat in Israel begingen
und Ehebruch trieben mit den Frauen ihrer Nächsten
und in meinem Namen Lüge predigten,
was ich ihnen nicht befohlen hatte.
Solches weiß ich und bezeuge es, spricht der Herr.‹«

»Was für eine Verleumdung!« schrie Ahab in höchster Erregung. »Er scheut sich nicht, sich in unser Privatleben einzumischen, da seht ihr diesen heimtückischen Menschen aus Anatot. Hört nicht auf ihn!«

Ahab an der Spitze und alle Propheten ihm nach drangen mit lautem Geschrei auf Jojada ein, um ihm den Brief zu entreißen: »Gib den Brief her! Ins Feuer mit ihm; solch ein Wisch darf nicht unter uns bleiben. Er verunreinigt das Lager.« Hundert Hände reckten sich nach dem Brief aus. Jojada aber rief: »Nein!« Als einem Kenner der Weltliteratur war ihm während des Hörens und Lesens aufgegangen, was er da in Händen hielt. Solche Gedanken, wie sie in diesem Brief standen, hatte es unter den Menschen bisher nicht gegeben. Vor allem waren sie zukunftsweisend für die Verbannten. Es ging um ihr Leben, um die Existenz des Gottesvolkes unter den Heiden. Jojada preßte deshalb den Brief an sich. Als der Zugriff vieler Hände immer heftiger wurde, warf er sich auf den Boden und begrub ihn unter sich. Er wagte in diesem Augenblick sein Leben für diesen Brief.

Die Meute stürzte sich auf Jojada. Ein wüster Menschenknäuel bildete sich. Das entsetzliche Geschrei rief allerdings schnell die babylonische Wache herbei. Mit ihren Spießen und Schlagstöcken schlugen die Soldaten auf die Menge ein und trieben sie auseinander.

Noch am gleichen Tag erging ein Befehl des Lagerkommandanten: »Zur Strafe für die Zusammenrottung heute, ist künftig jedes Treffen der Judäer von Til abubi auf dem Lagerplatz verboten. In den Zelten dürfen sich nicht mehr als zwölf Personen versammeln, bei Todesstrafe.«

Aber das Feuer, das dieser Brief mit seinen Gedanken entzündet hatte, brannte weiter. Heftig war die Reaktion bei den Propheten, besonders bei Ahab und Zedekia: »Auf uns zielt dieser Brief. Selbst in Babylon spritzt dieser Schuft sein Gift gegen uns aus.« Aber ins-

geheim hofften sie, daß sie mit ihrer Heilspredigt die Oberhand behielten. Sie verstärkten ihre Tätigkeit, besuchten unermüdlich die Verbannten in den Zelten und redeten auf sie ein.
Jojada aber sprach mit dem Verlobten seiner älteren Tochter, mit drei weiteren Männern und drei Frauen und lud sie in sein Zelt ein. Er las den Versammelten den Brief Jeremias noch einmal vor. »Das ist eine Warnung vor den Propheten und den Hoffnungen, die sie machen«, sagte einer der Männer.
Jojada aber sagte: »Sieht Jeremia die Lage nicht nüchtern und realistisch?« Er zeichnete einen Baum mit seinen Wurzeln und Früchten auf den Sandboden in der Mitte des Zeltes: »Alles Unheil sieht er daraus kommen, daß wir uns nicht ändern wollen. Aus dieser Wurzel wachsen dann entsprechende Früchte. Wir wollen so heimkommen, wie wir jetzt sind; aber so haben wir keine Zukunft, so gehen wir unter. Jeremia will, daß wir uns von Grund auf ändern.« Jojada verwischte den Baum und zeichnete ihn neu: »Wir sollen uns beugen unter Gottes Gericht, hier zu ihm rufen und ihn suchen im Heidenland. Nur so haben wir eine Zukunft.« Jojada schaute Debora an. »Kommt«, sagte er dann, »laßt uns damit jetzt beginnen, laßt uns anfangen ihn zu suchen!«
Einige sagten: »Ja, das wollen wir tun.« Zwei Männer verließen das Zelt. Als es wieder still war, betete Jojada: »O Gott, wir haben gesündigt. Wir haben dich vergessen und sind anderen Göttern gefolgt. Vergib uns. Steh uns bei, hier in Babylon. Gib uns die Kraft, als dein Volk unter den Heiden zu leben, und segne uns!«
Er machte eine lange Pause und es kostete ihn Mühe weiterzusprechen: »Segne das babylonische Reich. Gib dem Großkönig gute Gedanken und treue Diener, daß er sein Reich mit Gerechtigkeit regiert.« – Eine Frau erhob sich und verließ das Zelt. – »Segne uns, wenn wir morgen damit beginnen, neue Häuser zu bauen. Amen!«
»Amen!« sprachen alle.
»Kommt morgen früh wieder hierher.
Zuerst bauen wir ein Versammlungshaus«, rief Jojada.

Eine Stunde vor Sonnenaufgang stand Debora am anderen Morgen auf und weckte ihren Vater. Zusammen gingen sie in den Garten, der Jojada zugewiesen worden war. Es war noch dunkel, aber im Osten zeigte sich schon der erste Schimmer des Morgenrots. Da lag noch das Mandelbäumchen. Der Vater nahm den Spaten: »Laß mich die Grube wieder ausheben.« Dann setzte Debora das Mandelbäumchen hinein. Gemeinsam häuften sie die Erde an. Debora aber sprach leise:

»Pflanzt Gärten und eßt ihre Früchte . . .
Denn ich weiß wohl, was ich für Gedanken über euch habe . . .
Gedanken des Friedens und nicht des Leides . . .
Ihr werdet mich suchen und finden.«

Später begann Jojada mit acht anderen Verbannten, das Fundament des Versammlungshauses auszuheben. Die Verwunderung der anderen Judäer war nicht geringer wie zu der Zeit, als Noah anfing die Arche zu bauen. Als der Prophet Schemaja das Werk Jojadas immer weiter voranschreiten sah, wurde er sehr zornig, nicht auf Jojada und – merkwürdigerweise auch nicht auf Jeremia. Seine Wut richtete sich auf den Priester Zefanja in Jerusalem, der jetzt Tempelhauptmann war und damit dasselbe Amt innehatte wie früher Paschhur. Dieser befand sich an einem anderen Verbannungsort. Zu den Dienstaufgaben des Priesters Zefanja gehörte es nach Schemajas Meinung, daß er gegen solche Männer wie Jeremia einschritt. Paschhur hatte einst ein gutes Beispiel gegeben wie man mit solchen »Propheten« umzugehen hatte. Schemaja schrieb ihm, ohne daß ihm die anderen Propheten dazu einen Auftrag gegeben hätten:

»Der Herr hat dich zum Priester bestellt
anstatt des Priesters Jojada,
daß du Aufseher sein sollst im Hause des Herrn
über alle Wahnsinnigen und Weissager,
daß du sie in Block und Eisen legst,
nun, warum strafst du dann nicht Jeremia von Anatot,
der bei euch weissagt?
Hat er doch zu uns nach Babel geschickt und weissagen lassen:
Es wird noch lange währen; baut Häuser und wohnt darin,
pflanzt Gärten und eßt ihre Früchte.«

Langsam wuchs indessen das Versammlungshaus in Til abubi seiner Vollendung entgegen. Größer wurde aber auch die Gruppe um

Jojada, die sich um die heiligen Schriften regelmäßig zum Gebet versammelte. Im Herbst, noch vor der Regenzeit, war der Rohbau fertig.
Als die Tage wieder kürzer und die Nächte länger wurden, schrieb Debora einen Brief an Jeremia:

»Lieber Jeremia!
Ich will Dir aus Til abubi in Babylon von meinem Mandelbäumchen schreiben. Dieses Bäumchen hat nämlich viel mit Dir zu tun. Ich fand es und wollte es im Garten meines Vaters einpflanzen, aber der Prophet Ahab verbot das und riß es wieder heraus. Erst nachdem Dein Brief zu uns gekommen war, pflanzten mein Vater und ich es wieder ein, denn Du schreibst ja: Pflanzt Gärten und eßt ihre Früchte. Mein Vater versammelt einmal in der Woche Männer und Frauen um sich. Wir lesen in den heiligen Schriften und beten. Wir sind jetzt dreißig Männer und Frauen, auch Kinder sind dabei. Wir haben auch ein Haus gebaut. Es heißt ›Versammlungshaus‹. Dort kommen wir jetzt zusammen.
Der Sabbat ist bei uns schöner und fröhlicher als in Jerusalem. Da kommen sehr viele Menschen ins Versammlungshaus. Wir nennen uns jetzt ›Verbannte‹. Und unser Dorf heißt bei uns jetzt nicht mehr babylonisch ›Til abubi‹ (Ruinenhügel). Das ist kein schöner Name. Jetzt heißt unser Dorf ›Tel abib‹ (Ährenhügel). Das ist schöner. Findest Du das auch? Das alles hat Dein Brief bewirkt.
Mein Vater und meine Mutter sind jetzt auch nicht mehr so traurig wie früher. Meine ältere Schwester wird im Mai heiraten.
Kennst Du Ester? Sie kommt jeden Sabbat ins Versammlungshaus. Viel Schweres hat sie erlebt. Kaleb ist tot. Sie hat vier Kinder angenommen, deren Eltern gestorben sind.
Es grüßt Dich sehr herzlich aus der Ferne, Deine Debora. – Übrigens: Das Mandelbäumchen blüht!«

Bevor dieser Brief Deboras Jeremia in Jerusalem erreichte, rief ihn Zefanja zu sich; er zeigte ihm den Brief, den Schemaja geschrieben hatte. Jeremia las, dann blickte er den mächtigen Priester an und sagte nur: »Ich danke dir.«
Im Auftrag Gottes mußte jetzt Jeremia einen zweiten Brief nach Babylon schreiben. In ihm kündigte er das Gericht Gottes über Sche-

maja und seine Nachkommen an, weil dieser Auflehnung gegen den Herrn gepredigt hatte.
Dann kam Deboras Brief. Nur weniges in seinem Leben hatte ihn so tief bewegt wie diese liebevollen Zeilen des zwölfjährigen Mädchens.
Das blühende Mandelbäumchen, die Gemeinde, die sich sammelt, und Ester auf dem Weg der Umkehr, das waren erfreuliche und tröstende Nachrichten. Tränen traten ihm in die Augen und er sprach vor sich hin:

»Jeremia, was siehst du?
Ich sprach: Ich sehe einen erwachenden Zweig.
Und der Herr sprach zu mir:
Du hast recht gesehen;
denn ich will wachen über meinem Wort,
daß ich's tue.«

Der Hammer

Semira und Ehud waren zwei der zehn Prophetenschüler, die in diesem Jahr die Ausbildung beendeten. Ehud war ein Bauernsohn aus Geba im Stamm Benjamin. Semira stammte aus einem Priestergeschlecht Jerusalems. Heute war ein großer Tag für die beiden Freunde. Sie gingen zu Schneidermeister Pinchas in die Webergasse, um sich von ihm den Prophetenmantel anmessen zu lassen.
Als sie dem Meister ihre Bitte vorgetragen hatten, bediente er sie mit großer Höflichkeit. Er legte ihnen einen Ballen feinen, braunen Leinenstoff vor: »Für die Prophetenmäntel ist ein ausgesuchter, guter Stoff vorgesehen. Denn ein Prophet ist etwas Besonderes. Er verkündigt anderen Menschen den Willen Gottes. Darum soll er sich auch in der Kleidung vom Volk unterscheiden. Denkt daran: Das Volk hört auf euch!«
Die Freunde schauten sich an. Sie vernahmen aus den Worten des Meisters etwas von der Achtung, die man den Propheten entgegenbrachte. Ehud dachte: »Wie wird das erst sein, wenn ich mit meinem neuen Prophetenmantel nach Geba komme.« Stolz regte sich

in ihm: »Prophet bin ich und damit gehöre ich zur Oberschicht.« Meister Pinchas nahm genau Maß und schrieb sich alles auf: »Kommt in einer Woche zum Anprobieren, meine Herrn! Ihr wißt, daß die fertigen Mäntel dem Prophetenvorsteher gesandt werden. Wenn ihr ins Amt des Propheten berufen werdet, wird er euch einkleiden.«

So fein die Aufstandspläne der führenden Propheten und Fürsten auch gesponnen waren, Baruch erfuhr dennoch von ihnen durch seinen Bruder, den Fürsten Seraja. Voll Sorge betrat er das Zimmer seines Freundes. Diesem waren die Leiden der vergangenen Zeit deutlich anzusehen. Baruch mußte ihm seine Bitte trotzdem vortragen: »Soviel Unheil haben die Propheten schon angerichtet. Ohne die Heilsweissagungen Paschhurs hätte es keine Belagerung und Einnahme Jerusalems gegeben und keine Verschleppung. Und jetzt, kaum sind zwei Jahre vergangen, da planen sie dasselbe wieder.« Jeremia richtete sich auf. Baruch fuhr erregt fort: »Hananja hat Schefatja versprochen, durch Heilsweissagung das Volk und den König zu einem Aufstand gegen Babylon aufzustacheln. Wenn es soweit kommt, Jeremia, dann ist es mit Juda vorbei. Alles ist so angelegt, daß das Volk auf Hananjas Wort hören wird. Er genießt großes Ansehen. Seine theologische Linie ist Heil, Heil! Die Leute um Kolaja, die ›Traumtheologen‹ werden mitmachen. Hauptgegenstand ihrer ›Träume‹ ist ein freies, mächtiges Juda! Weißt du, daß in dem neuen Prophetenhaus Hananjas und Kolajas Ansichten in Stein sichtbar werden? Noch ist es ein Geheimnis, aber am Einweihungsfest wird es gelüftet.« Baruch legte ein großes Papyrusblatt vor Jeremia auf den Tisch: »Hier ist der Bauplan!«
Jeremia sah mit Verwunderung was sich demnach auf dem südlichen Tempelplatz verändert hatte. Er betrachtete die Anordnung der Räume des neuen Prophetenhauses und las mit Erstaunen ihre Namen. Ja, das war Hananjas Theologie.
Baruch sprach: »Glaube mir, das wird seine Wirkung haben aufs Volk.« Baruch faßte die Hände seines Freundes und fügte beschwörend hinzu: »Warne das Volk, die Fürsten und den König vor ihnen! Sie dürfen nicht auf die Propheten hören, denn sie stürzen das Volk ins Unheil. Zeige, daß diese Männer kein Recht haben zu sagen: ›So spricht der Herr!‹ Diese Berufung auf Gott, das ist ihr eigentliches

Kapital. Du mußt auftreten gegen sie, Jeremia. Mach allen klar, daß diese Männer keine Führer sind, sondern Verführer!«
Als Baruch gegangen war, schaute Jeremia noch lange auf den Bauplan. Dann kniete er nieder und betete:
»O Gott, wie soll ich das machen, was Baruch von mir will? Für das Volk, die Fürsten und den König sind die Propheten ganz eng mit dir verbunden. Wie kann ich ihnen das begreiflich machen, daß sie das Volk ins Unheil führen?«
Er schwieg lange. Auf einmal horchte er auf, dann sprach er: »Herr, Gott Israels, ich höre deinen Ruf. Du willst mich alten Mann wieder in den Kampf schicken. Ich möchte mich sträuben. Einst sagte ich: ›Ich tauge nicht zu predigen, denn ich bin zu jung‹, jetzt möchte ich sagen: ›Ich bin zu alt‹, aber es geht um dein Volk, es geht um deine Ehre. Gib mir Kraft, daß ich dein Werkzeug sein kann in dem Kampf, in den du mich sendest.« Dann fing er an zu schreiben. Immer wieder blickte er auf und wiederholte einzelne Sätze:

»Von den Propheten Jerusalems
geht das ruchlose Wesen aus ins ganze Land . . .«
»Ich sandte die Propheten nicht . . .«
»Bin ich nur ein Gott, der nahe ist . . .?«
». . . und wollen, daß mein Volk meinen Namen vergesse
über ihren Träumen, die einer dem anderen erzählt . . .«
»Wie reimen sich Stroh und Weizen zusammen . . .?«
»Ist mein Wort nicht wie ein Feuer . . .?«
»Darum siehe, ich will an die Propheten . . .«

Eine Stunde hörte er angestrengt und schrieb, und schrieb . . . Als er fertig war, las er alles nocheinmal. Dann unterstrich er die Worte:

»Bin ich nur ein Gott, der nahe ist, spricht der Herr,
und nicht auch ein Gott, der ferne ist . . .?«
»Ist mein Wort nicht wie ein Feuer, spricht der Herr,
und wie ein Hammer, der Felsen zerschmeißt?«

Dann sprach er: »Gott, der du dich deinem Knecht Mose offenbart hast, du zeigst mir die Sünde dieser Propheten. Du bist einst herabgestiegen, um dein Volk aus Ägypten zu erretten. Du bist erschienen als der Gott, der den Leidenden nahe ist, aber du warst zugleich immer der heilige Gott, über den wir Menschen nicht einfach verfügen können. Sie aber haben aus dir einen Götzen gemacht, einen Diener, der ihre Wünsche erfüllt und sie in ihrem Tun bestätigt. Du sollst ihre Großmachtpläne billigen. Vergessen ist, daß du immer auch der Freie bist und uns Menschen unendlich überlegen. Weil sie aus dir einen stummen Götzen machten, mußten sie an die Stelle deines Wortes ihr eigenes setzen. Dein Wort gleicht dem Feuer, es brennt nieder, was gottlos ist, damit du dein Reich bauen kannst. Ich habe es selbst gespürt, denn es zwang mich zur Umkehr. Es gleicht dem Hammer, der Felsen zerschmettert. Dein Wort zerschlägt alles, was deinem Plan im Weg steht. So willst du dein Reich des Friedens und der Gerechtigkeit aufrichten. Auch das habe ich erlebt, als du immer wieder meinen Unglauben zerschlagen hast. Sie aber haben dein Wort vertauscht mit den Träumen, die aus ihrem eigenen Herzen kommen. Sie kreisen um politische Macht und Größe und bestätigen die Menschen so wie sie sind. Aus diesem Götzenbild und aus dieser Verfälschung deines Wortes folgt alles andere. Ein Götze setzt keine Grenzen durch Gebote. Darum konnten sie die Ehe brechen und Übeltäter in ihrem Tun bestätigen. Ein Götze sendet nicht mit einem klaren Auftrag, darum verkündigen sie Heil oder Unheil nach ihrem eigenen Gutdünken. Ein Götze spricht nicht, darum setzen sie an die Stelle deines Wortes ihre Träume. Aber du bist der lebendige Gott, darum wendest du dich jetzt gegen sie. O Gott, hilf daß dein Wort, das ich sprechen muß als Feuer und Hammer, im Dienst deines Plans zum Heil dieses Volkes und der Welt steht.«

In Jerusalem war die Einweihung des neuen Prophetenhauses und die Einsetzung von zehn jungen Männern ins Amt des Propheten ein bedeutender Festtag. War den Propheten doch die Führung und Leitung des Volkes in gefährlicher Zeit aufgetragen.
Die Fürsten waren voll gespannter Erwartung, wie Hananja seine Zusage einlösen und ihre Politik unterstützen würde. Der König mit seinem ganzen Hofstaat, die Priester mit Oberpriester Seraja an der Spitze zogen heran, dann folgten die Propheten. Ganz vorn gingen die zehn, die eingesetzt werden sollten, unter ihnen Semira und Ehud. Jetzt kam Hananja.

Alle sahen mit Erstaunen, den herrlichen Bau des neuen Prophetenhauses. Und nicht wenige stellten mit Verwunderung fest, daß er jetzt an einem anderen Platz stand.
»Bevor wir dieses Haus und mit ihm zugleich diese jungen Männer dem Dienst Gottes weihen, möchte ich es euch erklären, denn einzigartig ist, was hier, neu erbaut, vor euch steht«, erklärte Hananja.
Die meisten Festgäste, besonders aber die jungen Propheten, die Hananja unterrichtet hatte, vernahmen jetzt zum erstenmal mit Erstaunen, daß in dem neuen Prophetenhaus die Theologie ihrer Lehrer, Hananja und Kolaja, Stein geworden war. Hananja sagte: »Das erste, was euch auffällt ist gewiß, daß dieses Prophetenhaus nicht mehr am alten Platz steht, an der Südmauer des Tempels. Es ist nach Norden gerückt und unmittelbar an die südliche Außenwand des Allerheiligsten angebaut. Dies soll das Tiefste ausdrükken, was den Stand der Propheten auszeichnet: Gott ist uns der nahe, der vertraute Gott. Und wir Propheten sind ihm nah als seine Vertrauten. Freilich darf das ganze Volk dasselbe von sich sagen. Aber für die Propheten als die berufenen geistlichen Führer des Volks gilt das in besonderem Maß.«
Jeremia hörte die Worte Hananjas mit dem Ausdruck großen Erstaunens. Seine Lippen bewegten sich. Doch er schwieg.
Jetzt öffneten sich die großen Flügel der äußeren Tür des Prophetenhauses. Auf der rückwärtigen Wand des Raumes, der sich auftat, waren zwei große, bemalte Holztafeln zu sehen.
»Ihr seht jetzt in den ›Raum des Segens‹. In ihm werden nachher die zehn jungen Propheten in ihr Amt eingesetzt«, sprach Hananja. »Semira und Ehud: Erklärt unsren Gästen diese beiden Bilder!«
Ehud ging zu dem Bild rechts: »Das sind die Propheten Samarias. Man sieht sie weissagen, aber sie prophezeien nicht im Namen des Herrn. Sie stehen im Dienst Baals, darum ist unten dargestellt, wie sie zur Strafe von den assyrischen Eroberern in die Verbannung geführt werden.« Mit Abscheu hörten die Gäste von den Propheten, die zu Verführern ihres Volkes geworden waren. Gerechte Strafe hatte sie getroffen.
Semira erklärte das Bild auf der rechten Seite: »Das sind die Propheten Jerusalems. Sie stehen im Dienst des Herrn.« – »Was bedeu-

ten die Wasserströme, die von ihnen ausgehen?« wollte einer der Umstehenden wissen. »Das ist der Segen Gottes, der durch sie über das ganze Volk kommt«, erläuterte Semira.
Jeremia stand, schaute und hörte, aber sein Gesicht drückte heftige Abscheu aus über das, was er vernahm.
Hananja sprach: »Gesegnete des Herrn, das sind die Propheten. Woher aber kommt das, daß wir das sein können? Semira und Ehud öffnet die Tür zum ›Sendungsraum‹ und schildert, was das Relief, das dort angebracht ist, darstellt!« Semira erklärte den Versammelten: »Der obere Teil des Reliefs zeigt Micha ben Jimla im Rat des Herrn. Im Rat des Herrn stehen heißt: Das Wort des Herrn hören, Einblick bekommen in seine Pläne mit der Welt. Von Micha heißt es in der Überlieferung: ›Ich sah den Herrn sitzen auf seinem Thron und das ganze himmlische Heer neben ihm stehen!‹ «
Ehud fuhr fort: »Das untere Relief zeigt einen Propheten, dem Gott eingibt, was er sagen soll.«
»Was sagt euch dieses Relief?« fragte Hananja die beiden.
»Nur der ist Prophet, der von Gott gesandt ist. Er muß in seinem Rat gestanden haben und um seine Berufung wissen«, antwortete Ehud. Hananja erklärte triumphierend: »So ist es mit den Propheten Jerusalems. Sie sind die Gesandten des Herrn, mit der Botschaft des Heils dem Volk gesandt, darum sind sie Segensträger!«
Jeremia schüttelte voll Zorn den Kopf, sagte aber nichts.
Feierliche Musik erklang aus dem dritten Raum, der dem Allerheiligsten am nächsten war. Kolaja trat neben Hananja und deutete in die Richtung dieses Raumes: »Der ›Raum des Traums‹! Ehud, erkläre die Skulptur, die dort aufgestellt ist!«
»Ich sehe das heilige Land und die heilige Stadt. Sie ist umlagert von Feinden. Aber von oben her legt sich eine schützende Hand um die heilige Stadt, Gottes Hand. Sie wird sich gegen unsre Feinde wenden und uns das Großreich Davids wieder aufrichten helfen! Dies ist so dargestellt nach dem Traum Kolajas, meines Lehrers, den dieser von Gott empfangen hat.«
Kolaja faßte zusammen: »Im ›Sendungsraum‹ erschloß sich uns das äußere Geheimnis der Prophetie. Im ›Traumraum‹ aber kommen wir zu seinem innersten. Gott spricht zu uns auch in unseren Träumen. Da wird er eins mit uns. In uns offenbart er sich als der Gott des Heils. Er zeigt sich uns als der, der ein mächtiges und starkes Juda

will!« Prophetenvorsteher Hananja fuhr fort: »Hört jetzt die Heilsweissagung, die euch allen gilt:

›Ihr werdet das Schwert nicht sehen
und keine Hungersnot bei euch haben,
sondern ich will euch beständigen Frieden geben
an diesem Ort.‹«

Dann wandte er sich den zehn jungen Männern zu, die auf ihre Berufung warteten. Schneidermeister Pinchas und seine Gehilfen standen mit den neuen Prophetenmänteln auf dem Arm schon bereit.
Da entstand Unruhe in den vordersten Reihen. Jeremia stand auf. Fürst Juchal erschien es, als wolle der alte Mann gehen. Da er sich seines Sieges sicher glaubte, sprach er zu ihm: »Dieser volksnahen Theologie des Heils hast du nichts entgegenzusetzen, was? Das ist ein in sich geschlossenes Gedankengebäude, jeder Angriff muß daran scheitern!«
Da blieb Jeremia plötzlich stehen. Seine ganze Gestalt straffte sich und ohne Juchal etwas zu antworten, ging er zu Hananja. »Erlaube mir einige Worte!«
Hananja kannte seinen ehemaligen Freund gut genug, so daß er nicht mit einer Zustimmung zu dem was er gesagt hatte rechnete. Aber heute war er seiner Sache so sicher, daß er meinte Jeremia sprechen lassen zu dürfen. Alle Augen richteten sich auf den alten Propheten.
Semira und Ehud sahen ihn zu erstenmal aus der Nähe. Sie wußten, daß er Prophet war, ohne jemals eine Prophetenschule besucht zu haben und kannten viele seiner Worte. Und was für Bilder verbanden sich mit ihm: Der fliegende Kessel, der erwachende Zweig, der zerbrochene Krug. Baruch fragte sich bang: Würde es ihm gelingen, gegen dieses mächtige Bauwerk der Theologie Hananjas etwas auszurichten? Konnte Jeremia die Verführung deutlich machen?
Jeremia wies auf das Bild zu seiner Rechten und begann:

»So spricht der Herr:
›Auch bei den Propheten zu Samaria sah ich Anstößiges,
daß sie weissagten im Namen des Baal

und mein Volk Israel verführten;
aber bei den Propheten zu Jerusalem
sehe ich Greuel.‹«

Prophet Kolaja, Hananjas Stellvertreter, schrie auf: »Welch eine Frechheit! Diese Beleidigung eines ganzen Berufsstandes! Hananja, laß ihn in den Block schließen!«
Alle Propheten schlossen sich ihm mit lautem Geschrei und fäusteschüttelnd an. Jeremia aber stand unerschüttert und ungerührt. Er hatte schon Schlimmeres erlebt als dieses Geschrei. Und er wußte auch, wie er die aufbegehrenden Propheten zum Verstummen bringen konnte. Er nahm die letzten Worte nochmals auf:

»›. . . aber bei den Propheten zu Jerusalem
sehe ich Greuel,
wie sie ehebrechen,‹

denkt nur an Ahab und Zedekia.«
Der Aufruhr in den Reihen der Propheten ebbte ab. Die Fäuste, die sich wütend emporstreckten, senkten sich langsam, eine um die andere. Vom Ehebruch der beiden sprach man in der ganzen Stadt.
Jeremia fuhr fort:

»›. . . und mit Lügen umgehen,‹

denkt an Paschhur und seine Heilsweissagungen. Noch unmittelbar vor dem bitteren Ende der Stadt hat dieser angesehene Priester und Prophet euch Heil verkündigt.

›. . . und die Boshaften bestärken
auf daß sich ja niemand bekehre von seiner Bosheit.‹

Auch Kaleb, dem Erfinder und Besitzer des Netzes habt ihr, Propheten, Frieden und Heil zugesprochen!«
Jetzt senkten alle Propheten die Köpfe und schauten verlegen zu Boden. Gegen das, was Jeremia vorbrachte, konnte man nichts sagen. Es war in der ganzen Stadt und im ganzen Land bekannt.

Würde man widersprechen, man stünde als Lügner da. Jeremia sah, daß ihm alle zähneknirschend recht geben mußten.
Jetzt schloß er das Bild an, daß sich dem Volk unvergeßlich einprägen und es davor bewahren sollte, diesen Männern zu vertrauen.
Er rief:
»Wenn das zutrifft, was ich gesagt habe, was seid ihr dann für den Herrn?

›Sie sind alle vor mir gleich wie Sodom
und die Bürger Jerusalems wie Gomorra.‹ «

Alle kannten die Geschichte von der Verworfenheit dieser beiden Städte und wie sie untergingen im Gericht Gottes. Viele waren schon an jenem Ort gewesen und hatten die trostlose Stein- und Salzöde gesehen, die sie jetzt bedeckte. Die Propheten, aber auch die anderen Judäer, sollten den Bewohnern dieser gottlosen Städte ähnlich sein und dem gleichen Gericht entgegengehen?
Die Köpfe der Propheten reckten sich wieder. Ein Murren ging durch ihre Reihen. Es wurde immer lauter. Jetzt erhob Hananja seine Stimme, der Prophetenvorsteher: »Ich habe zum Vorwurf des Ehebruchs geschwiegen. Aber das waren einzelne Fälle. Die meisten von uns leben nach den Ordnungen Gottes. Ebenso sagte ich nichts zu deinen anderen Beschuldigungen, der Lüge und des falschen Verhaltens gegen Übeltäter. Jeder hier aber weiß, daß auch diese Vergehen nur wenige betreffen. Wie kannst du es also wagen, wegen der Verfehlungen einzelner, einen ganzen Berufsstand und diese Stadt gleichzusetzen mit Sodom?«
Jeremia erwiderte: »Hananja, höre! Propheten sind das gewesen, Ahab, Zedekia und Paschhur, Sprecher Gottes, angesehen im ganzen Volk. Als Vorbilder geachtet. Ihr habt zu diesen Vergehen geschwiegen; wie zu diesen so auch zu den anderen Fällen. Deshalb trifft alle, was wenige von euch tun. Hast du noch nichts von den Auswirkungen dieses Verhaltens auf das ganze Volk gehört? Geht doch ins Archiv meines Onkels Schallum nach Anatot und laßt euch sagen, wie die Fälle von Ehebruch seit den Taten Ahabs und Zedekias und anderer gestiegen sind. Deshalb bleibe ich bei dem Wort des Herrn:

›Sie sind alle vor mir gleich wie Sodom.‹«

Dan und Karmi standen unter dem Volk. Dan sagte zu Karmi: »Jetzt wird er sagen, daß Feuer und Schwefel auf die Propheten fällt, wie einst auf jene Städte.« Aber Jeremia sprach:

»Darum spricht der Herr Zebaoth
über die Propheten:
Siehe, ich will sie mit Wermut speisen
und mit Gift tränken;
denn von den Propheten Jerusalems
geht das ruchlose Wesen aus ins ganze Land.«

Semira und Ehud hatten im Unterricht gelernt, daß ›Wermut‹ ein Symbol für das bittere Gericht Gottes und ›Giftwasser‹ für den unaufhaltsamen, unausweichlichen Tod in diesem Gericht ist. Ehud senkte das Haupt: »Hatte der alte Mann nicht recht?«
Die Propheten tobten bei den letzten Worten Jeremias und griffen Hananja schwer an: »Warum läßt du einen solchen Menschen im Tempel des Herrn reden? Laß ihn endlich hinauswerfen!«
Hananja bereute es einen Augenblick lang, daß er Jeremia hatte zu Wort kommen lassen. Doch dann regte sich in ihm Kampfeslust. Er wollte diesen, seinen alten Feind, in aller Öffentlichkeit niederringen. Beschwörend hob er beide Hände, um den Aufruhr zu stillen und sprach: »Furchtbare Bilder hast du uns gemalt und ungeheure Behauptungen aufgestellt. Dennoch sind wir die Gesandten des Herrn. Wir und sonst niemand sind ausgebildet nach althergebrachter Ordnung, geprüft und dann berufen ins Amt des Propheten vor allem Volk. Semira und Ehud, holt das Relief heraus!«
Als die beiden angehenden Propheten das Kunstwerk hochhoben, rief Hananja: »Da seht ihr es. Wie Micha standen und stehen wir im Rat des Herrn. Wer will diese unsre unerschütterliche Glaubensüberzeugung bestreiten? Volk Gottes höre, was deine Propheten, die Gesandten Gottes, sprechen!«
Jeremia aber rief leidenschaftlich:

»So spricht der Herr Zebaoth:
Hört nicht auf das Wort der Propheten,

die euch weissagen!
Sie betrügen euch;
denn sie verkünden euch Gesichte aus ihrem Herzen
und nicht aus dem Mund des Herrn.«

Hananja schrie auf: »Gesichte aus unserem eigenem Herzen? Woher willst du das wissen? Siehst du hinein in das Geheimnis zwischen Gott und seinen Propheten? Warst du dabei, als sie in seinem Rat standen? Beweise deine infame Behauptung!«
Jeremia entgegnete: »Wie war das denn bei Kaleb und Korah, die offen gegen Gottes Gebot handelten? Muß man da nicht zugeben:

›Sie sagen denen, die des Herrn Wort verachten:
Es wird euch wohlgehen,
und allen, die nach ihrem verstockten Herzen wandeln,
sagen sie: Es wird kein Unheil über euch kommen.
Aber wer hat im Rat des Herrn gestanden,
daß er sein Wort gesehen und gehört hätte?
Wer hat sein Wort vernommen und gehört?‹

Keiner von euch, denn das Wort Gottes habt ihr ersetzt durch eure Träume, auf die ihr euch beruft. Darum:

›Siehe,
es wird ein Wetter des Herrn kommen voll Grimm
und ein schreckliches Ungewitter
auf den Kopf der Gottlosen niedergehen.
Und des Herrn Zorn wird nicht ablassen,
bis er tue und ausrichte,
was er im Sinn hat;
zur letzten Zeit werdet ihr es klar erkennen.‹«

»Deine Drohung läßt uns kalt«, sprach Hananja. »Wir sind die von Gott gesandten, die rechtmäßigen Propheten. Diese Männer hier, die du bedrohst, sie laufen mit Eifer im Dienst des Herrn und verzehren sich darin. Unermüdlich sagen sie das Wort weiter, das sie von Gott gehört haben. Wie könnten sie anders? Sie standen im Rat des Herrn.«

Doch Jeremia hielt ihm im Namen des Herrn entgegen:

»Ich sandte die Propheten nicht, und doch laufen sie;
ich redete nicht zu ihnen,
und doch weissagen sie.
Denn wenn sie in meinem Rat gestanden hätten,
so hätten sie meine Worte meinem Volk gepredigt,
um es von seinem bösen Wandel
und von seinem bösen Tun zu bekehren.«

Ehud schaute hinüber zu dem Gesellen neben Meister Pinchas, der seinen Prophetenmantel bereithielt, sollte er ihn tragen? Große Zweifel überfielen ihn, ob er in dieses Amt berufen sei.
Hananja aber versuchte weiter gegen Jeremia anzukommen. »Was du auch vorbringst, wir sind die Gesandten Gottes, berufen ins Amt des Propheten. Du wirst es nachher gleich hören, wenn diese zehn jungen Männer berufen werden. Deine Anklagen treffen uns nicht und ebensowenig beeindrucken uns deine Drohungen vom Wermut, Giftwasser und Sturm des Herrn. Was für eine Vorstellung von Gott hast du nur? Uns, uns hat sich Gott offenbart als unser Vertrauter. Er ist unser Freund, er ist uns nah. Wir stehen in seinem Schutz. Kolajas Plastik zeigt das richtig. Nicht den Kelch des Gerichts reicht er uns, gefüllt mit Wermut und Giftwasser, sondern den Becher des Friedens. Nicht der Sturm des Gerichts bricht los, sondern die Sonne der Gnade läßt er über uns aufgehen. Das Großreich Davids wird wieder erstehen!«
Jeremia aber sprach langsam und bedächtig:

»Bin ich nur ein Gott, der nahe ist,
spricht der Herr,
und nicht auch ein Gott, der ferne ist?
Meinst du, daß sich jemand so heimlich verbergen könne,
daß ich ihn nicht sehe?
spricht der Herr.
Bin ich es nicht, der Himmel und Erde erfüllt?
spricht der Herr.«

Hananja entgegnete: »Du hast eine völlig falsche Vorstellung von

Gott. Wie viele furchtbare Drohungen hast du schon ausgesprochen, aber Gott ist anders! Gott ist unsre Zuversicht und Stärke! Darauf berufen wir uns.«
Jeremia aber sprach unbeirrt weiter Gottes Wort:

»Ich höre es wohl, was die Propheten reden,
die Lüge weissagen in meinem Namen und sprechen:
Mir hat geträumt, mir hat geträumt!«

»Was,« rief Hananja heftig, »die Träume der Propheten wagst du als Lügen zu bezeichnen? Der Traum soll kein Mittel sein, durch das sich Gott uns offenbart? Ich bin zwar nicht der gleichen Auffassung wie mein Kollege Kolaja. Ganz und gar bin ich der Offenbarung Gottes im Wort verbunden. Aber, das Traumbild, das aus der Seele des Menschen aufsteigt, soll das nicht auch Mittel der Offenbarung Gottes sein können? Gott hat sich unserem Vater Jakob im Traum offenbart!«
Jeremia blieb bei seiner Auffassung: »Ja, weg mit euren Träumen! Weg mit den Großmachtsträumen!

›Wann wollen doch die Propheten aufhören,
die Lüge weissagen
und ihres Herzens Trug weissagen
und wollen, daß mein Volk meinen Namen vergesse
über ihren Träumen, die einer dem anderen erzählt,
wie auch ihre Väter meinen Namen vergaßen über dem Baal?‹ «

Jetzt steigerte sich das Geschrei der Propheten so sehr, daß Baruch Angst bekam um seinen Freund. Sie gingen auf Jeremia los, bedrohten ihn mit Fäusten, und riefen Hananja zu: »Laß ihn endlich hinauswerfen!«
Kolaja aber wollte trotz des Tumults die Meinung Jeremias zum Traum genau wissen: »Sag uns klipp und klar deine Meinung zum Traum des Propheten. Soll er ihn erzählen oder nicht?«
Jeremia sprach mit bitterer Ironie:

»Ein Prophet, der Träume hat,
der erzähle Träume;

wer aber mein Wort hat,
der predige mein Wort recht.«

Kolaja entgegnete ihm scharf: »Ich sehe keinen Unterschied zwischen Traum und Gottes Wort!« Jeremia antwortete: »Ich will euch sagen, wie sich Traum und Gottes Wort zueinander verhalten:

›Wie reimen sich Stroh und Weizen zusammen?
spricht der Herr.‹«

Kolaja sprang in höchster Erregung vor, bedrohte Jeremia und schrie ihn an: »Unsere Träume sind Stroh! Diese ungeheuerliche Behauptung nimmst du sofort zurück!«
Doch Jeremia blieb hart: »Nichts nehme ich zurück! Wie ein Grundunterschied ist zwischen Stroh und Weizen, so ist auch ein solcher zwischen Traum und Gottes Wort. Stroh ist wertlos, deshalb verbrennen es unsere Bauern. Ebenso wertlos für Gottes Sache sind eure Träume. Weizen aber ist lebendig. Er gibt als Brot Kraft, bringt als Same neues Leben und schafft vielfache Frucht. So auch Gottes Wort: Es bekehrt den Menschen zu Gott und bewegt zur Liebe zueinander.« Jeremias Stimme wurde leidenschaftlich: »Träume, die aus dem Herzen des Menschen kommen und um ihn selbst kreisen, bringen die Sache Gottes nicht voran. Nur das Wort des Herrn erreicht das. Es verbrennt, was Gottes Herrschaft hindert. Es zerschlägt, was seinem Plan im Weg steht!

›Ist mein Wort nicht wie Feuer,
spricht der Herr,
und wie ein Hammer,
der Felsen zerschmeißt?‹

Den Feuerschein des göttlichen Gerichts, habt ihr ihn nicht schon gesehen? Haben nicht eure nach Babylon weggeführten Genossen seine Glut verspürt? Das Dröhnen des Hammers, hört ihr es nicht? Fuhr er nicht schon einmal auf die Mauern Jerusalems herab als Nebukadnezar die Stadt belagerte und einnahm?«
Jeremia wandte sich an die Propheten: »Feuer und Hammer, denen Gottes Wort gleicht, gegen euch richten sie sich zuerst? Gottes Wort,

wie Feuer ist es! Es verbrennt, was seiner Herrschaft im Weg steht. Und ihr verhindert, daß einer von euch wirklich auf Gottes Wort hört. Gottes Wort, einem Hammer gleicht es. Es zerschlägt, was dem Kommen seiner Herrschaft im Weg steht. So wird er eure selbsterdachten Prophetensprüche zertrümmern. Gottes Wort, wie Feuer und Hammer – es richtet sich gegen euch, weil ihr das Volk des Herrn verführt.«

Die Propheten stürmten auf Jeremia ein: »Wir wollen dich nicht mehr länger hören. Fort mit dir, Verfluchter!«

Hananja sah, daß unter dem Volk schon viele begannen, im Pflaster des Tempels Steine loszulösen. »Er hat den Tod verdient!« riefen sie. Da gab er der Tempelwache den Befehl, Jeremia rasch fortzuschleppen.

Nur mit großer Mühe gelang es dem Prophetenvorsteher, sich wieder Gehör zu verschaffen. Jetzt standen die jungen Männer vor ihm, die ins Amt des Propheten berufen werden sollten. Schneidermeister Pinchas und sein Geselle traten mit den Prophetenmänteln näher. Hananja erklärte den jungen Männern: »Ich habe diesen Mann ganz bewußt vor allem Volk und vor euch sprechen lassen. Ihr solltet einmal hören, wie er über die Sendung des Propheten, über Gott und über die Offenbarung im Traum denkt. Denn auf diesem Hintergrund kann es euch deutlich werden, was wirklich ein Prophet ist, nämlich ein Gesandter des Herrn, und ebenso wer Gott ist, nämlich sein Vertrauter. Aber nun tretet mit mir in den Segensraum!«

Feierlich betrat der Prophetenvorsteher mit den jungen Männern den Segensraum. Hananja bemerkte nicht, daß eine große Unruhe unter ihnen war. Er begann mit der Einsetzung: »Als rechtmäßig eingesetzter Prophetenvorsteher berufe ich euch ins Amt des Propheten! Semira ich berufe dich ins Amt eines Propheten des Herrn. Sein Gesandter bist du. Ich bekleide dich mit den äußeren Zeichen des Propheten, dem Mantel.« Prophetenvorsteher Hananja bekleidete Semira und fuhr dann fort: »Von jetzt an hast du die Vollmacht zu sagen: ›So spricht der Herr!‹ «

Schneidermeister Pinchas überreichte Hananja den Mantel für Ehud. Aber Ehud war nicht aufzufinden.

Orientierung

Wenige Wochen später traten Ereignisse ein, die jeden nachdenklichen Mann und jede nachdenkliche Frau in Jerusalem fragen ließen: Was ist jetzt zu tun? Was ist der rechte Weg? Wie soll man sich entscheiden?

Bis zu diesem Tag war das Leben in Jerusalem eintönig verlaufen. Die Menschen stöhnten unter der Last des Wiederaufbaus, aber mehr noch unter dem Tribut. Jetzt ließen viele die Arbeit liegen, um die Fremden zu sehen, die zum Quelltor hereinritten. Endlich hatten sie eine Abwechslung. Sie staunten sehr, als bekannt wurde, daß es Edomiter waren. Diese hatten eigentlich keinen Grund, die Stadt Jerusalem zu besuchen, denn zweimal schon hatten sie unter der Fremdherrschaft Israels und Judas zu leiden gehabt. Nur so viel wurde bekannt: Es sind Gesandte ihres Königs.

Doch kaum hatte die Ankunft der Edomiter ihren Reiz verloren, da trafen am Wassertor im Osten der Stadt hintereinander zwei weitere Gesandtschaften ein. Es waren Männer aus Moab und Ammon, ebenfalls auf prächtig aufgezäumten Kamelen. Was wollten sie alle in der Stadt? Noch vor drei Jahren kämpften Moabiter und Ammoniter mit anderen Stämmen aus dem Osten unter Nebukadnezars Fahnen gegen König Jojakim, und jetzt kamen auch sie als Gesandte ihrer Könige nach Jerusalem. Gerüchte durchzogen die Stadt: Eine Konferenz?

Dann verschlug es den Jerusalemern ganz die Sprache. Der Glanz der weiten, reichen Welt erschien auf einmal in der armseligen judäischen Hauptstadt. Gesandte der phönizischen Stadt Tyrus kamen in eleganten, von Pferden gezogenen Wagen. Stolz blickten die Männer von Tyrus auf die Judäer.

Alle anderen Länder im Süden waren von Nebukadnezar bezwungen worden und ihm tributpflichtig, Tyrus nicht. Gleich danach kamen die Gesandten von Sidon. Den Männern, die da in mit Seide ausgestatteten Kutschen in die Stadt fuhren, sah man an, daß sie die weite Welt gesehen hatten. Tochterstädte hatte Sidon sogar weit über dem Meer im Westen.

Nun war es jedermann klar: Eine Konferenz findet statt. Aber um was geht es? Zuerst waren es nur Gerüchte, dann aber wurde es Gewißheit. Die Konferenz sollte der Vorbereitung eines Aufstands dienen. Alle Judäer wußten, was das bedeutet – Aufstand. Lagen doch die Ereignisse, die mit der Wegführung Jojachins und der Verbannung Tausender endigten, erst zehn Jahre zurück. Die Frage nach der rechten Entscheidung bewegten jetzt die Frau in der einfachen Hütte genauso wie den König in seinem Palast und die Männer auf der Straße.

In der Töpfergasse wohnte seit zwei Jahrzehnten schon Hanna, Esters Tochter. Sie lebte bei ihrer Mutter und Kaleb bis zu ihrem vierzehnten Lebensjahr, aber der Geist Baals gewann keine Macht über sie.

Sie war inzwischen mit einem Töpfer verheiratet und hatte zwei Töchter und zwei Söhne. Die beiden Söhne waren im wehrdienstfähigen Alter. Auch ihr Mann gehörte noch dem Heerbann an und wurde im Kriegsfall ebenfalls eingezogen.

Als Hanna das Gerücht von dem möglichen Aufstand hörte, erschrak sie sehr. Ihr erster Gedanke galt ihren Söhnen und ihrem Mann. Welches war jetzt die rechte Entscheidung?

Hanna hatte bisher auf die Worte Jeremias gehört. »Wenn er nur in dieser entscheidenden Sache ein deutliches Wort sagen würde.« Hanna wartete voll Spannung darauf.

Der König aber sah sich vor eine der wichtigsten Entscheidungen seines Lebens gestellt. Einen Tag nach ihrem Eintreffen in Jerusalem empfing er die Gesandten der Könige. Es war das erste Mal während seiner Regierungszeit, daß er Gesandte fremder Länder empfing. Er war über diese Ehrung sehr erfreut und erwies ihnen alle Höflichkeit. Auch der ganze Staatsrat hatte sich aus diesem Anlaß versammelt. Alle Fürsten, sowie die führenden Priester und Propheten, nahmen daran teil. Baruch war Gehilfe des Schreibers.

Die Gäste bewunderten besonders die Darstellung der Welt auf dem Fußboden im Nordteil des Sitzungssaals.

Bevor Hadad, der Gesandte aus Edom, das Wort ergriff, bat er alle Versammelten an das Relief. Er wies mit einem Stab auf Babylon: »Nebukadnezar hat alle Länder unterworfen. Mit Ausnahme von Tyrus zahlen ihm alle Tribut. Aber inzwischen hat sich die weltpolitische Lage zu Nebukadnezars Ungunsten verändert. Es herrscht eine Rebellion in Babylon.« Hadad ergriff die Figur des Großkönigs, die bisher vor Jerusalem stand, und setzte sie hart nach Baby-

lon. »Ein anderer Wind weht auch aus Ägypten. Der neue Pharao Psammetich II. ist ein geschworener Feind der babylonischen Vorherrschaft.« Dann nahm Hadad zum Erstaunen der Judäer hintereinander die Figuren der Könige von Edom, Moab, Ammon, von Tyrus und Sidon und stellte sie nebeneinander nördlich Ribla in Syrien in einer Front gegen den Großkönig auf. Den Anwesenden blieb nicht verborgen, daß er zwischen Edom, Moab, Ammon einerseits und Tyrus und Sidon andererseits eine Lücke ließ.
Er erklärte: »Die Könige dieser fünf Staaten haben sich miteinander verbündet, um Nebukadnezars Joch abzuschütteln. Alle militärischen Kräfte und finanziellen Mittel werden zusammengelegt, um den Bund zu stärken. Wichtig war uns auch die Meinung der Propheten dieser fünf Länder.«
Der Gesandte Edoms legte fünf Papiere unmittelbar vor die aufgestellten Könige: »Die Götter aller dieser Völker segnen den Bund und wünschen ihm Heil und Glück.« Hadad blickte den König von Juda an: »Du siehst, daß im Bund eine Lücke ist. Darum die entscheidende Frage an dich: »Willst du dich in diesen Bund einreihen? Mach ihn unüberwindlich mit deinem Beitritt! Wir erwarten in drei Tagen deine Antwort. Inzwischen entwerfen wir einen Vertrag, den du unterzeichnen kannst.«
Die Gesandten gingen. Der König war mit seinen Räten allein. Alle schauten auf die Reliefkarte. Da standen die verbündeten fünf Könige bei Ribla – mit einer Lücke in ihrer Mitte. Von ihr ging die bedrängende Frage aus, die jetzt Antwort verlangte.
König Zedekia war sehr bleich. Zum erstenmal in seiner Regierungszeit stand er vor einer außenpolitischen Entscheidung.
Und dennoch war sie leicht. Der Weg war ihm vorgezeichnet. Schon als der Gesandte von Edom zum erstenmal den Namen Nebukadnezars erwähnte, stand ihm der Tag seiner Krönung vor Augen. Zedekia erinnerte sich genau. Dennoch schwankte er, weil er die Leiden seines Volkes kannte.
Der Gedanke, die babylonische Herrschaft abzuschütteln, war sehr verführerisch. Darum wollte er nach alter Ordnung zuerst die Meinung seiner Räte hören.
Fürst Juchal nahm, ohne ein Wort zu sagen, mit einer heftigen Bewegung die Figur des Königs von Jerusalem weg und reihte sie in die Front der Aufständischen bei Ribla ein. »Da ist unser Platz!« rief er.

»Es ist eine Schande, daß wir so lang das Joch der Babylonier getragen haben. Mit den Verbündeten zusammen sind wir stark genug, es abzuschütteln. Das wird der erste Schritt auf dem Weg zu einem neuen, starken Juda sein.«
Kolaja, Stellvertreter des abwesenden Hananja, zog ein Blatt aus der Tasche:

»So spricht der Herr:
›Siehe, die Geräte aus dem Hause des Herrn
werden nun bald von Babel wieder herkommen!‹«

Alle schauten ihn an. Vor Augen stand ihnen der schreckliche Tag, an dem Nebukadnezar den Tempel betrat und einen Teil der heiligen Gefäße raubte.
Ein Leuchten zog über das Gesicht Juchals. Die führenden Propheten unterstützten also seinen Rat, gemäß der Abmachung, die man im Verschwörerkreis um Schefatja getroffen hatte.
Kolaja aber fuhr fort: »Das bedeutet, daß die Macht Nebukadnezars gebrochen wird. Der Aufstand in Babylon ist das erste Zeichen dafür. Gib auch du das Zeichen zum Aufstand, König!« Dann beugte er sich und legte das Blatt mit seiner Weissagung vor die Front der Könige in Ribla.
Gemarja, Ahikams Bruder, aber gab zu bedenken: »Mein König, du stehst im Bund mit dem Großkönig. Was Nebukadnezar nach dem Abfall deines Bruder Jojakim mit der Stadt getan hat, sollte uns eine Warnung sein. Wären wir Babylon nur untertan geblieben. Nicht nur die heiligen Geräte wären dann noch im Tempel, die Gefallenen lebten noch und die Verbannten wären unter uns.« Fürst Schefatja aber rief: »Der Bund, den du unterschrieben hast, verpflichtet dich zu nichts. Er wurde dir abgenötigt.«
Der König seufzte: »Ihr ratet mir zu einem Aufstand. Und da ist mein Eid, den ich bei meinem Gott dem Großkönig geschworen habe.«

Vor der Königsburg kam es zu einer heftigen Diskussion zwischen einigen Männern. Dan rief: »Ich bin für den Aufstand! Denkt nur an die Höhe des Tributs. Nicht genug zu essen haben wir, weil wir den Babyloniern so viel zahlen müssen.«

Priester Jered sagte: »Es ist eine Schande, daß die heiligen Gefäße des Tempels in Babylon im Heiligtum des Götzen Marduk sind. Gottes Wille ist's, daß wir sie zurückholen.«
Schmied Jiram entgegnete: »Wißt ihr, was das bedeutet – Aufstand? Habt ihr nicht gehört, wie Nebukadnezar mit den Rebellen in Babylon verfährt? Was wird er da erst mit uns tun, wenn er ein drittes Mal gegen uns ziehen muß? Als Sklaven schleppt er uns alle nach Babylon. Stadt und Land wird er zerstören.«
Der junge Prophet Semira wandte sich gegen den Schmied: »Mach den Menschen keine Angst. Gott ist für uns. Die Träume vieler Propheten wiesen darauf hin, daß das Großreich Davids wieder entstehen wird. Die letzte Weissagung des Propheten Kolaja lautet: ›Die heiligen Gefäße kommen zurück!‹«
Der Schmied erwiderte: »Jeremia hat von euch gesagt . . .«
Da rief Dan: »Da ist er selbst!«
Jeremia kam gerade die Königsstraße herauf und ging auf die Königsburg zu. Aber wie? Sein Anblick ließ die Männer zunächst verstummen.

Das Joch

»Ein Joch! Er trägt ein Joch!« riefen die Männer in fassungslosem Erstaunen. Jeremia hatte es mit Ketten und Stricken am Hals befestigt. Wenn sie zur Stadt hinausgingen, sahen sie Zugtiere, die mit einem solchen Joch Wagen zogen. Es bestand aus einem eineinhalb Meter langen Balken von der Dicke eines Oberschenkels. Dieser wurde den Zugtieren über den Nacken gelegt und dann mit Ketten und Riemen an Hörnern und Hälsen der Tiere befestigt. Dann wurden die Seile, die vom Joch zum Wagen führten, am Wagscheit eingehakt.
Und jetzt trug Jeremia ein Joch. Nur mit Mühe konnte Semira den Ausruf unterdrücken: »Er ist verrückt geworden!« Alle ahnten dumpf, daß dieses Joch von tiefer Bedeutung war. »Das ist das Joch, das uns die Babylonier auferlegt haben!« rief der Schmied. »Was aber bedeutete das, daß Jeremia es trug?« Schweigend ging der Prophet an den Männern vorüber. Fragend und ratlos blieben sie zurück.

Jeremia trat zuerst in den Saal, in dem die fünf Gesandten versammelt waren. Baruch war bei ihnen als Verbindungsmann. Alle Männer waren sprachlos vor Staunen als sie Jeremia sahen, auch Baruch. Die Gesandten fragten Baruch: »Was soll das?« – »Es ist der Prophet Jeremia. Er hat eine Botschaft seines Gottes an euch«, erklärte ihnen Baruch, denn nur soviel hatte Jeremia ihm zuvor mitgeteilt. Jetzt stand Jeremia als Prophet für die Völker vor diesen fünf Gesandten. Baruch war sehr gespannt, wie die Botschaft lautete, die er für sie hatte.

Itto, der Gesandte von Tyrus, sprach zu Jeremia: »Was hast du für eine Botschaft?« Da begann Jeremia zu reden:

»So spricht der Herr Zebaoth, der Gott Israels:
So sollt ihr euren Herren sagen:
Ich habe die Erde gemacht
und die Menschen und Tiere, die auf Erden sind,
durch meine große Kraft
und meinen ausgereckten Arm
und gebe sie, wem ich will.
Nun aber habe ich alle diese Länder
in die Hand meines Knechts Nebukadnezar,
des Königs von Babel, gegeben
und auch die Tiere auf dem Felde,
daß sie ihm untertan sein sollen.
Und es sollen alle Völker ihm dienen und seinem Sohn
und seines Sohnes Sohn,
bis auch für sein Land die Zeit kommt,
daß es vielen Völkern und großen Königen untertan sein muß.
Das Volk aber und das Königreich,
das dem König von Babel Nebukadnezar,
nicht untertan sein will
und das seinen Nacken nicht unter das
Joch des Königs von Babel beugt,
das will ich heimsuchen mit Schwert, Hunger und Pest,
spricht der Herr,
bis ich sie durch seine Hand umbringe.«

Die Gesandten verstanden Jeremia zwar, aber was sie hörten, war

für sie ärgerlich. Itto von Tyrus dachte: »Was für eine fremdartige Botschaft von einem Gott, der in die Geschichte eingreift. Der Schöpfergott El, von dem die Kanaanäer sprechen, thront hoch im Himmel. Ihn berührt das Geschehen auf der Erde nicht. Wie anmaßend, daß gerade der Gott des kleinen Juda der Schöpfer der Welt sein soll, der die Geschicke der Völker nach seinem Willen lenkt.«
Das Ärgerlichste schien ihm aber zu sein, daß sich alle Welt freiwillig unter das Joch eines Fremdherrschers begeben sollte. »Das ist eine Zumutung!« rief Itto deshalb. »Die Botschaft unserer Propheten lautet ganz anders: ›Kämpft und strebt nach Freiheit. Die Götter stehen auf eurer Seite. Ihr werdet siegen!‹«
Baruch stand dabei, in tiefe Gedanken versunken. Zuerst war er entsetzt. Der Gott Israels als Schöpfer der Welt und Lenker der Geschichte, das war ihm vertraut von Jugend an. Aber was Jeremia dann sagte, war unerhört. Der Tyrann Nebukadnezar sollte Jahwes Knecht sein? Ein Titel, den sonst nur Abraham, Mose und David führten. Und Gottes Wille ist, daß sich alle Welt und auch das Volk Gottes unter dieses Joch beugt?
Alles sträubte sich in Baruch gegen diese Botschaft. Mehr noch als die Heiden empörte er sich. Denn der Gott Israels will doch die Freiheit seines Volkes. Wie konnte er es da jetzt unter dieses Joch beugen? Das war ja ein neues Sklavenhaus.
Doch plötzlich fiel es ihm wie Schuppen von den Augen. Er starrte das Joch an. Daß es verhängt wurde, war nicht Willkür. Wenn er an den Zustand des Volkes Gottes dachte und an Jeremias Botschaft, dann war dieses Joch als Strafe Gottes anzusehen. Aber nicht nur für Juda: Bei der Konferenz in Kir-Heres im Moabiterland hatte er die Empörung der anderen Völker gegen Gott erlebt. Darum gerieten auch sie unter das Joch. Und Nebukadnezar war der Mann, der dieses Gericht zu vollstrecken hatte.
Jeremia aber sprach zu den Gesandten: »Du sprichst von der Botschaft eurer Propheten:

›So hört doch nicht auf eure Propheten,
Wahrsager, Traumdeuter, Zeichendeuter und Zauberer,
die euch sagen:
Ihr werdet nicht untertan sein müssen dem König von Babel.
Denn sie weissagen euch Lüge,

auf daß sie euch aus eurem Lande fortbringen
und ich euch verstoße und ihr umkommt.
Aber das Volk, das seinen Nacken unter das Joch
des Königs von Babel beugt
und ihm untertan ist,
das will ich in seinem Lande lassen,
daß es dasselbe bebaue und bewohne,
spricht der Herr!«

Baruch verstand, das Joch bedeutet nicht nur Gericht. Gott will, daß jedes Volk auch unter Nebukadnezar sein Land bewohnen und bebauen kann. Wer unter dem Joch bleibt, darf Gottes Güte erfahren. Die Geduld der heidnischen Gesandten aber war jetzt zu Ende: »Geh jetzt. Wir haben genug gehört. Es wäre lächerlich, wenn wir die Botschaft deines Gottes unsren Königen ausrichten würden.«
Unterdessen versuchte Fürst Juchal mit beschwörenden Worten den König zum Aufstand zu bewegen. Da trat Jeremia mit dem Joch auf dem Nacken in den Sitzungssaal. Wortlos blieb er vor dem König und seinen Räten stehen. Diese Männer, Feinde und Freunde, kannten Jeremia und seine Botschaft. Darum sprach das Joch eine deutliche Sprache für sie, auch ohne Worte.
Juchal fauchte: »Er will, daß wir unter dem Joch der Babylonier bleiben, solch ein Narr!«
Selbst Fürst Gemarja wunderte sich: »Ein freier Israelit unter dem Joch? Der Gott, der uns aus Ägyptenland herausgeführt hat, legt uns nun das Joch auf und wir sollen es ertragen?«
Schon wollte der Prophet Kolaja sprechen. Er griff nach seinem Papier. Da forderte der König Jeremia auf zu reden. Jeremia begann:

»Beugt euren Nacken unter das Joch des Königs von Babel
und seid ihm und seinem Volk untertan,
so sollt ihr am Leben bleiben.
Warum wollt ihr sterben,
wie der Herr geredet hat über das Volk,
das dem König von Babel nicht untertan sein will?«

Juchal rief: »Unerhört, daß er uns das zumutet!«. Dann wandte er sich an Jeremia: »Du stehst auf der Seite der Babylonier.«

Gemarja sagte: »Es geht ihm um unser aller Leben; hast du es nicht gehört?«
Juchal ereiferte sich weiter: »Die Botschaft der beamteten Propheten steht dagegen. Wir haben es aus dem Mund Kolajas gehört. Sie reden von Freiheit und vom Großreich Davids!« Dennoch setzte Jeremia seine Rede fort:

»Darum hört nicht auf die Worte der Propheten,
die euch sagen:
›Ihr werdet nicht untertan sein müssen,
dem König von Babel!‹
Denn sie weissagen euch Lüge,
und ich habe sie nicht gesandt, spricht der Herr,
sondern sie weissagen Lüge in meinem Namen,
auf das ich euch verstoße
und ihr umkommt
samt den Propheten,
die euch weissagen.«

Im Tempel versammelte sich eine große, erregte Menschemenge. Einige Priester hatten die Geräte, die Nebukadnezar nach Babel weggeführt hatte, auf große Plakate gemalt und diese an den beiden ehernen Säulen, Jabin und Boas, vor dem Tempel aufgehängt. Einer der Priester rief: »Seht die Geräte, die Nebukadnezar uns geraubt hat, aber hört das Wort der Propheten . . .«
Er kam nicht weiter, denn in diesem Augenblick trat Jeremia vor die Priester und das Volk mit dem Joch auf seinen Schultern. Ebed-Melech stand dabei. Er sah Jeremia und wußte: Das ist ein Zeichen von Gott. Gott stellt uns alle unter das Gericht des Jochs. Nicht die Vergehen der Judäer wollte Ebed-Melech also aufrechnen. Er stellte sich selber mit unter das Gericht. Er wußte aber auch: Wer das Gericht Gottes geduldig trägt, darf seine Güte mitten im Gericht erfahren.
Jeremia aber sprach vor den Bildern an den Säulen zu den Priestern und zum Volk:

»So spricht der Herr:
Höret nicht auf die Worte eurer Propheten,
die euch weissagen und sprechen:

›Siehe die Geräte aus dem Hause des Herrn
werden nun bald von Babel wieder herkommen!‹
Denn sie weissagen euch Lüge.
Höret nicht auf sie,
sondern seid dem König von Babel untertan,
so werdet ihr am Leben bleiben.
Warum soll diese Stadt zur Wüstenei werden?«

Dan rief: »Aber die Männer, von denen diese Weissagung stammt, sind doch Propheten!« Jeremia antwortete ihm:

»Sind sie aber Propheten,
und haben sie des Herrn Wort,
so laßt sie doch den Herrn Zebaoth bitten,
daß die Geräte, die übriggeblieben sind im Hause des Herrn
und im Hause des Königs von Juda und zu Jerusalem,
nicht auch nach Babel geführt werden.«

Jeremia wies auf die ehernen Säulen, das mächtige eherne Meer, einen riesigen Wasserbehälter, der auf dem Rücken von zwölf Rindern ruhte:

»Denn so spricht der Herr Zebaoth
von den Säulen und vom Meer
und von den Gestellen und von den Geräten,
die noch übriggeblieben sind in dieser Stadt,
die Nebukadnezar, der König von Babel, nicht mitnahm,
als er Jojachin, den Sohn Jojakims, den König von Juda,
von Jerusalem wegführte nach Babel
samt allen Vornehmen in Juda und Jerusalem, –
so spricht der Herr Zebaoth, der Gott Israels,
von den Geräten, die übriggeblieben sind im Hause des Herrn
und im Hause des Königs von Juda und zu Jerusalem:
Sie sollen nach Babel weggeführt werden
und dort bleiben bis auf den Tag,
an dem ich nach ihnen sehe, spricht der Herr,
und ich sie wieder zurückbringen lasse an diesen Ort.«

Nachdem sich dies alles ereignet hatte, lag eine unheimliche Spannung über der Stadt. Jerusalem spürte, daß zwei Mächte miteinander rangen: Der Geist der Propheten, die die baldige Rückkehr der heiligen Gefäße prophezeiten, und der Geist Jeremias, der im Auftrag Gottes das Joch trug. Das Kampffeld war das Herz des Königs und das Herz jedes Bürgers und jeder Bürgerin in Stadt und Land.

Ganz menschlich

Ebed-Melech traf am anderen Tag Baruch, als dieser die Königsburg verließ. Sie waren beide tief beeindruckt von Jeremia, der jetzt schon den zweiten Tag mit dem Joch im Nacken durch die Stadt ging. Ebed-Melech sagte: »Jeremia kommt mir oft ganz riesengroß vor.« – »Wie kommst du darauf?« fragte ihn Baruch. »An ihn ergeht immer wieder das Wort Gottes, ganz direkt«, erwiderte Ebed-Melech. »Bei mir ist das nicht so. Oft weiß ich nicht, was ich tun soll.« – »Du machst dir ein falsches Bild von ihm. Ich muß dir einmal die Blätter geben, auf denen er einige Gebete und Selbstgespräche aus der Zeit Jojakims aufgeschrieben hat«, versprach ihm Baruch. Dann kam der Tag, an dem Ebed-Melech Jeremia ganz menschlich erlebte.

Zwei Prophetenschüler eilten zum Benjaminturm. Es waren Gaddi und Parosch. Am Turm angekommen fragten sie die Soldaten, die Wache hielten: »Dürfen wir hinausschauen?« – »Kommt nur herauf«, erwiderte Dan, einer der beiden Wachposten. Gaddi und Parosch stiegen hinauf, gingen zur Brüstung und blickten angestrengt nach Norden. Immer wieder suchten sie die Straße ab, die nach Sichem führte. Dan fragte: »Nach was schaut ihr denn so eifrig?« Aber bevor die beiden Prophetenschüler antworten konnten, sagte er: »Ah, nach Hananja, dem Prophetenvorsteher, eurem Lehrer.«
Gleich nach der Einweihung des neuen Prophetenhauses mußte Hananja in seine Heimatstadt Gibeon fahren. Sie lag zehn Kilometer von Jerusalem entfernt. Seine Mutter war gestorben. Nun mußte er zur Beerdigung und danach hatte er die Erbschaftsangelegenheit zu ordnen. So kam es, daß alles, was sich seither in der Stadt ereignet hatte, in seiner Abwesenheit geschehen war.

Gaddi seufzte: »Wenn Hananja nur endlich käme!« Sie empfanden es als Schmach, daß bisher weder Kolaja noch ein anderer Prophet Jeremia überwinden konnte. Hananja allein konnte das, darüber waren sich die Prophetenschüler einig.
Jetzt endlich sahen sie am Horizont ein Gefährt vom Hügel herabkommen. Hananja fuhr mit dem Wagen, der ihm als Prophetenvorsteher zustand. Gaddi und Parosch eilten in die Prophetenschule, um ihren Kameraden die freudige Nachricht zu bringen.
Alle Prophetenschüler waren am anderen Tag schon einige Zeit vor Beginn des Unterrichts anwesend. Sie standen auf, als der geschätzte Lehrer eintrat.
Hananja stammte aus einer alten vornehmen Familie in Gibeon. Er stand im fünften Lebensjahrzehnt. Je älter er wurde, desto mehr kam es ihm auf das geistige Wesen des Menschen an. Er legte keinen besonderen Wert auf seine Kleidung. Die straffen Gesichtszüge wiesen auf Gesundheit und innere Zucht. Er war als ein rasch zugreifender, impulsiver Mann bekannt.
Jetzt umfassten seine Augen die Schar der jungen Propheten mit Wärme. Es brannte in ihm das Feuer der Sache, die er zu vertreten hatte. Als die Schüler sich gesetzt hatten, begann Hananja seinen Lieblingspsalm zu rezitieren:

»Gott ist unsere Zuversicht und Stärke . . .!«

Es gab keine Unterrichtsstunde bei Hananja ohne Psalmgebet am Anfang. Nach dem ersten Vers sprachen die Prophetenschüler bereits mit. Doch heute konnten sie es kaum erwarten, bis das Psalmgebet vorbei war. Alle wollten ihm erzählen, was sich während seiner Abwesenheit ereignet hatte. Sie wußten, daß er in jungen Jahren einmal Jeremias Freund gewesen und mit ihm in die ›Hoseagruppe‹ gegangen war, denn manchmal hatte Hananja ihnen im Unterricht davon erzählt.
Jetzt berichteten sie ihm also von Jeremias Triumph, wie sie es nannten. Sie hatten das Joch auf ein großes Plakat gemalt und hängten dieses jetzt an die Wand des Lehrsaals.
»Da ist es! Eine großartige Idee! So etwas erregt Aufsehen und zwingt die Menschen zum Nachdenken. Es ist ein Zeichen mit Wirkkraft«, sagten sie. Und immer tiefer deuteten sie die Zeichen-

handlung aus. Gaddi erklärte: »Dem Sinn nach hängt das Joch mit dem fliegenden Kessel zusammen. Beidesmal geht es um das Gericht Gottes. Den Kessel kann man nur in der Phantasie sehen, das Joch aber? Und vor allem: Mit dem Joch wird jedermann vor Augen gestellt, was wir tun sollen: Man kann sich klar orientieren.« Parosch ereiferte sich: »Es ist eine Schande für die Propheten, daß Jeremia in der Stadt triumphieren darf. Kolaja hat ihm zwar eine Weissagung entgegengesetzt, aber ohne Kraft und Wirkung.«
Hananjas Augen blitzen. Der Eifer seiner Schüler ging auf ihn über. Er reckte sich: »Ich werde ihn überwinden.« Alle warteten jetzt voll Spannung darauf, was Hananja sagen würde. Er begann: »Ich habe es euch am Beispiel Elias gezeigt: Wer den Kampf mit den Irrlehrern aufnehmen will, muß zuerst selbst auf sicherem Fundament stehen. Die Quaderblöcke dieses Fundaments – um in einem Bild zu sprechen – könnt ihr meinem bisherigen Unterricht entnehmen.«
Parosch führte das Bild seines Lehrers weiter: »Auf dem ersten Block steht: Israel ist das von Jahwe erwählte Volk. Er führt es einer heilvollen Zukunft entgegen.« – »Das hast du gut formuliert. Wie geht es weiter?« fragte Hananja seine Schüler.
Nun sprach Gaddor. Er wollte seinen Vorredner übertreffen: »Auf dem zweiten Block ist Jerusalem und der Tempel abgebildet. Das sind die Stätten der Gegenwart Gottes und seines Heilswirkens.«
Hananja blickte voll Anerkennung und Zustimmung auf den jungen Menschen. Er hatte inzwischen neben das Plakat mit dem ärgerlichen Joch ein größeres gehängt und in dessen Mitte die beiden Blöcke gemalt und die Inschriften und Zeichnungen angebracht.
»Und jetzt der dritte Fundamentstein«, erklärte der Prophetenvorsteher. »Auch wenn Gerichte über das Volk ergehen, wird doch der heilige Rest siegreich aus allen Katastrophen hervorgehen.«
Alle Schüler schauten auf die Zeichnung, die an der Wand entstanden war. Hananja ließ sie wirken. Dann fragte er: »Woraus schöpfen wir diesen Glauben?«
»Aus der Geschichte Gottes mit seinem Volk«, rief Gaddi. »Da ist zuerst die Erwählung des Volkes am Sinai, dann die Davids zum König und die des Zion als Stätte der Gegenwart Gottes.« – »Das ist richtig«, antwortete Hananja.
Er zeichnete jetzt auf die Unterseite des Plakats zwei breite übereinanderliegende Blöcke und schrieb die Geschichtsereignisse hinein,

die Gaddi genannt hatte. Dann sprach er: »Das, was Gott zu Moses und Davids Zeit getan hat, das wird in den Psalmen besungen und unser großer Prophet Jesaja hat es praktiziert.« Er schrieb den Namen über die beiden Quarderblöcke und daneben »Psalmen«.
Die Schüler schauten auf die einfache Zeichnung, die an der Wand entstanden war, gerade dem Joch gegenüber. Sie spürten etwas von der Kraft der Tradition, die durch den feurigen Geist des geliebten Lehrers wieder lebendig wurde. Ohne ein Wort zu sagen, zeichnete Hananja jetzt mit sehr breitem Strich um alles, was bisher auf der Zeichnung war, einen mächtigen Pfeil, dessen Spitze auf das Joch Jeremias zielte.
Jetzt erst besannen sich die Schüler wieder auf den Ausgangspunkt des Unterrichts. Sie verstanden ohne Worte was Hananja mit dieser Zeichnung sagen wollte. Gaddi erklärte: »Du wirst Jeremia stellen.« Hananja sagte selbstbewußt: »Ich muß um des Gottesvolkes willen diese Irrlehre ausrotten.«
Am nächsten Tag – es war im fünften Monat des vierten Jahres der Herrschaft Zedekias – sollte im Tempel ein Gottesdienst stattfinden, anläßlich des Besuchs der Gesandten aus fünf Ländern. Um den Segen Gottes wollte man bitten für den Gang der Verhandlungen. Die Menschen standen dichtgedrängt. Die Gesandten wurden angestaunt, als sie feierlich in den Tempel einzogen. Die Prophetenschüler standen ganz nahe beim Altar. Alle warteten mit großer Spannung darauf, was heute geschehen würde.
Da stand er schon, der Mann, den sie alle haßten, den aber bisher niemand überwinden konnte. Jeremia, unter dem Joch, stand ganz nahe beim Altar. Der Prophet mit dem Joch, das gehörte schon zum Stadtbild.
Und da, gerade als der Oberpriester Seraja mit der Liturgie beginnen und mit der Hand dem Priesterchor das Zeichen für den Psalmengesang geben wollte, kam Hananja, der Prophetenvorsteher, herein. Ein Raunen ging durch die andächtige Menge, denn es geschah etwas völlig Unerwartetes, was bei all den Störungen, die es im Tempel schon gegeben hatte, noch nie dagewesen war. Hananja ging bis zum Altar, warf dem Oberpriester einen Blick zu und hielt dann mit gebieterischer Miene den Beginn des Gottesdienstes auf.
Er ging auf Jeremia zu. Alle Augen richteten sich auf die beiden Männer. Früher waren sie enge Freunde gewesen. Jedermann

wußte es. Jetzt aber standen sie sich als Feinde gegenüber: Da Jeremia unter dem Joch, Bote des Gerichts; da der Prophetenvorsteher. Ihre Augen begegneten sich nur sekundenlang. Dann richtete Hananja seinen Blick auf das verhaßte Joch und rief mit lauter Stimme:

»So spricht der Herr Zebaoth,
der Gott Israels:«

Die Prophetenschüler vermerkten mit größter Aufmerksamkeit jedes Wort ihres verehrten Lehrers: Das ist die Botenspruchformel. Nicht eigene Worte verkündigt er, sondern weil er von Gott dazu beauftragt ist, erhebt er seine Stimme. So leitet der Gottesbote die Weitergabe der ihm aufgetragenen Botschaft ein. Das Wort, das dann folgt, ist Gottes Wort:

»Ich habe das Joch des Königs von Babel zerbrochen,
und ehe zwei Jahre um sind,
will ich alle Geräte des Hauses des Herrn,
die Nebukadnezar, der König von Babel,
von diesem Ort weggenommen und nach Babel geführt hat,
wieder an diesen Ort bringen.«

Nicht nur die Prophetenschüler, jedermann im Tempel hielt den Atem an: Welch gewaltige Botschaft! Der krasse Gegensatz zu dem, was Jeremia gesagt hatte und mit dem Joch darstellte. Die Prophetenschüler wußten es: Bei Gott ist diese Tat schon vollzogen. Mit dem Wort des Propheten Hananja wird es auf Erden in Kraft gesetzt. Deshalb sahen sie schon den Abzug der babylonischen Soldaten vor sich, Babylon in Flammen stehen und den Turm von Babel einstürzen. Die Verbannten würden zurückkehren und mit ihnen die heiligen Geräte, die Nebukadnezar aus dem Tempel geraubt hatte. Jahwe selbst würde sein geraubtes Eigentum zurückbringen.

Und das alles sollte binnen zweier Jahre geschehen. Wie lächerlich war es da, daß Jeremia die Dauer der babylonischen Gefangenschaft mit siebzig Jahren bemessen hatte.

»Auch Jojachin, den Sohn Jojakims,
den König von Juda,
samt allen Weggeführten aus Juda,
die nach Babel gekommen sind,
will ich wieder an diesen Ort bringen,
spricht der Herr,
denn ich will das Joch des Königs von Babel zerbrechen.«

Ein Aufatmen ging durch die Menge: »Unsre Verwandten, unsre Freunde, auch sie kommen wieder heim. Welch befreiende Botschaft!« Auch der König würde zurückkehren. Hananja nahm keine Rücksicht darauf, wie wohl Zedekia diese Botschaft aufnehmen würde.
Alle waren überwältigt von diesen starken, heilvollen Worten. Glaubensstark waren sie, wie einst jene, die der Prophet Jesaja an König Ahas gerichtet hatte, als diesen die Aramäer und Israeliten bedrängten.
Schefatjas Augen blitzten: »Mit solch einem Propheten konnte man den Traum vom Großreich Davids verwirklichen«, dachte er. Aber noch rührte sich keine Hand zum Beifall, denn da stand noch Jeremia, sein Gegener. Was Hananja gesagt hatte, das war nur der erste Schlag. Kam jetzt von Jeremia der Gegenschlag? Wie würde er das Wort Hananjas aufnehmen?
Prophetenwort stand gegen Prophetenwort. Viele erinnerten sich an die Worte, die Jeremia über die falschen Propheten gesprochen hatte. Das lag erst wenige Wochen zurück. Was ist jetzt Stroh, was Weizen? Was ist Traum des menschlichen Herzens, was des Herrn Wort? Wer ist wahrer, wer falscher Prophet? Alle Augen waren auf die beiden Männer gerichtet.
Ebed-Melech und Baruch standen nebeneinander in der Menschenmenge. »Was wird Jeremia jetzt antworten?« fragte Baruch. »Ganz einfach: Wenn er ein Wort des Herrn hat, so wird er dieses Hananja entgegenhalten und ihn als falschen Propheten entlarven.« »Und wenn er keines hat, Ebed-Melech?« – »Dann kann er sein altes Wort wiederholen: ›Beugt eure Nacken unter das Joch des Königs von Babel‹«, antwortete ihm Ebed-Melech.
»Das führt zu nichts. Auch dann steht noch Wort gegen Wort«, meinte Baruch. »Wenn Jeremia so verfährt, überzeugt er niemand.«

Beide schwiegen. Eine dritte Möglichkeit erwogen die Freunde Jeremias gar nicht, nämlich die, daß er kampflos das Feld räumen könnte. Da hörten sie Jeremias Stimme:

»Amen! Der Herr tue so.«

Da wußten Baruch und Ebed-Melech, daß Jeremia kein direktes Wort von Gott hatte. Sonst hätte er mit der Botenformel »So spricht der Herr . . .« angefangen. Und auf einmal, so ohne direktes Wort des Herrn, war Jeremia dem Schwarzen ganz nahe. Wie oft erschienen ihm Stimmen im eigenen Herzen oder Stimmen der Menschen so gebieterisch, als wären sie Gottes Wort. Waren sie aber von Gott? Jetzt hörte Ebed-Melech mit großer Spannung, wie Jeremia mit dem Heilswort, das Hananja im Namen Gottes gesprochen hatte, umging:

»Der Herr tue so;
der Herr bestätige dein Wort,
das du geweissagt hast,
daß er die Geräte aus dem Hause des Herrn
von Babel wiederbringe an diesen Ort
und alle Weggeführten.«

Ebed-Melech hörte, daß Jeremia das Heilswort zunächst auf sich selbst wirken ließ. Er wußte, daß Jeremia sein Volk liebte und darum unter der Unheilsbotschaft litt, die ihm aufgetragen war. Sehnlich wünschte er sich darum auch jetzt, daß die Heilsworte Hananjas wahr sein möchten.
Die Prophetenschüler triumphierten schon: »Unser Meister hat den Irrlehrer überwunden. Er stimmt ihm zu. ›Amen‹, hat er gesagt, ›Der Herr tue so.‹« Mit einem gebieterischen Blick brachte Hananja sie zur Ruhe.
Doch Jeremia sprach nicht nur davon, wie das Wort Hananjas auf ihn selbst wirkte. Das Empfinden des Menschen allein wäre ein schlechtes Orientierungsmittel. Er gab Hananja und dem ganzen Volk etwas zu bedenken:

»Doch höre dies Wort,

das ich vor deinen Ohren rede
und vor den Ohren des ganzen Volkes:
Die Propheten, die vor mir
und vor dir gewesen sind von alters her,
die haben gegen viele Länder und große Königreiche
geweissagt
von Krieg, von Unheil und Pest.«

Ebed-Melech verstand: »Ich soll das, was sich als Gotteswort ausgibt an der Überlieferung prüfen. Tatsächlich hatte Amos nur Unheil gepredigt und Jesaja oft. Sie taten es, weil sie dem unbußfertigen Volk Gottes Gericht verkündigen mußten. Wenn nun heute ein Prophet einem Volk, das nicht umkehren will, Heil verkündigt . . .« Schon sprach Jeremia weiter:

»Wenn nun aber ein Prophet Heil weissagt
– ob ihn der Herr wahrhaftig gesandt hat,
wird man daran erkennen,
daß sein Wort erfüllt wird.«

Diese letzten Worte verstand Ebed-Melech nicht. »Was hilft es mir heute, wenn man erst in ferner Zeit erfährt, wer wahrer und wer falscher Prophet ist«, dachte er bei sich.
Das Getuschel der Prophetenschüler wurde noch lauter: »Sind etwa die wahren Propheten immer Unheilspropheten gewesen? Was soll diese Vertröstung auf eine ferne Zukunft?«
Jeremia hatte sehr bedächtig gesprochen. Man spürte sein Bestreben, alles genau zu prüfen. Wird Hananja hören und ebenso sein Wort überprüfen? Hört und überprüft das Volk die Worte der beiden Gegenspieler?
Hananja schritt jetzt zur Tat. Seinem machtvollen Wort wollte er jetzt das kraftvolle Zeichen hinzufügen. Er trat auf Jeremia zu und nahm ihm das Joch vom Nacken. Während er das Joch mit beiden Händen an einem Ende festhielt, und das andere auf dem Boden aufstellte, zerbrach er es mit einem sehr kräftigen Fußtritt. Das Krachen und Splittern des Holzes aber übertönten seine Worte:

»So spricht der Herr:

Ebenso will ich zerbrechen das Joch Nebukadnezars,
des Königs von Babel,
ehe zwei Jahre um sind,
und es vom Nacken aller Völker nehmen.«

Jeremia ließ das Zerbrechen des Jochs zu. Hatte er doch deutlich seinen Wunsch ausgesprochen, die Worte Hananjas möchten in Erfüllung gehen. Dann ging er langsam zum Ausgang des Tempels, wie ein Geschlagener.
Jetzt erst löste sich die Spannung, die während dieser Auseinandersetzung geherrscht hatte. Die Prophetenschüler jubelten ihrem Meister zu: »Jeremia verläßt als Besiegter den Tempel!« Das ganze Volk atmete befreit auf. Die Gesandten aber konnten sich endlich auf einen erfolgreichen Abschluß ihrer Verhandlungen freuen.
Nur einer im Tempel blieb ernst, Ebed-Melech. Er starrte auf das zerbrochene Joch. War es nicht Zeichen göttlichen Gerichts gewesen? Wenn das so war, wie mußte es dann jenem ergehen, der es so frevelhaft zerbrochen hatte und jenen, die diese Tat so bejubelten? Als einer der letzten verließ Ebed-Melech den Tempel. Die anderen mochten höhnen und spotten über Jeremia. Ihm war er noch nie so nah gewesen wie in dieser Stunde, wo er hart kämpfen mußte, wo er so schwach gewesen war.
Wenige Stunden später schon zeitigte das so hoffnungsvolle Wort Hananjas erste politische Wirkungen. Jetzt war er mit seiner Heilsbotschaft Prophet für die Völker. Die Fürsten um Juchal und Schefatja überredeten den König mit dem Hinweis auf Hananjas Heilswort, einen Termin für die Unterzeichnung des Vertrags anzusetzen. Gottes Segen stand jetzt dafür fest. Es lag nun am König und an seinen Räten, dieses Heilswort Gottes in praktische Politik umzuwandeln.
Der erste Tag des achten Monats in diesem Jahr wurde dafür festgesetzt. Zu diesem Zweck wurden die verbündeten Könige zur gemeinsamen Unterzeichnung nach Jerusalem eingeladen. Damit sollte vor aller Welt kund werden, daß jetzt der Aufstand gegen Babylon begann. Außerdem wurden unter strenger Geheimhaltung ab sofort in den Festungen des Landes Waffen hergestellt und gesammelt und Soldaten ausgebildet für den Befreiungskampf.

Eine ganze Woche verging so. Da kamen Meldungen aus dem Osten: Nebukadnezar hat den Aufstand in Babylon endgültig niedergeschlagen. Er hat jetzt alle seine Kräfte frei für den unruhigen Westen.
In der zweiten Woche brachten Kaufleute weitere beunruhigende Nachrichten mit: Tag für Tag ziehen große babylonische Militärabteilungen nach Süden. In allen Festungen und Städten verstärken die Babylonier die Besatzungen.
Und dann folgte der Paukenschlag: General Nergal führte persönlich eine Eliteeinheit nach Jerusalem und stationierte sie in der alten Davidsburg. Alle diese Maßnahmen wurden in der Königsburg sorgenvoll registriert und auf der Karte nachgestellt. Es deutete alles auf eine Umzingelung Jerusalems hin. Diejenigen, die vor zwei Wochen Jeremia noch ausgelacht hatten, gingen jetzt mit bedrückten Gesichtern einher.

Seit dem Gottesdienst im Tempel waren inzwischen drei Wochen vergangen. Wie oft schon hatte Jeremia an die Szene im Tempel gedacht. War er nicht außer Dienst gestellt? Er hatte Hananja ja das Feld geräumt. War jetzt nicht dieser Jahwes Prophet?
Da plötzlich horchte er auf. Hörte er nicht das Wort des Herrn? Jeremia begann zu schreiben:

> »Geh hin und sage Hananja:
> So spricht der Herr:«

Jeremia schrieb. Doch plötzlich begann das Schreibrohr in seiner Hand zu zittern. Er legte es weg und stöhnte: »Ach . . .« Es klang wie der Anfang eines Leichenlieds.
Jeremia war vor Schmerz überwältigt wegen dem, was er Hananja sagen mußte. Jetzt, wo Gott ihm neu sein Wort schenkte, erkannte er, daß sein einstiger Freund ohne Berufung als Bote Gottes aufgetreten war. Jeremia las wieder und wieder Hananjas Heilsbotschaft. Ja, sie atmete den Geist der Tradition. Er las nach, was Jesaja vom Zion gesagt hatte.
Aber das bloße Nachsprechen der Tadition genügte nicht. Das ging an der Situation vorbei, denn wie konnte Hananja Menschen wie Korah Heil zusprechen?

Dann machte er sich auf den Weg zu Hananja. Er fand ihn vor dem Prophetenhaus. Viele Menschen umringten ihn. Sie waren sehr unruhig und richteten bange Fragen an ihn: »Die Babylonier verstärken die Besatzung. Sie bringen Waffen über Waffen in die Stadt. Ist dies das zerbrochene Joch?« – »Man sagt: Nebukadnezar ist wieder in Ribla. Er hat besonders Jerusalem, also uns im Auge. Ist dies das Heil?« Andere versuchten zu beschwichtigen: »Das ist schon immer so gewesen. Der babylonische Löwe zeigt von Zeit zu Zeit seine Krallen«.
Da trat der Prophet Jeremia zu Hananja. Dieselbe Situation wie vor einem Monat schien sich zu wiederholen. Doch diesmal war alles ganz anders. Ein nachdenklicher, beunruhigter Hananja und ein ernster, tieftrauriger Jeremia standen sich gegenüber. Er sprach zu Hananja:

»Du hast das hölzerne Joch zerbrochen,
aber du hast jetzt ein eisernes Joch an seine Stelle gesetzt.
Denn so spricht der Herr Zebaoth, der Gott Israels:
Ein eisernes Joch habe ich allen diesen Völkern
auf den Nacken gelegt,
daß sie untertan sein sollen Nebukadnezar,
dem König von Babel,
und ihm dienen,
und auch die Tiere habe ich ihm gegeben.«

Hananja erwiderte kein Wort. Er wollte ins Haus gehen, um in diesem Augenblick nicht den Blicken der Menge ausgesetzt zu sein. Aber Jeremia hielt ihn mit einem bannenden Wort fest:

»Höre doch, Hananja!
Der Herr hat dich nicht gesandt;
aber du machst, daß dies Volk sich auf Lügen verläßt.
Darum spricht der Herr:
Siehe, ich will dich vom Erdboden nehmen;
dies Jahr sollst du sterben,
denn du hast sie mit deiner Rede vom Herrn abgewendet.«

Und der Prophet Hananja starb im siebten Monat desselben Jahres.

Noch am Todestag Hananjas machte Zedekia alle Maßnahmen, die zur Vorbereitung des Aufstand getroffen worden waren, rückgängig. Er selbst aber rüstete sich für eine Reise nach Babylon.

Der Dornstrauch

Immer, wenn die Prophetenschüler den Lehrsaal im neuen Prophetenhaus betraten, fielen ihre Blicke auf die dem Eingang gegenüberliegende Wand. Dort hing ein sehr merkwürdiger Gegenstand: Ein Holzscheit mit Ketten und Stricken, das mitten entzweigebrochen war. Alle wußten, daß es das Joch war, das Jeremia durch die Stadt getragen und das Hananja ihm abgenommen und entzweigebrochen hatte. Nach dem plötzlichen Tod dieses Prophetenvorstehers hatte es sein Gesinnungsgenosse und Nachfolger Kolaja an sich genommen und hier aufgehängt.

Kolaja übernahm im vierten Regierungsjahr Zedekias sein Amt. Schon in der ersten Unterrichtsstunde nach seiner Amtsübernahme hatte er alle Prophetenschüler um das an der Wand hängende Joch geschart und gesprochen: »Hananja ist tot. Aber täuscht euch nicht, das Wort, das er geweissagt hat, lebt!« Dabei schnitt er vier tiefe Kerben in das Joch. Jede Kerbe stand für ein Jahr unter der babylonischen Herrschaft. Auch jedes weitere Jahr schnitt Kolaja am Jahrestag der Einnahme der Stadt durch die Babylonier eine Kerbe in das Joch.

So schnitt er die fünfte und sechste Kerbe ein; zwei Jahre waren seit Hananjas Weissagung vergangen, aber nichts geschah. Kolaja mußte im Beisein der Schüler auch eine siebte Kerbe einschneiden. Einer der Prophetenschüler fragte: »Hat Hananja nicht geweissagt, daß innerhalb von zwei Jahren die heiligen Gefäße und König Jojachin samt den Verbannten aus Babylon zurückkehren werden? Es sind jetzt aber schon drei Jahre seit dieser Prophezeiung vergangen.« Kolaja antwortete: »Mein Sohn, Hananjas Wort ist Gottes Wort. Es steht in Geltung. Daß es noch nicht eingetroffen ist, das ist eine Prüfung, die uns allen auferlegt ist.«

Kolaja richtete als Leiter der Prophetenschule seinen ganzen Unter-

richt auf den Tag der Befreiung vom babylonischen Joch aus. Unaufhörlich prägte er seinen Schülern und Berufsgenossen ein: »Unser Gott will keine Sklaven; er ist der Gott der Freiheit. Einst hat er unsere Vorfahren aus Ägypten befreit. Er, der auf dem Zion thront, wird uns auch von den Babyloniern befreien. Dann wird nicht nur ein starkes Juda, sondern das Großreich Davids wieder erstehen.«
Seine Schüler trugen diese Botschaft hinaus ins Land. Sie fand willige Zuhörer. Denn ganz Restjuda litt unter der babylonischen Herrschaft. Die einen hatten Besitz verloren im abgesonderten Südland, südlich von Hebron. Andere warteten voll Sehnsucht auf die Rückkehr ihrer Verwandten und Freunde, die in der babylonischen Verbannung waren. Alle seufzten unter dem Tribut.
Auf Kolajas Anregung hin bildeten sich in Stadt und Land überall Gruppen um seine Schüler, »Freiheitsgruppen«. Sie erkannten sich an dem Zeichen des zerbrochenen Jochs. Vor allem aber war ihm wichtig, daß der Geist der Freiheit bei den königlichen Beamten und am Königshof willige Anhänger fand. Bald waren alle Fürsten den Gedanken des Prophetenvorstehers zugetan.
Wieder schnitt Kolaja am Tag der Einnahme Jerusalems eine tiefe Kerbe in das Joch, die achte. Er sprach zu seinen Schülern: »Der Tag der Befreiung steht unmittelbar bevor.« Dann fügte er hinzu: »Wenn er anbricht, dürft ihr das Joch herunterreißen.« – ». . . und verbrennen?« fragte ein Schüler. »Ja, verbrennen – aber erst, wenn der König seinen Willen zum Abfall von Babel eindeutig erklärt hat«, sprach Kolaja.

Es folgte das achte Regierungsjahr Zedekias und zum achten Mal wurde der Tribut fällig. Zwar schien an diesem Tag goldene Herbstsonne, aber für die Stadt Jerusalem und das ganze Land war es ein Trauertag. Mit mürrischen, haßerfüllten Mienen lieferten die Bauern Oliven und Öl in der Königsburg ab. Die Hirten seufzten, als sie Wolle und Felle im Hof der Burg aufhäuften. Und als die Diener des Königs in Kisten Gold und Silber herbeischleppten, das Korah und seine Helfer aus dem Land herausgepreßt hatten, brach der Unmut offen aus. Die Fürsten Schefatja und Gedalja sprachen zum König: »Wie lange willst du dieses langsame Ausbluten des Landes noch zulassen?« Doch Fürst Eleasa sprach: »Mein König, es wäre unklug, von den Babylonier abzufallen. Denk an deinen Eid!« So

wurde unter lauten Protesten des Volkes der Tribut mit zwanzig Eselsgespannen nach Norden abgeführt.
Eine Woche später kamen die Gesandten der phönizischen Städte Tyrus und Sidon nach Jerusalem. Der Gesandte von Tyrus sprach: »Die Könige von Tyrus und Sidon sind zum Abfall von Babylon bereit, wenn du, Zedekia von Juda, mitmachst. Wir sperren die Küstenstraße und unterstützen dich mit Geld.«
Der König schaute auf seine Räte. Die meisten waren für den Aufstand. Aber Eleasa gab zu bedenken: »Tyrus hat gut reden. Die Stadt ist rings vom Meer umgeben und noch niemand hat es bezwungen. Schlägt der Aufstand fehl, so kann es sich auf die uneinnehmbare Insel zurückziehen. Aber wir, was tun wir dann? Länger als zwei Jahre können wir keiner Belagerung trotzen.« So mußten die beiden Gesandten den Königshof unverrichteter Dinge verlassen. Aber sie blieben in der Stadt, denn noch hatten sie die Hoffnung nicht aufgegeben.

Kurz vor Beginn der Regenzeit herrschte nicht nur in der Königsburg, sondern in der ganzen Stadt große Aufregung. Niemand geringeres als Thai, der Gesandte des Pharao Apries, hatte seinen Besuch angekündigt. Schon am anderen Tag zog er mit großem Gefolge in die Stadt ein. Er stand neben dem Wagenlenker auf einem Streitwagen neuester Bauart, der von zwei prächtig aufgezäumten Pferden gezogen wurde. Als er in der Königsburg ausstieg, bewunderten Frauen und Männer die Gestalt des hochgewachsenen Fürsten von den Ufern des Nil. Ein gefältelter langer, roter Mantel umgab die schlanke Gestalt. Das Unterkleid schimmerte weiß hervor. Die Haare waren kunstvoll geflochten und fielen bis auf die Schultern.
Nachdem Zedekia Fürst Thai begrüßt hatte, überreichte dieser dem König ein aus Jaspis geschnittenes Bildnis seines Herrn, des Pharao Apries. Es zeigte diesen neben Gott Amon auf dem Thron sitzend. Sein Haupt schmückte die Doppelkrone von Ober- und Unterägypten.
In der Königsburg versammelte sich im großen Sitzungssaal der ganze Hofstaat, alle Räte und Beamten des Königs um zu hören, welche Botschaft Fürst Thai dem König von Juda bringen würde. Fürst Thai erklärte: »Mein Herr, der Pharao von Ober- und Unterägypten, hat großes Interesse an einem Bündnis mit dir, König Ze-

dekia. Er bietet dir seine brüderliche Hilfe an, wenn du von dem Tyrannen Nebukadnezar abfällst. Starke Truppenteile stationieren wir an unserer Nordgrenze. Wir stehen dir zur Seite, wenn du von Nebukadnezar angegriffen wirst. Ich habe Vollmacht vom Pharao mit dir einen Beistandsvertrag abzuschließen.«
Als Fürst Thai sich zurückgezogen hatte, rief Schefatja: »Mein König, hier mußt du zustimmen. Diese ausgestreckte Hand darfst du nicht zurückweisen!« Fast alle Anwesenden teilten die Meinung Schefatjas. Eleasa sah mit großem Entsetzen, daß der König der Mehrheit zuneigte. Aber noch gab der Fürst den Kampf nicht auf. Er bat den König und seine Beamten an die Reliefkarte: »Mein König, denke an die geschichtlichen Erfahrungen, die deine Vorgänger als Könige von Juda und Israel gemacht haben. Hiskia fiel von Assur ab. Er stand im Bund mit Ägypten, in einem ebensolchen Bund, wie ihn dir jetzt Pharao Apries durch Fürst Thai anbieten läßt. Aber Ägypten ließ ihn im Stich. Und wie ging es König Hosea von Israel zwanzig Jahre später? Solltest du aus diesen Ereignissen keine Lehren ziehen? Und dann, König, bedenke, daß du bei Jahwe, deinem Gott, geschworen hast, Nebukadnezar treu zu sein. Und schließlich: Der Prophet Jeremia hat dich in deinem vierten Regierungsjahr gewarnt, als es zum ersten Mal um den Plan einer Empörung gegen Babylon ging. Gottes Wille ist es, daß du dich Babylon beugst!«
Prophetenvorsteher Kolaja rief: »Es ist nicht Gottes Wille, was dieser Mann sagt!« Eleasa beachtete den Zwischenrufer nicht. Beschwörend sprach er zu König Zedekia: »Tritt dem Bund nicht bei, halte Nebukadnezar dein Versprechen!«
Man sah, wie es im Herzen Zedekias arbeitete. Immer wieder schweiften seine Blicke von Schefatja zu Eleasa. Dann sprach er: »Alle meine Beamten mögen nun gehen. Schefatja und Gemarja aber sollen bleiben.«
Baruch erzählte Jeremia eine Stunde später dies alles. Dann rief er ihm zu: »Jetzt, in diesen Stunden fällt die Entscheidung. Wirf dein Wort in die Waagschale, versuche das Unheil abzuwenden!«
Jeremia blieb allein zurück. Was sollte er tun? Bisher war Zedekia auf dem rechten Weg geblieben. Das Zeichen des Jochs und die Worte, die Jeremia damals sprach, hatten ihren Eindruck nicht verfehlt. Aber wenn er jetzt doch einen Vertrag mit Ägypten schloß? Es

war das alte Lied. So hatte es König Hiskia schon einst gemacht. Die Größe und Macht Ägyptens lockte. Jeremia nahm die Rolle mit den Reden Jesajas zur Hand:

»Weh denen, die hinabziehen nach Ägypten um Hilfe
und sich verlassen auf Rosse und hoffen auf Wagen ...
Aber sie halten sich nicht zum Heiligen Israels
und fragen nicht nach dem Herrn.
Aber auch er ist weise und bringt Unheil herbei ...
über das Haus der Bösen
und wider die Hilfe der Übeltäter.
Denn Ägypten ist Mensch und nicht Gott,
und seine Rosse sind Fleisch und nicht Geist.«

Jeremia hatte zuerst vor, dem König dieselben Worte wieder ins Gedächtnis zu rufen. Doch im Wort des großen Propheten fehlte ihm das Lockende und Werbende, das er jetzt brauchte, um Zedekia von seinem Weg abzuhalten.
Zwei gegensätzliche Bilder mußte er in dieser Entscheidungsstunde vor den König stellen. Dem guten Bild sollte er nachstreben. Jeremia dachte nach: Wenn der König sein Vertrauen auf Ägypten setzte, fiel er von Gott ab. Er trennte sich von der Quelle des Lebens.
Und plötzlich standen vor Jeremia die beiden gegensätzlichen Bilder, die er gesucht hatte: Ein halbverdorrter Dornstrauch in der Wüste. Mühsam kämpft er in der Glut der Sonne und der Kälte der Nacht auf unfruchtbarem Boden ums Überleben. Kein Wunder – er war ja abgeschnitten vom Wasser, fern von der Quelle des Lebens.
Dagegen das andere Bild: Ein Baum, am Wasserkanal gepflanzt. Auch in großer Hitze bleiben bei ihm die Blätter grün. Selbst in dürren Jahren bringt er ohne Aufhören Frucht. Immer war er mit der Quelle des Lebens verbunden.
Jeremia sprach leise: »So ist der Mann, der sich auf Menschen verläßt, und Menschenmacht für seine Stärke hält. Menschen sind letztlich doch nur Staub. Wer sich auf sie verläßt, der gleicht dem Strauch in der Wüste. Wer sich aber auf den Herrn verläßt, der gleicht dem Baum am Wasserkanal. Auch wenn Not ihn überfällt,

ist er mit der Quelle des Lebens verbunden und wird zum Segen für andere.«

Jeremia wußte, daß der gleiche Mensch beides sein kann, Strauch in der Wüste und Baum an der Wasserquelle. Wie oft schon glich er dem Strauch, durch Unglauben abgeschitten von der Quelle des Lebens. Es war Gottes Gnade, daß er trotzdem immer wieder auch dem Baum an der Wasserquelle gleichen durfte.

In dieser Entscheidungsstunde des Gottesvolkes mußte er diese beiden gegensätzlichen Bilder dem König vor Augen stellen. Und dann kamen ihm die Worte, die er dazu sprechen sollte. Rasch schrieb Jeremia sie auf, um König Zedekia von seinem unheilvollen Entschluß abhalten zu können. Er ließ das Blatt durch Baruch Fürst Eleasa bringen.

Am anderen Tag fuhr der König mit Fürst Eleasa über Bethlehem nach Etam. Er wollte dort die Garnisonen und Festungsanlagen prüfen, alles schon im Blick auf einen möglichen Aufstand gegen Babylon. Nachdem sie Bethlehem verlassen hatten und nach Südwesten auf die Höhen des Gebirges Juda zufuhren, sagte Eleasa zu König Zedekia: »Darf ich dem König ein Wort Jeremias zur Kenntnis bringen?«

Der König war zunächst unangenehm berührt. Wie oft schon hatten ihm die Gerichtsdrohungen dieses Mannes den Schlaf geraubt. Doch Eleasa sprach: »Es ist kein Prophetenspruch. Es ist ein aus der Glaubenserfahrung geschöpftes Wort.« – »So gib es her!«, sprach Zedekia.

Der König las und die Worte des Propheten sprachen hier in der Wüste fast für sich selbst:

»Verflucht ist der Mann,
der sich auf Menschen verläßt
und hält Fleisch für seinen Arm
und weicht mit seinem Herzen vom Herrn.
Der wird sein wie ein Dornstrauch in der Wüste
und wird nicht sehen das Gute, das kommt,
sondern er wird bleiben in der Dürre der Wüste,
im unfruchtbaren Lande,
wo niemand wohnt.«

Der König blickte auf. Da sah er einen solchen Dornstrauch am Rande von kahlen Felsen, mit dem der Mann verglichen wird, der sich auf Menschen verläßt. Er las nachdenklich weiter:

»Gesegnet aber ist der Mann,
der sich auf den Herrn verläßt
und dessen Zuversicht der Herr ist.
Der ist wie ein Baum, am Wasser gepflanzt,
der seine Wurzeln zum Bach hinstreckt.
Denn obgleich die Hitze kommt, fürchtet er sich doch nicht,
sondern seine Blätter bleiben grün;
und er sorgt sich nicht, wenn ein dürres Jahr kommt,
sondern bringt ohne Aufhören Früchte.«

In Etam angekommen blieb der König lange bei Salomos Wasserteichen unter einem Baum sitzen. Solch ein Baum mußte es sein, von dem Jeremia geschrieben hatte.
Auf der Rückfahrt sprach er kein Wort. Er dachte an König David, der oft einem solchen Baum, am Wasser gepflanzt, glich. Auch als er in den Tagen des Aufstands seines Sohnes Absalom in großer Not war und die Stadt verlassen mußte, blieb er nicht ohne Hoffnung. Und dann fiel ihm sein Halbbruder Jojakim ein. Der lebte zwar in äußerem Glanz. Glich er aber nicht dem Dornstrauch in der Wüste?
Drei Tage später legte Fürst Thai König Zedekia den Vertrag vor: »Ich, Pharao Apries, schließe hiermit einen Bund mit König Zedekia von Juda. Unser gemeinsamer Feind ist König Nebukadnezar von Babylon. Ziel unseres Bündnisses ist es, seine Macht zu brechen und ihn hinter den Euphrat zurückzuwerfen. Wenn du, König Zedekia, von ihm angegriffen wirst, so will ich dir sofort mit meinem Heer zu Wasser und zu Lande zu Hilfe kommen.« Noch am selben Tag unterzeichneten König Zedekia und Fürst Thai diesen Vertrag.
Als der Bundesschluß mit Ägypten in der Stadt Jerusalem bekannt wurde, legten die Menschen die Arbeit nieder. Sie liefen vor der Königsburg und dem Tempel zusammen. Lachen sah man auf vielen Gesichtern. Die babylonische Herrschaft schien ihnen damit schon zu Ende.
Die Götter der Babylonier wurden aus dem Tempel beseitigt und

die Prophetenschüler rissen das Joch von der Wand, in das Prophetenvater Kolaja acht Kerben geschnitten hatte. Jetzt endlich sollte sich die Weissagung Hananjas erfüllen. »Auf ins Ben-Hinnomtal!« riefen viele. Sie stürmten durch das Scherbentor hinaus. Ein mächtiges Feuer wurde entfacht. »Werft das Joch hinein!« schrien die einen, »Nieder mit Babylon!« die anderen.
»Verbrennt die Schriften Jeremias, dieses Lügenpropheten«, verlangten viele in dieser Nacht.

Kessel III

Es war bereits Mittag, aber immer noch lag Dan in seinem Bett und schlief tief und fest. Am selben Tag, an dem Zedekia den Bund mit Babylon aufgekündigt hatte, ließ ihn Feldhauptmann Schefatja zum Militärdienst einberufen.
Tag und Nacht hielten die Soldaten jetzt Wache. Alle Bürgerinnen und Bürger in der Stadt waren gespannt, was Nebukadnezar tun würde. Die Spannung wuchs noch, als die Nachricht kam, Nebukadnezar sei mit einem gewaltigen Heer in Ribla am Orontes eingetroffen. Dort habe er sein Hauptquartier aufgeschlagen, um die Operation im Süden zu leiten.
Die erste babylonische Heeresgruppe sollte die phönizischen Städte angreifen, die zweite und stärkere unter Befehl Nebuschasbans, des Obersten der Leibwache, Jerusalem so schnell als nur möglich einnehmen, da die Stadt von großer strategischer Bedeutung war. Das war Nebukadnezars Plan.
Der Schlaf Dans wurde ein erstes Mal gestört: Ein zischendes, knatterndes Geräusch drang von der Küche her in sein Schlafzimmer. Doch der Lärm ging vorüber und Dan schlief weiter.
Die Spannung auf den Mauern Jerusalems steigerte sich, als bekannt wurde: Nebuschasban marschiert mit großem Heer nach Süden.
Auch Dan hörte in der Nacht das Rollen und Brausen, das der Westwind von dem babylonischen Heer herübertrug, das auf der Küstenstraße nach Süden zog. Marschierte es nach Jerusalem?
Und wieder zuckte der Schlafende zusammen, als er mehrmals in

Abständen ein lautes Zischen und Knattern von der Küche her vernahm. Doch auch diesmal schlief Dan wieder ein.
Keiner der Soldaten schlief mehr, als man dann jede Nacht Feuerschein aus dem Süden sah, das von großen Bränden herrühren mußte. Tagsüber sah man Rauchsäulen in der Gegend aufsteigen, in der Hebron lag.
In einer plötzlichen Wendung war Nebuschasban nach Osten marschiert. Eine judäische Stadt nach der andern fiel. Nur die alte Königsstadt Hebron und die Festungen Lachisch und Aseka konnten noch standhalten. Der Sinn dieses Vorgehens lag auf der Hand: Die Ägypter sollten von den Judäern getrennt werden. Was aber würde Nebuschasban jetzt unternehmen?
Als Dan vor einer Stunde zu kurzem Schlaf nach Hause ging, herrschte überall äußerste Spannung.
Dann schreckte ihn plötzlich ein lautes Zischen und Knattern auf. Dampf drang bis in sein Schlafzimmer und deutlich glaubte er ein Aufklatschen wie von Wasser zu hören.
Er sprang von seinem Lager auf und eilte in die Küche. Der große schwarze Eisenkessel, der über dem Feuer hing, hatte sich geneigt. Das kochende Wasser schwappte über und spritzte auf den Fußboden. Schnell begann er, mit dem Feuerhaken die Glut auseinanderzureißen. Schon ließ das Überschwappen nach. Er goß kaltes Wasser in den Kessel . . .
Da, mitten in seiner Aufräumarbeit, hörte er den gellenden Ton der Alarmhörner, mit einer Wucht, wie es Dan noch nie gehört hatte. Waren die Babylonier da? War der Tag gekommen, die furchtbare Stunde, auf die alle warteten? Dan griff nach Spieß und Schild, um zu seinem Posten auf der Nordmauer zu eilen. Gleich ihm taten das Hunderte. Sie rißen Dan mit sich fort. Auf seinem Posten angekommen sah Dan drei gewaltige Heereszüge auf Jerusalem zurücken: Von Norden auf der Straße von Sichem her kamen sie; sie kamen von Westen, von Kirjat-Jearim; und sie kamen vom Ölberg herab.
Wie vieltausendfüßige Urtiere kamen sie der Stadt immer näher: Reiterei voraus, dann Infanterie und Kampfwagen. Dahinter folgten unzählige Wagen mit Belagerungsgerät; Sturmböcke und Belagerungstürme, die aussahen wie vorsintflutliche Tiere. Staub stieg zum Himmel auf und das Geschrei und Brausen der gewaltigen Heeresmacht wurde immer lauter.

Und auf einmal fügten sich in Dans Gehirn drei Bilder zusammen: Er sah den gefährlich überfließenden Kessel in der Küche vor sich, und damit vermischte sich der brausende Lärm des babylonischen Heeres. Daraus aber erwuchs das Bild, das sich Dan aus der Predigt Jeremias eingeprägt hatte:

»Was siehst du?
Ich sprach: Ich sehe einen siedenden Kessel
überkochen von Norden her.«

Zum zweitenmal nahte er sich also der Stadt. Das erste Mal, vor zehn Jahren, konnte man das äußerste Unheil gerade noch abwenden. Dieses Mal aber?

Die Babylonier begannen unverzüglich mit der Belagerung: Zum zweitenmal wurde in einiger Entfernung von der Mauer ein Wall um die ganze Stadt gezogen. Kaum war dieses Werk vollendet, da wurden im rechten Winkel dazu drei Sturmwälle gegen die Mauer vorgetrieben. Einer zielte genau auf das Benjamintor, ein zweiter auf das Fischtor. Auf diesen Wällen sollten die Sturmböcke gegen die Mauer geschoben werden, um diese aufzubrechen. Schleudermaschinen wurden in Stellung gebracht und die Beschießung der Stadt begann. Dumpf polterten mächtige Steinbrocken auf die Dächer.

Die Belagerungsmaßnahmen wurden mit solcher Kraft vorangetrieben, daß jeder sah: Die Babylonier haben den schnellen Fall der Stadt zum Ziel. Dan und alle anderen Bürger und Bürgerinnen wußten, daß sie dieses Mal mit dem Schlimmsten rechnen mußten. Am selben Tag noch trat das von Schreiber Paschhur ausgearbeitete und dann vom ganzen Staatsrat gutgeheißene Kriegsrecht in Kraft. Überall in der Stadt wurden rote Plakate mit dem Wortlaut des Gesetzes angeschlagen. Jaschub, Hannas Mann, las es noch am Morgen des ersten Belagerungstages am Eingang zur Töpfergasse:

Kriegsrecht! – Gültig für die Dauer der Belagerung unserer Stadt.

1. Die oberste Befehlsgewalt in der Stadt übt ab sofort, im Auftrag des Königs, Feldhauptmann Scheftaja aus. Alle Männer und Frauen in der Stadt haben seinen Befehlen zu gehorchen.
2. Alle männlichen Bewohner über vierzehn Jahren haben sich so-

fort auf dem Platz vor der Königsburg einzufinden, um zum Kriegsdienst eingeteilt zu werden.
3. Wer den Kriegsdienst verweigert, wird mit Gefängnis bestraft. Auf Überlaufen zum Feind steht schwerer Kerker.
4. Ebenso wird mit schwerem Kerker bestraft, wer den Wehrwillen untergräbt und wer Propaganda für den Feind macht.
5. Ab sofort sind alle Lebensmittel und Wasservorräte rationiert. Sie werden für die Familien je nach der Kopfzahl täglich vor der Königsburg ausgegeben.
In dieser Zeit der Not müssen wir alle zusammenhalten. Im Vertrauen auf Gott blicken wir getrost in die Zukunft. Er wird seinem Volk beistehen. Gott mit uns!
Feldhauptmann Schefatja.

Jaschub eilte nach Hause. Seine beiden Söhne waren schon seit einem Jahr beim Heer. Er erzählte seiner Frau was er gelesen hatte, dann sagte er: »Auch ich muß jetzt zur Königsburg gehen und mich zum Kriegsdienst melden. Was kann ich sonst anders tun?«
Hanna sprach: »Jaschub, wir haben uns entschlossen auf das zu hören, was Jeremia sagt. Als er mit dem Joch durch die Stadt gegangen ist, hat er deutlich gezeigt, was Gottes Wille ist:

›Beugt euren Nacken unter das Joch des Königs von Babel
und seid ihm und seinem Volk untertan,
so sollt ihr am Leben bleiben.‹«

Jaschub sagte zu seiner Frau: »Du meinst, daß ich den Kriegsdienst verweigern soll? Tu ich das aber, so droht mir Gefängnis.« – »So schwer es für dich und für uns alle ist, das meine ich«, erwiderte ihm Hanna. »Wie kann ich denn jetzt, wo meine Stadt in Not ist, so zur Seite stehen?« – »Jeremia sagt, daß es Ungehorsam gegenüber Gott ist, sich gegen die Babylonier zu stellen. Wir werden den Babyloniern nicht standhalten können. Du wirst im Gefängnis am Leben bleiben. Jeremia hat es gesagt«, sprach Hanna.
Jaschub, Hannas Mann, war einer der ersten, der wegen Verweigerung des Kriegsdienstes in den Kerker geworfen wurde. Hanna aber entschloß sich, sobald als möglich mit ihren Söhnen zu reden, die als Soldaten auf den Mauern standen.

Aber jetzt war auch die große Stunde für Kolaja und seine Prophetenschar gekommen. Sie kletterten auf Mauern und Türme und sprachen den Soldaten Mut zu. Sie stiegen hinunter in die Keller und trösteten verängstigte Frauen und Kinder. Sie sprachen mit den Verwundeten. »Fürchtet euch nicht! Gott ist mit uns! Er gibt sein Volk und seine Stadt nicht preis«, mit solchen Worten versuchten sie, den Willen zum Widerstand aufrecht zu erhalten. »Das babylonische Joch ist nicht nur zerbrochen, es ist verbrannt. Die Ägypter werden kommen und uns helfen. Dann wird Juda wieder aufblühen und das Großreich Davids entsteht in seinem alten Glanz«, diese Überzeugung verkündeten sie und von den meisten wurden ihre Worte auch begierig aufgenommen.

Mahnung in letzter Stunde

Drei schwere Wochen gingen vorüber. In der Königsburg fand die tägliche Lagebesprechung statt, aber sie konnte nicht mehr im Sitzungssaal stattfinden wie üblich. Die Königsburg hatte unter der heftigen Beschießung schwer gelitten. Das Dach des Sitzungssaales war an verschiedenen Stellen beschädigt, die Decke schon herabgestürzt. Jetzt fanden die Sitzungen in einem großen Kellerraum unter der Audienzhalle statt. Aber auch hier hatte man auf dem Fußboden die große Reliefkarte angebracht. Die aus dem Sitzungssaal geretteten Figuren markierten die weltpolitische Lage und die Situation der Stadt und des Landes.
Dem König war der Ernst der Lage ins Gesicht geschrieben. Er war sehr bleich. Dunkle Ringe um die Augen zeigten, daß er nur sehr wenig schlief. Feldhauptmann Schefatja erläuterte die Lage: »Alle Festungen des Landes sind in der Hand der Babylonier. Nur Hebron, Lachisch und Aseka halten sich noch. Sie verständigen sich mit uns und untereinander durch Leuchtfeuer. Die Belagerungsdämme, die in Richtung auf die Nordmauer aufgeschüttet wurden, sind nach unsrer Schätzung in einer Woche fertig. Dann müssen wir mit dem entscheidenden Sturm auf die Stadt rechnen.«
Der König sank in sich zusammen. Jetzt sah er deutlich, welche Folgen sein Bundesbruch für das Land und auch für ihn hatte. Hilfesu-

chend schaute er auf die Offiziere und die anderen Beamten. Fürst Gedalja, der Sohn Paschhurs, sagte: »Wir werden den Angriff abwehren. Jerusalem ist uneinnehmbar.« Fürst Juchal forderte: »Keine Übergabe der Stadt wie vor zehn Jahren. Was hat das gebracht? Der König und Tausende guter Bürger und Bürgerinnen wurden in die Verbannung verschleppt. Kämpft!« Prophetenvorsteher Kolaja unterstützte die Worte der beiden Fürsten: »Wir vertrauen auf die Verheißungen Gottes. Dann werden wir das erleben, was der Psalmist sagte:

›Gott ist bei ihr drinnen, darum wird sie fest bleiben;
Gott hilft ihr früh am Morgen!‹«

Eleasa sagte trocken: »Auf einen Judäer kommen zwanzig Babylonier. Bedenke das, mein König! Außerdem: Unsre Vorräte werden in eineinhalb Jahren aufgezehrt sein. Den Babyloniern dagegen mangelt es nicht an Nachschub.« Schefatja und Gedalja riefen gleichzeitig: »Höre nicht auf ihn, König, die Ägypter . . .«
Der Offizier, der an der Eingangshalle der Burg die Wache befehligte, trat in den düsteren Raum. Feldhauptmann Schefatja herrschte ihn an: »Was willst du? Weißt du nicht, daß die Lagebesprechung nicht gestört werden darf?« – »Das ist mir bekannt«, antwortete der Wachoffizier. »Aber da ist jemand, der den König dringend sprechen möchte.« – »Wer? Ein Abgesandter des Pharao?« fragte Schefatja. Bewegung ging durch die Versammelten. Sollte das möglich sein? »Nein, Jeremia«, sagte der Offizier. – »Was hat dieser Mann hier zu suchen?« rief Kolaja. Aber Eleasa sprach: »Höre ihn an, König Zedekia!«

Jeremia stieg in den Keller hinunter. Er mußte jetzt einen seiner schwersten Aufträge durchführen. Gerne hätte er sich diesem entzogen, aber es ging um das Volk Gottes, um die Stadt und um den König. Er mußte diesen schweren Gang auf sich nehmen. Dabei wußte er nicht, ob er das Tageslicht wieder als ein freier Mann erblicken würde.
Jeremia trat vor den König. Er war jetzt fünfundsechzig Jahre alt. Tiefe Furchen waren ihm ins Gesicht gegraben. Spuren der Schmerzen, die er um seines Volkes und um Gottes willen erlitten hatte. Er

schaute den König an, sah die weichen Gesichtszüge; Angst flatterte in den Augen des Davididen.
Der König sagte: »Sprich!« Jeremia begann:

»So spricht der Herr:
Siehe, ich will diese Stadt in die Hände
des Königs von Babel geben,
und er soll sie mit Feuer verbrennen.«

Kolaja sprang auf: »Du Lügner! Gott wird seine Stadt, sein Heiligtum preisgeben? Brennen soll die Stadt, die er sich erwählt hat, in der er wohnt? Du bist ein falscher Prophet!« Feldhauptmann Schefatja sagte scharf: »Also gibt es nur eines deiner Meinung nach: Der König soll die Stadt kampflos übergeben, wie das Jojachin getan hat. Das meinst du doch! Was glaubst du denn, was dann mit dem König und mit uns allen geschieht? Meinst du, König Nebukadnezar würde mit uns, jetzt nach dem zweiten Aufstand gegen ihn, auch so gnädig verfahren?« Und zu Zedekia gewandt sagte er: »Töten wird er dich, König. Und auch wir alle sind des Todes.« Kolaja schrie: »Du bist ein Landesverräter!«
Die Augen des Königs weiteten sich vor Entsetzen. Schon sah er den Tod vor sich. Jeremia aber sprach:

»Und auch du sollst seiner Hand nicht entrinnen,
sondern ergriffen und in seine Hand gegeben werden.
Du wirst ihn mit eigenen Augen sehen
und von Mund zu Mund mit ihm reden
und nach Babel kommen.«

Die Worte verfehlten ihren Eindruck auf Zedekia nicht. »Am Leben werde ich bleiben, wenn ich die Stadt übergebe«, wiederholte er. Man sah ihm an, wie er innerlich schwankte. Da rief Kolaja: »Glaube ihm nicht! Alle, die von ihm abfallen, läßt Nebukadnezar töten. Du hast gehört, wie er mit den Aufständischen in Babylon verfahren ist!«
Jeremia rang um den König. Mit der Entscheidung zur Übergabe konnte man das Schreckliche mindern. Beschwörend rief er:

»›Höre doch auf des Herrn Wort,
Zedekia, du König von Juda!
so spricht der Herr über dich:
Du sollst nicht durchs Schwert sterben,
sondern du sollst im Frieden sterben‹,

wenn du die Stadt rechtzeitig übergibst!«
»Was für ein Tod wird das sein, in Babel?« flüsterte der König. »In Unehren?« – »Nein«, rief Jeremia,

»wie deinen Vätern, den früheren Königen,
die vor dir gewesen sind,
so wird man auch dir zu Ehren einen Brand anzünden
und dich beklagen: ›Ach Herr!‹;
denn ich habe es geredet, spricht der Herr!«

Kolaja schrie: »Laß ihn endlich hinauswerfen. Er ist ein Landesverräter! Er verstößt gegen Artikel 4 des Kriegsrechts. Darum gehört er vor das Kriegsgericht, denn er ist eine Gefahr für das ganze Volk.«

Überläufer aus Gehorsam

In der folgende Nach hielten Dan und der Schmied Karmi auf der Nordmauer zwischen Benjaminturm und Fischtor Wache. Fast gleichzeitig hörten sie ein kratzendes Geräusch. Dan sagte: »Dort drüben, im Mondschatten des Turms, siehst du's?« – »Ja, da hat einer eine Leiter an die Mauer gelegt«, antwortete Karmi. »Jetzt steigt er über die Mauer«, rief Dan. »Halt!« schrien beide gleichzeitig und eilten auf den Mann zu. Sie kamen gerade noch rechtzeitig, sonst wäre er über die Mauer hinabgesprungen.
Sie packten ihn: »Wo willst du hin? – Überlaufen?« – »Ich wollte nur . . .« Karmi hatte den Gefangenen abgetastet: »Da, ein Papier, lies es vor, Dan!« Dan las im Mondlicht:

»Wer in dieser Stadt bleibt,
der wird sterben müssen durch Schwert, Hunger und Pest;

wer sich aber hinausbegibt und überläuft zu den Chaldäern,
die euch belagern,
der soll am Leben bleiben.«

Dan fragte: »Von wem hast du das?«, erhielt aber keine Antwort. »Da fragst du noch«, sagte Karmi zu Dan. »Nur einer spricht so, Jeremia. Gib den Wisch her! Das muß ich Feldhauptmann Schefatja zeigen. Da bekomme ich sicher eine Belohnung dafür. Du aber, marsch, vors Kriegsgericht! Dort wirst du reden«.
Bald flüsterte man es sich in der ganzen Stadt zu, daß Jeremia zum Überlaufen aufrief. Auch Baruch hörte davon. Er liebte seine Stadt und sein Land sehr. Und nun solche Worte aus dem Mund seines Freundes. Er ging sofort zu ihm, um mit ihm darüber zu reden.
»Du weißt, daß ich mit vielen deiner Worte ganz einverstanden bin. Über andere habe ich mich gewundert und über manche mich sogar geärgert«, begann Baruch als er bei Jeremia angekommen war. »Nun geht in dieser belagerten Stadt das Gerücht um, du würdest zum Überlaufen aufrufen. Propheten vor dir haben das Volk oder den König aufgefordert, mutig zu sein im Kampf. Denk daran, wie Jesaja einst König Ahas aufgerufen hat, als er von den Aramäern und Israeliten angegriffen wurde:

›Fürchte dich nicht
und dein Herz sei unverzagt.‹«

Jeremia antwortete seinem Freund: »Ich rufe zum Überlaufen auf? Du hast den Anfang des Wortes weggelasssen. Es beginnt mit: ›So spricht der Herr.‹ Im Auftrag Gottes rufe ich zum Überlaufen auf. Manche Worte, die mir Gott zu sagen aufgetragen hat, verstand ich zuerst nicht ganz. Aber dieses hier, Baruch, ist es nicht völlig einsichtig? Die Übermacht der Babylonier steht vor unseren Mauern. Hunger, Pest und Tod herrschen in der Stadt und dazu kommt der blinde Fanatismus der Männer um Schefatja und die Schwäche des Königs Zedekia. Da gibt es wirklich nur einen Weg der Rettung – Überlaufen. Dieses Wort Gottes ist mir ganz und gar verständlich. Über den Gegensatz zu dem Wort Jesajas an Ahas habe ich auch schon nachgedacht. Aber, Baruch, Jesajas Wort und mein Wort – sie haben ihren gemeinsamen Ursprung in demselben Herzen Gottes:

Er will das Leben seines Volkes. Zur Zeit Jesajas blieb das Volk Gottes am Leben nur durch Furchtlosigkeit und Standhalten gegenüber dem Feind. Jetzt aber gibt es für die führerlosen Schafe des Hauses Israel nur noch eine Rettung – das Überlaufen zum Feind! Es ist das geringere Übel. Die eigentlichen Feinde des Gottesvolkes, Baruch, das sind jetzt seine blinden, fanatischen Führer.« Mit diesen Worten versuchte Jeremia seinen Freund von der Wahrheit seiner Botschaft zu überzeugen.

Hanna besuchte ihren Mann, der als Kriegsdienstverweigerer im Hause des Schreibers Jonatan im Kerker lag, sooft sie nur konnte. Sie teilte mit ihm ihre schmalen Essens- und Trinkwasserrationen. Sie tröstete ihn und ermunterte ihn zum Durchhalten. Als sie von Jeremias Aufforderung zum Überlaufen hörte, sprach sie mit ihren beiden Söhnen, die gerade von ihrem Kriegsdienst auf der Mauer nach Hause kamen. Sie sagte zu ihnen: »Hört auf die Worte des Propheten. Sie sind aus Liebe zu euch gesprochen. Lauft über und nehmt eure Schwestern mit! Das ist die einzige Rettung für euch.«

»Und du, Mutter, was willst du tun?« fragten sie besorgt. »Mein Platz ist in der Stadt, bei meinem Mann, eurem Vater. Wenn Gott uns gnädig ist, dann sehen wir uns nach dem Fall der Stadt alle wieder bei den Babyloniern«, erklärte Hanna.

In der folgenden Nacht, gegen Morgen, liefen Hannas Söhne zusammen mit ihren Schwestern zu den Babyloniern über. Hanna selbst aber blieb in der Stadt bei ihrem Mann.

Als Karmi Feldhauptmann Schefatja den Zettel mit Jeremias Aufforderung zum Überlaufen gab, stampfte dieser in höchstem Zorn mit dem Fuß auf den Boden: »Jetzt ist er ein Mann des Todes!« Sofort gab er zwei Männern seines Geheimdienstes den Auftrag, Jeremia zu überwachen und sofort zuzugreifen, wenn er sich wieder in diesem Sinne äußerte.

Freilassung der Sklaven

Es war Mitternacht in der belagerten Stadt. König Zedekia konnte nicht schlafen. Die königlichen Schlafräume befanden sich nämlich in den Kellern unterhalb der Burg. Die Luft dort war stickig. Deshalb stieg er hinauf in die zerstörten Palasträume seiner Burg. Überall lagen Trümmer herum. Auf den Höhen rings um die Stadt brannten unzählige Wachfeuer der Babylonier. Wie ein eiserner Ring hielten die Feinde die Stadt umschlossen.

Die Worte Jeremias klangen in dem jungen König nach. Was sollte er tun? Er war von ganz anderem Holz wie Kolaja und Schefatja. Konnte man nicht etwas tun, um bei Gott Gnade zu erwirken?

Der Eingang zum Audienzsaal war fast völlig zerstört. Fast wäre Zedekia gestolpert. Da lag ein Mensch auf dem Boden, schlafend. Zedekia bückte sich. Er erkannte ihn. Das war Gaddiel, einer der unglücklichen Sklaven.

Der König wußte, daß es viele hebräische Sklaven in der Stadt gab. Ihm war auch bekannt, daß sie entgegen dem göttlichen Gesetz nicht nach sieben Jahren freigelassen wurden. Er hatte seine Zustimmung dazu gegeben.

Als Zedekia an das alles dachte, durchfuhr ihn plötzlich ein Gedanke. An ein Weiterschlafen war nun allerdings erst recht nicht zu denken. Der König ging in den unterirdischen Sitzungsraum und schrieb seine Gedanken auf. Kaum konnte er den Morgen erwarten.

Am frühen Vormittag rief der König alle Besitzer von Sklaven vor dem Eingang der Königsburg zusammen. Sie duckten sich in Hauseingänge, andere standen im Schutz der Mauern der Burg, denn jeden Augenblick mußte man erneut damit rechnen, daß die Babylonier Steine in die Stadt schleuderten.

»Was will der König von uns?« fragte Korah.

Jetzt erschien er. Zedekia hatte endlich einen Entschluß gefaßt und wollte ihn auch durchsetzen. Schefatja, Kolaja und der Oberpriester Seraja begleiteten den König. Er sprach zu den Versammelten: »Ihr wißt, wie es um uns steht. Gott allein ist unsere Hilfe. Ihn könnten wir gnädig stimmen durch eine besondere Maßnahme. Das Gesetz Gottes gebietet, daß hebräische Sklaven nach sieben Jahren freigelassen werden. Es wurde von unseren Vätern und auch von uns selbst nicht eingehalten. Mein Vorschlag lautet nun: Wir schließen miteinander einen Bund vor Gott, alle hebräischen Sklaven, gleichgültig wie lange sie schon Sklaven sind, auf einmal freizulassen. Ich kann euch dazu nicht zwingen, denn die Sklaven und Sklavinnen sind euer Besitz, aber ich bitte euch. Denkt daran, unser Hauptziel ist, bei Gott Gnade zu erwirken!«

Der Vorschlag des Königs wurde mit ganz verschiedenen Empfindungen aufgenommen. Feldhauptmann Schefatja dachte: »Dann bekomme ich eine Menge Soldaten.« Fürst Gedalja sagte sich: »So beseitigen wir einen Unruheherd. Denn die vielen Sklaven könnten in der belagerten Stadt auf den Gedanken kommen, einen Aufstand zu machen.« Korah sträubt sich: »Sie stellen meinen größten Besitz dar.« Doch die Stimme des Oberpriesters gab den Ausschlag: »Gewiß, jeder von uns verliert von seinem Besitz. Aber was bedeutet das gegenüber der Gnade, die wir erwirken, wenn wir den Willen Gottes tun!«

Sehr früh am anderen Morgen, als es im Lager der Babylonier noch ganz still war, wurde der Bund zwischen dem König und allen Sklavenbesitzern im Tempel vor Gott geschlossen.

Der Oberpriester hatte durch Leviten ein Kalb in zwei Hälften zerlegen lassen. Diese beiden Teile waren vor dem Brandopferaltar so ausgelegt, daß dazwischen eine Gasse entstand. Der König mit den Reichen der Stadt stand vor dem Brandopferaltar gegenüber der Gasse. Der Oberpriester sprach: »Jahwe ist Zeuge. Der König schließt mit euch einen Bund. Dieses Kalb wurde nicht herbeigebracht, um geopfert zu werden. Es wurde hierhergebracht um den Bund zwischen König Zedekia und allen Bürgern der Stadt, die Sklaven besitzen, zu befestigen. Dies ist nicht der Leib des Kalbes, es ist der Leib eines jeden von uns. So sollen unsere Leiber zerteilt werden, wenn wir nicht die Sklaven freilassen, wie wir es jetzt feierlich vor Jahwe versprechen. Schreitet jetzt durch die Gasse und sprecht, jeder für sich: Das ist nicht der Leib des Kalbes, sondern mein eigener.«

Gaddiel und dreißig andere Sklaven arbeiteten in den Ruinen der Königsburg. Ächzend schleppten sie Steinquader von eingestürzten Mauern der Burg in jene Teile, unter denen unterirdische Räume lagen. Diese wollte man durch den Steinbelag gegen Beschuß sichern.

Gaddiel war sehr heruntergekommen, die Kleidung zerfetzt, Gesicht und Körper ausgemergelt. Das Unrecht, das ihm Korah angetan hatte, brannte in ihm wie Feuer. Haß glühte aus seinen Augen.

Da trat Korah zu den Sklaven. Er hatte ihre Schuldbriefe in der Hand. Er rief sie zusammen. Haßerfüllt blickten sie ihn an. Hatte er neue, gefährliche Arbeiten für sie?
»Ihr seid frei!« sprach Korah trocken.
Ungläubig starrten sie ihn an, meinten, sie hätten nicht richtig gehört. War doch seit Jahren kein Sklave freigelassen worden. Und jetzt sollten sie frei sein?
»Da sind eure Schuldbriefe«, Korah begann sie auszuteilen.
Erst als die Sklaven die Schuldverschreibungen in ihren Händen hielten, begannen sie zu begreifen, daß der Tag der Freiheit angebrochen war.
»Wir sind frei!« mit diesen Rufen erhob sich ein lautes Geschrei in den Ruinen der Königsburg. Die ganze belagerte Stadt hallte wider vom Jubel der Befreiten. Sie eilten zu ihren Frauen und Kindern.
Korah aber war ein vorsichtiger Mann. Er hatte von allen Schuldverschreibungen Kopien machen lassen.

Freudentag und Bundesbruch

Auch das Hauptquartier des Feldhauptmanns Schefatja befand sich in einem Keller unter der Audienzhalle. Schefatja war am Tag vorher durch einen Pfeilschuß in den Oberarm verletzt worden. Die Wunde schmerzte. Aber nicht nur die Wunde bereitete ihm eine schlaflose Nacht. Viel mehr quälte ihn die Lage der Stadt. Er stand auf und ging in sein Stabsquartier.
Nur zwei Hauptleute waren im Raum. Schefatja warf einen Blick auf die Lagekarte, dann sprach er: »Wenn jetzt nicht bald etwas geschieht . . .« – »Ja«, antwortete einer der beiden, »die Lage ist zum Verzweifeln. Die Babylonier können jetzt gleichzeitig auf drei Sturmbahnen angreifen. Wenn sie zur selben Zeit noch am Quelltor vorstoßen . . .«
Da stürzte ein Soldat in den Keller. Er war zunächst verwirrt, als er hier den Oberkommandierenden selbst zu dieser Nachtstunde antraf. »Herr . . .« – »Was ist los?« fragte ihn Schefatja. »Leuchtfeuer von Lachisch!« – »Und?« wollte der Feldhauptmann wissen. »Wir können sie nicht deuten«, erklärte der Soldat. Der Feldhauptmann

eilte sofort auf den Schebnaturm. »Dort!« der wachhabende Offizier zeigte auf Feuersignale aus Südwesten. Schefatja buchstabierte: »Panther an Löwe! Panther an Löwe!« – »Krokodil nilabwärts! Krokodil . . .« – »Gott sei Dank!« rief der Feldhauptmann und sank auf einen Stuhl, von innerer Bewegung überwältigt.
»Was bedeutet die Nachricht, Herr?« fragte der Offizier. – »Die Ägypter sind im Anmarsch«, antwortete ihm Schefatja.
Kaum war er wieder in seinem Befehlsstand, als fast gleichzeitig von allen Türmen die Meldungen eingingen: Große Bewegung im Lager der Babylonier. Wir befürchten einen Großangriff im Morgengrauen.
Doch zur Überraschung der Melder sprach der Feldhauptmann: »Nein; legt euch schlafen!« Ungläubig fragten diese: »Bitte, Herr, würdest du den Befehl wiederholen?« – »Legt euch schlafen!« erklärte er nochmals. »Der Lärm bedeutet, daß die Babylonier die Belagerung abbrechen. Denn die Ägypter kommen, um uns zu helfen. Nebukadnezar muß jetzt das ganze Belagerungsheer abziehen und gegen den Pharao kämpfen.«
Die Nachricht verbreitete sich mit Windeseile in der noch schlaftrunkenen Stadt. Als der Morgen graute, standen Hunderte auf den Mauern, um das Wunder zu sehen: Die Babylonier waren abgezogen! Leer lagen die Sturmbahnen, verlassen waren die Wälle. Kein Soldat, kein Sturmbock, keine Belagerungsmaschine war mehr zu sehen.
Alle freuten sich. Die Menschen begannen in den Straßen Jerusalems zu tanzen.
Die Priester und Propheten aber riefen das Volk in den Tempel. Prophetenvorsteher Kolaja begann vor den Versammelten mit den Psalmworten:

> »Gott ist unsere Zuversicht und Stärke . . .
> Gott ist bei dir drinnen, darum wird sie fest bleiben;
> Gott hilft ihr früh am Morgen . . .«

Dann sprach er: »Gott hat unserer Stadt geholfen. Das Wunder der Zeit Hiskias hat sich wiederholt.«
Zu König Zedekia aber sagte der Prophetenvorsteher: »Wie gut Herr, daß du nicht auf Jeremia gehört hast.«

Es war wenige Stunden später an diesem Freudentag. Als Gaddiel mit großen Sätzen auf das Benjamintor zusprang, da reckten sich ihm die Spieße der beiden Wachsoldaten entgegen: »Halt!« Aber mit dem Mut der Verzweiflung packte Gaddiel die Spieße, riß sie auseinander und floh zwischen den Soldaten hindurch. Doch das Tor war am hellichten Tag verschlossen. Die Soldaten griffen ihn: »Wo willst du hin?« – »Laßt mich hinaus!« rief Gaddiel. Da kam Judi, der wachhabende Offizier. Er hatte eine Liste in der Hand. »Hiergeblieben!« befahl er. »Du stehst auf der Liste, denn du bist ein Sklave.«

»Nein, ich bin ein freier Mann, seit zehn Tagen«, wehrte sich Gaddiel. »Das warst du. Zeig deinen Handrücken! Hier, das Zeichen, du bist ein Sklave!« – »Aber . . .«, versuchte er nochmals dem Offizier zu widersprechen. »Du weißt selbst, daß die Sklavenbefreiung heute rückgängig gemacht worden ist«, wurde er von Judi unterbrochen.

Als es Abend wurde, kam Ebed-Melech in großer Aufregung zu Jeremia und berichtete ihm den Vorfall.

Zur selben Zeit begann in der Libanonwaldhalle das große Fest der Befreiung. Zwar war auch sie schwer beschädigt worden, aber die wieder zur Fronarbeit gezwungenen Sklaven hatten sie eilig für das Fest hergerichtet. Der König und die gesamte Oberschicht waren versammelt, samt ihren Frauen. Auf den Tischen standen Schüsseln mit köstlichen Speisen aus gehorteten Vorräten. Diener gingen umher und schenkten Wein aus, Musikanten spielten.

Da stand auf einmal Jeremia unter der festlichen Menge. Die Musik brach jäh ab und die Gespräche verstummten, als er mit lauter Stimme rief:

»So spricht der Herr, der Gott Israels:
Ich habe einen Bund geschlossen mit euren Vätern,
als ich sie aus Ägyptenland,
aus der Knechtschaft, führte und sprach:
Im siebenten Jahr soll ein jeder seinen Bruder,
der ein Hebräer ist, und sich ihm verkauft
und sechs Jahre gedient hat, freilassen.
Aber eure Väter gehorchten mir nicht
und kehrten ihre Ohren mir nicht zu.
Ihr aber hattet euch nun bekehrt

und getan, was mir wohlgefiel,
daß ihr eine Freilassung ausrufen ließet,
ein jeder für seinen Nächsten,
und habt darüber einen Bund geschlossen vor mir
in dem Hause, das nach meinem Namen genannt ist.«

Niemand unterbrach Jeremia, denn er schilderte ja nur das, was geschehen war. Vielen aber pochte aufgeregt das Herz, weil sie wußten, was jetzt kommen mußte:

»Jetzt aber seid ihr umgeschlagen
und habt meinen Namen entheiligt!
Ein jeder fordert seinen Sklaven und seine Sklavin zurück,
die ihr freigelassen hattet,
so daß sie gehen konnten, wohin sie wollten,
und zwingt sie jetzt, daß sie wieder
eure Sklaven und Slavinnen sein müssen.
Darum spricht der Herr:
Ihr gehorchtet mir nicht und riefet keine Freilassung aus,
ein jeder für seinen Bruder und seinen Nächsten, –
siehe, so rufe ich, spricht der Herr,
über euch eine Freilassung aus
für Schwert, für Pest, für Hunger
und ich will euch zum Bild des Entsetzens machen
für alle Königreiche auf Erden.
Und ich will die Leute, die meinen Bund übertreten
und die Worte des Bundes nicht halten,
den sie vor mir geschlossen haben,
so zurichten wie das Kalb,
das sie in zwei Stücke geteilt haben
und zwischen dessen Stücken sie hindurchgegangen sind.«

Alle, die beim Bundesschluß dabeigewesen waren, sahen das grausige Bild des zerteilten Kalbes vor ihren Augen. Und sie hörten ihre eigenen Worte: »Das ist nicht der Leib des Kalbes . . .« Jeremia aber war mit seiner Botschaft noch nicht zu Ende:

». . . nämlich die Oberen von Juda und von Jerusalem,

die Kämmerer, die Priester und das ganze Volk des Landes,
alle, die zwischen den Stücken des Kalbes hindurchgegangen sind.
Und ich will sie geben in die Hand ihrer Feinde . . .
Auch Zedekia, den König von Juda und seine Oberen
will ich geben in die Hände ihrer Feinde und derer,
die ihnen nach dem Leben trachten,
und in die Hand des Heeres des Königs von Babel,
das jetzt von euch abgezogen ist.
Denn siehe, ich will ihnen befehlen, spricht der Herr,
und will sie wieder vor diese Stadt bringen.
Sie sollen sie belagern und erobern und mit Feuer verbrennen.
Und ich will die Städte Judas verwüsten,
daß niemand mehr darin wohnen soll.«

Den empfindlichen König trafen Jeremias Worte mit ungeheurer Wucht. Zwar ging das Fest nach dieser Störung weiter und auch Zedekia blieb, aber er wirkte den ganzen Abend still und verschlossen. Groß war seine Schuld, denn er hatte den vor Gott beschworenen Bund mit Nebukadnezar und den von ihm angeregten Bund der Sklavenbefreiung gebrochen. Dazu beunruhigte ihn Jeremias Drohung mit der Rückkehr der Babylonier und die Ankündigung seines persönlichen Schicksals:

»Auch Zedekia, den König von Juda, und seine Oberen
will ich geben in die Hände ihrer Feinde.«

Am anderen Tag fuhr Zedekia durch die Stadt. Vor dem alten Palast Davids in der Davidstadt ließ er anhalten und schritt in das Gebäude. Noch niedergedrückt von seiner Schuld fiel ihm ein, wie David einst in schwere Schuld fiel, als er Batseba zur Frau nahm und Uria, ihren Mann, töten ließ. Dennoch hatte ihm Gott vergeben. War das nicht auch in seinem Fall möglich? Deutete nicht der Abzug der Babylonier darauf hin, daß Gott bereits vergeben hatte? Das mußte er in Erfahrung bringen.
Jeremia war sehr überrascht, als sich bei ihm eine Stunde später zwei hohe Beamte des Königs meldeten, Juchal, zuständig für Fronwesen und Abgaben, und Tempelhauptmann Zefanja, der Nachfolger

Paschhurs. »Was wollt ihr von mir?« fragte er die Abgesandten. »Der König sendet uns. Er läßt dir sagen: ›Bitte den Herrn unsern Gott für uns!‹«, erklärten die Beamten. Jeremia erkannte, daß der König der Meinung war, das Abrücken der Babylonier sei endgültig. So leicht stellte sich also der König das vor. Als ob Gott ihn und sein Volk ohne Umkehr retten würde. »Kommt morgen wieder!« sagte er zu den beiden nur.

Doch auch am anderen Tag verließen Juchal und Zefanja Jeremias Zimmer bereits nach kurzem Gespräch. Juchal lachte: »Das ist reine Rachsucht dieses alten Mannes. Die Babylonier kommen zurück! Das wünscht er sich so! Und geradezu grotesk ist seine Behauptung: Selbst wenn wir die Babylonier schlügen, daß bei ihnen nur Verwundete übrig blieben, selbst diese würden sich noch gegen uns erheben und uns besiegen.« Zefanja jedoch war nachdenklich.

»Was hat er gesagt?« fragte der König begierig, als sie zurückgekommen waren. Sie brachten ihm Jeremias ihre Botschaft:

»So spricht der Herr, der Gott Israels:
Sagt dem König von Juda, der euch zu mir gesandt hat,
mich zu befragen:
Siehe das Heer des Pharao,
das euch zu Hilfe ausgezogen ist,
wird wieder heim nach Ägypten ziehen
und die Chaldäer werden wiederkommen
und diese Stadt belagern und sie erobern
und mit Feuer verbrennen.
Darum spricht der Herr:
Betrügt euch nicht damit, daß ihr denkt:
›Die Chaldäer werden von uns abziehen.‹
Sie werden nicht abziehen.
Und wenn ihr auch das ganze Heer der Chaldäer schlüget,
die gegen euch kämpfen,
und es blieben von ihnen nur etliche Verwundete übrig,
so würde doch ein jeder in seinem Zelt aufstehen
und diese Stadt mit Feuer verbrennen.«

Die Passion des Propheten

Ein Bote brachte Jeremia einen Brief seines Vetters Hanamel aus Anatot: »Mein Vater ist gestorben. Er hat viele Schriftrollen hinterlassen. In seinem Testament verfügte er, daß auch du davon einen Teil bekommen sollst. Außer mir und dir ist ja nur noch meine Schwester da aus unsrer ganzen Verwandschaft. Alle übrigen Glieder unsrer Sippe sind gestorben oder in Babylon in der Verbannung. Komme doch bald nach Anatot. Du kannst die Schriftrollen prüfen und dir aussuchen, was du haben möchtest. Ich selbst bin in großer Not. Die Babylonier haben meine Felder und Weinberge verwüstet. Kaum kann ich das Geld für die Steuer aufbringen . . .«
Jeremia war von diesem Brief tief bewegt. Er dachte an die Zeit, während der er bei seinem Onkel gearbeitet hatte. Nun war er tot! Eine tiefe Dankbarkeit empfand er gegenüber diesem ungewöhnlichen Mann. Auch Hanamel hätte er gern wieder einmal gesehen. So entschloß sich Jeremia dazu, gleich am anderen Tag nach Anatot zu gehen.
An diesem Tag hatte Hauptmann Jirija Wache am Benjamintor. Jirija war erst fünfundzwanzig Jahre alt und ein eifriger Soldat. Er war ganz und gar von den Ideen der Propheten um Kolaja erfüllt und den Fürsten Zedekias ergeben. Der Traum von einem großen und mächtigen Juda beseelte ihn. Am Tor herrschte reges Leben. Viele Menschen wollten hinaus. Endlich konnte man wieder auf die Felder und in die Weinberge vor der Stadt gehen. Andere wollten Verwandte besuchen und fragen wie diese die Zeit der babylonischen Besetzung überstanden hatten. Trotzdem waren Kontrollen sehr wichtig: Da konnte ein junger Mann die Absicht haben, sich dem Militärdienst durch Flucht zu entziehen. Noch galt das Kriegsrecht. Immer noch brauchte der König jeden Mann. Jirija kontrollierte deshalb besonders scharf.
Auf einmal sah er Jeremia daherkommen mit einer vollgepackten Handtasche. Jäh kam ihm in den Sinn, was er in den letzten Tagen der Belagerung erlebt hatte: Drei Mann seiner Kompanie wurden bei dem Versuch ergriffen, zu den Babyloniern überzulaufen. Dieser »Prophet« war daran schuld mit seinen Reden. Jeremia war in den Augen der Frontsoldaten ein gewissenloser Vaterlandsverräter. Jetzt wurde ihm, so dachte Jirija, anscheinend der Boden in der

Stadt zu heiß. Denn es war ja nun wohl offensichtlich, daß er sich getäuscht hatte. »Falscher Prophet!« rief man ihm nach. Darum wollte er wohl jetzt zu den Babyloniern überlaufen.
Jirija stellte sich Jeremia in den Weg, breitbeinig, die Hände mit den Daumen in den Leibriemen gesteckt: »Halt! Du willst zu den Babyloniern überlaufen!«
Jeremia war wie vor den Kopf gestoßen. Er war mit seinen Gedanken schon bei den Schriftrollen und den Verwandten in Anatot. Überlaufen! Nie hatte er an so etwas gedacht. Sein Platz war bei seinem Volk, hier in der Stadt. Energisch setzte er sich zur Wehr: »Das ist nicht wahr, ich will nicht zu den Babyloniern überlaufen!«
Kalt erwiderte Jirija: »Alle Überläufer reden so!« Er packte ihn, riß ihm die Hände auf den Rücken und fesselte ihn. Dann führte er seinen Gefangenen zu den Fürsten in die Königsburg.
Sie hatten ihr Hauptquartier immer noch im Keller. Plakate mit Bildern und Aufschriften erinnerten noch an den Abwehrkampf: Kämpft bis zum Endsieg! – Schießt sofort auf Überläufer!
Die höchsten Beamten des Königs waren an diesem Tag alle damit beschäftigt, das zu tun, was die neue Lage erforderte. Juchal, für Fronwesen und Abgaben zuständig, war eifrig bestrebt, jedermann zum Aufbau der zerstörten Häuser heranzuziehen. Fürst Gedalja, Palastvorsteher, verschaffte sich einen Überblick über den Zustand der Besitzungen des Königs nach dem Abzug der Babylonier. Feldhauptmann Schefatja trieb mit Eifer die Ausbesserung der beschädigten Mauern voran. Der Schreiber Paschhur diktierte Briefe an die verbündeten phönizischen Städte und bat um finanzielle Unterstützung. Alle beseeligte das Gefühl von Männern, die wußten, daß sie in gefährlichen Zeiten den rechten Kurs gesteuert hatten. Es war ein Gefühl des Triumphes. Jetzt waren alle bestrebt, nun erst recht auf diesem Weg voranzuschreiten.
Noch vertieft in ihre Arbeit hörten sie welcher »Fisch« Hauptmann Jirija ins Netz gegangen war. Ihr Todfeind kam an diesem Tag des Triumphes in ihre Hand. Sofort ließen sie ihre Arbeit liegen und eilten in den Sitzungssaal.
Da saßen sie jetzt, vier der mächtigsten im Reich. Breit, mit dem Stolz der Sieger. Jeremia stand vor ihnen – gefesselt.
Mit einem Blick sah der alte Prophet, daß er jetzt ganz anderen Fürsten gegenüberstand als früher einmal vor dem Gericht im Tempel.

Da war kein Freund mehr, niemand, der auch dem Gegner Gerechtigkeit hätte zuteil werden lassen. Diesen Männern hier ging es nur um die Durchsetzung der eigenen Ziele, um jeden Preis.
Jeremia wollte gegen die ungerechtfertigte Verhaftung prostestieren. Scharf fuhr Schefatja dazwischen: »Du sprichst hier nur wenn du gefragt wirst!« Dann wandte er sich an Jirija: »Was ist vorgefallen, Hauptmann?« Der Hauptmann gab seinen Bericht.
Jeremia rief: »Es ist nicht wahr! Ich wollte nicht überlaufen! Hier zum Beweis der Brief meines Vetters aus Anatot!«Schefatja stand auf und trat vor Jeremia: »Du wirst das nicht gut leugnen können. Alle Überläufer, die wir ergreifen konnten, haben auf dich und deine Predigten hingewiesen.« Gedalja schlug auf den Tisch: »Du hast doch dem König, dieser Stadt und uns allen angedroht, daß wir in die Hände der Babylonier fallen.« Und Paschhur höhnte: »Wie gut, daß wir nicht auf dich gehört haben. Wir säßen sonst nicht hier.« Schefatja faßte zusammen: »Jetzt wo es sich zeigt, daß du im Unrecht bist, wird es für dich in der Stadt ungemütlich. Darum willst du zu den Babyloniern, deinen Freunden, gehen.« Schon der Anblick des Mannes, der ihr Widersacher war und der einen nicht geringen Einfluß im Volk hatte, erregte diese Männer. Mehr aber noch gerieten sie in Zorn, wenn sie daran dachten, daß er damit gedroht hatte, sie würden zerteilt wie jenes Kalb, zwischen dem sie hindurchgeschritten waren.
Jeremia hielt ihnen den Brief entgegen: »Hier, lest doch den Brief meines Vetters.« – »Schweig!« herrschte ihn Schefatja an und schlug ihm ins Gesicht. Juchal hieb ihm mit dem Stab, den er als Zeichen seines Amtes trug, über den Rücken, so daß der alte Mann aufstöhnte. Auch die anderen Fürsten schlugen auf ihn ein.
Dann fragte Gedalja: »Was tun wir mit ihm?« – »Ich will mich vor dem Gericht . . .« begann Jeremia erneut. Doch neue, noch heftigere Schläge brachten ihn zum Schweigen. »Uns hat der König die Macht übergeben«, Paschhurs Augen glänzten haßerfüllt. Ihm war bei Gedaljas Frage ein Gedanke gekommen: »Wir bringen ihn ins Haus Jonatans, des Schreibers, meines Vorgängers im Amt?« Alle nickten. Sie verstanden sofort, welche Absicht Paschhur mit seinem Vorschlag verfolgte. Jeremia aber zuckte zusammen. Er hatte von diesem zum Notgefängnis eingerichteten Haus Schreckliches gehört.

Leere Zisternen, ausgediente Wasserbehälter, wurden üblicherweise als Gefängnisse benutzt. Als während der Belagerung immer mehr Überläufer ertappt wurden, hatte man jedoch bald keinen Platz mehr für die Gefangenen. Da machte Korah den Vorschlag, das Haus Jonatans, der gestorben war, als Gefängnis einzurichten. Es empfahl sich durch eine einzigartige Anlage, die Jeremia jetzt kennenlernen sollte.

Der ganze Besitz Jonatans war von einer hohen Mauer umgeben. Jeremia betrat mit Jirija den Vorhof. Ringsum standen in Gefängnisse verwandelte Gebäude. Jeremia aber wurde zu einem dem Eingang gegenüberliegenden Haus geführt. Dann trieb Jirija seinen Gefangenen die Treppe hinunter in einen Keller. Es war ein Raum mit niedriger Decke. Und jetzt erst erkannte Jeremia, wo man ihn gefangenhalten wollte, denn von diesem Raum aus führten in drei Richtungen – etwa fünf Meter tiefer gelegen – gewölbeartige Zisternen in den Fels hinein. »Steig hinunter! Auf dieser Leiter!« befahl ihm Jirija. Hinter Jeremia wurde die Leiter wieder heraufgezogen.

Alle zwanzig Insassen des Gewölbes hatten sich am Eingang versammelt. Jeremia sah Gesichter, wie er sie bisher nur selten gesehen hatte: Bleich, abgemagert, die Haare struppig im Gesicht. Ja, jetzt fiel es ihm ein: Tote sehen so aus!

Wie er später erfuhr, waren es meist junge Männer in wehrdienstfähigem Alter, Überläufer! Wie Schatten aus dem Totenreich drängten sie sich heran. Sie erkannten ihn: »Du bist schuld an unserem Unglück! Hätten wir nur nicht auf dich gehört. Verflucht sollst du sein!« Die Fürsten verfolgten ihn, weil er gegen ihre Politik war. Diese Totgeweihten aber haßten ihn, weil sie sich von ihm betrogen fühlten.

Die besten Plätze in der Zisterne waren ganz vorn, gleich unterhalb des zentralen Raumes. Da war wenigstens ein Schimmer des Tageslichts zu sehen; es war bessere Luft und wenn es etwas zum Essen oder zum Trinken gab, kam man zuerst dran. Aber hier hatte jeder seinen angestammten Platz und verteidigte ihn hartnäckig, bestrebt, bald den nächstbesseren zu erobern. So wurde der verhaßte »Prophet« in den hintersten Teil des Zisternengewölbes gedrängt. Außer der Dunkelheit machte einem Gefangenen hier der widerlichste Gestank zu schaffen, beständig tropfte es von der Decke. Nur einmal am Tag gab es etwas Brot und einen Schluck brackiges

Zisternenwasser. Jeremia dachte: »Das ist die Vorstrafe des Grabes.« Das Zisternengewölbe war einem Felsengrab nicht unähnlich. Gleich in der ersten Nacht starb einer der Gefangenen.
Jeremia lag auf verfaultem Stroh. Hunger und Durst quälten ihn.»Das ist das bittere Ende des Weges, den ich betreten mußte, als mich Gott berufen hat!« sagte er zu sich selber. »Schon einmal ging ich knapp am Tode vorbei, damals nach der Tempelrede. Schon einmal lag ich im Block, doch dieses hier ist schlimmer!«
Die Tage vergingen. Jeremia verlor langsam jedes Gefühl für die Zeit. Kaum vermochte er Tag und Nacht zu unterscheiden. Er schrie zu Gott: »Errette mich aus der Grube!« Dann wurde er krank. Fiebernd lag er auf dem Stroh. Er träumte vom Mandelbaumzweig.
Auch in den Fiebernächten hielt er sich daran fest: »Gott wacht über seinem Wort! Er läßt mich nicht allein!« Dies war sein Trost und Angelpunkt. Langsam nur ließ das Fieber wieder nach. Wenn er sich abtastete, spürte er, wie sehr er abgemagert war. »Ein neuer Fieberanfall und es ist aus mit mir«, dachte Jeremia. Flehentlich betete er mit den Worten des Psalmisten:

»O Gott,
aus der Tiefe rufe ich zu dir.«

Doch dann spürten auch die abgestumpften Gefangenen, daß sich droben in der Stadt erregende Dinge ereignen mußten. Die Wärter waren brutaler und aufgeregter als sonst. Bis in die Tiefe der Gewölbe drangen Alarmsignale. Und da, war das nicht Poltern fallender Steine? Die ohnehin geringen Brotrationen wurden noch kleiner. Doch Klarheit brachte erst ein neuer Gefangener in das Zisternengewölbe. Alle drängten sich heran. Nur Jeremia blieb liegen, denn er fühlte sich zu schwach, um zu stehen. Und der Neue brachte aufregende Nachrichten: »Die Babylonier haben die Ägypter vernichtend geschlagen. Nebukadnezar ist mit einem doppelt so großen Heer zurückgekommen, um die Stadt erneut zu belagern.« Der Neuankömmling fuhr fort: »Jeremia hat recht gehabt. Die Propheten draußen werden immer heftiger angegriffen, weil sie irrtümlich die Befreiung versprochen haben, wo uns jetzt offensichtlich das Ende bevorsteht. Nachdem der Pharao geschlagen ist, stehen wir jetzt ganz allein da.«

Jetzt wandelte sich die Haltung der Gefangenen Jeremia gegenüber. Er bekam einen besseren Platz in der Höhle und alle sorgten dafür, daß er seinen gerechten Anteil an der Verpflegung bekam.
Eines Nachts wurden alle Gefangenen aus dem Schlaf gerissen. Ein Wärter stand mit einer Lampe im zentralen Raum und rief: »Der Gefangene Jeremia, wo ist der Gefangene Jeremia?« Die Gefangenen erwachten: »Könnt ihr uns denn nicht wenigstens nachts in Ruhe lassen, ihr Hunde?« – »Jeremia? Was habt ihr mit ihm vor?« erkundigte sich einer. »Weiß ich nicht!« antwortete ihm der Wärter.
Eine Leiter wurde heruntergelassen und Jeremia stieg hinauf. Die Gefangenen, die nahe bei der Leiter hockten, riefen ihm zu: »Sieh zu, daß du nicht mehr in dieses Loch zurück mußt. Wir werden es wohl überstehen, denn wir sind jünger, aber du?«
Er wankte vor Schwäche, als er im Hof des Gefängnisses ankam. Seine Erscheinung glich eher einem Gespenst als einem Bürger der Gottesstadt. Dann sah er ringsum die Wachtfeuer der Babylonier. Wachende Soldaten überall. Zwei Offiziere nahmen ihn in ihre Mitte. »Wo bringt ihr mich hin?« fragte er. »Du wirst es gleich sehen«, gab man ihm zur Antwort. Wollte man ihn beseitigen, meuchlings morden? Es ging die Königsstraße hinauf. Mitternacht mußte schon vorüber sein.
Erst vor dem Königspalast sagte einer der beiden Begleiter: »Der König will dich sprechen!« Jeremia war so überrascht, daß er stehenblieb. »Der König!« Bitterkeit stieg in ihm auf: Der König hatte nichts getan, um dem Unrecht zu wehren, das ihm durch die Fürsten geschah. Das war seine Schuld. Doch zugleich glänzte ein Strahl der Hoffnung in Jeremia auf. Er wußte, der König hatte ein weiches Herz, sein Gewissen war wach. Er würde ihn bitten, ihn nicht mehr ins Haus Jonatans zurückzuschicken.

König Zedekia stand einsam zu mitternächtlicher Stunde im unterirdischen Sitzungssaal der königlichen Burg. Er war ganz in die Betrachtung der auf der Karte dargestellten Lage versunken. Zwei Gefühle bewegten ihn: Schreckliche Angst vor dieser Übermacht seiner Feinde. Das Ende stand bevor, wie Jeremia es vorausgesagt hatte; da auf der Reliefkarte hatte er es vor Augen. Zugleich aber hatte er ein wenig Hoffnung, Gott könnte noch einmal vergeben.

Zedekia traute seinen Fürsten nicht mehr, auch nicht den Propheten. Auf Gottes Wort kam es ihm allein an. Das aber hatte nur einer, Jeremia. Heimlich mußte er ihn deshalb rufen lassen. Denn Fürsten und Propheten klammerten sich leidenschaftlich an die Hoffnung auf den Endsieg.
Zedekia hörte die Schritte des Propheten. Er schaute auf und erschrak, denn wie ein aus dem Grabe Auferstandener stand Jeremia vor ihm.
Jetzt standen sie sich gegenüber: Der König, in dessen Reich ein Prophet Gottes unschuldig, ohne Urteilsspruch eines Gerichts, in den Kerker geworfen werden konnte, und der Prophet.
Mit einem raschen Blick auf die Karte erkannte Jeremia die Wahrheit alles dessen, was er im Gefängnis gehört hatte. Die Übermacht der Babylonier war erdrückend. Im Land draußen hatten sich nur noch Hebron, Lachisch und Aseka halten können.
Aus seiner Angst und aus seiner Hoffnung heraus fragte der König: »Ist wohl ein Wort des Herrn vorhanden?« Jeremia wußte, auf was für ein Wort des Herrn Zedekia wartete: Hilfe von Gott – ohne Umkehr! Doch dem Propheten stand die Schuld des Volkes und seiner Führung vor Augen. Nur nach dem Gericht konnte es einen wirklichen Neuanfang geben. Und darum antwortete der Prophet dem König: »Ja! Du wirst dem König von Babel in die Hände gegeben werden.«
Den König traf das Wort tief. Jäh wandte er sich um zum Gehen. Da rief Jeremia ihm nach:

»Was habe ich gegen dich,
gegen deine Großen und gegen dieses Volk gesündigt,
daß sie mich in den Kerker geworfen haben?«

Der König blieb stehen. Er wußte, da sprach der Mann, dem von seinen Fürsten großes Unrecht geschehen war. Und er, der König, war an ihrer Untat mitschuldig, denn er hatte davon erfahren, aber aus Angst vor ihnen nichts dagegen unternommen. Als Jeremia merkte, daß seine Worte den König beeindruckten, fuhr er fort:

»Wo sind nun eure Propheten,
die euch weissagten und sprachen:

Der König von Babel wird nicht über euch
noch über dieses Land kommen?«

Der König senkte sein Haupt. Die Prophezeiung Jeremias hatte sich als richtig erwiesen, nicht die der Propheten. Und jetzt bat Jeremia den König:

»Und nun, mein Herr und König,
höre mich und laß meine Bitte vor dir gelten!
Laß mich nicht wieder in Jonatans,
des Schreibers Haus, bringen,
daß ich dort nicht sterbe.«

Den König trafen die Worte des Propheten. Er hatte nicht verhindert, daß der Bote Gottes zu Unrecht im Kerker leiden mußte. Zugleich wallte Mitleid in ihm auf mit dem alten Mann, der da wie ein Gespenst aus der Totenwelt vor ihm stand. Der König überlegte nur kurze Zeit, dann rief er: »Hauptmann, bring Jeremia nicht mehr in Jonatans Haus. Bring ihn in den Wachthof der königlichen Burg. Und sorge dafür, daß er täglich einen Laib Brot aus der Bäckergasse bekommt.«

Der schwarze Samariter

Das dumpfe Gebrüll der Alarmhörner riß die Besatzung des Benjaminturms aus dem Schlaf. Die zwölf Mann, die in einem Gewölbe unter dem Turm schliefen, sprangen auf, griffen nach den Waffen und eilten auf den Turm. Dan stürmte voraus die steile Treppe hinauf, Karmi folgte hinter ihm. Immer häufiger wurden sie so aus dem Schlaf gerissen, denn die Angriffe der Babylonier wurden immer heftiger. Atemlos keuchten sie hinauf, geschwächt vom Hunger. Was war heute los?
Was sie im ersten Tageslicht sahen, ließ sie erschauern! Belagerungstürme hatten sie bisher nur von der Ferne gesehen. Weit außerhalb der Reichweite judäischer Waffen standen sie. Aber jetzt? – Ein solches Ungetüm kroch unaufhaltsam auf der Belagerungs-

rampe gegen den Benjaminturm heran. Die Babylonier schossen vom Turm und aus der Deckung hinter dem Turm so heftig, daß Dan, Karmi und die übrigen Soldaten sich kaum hinter der Mauerbrüstung hervorwagen konnten.
Hundertmal hatten sie schon geübt, was zu tun ist, wenn ein Belagerungsturm gegen die Mauer geschoben wird. Dan und Karmi hielten je ein langes Seil in den Händen. Jedes hatte an seinem Ende einen eisernen Doppelhaken, dem Anker eines Schiffs ähnlich. Während seine Kameraden mit Pfeilen und Speeren aus der Dekkung heraus schossen, spähte Dan vorsichtig über die Mauer und wartete, bis der Turm nahe genug herangekommen war. Dann sprang er auf und warf das Seil mit dem Haken auf den Turm. Saß der Haken fest, zog, wer nur ziehen konnte, das Ungetüm seitwärts bis es umstürzte.
Doch dieses Mal verfehlte Dan sein Ziel und immer näher kam der Turm heran. Immer dichter wurde der Pfeilhagel. »Bleib unten!« rief Dan Karmi zu.
Keine fünf Meter war der Turm mehr von der Mauer entfernt. Bald konnten die Feinde auf die Mauer herüberspringen. Da sprang Karmi in die Höhe, warf – und der Haken saß fest. Schon griffen zehn, fünfzehn Männer nach dem Seil und rissen, bis er stürzte. Aber als Dan sich nach Karmi umschaute, lag dieser zusammengebrochen hinter der Mauer. Ein babylonischer Pfeil hatte ihn tödlich am Hals getroffen.
In der folgenden Nacht lag Dan schlaflos im Gewölbe unter dem Turm. Er dachte an Karmi. Dann sah er vor sich, wie Karmis Frau sich über den Toten beugte. Wie die abgemagerten Kinder des Schmieds auf den toten Vater mit großen Augen schauten. Dreizehn Monate lang hatten die beiden auf dem Benjaminturm miteinander Wache gehalten. Als die Babylonier nach den ersten drei Monaten die Belagerung abbrachen, freuten sie sich sehr. Aber die Freude war von kurzer Dauer. Sie kamen zurück und nahmen den Kampf mit noch größerer Leidenschaft wieder auf. Wohin sollte das führen?
Daran, daß die Babylonier abziehen würden, war nicht mehr zu denken. Immer weniger wurden die Soldaten in der Stadt. Wer nicht im Kampf fiel, den raffte eine Seuche dahin. Und was stand am Ende?

Am anderen Morgen sprach einer seiner Kameraden zu Dan: »Komm, geh mit! Wir wollen hören, was Jeremia zur Lage sagt.« »Jeremia?« fragte Dan. »Liegt er nicht gefangen in Jonatans Gewölbe?« – »Dort war er«, erklärte sein Kamerad.

Mitte des Vormittags stand eine große Menge von Männern und Frauen vor dem Wachthof der Königsburg. Dieser befand sich zwischen dem Eingang zur Königsburg und der Audienzhalle. In diesem von hohen Gittern umgebenen Raum hielten sich die Soldaten auf, die wachfrei hatten.
Hier wurde Jeremia gefangengehalten. Jeden Tag erhielt er auf Befehl des Königs einen kleinen Laib Brot aus der Bäckergasse. Noch sah man ihm die acht Monate an, die er im Zisternengewölbe zugebracht hatte. Seine Wangen waren eingefallen, die Gesichtsfarbe gelb. Tiefe Falten hatten sich in sein Gesicht eingegraben.
Schon bevor Jeremia erschien, redeten die Männer und Frauen miteinander: »Er hat recht gehabt! Am deutlichsten hat man's gemerkt, als die Babylonier wieder gekommen sind.« – »Der König und wir alle hätten auf ihn hören sollen. Jetzt steht uns das Wasser bis zum Halse.«
Da kam Jeremia aus dem Haus heraus. Er stützte sich beim Gehen auf einen Stab. Zunächst achtete er auf die Menschen gar nicht, die auf ihn warteten, bis einer ihn ansprach: »Hast du von dem Angriff gehört, den die Babylonier gestern auf den Benjaminturm geführt haben? Karmi ist gefallen!« Da erst schaute Jeremia auf. Er trat näher an die Menge heran, die sich vor dem Gitter drängte, und sah die zerlumpten Gestalten der Männer und die bleichen, verhärmten Gesichter der Frauen. Das Herz krampfte sich ihm zusammen, als er dieses Elend sah. Er hatte ein Wort für sie. Aber er wußte, daß es gefährlich war, es auszusprechen. Denn hier standen nicht nur Männer und Frauen, die ihm wohlgesonnen waren. Da standen auch solche, die Schefatja und den anderen Fürsten gehorchten. Da waren die Fürsten vielleicht gar selbst! Da war das Kriegsrecht!
Der Gedanke an die Monate im Zisternengewölbe drückte wie eine unsichtbare Hand auf Mund und Herz des Propheten. Aber dann dachte er an diese Menschen. Was würde mit ihnen geschehen, wenn sie in der Stadt blieben? Doch was würden die anderen sagen, seine Gegner? Würde man ihm nicht den schimpflichsten Vorwurf

machen, den es gibt, ein Landesverräter zu sein, und ihn vor das Kriegsgericht stellen!
Aber dann sah er wieder die Gesichter vor sich. Nein, trotz aller Gefahr, er mußte reden:

»So spricht der Herr: Wer in dieser Stadt bleibt,
der wird durch Schwert, Hunger und Pest sterben müssen;
wer aber hinausgeht, zu den Chaldäern,
der soll am Leben bleiben.«

Petachja, ein junger Soldat, stampfte auf den Boden: »Das ist ja unerhört! Dieser Mann fordert zum Überlaufen auf in dieser Stunde äußerster Bedrohung der Stadt! Das höre ich mir nicht an.«
Für Dan waren dagegen diese Worte wie eine Antwort auf die Fragen, die ihn in der Nacht gequält hatten. Aber war das nicht eben das Wort Jeremias, des Feindes der Fürsten?

»Denn so spricht der Herr:
Diese Stadt soll übergeben werden
dem Heer des Königs von Babel,
und es soll sie einnehmen.«

Dan fiel auf, daß Jeremia schon zum zweitenmal die Botenformel eines von Gott gesandten Propheten verwendet hatte.

Der Frühling kam. Es war bereits der zwölfte Monat der Belagerung. Am Morgen wurden den Fürsten die neuesten Listen mit den Mannschaftsbeständen vorgelegt. Feldhauptmann Schefatja musterte die Mannschaftsliste der Nordmauer durch. Er schlug plötzlich mit der Hand auf den Tisch: »Verdammt! Dan ist übergelaufen, mit Frau und Kindern. Außerdem aus meinem Abschnitt weitere zwanzig Mann, in einer Woche. Verfluchte Feiglinge!« Viertausend Mann standen insgesamt auf der Mauer, als die Belagerung begann. Und jetzt ergaben die Mannschaftslisten, daß im Abschnitt Juchals noch fünfhundert, bei Paschhur noch sechshundertdreißig, bei Gedalja vierhundertvierzig und bei ihm selbst noch sechshundertvierzig Soldaten standen. Er rechnete. Dann rief er: »Es steht also gerade noch ein Mann, wo bisher zwei standen. Und immer mehr laufen über. Aber ich weiß, wer daran schuld ist, Jeremia! Nur weil der König seine Hand über ihn hält, lebt er noch. Dabei ist er für uns gefährlicher als das babylonische Heer!« Und er legte den versammelten Fürsten ein Papyrusblatt vor, in dem Jeremia zum Überlaufen aufrief.

Wortlos reichten die Fürsten dem König das Papyrusblatt. Es zitterte in seinen Händen. Das Bild des Propheten erschien vor seinen Augen. Ein mutiger Kerl! Furchtlos predigte er, was ihm aufgetragen war. Zugleich aber überfiel ihn ein tiefes Gefühl der Hilflosigkeit. Er ahnte schon, was die Fürsten von ihm verlangen würden. Wie sollte er dann Jeremia vor ihnen schützen?

Schefatja begann denn auch sofort: »Laß doch diesen Mann töten; denn auf diese Weise nimmt er den Kriegsleuten, die noch übrig sind in dieser Stadt den Mut, desgleichen dem ganzen Volk, weil er solche Worte zu ihnen sagt.«

Gedalja unterstrich die grundsätzliche Gefährlichkeit Jeremias: »Denn der Mann sucht nicht, was diesem Volk zum Heil, sondern was zum Unheil dient.«

Der König sah, daß alles gegen Jeremia sprach. Er hatte nicht die Kraft sich für diesen Mann, von dessen edlen Motiven er überzeugt war, einzusetzen. Die Kriegspartei war zu mächtig. So sprach er: »Siehe, er ist in euren Händen«, dann fügte er ironisch hinzu, »denn der König vermag nichts wider euch.«

Kaum hatten die Fürsten den König verlassen, als Juchal sagte: »Was machen wir mit ihm?« Alle vier blieben stehen. Gedalja, der Palastvorsteher, dessen Sinn für Recht und Gerechtigkeit noch nicht ganz abgestumpft war, sagte: »Wir müssen ihn vor ein Kriegsgericht stellen, ihn anklagen.« Aber Schefatja widersprach ihm heftig: »Was fällt dir ein? Das ist zu umständlich. Wir müssen ihn so schnell wie möglich vom Volk trennen, wie ein krankes Glied, das den ganzen Körper verseucht. Und vor allem dürfen wir kein Aufsehen machen, sonst erregen wir den Unwillen des Volks. Mein Vorschlag ist . . .« Und damit bat er seine Kollegen in sein Amtszimmer.

Als sich die Mittagshitze auch über den Königspalast senkte, war kein Mensch mehr im Wachthof und davor zu sehen. Nur Jeremia saß allein, ganz in sich zusammengesunken, im Schatten einer Mauer. Plötzlich wurde er von Fäusten roh gepackt. Er fuhr aus seinem Dahindämmern auf. Über sich sah er die wutverzerrten und höhnischen Gesichter der vier mächtigen Fürsten. Er sah Stricke in ihren Händen. »Was wollt ihr von mir? Laßt mich los!« rief er, doch sie hörten nicht auf sein Schreien, sondern schleiften ihn über das Pflaster zur Mitte des Hofs. Jeremia protestierte: »Ich stehe unter dem Schutz des Königs! Führt mich zu ihm!« Doch sie riefen nur: »Landesverräter, Wehrkraftzersetzer! Was willst du beim König?« Plötzlich sah sich Jeremia am Rand der Zisterne, die in der Mitte des Wachthofs war. Sie gehörte dem Prinzen Malkija und war nach seinem Namen genannt.

Die Fürsten schlangen die Stricke um die Brust Jeremias. Jäh erkannte der Prophet, was sie mit ihm vorhatten. Er wollte aufschreien vor Entsetzen. Aber da war es schon zu spät. Sie stießen ihn in die Zisterne. Als er dann in den Seilen hing, ließen sie ihn hinuntergleiten. Dunkel umfing den Propheten und Modergeruch. Immer tiefer sank er. Angst packte ihn. Gleich mußte er ins Wasser sinken. Er schrie in seiner Todesangst.

Doch es war kein Wasser in der Zisterne, sondern Schlamm, in den Jeremia allmählich einsank. Als er hinaufblickte aus der Tiefe, sah er die vier höhnischen Gesichter seiner Todfeinde. »Den sind wir los, ohne Aufsehen; für immer!« hörte er sie noch rufen.

Jeremia sank langsam in den zähen Schlamm, der den Boden der Zisterne bedeckte. Schon reichte ihm die kalte, klebrige Masse bis an die Hüften. Es war, als ob ihn die Unterwelt verschlingen wollte. Da endlich spürte er etwas wie festen Grund unter den Füßen. Die grausige Grube war etwa sieben Meter tief und drei Meter breit. Nach oben zu verjüngte sie sich, wie eine Flasche. Die kreisrunde Öffnung war einen halben Meter breit.

Inzwischen war es totenstill geworden. Jeremia erkannte jetzt, warum ihn seine Feinde in die Zisterne geworfen hatten. Kein Mensch außer ihnen wußte, daß er hier war. Niemand konnte im Wachthof seine Stimme hören. In diesem furchtbaren Loch sollte er wohl ohnmächtig werden vor Schwäche und Hunger und dann im Schlamm ersticken. Da fielen ihm die Worte eines Psalms ein:

»Mein Leben ist dem Tode nahe.
Ich bin denen gleich geachtet,
die in die Grube fahren,

ich bin wie ein Mann, der keine Kraft mehr hat.
Ich liege unter den Toten verlassen,
wie die Erschlagenen, die im Grabe liegen.«

Er war verlassen von den Menschen. Hatte ihn auch Gott verlassen? Jeremia blickte aus dem Schlammloch hinauf zu der kreisrunden Öffnung. Teilnahmslos glänzte das Licht des blauen Himmels. Jeremia wußte: Nur bei Gott war noch Rettung. Zu ihm betet er mit den Worten eines Psalms:

»Gott, hilf mir,
denn das Wasser geht mir bis an die Kehle.
Ich versinke in tiefem Schlamm, wo kein Grund ist . . .
Die mich ohne Grund hassen,
sind mehr als ich Haare auf dem Haupt habe . . .
Ich aber bete zu dir, Herr, zur Zeit der Gnade;
Gott, nach deiner großen Güte erhöre mich
mit deiner treuen Hilfe.
Errette mich aus dem Schlamm . . .«

Währenddessen wurden die Angriffe der Babylonier auf die Nordmauer immer heftiger. An jenem Morgen, als Karmi fiel, war nur ein Belagerungsturm gegen den Benjaminturm eingesetzt worden. Jetzt verstärkten sie ihre Angriffe. Drei Belagerungstürme schoben sie gegen die Nordmauer vor. Nur mit großer Mühe gelang es den ermatteten Soldaten Schefatjas, die Gefahr abzuwenden.
In das Geschrei der Kämpfenden mischten sich die Klagerufe der Frauen, die ihre Männer im Kampf verloren hatten und das Weinen der Kinder um ihre Väter. Die Gedanken der allermeisten kreisten nur noch um zwei Dinge: Um das Schicksal der Stadt und damit um das eigene und dann um die immer kleiner werdenden Brot- und Wasserrationen, die täglich an der Eingangshalle zur Königsburg ausgegeben wurden.
Ebed-Melech stand wartend in einer langen Schlange um eine Handvoll Körner und einen Liter Wasser zu empfangen. Brot gab es keines mehr. Er war schrecklich abgemagert. Hunger und Durst quälten ihn. Gleich nachdem er die Körner empfangen hatte, wollte er sie heißhungrig verschlingen.

Nicht wenige, die vor und hinter ihm in der Schlange standen, blickten ihn auch jetzt voller Verachtung an. Manche neideten ihm sogar, daß er überhaupt mit ihnen zusammen Körner und Wasser empfangen durfte. Ebed-Melech hörte, was hinter ihm zwei Männer sprachen: »Wo ist Jeremia?« – »Im Wachthof!« sagte der andere. »Dort habe ich ihn aber das letzte Mal vor drei Tagen gesehen«, erwiderte der Frager. »Einer der abgelösten Soldaten hat gesagt, die Fürsten hätten ihn in die Zisterne des Prinzen Malkija im Wachthof geworfen. Deshalb hat ihn keiner mehr sehen können«, erklärte der zweite Mann.

Ebed-Melech war auf einmal hellwach. Er spürte keinen Hunger und keinen Durst mehr. Jeremia lag also schon drei Tage in dieser Zisterne. Der alte Mann konnte ja auch schon tot sein.

Die Männer und Frauen um den schwarzen Sklaven wunderten sich, als er plötzlich fragte: »Wo ist der König?« – »Er ist gerade zum Benjamintor gegangen, um sich einen Überblick über die Lage zu verschaffen«, antwortete man ihm. Kaum hatte Ebed-Melech das gehört, da verließ er die Schlange und eilte, so schnell er nur konnte, durch den Königspalast zum Benjamintor. Keine Minute durfte er verlieren. Vielleicht war Jeremia noch zu retten.

König Zedekia saß am Benjamintor. Er ließ sich von Feldhauptmann Schefatja und von anderen Fürsten über den Stand der Kämpfe an der Nordmauer berichten. Die Fürsten hatten ihren Bericht gerade abgeschlossen und stiegen wieder hinauf auf die Mauer.

Im Vorbeigehen herrschte Schefatja den schwarzen Sklaven an: »Scher dich zum Teufel, schwarze Ratte, Jeremiafreund!« Schefatja und die anderen Fürsten wußten, daß Ebed-Melech Jeremia liebte. Ebed-Melech wartete bis sie gegangen waren. Dann überwand er seine Angst und trat vor den König: »Mein Herr und König, diese Männer handeln übel an dem Propheten Jeremia, daß sie ihn in die Zisterne geworfen haben; dort muß er vor Hunger sterben; denn es ist kein Brot mehr in der Stadt.«

Der König hörte die Worte des Schwarzen. Er war entsetzt. Auf diese furchtbare Weise also wollten sie Jeremia loswerden? Verhungern sollte er. Das hatte Zedekia nicht gewollt. Mitleid regte sich in ihm über den alten Mann in der Zisterne. Zugleich bewunderte er den Mut des schwarzen Sklaven. Er wagte es, die Fürsten anzuklagen. Dann sprach er zu Ebed-Melech: »Nimm von hier drei Männer mit dir und zieh den Propheten Jeremia aus der Zisterne, ehe er stirbt.«

Sofort nahm Ebed-Melech drei Soldaten mit sich. Zusammen mit ihnen eilte er in die Königsburg. Dort ging er zuerst in die Kleiderkammer und nahm zerrissene alte Lumpen mit sich. Mit diesen Lumpen unter dem Arm und einem Seil in der Hand eilte Ebed-Melech zusammen mit den Soldaten in den Wachthof. Schon drei Tage lag Jeremia in der Zisterne. Der Schlamm reichte ihm schon fast bis an die Achselhöhlen. Nur mit äußerster Mühe vermochte er noch, den Kopf aufrecht zu halten, um nicht im Schlamm zu erstikken. Er wußte, daß er dem Tode nahe war. Immer wieder wurde es ihm bereits schwarz vor den Augen. Da auf einmal verfinsterte sich die Zisterne. Jeremia meinte schon, es wären die Schatten des Todes, die ihn jetzt umfingen. Doch dann hörte er eine Stimme über sich. Er schaute mit großer Mühe hinauf, da sah er das Gesicht von Ebed-Melech und die Gesichter der drei Soldaten. Zugleich sah er, wie der Schwarze Lumpen an einem Seil zu ihm in die Zisterne hinabließ. Ebed-Melech rief zu ihm hinab: »Lege diese zerrissenen, alten Lumpen unter deinen Achseln um das Seil.« Mit letzter Kraft legte Jeremia die Lumpen in seine Achselhöhlen und schlang das Seil darüber. So zogen sie Jeremia herauf aus der Zisterne.

Dann standen sie sich gegenüber, der Prophet und der schwarze Sklave. Tränen standen in den Augen des alten Propheten, als er seinen Erretter vor sich sah. Er legte ihm die Hand auf die Schulter: »Danke; möge es dir Gott vergelten.«

Jeremia blieb im Wachthof und sprach ein Dankgebet:

»Ich harrte des Herrn
und er neigte sich zu mir
und hörte mein Schreien.
Er zog mich aus der grausigen Grube,
aus lauter Schmutz und Schlamm,
und stellte meine Füße auf einen Fels,
daß ich sicher treten kann.
Er hat mir ein neues Lied in meinen Mund gegeben,
zu loben meinen Gott.«

Zeichen der Hoffnung

Abel stand auf dem Turm beim Ephraimtor. Auch hier tobten immer wieder heftige Kämpfe. Aber sobald sie nachließen, schaute Abel unverwandt nach Nordwesten. Da war das Dorf Me-Neftoach zu sehen. Oder vielmehr die Ruinen des Dorfes.

Vor dem Krieg lebte Abel als Bauer in Me-Neftoach. Als die Babylonier kamen, floh er mit seiner Familie nach Jerusalem. Jetzt mußte er hilflos mit ansehen, was mit seinem Besitz geschah, den er als Erbe von seinem Vater übernommen hatte. Sein Hof ging in Flammen auf. Die Felder, die seine Vorfahren und er mühselig dem steinigen Land abgerungen hatten, wurden verwüstet und zertrampelt von babylonischen Soldaten oder abgeweidet von ihren Reit- und Zugtieren. Die knorrigen Weinstöcke hackten die Babylonier ab und verwendeten sie als Brennholz. Tränen traten Abel jedesmal in die Augen, wenn er das sah.

Da kam Baruch auf den Turm herauf. Er sollte im Auftrag des Königs die Schäden an der Mauer feststellen. Als er Abel sah, sprach er zu ihm: »Warum bist du heute so traurig?« – »Da fragst du noch«, antwortete ihm Abel bitter. »Schau hinüber nach Me-Neftoach, das einmal mein Heimatdorf gewesen ist. Dort habe ich den größten Hof gehabt.« – »Gib die Hoffnung nicht auf, Abel. Einmal nimmt die Belagerung ein Ende. Dann wirst auch du wieder ein normales Leben führen können«, versuchte Baruch ihn zu trösten. »Ein normales Leben? Das wird es für uns Judäer nicht mehr geben. Wer von uns am Leben bleibt, der wird zeitlebens Sklave sein«, sprach Abel voller Verbitterung. »Alles, was uns einmal gehört hat, ist in den Händen der Babylonier. Niemand mehr von uns wird dann noch etwas besitzen. Schau hinaus, sieh dir das Land an: Eine Wüste ist es, ohne Mensch und Vieh, in die Hand der Babylonier gegeben!«

Baruch verließ wortlos den Turm. Hatte Abel nicht recht? Für die Judäer gab es nach diesem Aufstand keinen Rechtsanspruch mehr auf das Land. Die Sieger verfügten darüber nach ihrem Belieben. Hatten es die Assyrer vor hundert Jahren in Israel nicht vorgemacht? Sie siedelten fremde Völkerschaften auf den Gütern der Israeliten an. Rechtlosigkeit und Chaos standen ihnen bevor. War das nicht überhaupt das Ende? Als Baruch an die Zukunft dachte, fielen ihm auf einmal die Worte ein, die Jeremia schon vor über fünfundvierzig Jahren gesagt hatte:

»Ich schaute das Land an,
siehe, es war wüst und öde,
und den Himmel,
und er war finster.
Ich sah die Berge an, und siehe, sie bebten,
und alle Hügel wankten.
Ich sah, und siehe, da war kein Mensch,
und alle Vögel unter dem Himmel waren weggeflogen.
Ich sah, und siehe, das Fruchtland war eine Wüste,
und alle seine Städte waren zerstört
vor dem Herrn
und vor seinem grimmigen Zorn.«

Baruch wußte es von seinen Gängen über die Mauern und durch die Straßen der Stadt, wie groß die Hoffnungslosigkeit gerade unter den Bauern war. Selbstmorde häuften sich. Oder Männer stürzten sich tollkühn in den Pfeilhagel der Babylonier, um den Tod zu finden. Die Worte der Propheten von einer wunderbaren Wendung waren Wind!

Sehr niedergeschlagen kam Baruch an diesem Tag zu Jeremia in den Wachthof. Aber er fand ihn nicht allein. Außerhalb des Wachthofs, vor dem Gitter, stand Hanamel und redete mit ihm. Jeremias Vetter aus Anatot, dem Sohn Schallums, war es gelungen, sich nachts von Süden her in die Stadt zu schleichen.

Ehe noch Baruch fragen konnte, was Hanamel wollte, sprach Jeremia: »Geh und hole Papyrus und Schreibzeug. Ich will dir einen Kaufvertrag diktieren. Bring auch einen Tonkrug mit, in dem du diesen lange Zeit aufbewahren kannst.«

Baruch war immer noch sehr betroffen von Abels Worten: »Keinen Besitz wird es mehr geben im Land. Sklaven werden wir alle sein.« Und jetzt wollte Jeremia einen Kaufvertrag abschließen. Würde es also seiner Meinung nach auch in Zukunft einen Rechtsanspruch auf Land geben?

Als Jeremia Baruchs Verwunderung sah, sprach er zu ihm: »Der Herr hat mir Hanamels Besuch angekündigt und mir auch seine Absicht mitgeteilt, mir seinen Acker zu verkaufen, damit er nach unsrem Recht im Besitz der Sippe bleibt. Ich fragte mich: Was soll ich mit einem Acker machen? Und vor allem: Was soll ich mit einem solchen, in dieser Zeit, wo alles im Chaos versinkt und am Ende alles Land den Babyloniern gehören wird? Als aber heute Hanamel tatsächlich erschien, da wurde mir auf einmal klar: Auf Jahwes Befehl hin muß ich diesen Kaufvertrag in aller Öffentlichkeit abschließen. Ein Zeichen soll ich damit aufrichten gegen die Hoffnungslosigkeit. Wer es sehen will, soll es sehen: Auch in Zukunft wird es einen Rechtsanspruch geben auf Land. Es versinkt nicht alles im Chaos, denn Gott bleibt seiner Verheißung treu.«

Daß Jeremia einen Kaufvertrag abschließen wollte, jetzt, wo alles dem Verderben entgegenging, das erregte nicht geringeres Aufsehen als das Joch, das er durch die Stadt getragen hatte. Viele Menschen, vor allem Bauern, versammelten sich vor dem Wachthof. Auch Abel aus Me-Neftoach war unter ihnen. Er wollte mit eigenen Augen sehen, daß Jeremia in der dem Untergang geweihten Stadt auf normale Zeiten hoffte, in denen man mit einer Urkunde einen Rechtsanspruch auf einen Acker erheben konnte.

Zuerst bestellte Jeremia zwei Zeugen, Gedalja, den Sohn Schafans, und Baruch. Sie sollten den Vertrag als Zeugen unterschreiben. Dann verlief vor den Augen des staunenden Volkes alles nach Recht und Ordnung. Es war, als ob tiefster Friede herrschte und nicht Krieg und Blutvergießen ringsum wütete.

Jeremia diktierte Baruch durch das Gitter hindurch den Vertrag: »Jerusalem im zehnten Jahr des Königs Zedekia, im dritten Monat; Kaufvertrag, abgeschlossen zwischen Jeremia dem Sohn Hilkijas und Hanamel, dem Sohn Schallums: Ich, Hanamel, verkaufe den Acker hinter meinem Haus in Anatot . . .«

Baruch schrieb Wort für Wort. Zweimal mußte er denselben Wortlaut schreiben. Als der Kaufvertrag aufgesetzt war, unterschrieben zuerst die beiden Zeugen. Dann wickelte Jeremia die Hälfte des Papiers mit dem Vertrag zur Rolle, legte eine Schnur darum und versiegelte sie. Der zweite Vertragstext, mit dem ersten zu einem Stück verbunden, blieb offen, so daß man den Wortlaut stets einsehen konnte. Dann wog Jeremia siebzehn Silberschekel auf einer Waage ab und übergab sie Hanamel als Kaufpreis. Als das alles geschehen war, nahm Jeremia die Urkunde und den Krug und sprach zu Baruch:

»Nimm diese Briefe, den versiegelten Kaufbrief
samt dieser offenen Abschrift,
und lege sie in ein irdenes Gefäß,
daß sie lange erhalten bleiben.«

Jeremia übergab die Kaufverträge und den Krug an Baruch. Während er das tat, sprach er:

»Denn so spricht der Herr Zebaoth,
der Gott Israels:
Man wird wieder Häuser,
Äcker und Weinberge kaufen in diesem Lande.«

Abel erlebte das alles mit großer Verwunderung. Er begriff den Sinn dieser Handlung: Es würde wieder einen Rechtsanspruch geben auf einen Besitz draußen im Land. Es würde wieder ein normales, durch Recht und Gesetz geregeltes Leben geben, Wort Jahwes war das. Langsam wich von Abel die Hoffnungslosigkeit, die sich bleiern auf ihn gesenkt hatte. Baruch hatte den Krug mit der Urkunde so auf die Mauer beim Wachthof gestellt, daß man ihn weithin sehen konnte. Immer wieder richtete Abel sein Auge fest auf dieses Zeichen der Hoffnung.

Am anderen Morgen beschossen die Babylonier die Stadt so heftig, wie man das bisher noch nie erlebt hatte. Zugleich rückten sechs Belagerungstürme gegen die Stadt vor. Auch in den Wachthof fielen Steine und Brandpfeile. Immer wieder wurde der Krug mit den Kaufverträgen auf der Mauer erschüttert. Jeremia ängstigte sich um ihn. Er holte ihn herab und barg ihn in einer Nische.

War diese Beschießung die Vorbereitung für den letzten Angriff? Jeremia geriet in schreckliche Zweifel. Als er den Kaufvertrag diktierte, war in seinem Herzen die zarte Pflanze der Hoffnung aufgewachsen. Doch jetzt fegte Angst wie ein Sturm darüber und knickte sie ein. War das Wort der Gnade nicht doch eine Täuschung? War nicht die Realität des Gerichts übermächtig groß? Jeremia zweifelte auf einmal am Wort der Verheißung, das er ausgesprochen hatte. Da wandte er sich an Gott:

»Siehe, die Wälle reichen schon bis an die Stadt,

daß sie erobert werde,
und sie muß wegen Schwert, Hunger und Pest
in die Hände der Chaldäer gegeben werden,
die sie belagern;
und wie du geredet hast, so ist's geschehen;
du siehst es ja selbst.
Aber du, Herr, sprichst zu mir:
›Kaufe dir einen Acker um Geld und nimm Zeugen dazu.‹«

War Gnade möglich, jetzt wo das Gericht sich ankündigte? Da sprach Gott zu Jeremia:

»Denn so spricht der Herr:
Gleichwie ich über dies Volk
all dies große Unheil habe kommen lassen,
so will ich auch alles Gute über sie kommen lassen,
das ich ihnen zugesagt habe.
Und es sollen wieder Äcker gekauft werden in diesem Lande,
von dem ihr sagt:
›Eine Wüste ist's ohne Menschen und Vieh;
es ist in der Chaldäer Hände gegeben.‹«

Jeremia holte den Krug aus der Nische heraus und stellte ihn hoch auf die Mauer.

Zedekia – Zedekenu

Es war Mitternacht. Im Lager der Babylonier war es nach einem Tag heißen Kampfes ganz ruhig. Nicht so auf dem Benjaminturm und auch nicht in den unterirdischen Räumen der Königsburg. Der König und alle seine Fürsten waren hier versammelt, beugten sich über Karten und sprachen erregt miteinander. Eine große Krisenbesprechung?
Die Nachrichten über die sich anbahnende Krise wurden auf dem Benjaminturm empfangen. Seit Eintritt der Nacht kamen Feuersignale aus dem Süden, von Hebron. Hebron war eine der drei Fe-

stungen, die außer Jerusalem noch standhielten. Alle achteten auf die Signale, die aus der Stadt kamen, in der einst David sieben Jahre regiert hatte, ehe er Jerusalem zu seiner Hauptstadt machte.
Feldhauptmann Schefatja war persönlich auf den Turm gestiegen, um die Meldungen aus der Stadt als erster zu sehen:
»Hier Hebron! Seht ihr uns?« – »Wir sehen euch«, antworteten die Melder vom Benjaminturm. »Sind seit drei Tagen eingeschlossen. – Babylonier bieten freien Abzug bei sofortiger Einstellung des Kampfes!« – »Haben verstanden. – Antwort in einer Stunde!« gaben die Soldaten nach Hebron zurück.
Im Sitzungssaal verstummten alle, als Schefatja eintrat. Er berichtete, was von Hebron signalisiert wurde. Dann fragte er: »Was sollen wir antworten?« Gedalja sagte: »Sie müssen standhalten, denn sie binden einen großen Teil der babylonischen Kräfte.« Paschhur rief entschlossen: »Wir kämpfen bis zum endgültigen Sieg; also auch Hebron!« Eleasa aber sagte: »Wir sollten jetzt nicht an uns denken, sondern an das Schicksal des Volkes. Hebron wird fallen, das wissen wir alle. Wir sollten ihnen deshalb den freien Abzug erlauben. Sie retten sich damit das nackte Leben. Im anderen Fall verfallen sie der Rache der Babylonier.«
Alle schauten jetzt auf Schefatja: »Was sagst du?« wollten sie wissen. Schefatja antwortete: »Hebron ist für uns von großer Bedeutung. Fällt es, so beginnt damit auch das Ende Jerusalems.« Eleasa bat ihn: »Denk doch an die vielen Menschen in der Stadt!« – »Was kümmert es mich, wenn sie umkommen und zerstreut werden. Ich muß an unseren endgültigen Sieg denken. Sie müssen weiterkämpfen.« Alle, auch der König, mit Ausnahme Eleasas und Baruchs, stimmten Schefatja zu. Dieser ging, um die Entscheidung zu übermitteln: »Jerusalem an Hebron: Weiterkämpfen bis zum endgültigen Sieg.« – »Haben verstanden! – Bitten um Erlaubnis, wenigstens alle Alten, Frauen und Kinder abziehen lassen zu dürfen«, antwortete es aus Hebron.
Als Schefatja dem Kriegsrat diese Bitte vorlegte, meinte auch Paschhur: »Das sollten wir erlauben!« Schefatja aber hielt dagegen: »Was glaubt ihr, welche seelischen Auswirkungen auf die Zurückbleibenden ein solcher Auszug hätte? Die Kampfmoral wird nachlassen. Darum: Nein! Sie müssen bleiben. Jeder und jede kann doch einen Beitrag zur Verteidigung leisten!« Eleasa wurde bleich vor

Zorn. Er hatte es aufgegeben, mit Schefatja zu verhandeln und wandte sich darum direkt an den König. »Herr, der König ist seit jeher die Hoffnung der Armen und Schwachen. Es heißt in einem Königspsalm:

›Er soll den Elenden im Volk recht schaffen
und den Armen helfen und die Bedränger zermalmen . . .
Denn er wird den Armen erretten, der um Hilfe schreit,
und den Elenden, der keinen Helfer hat . . .‹

Sei du das jetzt für die Alten, Frauen und Kinder von Hebron. Ich bitte dich: Es ist die wichtigste Aufgabe deines Amtes!« Der König antwortete: »Ich habe nur eine Stimme. Wir sind im Rat zwölf.« Doch Eleasa gab nicht auf: »Herr, denke an deinen Thronnamen: Jahwe ist mein Heil (= Zedekia)! Wie du darauf hoffst, daß Gott deine Rettung ist, so sei du auch jetzt Retter der Elenden von Hebron!« – »Ich kann nichts ausrichten gegen meine Fürsten«, sprach der König.

In den drei folgenden Nächten kamen noch Feuersignale aus Hebron: »Bresche in der Südmauer!« – »Die Wohnstadt in den Händen der Babylonier. Nur Festung hält noch stand. Alle Bewohner der Wohnstadt als Sklaven gefesselt nach Babylon. Furchtbare Greuel. Alle Ältesten gepfählt!« – »Wir kämpfen . . .! – Was wird aus uns?« Nach dieser dritten Nacht kamen keine Feuersignale mehr aus Hebron, vielmehr stand eine gewaltige Rauchsäule drei Tage lang über den Bergen von Juda.

Der Wachthof, in dem Jeremia gefangengehalten wurde, war den ganzen Tag über von Menschen umlagert. Der Fall von Hebron beunruhigte alle. Erst als es Nacht wurde, kehrte vor dem Wachthof Stille ein. Aber der Prophet war nicht allein. Drei Männer mochten sich nicht von ihm trennen: Baruch, Gaddiel und Ebed-Melech.

Als sich die Nacht herabgesenkt hatte, sahen sie auf einmal, daß im Libanonwaldhaus sich reges Leben zu zeigen begann. Kaum hatten sie beobachtet, daß dort Diener Speisen hineintrugen und Weinkannen, da sahen sie, daß Fürst Juchal mit seiner Frau vor der Königsburg vorfuhr, beide festlich gekleidet. Dann kam Paschhur in Begleitung seiner Frau, hinter ihm Gedalja. So fuhr einer der Fürsten und Reichen der Stadt nach dem anderen bei der Königsburg vor und schritt zum Libanonwaldhaus. Auch die führenden Propheten kamen, voran Kolaja, der Prophetenvorsteher. Als letzter erschien Fürst Schefatja.

Baruch sagte bitter: »Sie feiern ein Fest, während in der Stadt die Menschen verhungern. Sie prassen mit gehorteten Vorräten!« Gaddiel meinte: »Sie wollen den Babyloniern zeigen, daß sie voll Siegeszuversicht sind.« Ebed-Melech sprach: »Es ist wie ein Tanz auf dem Vulkan!« Baruch fuhr fort: »Dabei sind sie schuld an unsrem Untergang. Sie haben Zedekia zum Abfall von Babylon gedrängt. Jetzt zahlen wir alle die Zeche.«

Jeremia aber sprach: »Treulose, verantwortungslose Hirten sind es.« Ebed-Melech fragte abfällig: »Hirten?« Jeremia aber erklärte sein Bild: »Ja, das Volk ist Gottes Eigentum. Ihnen aber hat er es anvertraut. Sie sind ihm verantwortlich.« Ebed-Melech erwiderte: »Ein schönes und ein tiefes Bild. Hirten sollen achtgeben auf die Herde, sie zu Weideplätzen führen und Feinde abwehren, so daß sich die Herde nicht fürchten muß.« – »Das hast du gut gesagt, Ebed-Melech«, meinte Jeremia. »Was aber haben sie getan? Sie haben das Volk ausgebeutet. Denkt an das Netz, das einst Kaleb auswarf und jetzt Korah in Händen hält! Die Propheten haben mit ihren Träumen den Aufstand geschürt. Die Fürsten haben auf sie gehört und die wahnsinnige Aufstandspolitik gegen die Babylonier betrieben. Treulos haben alle gehandelt gegenüber dem Volk und gegenüber Gott!«

Baruch setzte hinzu: »Und jetzt gehen wir dem Untergang . . .« Doch er wurde von Gaddiel unterbrochen: »Schau, wer kommt da noch zum Fest?« Ebed-Melech rief staunend »Das ist der König!«

Tatsächlich, König Zedekia ging in Begleitung von zwei Dienern zum Fest. »Nur der Schatten eines Königs ist dieser!« rief Ebed-Melech zornig. Baruch griff dies auf und sprach: »Ein Schwächling! Er kann sich nicht durchsetzen gegen Männer wie Schefatja und die anderen.«

Jeremia schaute dem König nach, bis sich die Tore des Libanonwaldhauses hinter ihm schlossen. Dann sprach er: »Er ist nicht von Gott eingesetzt in sein Amt, sondern von Nebukadnezar. Er ist auch nicht direkter Nachkomme Davids, kein Erstgeborener, wie sonst die Könige von Juda. Für beides kann er nichts. Seine Schuld ist, wie er sein Amt führt. Wie unköniglich, unweise, ungerecht! Wie töricht war der Abfall von Babylon! Und daß er die Sklavenbefreiung rückgängig gemacht hat, war ein Skandal!« Auch Baruch ereiferte sich: »Du selbst hast am eigenen Leib erfahren, wie schwach und ungerecht dieser König ist!« Gaddiel rief bitter: »Dabei heißt er: ›Der Herr ist mein Heil!‹« Er lachte. »Ob er nach diesem Heil je im Ernst verlangte? Sein Volk spürt jedenfalls nichts von diesem Heil!«

Rings um die Stadt brannten die Wachtfeuer der Babylonier. In den zerstörten Häusern und in Kellern stöhnten Verwundete, Kranke und Sterbende. Hungrige Kinder schrien und weinten. Verwesungsgeruch von Tier- und Menschenleichen lag in der Luft. Morgen schon konnte der letzte Tag für die Stadt anbrechen. Das Ende von Hebron war der Anfang des Untergangs. Was den Bürgern und Bürgerinnen dieser Stadt Entsetzliches geschah, in wenigen Tagen würde es auch das Schicksal der Bewohner Jerusalems sein. Schwer lastete auf den vier Männern am Rande der Königsburg die Schuld der Propheten, der Fürsten und die des Königs. Ebed-Melech sagte bedrückt: »Wir werden umkommen, zerstreut und verstoßen werden. Sie aber«, er zeigte auf das Libanonwaldhaus, »sie werden entkommen!« – »Was meinst du damit?« fragte ihn Gaddiel. »Sie sitzen doch mit uns zusammen in der Falle!« Ebed-Melech lachte: »Ich hörte an der Gihonquelle beim Wasserholen, was ihre Sklaven sagen. Korah hat schon viel Geld ins Ausland schaffen lassen, Schefatja und andere auch. Es gibt Fluchtpläne für den Ernstfall. Ein geheimes Tor muß es geben in der Ostmauer, auf die Königsgärten zu. Im Ausland führen sie dann ein süßes Leben!« Baruch wandte ein: »Wenn sie Hirten sind über anvertraute Herden, meinst du dann nicht auch, daß sie ihr Herr zur Verantwortung zieht?«

Die Stunden gingen vorüber. Gegen Mitternacht schwoll das Johlen und Lärmen im Libanonwaldhaus an. Dann wurde es stiller. Endlich verließen – gegen den Morgen zu – die Fürsten und Propheten das Fest. Zuerst erschien Schefatja. Er war so betrunken, daß er sich kaum auf den Beinen halten konnte. Er blieb mitten auf dem Platz in der Königsburg stehen, auf unsicheren Beinen, machte mit dem rechten Arm eine weitausholende Geste, die ihm fast das Gleichgewicht kostete: »Wenn sie auch alle umkommen, was kümmert . . .« Einer der Fürsten nach dem anderen folgte.

Gaddiel spuckte aus vor Verachtung und Wut. Ebed-Melech rief zornig: »Diese gewissenlosen Schurken!« Baruch schwieg mit zusammengepreßten Lippen. Jeremia aber sprach:

»Wehe euch Hirten . . .«

Ebed-Melech wollte wissen: »Was bedeutet das Herr?« Baruch erklärte: »Das ist der Klageruf, den man anstimmt, wenn jemand gestorben ist. Ebed-Melech rief: »So sind sie dem Tod verfallen?« Jeremia antwortete: »Ja, Gott zieht sie zur Rechenschaft, weil sie seine Herde umkommen ließen und schuld sind an ihrer Zerstreuung«. Gaddiel fragte: »So werden sie also nicht entkommen?« Jeremia sprach: »Nein . . .«
Und nun vollzog sich vor den Augen der drei Männer eine Veränderung der Stadt und des Landes, das sie ins Entsetzen stürzte: »Sie selbst fallen in die Hände der Babylonier. Ihre Häuser – zerstört! Diese Stadt, Königspalast und Tempel – ein Trümmerhaufe!«
Gaddiel fragte bang: »Und das Volk?« Jeremia antwortete: »Die Israeliten leben schon seit hundert Jahren in der Gefangenschaft im Norden Assurs. Seit zehn Jahren sind viele Judäer in der Verbannung in Babylon. Wir werden in diesen Wochen erleben, wie weitere große Teile des Volkes weggeführt werden.«
Baruch fragte betroffen: »Und der König?« Jeremia sagte nur: »Auch er entgeht seinem Schicksal nicht.« – »Furchtbare Gerichte Gottes! Am Ende bleibt nur noch Wüste übrig, lebloses, totes Land«, sprach Gaddiel tief erschüttert. Ebed-Melech rief: »Das Chaos wird uns alle verschlingen . . .« Alle vier Männer schwiegen bedrückt.
Dann sprach Baruch: »Nein, Ebed-Melech, nein! Du kennst wohl noch nicht die Heilsweissagungen des Amos und die Jesajas. Gott wird die

›. . . zerfallene Hütte Davids
wieder aufrichten . . .!‹

und Jesaja:

›Das Volk, das im Finstern wandelt,

sieht ein großes Licht . . .
Uns ist ein Kind geboren
ein Sohn ist uns gegeben . . .
Es wird ein Reis hervorgehen
aus dem Stamm Isais . . .!‹ «

Gaddiel fügte hinzu: »Vergiß nicht die Weissagungen Jeremias:

›Man wird wieder Häuser,
Äcker und Weinberge kaufen in diesem Lande.‹

Und den Verbannten in Babel hat er geschrieben:

›Denn ich weiß wohl,
was ich für Gedanken über euch habe, spricht der Herr:
Gedanken des Friedens und nicht des Leides.‹«

Jeremia meinte einen Augenblick lang, er könne jetzt die Weissagungen Jesajas einfach wiederholen. Aber dann gab es ihm Gott ein: Er mußte ein neues Wort sagen, ein Wort für das hoffnungslose Volk, ein Wort, das ganz dem Bild Zedekias entgegengesetzt war.
Langsam und feierlich sprach Jeremia: »Gott selbst wird als guter Hirte nach dem Gericht die Zerstreuten seines Volkes wieder sammeln. Dann wird er wirkliche Hirten über sie setzen. Sie werden das Volk so leiten, daß es keine Angst mehr zu haben braucht. Es wird wachsen und sich vermehren. Das ist das erste Wunder, das Gott tun wird!«
Baruch fragte voll Eifer: »Und das zweite? Braucht dieses Volk nicht einen König?«
Jeremia stand auf. Dann sprach er zu den Sitzenden: »Es braucht keinen König. Aber es braucht den, der ihm deutlich macht: Gott ist da! Gott ist unser Heil! Dann ist Friede.«
Gaddiel wandte ein: »Aber dieser Mann kann kaum aus dem Hause Davids kommen, denn wie schrecklich haben sich die Davididen gegen Gott vergangen.« Jeremia aber sprach: »Gott hält David dennoch die Treue. Er hat zu ihm gesagt:

›Dein Haus und dein Königtum
sollen beständig sein in Ewigkeit vor mir,
und dein Thron soll ewig bestehen.‹

Ein Wunder wird geschehen, ein Schöpfungswunder, ein Wunder wie im Frühling, wo Totgeglaubtes wieder sprießt, wächst, blüht und Frucht bringt:

›Siehe, es kommt die Zeit, spricht der Herr,
daß ich dem David einen gerechten Sproß erwecken will.‹

Das ist das zweite Wunder. An der Amtsführung dieses Sproßes soll das Volk sehen, daß Gott nahe ist. Er wird gütig sein und barmherzig. Schuld wird er aufdecken und vergeben. Er wird den Armen Recht schaffen. Dann werden alle sehen, daß Gott da ist. Er ist das Heil des Volkes. Das Volk wird diesem König den Thronnamen geben: ›Der Herr unsere Gerechtigkeit‹ (= Zedekenu).«
Ebed-Melech sprach ergriffen: »Wie einzigartig ist der Gott Israels. Ich will zu ihm gehören!«

Der Morgen kam. Die Babylonier nahmen mit furchtbarer Heftigkeit den Kampf gegen die Stadt wieder auf. Trotzdem versammelten sich erneut viele Menschen vor dem Wachttor, um mit Jeremia zu sprechen. Wenige Entronnene von Hebron waren in die Stadt gelangt. Die Bürger und Bürgerinnen der Hauptstadt entsetzten sich über das, was sie erzählten. Die, die zu Jeremia kamen, fragten ihn bangen Herzens: »Jeremia, gibt es für das Volk Gottes keine Hilfe mehr?« – »Nicht mit billiger Hoffnung kann ich euch trösten«, sprach Jeremia, »aber nach dem Gericht über die Hirten wird das Volk Gottes das Heil sehen.« Dann rief er laut im Namen Gottes:

»Wehe euch Hirten,
die ihr die Herde meiner Weide umkommen laßt
und zerstreut, spricht der Herr.
Darum spricht der Herr, der Gott Israels,
von den Hirten, die mein Volk weiden:
Ihr habt meine Herde zerstreut und verstoßen
und nicht nach ihr gesehen.

Siehe, ich will euch heimsuchen um eures bösen Tuns willen,
spricht der Herr.
Und ich will die Übriggebliebenen meiner Herde sammeln
aus allen Ländern,
wohin ich sie verstoßen habe,
und will sie wiederbringen zu ihren Weideplätzen,
daß sie sollen wachsen und viel werden.
Und ich will Hirten über sie setzen,
die sie weiden sollen,
daß sie sich nicht mehr fürchten
noch erschrecken noch heimgesucht werden,
spricht der Herr.
Siehe, es kommt die Zeit,
spricht der Herr,
daß ich dem David einen gerechten Sproß erwecken will.
Der soll ein König sein,
der wohl regieren
und Recht und Gerechtigkeit
im Lande üben wird.
Zu seiner Zeit soll Juda geholfen werden
und Israel sicher wohnen.
Und dies wird sein Name sein, mit dem man ihn nennen wird:
›Der Herr unsere Gerechtigkeit‹.«

Der Bauer Abel stand unter den Hörern und dachte: »Ach könnte ich diesen Tag erleben. Könnte ich unter jenen sein, die sagen: ›Der Herr ist unsere Gerechtigkeit‹, denn das muß der Friede sein!«

Die letzte Unterredung

Die Sitzung des obersten Rats fand in aller Morgenfrühe statt. Der König hatte seine obersten Beamten und Offiziere in den Sitzungssaal gerufen, der sich nun schon seit einem Jahr unter der Königsburg befand.
Man sah den versammelten Männern an, daß die Stadt jetzt schon über ein Jahr belagert wurde. Schefatja ging an einem Stock. Ein

Stein hatte ihn am rechten Bein getroffen. Juchal trug den rechten Arm in einer Schlinge. Alle Männer waren ausgezehrt. Aber in den meisten Augenpaaren brannte ein fanatisches Feuer, denn noch hatten sie die Hoffnung auf eine wunderbare Wendung und damit auf den Sieg nicht aufgegeben. Heeresoberst Schefatja hatte nur eine einzige Nachricht mitzuteilen, aber das, was er sagte, traf auch die härtesten dieser Männer tief: »Die Festung Lachisch ist gefallen!« Wortlos blickten alle auf die Lagekarte. Dort war Lachisch noch als belagerte Stadt dargestellt.

Keiner der Beamten sprach jetzt ein Wort. Alle wußten, was der Fall von Lachisch bedeutete. Nun waren alle Kräfte der Babylonier frei für den Kampf gegen Jerusalem. Paschhur fragte mit beklommener Stimme: »Weiß man etwas über das Schicksal der Besatzung und der Bewohner der Stadt?« Schefatja schwieg lange, als gingen ihm keine Worte mehr über die Lippen, dann sagte er: »Ja, der Stadtkommandant und seine sechs obersten Offiziere wurden sofort getötet. Alle Soldaten und Bewohner der Stadt wurden als Sklaven nach Babylon geführt.«

Das also war das Ende der zweitgrößten Stadt von Juda. War das nicht das unmittelbare, grausige Vorspiel für den Untergang Jerusalems, der Hauptstadt? Sollte man jetzt nicht, mußte man jetzt nicht eine Übergabe der Stadt in Erwägung ziehen? Doch selbst wenn jemand so gedacht hätte, Schefatja erstickte solche Gedanken im Keim: »Der Fall von Lachisch ist für uns Verpflichtung, erst recht weiterzukämpfen. Jetzt sind wir die einzig freie Stadt im Lande Gottes. Wir vertrauen auf unsre Stärke und auf die Hilfe unsres Gottes. Jeder, der von seiner Pflicht abweicht, muß mit härtester Strafe rechnen. Geht wieder auf die Mauern und stärkt den Mut eurer Soldaten. Kämpft!«

Die Sitzung war zu Ende. König Zedekia blieb allein im Saal zurück. Die Worte Schefatjas klangen schrecklich in ihm nach. Der Stadtkommandant von Lachisch und sechs seiner obersten Offiziere waren sofort getötet worden. War das nicht auch sein Schicksal, wenn die Stadt fiel? Und wenn er das Undenkbare wagte und würde die Stadt freiwillig übergeben, was würde dann geschehen?

König Zedekia hielt einen der Briefe in der Hand, die gestern mit Pfeilen in die Stadt geschossen worden waren. Nicht von den Babyloniern stammten sie, sondern Judäer hatten sie abgefaßt, Überläu-

fer, Gegner der Politik Zedekias und seiner Fürsten. Zedekia entrollte das Schreiben und las: »Mit deiner sinnlosen Politik des Aufstandes hast du das Land, die Stadt und uns ins Verderben gestürzt. Tausende sind durch deine Schuld sinnlos gestorben. Wir wissen, daß deine Stunden gezählt sind. Jerusalem wird fallen. Wenn du dann herauskommst, werden wir mit dir abrechnen.« Angstschweiß brach dem König aus. Er sah sich in eine ausweglose Enge getrieben. Nein, er selbst hatte sich durch seine Schwäche hineintreiben lassen. Hier in der Stadt erwartete ihn der Tod, draußen Schande und Qual!
Zedekia stöhnte laut auf. Was sollte er tun, er hatte niemanden mehr, dem er sich anvertrauen konnte. Keiner war unter seinen Räten, den er wirklich um Rat hätte fragen können.
Da fiel ihm plötzlich Jeremia wieder ein. Zwar konnte er nicht ohne schlechtes Gewissen an ihn denken, dennoch war dieser Mann der einzige Lichtblick in seiner furchtbaren Lage. Der König mußte es sich eingestehen: Jeremia hatte alles richtig vorausgesehen. Hätte er ihm nur gehorcht und wäre Babylon untertan geblieben. Als dann die Babylonier von der Stadt abzogen sagte er:

»Die Chaldäer werden wiederkommen
und diese Stadt belagern und sie erobern
und mit Feuer verbrennen.«

Sie waren wiedergekommen. Und zu ihm selbst hatte er gesagt:

»Auch du sollst seiner Hand nicht entrinnen,
sondern ergriffen und in seine Hand gegeben werden.«

Nur von diesem Mann war ein klares Wort zu erwarten. Vielleicht würde er jetzt sogar noch ein gnädiges Wort für den König haben. Denn er hatte ihn ja durch Ebed-Melech aus dem Brunnen befreien lassen.
Aber keiner der Fürsten durfte von solch einer Begegnung etwas erfahren. Wie aber konnte Zedekia ohne ihre Spitzel und Horcher mit dem Propheten sprechen? Der König mußte sich eingestehen: In seinem eigenen Palast konnte er nicht mehr nach eigenem Ermessen handeln. Soweit hatte ihn seine Schwäche gebracht. Da kam ihm ein Gedanke.

Vormittags zur dritten Stunde ging der König – wie so oft schon – nur in der Begleitung eines einzigen Sklaven in den Tempel hinauf, um zu beten. Unterwegs traf er Gedalja und Paschhur. Aber wiewohl sie Zedekia ununterbrochen bespitzeln ließen, auf dem Weg zum Tempel schien ihnen das nicht nötig zu sein. Der König aber wandte sich zum südwestlichen, dem dritten Eingang des Tempels und ging dort in einen Raum, der für ihn vorgesehen war. Dann sprach er zu dem Sklaven: »Geh in den Wachthof und bringe mir unauffällig Jeremia hierher.«
Schon kurze Zeit später standen sich der König und der Prophet gegenüber. Jeremias Gesicht war geprägt von den Spuren der Haft und den schrecklichen Stunden in der Zisterne, noch mehr aber war es das Leid um das Schicksal des Gottesvolkes, was sich ihm tief eingeprägt hatte. Der Prophet schaute den König an. Einem einsamen, hilflosen Mann sah er sich gegenüber. Jeremia ahnte, warum das Gespräch hier stattfinden mußte. So unfrei war der König, er konnte niemand mehr in seinem Hause trauen.
Ängstlich begann der König: »Ich will dich etwas fragen, verbirg mir nichts!« Jeremia schaute mit traurigem Blick auf den König. Er hatte ihn seinen Fürsten preisgegeben, so daß diese ihn in die Zisterne werfen konnten. Wäre Jeremia dort gestorben, der König wäre mitschuldig an seinem Tod. Konnte er diesem Mann etwas sagen, ohne fürchten zu müssen, daß er ein offenes Wort mit dem Tod büßen mußte? Hatte es überhaupt einen Sinn? Wie oft hatte er schon zu ihm geredet? König Zedekia war ein Mann, der zwar hört und hört, aber nicht gehorcht. Zweifache Schuld lastete auf ihm: Mitschuldig an seinem Tode wäre er fast geworden und ungehorsam war er gegen Gott. Hart sagte Jeremia darum:

> »Sage ich dir etwas, so tötest du mich doch;
> gebe ich dir aber einen Rat, so gehorchst du mir nicht.«

Der König zuckte zusamen. Er spürte den doppelten, schweren Vorwurf. Und er mußte Jeremia recht geben. Das Gespräch schien beendigt zu sein, bevor es richtig begonnen hatte. Aber Jeremia war die letzte Zuflucht für ihn. Er mußte die Bedenken Jeremias ausräumen, besonders seine Angst vor dem Tode. Der König trat nahe an den Propheten heran. Heimlich sprach er auf ihn ein. Er redete so

leise, daß es der Sklave vor der Tür nicht hören konnte: »So wahr der Herr lebt, der uns dieses Leben gegeben hat: Ich will dich nicht töten noch den Männern in die Hände geben, die dir nach dem Leben trachten.« Jeremia vernahm die großen Worte: Ein Schwur, bei Gott, dem Schöpfer!
Der König wartete gespannt, was der Prophet jetzt sagen würde. Zedekias Augen wurden groß, als er die Worte Jeremias hörte. Solches hatte er zwar auch schon gedacht, aber dann immer wieder verworfen:

»So spricht der Herr, der Gott Zebaoth,
der Gott Israels:
Wirst du hinausgehen zu den Obersten des Königs von Babel,
so sollst du am Leben bleiben,
und diese Stadt soll nicht verbrannt werden,
sondern du und dein Haus sollen am Leben bleiben;
wirst du aber nicht hinausgehen
zu den Obersten des Königs von Babel,
so wird diese Stadt den Chaldäern in die Hände gegeben,
und sie werden sie mit Feuer verbrennen,
und auch du wirst ihren Händen nicht entrinnen.«

Klar sah der König die zwei Möglichkeiten vor sich: Übergabe der Stadt und das eigene Überleben oder der Untergang der Stadt und der Tod.
Zedekia erhob langsam die Hand mit dem Drohbrief der Überläufer. Sein ganzes Blickfeld verengte sich auf seine eigene Person. »Freiwillige Übergabe der Stadt, aber was geschieht dann mit mir?« so fragte er sich. Deshalb sagte er zu Jeremia: »Ich habe aber die Sorge, daß ich den Judäern, die zu den Chaldäern übergelaufen sind, übergeben werden könnte, daß sie mir übel mitspielen.«
Da tat Jeremia ein letztes, um den König für eine freiwillige Übergabe der Stadt zu gewinnen:

»Man wird dich nicht übergeben.
Gehorche doch der Stimme des Herrn,
die ich dir verkünde,
so wird dir's wohl gehen,

und du wirst am Leben bleiben.
Wirst du aber nicht hinausgehen,
so ist dies das Wort, das mir der Herr gezeigt hat:
Siehe, alle Frauen, die noch vorhanden sind
im Haus des Königs von Juda,
werden zu den Obersten des Königs von Babel müssen,
und sie werden dann sagen:
›Ach, deine guten Freunde haben dich überredet
und in ihre Gewalt gebracht
und in den Sumpf geführt und lassen dich nun stecken.‹
Ja, alle deine Frauen und Kinder
werden hinaus müssen zu den Chaldäern
und du selbst wirst ihren Händen nicht entgehen,
sondern du wirst vom König von Babel ergriffen,
und diese Stadt wird mit Feuer verbrannt werden.«

Jeremia hatte alles getan, was er tun konnte, um den König zur Aufgabe des sinnlosen Widerstands zu bewegen. Doch es zeigte sich, daß die Angst des Königs vor seinen Gegnern in der Stadt größer war als sein Verantwortungsgefühl für das Volk und für Jerusalem. Wenn die Fürsten erfuhren, daß er mit Jeremia über eine kampflose Übergabe der Stadt gesprochen hatte, dann war es um den König und um den Propheten geschehen. Er mußte darum den Propheten dafür gewinnen zu einer Lüge zu greifen, um das Gespräch zu verheimlichen. Beschwörend sagte Zedekia zu Jeremia: »Sieh zu, daß niemand diese Worte erfahre, so wirst du nicht sterben.« Er verschwieg, daß er sich als König in nicht geringere Gefahr begeben hatte. Dann fuhr er fort: »Und wenn's die Oberen erfahren sollten, daß ich mit dir geredet habe, und zu dir kommen und sprechen: ›Sag an, was hast du mit dem König geredet; verbirg es uns nicht, so wollen wir dich nicht töten.‹ Dann antworte ihnen: ›Ich habe den König gebeten, daß er mich nicht wieder in Jonatans Haus führen lasse, ich müßte sonst dort sterben.‹«
Tatsächlich war das geheime Treffen nicht verborgen geblieben. Und schon kamen die Fürsten, um den Inhalt des Gesprächs zu erfahren.
Immer wieder hatte Jeremia darüber nachgedacht, ob er so antworten solle, wie es ihm der König geraten hatte oder nicht. Würde er

sagen, was wirklich gesprochen wurde, so brachte er den König in Schwierigkeiten und ihm war schärfere Haft, wenn nicht gar der Tod gewiß.
Jeremia antwortete so, wie es ihm der König geraten hatte. Da ließen die Fürsten von ihm ab, weil sie nichts von ihm erfahren konnten. Jeremia aber blieb im Wachthof.

Das Ende

Der siebte August 587 war ein sehr heißer Tag. Generaloberst Nebuschasban stand vor seinen Sturmtruppen:
»Hört den Tagesbefehl des Großkönigs Nebukadnezar für morgen: Offiziere, Soldaten! Die Stadt Jerusalem ist zur Erstürmung reif. Brecht die Mauer auf. Ich sende euch drei unserer modernsten Sturmwidder. Mit ihrer Hilfe wird euch der Einbruch gelingen. Keiner unsrer Feinde darf entkommen. Vor allem nicht der verräterische Zedekia, der treulos den Bund gebrochen hat, den er mit mir schloß. Dasselbe gilt für alle seine Beamten. Alles, was ihr in der Stadt findet, gehört euch. Ihr habt es verdient. Vier Wochen soll die Stadt in eurer Hand sein. Nur die Schätze des Tempels und des Königspalastes sind von der Plünderung ausgenommen. Sie gehören unserem großen Gott Nabu und den anderen mächtigen Göttern von Babylon. Schont einen alten Mann namens Jeremia. Er ist ein großer Prophet und Seher. Ihr findet ihn als Gefangenen im Wachthof der Königsburg. Er hat das Gericht, das der Stadt bevorsteht, im Bild eines heißsiedenden Kessels beschrieben.
Ich befehle darum, daß für den Tag des Sturms auf die Stadt auf alle Standarten und Schilde mit weißer Kreide ein heißsiedender Kessel gemalt wird, der von Norden her überläuft. Generaloberst Nebuschasban und General Nergal-Sarezer werden euch zum Sieg führen! Im Hauptquartier zu Ribla, Anfang des August, Großkönig Nebukadnezar.«

Kaum zeigte sich das erste Morgenrot, da rissen schon die Alarmhörner Soldaten und Bewohner Jerusalems aus dem Schlaf. Nicht wenige waren vom Hunger so erschöpft, das sie sich nicht mehr er-

heben konnten. Denn schon seit Wochen gab es kein Brot mehr in der Stadt. Schon sausten die Steine durch die Luft, die die Babylonier in die Stadt schossen. Brennende Pfeile und Speere zogen ihre feurigen Bahnen durch die Morgendämmerung. Von draußen hörte man das Knarren der Kriegsmaschinen und Kampfgeschrei.
Die Soldaten eilten auf die Mauern und Türme, wo sie von einem heftigen Stein- und Pfeilhagel empfangen wurden. Kaum konnten sie die Köpfe über die Mauerbrüstung strecken. Die ersten Verwundeten schrien um Hilfe.
Die Babylonier schoben auf einem Wall den ersten der drei Sturmwidder heran, die Nebukadnezar seinen Soldaten gesandt hatte. Die Verteidiger sahen, wie sich ein etwa zwanzig Meter hoher Turm der Stadt näherte. Von seiner oberen Plattform und aus Schießscharten schossen die Babylonier auf die Verteidiger und zwangen sie in Deckung. Der untere Teil dieses Belagerungsgeräts auf sechs Rädern aber bestand aus einem Sturmwidder. Ein mächtiger Balken mit eiserner Spitze ragte drohend aus ihm hervor. Vier Meter von der Mauer entfernt wurde dieser von innen in schwingende Bewegungen versetzt. Die ersten Stöße dröhnten gegen die Mauer, Funken stoben und Steinbrocken fielen herab.
Die Verteidiger erkannten die Absicht des Feindes, an dieser Stelle eine Bresche in die Mauer zu schlagen.
Die Judäer wehrten sich mit dem Mut der Verzweiflung. Sie schossen mit Pfeilen und Speeren auf die Besatzung des Turms. Mit Stroh ausgestopfte Ochsenhäute wurden so über die Mauer gelassen, daß sie die Stöße des Rammbocks abschwächten.
Doch nach einer Stunde gellte ein Aufschrei über die ganze Nordmauer. »Ein Loch in der Mauer!«
Schon sprangen babylonische Pioniere mit Haken herbei und rissen weitere Steine heraus. Und da auf einmal stürzte die Mauer mit lautem Krachen auf einer Breite von zehn Metern ein und riß die Besatzung mit in die Tiefe. »Eine Bresche!« der Entsetzensschrei lief von Turm zu Turm, bis hinunter zum Quelltor. Bald wußte es die ganze Stadt, daß die Mauern keinen Schutz mehr boten und die Babylonier in die Stadt eindrangen.
Die judäischen Soldaten sammelten sich sofort an der Einbruchsstelle, um die Babylonier abzuwehren. Aber die ausgeruhten, gut

genährten Soldaten Nebuschasbans warfen die ausgehungerten Verteidiger nach heftigem Kampf zurück. Immer mehr Babylonier stürmten nach. Die ersten stiegen auf die Tempelmauer, um in das Gebiet des Tempels einzudringen. Andere hatten den Auftrag, die Neustadt in ihren Besitz zu bringen. Eine dritte Gruppe drang mit großem Ungestüm gegen die Königsburg vor.
Im Tempel kam es zu erschütternden Szenen. Viele Priester drängten sich um den Altar und riefen Gott leidenschaftlich um Hilfe an. Sie wurden von den Babyloniern niedergestreckt. Andere flohen aus dem Tempel. Noch im Laufen zogen sie die weißen Priesterkleider und die braunen Prophetenmäntel aus und warfen sie von sich. Immer wütender wurde das Kampfgeschrei im Tempel. Ungezählte Tote lagen herum.
Schon drangen die Babylonier gegen die Häuser der Priester und Propheten vor. Da endlich an der Trennmauer zwischen Tempel und Königsburg gab es für die Babylonier ein Halt.
Schweres Kriegsgerät wurde durch die Bresche in die Stadt gebracht. Schon schossen Schleudermaschinen vom Tempel aus auf die Königsburg, den Ophel und den Zion!
Die Sonne neigte sich im Westen, als die Kämpfe für kurze Zeit abebbten.
Fremde, babylonische Signale erschallten von der Einbruchsstelle her. Feierlich zogen Generaloberst Nebuschasban und General Nergal-Sarezer mit anderen hohen Offizieren in die Stadt ein. Ihnen voraus wurden die Standarten getragen, auf die groß und weithin sichtbar der heißsiedende Kessel gemalt war.
Der Anblick der einziehenden Heerführer erfüllte die babylonischen Soldaten mit großer Freude. Dies war das Zeichen dafür, daß der Sieg unmittelbar bevorstand. Generaloberst Nebuschasban kannte die Stadt genau. Er schritt bis zum Mitteltor dem »Neuen Tor« in der Südmauer des Tempels. Von dort aus hatte man den besten Überblick über die Stadt. In den Räumen dieser Toranlage richtete er sein Hauptquartier ein.
Kaum war dies geschehen, als die Babylonier, von neuem Angriffsgeist beseelt, den Kampf um die Königsburg aufnahmen. Zwei Sturmwidder wurden zugleich gegen die Tore eingesetzt. Sie waren leichter zu sprengen als jene an der Nordmauer. Die Nacht war schon hereingebrochen, als endlich der Kampf ruhte.

Schon zu Beginn des Entscheidungskampfes am frühen Morgen hatte sich König Zedekia mit seinen Frauen, Söhnen und Töchtern in die alte Davidsburg auf dem Zion geflüchtet. Ruhelos irrte er durch die altehrwürdigen Räume. Überall wurde er an seinen großen Vorfahren David und an sein Reich erinnert. Da hing seine Schleuder, die er als Hirtenjunge so meisterlich handhabte, dort seine Harfe. An der Wand sah er sein mächtiges Großreich abgebildet. Jetzt erkannte Zedekia die furchtbaren Folgen seiner Politik. Er hatte das alles verspielt! Es war ihm, als ob die Geister der anderen großen Könige aus dem Geschlechte Davids auf ihn eindrangen. Doch keiner bot sich ihm in seiner Lage als Vorbild an. In einer solch verzweifelten Situation war keiner von ihnen je gewesen.
Nur einer fiel ihm ein – Saul! Aber der war nicht aus dem Stamm Davids. Als Junge hatte Zedekia diese Geschichte zum erstenmal gehört, wie sich dieser König seinen Feinden stellte und sich dann selbst tötete. Zedekia wußte, daß er jetzt hinausgehen und sich am Kampf hätte beteiligen müssen. Sein Gewissen sagte ihm: Leide mit deinem Volk. Er selbst hatte es ja in diese Lage gebracht.
Als es auf Mitternacht zuging, stürzte Fürst Juchal in den Thronsaal, eine blutgetränkte Binde um den Kopf: »Majestät, eine Bresche ist in die Mauer geschlagen. Der Tempel ist bereits in der Hand der Babylonier und auch die Königsburg ist nicht mehr zu halten. Du mußt fliehen!«
Der König war aufgestanden. Er klammerte sich an den Thron Davids. Unüberhörbar klang in ihm wieder die Stimme: »Bleib! Stell dich deinen Feinden. Leide mit deinem Volk!« Aber die Angst in ihm war stärker. Mit schwacher Stimme sprach er: »Gut, wir fliehen. Meine Söhne, Beamten und alle kämpfenden Soldaten sollen sich um Mitternacht an der geheimen Tür, die zu den Königsgärten im Kidrontal führt, versammeln.«
Um Mitternacht verließ der König mit seinen vier Söhnen, fast allen Beamten und etwa sechshundert Soldaten die totgeweihte Stadt.
Die Spannung unter den Männern, die sich an der Geheimtür versammelten, war groß. Würden die Babylonier die Flucht bemerken? Vorsichtig tasteten sie sich hinaus in die Nacht.
Erst als die Flüchtenden das Kidrontal und den Kamm des Ölbergs hinter sich hatten, atmeten sie auf. Bis nach Jericho und zum Jordan waren es noch sechs Stunden Marschzeit.

Am anderen Morgen gab es eine große Überraschung bei den babylonischen Sturmtruppen. Zunächst begannen sie nochmals die Stadt hefig zu beschießen. Aber als sie zum Sturm ansetzten, fanden sie die Wälle und Straßen leer. Kein Soldat war mehr da.
Jetzt stürmten die Babylonier durch die von den Verteidigern verlassene Stadt. Ihr Siegesgeschrei war weit über die Stadt hinaus zu hören. Dann gab Generaloberst Nebuschasban den Befehl: »Zuerst nehmt alle Männer, die noch in der Stadt sind gefangen und schließt sie im Tempel ein!« Überall machten die Siegestrunkenen nun Jagd auf die Männer. Dabei stießen sie im Wachthof auf Jeremia und brachten ihn zu Generaloberst Nebuschasban. Der Generaloberst sagte zu Jeremia: »Du bist frei! Meine Soldaten geleiten dich nach Anatot in deine Heimat.«
Als Jeremia die Stadt verlassen hatte, brach über diese ein unbeschreibliches Chaos herein. Zuerst wurden die Frauen die Beute der Eroberer. Mit Gewalt wurden sie aus ihren Verstecken hervorgeholt. Dann wurden die Vorräte geplündert und die Häuser nach versteckten Schätzen durchsucht. Vier Wochen währte das schwere Leiden der Besiegten, die bisher die Not der Belagerung überstanden hatten.
Der König aber mit seinen Begleitern hatte nur ein Ziel: Über den Jordan! Besonders für seine Söhne, der jüngste sieben Jahre alt, war die Flucht sehr beschwerlich. Sie waren die Strapazen eines Nachtmarsches nicht gewöhnt. Absichtlich mied man die Straße nach Jericho, sondern hielt sich südlich davon. Es ging bergauf, bergab, über kahle Hügel und Steingeröll. Als endlich der Morgen graute, sahen die Fliehenden in der Ferne im Frühdunst die Jordanebene und die Oase Jericho mit ihren unzähligen Palmen. Sie atmeten auf. Es schien, als hätten die Babylonier ihre Flucht nicht bemerkt.
Als sie aber die ärmlichen Hütten von Debir auftauchen sahen, rief Juchal plötzlich: »Reiter hinter uns!« Und unmittelbar danach: »Babylonier!« Panische Angst packte sie.
»Wir müssen den Jordan erreichen!« stöhnte der König.
Juchal konnte die Soldaten nicht mehr zusammenhalten. Gruppenweise und einzeln flohen sie, versuchten, der Gefangenschaft und dem Tod zu entrinnen. Nur der König mit seinen Söhnen und seinen Beamten flüchtete weiter auf den Jordan zu. Die Babylo-

nier schienen von dieser Spitzengruppe abzulassen. Sie jagten einzelne Gruppen von fliehenden Soldaten.
Jetzt war der König mit seiner Gruppe in der Jordanebene angelangt. Fünf Stunden währte schon der Eilmarsch. Jericho lag jetzt im Norden. Schon sah man den Jordan. Da rief plötzlich der jüngste Königssohn: »Reiter von Jericho her!« Eine Gruppe von etwa zwanzig Reitern preschte auf die Fliehenden von der Flanke her zu. Der König aber rief: »Da, vom Toten Meer her stürmen auch Reiter heran!« Jetzt sank allen der Mut. Der König mit seinen Söhnen und Beamten blieb ermattet stehen.
Im Nu waren sie von den Reitern umstellt. Mit gezogenen Säbeln und gezückten Speeren drängten sie die Gruppe, die noch aus etwa zwanzig Mann bestand, zusammen: »Wer ist hier Zedekia, König von Juda?«
Zedekia trat vor. Seine Kleider waren von dem nächtlichen Marsch verdreckt. Die Haare hingen ihm ins Gesicht. »Das bin ich!« sagte er leise. »Hierher!« rief der Offizier, band ihm die Hände und fesselte ihn an sein Pferd. Auch die Söhne des Königs und die Beamten wurden gefesselt und an die Pferde gebunden. Dann trieben die Babylonier die Flüchtigen nach Jericho.
Am selben Tag noch wurden sie auf Wagen verladen und ins Hauptquartier des Großkönigs Nebukadnezar nach Ribla gebracht.
Nach drei Tagen kamen die Gefangenen dort an. Sie spürten, daß hier das Herz der Weltmacht schlug. Reiter jagten auf das Haus zu, in dem der Großkönig residierte und brachten Meldungen aus dem Süden oder vom Westen, aus den phönizischen Städten. Andere trugen die Befehle des Großkönigs nach Babylon und nach Ninive.
Noch am selben Tag ließ Nebukadnezar König Zedekia, seine Söhne und Beamten vor sich bringen. Zedekia sah sich einem fünfundzwanzigjährigen jungen Mann gegenüber. Man spürte, daß die ganze Gestalt beseelt war von einer einzigen Idee, nämlich der, ein großes Weltreich zu errichten.
Die Gefangenen mußten niederknien. Der Großkönig sprach: »Du hast mit mir einen Bund geschlossen und ihn beim Namen deines Gottes beschworen. Du hast gesagt: ›Verflucht will ich sein, wenn ich diesen Bund breche.‹ Du hast ihn gebrochen. Deine Beamten haben dich darin unterstützt. Hunderte meiner Soldaten haben durch deine Schuld das Leben verloren. Darum höre mein Urteil:

Keiner deiner Söhne soll je König werden. Darum müssen sie vor deinen Augen sterben. Niemand von deinen Beamten soll je wieder eine Hand gegen mich erheben. Darum sterben auch sie vor deinen Augen. Du aber wirst geblendet und dann mit lebenslanger Haft büßen!« Diese Urteile wurden sofort vollstreckt.

Vier Wochen später kündigten laute Trompetensignale vom Benjaminturm das Nahen eines hohen Würdenträgers an. Generalfeldmarschall Nebusaradan kam in die Stadt.

Die babylonischen Soldaten kannten ihn. Sie wußten, daß jetzt die Zeit des Plünderns und der Rechtlosigkeit vorbei war. Nebusaradan wurde von Generaloberst Nebuschasban und General Nergal-Sarezer empfangen. Er stieg von seinem Wagen und betrat die eroberte Stadt durch die Bresche. Er war mit einem langen blauen Mantel bekleidet, der unten einen Saum mit goldenen Fransen hatte. Der Bart war kunstvoll geflochten. In seinen schwarzen Haaren trug er einen goldenen Reif, der aus sieben Reihen von Goldperlen gebildet war. Aus seinem Gesicht sprach das Selbstbewußtsein des obersten babylonischen Beamten, der gleich nach dem König kam. Nebusaradan war ein gebildeter Mann, mehr Wissenschaftler als Offizier. Gleich nachdem er vom Großkönig den Auftrag erhalten hatte, nach Jerusalem zu gehen, ließ er sich aus der königlichen Bibliothek alle Schriften kommen, die Religion und Geschichte der Judäer darstellten. Er kannte diese Überlieferung zwar. Aber er wollte sie jetzt wieder neu auf sich wirken lassen. Zuerst las er die Geschichte von Salomo und wie zuvor das Großreich Davids entstanden war. Dann die Berichte, die davon handelten, wie die zwölf Stämme ins Land gekommen waren.

Aufs neue staunte Nebusaradan über die große Verheißung, die ganz am Anfang der Gott Israels Abraham und seinen Nachkommen gegeben hatte. Wieder war er überrascht von der reichen Überlieferung dieses Volkes und von der Einzigartigkeit des Gottes, von dem sie zeugte. Am meisten war aber der Generalfeldmarschall darüber erstaunt, daß diese Stadt bis in die Tage ihrer Eroberung hinein einen lebendigen Zeugen dieses Gottes in ihrer Mitte hatte, Jeremia. Der babylonische Geheimdienst war im Besitz vieler Reden dieses erstaunlichen Mannes. Ähnliche Erscheinungen gab es in der babylonischen Religion nicht.

Zuerst ging Nebusaradan durch die Stadt. Er wollte alle jene Bauwerke sehen, von denen er gelesen hatte. Zuerst besuchte er den Tempel, den König Salomo erbaut hatte. Noch roch man den Wohlgeruch des Zedernholzes, das ihm sein Freund, König Hiram von Tyrus, einst lieferte. Der große Feldherr wußte, daß er sich an einem heiligen Ort befand. Wiewohl er die Macht hatte, das zu tun, scheute er davor zurück, das Allerheiligste des Tempels zu betreten. Er warf einen Blick auf die heiligen Geräte, die die Priester für ihren Gottesdienst gebraucht hatten. Dann durchschritt er die Königsburg. Ihm war bekannt, daß sie im wesentlichen auf den glanzvollen Salomo zurückging. Ein Schauer von Ehrfurcht wehte ihn an, als er dann die alte Davidsburg betrat. Er wußte David war der Ahnherr der Könige von Juda. Er bestieg die mächtigen Mauern der Stadt. Er hatte gelesen, daß die Mauer im südlichen Teil der Stadt auf älteste Zeiten, bis auf die Jebusiter, zurückging.
Als Nebusaradan das alles gesehen und in seiner Schönheit und seinen tiefen Wert gewürdigt hatte, mußte er zuerst sein Herz fest machen, um zum Werk der Zerstörung zu schreiten, das ihm sein Herr, der Großkönig Nebukadnezar aufgetragen hatte. Kurz und barsch klang sein Befehl: »Errichtet auf dem Berg südlich der Stadt ein Sammellager und bringt dahin die Gefangenen aus dem Tempel und alle Frauen und Kinder, die noch in der Stadt sind!«
Die Soldaten brachten zuerst die im Tempel gefangenen Männer in das schnell errichtete Lager. Darunter befanden sich auch Oberpriester Seraja, Priester und Tempelhauptmann Zefanja und der Heereskommandant Schefatja mit seinem Schreiber, der die Aushebungen der Soldaten vorgenommen hatte. Sieben persönliche Diener des Königs waren darunter und drei hohe Beamte aus dem Tempel, sogenannte »Schwellenhüter«. Danach wurden die Frauen und Kinder hinaufgebracht, die sich noch in der Stadt befanden. Alle, die jetzt in diesem Lager eng zusammengedrängt lebten, fragten sich: »Warum tut er das?« Viele freuten sich darüber, daß sie immer noch ihre Heimatstadt vor Augen, fast zu ihren Füßen, sehen durften.
Zugleich befahl Nebusaradan nach Jeremia zu suchen: »Bringt ihn unverzüglich zu mir.« Dann gab Nebusaradan ausgesuchten Soldaten den Befehl: »Holt aus dem Tempel alle goldenen und silbernen Gefäße und ladet sie sicher auf den Wagen. Was aus Erz ist, das zerschlagt und verladet es ebenfalls.«

Die Soldaten drangen ohne Scheu in das Heilige des Tempels ein, das nur die Priester betreten durften. Im Heiligen brannte noch der siebenarmige Leuchter, auf dem Räucheraltar glimmte noch Glut und auf dem Schaubrottisch lagen zwölf feine Brote. Was aus Gold war schafften sie hinaus.
Andere rissen den Vorhang herab, der zum Allerheiligsten führte, das nur einmal im Jahr der Oberpriester betreten durfte. Sie schleppten zuerst die beiden mächtigen Engelsfiguren ins Freie, die Cherubim. Dann zerrten sie die Bundeslade, Gottes Thron, hinaus: »Seht nur die Deckplatte besteht aus purem Gold!«
Andere machten sich an die Zerstörung des »ehernen Meeres«. Staunend standen sie zunächst vor dem merkwürdigen Gebilde. Auf dem Rücken von zwölf lebensgroßen Rindern, die in vier Gruppen angeordnet waren, lag eine mächtige eherne Schale mit einem Durchmesser von viereinhalb Metern. »Wie kommen wir dem Ding bei?« fragte ein Soldat. »Schlagt zuerst die Füße der Rinder ab, dann kommen wir besser an die Schale heran«, riet ein anderer. So geschah es.
Was einst der große Künstler Hiram von Tyrus geformt hatte, das zerschlugen die babylonischen Soldaten jetzt in kleine Stücke und verluden das Erz zum Abtransport. Gleiches geschah mit den beiden Säulen aus Erz, mit Jachin und Boas, die am Eingang zum eigentlichen Tempelgebäude standen.
Die Gefangenen in ihrem Lager gegenüber der Stadt sahen das alles mit Entsetzen. Die meisten ahnten jetzt, warum der mächtige Babylonier sie hier heraufgebracht hatte. Sie mußten mitansehen, wie eine tausendjährige Geschichte Stück für Stück rückgängig gemacht wurde. Er fing an beim Innersten und Heiligsten, beim Thron Gottes, der Bundeslade und den übrigen Geräten, die zum Dienst Gottes gehörten. Viele schrien zu Gott. Sie verfluchten die Frevler des Heiligtums. Aber der Himmel hing über ihnen schwer und verschlossen, als wäre er aus Blei.
»Zündet den Tempel an und reißt seine Mauern nieder!« befahl Nebusaradan. Sofort schafften seine Soldaten Holz und Stroh herbei und schichteten es im Tempelgebäude auf. Auch in allen anderen Räumen des Tempels, die aus Holz waren, wurde Feuer gelegt. Eine Woche lang stand eine riesige Rauchfahne über der Stadt.
Die Priester waren starr vor Entsetzen als die Flammen aus dem

Heiligtum schlugen. Alle Gefangenen sanken auf die Knie und beteten zu Gott, er wolle diesem Frevel Einhalt gebieten. Aber der Himmel hing über ihnen schwer und verschlossen, als wäre er von Blei.
Nachdem Nebusaradan das Haus Gottes nicht verschont hatte, war allen klar, daß es jetzt für ihn kein Halten mehr gab. Nach dem Haus Gottes sank das Haus seines Königs in Staub und Asche. Heereskommandant Schefatja erlitt einen Schwächeanfall, als er die Burg seines Herrn der Zerstörung anheimfallen sah. Alle aber, die das Werk der Zerstörung sahen, riefen zu Gott: »O, steh doch deinem Gesalbten bei!« Aber der Himmel hing über ihnen schwer und verschlossen, als wäre er von Blei.
Nach dem Haus Gottes und der Burg seines Königs gingen die meisten Häuser der Stadt in Flammen auf, darunter auch das Haus, in dem Ester und Kaleb gelebt hatten. Viele weinten, als sie ihre Heimstätten verbrennen sahen. Aber der Himmel hing über ihnen schwer und verschlossen, als wäre er von Blei.
Noch standen die Mauern! Auf ihre Stärke gründete sich die Uneinnehmbarkeit der Stadt. Doch unerbittlich befahl Nebusaradan: »Schleift die Mauern!« Die Babylonier arbeiteten wochenlang. Das Kidrontal und das Ben-Hinnomtal füllten sich meterhoch mit Stein und Geröll. Die Nordmauer wurde eingerissen, der Benjaminturm stürzte ein und bald war auch der Schebnaturm abgetragen. Wo die stolze Stadt stand, ein Trümmerhaufen.

Vier Wochen hatte das Werk der Zerstörung gebraucht. Nebusaradan hatte alles mit ehernem Gesicht überwacht. Aber er schien auf etwas zu warten. Da endlich wurde ihm die Meldung überbracht: »Wir haben Jeremia in einem Sammellager in Rama gefunden. Er wurde bei der Eroberung der Stadt freigelassen, aber andere Babylonier nahmen ihn wieder fest und brachten ihn zu den Judäern, die nach Babylon in die Verbannung gebracht werden sollen.«
»Bringt ihn hinauf ins Lager auf dem Skorpionenberg«, befahl er.
Kurze Zeit später standen sich Nebusaradan und der Prophet Jeremia gegenüber. Das Volk umringte die beiden. Als sie Nebusaradan sahen, ballten sich Fäuste gegen ihn. Flüche hingen in der Luft.
Jeremia schaute wie versteinert auf den Trümmerhaufen, der früher Jerusalem gewesen war. Der fliegende Kessel, er hing nicht mehr nur über der Stadt.

Jeremia schrie auf vor tiefem Schmerz. Er sank auf einen Stein und barg sein Gesicht in den Händen. Nebusaradan stand schweigend dabei. Als sich Jeremia wieder aufrichtete, sprach der Generalfeldmarschall:

»Der Herr, dein Gott,
hat dies Unglück über diese Stätte vorhergesagt
und hat's auch kommen lassen und getan,
wie er geredet hat,
denn ihr habt gesündigt wider den Herrn
und seiner Stimme nicht gehorcht;
darum ist euch solches widerfahren.«

Jeremia hörte mit Erstaunen die Worte des frommen Heiden. Dieser faßte das zusammen, was seine Predigt gewesen war in Jahrzehnten. Dann ging Nebusaradan auf Jeremia zu und nahm ihm die Handfesseln ab:

»Und nun siehe,
ich mache dich heute los von den Fesseln,
mit denen deine Hände gebunden waren.
Gefällt's dir, mit mir nach Babel zu ziehen,
so komm, du sollst mir befohlen sein.
Gefällt dir's aber nicht,
mit mir nach Babel zu ziehen, so laß es sein.
Siehe, du hast das ganze Land vor dir; wo dich's gut dünkt
und dir's gefällt, da zieh hin.
Wenn du lieber bleiben willst,
magst du umkehren zu Gedalja,
dem Sohne Ahikams, des Sohnes Schafans,
den der König von Babel über die Städte in Juda gesetzt hat,
und bei ihm bleiben unter dem Volk,
oder geh, wohin dir's gefällt.«

Jeremia hörte zwar das verlockende Angebot, aber er schwankte keinen Augenblick: »Laß mich hier im Land unter dem Volk bleiben.« Nebusaradan versorgte ihn mit Reisevorrat und gab ihm ein Geschenk. Dann machte sich Jeremia auf den Weg nach Mizpa, zu

Gedalja, dem Sohn Schafans, den Großkönig Nebukadnezar zum Statthalter im Land eingesetzt hatte.
Nun kam für Nebusaradan die letzte und schwerste Aufgabe. Oberpriester Seraja, Heereskommandant Schefatja und alle übrigen Beamten unter den Gefangenen, darunter sechzig der angesehensten Bürger der Stadt, sandte er nach Ribla. Sie gingen demselben Schicksal entgegen wie die Männer, die mit König Zedekia gefangengenommen worden waren und wie dieser selbst.
Aus den übriggebliebenen Gefangenen wurden die Armen ausgesondert. Sie durften im Land bleiben und erhielten Äcker und Weinberge. Alle Überläufer und alle Handwerker aber wurden mit ihren Familien nach Babylon in die Verbannung geführt. Auch Hanna, ihr Mann und ihre vier Kinder waren dabei. Es waren insgesamt achthundertunddreißig Personen.

Ben Tigre

Die Grenzmauer, die die Ägypter schon vor langer Zeit an ihrer Nordgrenze gebaut hatten, stand im scharfen Licht eines Septembertages. Der Wachposten auf dem Turm beim Mitteltor spähte scharf in die Wüste hinaus, die sich nach Norden und Nordosten bis zum fernen Horizont erstreckte. Aufmerksamkeit war geboten. Schon seit einigen Tagen war im Norden Rauch zu sehen. Er rührte von Kampfhandlungen der Babylonier in Juda her.
Da, ein einzelner Mann kam auf das Mitteltor zu. Der Wachsoldat staunte, denn es war ein Schwarzer. Und wie er aussah! Nur noch ganz wenige Kleidungsstücke trug er, einen Lendenschurz und Sandalen. Auch dieses wenige war zerfetzt und beschmutzt. Und wie abgemagert! Alle Rippen waren zu sehen. Die Backenknochen standen hervor. Die Augen tief in den Höhlen.
Der Posten rief sofort nach dem wachhabenden Offizier. Die Soldaten versammelten sich auf der Mauer. Alle waren verwundert. Tief im Süden Ägyptens konnte man an der Grenze manchmal Schwarzen begegnen. Aber hier im Norden?
Als der Schwarze nicht mehr weit von der Mauer entfernt war, rief ihn der Offizier an: »Wer bist du?«

»Ben Tigre, Sohn des Fürsten Panta Tigre im Sudan!«
Die Soldaten schauten einander an, sie blickten auf den Schwarzen nieder: Der will der Sohn des in Ägypten wohlbekannten Fürsten Panta Tigre sein?
»Wo kommst du her?« fragte der wachhabende Offizier.
»Aus Jerusalem. Dort war ich Sklave. Ebed-Melech nannten sie mich. Ich habe die Belagerung der Stadt miterlebt. Als die Babylonier die Stadt eroberten, entrann ich mit knapper Not dem Tod. Jetzt bin ich endlich frei! Ich will nach Hause. Laßt mich durch Ägypten in meine Heimat ziehen!«
Der Offizier war auf einmal sehr aufmerksam. Er hörte zum erstenmal, daß die Stadt Jerusalem gefallen sei. Das war eine wichtige Nachricht. Er mußte Genaues von dem Schwarzen hören und es dem Pharao sofort melden. Deshalb befahl er: »Öffnet das Tor! Sorgt dafür, daß er sich waschen kann, gebt ihm zu essen und kleidet ihn neu ein.« – »Ist er tatsächlich Ben Tigre, dann ist er ein sehr wichtiger Mann für uns«, dachte er sich.
Als Ben Tigre am anderen Tag vor den Offizier und seine Soldaten trat, sahen sie einen verwandelten Menschen. An seinem Auftreten und Benehmen erkannten sie, daß er tatsächlich aus dem Haus eines Fürsten stammen konnte. Der Offizier bot ihm höflich einen Platz an: »Bitte, erzähle uns deine Geschichte!«
Ben Tigre, der Fürstensohn, erzählte. Ein Schreiber notierte das, was er berichtete: »Die Belagerung dauerte schon eineinhalb Jahre. Hunger und Seuchen wüteten in der Stadt. Meine Angst wurde immer größer. Aber nicht vor den Babyloniern, sondern vor den mächtigen Fürsten. Es war ein Prophet in der Stadt, Jeremia. Er hatte im Namen Gottes den Untergang der Stadt angekündigt.
Durch Jeremia bin ich zum Glauben an den Gott der Judäer gekommen. Jetzt forderte Jeremia sogar die Soldaten zum Überlaufen auf. Darum wollten ihn die Fürsten töten. Sie warfen ihn in eine Zisterne. Dort sollte er verhungern und verdursten. Aber ich holte Jeremia zusammen mit einigen Soldaten aus der Zisterne heraus. Die Feinde Jeremias erfuhren das. Jetzt haßten sie mich. Als sich die Babylonier zum Sturm auf die Stadt rüsteten, drohten sie mir: ›Bevor wir sterben müssen durch die Babylonier, kommst du dran. Du kommst hier nicht lebend heraus!‹
Ich hatte Angst. Mein einziger Trost war das Wort, das mir der Pro-

phet Jeremia nach seiner Befreiung aus der Zisterne gesagt hatte. Das hatte ich mir eingeprägt:

›Siehe, ich will meine Worte kommen lassen über diese Stadt
zum Unheil und nicht zum Heil,
und du sollst es sehen zur selben Zeit.
Aber dich will ich erretten zur selben Zeit,
spricht der Herr,
und du sollst den Leuten nicht ausgeliefert werden,
vor denen du dich fürchtest.‹

Oft tröstete ich mich mit diesen Worten. Aber jetzt sah es noch so aus, als sollten meine Feinde gewinnen. Dann kam der Tag, an dem die Babylonier die Bresche in die Nordmauer schlugen. Die Fürsten riefen: ›Jetzt kommst du dran! Morgen früh zuerst in die Ketten . . .‹«

Ben Tigre schwieg. So sehr erschöpfte ihn die Erzählung. Der Offizier reichte ihm Wasser. Dann fuhr er fort:

»Und dann – was für ein Wunder! Ja, es war ein Wunder! Nachts hörte ich Geräusche in der Königsburg. Ich dachte schon: Jetzt kommen sie, um dich zu fesseln. Es war aber etwas ganz anderes: Alle Soldaten, die Fürsten, der König – sie flohen bei Nacht! Nur ganz langsam begriff ich, was das für mich bedeutete. Ich sagte mir: Ebed-Melech, du bist jetzt kein Sklave mehr. Du bist nicht mehr Königssklave. Ben Tigre heißt du wieder. Schon wollte ich jubeln: Du bist frei! Das Wort ist wahr, das der Prophet zu mir gesagt hatte, aber dieses Glücksgefühl währte nur kurze Zeit.

Es wurde Morgen. Die Alarmhörner gellten: Die Babylonier! Sie würden keinen Unterschied machen zwischen Freien und Sklaven, alle würden sie töten, so fürchtete ich. Was sollte ich tun? Ich versteckte mich zuerst hinter dem Libanonwaldhaus. In einem günstigen Augenblick wollte ich auf die Mauer steigen und dann ins Kidrontal springen. Plötzlich kamen die Babylonier von Norden. Sie sahen mich: ›Da ist ein Schwarzer! Fangt ihn!‹ Todesangst packte mich. Mir jagten die Worte des Propheten durch den Sinn:

›Denn ich will dich entkommen lassen,
daß du nicht durchs Schwert fallest,

sondern du sollst dein Leben wie eine Beute davonbringen,
weil du mir vertraut hast,
spricht der Herr!«

Ich lief auf die Eingangshalle der Königsburg zu. Die Babylonier hinter mir her. Plötzlich Hufschlag! Pferde jagten an mir vorbei. Die Babylonier hatten die Tore der königlichen Stallungen aufgebrochen und ließen sie laufen. Da besann ich mich auf die Reitübungen in meiner Jugend. Ich packte eins der Pferde bei der Mähne. Es riß mich mit sich. Aber es gelang mir auf seinen Rücken zu kommen. Es jagte mit mir die Königsstraße hinab. Die Babylonier blieben zurück.
Ich aber, wohin sollte ich fliehen? Das Quelltor war verschlossen. Im Dahingaloppieren kam mir auf einmal ein Gedanke.
Deshalb hielt ich in der Nähe der Königsgräber an, sprang vom Pferd, zog mich auf das Dach des nächsten Hauses, gab dem Tier einen Schlag, daß es zum Quelltor weiterlief. Ich selbst aber eilte über die Dächer nach Südwesten. Dort sah ich die einzige Rettung für mich. Ich stand über dem Siloahteich. Ich schaute mich um, niemand beobachtete mich und ließ mich vorsichtig hinunter. Das Wasser sollte nicht in Aufruhr geraten.
Mein Ziel war das dunkle Loch, der Ausgang des Siloahkanals!
Ich ging in den Kanal hinein. Zuerst konnte ich noch etwas sehen. Doch bald herrschte tiefe Nacht um mich. Ich blieb lange stehen und horchte angestrengt. Nur das leise Rauschen des kalten Quellwassers war unter mir zu hören. Es reichte mir zuerst bis zu den Oberschenkeln, dann wurde es langsam seichter. Ich tastete mich in der völligen Dunkelheit langsam voran. Oft stieß ich mich am Fels. Durch die Windungen, die der Kanal machte, hatte ich bald jeglichen Richtungssinn verloren. Nur weiter, weiter, sagte ich mir. Nach einiger Zeit sah ich vom Ausgang her schwaches Licht. Wieder packte mich die Angst: Sind Babylonier an der Quelle? Nein, es regt sich nichts. Trotzdem wagte ich mich nicht sofort hinaus.
Am Eingang des Kanals sind einige kleine Seitenhöhlen. Das wußte ich vom Wasserholen. In der tiefsten verbarg ich mich. Ich wartete, bis die Nacht hereingebrochen war. Dann verließ ich mein Versteck. Im Westen ragte jetzt über mir die Stadtmauer auf. Furchtbares Geschrei hörte ich aus der Stadt, obwohl Mitternacht schon vorüber

war. Die Babylonier plünderten, schändeten, mordeten ... Es klang schrecklich. Ich aber eilte nach Süden.
Nur bei Nacht bin ich gewandert, denn überall waren Babylonier!«
Ben Tigre atmete auf: »Aber jetzt bin ich in Sicherheit! Das Wort Gottes, das der Prophet gesagt hat, hat sich an mir erfüllt!«
Der ägyptische Offizier sprach: »Kannst du es uns noch einmal wiederholen?«
Da sprach Ben Tigre, der Sohn des Fürsten:

»Es war auch des Herrn Wort geschehen zu Jeremia,
als er noch im Wachthof lag:
Geh hin und sage Ebed-Melech, dem Mohren:
So spricht der Herr Zebaoth, der Gott Israels:
Siehe, ich will meine Worte kommen lassen über diese Stadt
zum Unheil und nicht zum Heil,
und du sollst es sehen zur selben Zeit.
Aber dich will ich erretten zur selben Zeit,
spricht der Herr,
und du sollst den Leuten nicht ausgeliefert werden,
vor denen du dich fürchtest.
Denn ich will dich entkommen lassen,
daß du nicht durchs Schwert fällst, sondern du sollst dein
Leben wie eine Beute davonbringen,
weil du mir vertraut hast, spricht der Herr.«

Der Offizier sprach: »Tatsächlich ist es so gewesen! Wenn ich daran denke, wie du ausgesehen hast, als du vor dem Tor standest. Aber sage mir, was das bedeutet:

›. . . weil du mir vertraut hast.‹«

Ben Tigre antwortete: »Im Vertrauen auf den Gott Israels habe ich meine Angst überwunden und Jeremia aus der Zisterne befreit.«
Nach zwei Tagen kam die Antwort des Pharao: »Ben Tigre, Sohn des Panta Tigre, des Fürsten von Kusch, ist unser Gast. Er reist im Nilschiff Pharaos in seine Heimat!«
Ben Tigre saß vorn im Bug des Schiffes. Er war frei, endlich wieder frei! Die Segel blähten sich über ihm wie Engelsflügel.

VI

Der neue Bund

Das Gnadenzeichen

In einem engen, tief eingeschnittenen Tal in der Wüste Juda duckte sich ein Mann hinter einem mächtigen Felsblock. Er hatte einen Speer in der Hand. Gespannt suchte er immer wieder den schmalen Weg ab, der an der Nordseite des Tales entlangführte. Seine Kleidung war zerrissen, die Wangen eingefallen, und sein Blick glich dem eines gehetzten Wildes. Etwa zwanzig Schritte hinter ihm konnte ein geübtes Auge den Eingang einer Höhle entdecken. Von dorther näherten sich jetzt dem Wachposten zwei Männer. Auch ihren Kleidern sah man an, daß sie schwere Wochen hinter sich hatten. Aber sie waren vornehmer. Ihre Gesichter waren nicht weniger von Entbehrungen gezeichnet, als das des Soldaten. Der ältere der beiden fragte den Wächter: »Hast du etwas gesehen?« – »Nichts, Hauptmann Johanan. Bis nach Hachila nichts!« antwortete der Wächter.

Johanan und Jonatan waren Brüder. Achtzehn Monate hatten sie mit ihrer Gruppe einen Abschnitt der Nordmauer in Jerusalem verteidigt. Dann waren sie in der Nacht auf Befehl des Königs Zedekia mit dessen Familie und den führenden Beamten geflohen. Als die Babylonier kamen und das kleine Heer des Königs versprengten, flohen Johanan und sein Bruder mit ihren Soldaten. Immer tiefer zogen sie sich in die Wüste Juda zurück. Hier, in diesem Tal hatten sie sich verschanzt. In anderen Höhlen, nicht weit entfernt von Johanan und Jonatan befanden sich weitere Versprengte: Seraja und die Söhne Efais mit ihren kleinen Gruppen.

Sie alle wußten nicht, was seit jenem verhängnisvollen Morgen geschehen war. Inzwischen war es September. Sie befanden sich noch im Krieg. Stündlich erwarteten sie, daß die Babylonier sie wieder jagten, töteten oder gefangennahmen.

Die Worte Jeremias? Es waren Lügen! Wer in die Hände der Babylonier fällt, der geht zugrunde. Das stand für sie fest. Immer wieder, wenn die Führer der Versprengten zusammenkamen, erwogen sie, ob es nicht besser wäre, das Land überhaupt zu verlassen und nach Ägypten auszuwandern.

Der Abend brach herein. Schon lag das tiefe Tal ganz dunkel da. Auf einmal rief der Posten: »Halt! Bleib stehen!« Die Männer in der Höhle sprangen auf und griffen nach ihren Waffen. Waren es

Feinde, die Babylonier, die der Posten gestellt hatte. Doch dann hörten sie:
»Nimm deinen Speer herunter! Ich bin's Hauptmann Jaasanja!« Johanan und Jonatan eilten zur Wache. Johanan rief erleichtert: »Du bist's! Einer von uns! Gut, daß du kommst!«
Jaasanja mit seiner Gruppe war ebenfalls mit dem König aus der Stadt geflüchtet. Auch ihn jagten die Babylonier. Jetzt erst hatte er mit seinen Leuten seine Kameraden gefunden.
Jaasanja erzählte zuerst, was er seither erlebt hatte. Dann rief er: »Ich bringe euch eine große Neuigkeit! In Mizpa sitzt jetzt der Mann, der Juda regiert. Der König von Babel hat einen Rest von Juda übriggelassen und über diesen Rest einen Statthalter eingesetzt.«
Alle Männer in der Höhle fragten fast gleichzeitig: »Wen?« Johanan sagte: »Wer findet sich dazu bereit, diesen verdammten Babyloniern zu dienen?« Doch Jassanja konnte nur sagen: »Das weiß ich nicht! Vielleicht ist es wieder ein Nachkomme Davids. Anders kann man es sich nicht denken!«
Später kamen die anderen Hauptleute. Sie hatten gehört, daß Hauptmann Jaasanja mit seiner Gruppe gekommen war und erregende Nachrichten mitgebracht hatte.
»Ein Statthalter in Mizpa!« Das klang nach Frieden. Viele dieser Männer hatten sehr unter dem Krieg gelitten. Nur zögernd wagten sie daran zu denken, was es wohl bedeuten würde, wenn endlich Friede wäre.
Nachdem die Männer lange miteinander gesprochen hatten, stand gegen Mitternacht Hauptmann Johanan auf und sagte: »Mein Bruder und ich werden die Lage in Mizpa erkunden. Dann senden wir euch Nachricht!« Noch in derselben Nacht brachen die beiden mit ihren Gruppen auf.
Als es Morgen wurde, kamen sie in die Nähe von Bethlehem. Vorsichtig schlichen sich die Männer an die Stadt heran. Ständig rechneten sie mit einem Überfall durch Babylonier. Doch ihre Angst war unbegründet.
Sie fanden das Städtchen zerstört. Kein Mensch war zu sehen. Nur Hunde schlichen um die Ruinen der Häuser. Die Männer Johanans und Jonatans suchten nach Lebensmitteln. Dabei machte einer einen erregenden Fund.

Er lief zu Johanan und rief: »Das da habe ich gefunden!« Er schwenkte ein Papyrusblatt. »Es ist ein Aufruf Nebukadnezars. An jenem Haus war er angeschlagen!« Die Männer liefen zusammen und umringten ihre Führer.
Johanan las vor: »An alle Judäer und Judäerinnen, die noch im Lande sind! Die Kampfhandlungen gegen den aufrührerischen Zedekia und seine Truppen sind beendigt. Die babylonischen Soldaten stellen den Kampf ein. Tut ihr das gleiche. Legt eure Waffen nieder. Ich habe Gedalja, den Sohn Ahikams, als Statthalter über das Land gesetzt. Alle Männer, Frauen und Kinder, die noch versprengt sind, und alle armen Leute, die nicht nach Babylon verbannt wurden, habe ich ihm unterstellt. Geht nach Mizpa; tut, was Gedalja sagt. Dann wird es euch gutgehen. Nebukadnezar, Großkönig von Babylon.«
Die Männer blickten einander an. Jetzt wußten sie, wer der Statthalter war. Sie kannten Gedalja. Er kam aus einer vornehmen Familie, die durch ihre maßvolle Haltung bekannt war. Sein Großvater Schafan war Schreiber gewesen unter König Josia. Ihm gab einst Oberpriester Hilkia das berühmte Buch nach dessen Anweisungen König Josia seine Reform durchführte. Sein Vater Ahikam beschützte Jeremia. Gedalja gehörte nicht zur Kriegspartei in der Zeit Zedekias. Er war ein Mann von anständiger Gesinnung.
Doch ganz legte sich das Mißtrauen der Soldaten nicht. War er eben nicht doch ein Verräter, einer, der einfach die Befehle des Großkönigs ausführte?
Daß die Babylonier keinen Nachkommen Davids zum Statthalter gemacht hatten, verwunderte diese Männer weniger. Sie wußten ja, welch schlechte Erfahrungen die Babylonier mit den Königen Jojakim und Zedekia gemacht hatten. Mit gemischten Gefühlen machten sie sich auf nach Mizpa.
Furchtbar hatte der Krieg überall gewütet und schreckliche Spuren hinterlassen. Wo einst blühende Städte und Dörfer waren, sahen sie nun nichts als brandgeschwärzte Ruinen. Alle waren gespannt, in welchem Zustand sie Jerusalem finden würden, die Stadt des Königs, Gottes Stadt. Sie liefen schneller.
Als sie dann von der Steige südlich Jerusalems zur Stadt hinüber sahen, verstummten alle vor Schmerz. Ihre Heimatstadt, die Stadt Davids, die Stadt, in der Gott wohnte, war zerstört. Der Berg Zion glich einem Schutthaufen und die Königsburg war ein Ruinenfeld! Von

der Pracht des Libanonwaldhauses fanden sie nur noch verkohlte Stümpfe. Vom Heiligtum Gottes war nur ein Steinhaufen übriggeblieben.
Lange verweilten Johanan und Jonatan wortlos mit ihren Männern. Jetzt wußten sie, warum Gedalja nach Mizpa gehen mußte.
Es ging schon auf den Abend zu, als sie Mizpa aus der Ferne sahen. Die Stadt hatte den Krieg unversehrt überstanden. Wie eine Burg lag sie auf einer sanften Höhe. Zehn Türme ragten über die Mauern empor.
Johanan und Jonatan mit ihren Männern waren nicht die einzigen, deren Ziel Mizpa war. Aus allen Himmelsrichtungen sahen sie einzelne Gruppen zu dieser Stadt ziehen. Alle führten ihren geringen Besitz auf dem Rücken oder auf kleinen Wagen mit sich.
Mit vielen anderen Flüchtlingen zusammen kamen sie zu einem größeren Haus in der Stadtmitte. Dort regierte Gedalja. Johanan und seine Männer erschraken sehr, denn Babylonier standen vor dem Haus. Noch hatten sich die Gefühle der Feindseligkeit bei ihnen nicht gelegt. Und dort sahen sie Gedalja!
Johanan und seine Männer blieben in einiger Entfernung stehen. Sie wollten ihn zuerst eine Zeitlang beobachten. Er sprach gerade mit babylonischen Offizieren: »Acht Bauern aus Gibeon sind noch in Rama eingesperrt. Hier, die Liste mit ihren Namen. Ich verbürge mich für sie. Es sind Leute, die nicht gegen euch gekämpft haben. Laßt sie frei! – Da eine Liste der Städte, die ich nötig brauche, um den Rest Judas ansiedeln zu können. Legt sie dem König vor, und erklärt ihm meine Bitte!«
Johanan blickte Jonatan an: Das war kein Erfüllungsgehilfe! Er stand zwar im Dienst des babylonischen Großkönigs. Aber er sorgte gewissenhaft für sein geschlagenes Volk.
Dann sah sie Gedalja. Er rief sie zu sich: »Kommt! Ich brauche euch alle. Wir müssen von vorn anfangen. Miteinander wollen wir Juda wieder aufbauen.« Als sie herangekommen waren, fragte er sie: »Wißt ihr von anderen versprengten Gruppen? Ja? Bittet sie, daß sie zu uns nach Mizpa kommen!«
Und da, wer stand neben Gedalja? Jeremia! In Johanan und Jonatan war der Widerstand gegen diesen Mann noch groß. Jeremia streckte ihnen seine Hand entgegen. Doch die Brüder wandten sich von ihm ab und verließen den Hof.

Schon zwei Tage später kamen Seraja, die Söhne Efais und Jaasanja mit ihren Gruppen nach Mizpa zu Gedalja.

Drei Wochen später geschah etwas Aufsehenerregendes: Jismael, Prinz aus dem Hause Davids, kam zu Gedalja mit seinen Soldaten. Johanan und seine Kameraden wunderten sich sehr, daß er es überhaupt wagte, sich öffentlich zu zeigen. Denn Nebukadnezar hatte bisher alle Männer, die mit dem König verwandt waren, in die Verbannung bringen lassen. Unbekannt blieb auch woher er kam. Er war zwar zuerst mit dem König und dem Heer geflohen. Wo aber hatte er sich inzwischen aufgehalten?

Dem kühn geschnittenen Gesicht des Prinzen sah man seine Verwandtschaft mit dem Hause Davids an. Sein Auftreten verriet, daß er im Palast aufgewachsen war. Wahrhaftig, eine Krone wäre auf diesem Haupt denkbar gewesen.

Ihm gegenüber stand Gedalja, Statthalter Nebukadnezars über den Rest Judas. Ruhig und gelassen trat er auf. Fürsorge für das Volk sprach aus seinem Auge. Johanan konnte sich gut vorstellen, was in diesem Augenblick in dem Prinzen vorging. »Eigentlich müßte ich an deiner Stelle stehen«, mochte dieser denken. Doch da war das Gewicht der Tatsachen, die die Geschichte geschaffen hatte.

Jismael legte seine schmale Hand in die Hand Gedaljas. Und er sprach: »Ich will dir dienen!« Johanan atmete auf. Alle Fragen, die Jismaels Auftreten aufwarfen, verstummten über der Freude, daß er sich Gedalja unterordnete. Dennoch beschloß Johanan, ihn im Auge zu behalten.

Alle um Gedalja waren des Krieges müde. Dennoch wollten sich viele von ihren Waffen nicht trennen. Denn ihr Mißtrauen gegen die Babylonier war noch sehr groß. Immer noch wirkten in ihnen die Worte der Fürsten und der Propheten nach: »Sie töten euch! Wen sie nicht töten, der wird Sklave, lebenslang. Nie mehr seid ihr freie Judäer auf eigenem Boden!« Darum wollten auch jetzt noch viele lieber nach Ägypten auswandern.

Johanan trug Gedalja die Bedenken seiner Kameraden vor. Da hob Gedalja vor ihm und allen anderen die Hand zum Schwur und sprach: »Fürchtet euch nicht, den Chaldäern untertan zu sein; bleibt im Land und seid dem König von Babel untertan, so wird's euch wohlergehen. Siehe, ich bleibe hier in Mizpa und habe die Verant-

wortung vor den Chaldäern, die zu uns kommen; ihr aber sollt Wein und Feigen und Öl ernten und in eure Gefäße tun und sollt in euren Städten wohnen, die ihr wieder in Besitz genommen habt.«
Da staunten Johanan und seine Kameraden: Land sollten sie wieder besitzen! Keine Fremden wurden in Juda angesiedelt, wie das die Assyrer in Israel getan hatten. Endlich sollte Friede sein. Nur eine Bedingung: Sie mußten den Babyloniern dienen. Diese waren also nicht rachsüchtig. Großmütig gingen sie mit dem Rest von Juda um.
Johanan schaute zum erstenmal Jeremia mit anderen Augen an. Hatte er nicht recht damit gehabt, den Babyloniern keinen Widerstand entgegenzusetzen?
Jetzt kamen auch Versprengte aus den Nachbarländern nach Mizpa. Aus Moab, Edom, Ammon und aus anderen Ländern. Restjuda versammelte sich in Mizpa. Alle setzten ihr Vertrauen auf Gedalja. Dieser siedelte sie in den Städten und Dörfer um Mizpa an. Johanan bekam Rama zugewiesen. Jismael zog mit seinen Leuten nach Gibeon.
Als der erste Sabbat kam, rief Jeremia in Mizpa Männer, Frauen und Kinder zusammen. Die Spuren der Leidenszeit waren ihm noch deutlich anzusehen. Aber in den Augen, die tief in den Höhlen lagen, leuchtete das Feuer der Hoffnung.
Sie umdrängten ihn. Jeremia sprach: »Nur ein Rest sind wir noch. Aber, daß ein Rest von Juda übriggeblieben ist im Land, kommt von Gott! Es ist ein Zeichen seiner Treue und der Vergebung unserer Schuld.

›Man wird wieder Häuser,
Äcker und Weinberge kaufen in diesem Lande . . .‹

Ihr erinnert euch, das habe ich vor einigen Monaten in der belagerten Stadt gesagt. Damals konnte ich das selbst kaum glauben. Nun erfüllen sich diese Worte vor unseren Augen. Ich habe neue Hoffnung für euch: Die Zeit des Ausreißens und Einreißens ist vorbei. Das Gericht ist vorüber. Endlich beginnt das Pflanzen und Bauen.
Nach dem Gottesdienst ging Johanan auf Jeremia zu und reichte ihm die Hand.

Mord in Mizpa

In den Tälern um Rama war es fast schon Nacht. Aber Johanan ging trotzdem noch durch seine Felder. Er überlegte, was er anpflanzen sollte, wenn die Regenzeit begann. Da hörte er, daß ein Wagen von Bethel herkam. Johanan staunte, denn es war ein Pferdegespann. Wer fuhr auf diesem Wagen? Den Judäern hatten die Babylonier doch alle Pferde weggenommen. Nur ein Mann saß auf dem Gefährt.

»Wo kommst du her?« fragt er den Fuhrmann. »Von Rabba in Ammon«, antwortete dieser. »Wo willst du denn hin?« fragte er weiter. »Nach Gibeon zu Prinz Jismael«, gab ihm der Fremde zur Antwort.

Johanan staunte nicht wenig: »Was hat denn ein Nachkomme Davids mit den Ammonitern zu tun?« – »Weißt du es nicht?« antwortete der Fremde. »Prinz Jismael hielt sich nach der Flucht aus Jerusalem bei König Baalis auf. Ich bringe ihm einige Sachen, die er in Rabba zurückgelassen hat und Geschenke des Königs.« Die Ammoniter waren von jeher geschworene Feinde Israels. Schon der Richter Jefta hatte mit ihnen gekämpft. Vor allem aber waren sie unbeugsame Feinde Davids und seines ganzen Hauses. Denn David hatte einst ihre Hauptstadt Rabba erobert und sich selbst die Krone des Königs von Ammon aufs Haupt gesetzt.

Dies alles war schon sehr schlimm, nie aber konnten die Ammoniter vergessen, daß David sie nach der Unterwerfung zur Zwangsarbeit heranzog. Darum kämpften sie auch als Verbündete Nebukadnezars gegen Zedekia.

Als Johanan nach Hause kam, sagte er zu seinem Bruder: »Was wird wohl ein Ammoniterkönig tun, wenn ihm ein Davidide ins Garn geht?« – »Entweder töten oder an Nebukadnezar ausliefern«, meinte Jonatan. »Prinz Jismael war nach der Flucht bei König Baalis in Ammon. Kannst du mir erklären, warum er ihn wieder friedlich gehen ließ?«

Endlich war überall im Land die überreiche Ernte eingebracht. Die Arbeit drängte nicht mehr.

Zwei Wochen vor dem Herbstfest trafen sich die Heerführer bei Seraja, der jetzt mit seinen Leuten in Geba wohnte. Alle waren sehr zufrieden mit Gedalja. Seraja sagte: »Er hat das Ziel, Juda den Frie-

den zu bringen. Wenn das erreicht ist, will er versuchen, auch das einstige Israel unter seine Verwaltung zu bekommen. Es lebt ein gesamtisraelitischer Geist in ihm. Das alles will er mit friedlichen Mitteln und in Einverständnis mit den Babyloniern erreichen.«
Jaasanja sagte: »Dabei muß er aber sehr vorsichtig zu Werke gehen. Nebukadnezar zwar sieht seine Pläne mit Wohlgefallen. Ihm kann es nur recht sein, wenn an der Grenze zu Ägypten ein ruhiges und friedliches Juda liegt. Argwöhnisch wird aber jeder seiner Schritte beobachtet von Moab, Edom und vor allem in Ammon. Baalis, König von Ammon, hat ja im Bund mit Nebukadnezar gegen Juda gekämpft. Das aber ist ihm nicht genug. Er will nicht nur den Untergang Judas, sondern er will dieses unser Land in seinen Besitz bringen.«
Johanan hatte das Gespräch mit wachsender Aufmerksamkeit verfolgt. Bei den letzten Sätzen Jaasanjas fiel es ihm plötzlich wie Schuppen von den Augen. Was bisher einzelne, unzusammenhängende Ereignisse waren, daß fügte sich ihm plötzlich zu einem Gesamtbild zusammen: Die rätselhafte Rückkehr Jismaels, seine Unterordnung unter Gedalja; der Wagen aus Ammon. All dies ließ für Johanan nur einen Schluß zu.
Johanan vergewisserte sich zuerst, daß niemand außer ihm und seinen Freunden im Haus war, dann bat er Seraja, den Gastgeber, sorgfältig alle Türen und Fenster zu schließen. Als das geschehen war, sprach er zu seinen Kameraden: »Habt ihr euch nicht auch darüber gewundert, daß Prinz Jismael nach seiner Flucht wieder nach Juda zurückgekommen ist?« Seraja antwortete: »Das war gefährlich für ihn. Aber offenbar verfolgte man ihn nicht.« Johanan sprach: »Hört, was ich entdeckt habe! Jismael war bei König Baalis.«
Alle waren sehr erstaunt. Sie riefen durcheinander: »Bei dem Ammoniter, der Juda haßt wie die Pest?« Jaasanja aber fragte: »Warum hat er dann den Davididen wieder laufen lassen?« Johanan stand auf: »Er ließ ihn nicht laufen. Er hat ihn gesandt! Und zwar mit dem Auftrag, Gedalja zu töten.«
Die Heerführer erbleichten: »An so etwas haben wir nie gedacht! Denkbar aber ist es.«
Johanan fuhr fort: »Versteht ihr: Baalis selbst darf das Aufbauwerk Gedaljas nicht stören. Er zöge sich sonst Nebukadnezars Feindschaft zu. Darum soll diese schmutzige Arbeit ein anderer für ihn

tun. König Baalis weiß genau, wenn Gedalja, der Mann, dem Nebukadnezar vertraut, von einem Judäer umgebracht wird, dann ist es für immer aus mit judäischer Selbstverwaltung. Und er denkt: Dann wird Nebukadnezar mir, dem König von Ammon, Juda übergeben. So räche ich alle Schmach, die uns David angetan hat!« Alle Anwesenden waren von den Worten Johanans entsetzt. All das, was er gesagt hatte, schien ihnen nur zu wahr zu sein. Gedalja aber war der Mann ihres Vertrauens. Nur deshalb, weil er der Mittler war zwischen dem Rest der Judäer und den Babyloniern, gab es für sie eine Hoffnung. Er durfte nicht sterben. Sie sagten zu Johanan: »Du hast recht. Wir müssen Gedalja sofort warnen. Denn wenn er getötet wird, gibt es keine Hoffnung mehr für den Rest von Juda.«
Johanan und alle anderen Heerführer gingen nach Mizpa zu Gedalja. Sie sagten zu ihm: »Weißt du auch, daß Baalis, der König der Ammoniter, Jismael, den Sohn Netanjas gesandt hat, daß er dich erschlagen soll?«
Gedalja erstarrte, als er das hörte. Er senkte das Haupt. Jismael, Prinz aus dem Hause Davids, ihn töten? Undenkbar, daß dieser sich zu einer solchen Schurkentat hergeben würde! Gedalja hatte sich sein Amt ja nicht genommen. Nebukadnezar hatte es ihm gegeben. Und er übte es nicht zu seinem eigenen Vorteil aus, sondern zum Wohl des Volkes. Am meisten aber sprach gegen diese Vermutung Jismaels eigenes Wort: »Ich will dir dienen!« Ruhig antwortete Gedalja den Soldaten: »Das kann ich euch nicht glauben. Ich vertraue den Worten Jismaels.«
Johanan erschrak über diese Haltung Gedaljas. Seine Kameraden gingen besorgt. Er blieb allein bei Gedalja zurück. Dann sprach er zu ihm: »Ich will hingehen und Jismael, den Sohn Netanjas erschlagen, daß es niemand erfahren soll. Warum soll er dich erschlagen, so daß alle Judäer, die bei dir versammelt sind, zerstreut werden und, die noch aus Juda übriggeblieben sind, umkommen?«
Eine Blutschuld wollte Johanan auf sich laden, damit Gedalja, Hoffnung Judas, am Leben bliebe. Gedalja erschrak bei diesen Worten Johanans. Er stand auf: »Du sollst das nicht tun; es ist nicht wahr, was du von Jismael sagst.«
Noch zwei Tage waren es bis zum Herbstfest. Vor dem unheilvollen Krieg war es Sitte gewesen, daß die Fürsten des Volkes den König in diesen Tagen vor dem Fest mit ihrem Gefolge besuchten. Jetzt

kam kein Geringerer in die Stadt Mizpa, um Gedalja, dem von den Babyloniern eingesetzten Statthalter, seine Aufwartung zu machen, als Prinz Jismael. Zehn Männer aus seinem Gefolge begleiteten ihn.
Der Statthalter lud den Prinzen zu einem Gastmahl ein. Dann setzte er sich mit einigen Judäern, mit babylonischen Offizieren, sowie mit Jismael und den zehn Männern seiner Begleitung zu Tisch. Gedalja ließ von Speisen und Wein auftragen, was die Ernte gebracht hatte. Es sollte ein Freudenmahl nach den bitteren Leiden des Krieges sein. Aber als man schon mehrmals dem Wein zugesprochen hatte, sprang Jismael auf, riß sein Schwert heraus und schrie: »Wer hält es hier mit David und seinem ewigen Königreich?«
Er warf den Tisch um und stieß Gedalja mit den Worten nieder: »Stirb, Verräter!«
Ein gleiches taten seine Männer mit den überrumpelten Judäern und Babyloniern. Jismael hatte dafür gesorgt, daß nichts von der Bluttat nach außen drang. Aber seine Mordgesellen beobachteten scharf, was in der Stadt und um sie herum vorging.
Am anderen Tag wurde Jismael gemeldet: »Achtzig Männer kommen! Alle sind aus Israel, aus Samaria, Sichem und Silo. Büßer sind es. Darum haben sie ihre Bärte geschoren, ihre Kleider zerrissen und sich die Haut wund geritzt, um Gottes Mitleid zu erregen. Sie tragen Opfergaben bei sich, Speiseopfer und Weihrauch, um sie zum Hause des Herrn nach Jerusalem zu bringen.«
Da dachte Jismael an den gesamtisraelitischen Traum Gedaljas. Er sagte: »Ich will sie prüfen, ob sie es mit Gedalja halten.« Er nahm die Haltung eines Büßers ein. Weinend ging er Festpilgern entgegen und sprach: »Ihr sollt zu Gedalja, dem Sohn Ahikams kommen.«
Gedalja! Auch in Israel hatte man schon von seinem Aufbauwerk gehört. Ja, sie liebten ihn. So gingen sie mit Jismael in die Stadt. Er führte sie in eine Seitenstraße. Jismael und die zehn Männer, die bei ihm waren, töteten die Pilger. Aber zehn von ihnen flehten ihre Mörder an. Sie sprachen: »Töte uns nicht; wir haben Vorrat im Akker verborgen liegen an Weizen, Gerste, Öl und Honig.«
Als sie das hörten, ließen sie diese am Leben. Die Leichen aber warfen sie alle in die Zisterne, die dreihundert Jahre vorher König Asa in der Grenzfestung Mizpa hatte graben lassen.

Dann befahl Jismael seinen Männern alles Volk, das noch in der Stadt war, vor dem Stadttor zu versammeln. Jetzt erst wurde langsam bekannt, was geschehen war: Gedalja ist tot! Siebzig Festpilger aus Israel wurden erschlagen. Selten hatte eine Nachricht so furchtbar auf Jeremia gewirkt wie diese. Gedalja, der Hoffnungsträger Judas, war ermordet.
Die Festpilger aus Israel auf dem Weg nach Jerusalem, das war der Beweis dafür gewesen, daß es immer noch das eine Gottesvolk gab aus Juda und Israel. Und jetzt?
Jismael und seine zehn Spießgesellen wollten jetzt das übriggebliebene Volk zu den Ammonitern treiben. Alle möglichen Anhänger Gedaljas sollten aus dem Land verschwinden, und das waren zunächst die Menschen, die bei ihm in Mizpa waren. Auch die Königstöchter waren darunter, die Nebukadnezar Gedalja unterstellt hatte. Sie trieben sie zunächst nach Südwesten, in Richtung auf Gibeon. So wollten sie mögliche Verfolger täuschen. Jeremia ging gebeugt daher, als trüge er eine schwere Last. Er sprach kein Wort, auch nicht mit Baruch. Die Sonne war ihm untergegangen.

Die Krise

In Rama setzte sich am ersten Tag des großen Herbstfestes Johanan mit seinen Kameraden an den Tisch zum Festmahl. Er hatte auch Prinz Jismael eingeladen. Alle waren gekommen, nur dieser nicht. Die Gesichter der versammelten Heerführer waren ernst. Immer wieder mußten sie daran denken, daß sie das große Fest früher immer in Jerusalem, im Heiligtum gefeiert hatten. Denn das Herbstfest war seit der Reform des Königs Josia eines der drei großen Wallfahrtsfeste.
Johanan erhob sich und sprach: »Es steht geschrieben: ›Du sollst fröhlich sein an deinem Fest!‹ Das fällt uns in diesem Jahr schwer. Die heilige Stadt ist zerstört. Der Tempel liegt in Trümmern und unser Land ist verwüstet. Viele sind gefallen und gestorben. Tausende leben in der Verbannung. Aber seid trotzdem nicht traurig. Denkt an das Wort, das uns Jeremia zugerufen hat:

›Die Güte des Herrn ist's,
daß wir nicht gar aus sind,
seine Barmherzigkeit hat noch kein Ende,
sondern sie ist alle Morgen neu
und deine Treue ist groß.‹

Denkt daran, feiert das Fest und seid fröhlich!«
Dann begann das Festmahl. Es war gering, verglichen mit früher, aber die einfachen Speisen und Getränke schmeckten wie nie zuvor, denn es war Friede. Über diesen Zustand freuten sich die Männer, Frauen und Kinder und vergaßen eine Zeitlang ihre Sorgen.
Da kam ein Mann auf der Straße von Mizpa daher. Kaum hatte er das Tor hinter sich gelassen, rief er aufgeregt: »Wo ist Johanan?« – »In seinem Haus, beim Festmahl«, antwortete ihm einer der Bediensteten.
Johanan ahnte nichts Gutes, als der Bote vor ihn und die Versammlung seiner Gäste trat: »Herr, Prinz Jismael hat in Mizpa den Statthalter Gedalja erschlagen als er beim Festmahl saß. Auch die Judäer und die babylonischen Offiziere hat er erschlagen, die mit ihm zu Tisch saßen«, berichtete der Mann, der noch ganz außer Atem war.
Alle erbleichten, als sie diese Nachricht hörten. Keiner mochte noch etwas von den köstlichen Speisen essen, die Johanan seinen Gästen hatte auftischen lassen.
Johanan sprach: »Den Statthalter hat er erschlagen, den Mann der das Vertrauen Nebukadnezars besaß und dem auch wir vertrauten, und das beim Festmahl. Weh uns!«
Noch lähmte die ungeheure Nachricht die Männer. Ihre Folgen waren nicht auszudenken. Da hörte man schon die Schritte eines zweiten Boten:
»Prinz Jismael hat siebzig Männer ermordet. Sie kamen von Samaria, Sichem und Silo und wollten nach Jerusalem, um dort zu opfern. Ihre Leichen aber warf er in die große Zisterne zu Mizpa!« Johanan stand jäh auf. Sein Stuhl fiel polternd hinter ihm auf den Boden. Die Männer schauten einander fragend an: »Was hatte denn diese neue Bluttat zu bedeuten?«
Jaasanja sagte: »Prinz Jismael geht offensichtlich allen ans Leben, die es irgenwie mit Gedalja halten. Auch wir müssen um unser Leben fürchten.«

Und dann stand auch schon der dritte Bote da: »Herr, Prinz Jismael hat alles Volk, das in Mizpa bei Gedalja war, gefangengenommen und weggeführt, die Hofbeamten und die Prinzessinnen, auch Jeremia und Baruch!«
Langsam nur legte sich die Erregung, die die unheilvollen Nachrichten ausgelöst hatten, und wich kühler Überlegung. Johanan sagte: »Wir müssen ihm nachjagen. Wir dürfen nicht zulassen, daß er den Rest Judas nach Ammon verschleppt!«
Jonatan, Johanans Bruder, aber fügte hinzu: »Vor allem aber müssen wir ihn selbst lebendig in unsere Hände bringen. Wie könnten wir sonst den Babyloniern beweisen, daß nicht wir es gewesen sind, die Gedalja getötet haben.«
»Jonatan hat recht«, rief Johanan. »Auf, sammelt eure Männer!«
Sofort eilten die Hauptleute auseinander. Ein jeder ging in seine Stadt, um seine Leute zu den Waffen zu rufen. Am anderen Morgen versammelten sie sich in Rama. Johanan führte den Oberbefehl. Er rief den Soldaten und Offizieren zu: »Denkt daran: Wir müssen Jismael lebendig in unsre Hände bekommen. Lebendig! Er muß seine Untat vor den Babyloniern selbst bekennen.«
Ursprünglich wollte Johanan sofort nach Geba, nach Osten marschieren. Da brachte ein Bote die Nachricht: »Jismael zieht mit den Gefangenen nach Gibeon.« Nur um seine Verfolger irre zu führen, war er also nach Südwesten gezogen.
Johanan gab das Zeichen zum Aufbruch. Der kleine Heerhaufe, kaum zweihundert Männer, zog nach Nordwesten. Johanan ging mit Jaasanja an der Spitze. Er sagte zu Jaasanja: »Das ist ein seltsamer Kriegszug, auf dem wir uns jetzt befinden.« Jaasanja antwortete: »Du hast recht, denn Judäer kämpfen gegen Judäer. Das letzte Mal war das gewesen, als Absalom gegen David kämpfte.«
Johanan schickte Späher voraus. Schon nach kurzer Zeit kamen sie zurück und berichteten: »Jismael lagert mit den Gefangenen am großen Wasser bei Gibeon!« Johanan kannte die Örtlichkeiten gut. Das »große Wasser« war ein Teich nördlich von Gibeon. Auf Grund dieser Nachricht teilte er sein kleines Heer. Eine Gruppe sollte östlich von Gibeon versuchen, die Flucht Jismaels zu verhindern. Mit der anderen wollte Johanan Jismael angreifen.
Jetzt war Johanan mit seinen Leuten nur noch zweihundert Meter von dem Haufen Jismaels entfernt. Jismael stand mit seinen zehn

Männern vor den Gefangenen. Da erhob sich auf einmal unter den Gefangenen ein Freudengeschrei: »Johanan ist da!« Und dann fingen alle an zu laufen. Vergeblich suchte Jismael mit seinen Leuten, die Fliehenden aufzuhalten. Alle liefen zu Johanan über.
Jetzt gab Johanan das Zeichen zum Angriff. Doch die Flucht der Gefangenen war für Jismael so überraschend gekommen, daß er keinen Sinn mehr im Kämpfen sah. Er wandte sich mit seiner Schar zur Flucht. Dabei verlor er zwei Mann.
Die Freude darüber, daß man Jismael den »Rest Judas« abjagen konnte, währte nicht lange. Am Abend kam Seraja, der Führer des anderen Heerhaufens mit finsterem Gesicht: »Jismael ist uns entkommen. Er ist zu den Ammonitern geflohen!«
Sofort rief Johanan alle Hauptleute zur Beratung zusammen. »Was sollen wir jetzt tun?« fragte er.
Jaasanja ergriff als erster das Wort: »Sobald die Babylonier erfahren, daß Gedalja ermordet wurde, werden sie die Mörder suchen. Jismael ist entflohen, also trifft uns ihre Rache.«
Jetzt auf einmal gewann jener Plan Macht über die Herzen der Hauptleute, an den sie schon in der Höhle in der Wüste Juda gedacht hatten: Die Flucht nach Ägypten!
Dort sind wir vor der Rache der Babylonier sicher und brauchen auch nicht mehr zu hungern, dachten sie alle. Johanan sprach es als erster aus: »Uns bleibt nichts anderes übrig, als nach Ägypten zu ziehen.« Alle Hauptleute stimmten zu.
Nun übernahm Johanan mit den anderen Hauptleuten den Rest des Volkes, Männer, Frauen, Kinder, Palastbeamte und Prinzessinnen waren darunter, auch Jeremia und Baruch. »Auf«, rief Johanan, »wir müssen nach Ägypten fliehen!«
Nach zwei Stunden zogen sie westlich an Jerusalem vorbei. Was für Augenblicke! Alle schauten hinüber zu den Trümmern der heiligen Stadt. Daß diese Stadt so groß wurde, das hing letztlich mit dem Auszug aus Ägypten zusammen. Und jetzt war der Rest des Volkes auf der Flucht nach Ägypten! Ein zweiter Auszug, ein zweiter Exodus, aber in verkehrter Richtung! Vielen traten die Tränen in die Augen, doch sie mußten weiter.
Als es Abend wurde, tauchten die Ruinen einer Herberge vor den Flüchtenden auf. »Das ist die Herberge des Kimham«, sagte Johanan. Er wußte, daß wenige Kilometer südlich dieser Herberge die

von den Babyloniern gezogene Grenze Judas verlief. Sie waren also fast in Sicherheit. Darum sagte er: »Hier laßt uns rasten!«

Der verkehrte Exodus

Die Nacht brach über den Rest von Juda herein, der bei der Herberge Kimhams in der Nähe von Bethlehem lagerte. Die Fliehenden hatten sich notdürftig für die Nacht eingerichtet. Die Glücklichen, die Decken dabei hatten, errichteten sich kleine Zelte. Andere lagerten sich erschöpft auf den Boden, um zu ruhen und zu schlafen. Nur hier und da brannte ein Feuer, an dem sich einige Menschen wärmten oder eine Speise zubereiteten.

Johanan hatte vorsorglich Wachen aufgestellt. Die Furcht vor der Verfolgung durch die Babylonier war immer noch groß. Bald jedoch schliefen die meisten der Flüchtlinge, erschöpft durch die körperlichen Anstrengungen und seelischen Erschütterungen der letzten Tage.

Nur einer stand noch, angelehnt an einem Baum, dessen Krone der Sturm abgerissen hatte. Es war einer der Hauptleute, Seraja. Ernst glitten seine Augen über die Lagernden. Dann schaute er nach Süden in die Wüste hinaus. Dort lag Ägypten!

Jonatan trat zu Seraja. Lange schwiegen beide, bevor Jonatan zu sprechen begann: »Du hast kein Wort gesagt bei der Beratung in Gibeon, als es um die Frage ging, ob wir im Land bleiben oder nach Ägypten ziehen sollen.« Seraja sagte: »Da war ich mir noch unschlüssig.« – »Jetzt steht dein Entschluß fest?« fragte Jonatan. »Ja«, antwortete Seraja, »es ist verkehrt, was wir tun. Wir müssen im Land bleiben!« – »Wie bist du zu dieser Überzeugung gekommen?« wollte Jonatan wissen. »Einfach!« erklärte Seraja. »Hier ist das Land unserer Väter, das Land der Verheißung. Wir dürfen es nicht aufgeben!« – »Aber die Babylonier, Seraja«, gab Jonatan zu bedenken. »Sie werden sich an uns rächen, obwohl wir unschuldig sind.« – »Das müssen wir auf uns nehmen, aber fliehen sollten wir auf keinen Fall!« sagte Seraja entschlossen. Jonatan ließ sich von Seraja überzeugen. Sie beschlossen, die Sache morgen den Hauptleuten und dem ganzen Volk vorzutragen.

Noch vor Sonnenaufgang drängte Johanan zum Aufbruch. Seraja und Jonatan aber sprachen: »Halt! Laßt uns noch einmal darüber reden, ob wir diesen entscheidenden Schritt tun und nach Ägypten ziehen sollen. Denkt daran: Wir verlassen dann das Land der Väter! Der Aufbruch aus Gibeon war verständlich, aber überstürzt. Laßt uns die Sache miteinander gründlich erwägen.« Widerwillig gab Johanan nach.

Doch bald zeigte es sich, daß nicht nur Seraja und Jonatan Bedenken hatten. Die Hauptleute spalteten sich in zwei Gruppen. Die einen drängten zum sofortigen Aufbruch. Ihr Wortführer war Asarja. Ebenso hartnäckig bestand Seraja mit seinen Anhängern darauf im Land zu bleiben. Der Streit griff auf das Volk über und bald standen sich im ganzen Lager unversöhnlich zwei Parteien gegenüber. Johanan war ratlos. Besorgt blickte er immer wieder nach Norden. Kamen da nicht schon die Babylonier, um die Flüchtenden einzufangen? Es war aussichtslos, die Streitenden zu versöhnen.

Da machte Jaasanja einen Vorschlag: »Zwei Wege liegen vor uns; der eine führt nach Ägypten, der andere zurück ins Land der Väter. Wir wissen nicht, welchen Weg wir einschlagen sollen. So laßt uns doch zu Jeremia gehen. Wir wollen ihn bitten, daß er für uns Gott um den rechten Weg fragt.« Alle atmeten auf: Das war die Lösung, denn Jeremia stand bei allen in großem Ansehen. Hatte er doch seit vierzig Jahren die Ereignisse richtig vorausgesagt. Nach der Eroberung der Stadt harrte er beim Volk aus und teilte alle Not mit ihm.

Johanan sprach: »Jaasanja hat recht!«

Jeremia war in größter Sorge über das, was seit der Flucht von Gibeon geschehen war. Für ihn stand fest, was der rechte Weg war. Nur gegen seinen Willen hatte man ihn von Gibeon bis hierher mitgenommen. Jetzt war er sehr überrascht, als er auf einmal alle Hauptleute und das ganze Volk zu der Ruine der Herberge kommen sah, in der er schon einmal mit Baruch die Nacht verbracht hatte.

Jeremia sah sie vor sich stehen: Hauptleute, Männer, Frauen und Kinder aus dem Volk. Er sah vor allem die Kinder. Alle umdrängten sie den alten Propheten, der im halbzerfallenen Eingang der Ruine stand.

Johanan sprach zu ihm: »Laß doch unsere Bitte vor dir gelten und bete für uns zum Herrn, deinem Gott, für alle diese Übriggebliebenen, denn leider sind von vielen nur wenige übriggeblieben, wie du mit eigenen Augen siehst, daß der Herr, dein Gott, uns kundtun wolle, wohin wir ziehen sollen.« Über Jeremias Gesicht zog ein Leuchten: War das nicht das erste Mal, daß er vom Volk nach dem Willen Gottes gefragt wurde? Auch hatte er gehört, daß Johanan gesagt hatte: »Bete für uns zum Herrn, deinem Gott . . .« Diese geschlagenen Menschen fühlten sich fern von Gott. Seine Augen umfaßten die Verängstigten mit großer Liebe. Er sprach zu ihnen:

»Wohlan ich will gehorchen.
Siehe, ich will zum Herrn, eurem Gott beten,
wie ihr gesagt habt,
und alles, was euch der Herr antworten wird,
das will ich euch kundtun und will euch nichts vorenthalten.«

Unverfälscht würde er also den Flüchtlingen den Willen Gottes kundtun. Sie waren fest entschlossen, nach seinem Wort zu handeln. Vom Gehorsam gegen Gottes Wort hing das Leben ab. Das hatten sie selbst erlebt. Darum sagten sie zu Jeremia: »Der Herr sei ein zuverlässiger und wahrhaftiger Zeuge wider uns, wenn wir nicht alles tun werden, was uns der Herr, dein Gott, durch dich befehlen wird. Es sei Gutes oder Böses, so wollen wir gehorchen der Stimme des Herrn unseres Gottes, zu dem wir dich senden, auf daß es uns wohlgehe.«
Von dieser Stunde an warteten alle auf das Wort Gottes, das ihnen Jeremia mitteilen würde. Am ersten Tag standen viele Menschen bis zum Abend vor der Ruine und meinten, Jeremia müsse jeden Augenblick heraustreten und ihnen die Weisung Gottes mitteilen. Aber nichts geschah. So war es auch am zweiten Tag. Jetzt verließen allmählich auch die hartnäckigsten die Ruine und gingen zurück ins Lager. Es wurde Nacht. Das Wort Gottes war nicht zu Jeremia gekommen.
Der dritte Tag brach an. Langsam gingen die Vorräte aus. Wäre man vor drei Tagen gleich weitergegangen, so hätten sie bis zur ägyptischen Grenze gereicht. Die Menge zerstreute sich, um in den Ruinen der Dörfer nach Nahrungsmitteln zu suchen. Der dritte Tag neigte sich. Langsam wuchs die Enttäuschung, weil das Wort Gottes immer noch nicht zu ihnen gekommen war. In den nächsten Ta-

gen beunruhigten Gerüchte die Wartenden: Babylonische Reiter seien bei Baal-Perazim gesehen worden. Das war nur fünf Kilometer entfernt. »Weh uns!« riefen sie, aber es geschah nichts. Dann umringten viele einen Mann, der die Nachricht brachte: »Die Babylonier haben alle Männer, die noch in den Dörfern und Städten um Mizpa lebten, gefangengenommen. Ein babylonischer Offizier hat gesagt: ›Diejenigen, die unter Johanans Führung geflohen sind, dürfen auf keinen Fall mehr ins Land zurückkehren.‹« Jeremia aber erwartete in der Ruine Jahwes Antwort auf sein Gebet. Er sah, daß die Wartezeit sich verhängnisvoll auswirkte. Aber dem Propheten waren die Hände gebunden. Nicht nach seiner eigenen Meinung, nach dem Wort Jahwes war er gefragt. Darauf aber mußte er warten. Das wußte er.

So ging der vierte, fünfte und sechste Tag vorüber ohne ein Wort Jahwes.

Immer öfter kam es jetzt vor, daß Männer und Frauen in Gruppen zusammenstanden. Sie tauschten die letzten Gerüchte aus und sprachen aufgeregt miteinander, wie aufreibend dieses Warten auf Jahwes Wort sei.

Da trat am siebten Tag Asarja vor die Wartenden. Hart sprach er: »Das ist jetzt der siebte Tag, an dem wir auf eine Antwort von Gott warten. Ihr habt es selbst gesehen: Wir warteten vergeblich! Und ich sage euch: Wir werden auch in den kommenden Tagen vergeblich warten. Wißt ihr warum? Jahwe kümmert sich nicht mehr um den Rest Judas. Er hat uns vergessen! Ihr seht es ja an seinem Schweigen, wir müssen unser Schicksal jetzt selbst in die Hand nehmen. Hier regiert Schwert, Hunger und Pest. Darum bleiben wir nicht in diesem Land. Auf, wir wollen nach Ägypten ziehen!« Baruch, Jeremias Freund, hörte die Worte Asarjas. Er sprang auf einen Stein, damit ihn alle sehen konnten: »Hört nicht auf Asarjas Worte! Wartet doch, bis Jeremia Antwort bekommt von Gott! Das ist so bei dem Propheten, daß er warten muß. Damals, im Streit mit Hananja, war es auch so. Bleibt im Land der Väter! Denkt doch an Jeremias Worte: Gott hat Nebukadnezar die Weltherrschaft übertragen. Wer sich seinem Machtbereich entzieht, handelt gegen Gottes Willen. Er vertraut nicht auf Gott.«

Asarja aber rief: »Hört nicht auf ihn. Er will uns den Babyloniern ausliefern!« – »Ich beschwöre euch, bleibt im Land Abrahams, Is-

saks . . .«, mahnte Baruch noch einmal. Doch Asarja unterbrach ihn: »Nein! Sondern ins Land Ägypten wollen wir gehen, wo wir nichts vom Krieg sehen, kein Trompetensignal hören und nicht nach Brot hungern, und dort wollen wir bleiben!« Die Unruhe steigerte sich am achten Tag, als Jeremia immer noch kein Wort Gottes erhalten hatte. Am neunten Tag stand die Menge schon reisefertig, von Asarja angetrieben; kein Wort Gottes!
Da endlich rief Jeremia die Schar der Flüchtenden zu sich. Mit ernstem Gesicht stand er im Eingang der Ruine. An den Mienen der Menschen, die jetzt vor ihm standen, sah er, daß sich die Stimmung grundlegend geändert hatte. Jeremia gab sich keiner Täuschung hin über die Wirkung der Worte, die er jetzt sagen mußte:

»So spricht der Herr, der Gott Israels,
zu dem ihr mich gesandt habt,
daß ich euer Gebet vor ihn bringen sollte:
Werdet ihr in diesem Land bleiben,
so will ich euch bauen und nicht einreißen;
ich will euch pflanzen und nicht ausreißen;
denn es hat mich gereut das Unheil,
das ich euch angetan habe.
Ihr sollt euch nicht fürchten vor dem König von Babel,
vor dem ihr euch fürchtet, spricht der Herr;
ihr sollt euch vor ihm nicht fürchten,
denn ich will bei euch sein,
daß ich euch helfe und von seiner Hand errette.
Ich will euch Barmherzigkeit erweisen
und mich über euch erbarmen
und euch wieder auf eure Äcker bringen.«

Die Menschen, die Jeremias Worte hörten, standen an der Grenze. Vor Augen hatten sie das zerstörte Land, Ruinen und zerstampfte Felder. In der Ferne aber lockte Ägypten mit seinem Überfluß. Unter den Worten Jeremias aber wandelte sich dieser Eindruck: Im Land der Väter wurden Häuser aufgebaut, Familien zusammengeführt, Heimstätten entstanden, in denen man Wurzeln schlagen konnte. Die Zeit des Ausreißens und des Einreißens ist vorbei! Der Grund für diesen Wandel ist eine Wende im Herzen Gottes selbst. Vorbei

ist das Gericht, die Gnade leuchtet auf. Darum wandelt sich auch das Herz Nebukadnezars. Er wird barmherzig sein gegenüber den Flüchtenden und sie zurückkehren lassen.
Aber die Gesichter der Menschen, die vor Jeremia standen, blieben finster und verschlossen. Jeremia sprach weiter:

»Werdet ihr aber sagen:
›Wir wollen nicht in diesem Lande bleiben‹
und so der Stimme des Herrn, eures Gottes, nicht gehorchen,
und werdet sagen: ›Nein, wir wollen nach Ägypten ziehen,
daß wir weder Krieg sehen,
noch den Schall der Posaune hören,
noch Hunger nach Brot leiden müssen;
dort wollen wir bleiben‹ –
nun, so hört des Herrn Wort,
ihr Übriggebliebenen von Juda!
So spricht der Herr Zebaoth, der Gott Israels:
Werdet ihr euer Angesicht nach Ägyptenland richten,
um dort hinzuziehen und dort zu wohnen,
so soll euch das Schwert, vor dem ihr euch fürchtet,
in Ägyptenland treffen,
und der Hunger, vor dem ihr euch sorgt,
soll stets hinter euch her sein in Ägypten
und ihr sollt dort sterben.

Denn sie seien, wer sie wollen:
Wer sein Angesicht nach Ägypten richtet,
um dorthin zu ziehen und dort zu wohnen,
der soll sterben durch Schwert, Hunger und Pest,
und es soll keiner übrigbleiben,
noch dem Unheil entrinnen,
das ich über sie kommen lassen will.

Denn so spricht der Herr Zebaoth, der Gott Israels:
Gleichwie mein Zorn und mein Grimm über die Einwohner
Jerusalems ausgeschüttet wurde,
so soll er auch über euch ausgeschüttet werden,
wenn ihr nach Ägypten zieht;

und ihr sollt zum Fluch, zum Bild des Entsetzens,
zur Verwünschung und zur Schande werden,
und diese Stätte nicht mehr sehen.«

Jetzt wandelte sich unter den Worten Jeremias das Bild, das sich der Rest der Judäer vom künftigen Leben in Ägypten machte: Zerstört war der Traum von einem friedlichen Leben an den Ufern des Nils, von Wohlstand und Glück. Nebukadnezars Heer fällt ein. Das Schwert, der Hunger und die Pest wüten unter den Judäern, die dem Krieg und dem Unheil entfliehen wollten; keiner entkommt, keiner sieht je die Heimat wieder. Sie wollten dem Schicksal der Bürger Jerusalems entgehen, nun fallen sie demselben Schicksal anheim.
Bis jetzt hatten alle geschwiegen, mit verschlossenen, abweisenden Mienen, aber nun brach der Sturm gegen Jeremia los. Asarja war der Wortführer. Doch auch Johanan und viele andere drangen jetzt auf Jeremia ein.
Jeremia sah freche, widerstrebende Gesichter vor sich. Nein, sie waren Jahwe nicht ungehorsam! Denn das, was Jeremia da gesagt hatte, das waren ihrer Meinung nach nicht Jahwes, das waren Baruchs Worte, der Jeremia in diesem Sinn bedrängt. Jeremia aber gab sie als Gottes Worte aus, darum schrien Asarja, Johanan und alle aufsässigen Männer Jeremia zu: »Du lügst! Der Herr, unser Gott, hat dich nicht zu uns gesandt und gesagt: ›Ihr sollt nicht nach Ägypten ziehen, um dort zu wohnen‹, sondern Baruch, der Sohn Nerijas beredet dich zu unserem Schaden, damit wir den Chaldäern übergeben werden und sie uns töten oder nach Babel wegführen.«
Jeremia stand wie eine Mauer aus Erz, aber der Angriff war so heftig, daß er wankte. »Ein Lügenprophet bist du«, das sagten dieselben Männer und Frauen, die dem Wort Jahwes Gehorsam versprochen hatten. Aber sie täuschten sich, wenn sie meinten, sie könnten sich dem Gehorsam ungestraft entziehen. Darum rief ihnen Jeremia zu:

»Das ist das Wort des Herrn an euch,
die ihr übriggeblieben seid von Juda,
daß ihr nicht nach Ägypten zieht.
Darum erkennt, daß ich euch heute gewarnt habe;
denn ihr selbst habt euer Leben in Gefahr gebracht,
weil ihr mich gesandt habt zum Herrn, eurem Gott, und gesagt:

Bete zum Herrn, unserem Gott, für uns,
und alles, was der Herr, unser Gott, sagen wird,
tu uns kund, so wollen wir danach tun.
Das habe ich euch heute wissen lassen;
aber ihr wollt der Stimme des Herrn, eures Gottes,
nicht gehorchen nach allem,
was er euch durch mich befohlen hat.
So sollt ihr denn wissen,
daß ihr durch Schwert, Hunger und Pest sterben müßt
an dem Ort, wohin ihr zu ziehen gedenkt,
um dort zu wohnen.«

In äußerster Wut schrie Asarja: »Auf Jahwes Wort hören wir wohl. Wir hören aber nicht auf Baruchs Worte!« Dann wandte er sich zu den Hauptleuten und zum Volk: »Johanan, auf, gib endlich den Befehl zum Abmarsch nach Ägypten!« Johanan zögerte: »Was sollen wir mit Jeremia und Baruch machen?« – »Jagt sie zurück zu den Babyloniern!« schrien einige.
»Halt!« rief Asarja. »Wenn wir das tun, werden sie uns verraten. Wir nehmen sie mit nach Ägypten, dann kann der ›Prophet‹ mit eigenen Augen sehen, daß seine Drohungen, die Baruchs Eingebungen sind, sich nicht erfüllen.« Bei diesen Worten sprang Asarja vor und fesselte Jeremia und Baruch die Hände auf den Rücken.
Jeremia traten die Tränen in die Augen, als er das heilige Land verlassen mußte. Er dachte an die Geschichte vom Auszug Israels aus Ägypten. Er erinnerte sich daran, daß es dort heißt: »Sie zogen aus unter dem Schutz einer gewaltigen Hand.« Und diese Schar jetzt?

Redende Steine

Nach drei Tagen kamen die Flüchtlinge nach Beerscheba. Auch diese südlichste Stadt des einstigen Reiches Juda, war völlig zerstört. Von jetzt an führte der Weg durch die Wüste. Langsam wurden die Spuren menschlicher Tätigkeit immer seltener. Kein Acker war mehr zu sehen und kein Brunnen, nur kahle Berge, Steingeröll, niedriges Dornengestrüpp und spärliches Steppengras. Tagsüber

brannte die Sonne auf die Fliehenden, nachts peinigte sie die Kälte. Sieben Tage währte dieser Marsch durch die Wüste, das »rötliche Land«. Nachts, wenn sie ihr Lager aufgeschlagen hatten, und die große Stille der Wüste sie umfing, mußten manche daran denken, daß ihre Vorfahren einst in Zeiten der Hungersnot in Kanaan denselben Weg gezogen waren: Abraham und Jakob. Aber viel schwerer wog der andere Gedanke: Einst zog Israel unter Moses Führung aus Ägypten ins Land der Verheißung, jetzt aber war der Rest Judas im Begriff, wieder nach Ägypten zurückzukehren.
Nach zehn Tagen erregte ein lauter Schrei die am Rand ihrer Kraft erschöpft durch die Wüste Ziehenden: »Ägypten!« Johanan, der an der Spitze des Zuges ging, rief es und zeigte mit der ausgestreckten Hand nach Südwesten. Alle blieben stehen und schauten.
Tatsächlich wurde nach Südwesten zu das Land flacher, aber, was das seltsamste war, fern am Horizont im Südwesten zeigte sich ein sanfter Schimmer von Grün. Die Gewißheit, jetzt bald am Ziel zu sein, belebte die Erschöpften.
Noch am selben Tag kamen sie zur Nordmauer des großen Reiches. Und wie schon oft vorher, nahmen die ägyptischen Grenzwachen auch diese Halbverdursteten in Empfang und ließen sie durch das Tor ein in das Land, in dem sie sich Leben und Sicherheit versprachen.
»Du gehst mit deinen Leuten nach Tachpanhes«, sagte der ägyptische Grenzoffizier. »Dort ist noch freies Land. Ihr könnt euch dort ansiedeln.« Er beschrieb den Weg zu dieser Grenzstadt. Wie staunten die Flüchtlinge über das, was sie jetzt unterwegs sahen. Sie kamen aus der kargen, lebendsfeindlichen, rötlichen Wüste. Und jetzt sahen sie Grün, soweit das Auge nur reichte; und Wasser, Wasser! Bohnen, Gurken, Zwiebeln und Lauch wuchsen aus schwarzer Erde in üppiger Fülle. Weizen und Gerste wogten auf den Feldern, und Palmen schwebten mit ihren windbewegten Kronen darüber.
Die Flüchtlinge zogen durch ägyptische Dörfer. Sie schritten über Brücken, unter denen das Wasser des Nil floß. In sieben Arme zerteilte sich hier im Delta der Lebensspender dieses Landes und suchte geruhsam seinen Weg zum großen Meer. Sie hörten die Schöpfräder knarren mit deren Hilfe das Wasser aus den Kanälen geschöpft wurde, um das Land zu bewässern.
Doch was war das? Alle blieben stehen und machten große Augen,

als Johanan sie auf eine merkwürdige Erscheinung aufmerksam machte. Am südlichen Horizont schien etwas über dem Grün zu schweben. Es reckte sich in den Himmel. Einmal ganz groß, zweimal etwas kleiner.
Seraja rief voll Staunen: »Das sind die Pyramiden!« Die Menschen, die vor zwei Wochen noch alle um ihr Leben bangten, die dann zehn Tage lang die Entbehrungen der Wüste erlitten, gingen durch dieses gesegnete Land wie Träumende. »Ist es hier nicht wie im Paradies?« sagte Jonatan deshalb zu Johanan. Schiffe zogen ruhig auf den Kanälen dahin mit hohen Segeln. Sie folgten einem Kanal und kamen am Abend nach Tachpanhes. Ein Beamter wies ihnen einen großen Platz vor der Stadt an, auf dem sie sich ansiedeln sollten. Er sorgte dafür, daß Lebensmittel in reicher Fülle gebracht wurden und Wohnzelte. Endlich konnten sie sich wieder satt essen und hatten Wasser, um sich gründlich zu waschen. Und dann – schlafen!
Die ersten Wochen vergingen damit, daß sich die Judäer ansiedelten. Noch bevor Häuser gebaut wurden, bestellten sie die ihnen zugewiesenen Gärten und Felder.
Langsam erkundeten sie auch die fremde Umgebung. Tachpanhes war als Grenzstadt gut befestigt. Die Häuser waren hier größer als in Jerusalem. Viele zeugten von großem Reichtum. Am eindrücklichsten für alle aber war das Regierungsgebäude auf dem freien Platz in der Stadtmitte. Wiewohl hier nur Beamte des Pharao arbeiteten, wurde es doch »das Haus des Pharao« genannt. Männer, Frauen und Kinder standen vor diesem Bau und staunten ihn an.
Vierzehn mächtige, viereckige Säulen, jede etwa sieben Meter hoch, trugen das Obergeschoß. Darüber war ein zweites Stockwerk errichtet, niedriger als das Erdgeschoß, mit ebensoviel kürzeren Säulen. Die mächtigen Steinquader, aus denen die Ägypter den Bau errichtet hatten, waren aufs sorgfältigste behauen und geglättet. Durch den Mitteleingang gelangte man in den hinter dem Palast liegenden Tempel des Gottes Re. Das Bauwerk vermittelte den Eindruck des Mächtigen und Schweren. Ohne den Pharao gesehen zu haben, ahnte man vor seinem Palast etwas von seiner Machtfülle.
Eine Woche später strömten Ägypter und Judäer in die Stadt. Der Pharao selbst wurde erwartet. Dich gedrängt standen sie zu beiden Seiten der Straße. Reiter auf prächtig geschmückten Pferden kündigten den Herrscher an. Dann kam Pharao Apries selbst. Er stand

neben dem Wagenlenker auf einem eleganten mit Gold verzierten, zweirädrigen Wagen. Johanan sah die Doppelkrone aus Gold auf seinem Haupt. Sie zeigte seine Macht über Ober- und Unterägypten an. Die Uräusschlange, Zeichen des Lebens, sprang über der Stirn aus der Krone hervor. Unbewegt blickte der Herrscher nach vorn. In der rechten Hand trug er das Zepter, mit der Linken stützte er sich leicht auf den Herrscherstab. Sein langes Kleid schien ganz aus gefälteltem Goldstoff zu bestehen. Johanan war hingerissen von dieser Erscheinung. Doch da erging schon der Ruf: »Auf die Knie!« Die Ägypter sanken in die Knie.

Die Judäer waren gewohnt, ihre Knie nur vor Gott zu beugen. Aber die Ägypter zogen sie nieder. Auch Johanan mußte seine Knie beugen vor dem Pharao. Denn dieser ist ja, wiewohl Mensch, doch Verkörperung des Horus, des Gottes des Lichts und Sohn des Re, des Sonnengottes. Jeder spürte: Der Pharao ist das Herz Ägyptens, die Spitze des Reichs, mehr noch: Er ist der Herrscher der Welt!

Hinter ihm folgten seine Beamten und dann Soldaten zu Pferd und zu Fuß. Vor dem Regierungsgebäude wurde Pharao Apries ehrfürchtig wie ein Gott von seinen Beamten in dieser Stadt empfangen. Dann ging er hinein in den Regierungspalast.

Sanft flossen jetzt den Judäern die Tage dahin. Nachts brauchte Johanan keine Wachen mehr aufzustellen. Nur in den Träumen noch wirkte die Angst vor den Babyloniern nach. Die Mütter mußten die Vorräte nicht mehr sorgfältig einteilen, denn alles war im Überfluß vorhanden.

Jeremia und Baruch aber lebten inmitten der Judäer. Wenige nur betrachteten den alten Mann mit Mitleid. Die meisten sparten nicht mit ihrem Spott.

Das Neujahrsfest wurde im Herbst mit Festessen und fröhlichen Reigen gefeiert. Asarja trat zu Jeremia und spottete:

> »Durch Schwert, Hunger und Pest werdet ihr umkommen
> an dem Ort, wohin ihr zieht.«

Am anderen Tag ging Jeremia mit Baruch zum Regierungspalast. Beamte kamen und gingen. Die beiden Judäer wurden nicht beachtet. Baruch sprach zu Jeremia: »Dich beschäftigt eine Offenbarung, die du von Gott empfangen hast?« – »Ja, Baruch«, gab Jeremia zur

Antwort. »Dieser Palast wird zerstört werden. Viele von denen, die hier aus- und eingehen, werden im Krieg sterben oder in Gefangenschaft kommen.« Während sie durch den Palast schritten und vor das Heiligtum des Sonnengottes Re kamen, fuhr der Prophet fort: »Auch dieser Tempel wird verbrannt und mit ihm sein Gottesbild. Andere Götterbilder werden die Eroberer wegführen in ihr Land.«

Sie gingen zurück und standen auf dem Platz vor dem Palast. »Du denkst, daß Nebukadnezar auch nach Ägypten kommen wird?« fragte Baruch. »Ja, so lautet das Wort des Herrn, des wirklichen Herrschers der Welt.« Jeremia zeigte auf den Steinboden: »Hier, auf diesem Platz, wird er seinen Thron aufstellen. Ich muß ihn mit Steinen bezeichnen.

Geh und hole mir judäische Männer. Sie sollen das Wort Gottes über Ägypten hören.«

Baruch ging. Inzwischen aber holte Jeremia große Steine und Mörtel. Dies alles war in der Bauhütte des Tempels leicht zu haben.

Baruch kam mit Johanan, Jonatan, Asarja, sowie anderen Hauptleuten und judäischen Männern zurück. Sie bildeten einen Kreis um Jeremia, der bei den Steinen und dem Mörtel in der Mitte stand. »Was willst du?« fragten sie zornig.

Jeremia sprach: »Ihr sollt Zeuge davon sein, was Gott mir zu sagen und zu tun aufgetragen hat.«

Voll Verwunderung sahen sie, daß Jeremia zuerst einige Pflastersteine aus dem Boden löste. Dann mauerte er sorfältig vier der herbeigeschafften Steine in die entstandenen Löcher.

Als Jeremia sein Werk vollendet hatte, richtete er sich auf. Dann sprach er:

> »So spricht der Herr Zebaoth, der Gott Israels:
> Siehe ich will hinsenden und meinen Knecht Nebukadnezar,
> den König von Babel, holen lassen
> und will seinen Thron oben auf diese Steine setzen,
> die ich eingraben ließ;
> und er soll seinen Thronhimmel darüber ausspannen.«

Die Männer starrten auf den Boden: Da, auf diesen vier Steinen

konnte man sich die Füße des Thrones Nebukadnezars zwar denken, doch Johanan rief: »Das ist doch ganz unmöglich! Wir alle haben gestern die Macht Pharaos gesehen.«
Jeremia fuhr fort:

»Er soll kommen und Ägyptenland schlagen
und töten, wen es trifft,
gefangenführen, wen es trifft,
und mit dem Schwert erschlagen, wen es trifft.
Und ich will die Tempel Ägyptens in Brand stecken
und niederbrennen und ihre Götter wegführen.
Und er soll Ägyptenland lausen,
wie ein Hirt sein Kleid laust,
und mit Frieden von dannen ziehen.
Er soll die Steinmale von Bet-Schemesch in Ägyptenland
zerbrechen
und die Götzentempel in Ägypten mit Feuer verbrennen.«

Asarja erkannte sofort, was dieses Schicksal Ägyptens für die Judäer bedeutete. Jeremia sprach zwar nicht davon, aber Asarja war klar, daß dies auch das Ende der Judäer bedeutete, die sich in Ägypten in Sicherheit fühlten. Er konnte sich vor Zorn kaum mehr beherrschen und schrie: »Das lügst du! Du bist unser Feind! Ein falscher Prophet!« Zum ersten Mal regte sich in Asarja der Wunsch, diesen Mann zu töten.

Die Himmelskönigin

Die Siedlung der Judäer bei Tachpanhes war ganz in den Mondschein einer sanften ägyptischen Nacht getaucht. Langsam verlöschten in den Häusern die Lichter. Bald würde jedermann schlafen.
Doch da huschte im Mondschatten der Häuser und Bäume eine Gestalt die enge Straße entlang, sorgfältig jedes Geräusch vermeidend. Es war eine junge Frau, die trotz der Nacht tief verschleiert ging, Jael, die Frau Jonatans. Sie war eine der Prinzessinnen, die

Nebukadnezar zuerst Gedalja unterstellte und die Johanan dann mit nach Ägypten führte. Im ersten Jahr des Aufenthalts in Ägypten heiratete sie Jonatan, Johanans Bruder. Fünf Jahre waren seither vergangen. Längst war die Zeit der Wohnzelte und der mühseligen Aufbauarbeit vorüber. Jetzt wohnten die meisten der Judäer in festen, großen Häusern. Eines der schönsten war das, in dem Jael mit ihrem Mann lebte. Jetzt war sie zu nächtlicher Stunde auf einem Weg, auf dem sie von niemand gesehen werden wollte.
Da, ganz am Ortsrand, etwas abgesetzt davon, stand die Hütte, die Jaels Ziel war. Sie schaute sich ängstlich nach allen Seiten um. Schon hob sie die Hand, um anzuklopfen, doch dann ließ sie sie wieder sinken.
Es kostete sie große Überwindung, über diese Schwelle zu treten. Doch dann faßte sie Mut und klopfte an.
Eine sehr alte Frau öffnete. »Guten Abend, Ahinoam«, sprach sie. Ahinoam war nicht nur bei den Judäern und Judäerinnen bekannt. Ihr Ruf hatte sich auch bei den Ägyptern verbreitet. Ahinoam war Wahrsagerin und Zauberin. Sie übte ihr Gewerbe schon zur Zeit des Königs Manasse aus. Fast ganz Jerusalem zählte sie damals zu ihrer Kundschaft. Als dann aber Josia König wurde und zum Staatsgesetz erhob, was in dem gefundenen Buch stand, geriet sie in Lebensgefahr.

»Wenn du in das Land kommst,
das dir der Herr, dein Gott geben wird,
soll niemand bei dir gefunden werden,
der Wahrsagerei oder Zauberei treibt,
denn wer das tut, ist dem Herrn ein Greuel!«

Danach handelte König Josia. Auf Wahrsagen, Zaubern und ähnlichen Dingen stand jetzt die Todesstrafe. Ahinoam mußte sich verstecken. Erst nach Josias Tod konnte sie ihre Arbeit wieder aufnehmen.
Ahinoam führte Jael in ein Zimmer, das durch eine Kerze erhellt war. Jetzt saßen sich die beiden Frauen gegenüber.
Jael zitterte. Sie war sehr verlegen, suchte nach Worten, aber Ahinoam sprach: »Brauchst mir nichts zu sagen. Ich weiß! Seit fünf Jahren bist du verheiratet mit einem tüchtigen Mann. Aber du hast

keine Kinder. Jonatan aber sagt: Israel muß wachsen und sich vermehren. Du hast Angst ihn zu verlieren.« Jael sprach: »Ich habe . . .« »Ich weiß«, fiel ihr die Wahrsagerin ins Wort, »du hast ein Gelübde abgelegt dem Gott Israels, wie einst Hanna. Aber dich hat er nicht erhört. Du bist in großer Not und fragst: Warum trifft das gerade mich? Und jetzt, wo du keinen Ausweg mehr siehst, kommst du zu mir.« Jael brach in Tränen aus: »Hilf mir, Ahinoam!« Plötzlich fing die alte Frau an, leise zu singen. Jael meinte zuerst, sie sänge einen Psalm. Doch ein Psalm auf Ahinoams Lippen?

»Am Abend ist sie der Venusstern!
Auf sie, die Herrin des Abends,
richten die Menschen in allen Ländern die Blicke.
Die Lebewesen alle beugen vor ihr die Knie.
Der junge Mann freut sich mit der Gattin.
Meine Herrin schaut vom Innern des Himmels
freundlich darauf herab.«

»Was ist das?« fragte Jael. »Das ist ein altes Lied, das die Himmelskönigin besingt. Anat nennen sie die Kanaanäer, Ischtar die Babylonier. Hast du den hellen Stern tief im Westen gesehen? Das ist ihr Stern! Sie ist die Göttin der Fruchtbarkeit. Tu ihr ein Gelübde, ihr bring Opfer.«
Jael sagte erschreckt: »Aber Jahwe, der Gott Israels . . .« – »Du nimmst ihm nichts weg«, beruhigte sie die Zauberin, »aber glaub mir: Nicht alle Kräfte und Mächte sind ihm untertan, und nicht alle Nöte kennt er, am wenigsten die Nöte von uns Frauen. Die Himmelsgöttin ergänzt ihn. Erst wenn wir auch sie anbeten, ist unser Glück vollständig. Das zeigt mir die Geschichte Judas ganz deutlich: Ging es uns zur Zeit des Königs Manasse nicht gut? Da rief man überall in Jerusalem die Himmelsgöttin an. Dann kam Josia. ›Reform! Reform!‹ hieß es jetzt. ›Ein Gott! Ein Volk! Ein Tempel!‹ Wer es noch mit der Himmelskönigin hielt, mußte sterben. Mit diesem König begann alles Unheil für Juda. Er selbst kam ums Leben. Wir wurden Sklaven, zuerst der Ägypter, dann der Babylonier. Das Unglück hört erst auf, wenn wir wieder auch die Anat anrufen; glaub mir das!«
Ahinoam zog einen Vorhang von der Wand hinter sich zur Seite.

Jael sah im Schein der Kerze eine Steinplatte in die ein Bild eingehauen war. Eine jugendliche Frau saß auf einem erhöhten Thron. Mit der rechten, ausholenden Hand schwang sie ein Zepter. »Das ist sie«, sagte Ahinoam. »Ihr tu ein Gelübde, ihr bring Opfer dar!« Sie gab Jael zwei tönerne Formen. »Du weißt schon, was du damit tun sollst. Bring ihr das Opfer dar, wenn der Abendstern hell leuchtet«. – »Ich will es tun, Ahinoam,« versprach Jael. »Was bin ich dir schuldig?« – »Du zahlst erst wenn du ein Kind hast«, antwortete ihr die Wahrsagerin.
So wie Jael in dieser Nacht kamen viele Frauen der Judäer und der Ägypter mit ihren Nöten zu Ahinoam. Sie wußte Rat, sie konnte helfen. Aber auch Männer kamen zu ihr. Dann ging es um die Fruchtbarkeit der Herden, um das Wachstum der Pflanzen in den Gärten und auf den Äckern.
Dabei vernachlässigten die Judäer den Kult des Gottes Israels nicht. Man feierte das Passa, Pfingsten, das große Herbstfest. Am Abend und in der Nacht des ersten Passatages feierte man das Gedächtnis der Befreiung aus Ägypten; am andern Abend, im Schein des Abendsterns, das Fest der Himmelsgöttin.
Manche sprachen nicht mehr von »Jahwe«, sondern »Jahwe-Anat« sagten sie. Jeremia ahnte was vorging. Er roch es schon, als man das zweite Mal Passa in Ägypten feierte. Da war nicht nur der Geruch gebratener Lämmer. Da war auch ein anderer Duft in der Luft – wie von Kuchen. Wann und wo hatte er diesen Duft schon gerochen?
Baruch kam wenige Tage vor dem siebten Passafest, das die Judäer in Ägypten feierten, aus dem Dorf zurück. Er wickelte zwei noch ganz neue Tonformen aus einem Tuch, legte sie vor Jeremia auf den Tisch und fragte: »Kannst du mir sagen, was das ist?« Jeremia starrte auf die beiden Formen.
Die erste zeigte das Bild einer fast nackten Frau, die zweite das eines Sterns. Entsetzt schob er dann die Tonformen von sich. Auf einmal verband sich die Erinnerung an jenen Duft mit diesen Gegenständen. Er wußte, was er vor sich hatte. »Wo hast du sie her?« fragte er Baruch.
»Vom Töpfer. Da stehen heute Frauen und Männer Schlange, nur um sich diese beiden Tonformen zu kaufen. Wozu werden sie gebraucht?« – »Weißt du das wirklich nicht?« fragte Jeremia. »Das sind Kuchenformen. In ihnen werden die Opfergaben für die Himmels-

königin gebacken und dann ihr zu Ehren am Abend nach dem Passafest verbrannt.«

Jeremia sank in sich zusammen. Männer und Frauen standen Schlange, um sich diese Gegenstände zu erwerben, die einem heidnischen Kult dienten. Eine bleierne Müdigkeit legte sich auf die Seele des alten Propheten. Nichts nützten seine Predigten, nichts seine Zeichenhandlungen. Vor allem nichts änderte die Katastrophe, die über Jerusalem und Juda hereingebrochen war. Nichts hatten sie aus der Geschichte gelernt. Denselben Götzendienst, den er in den ersten Jahren seines Auftretens bekämpfte, den trieben sie jetzt wieder. Jeremia sah vor sich die Folgen, die dieser Abfall heraufbeschwor. Das war das Ende des Restes von Juda, der sich in Ägypten aufhielt!

Baruch trat zu seinem Freund: »Steh auf! Geh zu ihnen. Rufe sie zur Umkehr!«

Doch Jeremia kam sich vor wie eine Kerze, die fast völlig abgebrannt ist: »Ich kann nicht mehr, Baruch.«

Der Abend des Passafestes kam. Schon stand die Sonne tief im Westen. Heute war das Fest besonders groß. Denn heute feierten es nicht nur die judäischen Familien, die in Tachpanhes wohnten. Weil es das siebte Passafest war seit der Auswanderung nach Ägypten, waren Judäer aus dem ganzen Land gekommen, um es mit der Gemeinde in Tachpanhes zu feiern.

Schon einige Tage vor dem Fest trafen mit dem Schiff Judäer aus Mittelägypten ein. Sie kamen aus Theben und Abydos. Mit dem Wagen und zu Fuß kamen jene, die in Memphis wohnten. Und zum Schluß kamen Judäer aus Migdol, einer Grenzstadt in der Nähe von Tachpanhes. Bei den allermeisten sah man an Kleidung und Schmuck den Wohlstand, zu dem sie es gebracht hatten.

Nun versammelten sie sich alle kurz vor Sonnenuntergang vor der Ansiedlung, um das größte Fest des Jahres zu begehen, das Passafest. Wiedersehensfreude und Festesfreude war auf allen Gesichtern zu sehen. Mit dem Geruch der gebratenen Lämmer verband sich der Geruch von süßen Kuchen. Denn am folgenden Abend fand das andere große Opferfest statt, das für die Himmelskönigin.

Jael stand neben Jonatan unter der feiernden Menge. Sie schien wie verwandelt. Auf einem Arm trug sie einen einjährigen Sohn, den anderen Arm legte sie um Jonatan.

Da plötzlich ging ein alter Mann durch ihre Mitte, den man schon lange nicht mehr gesehen hatte. Am Stock ging er, gebeugt. Sein Gesicht war von tiefem Schmerz gezeichnet.
Ein Raunen und Tuscheln ging durch die Festgemeinde: »Jeremia! Lebt er noch?« Viele der Auswärtigen hielten ihn schon lange für tot. Längst waren seine Drohungen vergessen. Die Steine, die er vor dem Regierungspalast Pharaos in Tachpanhes in den Boden eingemauert hatte, erinnerten sie zwar noch manchmal daran, flüchtig, wenn ein Kaufmann raschen Schritts in den Palast ging, um seine Geschäfte abzuwickeln, oder wenn ein Bauer dort seine Produkte anpries. Doch nur flüchtig! Längst schon hatten sie sich an die Farbe der anderen angeglichen. Viele Fußsohlen hatten sie abgeschliffen.
Männer, Frauen und Kinder folgten dem alten Mann mit ihren Blikken. Jetzt stand er auf einem erhöhten Platz. Von dort aus sollte im Verlauf des Festes ein Priester die Passageschichte lesen. Alle wurden still. Sie sahen, daß Jeremia zwei Tonformen aus einem Tuch wickelte und sie vor sich auf den Tisch legte.

»So spricht der Herr Zebaoth, der Gott Israels: . . .«

Die ältesten der Judäer erinnerten sich: So fing er auch damals an, als er seine Tempelrede hielt. Das ist der Botenspruch.

». . . Ihr habt gesehen all das Unheil,
das ich habe kommen lassen
über Jerusalem und über alle Städte in Juda;
siehe, heutigentags sind sie wüst,
und niemand wohnt darin;
und das um ihrer Bosheit willen,
die sie taten, als sie mich erzürnten
und hingingen und opferten und dienten anderen Göttern.«

»Was nützt denn dieses ständige Gerede von vergangenen Zeiten?« rief ein reicher Kaufmann aus Migdol ärgerlich.

»Nun, so spricht der Herr,
der Gott Zebaoth, der Gott Israels:

Warum tut ihr euch selbst ein so großes Unheil an,
daß bei euch ausgerottet werden aus Juda
Mann und Frau, Kind und Säugling?«

Jael legte beide Arme schützend um ihr Kind.

»Und nichts von euch übrigbleibt,
und erzürnt mich so durch eurer Hände Werke
und opfert andern Göttern in Ägyptenland,
wohin ihr gezogen seid, um dort zu wohnen,
auf das ihr ausgerottet
und zum Fluch und zur Schmach werdet
unter allen Völkern auf Erden?«

Baruch stand unter der Menge. Er hörte die Worte seines Freundes: Die Judäer sollten aus der Geschichte lernen, aber sie haben es nicht getan. Das war ein gewaltiger Bußruf. Noch ist es Zeit zur Umkehr für den Rest Judas in Ägypten. Die Judäer und Judäerinnen aus Tachpanhes, Migdol, Memphis und Patros starrten auf die beiden Tonformen, die vor Jeremia auf dem Tisch lagen. Nach Jeremias Meinung hatte der Abfall von Jahwe alles Unheil gebracht. Sie aber waren ganz anderer Meinung. Solange sie der Himmelskönigin dienten, ging es ihnen gut. Sie wollten dem Wort Jeremias, Gott allein zu dienen, nicht gehorchen. Darum sprachen die Männer zu Jeremia: »Den Worten, die du im Namen des Herrn uns sagst, wollen wir nicht gehorchen, sondern wir wollen all die Worte halten, die aus unserem eigenen Mund gekommen sind, und wollen der Himmelskönigin opfern und ihr Trankopfer darbringen, wie wir und unsere Väter, unsere Könige und Oberen getan haben in den Städten Judas und auf den Gassen Jerusalems.
Da hatten wir auch Brot genug und es ging uns gut, und wir sahen kein Unglück. Seit der Zeit aber, da wir es unterlassen haben, der Himmelskönigin zu opfern und Trankopfer darzubringen, haben wir an allem Mangel gelitten und sind durch Schwert und Hunger umgekommen.«
Jael trat zusammen mit ihrem Mann vor und mit ihnen andere Frauen. Sie bekannten: »Und wenn wir Frauen der Himmelskönigin opfern und ihr Trankopfer darbringen, das tun wir ja nicht ohne den

Willen unserer Männer, wenn wir ihr Kuchen backen, um ein Bild von ihr zu machen, und ihr Trankopfer darbringen.« Jeremia sah Männer und Frauen vor sich stehen in geschlossener Front. Deutlich erklärten sie, daß sie Jahwes Wort nicht gehorchen wollten. Das aber bedeutete Gottes Gericht über den Rest Judas in Ägypten. Zuerst wandte er sich deshalb an die Frauen:

»Höret des Herrn Wort, ihr alle aus Juda,
die in Ägyptenland sind!
So spricht der Herr Zebaoth, der Gott Israels:
Ihr . . . Frauen habt mit eurem Munde geredet
und mit euren Händen vollbracht, was ihr gesagt:
›Wir wollen unsere Gelübde halten,
die wir der Himmelskönigin gelobt haben,
daß wir ihr opfern und ihr Trankopfer darbringen.‹
Wohlan, erfüllt doch eure Gelübde
und haltet eure Gelübde!«

»Ja, wir tun es!« riefen sie. »Es bringt uns Glück!« Nun wandte sich der Prophet an alle:

»So höret nun des Herrn Wort,
ihr alle aus Juda,
die ihr in Ägyptenland wohnt:
Siehe, ich schwöre bei meinem großen Namen,
spricht der Herr,
daß mein Name nicht mehr genannt werden soll
durch irgendeines Menschen Mund aus Juda in Ägyptenland,
der da sagt: ›So wahr der Herr lebt!‹
Siehe, ich will über sie wachen zum Unheil
und nicht zum Heil,
daß wer aus Juda in Ägyptenland ist,
durch Schwert und Hunger umkommen soll,
bis es ein Ende mit ihnen hat.«

Asarja warf den ersten Stein. Dann hagelten die Steine auf Jeremia.

Die letzte Vision

Die Steine flogen und wütende Stimmen aus der Menge forderten: »Du mußt sterben!« Das Geschrei wurde übertönt von Asarjas Stimme: »Dieser Mann ist des Todes schuldig, denn er weissagt fortgesetzt gegen dieses Volk.« Die Steine trafen Jeremia an den Armen, auf der Brust, dann spürte er einen furchtbaren Schlag gegen den Kopf. Blut floß über sein Gesicht. Langsam sank er auf die Knie. Es war merkwürdig: Im Niedersinken erinnerte sich Jeremia daran, daß er solche Schreie schon einmal gehört hatte. Vor etwa fünfundzwanzig Jahren war es, nach seiner Tempelrede.

Damals sah er wutenbrannte Priester, Propheten und das Volk. Sie packten ihn und sprachen: »Du mußt sterben!« Dann sah er, wie sie ihn vor den Fürsten anklagten: »Dieser Mann ist des Todes schuldig; denn er hat geweissagt gegen diese Stadt . . .«

Ein großer Stein traf Jeremia am Hinterkopf. Er spürte einen stechenden Schmerz.

Dann wurde es dunkel um ihn. Im Knie beugte er sich langsam nach vorn, und dachte: »Das ist das Ende!«

Baruch hielt sich am Rand der Festgemeinde auf. Er hörte die Schreie, sah den Tumult. Neben ihm stand ein ägyptischer Knabe, Achmed, der oft für Jeremia und Baruch Besorgungen in der Stadt machte. Baruch sprach zu Achmed: »Schnell, lauf zur Polizei! Sie steinigen Jeremia!« Achmed lief auf das Stadttor zu, so schnell er konnte. Baruch aber sprang durch den aufgebrachten Volkshaufen zu seinem Freund. Er achtete nicht auf die Steine, die jetzt auch ihn trafen.

Mit ausgebreiteten Armen stellte er sich vor Jeremia und rief der tobenden Menge zu: »Hört auf! Tötet den Propheten des Herrn nicht, denn ihr würdet euch eine große Schuld aufladen, größer als die Schuld eurer Väter je gewesen ist. Denn ist Jeremia nicht vor euren Augen ausgewiesen als Prophet des Herrn? Alles was er sagte, ist eingetroffen. Und jetzt wollt ihr den Boten, zu dem sich Gott bekannte, töten? Tut es nicht!«

Männer, Frauen und Kinder mit wutverzerrten Gesichtern und haßerfüllten Augen standen wie eine Mauer vor Baruch. Sie waren verblüfft über seinen Mut und ließen die Fäuste mit den Steinen sinken.

Doch dann sprang Asarja auf Baruch zu, packte ihn und schrie: »Was sagst du da? Ein Prophet des Herrn ist dieser? Nein, was du ihm sagst, das predigt er. Darum sollst du jetzt mit ihm sterben!« Und schon fielen wieder die Steine wie ein furchtbarer Hagel auf Baruch und Jeremia nieder.
Baruch aber beugte sich zu dem Zusammengebrochenen nieder, zog ihn hoch, legte ihn auf seinen Rücken und schleppte ihn in ihr nahes Haus. Dort legte er Jeremia auf sein Lager und verriegelte die Tür.
Da drängte schon die wütende Menge, angeführt von Asarja, in den Hof, die meisten hatten Steine in den Händen. Asarja rief: »Gib diesen Mann heraus, wenn dir dein Leben lieb ist. Er muß sterben!« Wütende Schläge trommelten gegen die Tür, immer wieder. Doch der ägyptische Zimmermann hatte gute Arbeit geleistet. Sie konnten die Tür nicht aufbrechen.
Dann trat auf einmal unheimliche Stille ein. Aber bald darauf hörte Baruch seltsames Knacken und Rascheln. Zunächst konnte er sich diese Geräusche nicht erklären. Er spähte zu einem Spalt hinaus und jähes Entsetzen packte ihn. Sie schichteten dürres Holz um das Haus auf und Asarja schwenkte schon die Fackel.
Für Augenblicke meinte Baruch, er müsse vor Angst vergehen. Ratlos blickte er auf seinen ohnmächtigen Freund.
Was sollte er nur tun? Er sah keinen Ausweg mehr. Dann plötzlich vernahm er von draußen einen gellenden Schrei: »Fort, die Ägypter kommen!« Die Menge ließ alles stehen und liegen und stob auseinander. Baruch hörte die harten Tritte ägyptischer Polizeistiefel. Er öffnete die Tür. Vor ihm stand ein Polizeioffizier.
Baruch atmete auf. Das war Rettung im letzten Augenblick.
»Was ist geschehen?« fragte der Ägypter. Baruch konnte nicht antworten, so erregt war er noch. Aber der Ägypter erkannte, was vorgefallen war. Die herumliegenden Steine, das aufgeschichtete Holz, die am Boden liegende, noch brennende Fackel – dies alles sprach für sich selbst. »Wir werden die Schuldigen suchen und bestrafen!« sagte der Ägypter entschlossen. »Nein, tu das nicht. Das ist nicht Jeremias Wunsch und auch nicht meiner. Wir sind froh, daß wir überhaupt mit dem Leben davongekommen sind«, sprach Baruch zur Verwunderung des Polizisten. Dann deutete Baruch auf Jeremia: »Aber wenn du uns einen Arzt schicken könntest? Ich kann meinen Freund nicht verlassen!«

Kurze Zeit später betrat ein älterer ägyptischer Arzt mit seinem Gehilfen das Haus der Freunde. Sie entkleideten Jeremia. Jetzt sah man erst, wie furchtbar er von Steinen getroffen worden war. Dann untersuchte der Arzt den Verletzten sorgfältig. Lange horchte er auf sein Herz, befühlte immer wieder den Puls. Fragend blickte Baruch den Arzt an. Endlich richtete dieser sich auf: »Der Zustand deines Freundes ist sehr bedenklich. Am gefährlichsten sind die Wunden am Hinterkopf. Es können innere Blutungen und Verletzungen vorliegen, die ich noch nicht feststellen kann. Ich werde jetzt die äußeren Wunden versorgen und dir schmerzstillende Arzneien dalassen, die du ihm gibst, wenn er wieder zu sich kommt. Wenn Jeremia drei Tage übersteht ist Hoffnung sonst . . . Jeremia ist alt!«

Jeremia erwachte aus seiner Ohnmacht, aber er öffnete die Augen nicht. Auch spürte er keine Schmerzen. Er lag ganz still. Das erste, was ihm einfiel, waren die Augenblicke, bevor ihn Ohnmacht umfing. Er sah wieder, wie Baruch sich schützend vor ihn stellte. Und immer wieder hörte er seine Worte: »Tötet den Propheten des Herrn nicht, denn ihr würdet euch eine große Schuld aufladen, größer als die Schuld euerer Väter . . .«
Größer als die Schuld eurer Väter!
Schuld! Ein furchtbares Wort. Es schien seine Sinne zu leiten:
Auf einmal sah er einen großen Platz vor sich. Im Hintergrund ragte eine Mauer auf. Vor ihr erhob sich eine breite Plattform. Vier Stühle, je zwei nebeneinander, standen auf ihr an der Wand. Zwischen ihnen – in ihrer Mitte also – aber stand ein erhöhter Thron. Auf einmal erkannte Jeremia diese Stätte. Es war der Gerichtsplatz in der Königsburg zu Jerusalem. Hier stellten jahrhundertelang Menschen als Richter Schuld und Unschuld von Angeklagten fest.
Doch heute war alles anders! Schon der Himmel hing heute wie eine ungeheure drohende Wand schwarz über der Stadt und dem Gerichtsplatz. Und zu seinem Erstaunen sah Jeremia auf dem Platz, der sonst mit Menschen dichgedrängt gefüllt war, nur eine einzige Person. Sie saß in sich zusammengesunken allein vor dem noch leeren Richterstuhl. War es der Angeklagte?
Jeremia strengte seine Augen an. War das nicht eine Frau, eine

junge Frau? Tatsächlich! Und dann erkannte er sie auf einmal. »Ester!« rief er überrascht. Sie, die ihm die Verkörperung Israels, des Gottesvolkes war, und deren Lebensweg er begleitet hatte!
Aber Jeremia fand keine Zeit, sich mit der Angeklagten näher zu befassen, denn er sah, daß jetzt die Beisitzer links und rechts neben dem noch leeren Richterstuhl Platz nahmen. Vier waren es.
Aber auch bei ihnen war etwas ganz anders als bei bisherigen Gerichtsverhandlungen. Alle Beisitzer trugen Kronen. Es waren Könige.
Das machte auf die außerordentliche Bedeutung aufmerksam, die dieser Prozeß für die ganze Welt hatte. Besonders die Gestalt, die zur Rechten des unsichtbaren Richters Platz genommen hatte, ließ seine Blicke nicht mehr los. Das war der Großkönig Nebukadnezar selbst. Mit ihm gekommen waren drei andere ihm verbündete Könige des Nordens.
Nur scheu wagte Jeremia zum immer noch leeren Richterstuhl zu blicken. Denn die Könige als Beisitzer wiesen darauf hin, daß hier nur einer als Richter sitzen konnte in diesem einmaligen Prozeß . . .
Aber auch von diesem höchsten Geheimnis wurde dann sein Blick weggezogen. Dann sah er, daß jetzt vier Gerichtsdiener eine übergroße Schriftrolle herbeibrachten. Sie gingen zur Südseite des Gerichtsplatzes und entrollten sie so weit, daß man auf der ersten Spalte ihren Titel sehen konnte:

»Geschichte des Bundes Gottes mit seinem Volk
im Blick auf die Völker der Welt.«

Da auf einmal wurde es Jeremia schmerzlich bewußt, was er sah: Er wurde Zeuge des Prozesses, den Gott führte gegen sein untreues Volk, durch Ester vertreten.
Die Diener entrollten jetzt die Schriftrolle weiter.
Auf der ersten großen Bildspalte war das Wunder der Erwählung Israels zum Volk Gottes dargestellt.
Ester hatte sich aufgerichtet. Sie schaute wie gebannt auf ihr Jugendbildnis. Dankbarkeit, Liebe, Treue, waren ihr ins Gesicht geschrieben. Sie versprach feierlich, den Bund zu halten.
Dann traten aus dem Dunkel hinter dem Platz des Richters drei

Zeugen hervor. Jeremia sah sie zum erstenmal, aber er erkannte sie sofort.
Die Diener rollten vor ihnen die Buchrolle weiter auf. Am Sinai tanzte die Braut Gottes um das goldene Kalb.
Mit tiefem Schmerz im Gesicht wies Mose als erster Zeuge auf den Bundesbruch. Dann trat er beiseite.
An seine Stelle trat Josua. Auf der weitergeöffneten Rolle sah man jetzt, wie sich die Braut Gottes im Land, das ihr Gott gegeben hatte, den Baalen hingab.
Dann sah man auf der Buchrolle den Karmel. Der Altar des Herrn war zerstört, aufgerichtet dagegen der Altar Baals. Drohend stand Elia als dritter Zeuge da und wies auf den ungeheuren Bundesbruch hin.
Jeremia spürte nicht den Schmerz seiner lebensgefährlichen Wunden. So sehr war er von der Geschichte des Bundes beansprucht, die sich vor seinen Augen entrollte. Tief schmerzte ihn, daß Bundesbruch auf Bundesbruch folgte. Auf einmal hörte Jeremia wieder, was Baruch vor wenigen Stunden seinen Mördern zugerufen hatte: ». . . ihr würdet euch eine große Schuld aufladen, größer als die Schuld eurer Väter . . .«
Aber wie groß war auch die nicht endenwollende Gnade Gottes!
Nun erschallte vom leeren Thron her eine Stimme: »Die Ankläger haben jetzt das Wort!« Aus dem Dunkel hinter dem Richterstuhl traten jetzt vier Gestalten. Jeremia erkannte die ersten drei: Diese gedrungene, schwarzhaarige Gestalt mit dem Hirtenstab – das war Amos. Der zweite mit dem kräftigen Körperbau und der Hacke in der Hand war Hosea.
Und der dritte, diese königliche Erscheinung mit dem kühnen Gesicht, konnte nur Jesaja sein. Doch als den vierten sah Jeremia zu seinem Erstaunen – sich selbst! Diese vier stellten sich vor die Angeklagte. Vom Richterthron her wurden sie aufgefordert: »Sprecht jetzt zum Bund!«
Amos sagte:

»Sie achteten kein Recht, spricht der Herr;
sie sammelten Schätze von Frevel und Raub
in ihren Palästen!«

Hosea rief in leidenschaftlichem Zorn:

»Das Land läuft der Dirne gleich von Jahwe fort!«

Jesaja sprach feierlich:

»Hört ihr Himmel und Erde nimm zu Ohren,
denn der Herr redet!
Ich habe Kinder großgezogen und hochgebracht
und sie sind von mir abgefallen!«

Und dann hörte Jeremia seine eigene Stimme:

»Sie weigerten sich auf meine Worte zu hören
und liefen hinter anderen Götzen her,
um ihnen zu dienen.
So haben das Haus Israel und das Haus Juda
meinen Bund zerbrochen,
den ich mit ihren Vätern schloß!«

Seine Wunden schmerzten jetzt den zu Tode getroffenen Propheten. Er stöhnte laut. Dann sah er wieder die furchtbare Szene der Steinigung vor sich. Und er hörte Baruchs Stimme: »Tötet den Propheten des Herrn nicht, denn ihr würdet euch eine große Schuld aufladen, größer als die Schuld eurer Väter je gewesen ist.« Ja, er hatte das Vollmaß des Bundesbruchs am eigenen Leib erfahren.
Jeremia beobachtete die Angeklagte. Sie saß ganz in sich zusammengesunken da. Alles, was Zeugen und Ankläger sprachen, belastete sie.
Alle hörten es, Beisitzer und Richter: Israel hat den Bund gebrochen, den Jahwe einst mit ihm geschlossen hatte. Es hat den Bund zerstört und aufgelöst, obwohl Gott in Treue zu seinem ungehorsamen Volk stand. Was für eine übergroße Schuld.
Die Könige als Beisitzer hatten den Prozeß mit größter Aufmerksamkeit verfolgt. So, als ginge es um ihre eigene Sache. Jetzt wandte sich der unsichtbare Richter an sie:
»Was hat diese fortgesetzt Bundesbrüchige nach eurer Meinung verdient?«

Nebukadnezar sprach: »Wie ich mit Bundesbrüchigen verfahre, habe ich an König Zedekia gezeigt. Wer fortgesetzt den Bund bricht, verdient den Tod!« Die anderen Könige stimmten ihm zu. Dann ertönten Posaunen: »Das Urteil des höchsten Richter . . .« Jeremia sank laut stöhnend zurück und erwartete das Todesurteil über der Angeklagten . . .

Da öffnete Jeremia die Augen. Noch war er ganz gefangen von dem, was er gesehen hatte. Zuerst war er ganz verwirrt, doch dann erkannte er Baruch. Mit großer Anstrengung erhob er seine Hand und reichte sie ihm: »Danke, du hast mich vom Tod errettet!« Doch dann wurde all sein Denken wieder übermächtig angezogen von dem, was er gesehen hatte. Er erzählte Baruch die ganze Vision.

Als Jeremia seine Erzählung beendet hatte, schwiegen beide Freunde. So ernst und so bedrohlich war das Geschehen, das Jeremia gesehen hatte. Dann sprach Baruch: »Diese Bilder mußtest du sehen, Jeremia. Du spürst ja am eigenen Leib die Wunden, die dir die Bundesbrüchigen zugefügt haben. Ach, warum mußte das mit Gottes Braut so kommen? Warum luden wir nicht nur einmal, sondern immer wieder diese Schuld auf uns?« Müde antwortete Jeremia: »Erinnere dich an das, was ich über das menschliche Herz gesagt habe und über die Unfähigkeit des Menschen, das Gute zu tun. Unser Herz ist von Natur heillos und gottfeindlich. Und wir sind diesem Wesen so verhaftet, wie der Leopard seinem fleckigen Fell und der Schwarze seiner Haut.«

Wieder trat langes Schweigen ein. Beiden Männern stand das Bild der Angeklagten vor der Seele, die auf ihr Urteil wartete. Wieder brach Baruch zuerst das Schweigen: »Aber sage mir, wie es jetzt weitergeht?« Noch ganz von seinem großen Gesicht gefangen, sagte Jeremia: »Sie muß mit dem schärfsten Urteil rechnen, dem Tod. Schon auf einfachem Ehebruch steht die Todesstrafe.«

Da antwortete Baruch mit Leidenschaft: »Es kann aber mit dem Volk Gottes nicht so enden; du selbst weißt es ebensogut wie ich. Gott hat sich dieses Volk erwählt zu seinem Eigentum. Er will durch es seinen Heilsplan mit der Welt in die Tat umsetzen. Es soll darum ein Königreich von Priestern und ein heiliges Volk sein. Gottes Wort kommt nicht leer zurück. Er gibt seinen Heilsplan nicht auf, vielmehr vollendet er ihn. Auch du hast vom Heil gesprochen, von den Gedanken des Friedens und nicht des Leides, vom König der Gerechtigkeit!«

Noch einmal, ein letztes Mal, wurde es ganz still.

Der Vollmond der Passanacht, der heilvollen Nacht für Israel, leuchtete über Ägypten und über der ganzen Welt. Die Planeten zogen ihre Bahnen und die Fixsterne glänzten.

Im fahlen Licht des Mondes standen die Pyramiden ebenso, wie der Turm zu Babel und die anderen Stufentürme im Zweistromland. Große Menschenwerke. Er leuchtete über dem dahinfließenden Nil, über dem Euphrat und Tigris und über den Fluten des Meeres. Unter ihm lagen die Wüsten und Gebirge. Die Herren der Welt schliefen und ihre Völker und Sklaven. Große Gotteswerke. Zeugen der Macht und der Weisheit des Schöpfers.

Alles schwieg und es war, als ob die ganze Schöpfung den Atem anhielt, um dieses tiefe Schweigen nicht zu stören. Aber das Schweigen in dieser ärmlichen ägyptischen Hütte, das die beiden Freunde umgab, war das gesegnetste, das es je gegeben hatte. Denn unter diesem großen Schweigen sprach Gott zu seinem vom Tod gezeichneten Propheten, das größte und tiefste, das er je gesagt hatte. Er öffnete dem Sterbenden sein Herz.

Baruch ahnte, was in seinem Freund nach dem grausamen Geschehen dieses Tages, nach diesem Gesicht und dem anschließenden Gespräch mit seinen offenen Fragen vorging. Diesmal unterbrach er das Schweigen nicht.

Dann sprach Jeremia langsam und feierlich: »Du hast gefragt: Wie geht es jetzt weiter?« Der Prophet richtete sich stöhnend auf. Baruch mußte ihm helfen: »Gott zeigt mir, was er mit den Untreuen tun wird. Ich sehe wieder denselben Platz, aber der Himmel über ihm ist verändert. Nicht mehr schwarz ist er, sondern ganz hell. Das Erstaunlichste aber:

Den Platz des bisher Unsichtbaren nimmt jetzt einer ein! Aber er sitzt nicht auf dem Thron, sondern am Tisch. Ihm gegenüber sitzt Ester. Alle Zeichen Baals hat sie abgelegt. Viele andere Männer und Frauen sitzen mit dem Vertreter des Unsichtbaren wie Ester am Tisch, und ich höre, wie er zu ihr spricht: ›Dir sind deine Sünden vergeben! Die Anklageschrift ist zerrissen. Wie Gott dich liebt, siehst du an meinem Verhalten zu dir!‹ Dann beginnt das

Fest der Versöhnung. Der Vertreter des Unsichtbaren teilt das Brot, reicht den Kelch.« Jeremia schwieg erschöpft.
Doch kurz darauf riß ihn die Vision wieder fort: »Das Fest ist vorbei. Ich sehe Ester in einer neuen Tätigkeit. Aber jetzt verhält sie sich ganz anders als vorher. Sie besucht Gefangene, hilft Unterdrückten, wehrt dem Unrecht. Es ist, als ob sie ein neues Herz hätte. Viele andere haben Gemeinschaft mit Ester. Sie alle ›erkennen‹ Gott: Sie wissen, daß er der Erbarmende und Liebende ist. Sie haben es an sich selbst erfahren, darum sind sie zu den Erbarmenden und Liebenden geworden. Ich sehe unter diesen Menschen keine Priester mehr, die ihnen das Gesetz Gottes lehren. Auch keine Propheten sehe ich, die ihnen den Willen Gottes verkündigen. Sie brauchen sie nicht. Denn wer Gott ist und was er will, ist ihnen ins Herz geschrieben.«
Dann bat Jeremia Baruch, die Vision aufzuschreiben:

»Siehe, es kommt die Zeit, spricht der Herr,
da will ich mit dem Hause Israel und dem Hause Juda
einen neuen Bund schließen,
nicht wie der Bund gewesen ist,
den ich mit ihren Vätern schloß,
als ich sie bei der Hand nahm,
um sie aus Ägyptenland zu führen,
ein Bund, den sie nicht gehalten haben,
ob ich gleich ihr Herr war, spricht der Herr;
sondern das soll der Bund sein,
den ich mit dem Hause Israel schließen will
nach dieser Zeit, spricht der Herr:
Ich will mein Gesetz in ihr Herz geben
und in ihren Sinn schreiben
und sie sollen mein Volk sein,
und ich will ihr Gott sein.
Und es wird keiner den anderen
noch ein Bruder den anderen
lehren und sagen: ›Erkenne den Herrn‹,
sondern sie sollen mich alle erkennen,
beide, klein und groß,
spricht der Herr;

denn ich will ihnen ihre Missetat vergeben
und ihrer Sünde nimmermehr gedenken.«

Jeremia sank auf sein Lager zurück.
Jetzt erst erkannte Baruch, wie diese letzte Offenbarung und das Gespräch darüber seinen Freund angegriffen hatten. Aber diese letzte Offenbarung, die zugleich das letzte Wort seines Freundes war, war so groß, daß sie beide die Todesschatten vergessen ließ. Baruch zeigte Jeremia das Blatt mit der großen Heilsweissagung. Jeremia las es. Dann reichte er es Baruch zurück und sagte: »Du weißt, daß ich zur Zeit des Königs Josia ein ›Trostbüchlein für Ephraim‹ geschrieben habe. Füge die Weissagung vom Neuen Bund diesem Büchlein hinzu.«
Spät in der Nacht kam noch einmal der Arzt. Wieder untersuchte der Ägypter Jeremia sorgfältig und erneuerte die Verbände. Sein Gesicht war sehr ernst. Als er das Haus verließ sagte er zu Baruch: »Du mußt Abschied nehmen . . .«
Als die Sonne aufging, lebte Jeremia noch. Baruch wich nicht von seiner Seite.
Da öffnete sich zaghaft die Tür. Jeremia bemerkte es nicht, aber Baruch wandte sich der Tür zu. Herein trat Fara, ein neunjähriges ägyptisches Mädchen aus der Nachbarschaft. Jeremia hatte ihr oft Geschichten erzählt und auch Psalmen mit ihr gesungen. Langsam und leise trat sie an das Lager des Sterbenden.
Jeremia öffnete die Augen und wendete den Kopf zu ihr.
»Debora!« sagte er leise. Er meinte, die kleine Judäerin aus Tel abib in Babylon vor sich zu haben.
»Ich bin Fara, das Mädchen von nebenan. Ich habe dir etwas mitgebracht«, dabei hielt sie Jeremia einen weißblühenden Zweig vor die Augen. An den Blütenblättern glänzten die Tautropfen. Es war ein blühender Zweig vom Mandelbaum! Da leuchteten die Augen des sterbenden Propheten noch einmal auf. Und er sprach: »Ich sehe einen erwachenden Zweig . . .«
Und dann war es als ob er auf eine Stimme horchte. Er sprach:

»Du hast recht gesehen;
denn ich will wachen über meinem Wort . . .«

Der blühende Zweig

Baruch saß wie gelähmt in der Hütte. Das trübe Tageslicht, das durch das kleine Fenster drang, vermochte den kleinen Raum kaum zu erhellen. Gestern hatte er seinen Freund begraben. Er selbst hatte ihm das Grab ausgehoben. Nur drei Menschen waren bei der Beerdigung zugegen: Der ägyptische Arzt, Fara und Baruch.
Baruch senkte die Stirn auf den Tisch, an dem er sonst mit Jeremia saß. Dieses Ende seines Freundes, war das nicht der letzte Schritt hinein in die Finsternis?
Baruch fühlte sich einsam und verlassen. Nur eine einzige Spur der Hoffnung gab es. Das war der blühende Zweig vom Mandelbaum, den Fara dem Sterbenden gegeben hatte, und das Gotteswort, das sich mit ihm verband:

> ». . . ich will wachen über meinem Wort,
> daß ich's tue!«

Wie aber sollte das zugehen? Würde die Erinnerung an Jeremia und an sein Wort nicht spätestens mit Baruchs Tod endigen? Der Regen prasselte auf das Hüttendach.
Da klopfte es an die Tür. Als Baruch öffnete, standen zwei etwa vierzehnjährige Jungen vor ihm, ganz vom Regen durchnäßt. Baruch kannte sie; es waren Samuel, ein Hebräer und dessen ägyptischer Freund Djoser. »Kommt herein!« lud er die beiden ein. Die Jungen traten in die Hütte.
»Wir kommen wegen Jeremia«, sagte Djoser. Baruch blickte die beiden verwundert an. »Wir haben ihn manchmal besucht. Er hat uns aus seiner Jugend erzählt.«
Baruchs Spannung wuchs. Was wollten diese Jungen von ihm? Dann sagte Samuel: »Wir waren auch bei seiner Beerdigung. Aber wir haben nur von ferne zugeschaut. Denn wir fürchten Asarja und Johanan.«
Dann fragten die beiden fast gleichzeitig: »Warum haben ihn die Erwachsenen gesteinigt? Wir verstehen das nicht. Du bist Jeremias Freund gewesen. Kannst du uns das sagen?« Baruch blickte auf den blühenden Zweig, der vor ihm stand. Mit Staunen erkannte er, daß da junge Menschen waren, die sich für Jeremia interessierten, auch

nach seinem Tod. Sollte Gott so »wachen« über das Wort, das er durch diesen großen Propheten sprach?
Baruch wußte zunächst nicht was er tun sollte. Dann entschloß er sich, den beiden von Jeremia zu erzählen. Aber kaum hatte er begonnen, da unterbrach er sich: »Es ist wohl am besten, wenn er selbst zu euch spricht!« – »Er selbst? Er ist doch tot!« sagten die beiden erstaunt. »Seine Worte sind noch da!« erklärte Baruch und griff nach einer der Schriftrollen, die in einem Regal lagen. Die Jungen sahen, daß sie schon oft benützt worden war. Baruch entrollte die ersten Spalten auf dem Tisch. Die Jungen beugten sich neugierig darüber.
»Könnt ihr lesen?« fragte er. »Nein!« antworteten sie ihm. »Das ist schade«, sagte Baruch. »Diese Schriftrolle habe ich geschrieben!«
»Du?« fragte Djoser erstaunt. »Ja, dabei ist dies hier die zweite mit den Worten Jeremias«, erklärte Baruch. »Die erste hat König Jojakim zerschnitten und verbrannt. Danach hat mir Jeremia seine Worte ein zweites Mal diktiert. Jetzt lese ich euch aus dieser Rolle vor.«
Baruch las und erklärte zuerst die Berufungsgeschichte.
Der Ägypter und der Judäer erlebten mit, wie Gott nach einem jungen Mann griff, obwohl dieser sich sträubte, und wie Gott ihn so ausrüstete, daß er Prophet sein konnte.
Ebenso verfuhr Baruch mit der ersten Predigt Jeremias.
Die beiden Jungen prägten sich die Worte ein:

»Denn mein Volk tut eine zweifache Sünde:
mich, die lebendige Quelle, verlassen sie
und machen sich Zisternen,
die doch rissig sind
und kein Wasser geben.«

Baruch meinte, was er bisher vorgelesen hätte, wäre genug für diesen Tag. Doch zu seiner Verwunderung sah er, daß die Jungen blieben und noch etwas auf dem Herzen hatten. »Lehre uns lesen und schreiben, Baruch. Wir möchten die Worte, die du von Jeremia geschrieben hast, selbst lesen und schreiben können«, baten sie.
Am anderen Tag schon begann Baruch mit diesem Unterricht an der Berufungsgeschichte. Lesend und schreibend drangen sie immer tiefer in die Rolle ein. Mit Verwunderung erlebte Baruch mit, wie diese jungen Menschen mit dem Geist von Entdeckern sich die

Worte Jeremias aneigneten. Bald hatten sie die ganze Rolle gelesen und einige Texte auswendig gelernt.
Baruch freute sich sehr über den Eifer seiner Schüler. Er antwortete nur auf ihre Fragen und vertraute darauf, daß die beiden von selbst auf die Eigenart Jeremias kommen würden.
Samuel und Djoser blickten auf die Rolle. »Sind das alle seine Worte?« fragten sie. »Nein, da sind noch ganz eigenartige Texte da. Das sind aber keine Worte, die der Prophet im Auftrag Gottes sprach. Es sind Gebete, Klagerufe zu Gott, auch Selbstgespräche. Hier erlebt ihr Jeremia von einer ganz anderen Seite. Bei keinem anderen Propheten gibt es ähnliches«, erklärte er ihnen. Dann gab Baruch den Jungen eine kleine Rolle.
Jetzt erlebten sie mit, wie der Prophet aus der Not seines Amtes heraus zu Gott rief, klagte, ja anklagte.

»Du bist mir geworden wie ein trügerischer Born,
der nicht mehr quellen will.«

Sie sahen ihn tief und tiefer sinken, bis hin zu jenen Worten, in denen er den Tag seiner Geburt verfluchte.
Baruch merkte, wie erschüttert seine Schüler waren. Samuel sagte: »Baruch, daß Jeremia kein Held gewesen ist, sondern daß er gelitten und gezweifelt hat, das macht ihn mir nur noch lieber. Ich zweifle auch manchmal und scheue mich vor den Leiden!«
Dann gab Baruch ihnen die Heilsweissagungen.
Jetzt sahen Samuel und Djoser, daß es jenseits des Gerichts Heil gab: Im Lande Juda wird man wieder Häuser, Äcker und Weinberge kaufen können. Die Verbannten kehren zurück.

»Denn ich weiß wohl,
was ich für Gedanken über euch habe, spricht der Herr:
Gedanken des Friedens und nicht des Leides.«

Und dann folgten die wunderbaren Worte vom Neuen Bund. Djoser, der Ägypter, sagte: »Euer Gott, Baruch, ist wahrhaftig ein treuer Gott. Kein ägyptischer Gott ist ihm gleich.«
Längst konnten jetzt die Schüler Baruchs flüssig lesen und schreiben. Da gab ihnen Baruch die Schriften der Propheten Amos und

Jesaja. Nachdem Djoser und Samuel auch diese Propheten gelesen hatten, sagten sie zu Baruch: »Jetzt sehen wir deutlich, wo die Eigenart deines Freundes als Prophet lag: Hier leidet Gott mit seinem Volk. Der tiefste Grund dieses Leidens aber ist die Liebe. Würde Gott sein Volk nicht lieben, würde es ihm auch nichts ausmachen, wenn es von ihm abfällt. Und Jeremia leidet mit seinem Volk und mit Gott. Leidenschaftlich setzt er sich ein für die Sache Gottes. Sein Beruf führt ihn ins Leiden. Nachdem er den Untergang der Stadt geweissagt hat, folterte ihn der Tempelaufseher Paschhur.« Dann schwiegen beide.

Samuel aber fragte: »Ist das jetzt alles von Jeremia? Da fehlt doch noch etwas?« – »Was meinst du, fehlt?« fragte Baruch. »Es fehlt das Ende des Propheten. Du bist sein Freund gewesen. Du allein kannst davon berichten«, sagte Samuel.

Am anderen Tag erzählte Baruch seinen beiden Freunden die eigentliche Leidensgeschichte Jeremias. Sie erlebten die Verhaftung des Propheten am Benjamintor, litten mit ihm im Zisternengewölbe des Schreibers Jonatan und entsetzten sich, als der alte Mann in die Zisterne geworfen wurde. Wie ein Stern strahlte über ihnen die Gestalt des schwarzen Sklaven Ebed-Melech auf.

Samuel und Djoser bangten mit dem Propheten an den Tagen der Eroberung der Stadt. Wie trügerisch war die kurze Friedenszeit nach dem Untergang der Stadt unter dem treuen Statthalter Gedalja, und wie erschütternd die Geschichte vom Mord in Mizpa. Und dann die Beschuldigung Baruchs vor dem Zug nach Ägypten und die Absage an das Wort Gottes, das Jeremia sprach. Und nun zum Schluß: Die furchtbare Verwerfung Gottes hier in Ägypten!

Jeremia war wieder soweit wie einst am Anfang. Samuel und Djoser hörten hingerissen auf die Worte Baruchs. Doch dann fragte Djoser: »Was war der Anlaß zu diesem Leiden?« Baruch antwortete: »Lies einmal selbst nach, was der Prophet gesagt hat in der Geschichte vom Joch.«

Djoser las:

»Nun aber habe ich alle diese Länder
in die Hand meines Knechtes Nebukadnezar, des Königs von Babel gegeben . . .
Und es sollen alle Völker ihm dienen . . .

Das Volk aber und das Königreich,
das dem König von Babel, Nebukadnezar,
nicht untertan sein will . . .
das will ich heimsuchen.«

Samuel rief: »Ich verstehe; weil Jeremia diesen Standpunkt vertrat, darum waren sie alle gegen ihn.«
Dann, nach einem langen Schweigen, fragte Djoser: »Was für einen Sinn hat denn das Leiden Jeremias gehabt?«
Baruch war sehr überrascht von der Tiefe dieser Frage. Er wußte zunächst keine Antwort. Er entließ seine beiden Freunde und versprach ihnen vielleicht am anderen Tag eine Antwort geben zu können.
Die Frage bohrte unablässig in Baruch. Mit der ungelösten Frage legte er sich schlafen. Am anderen Morgen erwachte er schon früh, lange vor Sonnenaufgang. Da stand ihm plötzlich die Antwort vor Augen.

Djoser und Samuel kamen am anderen Tag früher als sonst, so sehr interessierte sie die Antwort auf Djosers Frage. Baruch setzte sich zu ihnen und sprach: »Ich muß euch erzählen, was sich vor über zwanzig Jahren zugetragen hat. Es war in den Tagen nach der Schlacht bei Karkemisch . . .« – »Das war die Entscheidungsschlacht zwischen den Babyloniern und den Ägyptern«, sagte Samuel. »Von jetzt an war klar, daß Nebukadnezar Herr der Welt war«, ergänzte Djoser.
Baruch sagte: »In jenen Tagen diktierte mir Jeremia alle Gerichtsworte, die er bis dahin im Auftrag Gottes gesprochen hatte. Ich habe es euch schon erzählt. Ihr könnt euch gut vorstellen, wie ich damals unter diesen Worten litt. Ich habe sie ja selbst aufgeschrieben:

›Ich schaute das Land an,
siehe, es war wüst und öde,
und den Himmel und er war finster . . .
ich sah und siehe,
das Fruchtland war eine Wüste
und alle seine Städte waren zerstört

vor dem Herrn
und vor seinem grimmigen Zorn.‹

Mein Volk muß dies alles leiden, stöhnte ich. Ich konnte nachts nicht mehr schlafen, so bedrängten mich diese furchtbaren Bilder. Und dann dachte ich an meine eigene Zukunft: Ich wollte im Staatsdienst immer höher aufsteigen. Warum sollte nicht einmal der Kanzler auch Baruch heißen? Wenn aber das ganze Land unterging im Gericht Gottes, dann mußte ich auch meine Zukunftshoffnungen begraben. Ich klagte meinem Freund Jeremia meine große Not.« – »Hat er dich getröstet?« fragte Samuel.
»Nicht er! Im Auftrag Gottes sprach er zu mir«, antwortete Baruch.
»Also hast du ein besonderes Wort von Gott bekommen?« fragte Samuel. »Ja, durch Jeremia«, erklärte ihm Baruch. »Gott nahm meine Klage auf. Daran merkte ich, daß er mich gehört und verstanden hatte. Aber er tröstete mich nicht so, wie ich mir das gedacht hatte.« Djoser sagte: »Du dachtest, daß Gott sagt: ›Du mußt nicht leiden. Du bist ja Jeremias Freund!‹ «
»So dachte ich«, bestätigte ihm Baruch. »Gott aber wies mich zuerst zurecht. Ihr erinnert euch, mit Jeremia hat er das auch so gemacht, indem er zu ihm sprach:

›Wenn du dich zu mir hältst,
so will ich mich zu dir halten
und du sollst mein Prediger bleiben.‹

Zu mir aber sagte er: ›Du denkst nur an dich selbst. Sieh einmal an, was ich vorhabe: Ich muß einreißen, was ich gebaut, und ausreißen, was ich gepflanzt habe. Meinst du, daß ich das gern tue? Nein, ich leide darunter.
Und viele Menschen müssen in einer solchen Zeit des Gerichts leiden. Und da willst du verlangen, daß es dir allein gut geht? Leide mit! Leiden wird dir nicht erspart, aber, sooft du auch den Tod fürchtest, du sollst schließlich dein Leben als Beute davontragen.‹
Djoser und Samuel fragten gleichzeitig: »Hat sich diese Weissagung erfüllt?«
»Ja, wunderbar und immer wieder wunderbar: Wir entgingen den Nachstellungen Jojakims. Die Babylonier verschonten mich, Jis-

mael tötete mich nicht und ich bin kein Opfer meiner Landsleute geworden.«

Samuel fragte jetzt: »Warum erzählst du uns das im Zusammenhang mit der Leidensgeschichte Jeremias?«

Baruch schaute die beiden Jungen lange an. Dann sagte er: »Ich glaube, daß das, was Gott zu mir gesagt hat, noch viel mehr für Jeremia gilt. Er mußte die Worte sprechen, mit denen Gott ausriß und einriß. Mit Schmerzen sah er das Unheil, das über das Land und über die Stadt kam. Er erlebte die Zerstörung der Königsburg und des Tempels mit. Er selbst war im Gefangenenlager in Rama, bevor Nebusaradan ihn befreite. Gott leidet und sein Prophet leidet mit. Er führte mit seinen Worten das Gericht herbei und wurde selbst fast vom Gericht verschlungen!«

»Und das Wort, das Gott zu ihm gesagt hat. ›Ich will dich erretten . . .!‹, hat sich das an ihm auch erfüllt?« fragte Djoser.

»Ich glaube schon. Gott hat ihm nicht zugesagt, ihn vor dem Leiden zu bewahren. Aber er hält ihm die Treue auch durch den Tod hindurch«, sprach Baruch.

Alle drei, die beiden Jungen und der Mann, schwiegen lange und bewegten diese Worte in ihren Herzen.

Baruch schrieb eine Woche lang an der Leidensgeschichte Jeremias. Als ihn Samuel und Djoser danach besuchten, sagten sie: »Lies uns jetzt die Geschichte vom Leiden Jeremias vor.« Da sprach Baruch: »Das will ich jetzt tun.«

Und er fing an zu lesen:

»Als nun der Chaldäer Heer von Jerusalem abgezogen war vor dem Heer des Pharao, wollte Jeremia aus Jerusalem herausgehen ins Land Benjamin, um mit seinem Verwandten ein Erbe zu teilen.

Und als er zum Benjamintor kam, war dort ein Wachhabender mit Namen Jirija, der Sohn Schelemjas, des Sohnes Hananjas; der hielt den Propheten Jeremia an und sprach: ›Du willst zu den Chaldäern überlaufen.‹ Jeremia sprach: ›Das ist nicht wahr, ich will nicht zu den Chaldäern überlaufen.‹ Aber Jirija wollte ihn nicht hören, sondern ergriff Jeremia und brachte ihn zu den Oberen.«

Baruch las und las. Mit großer Aufmerksamkeit hörten die beiden Jungen zu. Das ganze Leiden des Propheten erlebten sie noch einmal mit.

Baruch las bis zu den letzten Worten Jeremias, die er zu den Judäern sprach, als sie die Anbetung der Himmelskönigin nicht lassen wollten:

»Die aber dem Schwert entrinnen,
werden aus Ägyptenland ins Land Juda zurückkommen
als ein geringes Häuflein.
So werden dann alle, die übriggeblieben sind von Juda
und die nach Ägyptenland gezogen waren, dort zu wohnen,
erkennen,
wessen Wort wahr ist, meines oder ihres.«

»Und wie schließt du die Leidensgeschichte ab?« wollte Samuel wissen. »Ich setze das Wort, das Jeremia zu mir im Auftrag Gottes gesagt hat ans Ende.« – »Damit willst du zeigen, welchen Sinn dieses Leiden hatte!« sagte Djoser. Und Samuel fügte hinzu: »Wer aufmerksam liest, sieht, daß sich dieses Wort an dir erfüllt hat. Und so wahr wie dieses Wort Jahwes sind auch alle anderen Worte Jeremias!«
Nun wollte Baruch diese letzten Worte der Schriftrolle hinzufügen, aber die beiden Jungen sagten: »Laß es uns schreiben, nach deinem Diktat!«
So diktierte Baruch zuerst Djoser:

»Das Wort, das der Prophet Jeremia
zu Baruch, dem Sohn Nerias redete,
als er im vierten Jahr Jojakims,
des Sohnes Josias, des Königs von Juda,
die Worte nach dem Diktat Jeremias in ein Buch schrieb:
So hat Jahwe, der Gott Israels,
über dich, Baruch, gesprochen:
Weil du gesagt hast: Wehe mir!
Denn Jahwe fügt Kummer zu meinem Schmerz;
ich bin matt von meinem Seufzen und finde keine Ruhe . . .«

Djoser schob Samuel die Schriftrolle zu und Baruch diktierte ihm:

». . . so hat Jahwe gesprochen:
Siehe, was ich gebaut habe, reiße ich ein,

und was ich gepflanzt habe, reiße ich aus
und die ganze Erde schlage ich;
und da begehrst du für dich Großes?
Begehre es nicht!
Denn siehe, ich bringe Unheil über alle Fleisch,
ist der Spruch Jahwes.
Dir aber gebe ich dein Leben zur Beute,
wo immer du hingehst!«

Nachdem sie diese Worte geschrieben hatten, sagten Djoser und Samuel zu Baruch: »Baruch, wir möchten Zeugen des lebendigen Gottes sein mit den Worten des Propheten. Wir wollen sie abschreiben und unter die Leute bringen. Zuerst sollen sie die Judäer hier in Ägypten lesen. Wir werden sie zu den Verbannten nach Babylon senden und sie nach Juda bringen. Wir wollen allem Götzendienst entsagen und Liebe üben gegen jedermann, auch gegen unsere Feinde. Und wir wollen auch in Leid und Dunkel nicht verzagen.«

VII

Der Kelch des Heils

Feuerzeichen für Pumbadita

Josef, Schüler des Schriftgelehrten Gamaliel, stand auf dem höchsten Punkt des Ölbergs, gerade dem Tempel gegenüber. Neben ihm ragte ein sehr stark mit dürrem Reisig durchmischter Holzstoß auf. Er hielt eine brennende Fackel in der Hand. Sobald Josef vom Tempel her die Schofarhörner blasen hörte, würde er ihn in Brand setzen. Dieses Feuerzeichen sollte melden: Wir haben in Jerusalem das erste Licht des Neumonds gesehen. Der neue Monat beginnt.

Noch war es nicht soweit. Josefs Augen schweiften über die heilige Stadt, die unter ihm sich ausbreitete. Das war nicht mehr das zerstörte Jerusalem aus den Tagen Jeremias. Josef konnte sich vorstellen, was seither geschehen war: Die Worte des Propheten erfüllten sich. Rückkehrer aus der Verbannung in Babylon bauten zuerst den zerstörten Tempel wieder auf. Nur ein kümmerlicher Abglanz des ersten Tempels war dieser bescheidene Bau. Dann wuchs auch die Mauer der Stadt.

Die Herren über die heilige Stadt wechselten. Auf die Perser folgten Alexander der Große und seine Nachfolger. Jetzt waren die Römer die Herren Jerusalems. Josef konnte die Burg Antonia sehen, in der sich die römische Besatzung befand. Herodes aber hatte inzwischen den Tempel mit großer Pracht ausgebaut. Sechshundert Jahre waren seit der Zeit des Propheten Jeremia vergangen.

Josef blickte auf seine Fackel. Dann lauschte er wieder angespannt hinunter zum Tempel. Jetzt hörte er den Ton des Schofarhorns. Josef steckte die Fackel in den Holzstoß. Hell fuhr die Flamme auf. Das Feuerzeichen pflanzte sich fort.

Josefs Herz flog mit. Zuerst über die Berge Benjamins hinunter ins Jordantal zum Alexandreion auf dem Berg Sorteba, der dem Gebirge vorgelagert war. Wie ein Kegel ragte er aus der Jordanebene auf. Auch dort flammte jetzt ein Holzstoß auf.

Josefs Herz aber flog mit dem Feuerschein weiter, das grüne Jordantal hinauf bis zu einem Berg am Ausgang der Ebene Jesreel. Auch dort würde nun das Feuerzeichen zu sehen sein.

Josefs Gedanken gingen weiter nach Nordosten, über die Höhen von Gilead bis hinauf zu dem mächtigen Haupt des Tel Giné im Haurangebirge. Auch hier flammte das Feuerzeichen auf.

Dann flog Josefs Sehnsucht weiter, von Feuerzeichen zu Feuerzei-

chen, immer weiter, bis es gesehen wurde in Pumbadita der großen judäischen Stadt in Babylonien.
Die Schofarhörner ertönten dort und riefen die Gemeinde zum Gebet mit dem festlich das Neumondsfest eröffnet wurde. Jetzt endlich war Josefs Herz am Ziel seiner Sehnsucht.
Hierher, nach Babylon, kamen einst die Verbannten. Aber welch gewaltiger Wandel war seither eingetreten. Zuerst wollten sich die Judäer im heidnischen Land nicht ansiedeln. Doch dann kam der berühmte Brief Jeremias. Viele gehorchten dem Propheten, bauten Häuser, legten Gärten an, stifteten Ehen, heirateten, und beteten für Babylon.
Als der persische Großkönig Kyros siebzig Jahre später die Rückkehr erlaubte, kehrten viele Nachkommen der Verbannten nach Judäa zurück. Aber längst nicht alle. Eine blühende Gemeinde war in Babylon entstanden. Ganze Städte waren jüdisch. An vier Orten, auch in Pumbadita, wurden jüdische Hochschulen errichtet, an denen die Schrift, vor allem das Gesetz Moses, gelehrt wurde. Treu hielt man die Verbindung mit Jerusalem. Sinnenfälliger Ausdruck dafür war das Feuerzeichen, das der Gemeinde in Babylon Monat für Monat den Beginn des neuen Monats anzeigte.
Hier in Pumbadita lebte Jehuda, Josefs Freund. Viel hätte er ihm, dem Schriftgelehrten, zu erzählen. Erst gestern war er nämlich aus Kapernaum in Galiläa zurückgekommen. Große Dinge geschahen dort. Ein Rabbi trat auf, der erstaunliche Worte sprach und große Taten verrichtete. Über das alles wollte Josef gern mit seinem Freund sprechen. So mußte er seine Gedanken einem Brief anvertrauen.
Am frühen Morgen des Tages nach dem Neumondsfest ging Rabbi Jehuda zur Schule. Er lehrte nicht an der Hochschule, sondern in einem Raum der kleinsten der vier Synagogen von Pumbadita. Jehuda war zehn Jahre älter als sein Freund Josef. Er hatte ihn, den Judäer kennengelernt, als er für drei Jahre von Pumbadita nach Jerusalem gesandt wurde, um dort das Torastudium zu vollenden.
Jehuda war schon dreißig Jahre alt, als er mit dem Torastudium begann. Zuerst hatte er eine Lehre als Silberschmied gemacht. Er brachte es zu großer Vollkommenheit in seinem Beruf. Vor allem beherrschte er die Kunst, Bilder auf die Außenwand von Kelchen zu gravieren.

Dann trat er in das römische Heer ein. Das war etwas sehr Außergewöhnliches für einen Juden! Grundvoraussetzung hierfür war, daß sich Jehuda zu jener Zeit sehr weit von der Religion seiner Väter entfernt hatte. Außerdem meldete er sich freiwillig und wurde gern angenommen, weil die Römer in den sehr verlustreichen Kämpfen jeden Mann brauchen konnten. Wegen seiner Tapferkeit wurde er rasch zum Centurio befördert.
Die Legion, in der er diente, war in Armenien stationiert und lag ständig im Kampf mit den Parthern, die diese Provinz gern in ihren Besitz gebracht hätten. Sie galten den Römern als äußerst grausame Feinde. Die Kämpfe wurden mit größter Härte geführt. Da gab es keine Schonung, weder für Gefangene, noch für Verwundete.
In einem Nachtgefecht, in dessen Verlauf Jehuda viele seiner Männer verlor, gab er einem Soldaten den Befehl, einen verwundeten Parther zu töten. Er konnte später nicht in Erfahrung bringen, ob dieser wirklich ausgeführt wurde. Im Durcheinander der Kampfhandlungen vergaß Jehuda diesen Vorfall zunächst. Aber als die Legion für längere Zeit hinter der Front lag, erinnerte er sich wieder daran. Sein Gewissen quälte ihn. Er konnte jetzt nicht mehr verstehen, daß er, selbst in der Hitze des Gefechts, je einen solchen Befehl geben konnte. Er erreichte, daß er aus der Armee entlassen wurde.
Als er wieder in seinem alten Beruf arbeitete, quälte ihn seine Schuld so, daß er sich einem Rabbi anvertraute.
Der sprach: »Geh zu den Parthern. Gesteh deine Schuld!« Jehuda nahm die mühsame Reise in die Hauptstadt der Parther auf sich und vor allem alle Folgerungen, die sich daraus ergaben, daß er sich stellte. Doch dort erklärte man ihm: »Uns ist davon nichts bekannt. Aber wo kein Kläger ist, da ist auch kein Richter.«
Mit zwiespältigen Gefühlen ging Jehuda wieder zurück nach Pumbadita. Menschen wollten ihn nicht verurteilen. Aber Gott? Es blieb seine Schuld vor Gott.
Die Erfahrungen, die Jehuda als Soldat gemacht hatte, waren mit ein Anlaß dazu, daß er sich jetzt wieder der Religion seiner Väter und sogar dem Studium der Tora zuwandte.
Für die anderen Schriftgelehrten war Jehuda ein Außenseiter. Sie nämlich sahen im Gesetz Moses die entscheidende göttliche Offenbarung. Die Propheten spielten eine untergeordnete Rolle. Sie galten ihnen lediglich als Ausleger des Gesetzes. Jehuda aber war nach

eindringlichem Studium zu der Erkenntnis gelangt, daß die Propheten – bei aller Anerkennung der grundlegenden Bedeutung Moses – einen eigenen Wert zu beanspruchen hatten.
Besondes gründlich befaßte er sich seit seiner Studienzeit mit dem Propheten Jeremia. Niemand wußte, daß Jehuda das Studium gerade dieses Propheten mit besonderer persönlicher Anteilnahme betrieb. Quälte ihn schon seine eigene, ungesühnte Schuld, so trieb ihn das Gesetz: »Du sollst nicht töten«, nur in noch größere Gewissensqualen. Er hatte getötet! Er hatte einen Menschen töten lassen, der ein Ebenbild Gottes war.
In solchen Stunden war der Prophet Jeremia seine Zuflucht. Da fand er auch Schuld, große Schuld, und deren schärfste Verdammung. Aber er fand auch etwas anderes, er las die Worte:

»Ich will ihnen ihre Missetat vergeben
und ihrer Sünde nimmermehr gedenken.«

Und da war die Rede von dem König der Endzeit, dessen Name heißt: »Der Herr unsre Gerechtigkeit.« Jehuda ahnte, daß dieser König ihn von seiner Schuld freisprechen würde. Aber wann wird das sein? Der Prophet verhieß das für die Zukunft. Wann tritt sie ein?
Jehuda sammelte einen Kreis eigener Schüler um sich und legte diesen vor allem den Propheten Jeremia aus.
Heute ging er besonders erwartungsvoll zur Schule. Er war gespannt darauf zu sehen, wie seine Studierenden die ihnen gestellte Aufgabe gelöst hatten. Er hatte gestern zu ihnen gesagt: »Ihr habt jetzt alles vom Propheten Jeremia gehört. Malt nun, was euch besonders eindrücklich gewesen ist.«
Jehudas Schüler waren schon im Lehrsaal versammelt. Sie waren ganz verschiedener Herkunft: Über die Hälfte waren Bauernsöhne. Ihre Väter bauten Getreide an, züchteten Dattelpalmen oder andere Obstsorten. Auch Söhne von Fischern – der Euphrat floß an der Stadt vorbei – und von Flußschiffern waren darunter. Einigen sah man die Herkunft aus reichen Kaufmannsfamilien an. Babylonien war der Umschlagsplatz zwischen dem Fernen Osten und den Ländern im Westen. Ihre Väter verdienten viel Geld durch den Handel mit Seide.

Die Studierenden hatten ihre Zeichnungen bereits an den Wänden aufgehängt. Alle umdrängten jetzt aber die Zeichnung eines ihrer Mitschüler, der Neziach hieß. Sie waren so sehr in die Diskussion über Neziachs Werkt vertieft, daß sie gar nicht bemerkten, wie Jehuda in den Lehrsaal trat.
Jehuda schaute sich im Lehrsaal um. Die verschiedensten Zeichnungen waren ausgestellt. Da war die lebendige Quelle und die Zisternen; er sah Jeremia im Joch; sah, wie er den Krug zerschmetterte. Ebed-Melech zog ihn aus der Zisterne, das war mehrmals dargestellt.
Dann näherte er sich der eifrig miteinander redenden Gruppe. Jetzt erst bemerkten ihn seine Schüler. Sie traten beiseite. Jehuda sah Neziachs Werk:
Mit wenigen charakteristischen Bauten und anderen Eigentümlichkeiten der verschieden Länder, hatte er versucht, die ganze Welt darzustellen, die man kannte. Jehudas Augen glitten vom fernen Tarsis in Spanien über die kaiserlichen Bauten in Rom und die Tempel Griechenlands, über den Tempel des Herodes in Jerusalem bis zu den Städten und Dörfern der jüdischen Gemeinde in Babylonien. Sogar die »Seidenstraße«, die in die Länder des Fernen Ostens führte, hatte Neziach angebracht. Über dem allem aber hing, grauschwarz und bedrohlich der siedende Kessel, der von Norden heranbrauste. Über der ganzen Welt!
Jehuda vermochte kaum zu verbergen, wie tief er betroffen war vom Werk seines Schülers. »Du malst den Kessel des Gerichts über die ganze Welt?« sagte er zu Neziach.
Da drängte sich Benjamin vor und sprach: »Das ist es ja, Rabbi, was auch wir an dieser Zeichnung auszusetzen haben! Im Jeremiabuch gilt das Gericht Gottes, im Kessel versinnbildlicht, nur Juda und Jerusalem.« – »Was sagst du dazu, Neziach?« fragte Jehuda. »Benjamin vergißt die Worte, die Jeremia als Völkerprophet gesprochen hat gegen Ägypten, Moab, Ammon und andere Völker. Vor allem aber, Rabbi, habe ich es so gezeichnet«, man spürte Neziachs Erregung in seinen Worten, »weil alle Völker von Gott abgefallen sind. Alle stehen also auch unter dem Zorngericht Gottes!«
Jetzt schauten alle betroffen auf Neziachs Zeichnung. Diesem Argument konte keiner widersprechen. Sie fühlten die Last der Schuld, die auf allen Menschen lag. Gottentfremdung – das war die

Grundschuld, daraus ergab sich alles andere. Niemand konnte sie aus der Welt schaffen. Jehuda erbleichte. Mit grausamer Deutlichkeit sah er den verwundeten Parther vor sich, an dessen Tod er vermutlich schuld war. »Meine Schuld – aus der Gottentfremdung erwuchs sie!« sagte er bei sich. Der Kessel des Zorns hing wirklich über allen, besonders aber über ihm. In die Stille hinein sagte Sia, einer der älteren Studierenden: »Das ist aber nicht Jeremias Meinung. Hat er die Schuldigen etwa nicht zur Umkehr gerufen:

›Kehrt zurück,
ihr abtrünnigen Kinder,
so will ich euch heilen.‹

Außerdem vergeßt ihr ganz die Verheißung des Neuen Bundes:

›Ich will ihnen ihre Missetaten vergeben
und ihrer Sünde nimmermehr gedenken.‹

Und wie hat Jeremia von Gott gesprochen? Er hat ihn als den liebenden Gott dargestellt. Auch sein Zorn ist Ausfluß seiner Liebe, so hart uns diese Liebe auch vorkommen mag.«
Sia konnte nicht wissen wie sehr er mit diesen Worten seinen Lehrer tröstete. Ergriffen sprach Jehuda: »Ich danke dir, Sia. Aber hat denn den Neuen Bund niemand dargestellt?«
»Doch, Herr, ich«, antwortete ihm Sia. »Neziach hat mir sein Werk gezeigt. Das brachte mich auf den Gedanken, den Neuen Bund darzustellen. Es war sehr schwer.«
Er entrollte eine Zeichnung und heftete sie neben die Neziachs. Alle, auch Jehuda traten voll Spannung näher, um das Werk zu betrachten. Ähnlich wie Neziach hatte Sia alle Völker dargestellt und sie mit Bauten kenntlich gemacht, vom fernen Spanien an bis weit über Babylon hinaus. Er hatte sie in einem Halbkreis angeordnet. Aber über ihnen schwebte nicht drohend der Kessel.
In der Mitte der Völker war ein Kelch zu sehen, von derselben Form, wie er beim Passamahl benützt wurde. Gereicht wurde er von einer Hand aus dem Himmel herab. Die Rabbinenschüler lasen, was auf dem Kelch stand: Vergebung der Sünden!
Alle waren von diesen beiden, so gegensätzlichen Bildern tief be-

eindruckt. Jehuda fragte: »Wie bist du denn auf diesen Gedanken gekommen, Sia?«
»Er lag nahe, Herr. Jeremia mußte den Völkern den Zornesbecher reichen. Darum malte ich jetzt, da ich vom Neuen Bund weiß, den Becher der Vergebung. Ich habe nur die Gedanken Jeremias weitergedacht«, antwortete ihm sein Schüler.
Plötzlich sagte in die Stille hinein einer der jüngeren Schüler:

> »Denn ich weiß wohl,
> was ich für Gedanken über euch habe, spricht der Herr:
> Gedanken des Friedens und nicht des Leides.«

Neziach aber fragte: »Herr, wann wird das sein? Wann werden sich Jeremias Worte erfüllen?«
Schon wollte Sia auf diese Frage hin etwas sagen, was ihn schon seit Tagen bewegte. Aber er hielt sich zurück, weil es so unerhört war, was er vernommen hatte.

Wann?

Schon am anderen Tag brach die Frage nach der Erfüllung der Verheißungen Jeremias erneut auf und nun mit ungestümer Kraft. Der Rabbi legte auf den Boden des Lehrsaals ein großes Papyrusblatt. »Kommt alle her«, sagte er und zeichnete mit einem dicken, schwarzen Stift einen großen Kreis auf das Papier. Alle seine Schüler waren gespannt auf das, was nun folgen würde. »In diesem Kreis wollen wir nun zunächst alles schreiben, was vor Jeremia zum Glauben Israels gehört hat«, forderte Jehuda seine Schüler auf. Zunächst zögernd, dann aber immer schneller kamen die Antworten: Gott hat uns aus Ägypten herausgeführt; er hat uns das Land gegeben; er hat David erhöht und hat ihm ein ewiges Königreich versprochen; er hat die Zehn Gebote gegeben; Gott ist der Schöpfer der Welt!
Dann sagte Jehuda: »Jetzt kommen wir zum Kern unsrer Aufgabe. Es geht nun darum festzustellen, ob und wie Jeremia diesen Kreis überschritten hat. Ihr sollt darum Worte und Handlungen Jeremias finden, die es so bisher in Israel nicht gegeben hat.«

Zuerst schwiegen alle lange. Sie spürten das Neue, Unbekannte, das vor ihnen lag.
Dann meldete sich Benjamin, der Jüngste: »Diese Grenze überschritt Jeremia als er schrieb:

›Suchet der Stadt Bestes . . .
und betet für sie zum Herrn.‹

Bis dahin gab es in Israel nur das Gebot, den Nächsten zu lieben, und damit war der Volksgenosse gemeint. Diese Grenze sprengt Jeremia, indem er zur Feindesliebe aufruft.«
Alle stimmten zu. Hier wurde tatsächlich eine alte, festgefügte Grenze überschritten. Jeremia zeigte Horizonte auf, die man bisher in Israel nicht gesehen hatte.
Jehuda sagte: »So zeichne diese Grenzüberschreitung mit einem Pfeil ein und schreibe dazu, worin sie besteht.«
Als das geschehen war, sagte Neziach: »Ebenso deutlich wurde die Grenze überschritten, als er vom Neuen Bund sprach. Er besteht ja darin, daß Gott die Schuld des Bundesbruchs vergibt und daß die Herzen verwandelt werden.«
Jehuda hob die Bedeutung dieses Wortes hervor und mit einem kräftigen Pfeil wurde auch diese Grenzüberschreitung eingezeichnet.
Dann meldete sich Sia: »Mit seinem Leiden hat er das überschritten, was man bisher unter dem Amt des Propheten verstanden hat. Es hat auch noch keiner vor ihm so von Gott gesprochen, denn bei ihm ist es Gott, der an seinem Volke leidet.« – »Zeichne zwei Pfeile ein und schreibe das Neue hinzu!« sagte Jehuda zu ihm. Jetzt war in der Gelehrtenschule zu Pumbadita ganz deutlich zu sehen, worin das Neue bestand, das Jeremia ankündigte und lebte. An der Wand bezeugte es die Zeichnung Sias, auf dem Boden war es mit Pfeilen markiert, die den Kreis des bisher Gewohnten überschritten.
Mehrere Gelehrtenschüler fragten fast gleichzeitig: »Herr, wann wird das sein?«
Jehuda sammelte schon seine Gedanken, um seine Schüler zu vertrösten. Langsam sprach er: »Da müßte einer kommen, der mehr ist als ein Rabbi und mehr als ein Prophet!« Da trat auf einmal Sia zu seiner Zeichnung, wies auf den Kelch der Vergebung und sprach:

»Rabbi, mein Vater ist Kaufmann. Du weißt es. Er kommt oft nach Israel. Auf der letzten Reise hat er in Galiläa einen Rabbi kennengelernt, der die Gnade über alles stellt.«
Jehuda horchte auf: »Die Gnade stellt er über alles?« – »Ja,« erklärte Sia. »Er erzählt zum Beispiel die Geschichte von einem Sohn, der sein ganzes Erbe verpraßte und in große Not geriet. Als er aber umkehrte zu seinem Vater, nahm ihn dieser wieder auf und feierte sogar ein großes Freudenfest. Jeremia hat doch ähnliches gesagt:

›Kehrt zurück,
ihr abtrünnigen Kinder,
so will ich euch heilen.‹«

Und dann nannte Sia den Namen: »Jesus heißt der Rabbi.« Von diesem Augenblick an fühlte sich Jehuda von Jesus angezogen. Es glomm in ihm sogar zaghafte Hoffnung auf: Vielleicht ist es der, der mir auch meine Schuld vergibt, im Namen Gottes? Sia aber trat zurück zu dem Kreis auf dem Boden und sprach: »Jesus von Nazareth ist Jeremia ähnlich.«
Jehuda war sehr beunruhigt, als er das hörte. »Wie kommst du darauf?« Sia antwortete: »Es war vorher von einer Forderung Jeremias die Rede, die man als Feindesliebe beschreiben kann. Mein Vater sagt, daß der Rabbi Jesus das direkt ausgesprochen hat. Er leidet auch mit dem Volk. Man sagte, man sähe ihm manchmal das Mitleid mit den Armen und Elenden richtig an. Aus diesem Mitleid heraus hilft er.«
Sia schwieg eine Zeitlang. Dann sprach er langsam: »Herr, ich muß etwas sagen, was ich mir fast nicht auszusprechen getraue! – Bricht mit diesem Menschen, mit Jesus, nicht das Neue an? Erfüllen sich jetzt nicht die Verheißungen Jeremias?«
Rabbi Jehuda bewegten diese Worte so sehr, daß er darüber ganz vergaß, was er seinen Schülern für ihren Fleiß versprochen hatte. Neziach erinnerte ihn: »Du hast gesagt, du würdest den Brief mitbringen, Rabbi.« Jetzt erst dachte Jehuda wieder an sein Versprechen. Er griff nach seiner Tasche, holte eine große lederne Hülse heraus, öffnete sie und zog aus ihr behutsam eine kleine Schriftrolle. Man sah deutlich, daß sie einmal mitten entzwei gerissen worden war. Alle umringten jetzt den Lehrer und wollten das ehr-

würdige Dokument aus nächster Nähe sehen und es einmal in die Hand nehmen. Jehuda gab die Schriftrolle Neziach. Dieser las:

»So spricht der Herr Zebaoth, der Gott Israels
zu den Weggeführten,
die ich von Jerusalem nach Babel habe wegführen lassen:
Baut Häuser und wohnt darin;
pflanzt Gärten und eßt ihre Früchte.«

Alle schwiegen ergriffen. Das waren die Worte des Briefs, die einst vor hunderten von Jahren zum erstenmal ihre Vorfahren gehört hatten. Sie leiteten die entscheidende Wende im Leben der Verbannten ein. Jehudas Schüler wußten, sie stünden nicht hier, hätte damals der Prophet diesen Brief nicht geschrieben. Neziach las bis zu den Worten:

»Denn ich weiß wohl,
was ich für Gedanken über euch habe, spricht der Herr:
Gedanken des Friedens und nicht des Leides.«

Alle hörten diese feierlichen Worte und zur selben Zeit stand ihnen eine Gestalt vor Augen, von der sie heute zum ersten Mal gehört hatten, Jesus.

Jehuda war jetzt sehr begierig darauf, mehr und Ausführlicheres von Jesus zu hören. Zuerst sprach er mit Sias Vater.

Dann aber kam er mit allen seinen Schülern überein, zwei von ihnen nach Galiläa und Judäa zu senden und genaue Nachrichten über Jesus einzuholen. Dazu wurden Neziach und Sia ausersehen.

Hier ist mehr als Jeremia

Die Mandelbäume standen ganz kahl, als Neziach und Sia abreisten. Wochen gingen vorüber, Monate. Langsam zeigten sich an den Mandelbäumen die Blütenknospen, bald würden sie blühen. Da endlich eilte die Nachricht durch Pumbadita: »Sie sind wieder da! Morgen kommen Neziach und Sia wieder in die Schule.« Viel,

viel länger hatten sie gebraucht als das Feuerzeichen, das Monat für Monat den Beginn eines neuen Monats anzeigte. Aber die Nachricht, die die beiden Gesandten brachten, war wichtiger: Sie meldeten, ohne es zu wissen, den Anbruch einer neuen Zeit.

Am nächsten Morgen kamen nicht nur Jehudas Schüler in den Lehrsaal. Auch die Schüler anderer Schriftgelehrter, ja sogar diese selbst kamen, um zu hören, was die beiden Heimkehrenden von dem merkwürdigen Rabbi zu sagen wußten, von dem viele inzwischen schon gehört hatten. Jehuda aber wartete mit größter Spannung: War das der Mann, der die Not seines Lebens heilen konnte?

Endlich traten die beiden in den Lehrsaal. Von allen wurden sie begrüßt. Jeder wartete auf ihren Bericht. Es wurde ganz still. Da geschah etwas Merkwürdiges.

Neziach richtete seine Augen auf die Zeichnungen, die noch an den Wänden hingen. Er betrachtete sie, verweilte bei der einen kürzer, bei der anderen längere Zeit. Dann rief er plötzlich: »Er ist's!«

Jehuda war über das Verhalten Neziachs sehr erstaunt. »Was meinst du damit?« fragte er.

Sia antwortete an Stelle Neziachs: »Er meint, daß Jesus von Nazareth die Erfüllung der Worte Jeremias ist.«

Ein Raunen ging durch die Menge der Studierenden. Einigen Schriftgelehrten war ihr Unwille über dieses Wort Neziachs anzusehen. Dann riefen mehrere Studierende und auch Jehuda gleichzeitig: »Also ist er kein Rabbi, kein Prophet? Er ist mehr?« Die Spannung wuchs.

Neziach sprach: »Hört! Es ist kaum einen Monat her, als Sia und ich auf dem Rückweg waren. Wir kamen von Jerusalem und gingen auf der Straße am See Genezareth entlang. Bald mußten wir in Kapernaum sein.

Da sahen wir auf einmal am See eine große Menschenmenge. Jesus war mit seinen Jüngern gerade vom Ostufer herübergekommen. Kaum hatte er das Schiff verlassen, da umdrängten ihn schon viele Menschen. Auch wir gingen ans Ufer, um ihn noch einmal zu sehen. Da kam auf einmal von Kapernaum her ein Mann. Viele kannten ihn. Es war Jairus, einer der Vorsteher der Synagoge von Kapernaum. Er drängte sich durch die Menge. Dann fiel er vor Jesus auf die Knie und sprach: ›Meine Tochter liegt in den letzten Zügen; komm doch und lege deine Hände auf sie, damit sie gesund werde und lebe!‹

Alle waren betroffen. Wir hatten Mitleid mit dem Vater, dessen Tochter im Sterben lag. Wortlos ging Jesus mit Jairus. Die ganze Menge folgte ihm. Wir alle hatten es sehr eilig. Die Zeit drängte, denn das Mädchen lag im Sterben. War es aber tot, so dachten wir, dann ist es aus mit der Macht Jesu, des großen Wundertäters. Das war ein Drängen und Schieben.
Da auf einmal – mitten in diesem Schieben, Drängen und Stoßen – blieb Jesus stehen. Er wandte sich um und fragte: ›Wer hat mich berührt?‹ Hunderte von verständnislosen Gesichtern. Die hilflose Miene des Jairus. Jesus aber stand da und suchte nach dem Menschen, der in berührt hatte. Als ob jetzt etwas ganz anderes nicht viel wichtiger gewesen wäre! Als ob jetzt nicht allein wichtig wäre, daß man dem Tod seine Beute abjagt. ›Wer hat mich angerührt?‹ fragte er nur. Da machten sich die Jünger zum Sprecher von uns allen. Sie sagten: ›Du siehst, daß dich die Menge umdrängt und du fragst: Wer hat mich angerührt?‹ Ganz gewiß: Wir dachten alle so. Jesus aber war merkwürdigerweise jetzt nur dieser Mensch wichtig, der ihn angerührt hatte. Schweigen. Man hörte nur noch den Atem der vielen. Der Vater sandte verzweifelte Blicke zum Himmel, dann wieder auf Jesus.
Da trat aus der Menge eine Frau hervor. Ganz blaß war sie vor Angst. Sie zitterte und fiel Jesus zu Füßen. Dann sprach sie mit ihm. Sie stieß die Worte hervor. Es war ihr peinlich: ›Herr, ein Frauenleiden. Immerwährende Blutungen. Zwölf Jahre lang. Zu vielen Ärzten bin ich gegangen. Viel habe ich von ihnen erlitten. Doch das Übel verschlimmerte sich nur. Eine Außgestoßene war ich. Ich durfte nicht mehr zum Gottesdienst. Da hörte ich von dir. Ich wagte es nicht, dich direkt um Heilung zu bitten. Ich dachte: Wenn ich nur seine Kleider berühre, so werde ich gesund! Jetzt gerade in der Menge drängte ich mich von hinten an dich und berührte dein Gewand. Und jetzt . . .‹ Ich sah die Augen der Frau aufleuchten: ›Ich bin gesund! Das ist die Wahrheit, Herr!‹
Es war ganz still geworden. Jesus aber beugte sich zu der Geheilten. Er sprach zu ihr: ›Meine Tochter, dein Glaube hat dich gesund gemacht; geh hin in Frieden und sei gesund von deiner Plage!‹
Noch hatte Jesus die letzten Worte nicht gesprochen, da kamen einige Diener aus dem Haus des Vorstehers. Angstvoll sah dieser ihnen entgegen. Sie aber sprachen: ›Deine Tochter ist gestorben; was

bekümmerst du weiter den Meister?‹ Jairus verlor alle Hoffnung, Angst packte ihn und die Tränen stiegen ihm in die Augen. Und uns allen, auch mir, sank der Mut. Jetzt ist es aus mit seiner Kunst. Über den Tod hat er keine Macht, so dachten wir. Jesus aber wandte sich an den Vorsteher. Er sprach zu ihm: ›Fürchte dich nicht; glaube nur!‹

Fragen wurden ringsum gestellt: ›Er geht zu der Toten?‹ Tatsächlich. Er ging mit Jairus zu dessen Haus. Doch jetzt war kein Schieben und Drängen mehr, aber alle gingen mit. Es war eine fast unerträgliche Spannung. Am Haus des Jairus angekommen, wollte alles mit hineindrängen, um zu sehen, was jetzt geschah.

Jesus aber nahm nur drei seiner Jünger mit sich, Petrus, Jakobus und Johannes.

Vom Haus her vernahm man bereits die Totenklage! Wir alle hörten, wie er zu den laut Klagenden sprach: ›Was lärmt und weint ihr? Das Kind ist nicht gestorben, sondern es schläft nur!‹

Da verlachten sie ihn. Er aber trieb alle hinaus. Nur mit dem Vater und der Mutter des Kindes und den drei Jüngern ging er dann hinein zu der Toten.«

Neziach schwieg. Man sah ihm an, wie ihn das Geschehene bewegte. Dann sprach er weiter: »Er hat sie auferweckt! Wir übernachteten in Kapernaum. Ihr könnt euch denken, wie mich das bewegte, was wir erlebt hatten. Lange konnte ich nicht einschlafen.

Vor allem fragte ich mich immer wieder: Warum hat er der Frau diese peinliche Szene nicht erspart? Dann wieder kreisten meine Gedanken um die Worte: ›Dein Glaube hat dich gesund gemacht, geh hin in Frieden!‹ Und: ›Fürchte dich nicht, glaube nur.‹ Endlich schlief ich ein.

Noch vor Morgengrauen wachte ich auf. Plötzlich verstand ich den Sinn des Geschehens.«

Neziach wies auf die Zeichnung mit der Zisterne und der lebendigen Quelle: »Jesus will durch seine Worte und Taten die Menschen zusammenbringen mit Gott, der lebendigen Quelle. Nur dort ist das wahre Leben. Jesus denkt nicht anders als Jeremia. Er brachte die Frau in Verbindung mit der lebendigen Quelle. Das Berühren seiner Kleider führte sie nur zur Zisterne, erst als sie eine persönliche Beziehung hatte zu Jesus, durch ihr Geständnis, und als sie sein Wort vernahm, gelangte sie zur lebendigen Quelle. Jetzt war sie

nicht nur geheilt von ihrem körperlichen Leiden, sondern sie war ganz gesund. In den Bereich des Gottesfriedens war sie eingetreten!«
Neziach schwieg kurze Zeit, so überwältigten ihn seine Gedanken. Dann sagte er: »Was dann mit Jairus geschah, war eine gewaltige Steigerung. Er wanderte im Tal der Todesschatten. Seine Tochter war in der Macht des Todes. Aber den, der im Tal der Todesschatten wanderte, rief jetzt Jesus auf zum Glauben an die Quelle des Lebens, das begriff ich in der Morgenfrühe.« Wieder schwieg Neziach eine Zeitlang. Dann wies er auf die Zeichnung mit der lebendigen Quelle und sagte leise: »Als aber Jesus das tote Mädchen auferweckte, zeigte er, daß er selbst die lebendige Quelle ist!«
Die Studierenden tuschelten miteinander. Die Schriftgelehrten machten verschlossene Gesichter. Einer fragte hart: »Ist das alles was ihr erlebt habt im Land unserer Väter, im Hort des rechten Glaubens an unsren Gott?«
Das war Salmon, der schärfste Widersacher des Rabbi Jehuda. Jehuda spürte den drohenden Unterton. Doch Neziach war so beeindruckt von der Gestalt Jesu, daß er mit Eifer antwortete: »Nein! Jesus hat auch Stellung genommen zu dem, was wir das Grundgesetz unsrer Religion nennen!«
Salmon und andere: »Wir sind sehr gespannt!«
Neziach entfaltete ein Papierblatt. Weil er es für so wichtig hielt, hatte er sich dieses Wort Jesu noch im heiligen Land aufgeschrieben. Der junge Schriftgelehrtenschüler blickte über die Menge. Er wußte, daß er jetzt Worte aussprechen würde, wie man sie bisher in Pumbadita, ja in Babylonien noch nie gehört hatte:

»Ihr habt gehört, daß gesagt wurde:
Du sollst deinen Nächsten lieben
und deinen Feind hassen.«

Rabbi Salmon rief: »Wenn das dieser Rabbi gesagt hat, so hat er zunächst Mose, den Mann Gottes, unsere höchste Autorität, richtig zitiert. So wurde es gesagt, daß heißt: Es wurde von Gott gesagt!« Scharf fuhr er dann fort: »Nirgends aber in der Schrift steht, daß man seinen Feind hassen soll.«
Rabbi Jehuda stand seinem Schüler bei: »Salmon, du wirst doch ein

Zweifaches kaum bestreiten können: Die Feinde des Gottesvolkes wurden und werden gehaßt! Denk dran, was unsre Väter mit den Kanaanäern gemacht haben. Und das zweite: Dieses, unser Grundgesetz, gibt der Liebe eine Grenze. Es begrenzt sie auf den Nächsten, den Volksgenossen. Laß uns doch einmal hören, was der Rabbi Jesus dazu sagt. Ich vermute, daß er dieses Grundgesetz des Gottesvolkes auslegen wird, wie das auch andere Schriftgelehrte vor ihm getan haben.«
Er warf Neziach einen ermunternden Blick zu. Dieser zögerte. Dann las er langsam weiter. Immer wieder warf er einen Blick auf seinen Lehrer Jehuda, vor allem aber auf Salmon. Er sah, daß sich dessen Miene immer mehr verfinsterte:

»Ich aber sage euch:
Liebet eure Feinde
und bittet für die, die euch verfolgen,
damit ihr Söhne seid eures Vaters im Himmel.«

In höchster Erregung sprang Rabbi Salmon auf: »Ich protestiere; im Namen Moses, des Mannes Gottes! Drei Ketzereien auf einmal wurden heute in dieser Synagoge ausgesprochen.«
Eine große Erregung ergriff alle, die im Lehrsaal waren. Viele stimmten Salmon, dem berühmten Schriftgelehrten, zu. Andere sprachen über die Worte, die sie eben gehört hatten.
Auch Jehuda war von der Wucht dieser Worte tief getroffen. Doch plötzlich leuchtete es ihm auf, mitten im Tumult der Redenden und Schreienden: Feindesliebe, Liebe, die nicht abhängig ist von der Freundlichkeit des anderen, Jeremia hatte sie einst schon gefordert:

»Suchet der Stadt Bestes
und betet für sie zum Herrn.«

Zwar hatte der Prophet diese »Feindesliebe« sehr nüchtern begründet:

». . . denn wenn's ihr wohlgeht,
so geht's euch auch wohl.«

Aber es war dennoch ein Schritt in diese Richtung, die jetzt Rabbi Jesus zeigte. Ohne daß Jehuda es hätte begründen können, hatte er auf einmal die Gewißheit: Aus diesen Worten sprach einer, der größer war als Jeremia. Das Feuer des Geistes Jesu fing an, ihn zu ergreifen. Er wandte sich Salmon zu und sprach zu ihm: »Erregt es dich so, daß Rabbi Jesus von der Feindesliebe spricht?«
Der Schriftgelehrte Salmon trat vor die Versammlung: »Reißt die Worte, die ihr da gehört habt, wieder aus euren Herzen, denn drei Ketzereien enthalten sie. Erstens: Nicht gegen die Feindesliebe, von der dieser Rabbi spricht, wende ich mich. Auch ich kann den Propheten Jeremia anführen und darüber hinaus Schriftgelehrte, die die Liebe zu allen Menschen fordern. Aber dagegen wende ich mich, daß dieser Rabbi das Grundgesetz Gottes verdrängt und ersetzt durch sein Gebot. Mose hat verboten, etwas zum Gesetz hinzuzufügen:

›Ihr sollt nichts dazutun
zu dem, was ich gebiete.‹

Zweitens: ›Söhne Gottes‹ sollen wir erst werden? Wir sind es! Denn Gott spricht:

›Israel ist mein erstgeborener Sohn.‹

Das dritte aber, was ich angreife, ist der eigentliche Skandal! Habt ihr gehört, wie dieser Rabbi sein Wort einleitet:

›Ich aber sage euch.‹

Spricht so ein Rabbi? Ein Rabbi stellt sich unter die Schrift, legt sie aus. Er beruft sich auf die Autorität anderer Schriftgelehrter. Dieser aber sagt: ›Ich‹. Er stellt sich über das Gesetz. Wer ist er denn? Spricht so etwa ein Prophet? Der fängt seinen Spruch an mit den Worten:

›So spricht der Herr.‹

So hat es Jeremia gemacht und die Propheten vor ihm und nach ihm!« In höchster Erregung rief Salmon: »Woher hat denn dieser

Mann die Vollmacht, das Grundgesetz unseres Gottes durch ein anderes zu ersetzen?«
Alle verstummten. Sie spürten, welch ungeheuren Worte Neziach eben verlesen hatte. Woher hat dieser Mann seine Vollmacht, das war die Frage.
In diese Stille hinein sprach Jehuda leise: »Von Gott!« Der Schriftgelehrte Salmon starrte seinen Kollegen an. Dann wich er zurück vor ihm und sprach: »Hast du das gesagt?« Jehuda nickte stumm.
»Dann habe ich hier nichts mehr zu suchen«, schrie Salmon, verließ den Lehrsaal und warf die Tür hinter sich zu.
Totenstille trat ein. Alle waren betroffen.
Schweigend standen zwei der Schüler Salmons auf und folgten ihrem Lehrer. Rabbi Jehuda aber ging zu dem Plakat an der Wand, auf das er mit seinen Schülern geschrieben und gezeichnet hatte, wie Jeremia die Grenzen der Religion des Gottesvolkes überschritten hatte. Leise sagte er: »Auch ich war zuerst erschrocken über die Worte des Rabbi Jesus, aber dann überzeugte er mich, denn er spricht aus dem Geist Jeremias.«
Er schrieb mit fester Hand über das Plakat: Feindesliebe! Darauf wandte er sich Neziach zu: »Hat Jesus diese Forderung begründet?«
Neziach las weiter:

»Denn er läßt seine Sonne aufgehen
über Böse und Gute
und läßt regnen
über Gerechte und Ungerechte.«

»Die Liebe Gottes ist unbegrenzt. Sie gilt uns allen!« erklärte Jehuda. »So sollen auch wir handeln.«
Aber die Worte Salmons waren nicht ohne Eindruck geblieben. Moses Autorität hatte er beschworen. War es nicht besser, sich auf diese festgegründete Autorität zu verlassen, anstatt auf das Wort eines unbekannten Rabbi zu hören?
Sia sagte: »Herr, sollen wir nicht Mose folgen? Ist nicht das Gebot der Nächstenliebe von Gott – und groß?«
Neziach wandte sich seinem Reisegefährten zu: »Du weißt doch, was Jesus zu denen sagt, die nur jene lieben, deren Gegenliebe sie empfangen.« Und er las:

»Denn wenn ihr liebt, die euch lieben,
was werdet ihr für Lohn haben?
Tun nicht dasselbe auch die Zöllner?
Und wenn ihr nur zu euren Brüdern freundlich seid,
was tut ihr Besonderes?
Tun nicht dasselbe auch die Sünder?«

Eine große Unruhe entstand im Saal. Wieder wollten einige aufbrechen, um Salmon zu folgen. Neziach rief: »Hört noch, wie Jesus seine Reden schloß!« Es kehrte wieder Stille ein:

»Darum sollt ihr vollkommen sein,
wie euer Vater im Himmel vollkommen ist!«

»Was soll das?« rief ein Anhänger Salmons. »Können wir etwa ohne Sünde sein?« Jehuda sprach: »Jesus meint es anders: ›Gott ist vollkommen‹, das heißt: Er richtet seine Bundestreue, seine vergebende Liebe ganz auf uns. Wir sind vollkommen, wenn wir barmherzig sind.«

Jetzt standen die meisten Schüler Salmons auf. Sie folgten ihrem Lehrer und verließen den Saal. Jehuda stand jetzt wieder vor einer kleinen Schar von Schülern und er ahnte, daß auch sie nicht alle bei ihm bleiben würden.

Harscha, einer der Jüngeren fragte: »Herr, Rabbi Salmon hat festgestellt, daß Jesus nicht lehrt wie ein Rabbi, und auch nicht so spricht, wie ein Prophet. Dieses Wort, daß Neziach vorgelesen hat, beweist das. Wer ist er? Mit welcher Vollmacht spricht er?«

Neziach sprach: »Darf ich meinen Reisebericht vollenden, Herr? Vielleicht bekommen wir dann eine Antwort auf Harschas Frage.«

Dann berichtete er: »Könnt ihr euch den Weg vorstellen, der vom See Genezareth aus hinaufführt nach Cäsarea-Philippi? Man geht durch das paradiesische Jordantal, das links und rechts gesäumt ist von Bergen und hat vor sich immer den schneegekrönten Hermon. Wie viele Könige mögen mit ihren Heeren auf diesem Weg schon gezogen sein, zum Sieg oder zur Niederlage. Ich suchte oft nach einem Namen für diesen einzigartigen Weg. Jetzt weiß ich ihn. Auf diesem Weg ging ich mit Hunderten vor wenigen Wochen hinter

Jesus her. Es waren Tage, wie man sie nur im Vorfühling kennt. Zwar war der Himmel noch bedeckt, aber die Wolken, besonders wenn sie nach Osten abzogen, waren leicht und locker, wie ein Vorhang aus hellgrauer Seide. Durch Wolkenlücken sah man schon den blauen Frühlingshimmel. Hoffnung lag in der Luft.

Diese Fischer, Bauern, Zeloten, Zöllner, diese Männer und Frauen – hinter wem zogen sie her? Alle dachten groß von Jesus: ›Er ist ein mächtiger Prophet!‹ Manche sagten: ›Er ist Johannes der Täufer, der von den Toten auferstanden ist, darum vollbringt er so außergewöhnliche Taten!‹ Ich aber war mit meinen Gedanken oft bei Jeremia. Soviele Ähnlichkeiten zwischen Jesus und ›meinem‹ Propheten hatte ich schon entdeckt. Ja, immer wieder hieß es sogar, besonders aus dem Mund von Zeloten: Er ist der Messias!

Auch darüber, warum er diesen ungewöhnlichen Weg nach Norden zog, gab es nur eine Meinung: Hier wird er sich als König proklamieren. Dann begibt er sich mit uns allen auf den Marsch nach Jerusalem. Dort wird er die Macht erringen! Wir ziehen alle mit ihm! Hunderte sind wir jetzt schon, Tausende werden wir unterwegs. Dann können wir in Jerusalem einziehen und Israel wird wieder als freies Großreich erstehen.

Jedenfalls: Jeder von uns knüpfte an ihn seine eigenen Hoffnungen. Jeder meinte, Jesus würde seine innersten Wünsche in Erfüllung gehen lassen, und er werde seinem Lebensziel durch ihn näher kommen.

Wenn dann Jesus als Messias in Jerusalem die Macht ergriffen hat, wird man dieser Straße ihren Namen geben: Königsweg, Königsstraße!

Aber dann kam alles anders. Wir wanderten bis dorthin, wo die Berge wenige Kilometer vor Cäsarea-Philippi aufragten, lagerten uns im Schatten von Bäumen und erquickten uns an dem kühlen Wasser, das hier aus einer der Jordanquellen reichlich floß. Alle erwarteten große Dinge. Und tatsächlich schien es zu beginnen. Jesus zog sich mit seinen Jüngern zurück. Wir alle dachten: Das ist der Anfang seiner Erhöhung zum König! Die Spannung steigerte sich von Stunde zu Stunde.

Schon hatten sich viele Palmzweige verschafft, mit denen sie nach altem Brauch ihrem König, dem Messias, zujubeln wollten. Endlich kam er vom Berg herab. Ein Zelot holte aus seiner Tasche den wei-

ßen Königsmantel heraus, den er dem König nach altem jüdischem Brauch umhängen wollte. Aber alle sahen, daß Jesu Gesicht sehr ernst war.
Dann sprach er zu uns. Aber hört nur, was er sagte:

›Wer mir nachfolgen will,
der verleugne sich selbst
und nehme sein Kreuz auf sich
und folge mir nach.‹

Wir alle starrten ihn an: ›Nein sagen zu sich selbst? Zu seinen Wünschen sagen: Ich kenne euch nicht? Und dann dieses furchtbare Bild vom Kreuztragen, an diesem paradiesischen Ort? Das heißt doch: Sich trennen von der Welt und bereit sein zum Sterben mit ihm! Ja, geht er denn ans Kreuz?‹
Diese Worte fegten über uns hinweg wie ein Hagelsturm über Frühlingssaat. Als er die Wirkung seiner Worte sah, sprach er:

›Denn wer sein Leben erhalten will,
der wird's verlieren;
und wer sein Leben verliert, um meinetwillen
und um des Evangeliums willen,
der wird's erhalten!‹

Als er das gesagt hatte, wandte er sich von uns ab. Und dann ging er auf dem Weg, den wir mit ihm gekommen waren, zurück. Mit entschlossenen Schritten. Er ganz allein.
Wir starrten ihm zuerst alle nach. Wir waren alle noch betäubt von der Wirkung seiner Worte. Dann erst löste sich die Spannung. Alle sprangen auf. Die Berge hallten wieder von unserem Geschrei: ›Was ist das? Was ist geschehen? Warum redet er so?‹
Jetzt nahten sich uns langsam und zögernd seine Jünger. Sie sahen aus, als stünden sie alle noch unter den Nachwirkungen eines Schocks. Simon schien der Verstörteste zu sein. Judas redete hitzig auf Andreas ein.
Wir umringten sie. ›Er spricht vom Kreuztragen und vom Verlieren des Lebens! Was hat das zu bedeuten? Was ist geschehen?‹ fragten wir sie.

Johannes stieß Simon an. Doch dieser senkte sein Haupt. Da sagte Johannes: ›Auf dem Weg hierher, waren eure Hoffnungen auch die unsrigen. Wir dachten: Jetzt kommt die große Wende. Jetzt offenbart er seine königliche Macht. Groß war unsre Erwartung, als er uns zur Seite nahm. Als er dann anfing mit uns zu sprechen, wähnten wir uns dem Ziel ganz nahe. Er fragte uns, was die Leute über ihn sagen würden. Wir freuten uns und dachten, bevor er sich als König offenbart, wolle er die Meinung des Volks erkunden. Wir sagten ihm, was wir gehört hatten, daß einige sagen, er sei Johannes der Täufer; einige ihn für Elia hielten oder für sonst einen der Propheten. Doch dann fragte er uns, für wen wir ihn hielten. Da schauten wir uns alle an. Jetzt mußten wir unsere Meinung sagen. Simon war es, der uns allen aus dem Herzen sprach. Er sagte: Du bist der Christus!‹
Bis hierher erzählte Johannes. Aber jetzt erfüllte uns alle große Erwartung. Wir sprangen auf. Für einen Augenblick waren seine schrecklichen Worte vergessen. ›Er ist es ! Er ist der Christus!‹ dachten wir.
Viele winkten mit Palmzweigen. Der Zelot entfaltete seinen Königsmantel. Es war, als wolle er mit ihm Jesus nacheilen, um ihn als König zu ehren.
Mich selbst übermannte ein tiefes Glücksgefühl: Also ist er doch der, in dem sich Jeremias Weissagung erfüllt:

›Siehe, es kommt die Zeit, spricht der Herr,
daß ich dem David einen gerechten Sproß erwecken will.‹

Aber dann überfiel uns wieder die Erinnerung an seine Worte. Wir alle blickten ihm schweigend nach, der sich immer mehr von uns entfernte. Er ging jetzt schon wie unter der furchtbaren Last des Kreuzes.
Johannes aber sprach leise weiter. ›Als Antwort auf das Wort Simons zeigte er uns seinen Königsweg.‹ Dann wiederholte er die Worte Jesu:

›Der Menschensohn muß viel leiden
und verworfen werden
von den Ältesten und Hohenpriestern und Schriftgelehrten

und getötet werden
und nach drei Tagen auferstehen!‹

Das also ist der Königsweg: Die Ausstoßung aus dem Volk Gottes, der Tod! Weiter vermochten wir nicht mehr zu denken.
Mir war, als bebte die Erde, die Berge wankten und die Hügel fielen ein. Die Sonne verlor ihren Schein. Der Kreuzesweg – das war sein Königsweg! Jetzt wußte ich den Namen dieser Straße.
Doch dann stürmten wir alle auf Johannes und die andern Jünger ein: ›Habt ihr denn nicht versucht, ihm das auszureden?‹ Johannes stieß Simon an. Doch dieser war immer noch unfähig, ein Wort hervorzubringen.
Darum sprach er an seiner Stelle weiter: ›Simon hat es versucht. Er nahm Jesus zur Seite. Wir waren alle sehr gespannt. Er sprach zu ihm: Herr, der Weg ins Leiden ist nicht dein Weg. Nicht das ist Gottes Wille. Denk an dich; denk an die Hoffnung, die wir auf dich gesetzt haben! – Da sahen wir auf einmal, wie Jesus sich jäh von Simon abwandte. Er blickte uns alle an. Dann bedrohte er Simon, wie er sonst die Dämonen bedrohte und sprach zu ihm: Geh weg von mir, Satan! Denn du meinst nicht was göttlich, sondern was menschlich ist!‹ Als Johannes das erzählte, zuckte Simon auch jetzt wieder bei diesen Worten zusammen.
Ich sann über die letzten Worte nach:

›Du meinst nicht was göttlich,
sondern was menschlich ist . . .!‹

Der Weg des Triumpfes, der Weg der Macht war menschlich. Göttlich aber, das heißt nach Gottes Willen, war der Weg ins Leiden. Ich verstehe diese Worte noch nicht!
Wir waren alle starr vor Verwunderung. Keiner sprach ein Wort. Alle legten die Palmzweige aus der Hand. Der Zelot packte mit finsterer Miene den Königsmantel ein.
Dann wandte sich zuerst Simon ab.
Ganz in der Ferne sahen wir noch Jesus.
Simon folgte ihm schweren Schrittes nach. Johannes tat das gleiche. Und so einer der Jünger nach dem anderen. Als letzter folgte Judas.«

Alle in der Synagoge von Pumbadita waren tief bewegt von Neziachs Erzählung. Lange sprach niemand ein Wort.
So groß und gewaltig war das, was in Cäsarea-Philippi geschehen war.
Dann nahm Rabbi Jehuda die Frage Harschas auf: »Wer ist dieser Jesus, wenn er kein Rabbi und kein Prophet ist? – Ihr habt es gehört: Der Christus ist er. Aber der Christus der auf dem Kreuzesweg geht!«
Dann wiederholte sich in der Synagoge zu Pumbadita dasselbe wie bei Cäsarea-Philippi.
Nur ganz wenige wollten bei diesem Christus bleiben.
Jehuda beschwor alle: »Schon Jeremia wurde von Gott ins Leiden geführt! Er hat es oft nur widerwillig ertragen. Aber – es kam über ihn nach Gottes Willen. Mir scheint, daß jetzt in Jesus der gekommen ist, der im Auftrag Gottes willig leidet! Noch sehe ich nicht, zu welchem Sinn und Zweck. Aber ich fühle mich von ihm sehr stark angezogen. Jeremia weist mich zu Jesus!«

Der Bann

Vier Wochen nach Rückkehr der Abgesandten kam ein Diener des geistlichen Gerichts zu Jehuda: »Der Gerichtshof der Schriftgelehrten lädt dich für morgen vor!« Jehuda erschrak nicht über die Aufforderung; er hatte damit gerechnet.
Pünktlich stellte sich Jehuda am anderen Tag ein. Vor ihm saßen drei Schriftgelehrte, Levi, Manasse und Salmon. Sie bildeten in Pumbadita den sogenannten »kleinen Gerichtshof«. Vor sich hatten sie auf dem Tisch die Zeichen ihrer Würde als geistliche Richter liegen, den Stock, der zur Züchtigung diente, einen Riemen, um den Schuldigen zu geißeln, und eine Posaune.
Salmon eröffnete die Verhandlung: »Die judäischen Gemeinden in Babylonien sind von altersher stolz darauf, den Glauben an den Gott Israels rein zu bewahren. Vorbilder sind uns Daniel und seine drei Freunde. Weder der feurige Ofen, noch die Löwengrube konnte diese Männer daran hindern, ihrem Glauben treu zu bleiben. Erst seit wenigen Monaten werden unsere Gemeinden beunru-

higt durch Nachrichten, die aus Israel kommen. Es ist die Rede von Wundern und Worten eines Mannes aus Galiläa. Unsre Brüder in Israel haben seine Gefährlichkeit erkannt. Sie entsandten eine Kommission nach Galiläa. Diese beschuldigt ihn der Gotteslästerung! Wie wir, so hast auch du, Jehuda, als Schriftgelehrter die Aufgabe, das Gesetz rein und unverfälscht zu lehren. So nur können wir Irrlehren abwehren. Anstatt nun dieses mit uns zusammen zu tun, hast du zwei deiner Schüler dazu mißbraucht, sie nach Israel zu senden, um weitere Nachrichten über diesen Mann einzuholen. Als sie zurückkamen, haben verschiedene Schriftgelehrte, besonders ich, in deinem Lehrsaal der Lehre dieses Mannes heftig widersprochen. Das war dir aber keine Warnung. Du hast vielmehr deinen Lehrsaal von diesem Tag an zu einer Brutstätte dieser Irrlehre gemacht. Du vergiftest die Jugend, die dir anvertraut ist. Wir aber sind fest entschlossen zu verhindern, daß sich diese Ketzereien bei uns ausbreiten. Darum haben wir dich vorgeladen!«
Jehuda antwortete: »Du sprichst den Namen dieses Mannes nicht aus, Salmon. So will ich es tun. Und zwar mit großer Achtung vor ihm: Jesus von Nazareth! Du sagst auch nicht, was du an ihm ärgerlich findest. Das ist zuerst sein Gnadenangebot an alle Sünder. Ohne vorherige Wiedergutmachung dürfen sie zu Gott zurückkehren. Das hat er in der Geschichte des verlorenen Sohnes ausgesprochen. Ich kann daran nichts finden, was Anstoß erregt. Im Gegenteil: Ich bin dankbar dafür! Mit dieser Botschaft steht Jesus von Nazareth in der Nachfolge Jeremias. Denn bei ihm steht geschrieben:

›Kehret um zu mir,
ihr abtrünnigen Söhne
so will ich euch heilen!‹

Das Gesetz, die Propheten und die Schriften sind gleichermaßen - unbeschadet der grundlegenden Bedeutung des Gesetzes – Quellen und Richtschnur unserer Lehre. Jesus verläßt sie in diesem Punkt nicht.«
Scharf rief Salmon: »Rede nicht um deinen Grundirrtum herum, Jehuda. Du legst in Wirklichkeit die Propheten aus ohne das Gesetz. Du nimmst sie als eine Größe für sich. Rechte rabbinische Theolo-

gie aber ist: Das Gesetz ist die Richtschnur für alles, auch für die Propheten. Im Gesetz aber gibt es keine Umkehr zu Gott ohne vorherige Wiedergutmachung!«
Jehuda rief: »Wie kannst du die Propheten, denen doch Gott seine Worte in den Mund legte, so zurücksetzen gegenüber dem Gesetz?« – »Weil es von Gott unmittelbar ausgegangen ist«, rief Salmon erregt. »Haben die Propheten Gottes Stimme nicht auch direkt gehört?« widersprach Jehuda.
Salmon schlug mit dem Stock auf den Tisch: »Seit König Josia das Gesetzbuch Gottes zum Staatsgesetz erhoben hat, gilt es als Gradmesser für wahre und falsche Theologie. Hast du noch etwas vorzubringen?«
Jehuda ließ sich durch diesen Zornesausbruch nicht einschüchtern. Furchtlos sprach er: »Am ärgerlichsten für euch ist die Vollmacht, mit der er das Gesetz auslegt.«
Jetzt griff der Schriftgelehrte Levi ein. Er rief: »Du kannst nicht bestreiten, daß er sich mit seinem ›Ich aber sage euch!‹ an die Stelle Gottes setzt, er, der doch ein Mensch ist wie wir. Gotteslästerung ist das!«
Ruhig hielt ihm Jehuda entgegen: »Wenn Jesus aber die Erfüllung der Verheißungen der Propheten wäre?« Dieser Frage entgegnete Levi: »Hältst du ihn für den Messias?« Scharf blickte er ihn an: »Glaubst du an ihn?« – »Keiner von euch kann mir beweisen, daß ich das Gesetz Gottes nicht ebenso in Worten und Taten einhalte wie ihr«, sprach Jehuda ruhig. Salmon wollte den Streit nicht fortsetzen. »Levi, Manasse, laßt uns das Urteil finden!« Jehuda mußte den Raum verlassen.
Als er nach einiger Zeit wieder gerufen wurde, sah er, daß sich im Gerichtssaal etwas verändert hatte. Unmittelbar neben dem Stuhl, auf dem er eben noch saß, war ein käfigähnlicher, mannshoher Gegenstand aufgestellt, aus Latten gefertigt. Jehuda erschrak. Er wußte, was das zu bedeuten hatte.
Scharf sprach Salmon: »Steh auf, Jehuda!« Auch die Richter erhoben sich.
»Wir sind zu folgendem Urteil gelangt: Der Schriftgelehrte Jehuda soll hinfort im Bann sein!«
Während Salmon das sprach, stieß der Gerichtsdiener in die Posaune. Gott sollte von der Schuld des Angeklagten und von seiner Bestrafung erfahren.

Schweigend fesselte ihn dann der Gerichtsdiener an Armen und Beinen, löste aber die Fesseln sogleich wieder.
Dann band er ihn ebenso schweigend an eine Säule, wie zur Geißelung.
Und ebenso stumm zwängte er ihn in den bereitstehenden Käfig.
Jetzt sprach der Schriftgelehrte Manasse: »Diese Strafen hättest du verdient: Fesseln, Geißelung, Gefängnis!«
Dann sagte Salmon: »Du weißt, daß wir dich mit dem Bann nicht aus der Gemeinde ausschließen. Vielmehr erwarten wir, daß du innerhalb von dreißig Tagen Buße tust! Das Urteil wird der ganzen Gemeinde mitgeteilt. Solange der Bann nicht gelöst ist, mußt du dich verhalten wie ein Trauernder! Du darfst deinen Bart nicht scheren, deine Kleider nicht waschen. Innerhalb der Stadt mußt du ohne Sandalen gehen. Niemand darf sich dir auf weniger als vier Ellen nähern. Das gilt nicht für deine Frau und für deine Kinder.«
Salmom schloß: »Du weißt es: Wenn du innerhalb der Frist von dreißig Tagen nicht Buße tust, so droht dir die Ausschließung aus der Gemeinde. Daß das eine ungleich härtere Strafe ist als der Bann, ist dir bekannt!«
Jehuda stand wie betäubt. Regungslos duldete er es, daß ihm der Gerichtsdiener die Schließen seiner Sandalen öffnete und ihm ein Tuch zuwarf, damit er sein Haupt verhüllen konnte wie ein Mann in Trauer.
Barfuß schritt er hinaus auf die Straße. Vorübergehende sahen ihn verwundert an: »Rabbi Jehuda in Trauer? – Nein! Da liegt etwas anderes vor. – Er wurde in den Bann getan!«
Am Abend sprach man in der ganzen Stadt davon.
»Um Jesu willen dulde ich das!« sprach er. Noch auf dem Heimweg faßte er einen Entschluß: »Ich will nach Israel gehen, Jesus sehen und mit ihm sprechen!«

Die entscheidende Frage

Es war der Tag vor dem Beginn des Passafestes. Von Jericho her zog eine große Gruppe von Festpilgern hinauf nach Jerusalem. Jetzt schritten sie durch Betanien, das noch am Ostabhang des Ölbergs lag. Noch war Jerusalem nicht zu sehen. Obwohl die Männer und Frauen müde waren, beschleunigten sie ihre Schritte. Vom Kamm des Ölbergs aus konnte man die heilige Stadt sehen.
Unter den Festpilgern befand sich auch der Rabbi Jehuda aus Pumbadita im fernen Babylonien. Er mußte daran denken, welche Anziehungskraft diese Stadt für ihn seit frühester Jugend hatte. Da war das Haus Gottes und die Burg des Königs David.
Jehudas Sehnsucht steigerte sich, als er dann den Propheten Jeremia zu studieren begann. Und jetzt die Nachrichten von Jesus . . .
Jehuda stand auf dem Ölberg. Ihm zu Füßen lag die Stadt. Er vergaß alles um sich, so hingerissen war er von diesem Anblick. Er sah hinüber zum Heiligtum; vom Brandopferaltar stieg der Rauch auf. Jehuda sank betend auf die Knie. Und südlich davon – dort mußte einst die Burg Davids gestanden haben. Dann überfiel ihn die Erinnerung an Jeremia. So übermächtig war sie, daß er Jesus, den eigentlichen Zweck seiner Reise zunächst völlig vergaß.
Jehuda blickte auf den Tempelplatz. Dort hatte Jeremia seine erste Predigt gehalten:

> »Mein Volk tut eine zwiefache Sünde:
> Mich, die lebendige Quelle verlassen sie.«

Und hier war es auch, wo er rief:

> »Bessert euer Leben und euer Tun,
> so will ich bei euch wohnen an diesem Ort.«

Seine Augen schweiften hinüber zur Westmauer der Stadt. Dort in der Nähe lag das Hinnomtal. Dort hatte Jeremia den Krug zerschmettert.
Jehudas Augen folgten den Straßen und Gassen. Durch sie schritt Jeremia mit dem Joch im Nacken. Jehudas Herz bebte: Hier mußte er leiden.

Die anderen Festpilger schritten zur Stadt hinunter. Der Schriftgelehrte aus Babylonien aber beschloß, zuerst nach Anatot zu gehen. Er konnte die Bergkuppe mit dem Städtchen sehen. Von dort aus wollte er dann morgen in die Stadt pilgern, wie einst Jeremia.
Schon nach einer dreiviertel Stunde hatte Jehuda das Dorf erreicht. Er fragte einen älteren Mann: »Weiß man noch, wo einst Jeremia, der Prophet, wohnte?« O ja, man kannte ihn und war stolz auf ihn. Mit Ehrfurcht sprach man jetzt von dem großen Sohn der kleinen Stadt.
Von Gedanken überwältigt stand Jehuda vor dem Haus, in dem Jeremia einst zuerst mit seinen Eltern und dann bei seinem Bruder Ela gelebt hatte. Er ging um das Haus herum. Tatsächlich stand da ein Mandelbaum und ein Zweig blühte noch. Leise sprach Jehuda die Worte:

»Jeremia, was siehst du?
Ich sprach: Ich sehe einen erwachenden Zweig!
Und der Herr sprach zu mir:
Du hast recht gesehen;
denn ich will wachen über meinem Wort,
daß ich's tue!«

In Gedanken versunken setzte sich Jehuda auf einen Stein unter dem Mandelbaum. Gott hatte gewacht über den Worten, die er durch Jeremia sprach. Aber noch stand die Erfüllung der größten Verheißungen aus: Der neue Bund, der gerechte Sproß!
Jehuda fand eine Unterkunft gleich in der Nähe von Jeremias Haus und übernachtete hier. Am anderen Tag ging er inmitten einer großen Schar von Festpilgern nach Jerusalem. Jehuda nahm nicht an ihren Gesprächen teil. Er mußte immer wieder an Jeremia denken. So wie er heute, ging dieser einst in die Stadt – ins Leiden.
Dem Schriftgelehrten fiel alles ein, was er von den »leidenden Gerechten« seinen Schülern gelehrt hatte. Zu ihnen zählte er auch Jeremia. Jeremia litt mit seinem Volk. Er zerbrach fast unter der Schwere des Gerichts, das er ihm ankündigen mußte. Er litt aber auch unter seinem Volk!
Und dann das Geheimnis: Indem der Prophet leidet, leidet Gott mit seinem Volk. Wie konnte es anders sein, da er doch in Liebe verbunden ist mit dem Volk, das er strafen muß.

Und er leidet in seinem Propheten unter seinem Volk.
Ja, die die Gott wirklich gehorchen, leiden. So ist es bei Jeremia gewesen, so bei dem »Gottesknecht«, von dem jener Prophet spricht, der in Babylon aufgetreten ist. So war es schon bei Mose und Josef. Der Schriftgelehrte wußte, warum das so war. Die Gottlosen sprechen:

»Laßt uns auf den Gerechten lauern,
denn er macht uns viel Unlust
und setzt sich gegen unser Tun und schilt uns,
daß wir gegen das Gesetz sündigen
und ruft aus unser Wesen als Sünde!«

Jehuda war ganz vesunken in seine Gedanken. Doch als man sich der Stadt näherte, drangen Wortfetzen an sein Ohr:

»Man hat ihn in dieser Nacht verhaftet.« –
»Das geistliche Gericht hat schon das Urteil gesprochen.« –
»Sie übergeben ihn den Heiden.«

Ohne danach zu fragen, wußte Jehuda auf einmal von wem hier so gesprochen wurde. Lähmende Angst überfiel ihn. Mußte Jesus jetzt tatsächlich den Kreuzesweg gehen von dem er nach Neziachs Erzählung in Cäsarea-Philippi gesprochen hatte?
Als er dann durch das Damaskustor in die Heilige Stadt eingetreten war, wurde ihm für einige Zeit jegliche Entscheidung abgenommen. Jehuda wurde von der Menschenmenge mitgerissen. Alle schienen nur ein Ziel zu haben: Den Palast des Statthalters Pontius Pilatus.
Wortfetzen trafen den Schriftgelehrten wie Keulenhiebe:

»Pilatus hat das Urteil gesprochen . . .
Tod am Kreuz.«

Jehuda ließ sich von der Menge in ein enges Gäßchen schieben unweit des Sitzes des römischen Prokurators.

»Sie führen ihn zur Kreuzigung«,

hörte er sagen. Noch heftiger wurde das Schieben und Vorwärtsdrängen. Getrappel von Hunderten von Füßen, Geschrei, Stimmen aus aller Herren Länder vermischten sich.
Schon spürte man die Hitze des aufsteigenden Tages.
Wenn es Jehuda gelang einen Blick über die Menge zu werfen, dann sah er die Helme von Soldaten und ihre Spieße. Dort führten sie den Verurteilten zum Tode ...
Und dann sah er ihn: Eine Dornenkrone, weit vom Haupthaar abstehend. Ein schmales, blutüberströmtes Gesicht. Augen. Was für Augen! Das Querholz auf dem Rücken. Nur einen Augenblick lang sah er ihn, dann brach Jesus zusammen. Der Zug stockte. Laute Stimmen der Soldaten waren zu hören:

»Wir suchen nach einem Mann,
der dem Verurteilten den Kreuzesbalken trägt!«

Jehuda wich instinktiv zurück, soweit er das bei der ihn umgebenden Menschenmenge konnte. Dann hatten sie schon jemand gefunden. Sie zwangen ihn, den Balken hinter dem Todgeweihten her zu tragen.
Tief betroffen von diesem Anblick und auch von seinem schmählichen Zurückweichen, ließ sich Jehuda weiterdrängen.
Wer ist dieser Mann mit der Dornenkrone?
Ist das wieder einer der »leidenden Gerechten«? So wie auch Jeremia einer war?
Jehuda fielen die Worte ein, die der leidende Jeremia sprach:

»... und doch flucht mir jedermann ...
Warum währt doch mein Leiden solange?
Sie haben mir eine Grube gegraben ...
Warum bin ich doch aus dem Mutterleib hervorgekommen,
wenn ich nur Jammer und Herzeleid sehen muß
und meine Tage in Schmach zubringe?«

Psalmworte von »leidenden Gerechten« kamen ihm in den Sinn:

»Ich bin ein Wurm und kein Mensch,
ein Spott der Leute und verachtet vom Volk!«

Wie oft hatte Jehuda davon gesprochen.
Zuerst schien ihm Jesus auch einer dieser »leidenden Gerechten« zu sein.
Worin bestand sein Leiden? Sein Gesicht hatte sich Jehuda in die Seele eingeprägt. Es sprach von körperlichem Leiden. Aber mehr noch von seelischem Schmerz. Erzählte nicht Neziach davon, daß ihm die Zwölf von Cäsarea-Philippi aus auf seinem Leidensweg gefolgt waren? Wo waren sie jetzt? Verlassen hatte ihn nicht nur das Volk. Verlassen hatten ihn jetzt auch seine engsten Anhänger. War Jesus einer der vielen »leidenden Gerechten«?
Wieder wurde Jehuda aus seinen Gedanken aufgeschreckt und hineingerissen in das Geschehen. Es ging hinaus vor die Stadt. So wie sie Jeremia einst hinauswarfen auf den Schuttabladeplatz, ging es jetzt nach Golgata, der Hinrichtungsstätte.
Drei Balken waren schon in die Erde eingesenkt.
Jehuda konnte nichts sehen, wollte es auch nicht. Er hörte nur:

»Er trinkt den Becher nicht . . .!«

Der Trank soll betäuben und den Schmerz lindern.
Dann sah Jehuda Jesus ein zweites Mal, am Kreuz, zwischen zwei Übeltätern, die mit ihm gekreuzigt worden waren. Jehuda konnte den Anblick nicht ertragen. Er senkte das Haupt. Mußte jetzt nicht auf den körperlichen Zusammenbruch unter dem Kreuzesbalken, der seelische am Kreuz selbst erfolgen?
Denn zu dem furchtbaren körperlichen Leiden kam jetzt der Spott, der seine Seele vernichten mußte.
Hohn sprach schon die Überschrift über seinem Haupt:

»König der Juden!«

So verhöhnt ihn Rom, die Weltmacht!
Der Hohn vieler aus dem Volk ergoß sich über ihn:

»Ha, der du den Tempel abbrichst
und baust ihn auf in drei Tagen,
hilf dir nun selber
und steig herab vom Kreuz!«

Und dann die Spitze des Gottesvolkes, die Hohenpriester und Schriftgelehrten:

»Ist er Christus, der König von Israel,
so steige er vom Kreuz,
damit wir sehen und glauben!«

Jehuda sah alles, hörte alles. Er dachte daran, daß Jesus den Betäubungstrank abgelehnt hatte. Er war Zeuge des schweigenden Ertragens des Spottes. Und da geriet sein Denken in eine neue Tiefe.
Er fragte sich: »Ist der Gekreuzigte wirklich nur einer der ›leidenden Gerechten‹, wie ich das zuerst meinte?«
Jeremia litt anders.
Er schrie auf unter seinem Leiden!

»Verflucht sei der Tag,
an dem ich geboren bin . . .!
Laß mich deine Vergeltung an ihnen sehen!«

Er rief nach der Rache Gottes gegen seine Feinde:

»Laß mich deine Vergeltung an ihnen sehen . . .!«

Er klagte Gott an:

»Du bist mir zum Trugbach geworden . . .«

Aber Jesus? Er litt anders. Voll Staunen erkannte der Schriftgelehrte: Er will leiden! Er erträgt den Spott ohne Gegenworte. Und dann wurde es ihm zur Gewißheit: Jesus von Nazareth ist nicht einfach einer der vielen »leidenden Gerechten«.
Darin wurde der Schriftgelehrte befestigt, als er die Worte des Gekreuzigten hörte:

»Mein Gott, mein Gott,
warum hast du mich verlassen?«

Sein Gottesbild zerbrach am Kreuz nicht so, wie einst das Bild Jeremias von Gott zerbrach. Auch der Gott, der ihn verlassen hatte, blieb sein Gott! Solches hatte es noch nie gegeben. Jesus, das war ein Besonderer unter den »leidenden Gerechten«. Jehuda fielen Neziachs Worte ein: »Christus . . .Menschensohn . . .!« Aber er fand keine endgültige Antwort auf seine bohrenden Fragen.
Weiter tobte der Spott. Die Soldaten verhöhnten ihn, als ihm einer einen Schwamm mit Essig getränkt an die Lippen hielt:

> »Halt, laß sehen, ob Elia komme
> und ihn herabnehme . . .!«

Das Geschehen wurde für Jehuda immer unerträglicher.
Er wandte sich ab, um zu gehen.
Im Weggehen hörte Jehuda noch den Todesschrei Jesu. Voll Schmerz und voll Fragen ging er in die Stadt zurück. Wer war dieser?
Das furchbare Geschehen dieses Tages, dessen Zeuge er gewesen war, ging Jehuda nicht aus dem Sinn. Lange fand er keinen Schlaf. Immer wieder standen die schrecklichen Bilder des Tages vor seinen Augen.
Erst gegen Morgen überwältigte ihn der Schlaf. Er träumte von einer paradiesischen Landschaft mit Bäumen, Schatten, einer Quelle. Es gab viel Wasser, in der Nähe ragten Bäume auf.
Auf einmal wußte Jehuda, wo er sich befand. Das war die Jordanquelle bei Cäsarea-Philippi. Aber nur er, Jehuda, stand bei der Quelle, sonst niemand. Da näherte sich ihm auf einmal eine Gestalt. Jehuda staunte, denn es war der Gekreuzigte, mit der Dornenkrone.
Jehuda betrachtete ihn zuerst, wie man einen Fremden betrachtet, von dem man zwar schon gehört hat, den man aber jetzt zum erstenmal aus der Nähe sieht.
Doch je länger er ihn scheu anschaute, desto mehr spürte er, daß es ihm auf unerklärliche Weise bei seinem Anblick wohl wurde. Ein tiefer, vorher nie gespürter Friede, senkte sich in sein Herz.
Dann hörte Jehuda wie der Dornengekrönte fragte: »Wer sagen die Leute, daß ich sei?« Jehuda besann sich. Dann antwortete er: »Herr, die Römer halten dich für einen Aufrührer; die Führer unseres Vol-

kes sagen, du wärest ein Gotteslästerer. Andere halten dich für einen der vielen ›leidenden Gerechten‹. Manche sagen du wärest unter den ›leidenden Gerechten‹ ein besonderer.« Der Gekreuzigte kam Jehuda näher.
Der Friede in Jehudas Herz wuchs. »Und du? Was sagst du? Wer bin ich für dich?«
Jehuda wand sich wie unter Schmerzen. Es gelang ihm nicht, das Geheimnis des Gekreuzigten zu lösen.
»Ich, ich . . .«, stöhnte er. Unter seinem eigenen Stöhnen erwachte er.
Bevor Jehuda die heilige Stadt wieder verließ, bat er Josef, seinen Freund, ihn mit allen Nachrichten zu versorgen, die er sich über Jesus verschaffen konnte.

Der Kelch des Leidens

Jehuda saß in seiner Werkstatt und arbeitete an einem Silberteller. Vor seiner Reise nach Jerusalem hatte er seinen Arbeitstag genau zwischen Schriftstudium und Handwerksarbeit geteilt. Jetzt erfüllte oft so große Unruhe sein Herz, daß er es nur kurze Zeit über seinen Schriftrollen aushielt. Immer wieder schweiften seine Gedanken ab. Er sah den Gekreuzigten vor sich, hörte den Hohn der Menge. Dann ging er lieber in seine Werkstatt und arbeitete mit seinen Händen.
War der Gekreuzigte wirklich der Christus? Jehuda mußte sich gestehen, daß er sich, wie noch nie in seinem bisherigen Leben in einer tiefen Krise befand.
Da verschwand plötzlich das Licht, das bisher von der offenen Tür auf seinen Arbeitsplatz fiel. Jehuda schaute auf. Vor ihm standen Salmon, Levi und Manasse, die Mitglieder des »kleinen Gerichtshofes«.
Hart sprach Salmon: »Seit du im Bann bist, sind dreißig Tage längst vergangen. Wir haben sie verlängert, weil du auf Reisen warst und zählten nur die Zeit während der du dich in Pumbadita aufhielst. Aber jetzt ist die Frist um. Widerrufe! Versprich, daß du nie mehr von Jesus etwas lehren wirst!« Jehuda schaute auf. Müde sprach er: »Ich kann nicht!« Er sagte dies mit so wenig Festigkeit, daß man spüren konnte, wie er innerlich schwankte. »Was«, rief Salmon, »du

weißt, daß Jesus von Nazareth wegen Gotteslästerung verurteilt wurde, du hast ihn sogar selbst am Kreuz gesehen, und dennoch weigerst du dich zu widerrufen?« Manasse sprach: »Widerrufst du nicht, so wirst du aus der Gemeinde ausgestoßen. Du weißt was das bedeutet! Du verlierst dein Amt als Schriftgelehrter, wirst von der ganzen Gemeinde gemieden. Willst du tatsächlich das alles auf dich und auf deine Familie laden?«

Jehuda war innerlich ganz und gar zerbrochen. Dennoch brachte er es nicht über sich, zu widerrufen. Er hatte zwar nicht die innere Kraft, seine Weigerung zu begründen, aber er blieb dabei: »Ich kann nicht widerrufen!«

Salmon sprach: »So höre unsere Entscheidung: Wir verlängern den Bann um weitere dreißig Tage. So groß ist unsere Geduld! Dadurch bekommst du Gelegenheit, über deine Entscheidung nachzudenken. Danach wirst du ausgestoßen, wenn du nicht vorher widerrufst!« Jehuda war unfähig weiterzuarbeiten. Er schämte sich, weil er so schwach gewesen war.

Wenn er nur weitere Nachrichten hätte über Jesus. Wenn nur ein Brief von Josef käme. Dann könnte er vielleicht tiefer in das Geheimnis Jesu eindringen. Dann könnte er vielleicht besser begründen, warum er sich weigerte zu widerrufen.

Drei Tage später kam der ersehnte Brief. So sehnsüchtig wie man am Monatsanfang auf das Feuerzeichen von Jerusalem wartete, ebenso sehnsüchtig hatte er auf diesen Brief gewartet. Lüftete das, was Josef ihm schrieb, das Geheimnis Jesu? Konnte es Jehuda aus der Tiefe des Zweifels und der Anfechtung herausführen?

Über den Anfang von Josefs Brief war Jehuda verwundert: »Ich will dir nicht von den merkwürdigen Gerüchten schreiben, die nach Jesu Tod in Umlauf gesetzt worden sind. Vielmehr sende ich dir eine Geschichte aus der Zeit vor seinem Tod. Ich habe sie aus dem Mund des Petrus . . .«

Jehuda setzte sich und las. Wie ein Verdurstender gierig das Wasser trinkt, das man ihm reicht, so suchte er begierig in dieser Geschichte nach etwas, was ihm half, Jesus besser zu verstehen.

Er las. Und deutlich konnte er vor sich sehen, was sich begab. Es war die Nacht vor Jesu Tod. In der heiligen Stadt feierten Zehntausende das Passa. Man hörte den Gesang der Psalmen, die zu diesem großen Fest gehörten.

Mehrmals las er die Geschichte. Er war sichtlich bewegt. Dann sprang er auf und eilte in seine Werkstatt. Den größten Silberkelch suchte er sich aus. Er teilte seine Außenwand in sieben Felder. Dann fing er an in die Außenwand dieses Kelchs mit seinen feinsten Geräten die Geschichte einzuprägen, die er eben gelesen hatte.
Tagelang arbeitete er. Bild um Bild entstand. Zuerst: Jesus in der Passanacht unterwegs zum Garten Gethsemane mit seinen Jüngern. Dann wie er mit Petrus, Johannes und Jakobus in den Garten ging. Sie sahen ihn zittern und zagen. Er klagt: »Meine Seele ist betrübt bis in den Tod, bleibt hier und wacht mit mir!«
Dritte Szene: Jesus hat sich zu Boden geworfen und betet zu seinem Vater: »Abba, mein Vater; alles ist dir möglich; nimm diesen Kelch von mir; doch nicht was ich will, sondern was du willst!«
Die vierte Szene: Jesus mahnt seine Jünger: »Wacht und betet, daß ihr nicht in Versuchung fallet . . .«
Zwei gleiche Szenen zeigen, wie er das Gebet ein zweites Mal und ein drittes Mal wiederholt.
Und dann die siebte und letzte Szene: Durch sein Gebet hat Jesus jetzt alle Angst überwunden. Er sagt zu den Jüngern: »Es ist genug, die Stunde ist gekommen. Siehe, der Menschensohn wird überantwortet in die Hände der Sünder!«
Über diesen Bildern aber prägte er den Satz ein: Der Kelch des Leidens, den Jesus trinkt!
Man konnte Jehuda ansehen, daß er über dem Darstellen dieser Geschichte ein anderer geworden war. Alle Müdigkeit, alle Unsicherheit war aus seinem Gesicht verschwunden. Er mußte eine neue Gewißheit gewonnen haben im Blick auf Jesus.
Jetzt war der Kelch fertig. Er hob ihn sich vor Augen, blies den letzten Silberstaub weg und betrachtete die Bilderfolge.
Da kamen Neziach und Sia zu ihm in die Werkstatt. »Warum bist du nie mehr in den Lehrsaal gekommen?«
Schweigend wies Jehuda auf den Kelch: »Da, seht!«
Dann erzählte er ihnen anhand des Kelchs und seiner Bilder die ganze Geschichte.
Sia sagte: »Du hast das dargestellt, weil in dieser Geschichte die Nähe Jesu zu Jeremia groß ist! Jesus ängstigt sich und klagt wie Jeremia. Er ist einsam, wie der Prophet oft einsam gewesen ist.«
Neziach sprach nachdenklich: »Aber Jesus betet ganz anders als Je-

remia. Er spricht Gott mit einem neuen Namen an. So rufen kleine Kinder zu ihrem Vater ›Abba!‹. Und er begehrt nicht auf gegen Gott wie Jeremia. Er fügt sich in seinen Willen!«
Jehuda nahm den Kelch in die Hand: »Das größte aber ist für mich etwas anderes. Jesus weiß um die künftige Stunde. Das ist die Stunde seines Leidens und Sterbens. Sie vergleicht er mit dem Kelch des Zorns. Den müssen eigentlich die Ungerechten, die Schuldigen trinken. Immer wieder meine ich in diesem Kelch des Zorns den fliegenden Kessel des Gerichts zu sehen, von dem einst Jeremia sprach. Nun aber trinkt ihn der, der selbst kein Sünder ist!«
Sia sprach: »Jesus trinkt ihn stellvertretend für uns!«
Jehuda: »Das glaube ich auch. Gott will, daß einer die Schuld aller Menschen büßt. So etwas Furchtbares, wie sein Leiden, mußte wohl geschehen, wenn es darum ging Schuld, wirkliche Schuld zu sühnen . . .!« Solche Schuld, wie sie Jehuda auf sich lasten fühlte. »Und dazu erklärt sich Jesus bereit!«

Jehuda hatte über seiner Arbeit gar nicht mehr darauf geachtet, daß auch die Zeit des verlängerten Bannes inzwischen abgelaufen war.
Jetzt standen die Männer des Gerichtshofs vor ihm: »Die letzte Frist, die wir – entgegen den Bestimmungen – dir gewährt haben, ist verstrichen. Widerrufe, oder wir stoßen dich aus der Gemeinde aus!«
Diesmal schwieg Juhuda nicht: »In Jesus von Nazareth ist der gekommen, von dem Jeremia spricht:

›Der Herr unsre Gerechtigkeit!‹

Er hat den Kelch des Zorns für uns alle getrunken!« – »So stoßen wir dich aus der Gemeinde aus!« erklärten sie.

Der Kelch des Heils

An einem frühen Vormittag betrat ein Mann die Werkstatt Jehudas. Da trotz seiner Ausschließung aus der Gemeinde öfter Käufer und interessierte Zuschauer bei ihm eintraten, beachtete er ihn zuerst gar nicht. Doch dann bemerkte er, daß er diesen Mann in Pumbadita und auch in den anderen jüdischen Gemeinden Babyloniens noch nie gesehen hatte. Er schien von weit her zu kommen. Jehuda meinte, er spräche so aramäisch, wie er es in Jerusalem gehört hatte. Der Fremde begann ein Gespräch mit dem Silberschmied. Jehuda faßte immer größeres Zutrauen zu ihm. So kam es, daß er ihm alles erzählte, was er auf dem Herzen hatte, bis zu seiner Ausschließung aus der Gemeinde.

Plötzlich fiel das Auge des Fremden auf den Kelch, der in der Nähe von Jehuda stand: »Kannst du ihn mir einmal geben?« Jehuda reichte ihm den Silberkelch. Der Fremde nahm ihn in die Hand und betrachtete ihn aufmerksam. Jehuda sah ihn voll Spannung an.

Der Fremde sagte: »Du hast da den Zornesbecher dargestellt, von dem Jesus im Garten Gethsemane gesprochen hat und den er dann in seinem Leiden und Sterben trank!« – »Ja, das habe ich getan«, antwortete Jehuda. »Und immer muß ich zugleich auch an den Zornesbecher denken, den Jeremia reichen mußte. Oft meine ich sogar, daß dieser Zornesbecher, den Jesus trank, das gleiche ist wie der fliegende Kessel, von dem Jeremia sprach, zusammengedrängt, verkleinert, aber nicht minder furchtbar. Was alle, das ganze Volk Gottes, ja sogar die ganze Welt treffen sollte, das trifft nun einen!«

Plötzlich rief der Fremde, wie in einer unmittelbaren Eingebung: »Schmiede ihn um!«

Jehuda ließ das Werkstück sinken, das er gerade in der Hand hatte. Voll Verwunderung blickte er den Fremden an: »Ich soll den Zornesbecher umschmieden?« – »Ja, schmiede ihn um zum Kelch des Heils!« – »Aber . . .!« wandte Jehuda ein. »Du kannst ja einen Abguß machen von dem, was du auf der Außenwand abgebildet hast!« sagte der Fremde. »Aber«, sagte Jehuda, »wie kann sich Zorn in Heil verwandeln? Hängt das mit dem Tod Jesu am Kreuz zusammen?« »Ja!« antwortete der Fremde. »Kennst du ihn?« fragte Jehuda erregt. »Ich bin einer seiner Jünger!« erklärte ihm der Mann.

Jehuda sprang auf. Zum ersten Mal hatte er einen Jünger Jesu vor

sich. Am liebsten hätte er ihn umarmt. Nun konnte er alles über Jesus erfahren, was er wissen wollte.
Er nahm die Hände des Fremden: »Sage mir, wie wird der Becher des Zorns in den Kelch des Heils verwandelt?« Jehuda ahnte, daß er dem Zeitpunkt nahe war, zu dem seine persönliche Schuld vergeben werden sollte.
Der fremde Jünger nahm den Zornesbecher in die Hand und wies auf das erste Bild: »Es war wenige Stunden vor dem Gang Jesu in den Garten Gethsemane. Das Passamahl begann. Wir saßen mit ihm zu Tisch. Ich mußte daran denken, was uns allen diese Tischgemeinschaft mit ihm bedeutete. Wenn Jesus mit uns zu Tisch saß, dann war es, als wären wir Gott selbst nahe. Da war alle Schuld vergeben! Nie möchte ich – so dachte ich – diese Tischgemeinschaft mit Jesus missen.
Da nahm Jesus plötzlich den Kelch in die Hand und sprach:

›Ich werde von nun an nicht mehr trinken
von dem Gewächs des Weinstocks,
bis das Reich Gottes kommt!‹

Da erschraken die allermeisten von uns sehr. Die Tischgemeinschaft endigt? Zwar wird es diese wieder einmal geben – im Reich Gottes.
Aber was ist in der Zwischenzeit mit uns? Da gibt es keine Gemeinschaft mit Jesus und also auch nicht mit Gott? Da gibt es keine Vergebung, wie er sie bisher den Zöllnern und Sündern zugesprochen hat? So dachte ich. Und so dachten viele.
Und da – höre! – da gab uns Jesus die größte Gabe, die er uns geben konnte!«
»Erzähle weiter!« Es war Jehuda, als wiche langsam seine Nacht und das Licht leuchtete ihm auf.
Der fremde Jünger fuhr fort: »Du weißt ja, wie es bei einer jüdischen Mahlzeit zugeht. Da liegt das Brot in tellergroßen Fladen auf dem Tisch. Ein solches Brot nahm Jesus vor unsren Augen in die Hand. Dann schaute er auf zu Gott und sprach: ›Wir danken dir, Schöpfer der Welt, daß du das Brot aus der Erde wachsen läßt!‹ Dann brach er das Brot und gab es uns. Und dabei sprach er die Worte:

›Das ist mein Leib,
der für euch gegeben wird.
Das tut zu meinem Gedächtnis!‹

Da war es ganz still im Raum. Wir alle staunten. Solche Worte hatte noch nie vorher ein Mensch gesprochen. Was bedeuteten sie? Nur langsam ging uns der tiefe Sinn auf: Leib, das ist der Mensch, die Person selbst. Jesus gibt seinen gebrochenen Leib für uns hin. Er opfert sich für uns. Was er mit dem Brot schon andeutete, das sprach er dann aus, als er den Kelch nahm. Er erhob ihn eine Handbreit über den Tisch. Er sprach das Dankgebet.
Dann sagte er:

›Trinket alle daraus,
Dieser Kelch ist der neue Bund in meinem Blut,
das für viele vergossen wird
zur Vergebung der Sünden!‹ «

Der fremde Jünger sah, wie ergriffen Jehuda diese Worte hörte. Es war als würde ihm eine ungeheure Last von den Schultern genommen.
»Mit diesen Worten vom Kelch sprach Jesus ganz deutlich von seinem Tod. Es ist der Tod für viele, Jehuda. Keiner ist ausgeschlossen. Und – Jesus vermittelt mit seinem Sterben den ›Neuen Bund‹. Du kennst ja Jeremia. In dieser Stunde erfüllte sich die Weissagung, die der Prophet Jeremia einst sprach.«
Jehuda stand auf. Er wiederholte die Worte:

»Dieser Kelch ist der neue Bund in meinem Blut,
das für viele vergossen wird
zur Vergebung der Sünden!«

Dann sprach er: »Wie gerne wollte ich es glauben, daß Jesus gestorben ist auch für meine Sünden. Aber ist er nicht tot? Ich sah ihn am Kreuz sterben. Wie kann ich dessen gewiß sein, daß mir wirklich vergeben ist?«
Da stand der fremde Jünger auf: »Er lebt!«
»Er lebt?« fragte Jehuda ungläubig. »Ja, ich habe ihn gesehen!« ant-

wortete der Jünger. Jetzt erst nannte der fremde Jünger seinen Namen.
Er sprach: »Ich heiße Thomas. Der Tod Jesu am Kreuz warf mich völlig aus der Bahn. Ich sonderte mich von den anderen Jüngern ab. Da kamen sie zu mir und sprachen: ›Wir haben den Herrn gesehen!‹ Sie wollten Jesus gesehen haben? Das erschien mir ganz und gar unmöglich zu sein. Darum wollte ich handgreifliche Beweise haben.
Ich sprach: ›Wenn ich nicht in seinen Händen die Nägelmale sehe und meine Finger in die Nägelmale lege und meine Hand in seine Seite lege, kann ich nicht glauben!‹
Und da durfte ich es erleben! Acht Tage später war ich bei den anderen Jüngern. Da kam Jesus. Er grüßte uns: ›Friede sei mit euch!‹ Dann sprach er zu mir: ›Reiche deinen Finger her und sieh meine Hände und reiche deine Hand her und lege sie in meine Seite und sei nicht ungläubig, sondern gläubig!‹
Da war ich so überwältigt, daß ich vor ihm auf die Knie sank und sprach: ›Mein Herr und mein Gott!‹ «
»Du hast ihn gesehen, Thomas, aber wie kann ich glauben?« fragte Jehuda. Da antwortete Thomas: »Jesus sagte zu mir: ›Weil du gesehen hast, Thomas, glaubst du. Selig sind, die nicht sehen und doch glauben!‹«
Jehuda bat Thomas, daß er auf seinem Weg nach Osten eine Zeitlang bei ihm bleibe. Thomas erlebte mit, wie der Zornesbecher zuerst eingeschmolzen und wie er dann zum Kelch des Heils umgeformt und umgeschmiedet wurde.
Zuerst stellte Jehuda die äußere Form her. Dann teilte er die Außenseite in fünf Felder ein. Hier wollte er die Geschichte der Einsetzung des Abendmahls eingravieren. Im ersten Feld stellte er Jeremia dar, wie er den Neuen Bund ankündigte. Dann sah man, wie sich Jesus mit seinen Jüngern um den Abendmahltisch versammelte. Darauf folgte die Szene des Brotbrechens, dann das Kelchwort. Auf dem letzten Feld aber stellte Jehuda den Gekreuzigten selbst dar.
Allen, die Jehuda kannten, schien es, als ginge in diesen Wochen, während dieses Werk entstand, eine gänzliche Veränderung seines Wesens vor sich. Er wurde ein freier und fröhlicher Mensch. Langsam ging der Kelch des Heils seiner Vollendung entgegen. Sia und

Neziach waren oft in der Werkstatt, sahen die Entstehung des Kelchs des Heils und hörten, was Thomas von Jesus erzählte.
Als das Werk vollendet war, sprach Jehuda zu Thomas: »Kannst du uns taufen?« Thomas antwortete: »Wenn du und deine Freunde glauben, daß Christus euer Herr ist, so kann ich das!« Am Ostermorgen, bei Sonnenaufgang, gingen sie zum Euphrat. Dort taufte Thomas Jehuda, Sia und Neziach.
Nach der Taufe sagte Thomas: »Nun laßt uns das Abendmahl feiern und Tischgemeinschaft haben mit dem auferstandenen und erhöhten Herrn!« Sie gingen in Jehudas Haus und bereiteten das Mahl.
Als sie sich zu Tisch setzten, dachte Jehuda zurück an sein bisheriges Leben. Schmerzhaft kam ihm wieder zu Bewußtsein, wie er verstrickt war in Schuld. Wie oft hatte er sich vergeblich danach gesehnt, ein neuer Mensch zu werden. Dann kam die Zeit seiner Beschäftigung mit Jeremia. Ihm wurde bewußt: Der fliegende Kessel des Gerichts, er war selbst davon bedroht! Aber da war auch Jeremias Weissagung vom Neuen Bund. Sie stellte Vergebung und einen Neuanfang in Aussicht. Jetzt war ihm dieser Neuanfang geschenkt. Der Zornesbecher, der fliegende Kessel des Gerichts, ist endgültig umgeschmiedet in den Kelch des Heils!
Bevor Thomas die Worte von der Einsetzung des Abendmahls sprach, sagte Jehuda: »Laßt uns doch vorher noch die Schriftrolle des Propheten Jeremia auf den Tisch legen und sie öffnen.« Jehuda holte die Schriftrolle. Alle, die um den Tisch saßen, sahen, daß er sie aufgeschlagen hatte an der Stelle, wo geschrieben steht:

»Siehe, es kommt die Zeit, spricht der Herr,
da will ich mit dem Haus Israel und mit dem Haus Juda
einen neuen Bund schließen . . .
Sie sollen mich alle erkennen . . .
Denn ich will ihnen ihre Missetat vergeben
und ihrer Sünde nimmermehr gedenken!«

Dann sprach Thomas die Worte der Einsetzung des Abendmahls. Jehuda aber und seine Freunde wußten, daß jetzt der Auferstandene selbst in ihrer Mitte war. Und sie empfingen aus seiner Hand Brot und Wein.

Fortlaufendes Verzeichnis der Bibelstellen

Bibelstellen, die mehrmals vorkommen, sind in der Regel nur bei ihrem ersten Auftreten vermerkt. Bei Reden und Geschichten ist nur der Anfang zitiert. Die Texte sind nach dem Wortlaut der Lutherbibel (revidierte Fassung von 1984) wiedergegeben. Nur wo ein besseres Verständnis das nahelegte, wurde eine andere Übersetzung herangezogen (Wilhelm Rudolph).

I DER FLIEGENDE KESSEL

II EIN BUCH MACHT GESCHICHTE

III DER MARSCH DURCH DIE HÖLLE

188	Weinet nicht über den Toten	Jeremia 21,10
194	Der Herr hat den Zion erwählt	Psalm 132,13
195	Aber sollte Gott wirklich auf Erden wohnen?	1. Könige 8,27
196	Der Herr hat einen Eid geschworen	Psalm 132,11
197	Hier ist des Herrn Tempel	Jeremia 7,4
197	Hört des Herrn Wort	Jeremia 7,2–14
204	Dieser Mann ist des Todes schuldig	Jeremia 26,11–19
209	Wo ist jemand, der fällt	Jeremia 8,4–7
216	Sammelt euch	Jeremia 8,14–23
228	Ach, daß ich eine Herberge hätte in der Wüste	Jeremia 9,1–6
231	Ein Wort, geredet zur rechten Zeit	Sprüche 25,11
231	Das Geschenk des Menschen	Sprüche 28,16
238	Weh dem, der sein Haus	Jeremia 22,13–19
243	Will ich bei ihnen ernten	Jeremia 8,13
245	Was macht mein geliebtes Volk	Jeremia 11,15–17
248	Denn auch deine Brüder	Jeremia 12,6
251	Auf dich, Herr mein Gott, traue ich	Psalm 7,2.9.10
251	Der Herr tat mir kund ihr Vorhaben	Jeremia 11,18; 12,6; 11,19.20a; 12,3; 11,20b.21–23
257	Herr, wenn ich auch mit dir rechten wollte	Jeremia 12,1–3.5.6
259	Aber dein Haus und dein Königtum	2. Samuel 7,16
261	Geh hin und kaufe dir einen leinenen Hüftschurz	Jeremia 13,1–11
264	Wenn ihr nicht auf mich hört (sinngemäß)	Jeremia 7,13.14
272	Weh dir, Jerusalem	Jeremia 13,27
274	Erhebe Zion, deine Augen	Jeremia 13,20–27 (ohne V. 23.24)
277	Ich bin niemandes Gläubiger	Jeremia 15,10.15
278	Dein Wort ward meine Speise	Jeremia 15,16–18
283	Suchet den Herrn	Amos 5,6
283	Denn ich mache dich für dies Volk	Jeremia 15,20
284	Weh mir, meine Mutter	Jeremia 15,10
284	Du bist mir geworden wie ein trügerischer Born	Jeremia 15,18–21
289	Du schlägst sie	Jeremia 5,3
290	Ihre bösen Taten lassen es nicht zu	Hosea 5,4
293	Kann etwa ein Mohr	Jeremia 13,23.24

IV DER BECHER DES ZORNS

380	Ich will ihm ewiglich bewahren	Psalm 89,29
381	So wahr ich lebe	Jeremia 22,24–27
385	Wer will sich denn deiner erbarmen	Jeremia 15,5–9
392	Ich will meinem Volk Israel eine Stätte geben	2. Samuel 7,10
392	Raffe dein Bündel auf von der Erde	Jeremia 10,17
395	Und Mose stieg aus dem Jordantal	5. Mose 34,1–4
398	Lange Zeit danach starb der König	2. Mose 2,23
399	Du Hirte Israels, höre	Psalm 80,2.4.15
400	Steig auf den Libanon und schreie	Jeremia 22,20–23
404	Blinde und Lahme	2. Samuel 5,6
406	Plötzlich fiel ihm ein Wort des Propheten Amos ein	Amos 9,1–4
406	Siehe, ich will viele Fischer aussenden	Jeremia 16,16.17
408	Ist denn Konja	Jeremia 22,28–30

V DAS EISERNE JOCH

415	Macht mich nicht zum Herrn	Jesaja 3,7
421	Wenn sich dein Bruder . . . dir verkauft	5. Mose 15,12
422	Sie verachten die Weisung	Jesaja 5,24
423	Ihr seid die Last	Jeremia 23,33
433	Tochter Babylon, du Verwüsterin	Psalm 137,8
434	Jeremia an den Rest der Ältesten	Jeremia 29,1–28
436	Du sollst ein Segen sein	1. Mose 12,2
445	Von den Propheten Jerusalems	Jeremia 23,15.21.23.27–30
449	Ihr werdet das Schwert nicht sehen	Jeremia 14,13
449	Auch bei den Propheten Samarias	Jeremia 23,13–29
461	Siehe, die Geräte aus dem Haus des Herrn	Jeremia 27,16
463	Ich habe die Erde gemacht	Jeremia 27,4–22
472	Ich habe das Joch des Königs	Jeremia 28,2–17
483	Wehe denen, die hinabziehen nach Ägypten	Jesaja 31,1–3
484	Verflucht ist der Mann	Jeremia 17,5–8
489	Beugt euren Nacken unter das Joch	Jeremia 27,12
491	Gott ist bei ihr drinnen	Psalm 146,12
492	Siehe, ich will diese Stadt	Jeremia 34,2–5
493	Wer in dieser Stadt bleibt	Jeremia 21,9
494	Fürchte dich nicht	Jesaja 7,4
496	Wenn sich dein Bruder . . . dir verkauft	5. Mose 15,12

499	Gott ist bei ihr drinnen	Psalm 46,6
500	Ich habe einen Bund geschlossen	Jeremia 34,13–22
503	Sagt dem König von Juda	Jeremia 37,7–10
508	Aus der Tiefe rufe ich	Psalm 130,1
510	Du wirst dem König von Babel	Jeremia 37,11.18.19.20
514	Wer in dieser Stadt bleibt	Jeremia 38,2–12
516	Mein Leben ist dem Tode nahe	Psalm 88,4b–6
517	Gott, hilf mir	Psalm 69,2.3.5.14.15a
519	Ich harrte des Herrn	Psalm 40,2–4
521	Ich schaute das Land an	Jeremia 4,23–26
523	Nimm diese Briefe	Jeremia 32,14.15.24–29.42.43
526	Er soll den Elenden . . . Recht schaffen	Psalm 72,4.12
529	Weh euch Hirten	Jeremia 23,1–6
529	Gott wird die zerfallene Hütte	Amos 9,11
529	Das Volk, das im Finstern wandelt	Jesaja 9,1.5;11,1
530	Man wird wieder Häuser . . . kaufen	Jeremia 32,15
530	Denn ich weiß wohl	Jeremia 29,11
531	Dein Haus und dein Königtum	2. Samuel 7,16
534	Die Chaldäer werden wiederkommen	Jeremia 37,8
534	Auch du sollst seiner Hand	Jeremia 34,3
535	Sage ich dir etwas	Jeremia 38,15–26
548	Der Herr, dein Gott, hat dies Unglück	Jeremia 40,2–5
551	Siehe, ich will meine Worte	Jeremia 39,16–18

VI DER NEUE BUND

561	Fürchtet euch nicht	Jeremia 40,9.10
565	Weißt du auch, daß Baalis	Jeremia 40,14–16
566	Ihr sollt zu Gedalja . . . kommen	Jeremia 41,6.8
568	Die Güte des Herrn ist's	Klagelieder 3,22
572	Laß doch unsre Bitte vor dir gelten	Jeremia 42,2–22
582	Siehe, ich will hinsenden	Jeremia 43,10–26
584	Wenn du in das Land kommst	5. Mose 18,9–12
595	Sie achten kein Recht	Amos 3,10
596	Das Land läuft . . . von Jahwe fort	Hosea 1,3
596	Hört ihr Himmel	Jesaja 1,2
596	Sie weigerten sich	Jeremia 11,10

599	Siehe, es kommt die Zeit	Jeremia 31,31–34
604	Nun aber habe ich alle diese Länder	Jeremia 27,6–8
607	Als nun der Chaldäer Heer	Jeremia 37,11–14
608	Die aber dem Schwert entrinnen	Jeremia 44,28
608	Das Wort, das der Prophet Jeremia zu Baruch . . . redete	Jeremia 45,1–5

VII DER KELCH DES HEILS

624	Meine Tochter, dein Glaube	Markus 5,34
626	Ihr habt gehört, daß gesagt ist	Matthäus 5,43–45
628	Ihr sollt nichts dazutun	5. Mose 4,2
628	Israel ist mein erstgeborener Sohn	2. Mose 4,22
629	Denn er läßt seine Sonne aufgehen	Matthäus 5,45–48
632	Wer mir nachfolgen will	Markus 8,34.35
633	Der Menschensohn muß viel leiden	Markus 8,31.33
641	Laßt uns auf den Gerechten lauern	Weisheit Salomos 2,12
642	Ich bin ein Wurm und kein Mensch	Psalm 22,7
644	Mein Gott, mein Gott, warum	Psalm 22,2
651	Ich werde von nun an	Lukas 22,18.19
652	Trinket alle daraus	Matthäus 26,27.28
652	Dieser Kelch ist der Neue Bund	Lukas 22,20
653	Wir haben den Herrn gesehen	Johannes 20,25
653	Selig sind, die nicht sehen und doch glauben	Johannes 20,29

Verzeichnis der Bibelstellen

(Nur das erste Auftreten der Bibelstelle ist vermerkt)

Erläuterungen

zu Namen, Bibelstellen, Orten und kulturhistorischen Besonderheiten

I DER FLIEGENDE KESSEL

Seite

15 *Scheidebrief:* Diesen mußte bei einer Ehescheidung der Mann ausfertigen (5. Mose 24,1). Er war der schriftliche Beweis für die Frau, daß sie von ihrem Mann geschieden ist.

16 *Hosea* trat als Prophet im Reich Israel auf zwischen 750 und 722 v. Chr. Das treulose Verhalten Israels zu seinem Gott und das Werben Gottes um sein Volk mußte er in seiner Ehe mit einer Baalanhängerin namens Gomer bildlich darstellen (Hosea 1,2–3,5).

17 *Schreiber:* Gelehrter, Beamter; er nimmt im alten Orient eine hervorragende Stellung ein und kann bis in die höchsten Staatsämter aufsteigen.

19 *Gleichnis vom Ehemann:* Hosea 2,1–19.

Gleichnis vom störrischen Sohn; Gott als Arzt: Hosea 11,1–9; 14,4.

21 *Abjatar:* Aus der Priesterfamilie des Eli in Silo (1. Sam. 14,3); entzog sich dem Blutbad Sauls und kam zu David (1. Sam. 22,20). Er verlor wegen seiner Stellungnahme in der Frage der Thronnachfolge Davids sein Priesteramt und wurde nach Anatot verbannt (1. Kön. 2,26).

25 *Zur Liturgie des Passafestes* gehörte, daß der älteste Sohn diese Frage stellt.

26 *Papyrus:* Eine fast ausgestorbene hohe Sumpfpflanze (4 Meter), vornehmlich aus dem Nildelta. Aus dem Stengelmark wurde Beschreibstoff hergestellt.

Meder: Iranischer Stamm; Hauptstadt Ekbatana. Kyaxares II. war der Begründer des medischen Großreichs. Im Bunde mit Babylon vernichtete er das assyrische Großreich. Kyaxares eroberte im Jahr 614 Assur (Hauptstadt von Assyrien).

Babylonier, Nabopolassar: 627 v. Chr. erhob sich der Babylonier Nabopolassar (626–605 v. Chr.) gegen die assyrische Oberherrschaft. 612 erlag Ninive dem Ansturm der Meder und Babylonier. Das war der Anfang des neubabylonischen Weltreichs.

28 *Prophetenschule:* Von den sog. »Schriftpropheten« (Jesaja usf.), die sich durch eine Berufungsgeschichte auswiesen (Jesaja 6, Jeremia 1), sind am Heiligtum angestellte Propheten zu unterscheiden. Ihre Aufgabe war es, dem Volk den aktuellen Willen Gottes mitzuteilen. Ihre enge Verbindung mit dem Königtum machte sie nicht selten von

diesem abhängig. Vor allem Jeremia führt einen erbitterten Kampf mit ihnen (Jeremia 23,7 ff.).

29 *»Es ist wie bei Mose«:* Vergleiche 2. Mose 3,12.

31 *Mandelbaum:* Es liegt ein Wortspiel vor: Mandelbaum = hebräisch schāqēd hängt mit schāqad »wachen« zusammen (Jeremia 1,1 f.).

34 *Herbstfest:* Auch Laubhüttenfest. Letztes und wichtigstes der drei Wallfahrtsfeste; Erntedankfest und Fest der Bundeserneuerung (5. Mose 16,13–17). Ein Wasserschöpfungsritus dürfte damit verbunden gewesen sein.

35 *Ich will meinen Liebhabern nachfolgen:* Hosea 2,7. Damit sind Baal und Astarte gemeint.

42 *Manasse:* König von Juda (696–642 v. Chr.); Sohn Hiskias. Er führte als Vasall Assurs erneut den assyrischen Staatskult ein; auch die einheimischen Götzenkulte lebten damit wieder auf. Dem Protest von Propheten begegnete er mit schweren Verfolgungen (2. Kön. 21,1–18).

43 *Kittäer:* Bewohner Zyperns, wo die Hauptstadt Kition lag; seefahrendes Volk (1. Mose 10,4).

Kedar: Nomadenstamm in der syrisch-arabischen Wüste.

45 *Gihonquelle:* Am Ostabhang des Tempelhügels (1. Kön. 1,33 f.)

Siloahkanal: Von König Hiskia gebaut (2. Kön. 20,20), um das Wasser der Gihonquelle in den Neuen Siloahteich zu leiten. Länge 512,50 Meter.

Die beiden Säulen: Zwei Bronzesäulen am Tempel Salomos (1. Kön. 7,15–22.41 f.). Höhe 9 Meter, Durchmesser 1,90 Meter.

59 *Salomo – weises Herz:* 1. Kön. 3,5–15.

61 *Tofet:* Kultstätte im Ben-Hinnom-Tal, an der auch Menschenopfer dargebracht wurden (2. Kön. 16,3); durch Josia zeitweilig aufgehoben (2. Kön. 23,10).

Kedesche: Tempeldirne; Frau, die sich im Dienst einer altorientalischen Fruchtbarkeitsgottheit am Heiligtum ständig preisgab. Die oberste dieser Dirnen vollzog mit dem Vertreter des jugendlichen Gottes das Ritual der »heiligen Hochzeit«, um dem Land die Fruchtbarkeit zu sichern.

Moloch: Von melek = König. Diesem Gott wurden am Tofet in Notzeiten Kinderopfer dargebracht (2. Kön. 23,10).

63 *Weinberglied Jesajas:* Jes. 5,1–7.

66 *Micha:* Prophet aus Moreschet, nach dem das Michabuch benannt ist. Zeitgenosse Jesajas. Er wirkte von 722 bis etwa 701 v. Chr. in Juda.

Amos: Prophet aus Tekoa in Juda. Er trat um 760 v. Chr. in Israel als Gerichtsprophet auf.

67 *Berufung Jesajas:* Jes. 6,1–13.

68 *Belagerung der Stadt zu Hiskias Zeit:* Der assyrische Großkönig Sanherib belagerte im Jahr 701 v. Chr. Jerusalem, konnte aber sein Vorhaben aus ungeklärten Gründen nicht zum Ziel führen (Jes. 36; 37).

73 *Schuldknechtschaft:* Die Lage des altorientalischen Schuldners war bei einer Zinshöhe von 20 bis 50 Prozent hart. Konnte der Schuldner die Schuldzinsen nicht zahlen, verkaufte der Gläubiger dessen Kinder, seine Frau und endlich ihn selbst in die Schuldknechtschaft (3. Mose 25,39.47; Matthäus 18,25).

85 *Silberschekel:* Scheqel = hebräisch Gewicht. Gewichtseinheit für Edelmetall als Zahlungsmittel. Das Geld wurde abgewogen, bevor es Münzen gab.

88 *Eljakim, der Kronprinz:* Josias Sohn, König von Juda (609–598 v. Chr.). Zuerst Vasall Ägyptens. Der Pharao änderte seinen Namen in Jojakim, um seine Oberherrschaft auszudrücken (2. Könige 23,34).

100 *Abrahams Fürbitte:* 1. Mose 18,16–33.

101 *Wie du dich einst Mose geoffenbart hast:* 2. Mose 34,6.

103 *Zins für geliehenes Geld:* Zins zu nehmen ist im AT verboten: (2. Mose 22,24; 5. Mose 23,21).

113 *Waise:* Waisen und Witwen als sozial und rechtlich Schwache stehen unter Gottes besonderem Schutz. Er ist nach dem AT »Vater der Waisen und Richter der Witwen« (Psalm 68,6). Im Bundesbuch wird vor ihrer Unterdrückung gewarnt (2. Mose 22,21–23).

Libanonwaldhaus: Große Halle, im Norden der Königsburg gelegen; das Obergeschoß wurde von drei Reihen zu je 15 Holzsäulen aus Zedern vom Libanon getragen (1. Kön. 7,2–5). Dort wurden die Rüstungen aufbewahrt (1. Kön. 10,16 f.).

Brauner Bleiglanz: Augentusche (»Pulver«), die mit einem Stift auf Augenlider und -brauen gestrichen wurde.

115 *Leopard, Leopardenfell:* Im alten Orient gehört der Leopard häufig zu den Tieren, die einer Gottheit zugeordnet sind. In Assur stand er in Beziehung zu Ischtar. Das Leopardenfell durfte nur der Herrscher tragen. In neuerer Zeit wurden wieder Leoparden in der Wüste von Juda ausgesetzt. In biblischer Zeit waren sie dort heimisch.

126 *Memento mori:* Lat. Mahnruf: »Gedenke des Todes!«

II EIN BUCH MACHT GESCHICHTE

137 *Asarhaddon:* Vorletzter großer assyrischer König (681–669 v. Chr.), Sohn und Nachfolger Sanheribs (2. Kön. 19,37). Sein großer Erfolg war die Eroberung Ägyptens (671). Damit erhielt das assyrische Weltreich seine größte Ausdehnung.

138 *Sanherib:* Assyrischer Großkönig (704–681 v. Chr.). Er stellte mit seinem dritten Feldzug im Westen die assyrische Oberherrschaft wieder her. Juda wurde zum großen Teil erobert und zerstört, Hiskia in Jerusalem eingeschlossen. Zwar wurde die Stadt nicht erobert, aber Hiskia mußte schwere Abgaben entrichten (Jesaja 36;37).

140 *Goliat:* 1. Samuel 17,1–58.

Assur: Hauptgott der Assyrer; Kriegsgott mit Bogen und Pfeil, der Hauptwaffe der Assyrer, dargestellt.

Kosmische Götter: Himmelsgott Anu; Enlil (oder Ellil) beherrscht die Erde; Ea die Wasser.

141 *Sin:* Mondgott.

Schamasch: Sonnengott.

Ischtar: Göttin des Morgen- und Abendsterns.

Akitu-Fest: Es wurde in Assyrien im Monat Nisan (März/April) gefeiert. Eines der Leitmotive des Festes war das Schöpfungswerk des Reichsgottes. Es ist ein Fest der Freude und des Triumphes und bringt die Erneuerung der Naturkräfte mit sich.

Ahas: König von Juda (735–727 v. Chr.). Während des syr.-ephr. Krieges (734–732 v. Chr.) richtete er ein Hilfegesuch an Assur und wurde dadurch Vasall der Weltmacht. Die Folge war, daß er den assyrischen Staatskult im Tempel zu Jerusalem einführen mußte (1. Kön. 16,5–20).

144 *Ich habe das Gesetzbuch gefunden:* Damit ist jenes Buch gemeint, das heute den Hauptbestandteil des 5. Buchs Mose ausmacht (2. Kön. 22,3–20). Seine Forderungen bestimmten das Handeln des Königs Josia maßgeblich. Die Folgen für das spätere Judentum sind von großer Bedeutung.

167 *Schofarhörner:* Blasinstrument aus Stier- oder Widderhörnern oder auch aus Metall (schōphār). Damit konnten nur Naturtöne geblasen werden; Signalinstrument.

170 *Bundeslade:* Es handelt sich um einen Kasten, der mit Tragestangen verbunden war (5. Mose 10,1.3). Über seine kostbare Ausstattung berichten 2. Mose 25,10 ff. und 37,1 ff. Sie stellte das zentrale Heiligtum der Israelstämme dar (4. Mose 10,35 f.). David holte die Lade nach Jerusalem (2. Sam. 6). Sie galt als Thron des unsichtbaren Gottes Jahwe Zebaoth.

171 *Goldenes Stierbild:* 2. Mose 32,1–6.

172 *Trostbüchlein für Ephraim:* In jener Zeit, als Josia das davidische Großreich zu erneuern gedachte, erhoffte sich Jeremia wohl die Rückkehr der Bewohner des einstigen Israel aus der assyrischen Verbannung (2. Kön. 17,1–6). An sie ist das Trostbüchlein gerichtet (Jer. 30; 31).

174 *Nahum:* Prophet, der in Juda den bevorstehenden Fall Ninives ankündigte, lange bevor im Jahr 612 dieses Ereignis eintrat.

175 *Psammetich I.:* Pharao (664–610 v. Chr.); Begründer der 26. Dynastie. Er befreite Ägypten von der assyrischen Vorherrschaft.

180 *Usia:* König von Juda (787–736 v. Chr.); lange Regierungszeit. Befestigte Elat, baute die Mauern Jerusalems aus, förderte Ackerbau und Viehzucht. Seit etwa 756 aussätzig. Sein Sohn Jotham übernahm die Regentschaft (2. Kön. 15,13–30.34; 14,22).

III DER MARSCH DURCH DIE HÖLLE

185 *Necho II.:* Pharao (610–595 v. Chr.), Sohn Psammetichs II. Tötete 609 König Josia bei Megiddo. Er wollte einen Rest von Assur als Pufferstaat erhalten und eilte darum den Assyrern zu Hilfe an den Euphrat. Er selbst wurde 605 von dem babylonischen Kronprinzen Nebukadnezar bei Karkemisch geschlagen. Das bedeutete das Ende der ägyptischen Vorherrschaft in Syrien und Palästina.

Joahas: Sohn Josias. Nach dem Tode seines Vaters wurde er König von Juda. Aber Pharao Necho II. setzte ihn nach nur dreimonatiger Regentschaft ab und inhaftierte ihn zuerst in Ribla, dann in Ägypten, wo Joahas gestorben ist (2. Kön. 23,31–34).

187 *Gottes adoptierter Sohn:* Der regierende Nachkomme Davids galt als Gottes adoptierter Sohn (Psalm 2,7).

189 *Jojakim:* Anm. zu S. 88 Eljakim.

194 *Ewige Dauer von Davids Königtum:* 2. Samuel 7,16.

206 *Chasida:* (hebr.) Storch

211 *Empathie:* Fähigkeit, sich in andere Menschen hineinzuversetzen.

214 *Davids Siege:* 2. Sam. 5,6–25 und 8,1–14.

Nehuschtan: Schlangenbild aus Erz. Es wurde bis zu Hiskias Zeit verehrt (2. Kön. 18,4). Der Ursprung liegt in der Mosezeit (4. Mose 21,4–9).

217 *Giftwasser:* 4. Mose 5,11.28.

218 *Weinberglied Jesajas:* Anm. zu S. 63.

236 *Fronarbeit – Salomo:* 1. Kön. 9,15–23; 11,14–25.

247 *Opferkritik Jesajas:* Jes. 1,10–17.

263 *Geh an den Fluß Phrat (hebr. = Euphrat):* Es ist, nach Meinung einiger Ausleger, hier ein Flüßchen bei Anatot (heute ›enfara‹) gemeint.

Amon: Ägyptischer Gott; seit der 11. Dynastie in Theben; wuchs dort mit dem Sonnengott zu Amon-Re zusammen. Mit dem Aufstieg der Stadt wurde er Götterkönig und Reichsgott.

Horus: Als Falke verehrter ägyptischer Königsgott. Er offenbart sich in der Person des jeweils regierenden Pharaos. Als Weltgott überspannt er mit seinen Flügeln den Himmel und umfängt den Pharao. Lichtgott, als aufgehende Morgensonne.

266 *Tamkaru (akkadisch = Kaufmann):* Mit Handelsgeschäften beauftragter hoher Beamter des babylonischen Königs.

268 *Merodach-Baladan:* König von Babel (721–710 v. Chr. und nochmals 703). Er sandte im Rahmen eines weitverzweigten Aufstands gegen Assur eine Gesandtschaft zu Hiskia (Jes. 39,1).

286 *Weisheitsschule:* Bildungseinrichtung in Jerusalem, an der die Beamten für den königlichen Hof und die Verwaltung ausgebildet wurden. Das biblische Buch der Sprüche dürfte dort seinen »Sitz im Leben« gehabt haben.

289 *Davids Ehebruch:* 2. Sam. 11; 12.

Schon Amos hat das so gesehen und Jesaja: Amos 4,6–13; Jesaja 9,7–20.

291 *Salomo, Urbild der Weisheit:* 1. Kön. 5,9–13.

298 *Schuldknechtschaft:* Anm. zu S. 73.

299 *Salomos Traum:* 1. Kön. 3,5–9.

302 *Josef und seine Brüder – Umkehr:* 1. Mose 50,15–21.

305 *Nebukadnezar II:* König von Babylon (605–562 v. Chr.), Sohn Nabopolassars. Er besiegte als Kronprinz 605 die Ägypter unter Necho II. bei Karkemisch. 597 nahm er Jerusalem zum erstenmal ein (2. Kön. 24,10–17). 587 eroberte er es und löschte den Staat Juda aus (2. Kön. 25,1–21).

305 *Wenn ein Prophet redet und es wird nichts daraus:* 5. Mose 18,22.

321 *Israel – Gottes Eigentum, Königreich von Priestern, heiliges Volk:* 2. Mose 19,6.

325 *Wenn der Schuldige Schläge verdient hat:* 5. Mose 25,2.3.

338 *Saul fiel ihm ein:* 1. Sam. 31,4.

Er dachte an Ahitofel: 2. Sam. 17,23.

IV DER BECHER DES ZORNS

350 *Kemosch:* Gott Moabs (Jer. 48,7); östlich von Jerusalem hatte er einen Altar von der Zeit Salomos an bis zur Zeit Josias (1. Kön. 11,7; 1. Kön. 23,13).

351 *Denk an den ersten Auftritt von Amos:* Amos 1,3–2,12.

Was Jesaja gegen Assur und Ägypten gesagt hat: Jes. 10,5–19; 19,1–15.

372 *Vater Jonadab, Sohn Rechabs:* 2. Kön. 10,15–27.

378 *Schofarhörner:* Anm. zu S. 167.

380 *Jaspis:* Edelstein; durch Fremdbeimengungen verunreinigter Chalcedon; meist trüb gefärbt, undurchsichtig.

391 *Siloahkanal:* Anm. zu S. 45.

392 *Zions- und Davidsverheißungen:* Indem David die Bundeslade Jahwe Zebaoths nach Jerusalem (Zion) holen ließ, wurde diese Stadt Gottes Besitz, er »wohnte« dort. Der Davidide auf dem Thron aber galt als sein Sohn. Hier liegen die Wurzeln der Verheißung Gottes vom ewigen Bestand des Zion und des Bundes mit David (Psalm 132,13.14; 46,6; 89,4.5).

Als der assyrische König Sanherib die Stadt belagerte: Jes. 36;37.

394 *Libanon:* 175 Kilometer langer und 25 Kilometer breiter Gebirgszug im heutigen Libanon, der parallel zur Küste des Mittelmeers verläuft. Höhe der Berge bis zu 3000 Metern. Üppige Waldvegetation, die aber durch Raubholzungen stark vermindert wurde.

395 *Baschangebirge:* Baschan = der ebene Boden; fruchtbare, 500 bis 600 Meter hoch gelegene Ebene beiderseits des Jarmuk. Berühmt waren ihre Eichen (Jes. 2,13).

Nebo: So wird in den jüdischen Überlieferungen der Berg benannt, vom dem aus Mose ins Gelobte Land schauen durfte (5. Mose 32,49). In der älteren Überlieferung heißt er Pisga.

404 *Blinde und Lahme:* 2. Samuel 5,6.7.

V DAS EISERNE JOCH

413 *Marduk:* Besiegt im babylonischen Weltschöpfungsepos enūma elisch das Chaos-Ungeheuer Tiamat, ordnet anschließend die Welt und erschafft den Menschen. Stadtgott von Babylon, Herr der Götter. Marduks Haupttempel in Babylon war Esagila mit dem Tempelturm Etemenanki.

415 *Mattanja – Zedekia:* Als Mattanja jüngster Sohn Josias. Mit 18 Jahren von Nebukadnezar als Zedekia zum König eingesetzt (597–587 v. Chr.; 2. Kön. 24,18–20). Er wurde von der Kriegspartei unter seinen Fürsten bald in Aufstandspläne hineingezogen. Nachdem er sich zunächst noch von ihrer Verwirklichung fernhalten konnte (Jer. 27,1–15), gelang ihm das später nicht mehr. Juda fiel von Assur ab. 589 begann daraufhin die Belagerung der Stadt. Zedekia wurde von Jeremia zur Übergabe Jerusalems aufgefordert, dieser aber weigerte sich, weil er es mit der Kriegspartei nicht verderben wollte. Nach dem Fall der Stadt floh er zwar, wurde aber gefangengenommen und in Ribla geblendet (2. Kön.25,1–21).

417 *Nabu oder Nebo:* Babylonischer Gott der Weisheit und der Schreibkunst; er schreibt und besitzt die Schicksalstafeln. In neubabylonischer Zeit wurde er auf Kosten Marduks erhöht.

422 *Gihonquelle:* Anm. zu S. 45.
Libanonwaldhaus: Anm. zu S. 113.
423 *Ahab, Zedekia, Schemaja:* Vermutlich ursprünglich am Tempel zu Jerusalem angestellte Propheten, die 598 nach Babylon in die Verbannung geführt wurden und dort als Heilspropheten wirkten (Jeremia 29,21.24–32).
425 *Jakobs Traum:* 1. Mose 28,10–22.
426 *Großreich Davids:* Es reichte vom Euphrat im Norden bis nach Elat im Süden (2. Sam. 8,1–14).
464 *El – Schöpfergott:* Im engeren Sinn höchster Gott des kanaanäischen Götterhimmels, gilt als Schöpfer, Vater der Jahre. El kann aber in einem weiteren Sinn auch jeden anderen Gott bezeichnen. So wurde diese Gottesbezeichnung auch auf den Gott Israels übertragen.
Jahwes Knecht: Titel, den sonst nur Abraham, Mose und David führten: Gottes Knecht ist der, der Gott gehört, ihm dient und der von diesem versorgt und beschützt wird. Diesen Ehrentitel trugen Abraham (1. Mose 26,24), Mose (4. Mose 12,7), Hiob (Hiob 1,8), Könige (2. Sam. 3,18) und Propheten (1. Kön. 18,36).
473 *Worte, die der Prophet Jesaja an Ahas gerichtet hatte:* Jes. 7,1–9.
477 *Was Jesaja vom Zion gesagt hat:* Jes. 14,32; 28,16.
481 *Pharao Apries* (589–570), Sohn Psammetichs II. Er unterstützte die Aufständischen in Palästina gegen Nebukadnezar, konnte aber die Einnahme Jerusalems 587 nicht verhindern.
482 *Hiskia, Sohn des Ahas, König von Juda* (726–697 v. Chr.): Gegen ihn zog der Assyrerkönig Sanherib heran, nachdem Hiskia von ihm abgefallen war. (2. Kön. 18,1–19,37).
483 *So hatte es König Hiskia schon einmal gemacht:* Er fiel im Vertrauen auf Ägypten von Assur ab.
485 *Absaloms Aufstand:* 2. Sam. 15,1–18,9.
496 *Hebräische Sklaven sollen nach sieben Jahren freigelassen werden:* 5. Mose 15,12–15.
502 *Batseba, Uria:* 2. Sam. 11; 12.
505 *Palastvorsteher:* Eines der höchsten Ämter im Staat (1. Kön. 4,6).
529 *Die Israeliten leben schon seit hundert Jahren in der Gefangenschaft:* Das Ende Israels kam mit der Eroberung Samarias durch die Assyrer im Jahr 722 v. Chr. (2. Kön. 17,1–6).
531 *Zedekenu; der Herr unsre Gerechtigkeit:* Zedekia bedeutet »meine Gerechtigkeit ist Jahwe«. »Unsere Gerechtigkeit ist Jahwe« = Zedekenu (Jer. 23,6).
541 *Saul tötete sich:* Anm. zu S. 338.
546 *Leuchter, Schaubrottisch:* Geräte im Heiligen des Tempels (2. Mose 25,28–30).

VI DER NEUE BUND

563 *Jefta:* Richter; 10,11–12,15 als geistbegabter Retter Israels vor den Ammonitern geschildert.
David und die Ammoniter: 2. Sam. 10,1–14; 12,26–31.
Herbstfest: Anm. zu S. 34.

578 *Unter dem Schutz einer gewaltigen Hand:* 2. Mose 14,8.

581 *Das Neujahrsfest im Herbst:* Israel feierte ursprünglich das Neujahrsfest im Herbst (2. Mose 23,16). Später wurde es vor das Passafest und damit in den Frühling verlegt. Es gibt aber für dieses Fest im AT keine eindeutigen Belege. Es wurde analog zum babylonischen Neujahrsfest erschlossen.

583 *Himmelkönigin:* Fruchtbarkeitsgöttin, deren Verehrung Jeremia bekämpfte (Jer. 7,18; 44,17–19.25). Konkret sind darunter die Göttinnen Astarte, Ischtar und Anat zu verstehen. Der Stern der Ischtar war die Venus.

595 *Das goldene Kalb:* 2. Mose 32,1–52.
Karmel; der Altar des Herrn zerstört: 1. Kön. 18,30.

597 *Ehebruch – Todesstrafe:* Als Ehebruch des Mannes galt die Sexualverbindung mit einer verheirateten oder verlobten Frau. Darauf stand für beide, Mann und Frau, die Todesstrafe (3. Mose 20,10). Geschlechtsverkehr mit einer unverheirateten oder nicht verlobten Frau galt dagegen nicht als Ehebruch (5. Mose 22,28 f.). Auf Ehebruch der Frau stand Steinigungsstrafe (5. Mose 22,23–27).

600 *Trostbüchlein:* Anm. zu S. 172.

604 *Leidensgeschichte Jeremias:* Jer. 37,11–38,28; 38,3.14; 40,13–41,2; 41,4–43,6; 45.

607 *Chaldäer:* Ostaramäische Stämme, die sich in SW-Mesopotamien angesiedelt hatten. Sie bildeten zusammen mit den Babyloniern den Kern des neubabylonischen Reichs. Im AT ist mit Chaldäa und den Chaldäern Babylon und sein Volk gemeint.

VII DER KELCH DES HEILS

613 *Alexandreion:* Aus dem mittelpalästinensischen Gebirge ins Jordantal vorgeschobene, weithin sichtbare Bergkuppe (730 Meter über dem Jordan, 377 Meter über dem Meeresspiegel). Von dem Hasmonäer Alexander Jannäus mit einer Festung versehen und nach ihm benannt. Der Berg hatte durch seine Lage eine wichtige Funktion als Verbindungspunkt für das Leuchtzeichen, das vom Ölberg ausgehend den Neumond und damit den Monatsbeginn ankündigte.

613 *Tel Giné:* Berg im Haurangebirge; 1800 Meter hoch; ca. hundert Kilometer östlich des Sees Genezareth.

615 *Centurio:* Befehlshaber einer Hundertschaft im römischen Heer.

Parther: Das Regnum Parthorum bestand in römischer Zeit im wesentlichen aus Mesopotamien. Haupstreitpunkt in der Auseinandersetzung zwischen Rom und den Parthern war, in wessen Machtbereich Armenien fallen sollte. Die Römer wurden von 92 v. Chr. an für die Parther zu einer ständigen Bedrohung – und umgekehrt.

623 *Jairus:* Mark. 5,21–43.

631 *Zelot:* Von Zelotes – Eiferer; jüdische Freiheitskämpfer im Kampf gegen Rom.

Messias: Der Gesalbte; Erlösergestalt der Endzeit. Ihr Ursprung liegt im AT besonders bei Jesaja (Jes. 8,23–9,6) und Jeremia (23,6). Im Spätjudentum war die Messiaserwartung stark politisch geprägt: Der Messias/Davidssohn wird Jerusalem von den Heiden reinigen und ein Reich von Gerechten und Heiligen gründen. Die Christenheit sieht in Jesus von Nazareth den gekommenen »Gesalbten« (Christus). Mit seinem Leiden, Sterben und Auferstehen vollendet er das Werk der Erlösung.

635 *Daniel und seine drei Freunde:* Dan. 3; 6.

637 *Gesetzbuch Gottes – Staatsgesetz:* Manche Historiker sind der Auffassung, daß König Josia die Bestimmungen des unter seiner Regierungszeit gefundenen Gesetzbuches durch den in 2. Kön. 23,1–3 geschilderten Bundesschluß zum Staatsgesetz erhoben hat.

Bann: Aussonderung oder gar Ausschließung (Exkommunikation) eines Gemeindegliedes. Die Schriftgelehrten sprachen von drei Stufen der Ausschließung: 1. Verweis; 2. der kleine Bann, Isolierung für eine begrenzte Zeit; 3. der schwere Bann, das bedeutete völlige Exkommunikation.

640 *Leidender Gerechter:* Über Weg und Schicksal des leidenden Gerechten spricht die apokryphe Weisheit Salomos (2,10–20; 4,7.10.16; 5,1–5. Am eindrücklichsten wurde sein Bild im vierten und letzten der »Knecht-Gottes-Lieder« gezeichnet (Jes. 52,13–53,12). Hier wird ausgesprochen, daß der Gehorsam gegen Gott den Gottesknecht in Leiden und Tod hineinführt, daß er aber auch auf Erhöhung durch Gott hoffen darf (53,12).

641 Von dem *Gottesknecht,* den Gott erwählt hat (Jes. 42,1–4), den er zum Licht der Heiden machte (49,1–6), der auch im Leiden gehorsam ist (50,4–9) und der stellvertretend leidet (52,13–53,12) sprach in vier Liedern ein Prophet, der während des babylonischen Exils unter den Verbannten in Babylon aufgetreten ist (zwischen 550 und 539 v. Chr.).

641 *Damaskustor:* In Jerusalem Ausgangspunkt der Straße nach Damaskus im Norden der Altstadt; kunstvolles Altstadttor.

650 *Aramäisch:* Zur Zeit Jesu hatte die aramäische Sprache das Hebräische im Volk längst verdrängt. Dieser Prozeß begann schon im 6. Jahrhundert v. Chr. Hebräisch war dem Studium der Schriftgelehrten und dem Lesen in der Synagoge vorbehalten.

653 *Thomas:* Johannes, 20,24–31.

Chronologischer Überblick über die

	geschichtlichen Ereignisse	und Jeremias Wirken und Erleben
627	Nabopolassar erhebt sich gegen Assur	Berufung Jeremias
622	Auffindung des Buches im Tempel	bis 622 frühe Verkündigung (Jer. 1–6)
612	Ninive fällt durch Babylonier und Meder	
609	Josia fällt bei Megiddo	Die Tempelrede (Jer. 7)
605	Schlacht bei Karkemisch	Verbrennung der Buchrolle (Jer. 36)
604	Aschkelon von Babyloniern erobert	
598	Jojakims Tod. Jojachin König	
597	16. 3. Fall von Jerusalem	
596		Brief an die Verbannten (Jer. 29)
594		Jeremia geht unter dem Joch (Jer. 27; 28)
588	Beginn der eineinhalbjährigen Belagerung Jerusalems	Jeremia in der belagerten Stadt (Jer. 37–39)
587	im August Eroberung der Stadt	
586	Gedalja Statthalter in Mizpa	Jeremia bei Gedalja
585	Ermordung Gedaljas	Jeremia wird nach Ägypten verschleppt

Erstellt nach Siegfried Herrmann, Geschichte Israels, 1. Aufl. 1973

Synchrone Tabelle der Pharaonen und Könige im Alten Orient zur Zeit Jeremias

	ÄGYPTEN	JUDA	ASSUR	BABYLON	MEDIEN
660					
655					
650		696 – 642 Manasse			
645			668 – 626 Assurbanipal		
640		641 – 640 Amon			
635	664 – 610 Psammetich I.				
630					
625		639 – 609 Josia	625 – 621 Aschur-etil-ilāni		
620					653 – 584 Kyaxares der Große
615			620 – 612 Sin-schar-ischkun	626 – 605 Nabopolassar	
610		609 Joahas	611 – 606 Aschur-uballit		
605	610 – 595 Necho II.				
600		609 – 598 Jojakim			
595		598 – 597 Jojachin			
590	595 – 589 Psammetich II.			605 – 562 Nebukadnezar II.	
585	589 – 570 Apries	597 – 587 Zedekia			
580					584 – 550 Astyages

Erstellt nach Reicke/Rost, Biblisch-Historisches Handwörterbuch, 1962

Verwendete Literatur

ALTES TESTAMENT

Für Jeremia und seine Zeit:

Ernst Haag, Das Buch Jeremia II, 1. Aufl. 1977

Siegfried Herrmann, Jeremia, 1. Lieferung 1986 (Jer. 1)

Helmut Lamparter, Prophet wider Willen, 1. Aufl. 1967

Wilhelm Rudolph, Jeremia, 2. Aufl. 1958

Dieter Schneider, Der Prophet Jeremia, 2. Aufl. 1979

Artur Weiser, Der Prophet Jeremia; 1. Teilband, 1. Aufl. 1952; 2. Teilband, 1. Aufl. 1955

Claus Westermann, Jeremia, 1. Aufl. 1967

Siegfried Herrmann, Jeremia/Jeremiabuch, in: Theologische Realencyklopädie, Band XVI, S. 568–586, 1. Aufl. 1981

Norbert Ittmann, Die Konfessionen Jeremias, 1. Aufl. 1981

Hans-Joachim Kraus, Prophetie in der Krisis, 1. Aufl. 1964

Gerhard von Rad, Theologie des Alten Testaments, Band 2, 1. Aufl. 1960

Werner H. Schmidt, Alttestamentlicher Glaube in seiner Geschichte, 4. Aufl. 1982

Winfried Thiel, Die deuteronomistische Redaktion von Jeremia 1–25, 1. Aufl. 1973

Winfried Thiel, Die deuteronomistische Redaktion von Jeremia 26–45, 1. Aufl. 1973

Ernst Würthwein, Die Bücher der Könige, 1. Kön. 17–2. 25, 1. Aufl. 1984

G. J. Botterwerk und Helmer Ringgren (Hrsg.), Theologisches Wörterbuch zum Alten Testament, Band I–VI, 1973–1989

Ernst Jenni/Claus Westermann (Hrsg.), Theologisches Wörterbuch zum Alten Testament; Band I, 1. Aufl. 1971; Band II, 1. Aufl. 1976

Für das Deuteronomium (5. Buch Mose):

Albrecht Alt, Die Heimat des Deuteronomiums, in: Kleine Schriften zur Geschichte des Volkes Israel II, 3. Aufl. 1964, S. 250–275

S. Dean McBride, Jr., Deuteronomium, in: Theologische Realencyklopädie, Band VII, S. 531–543, 1. Aufl. 1981

Gerhard von Rad, Das fünfte Buch Mose, 1. Aufl. 1964

Für Hosea:

Jörg Jeremias, Der Prophet Hosea, 1. Aufl. 1983

Hans Walter Wolff, Hosea, 1. Aufl. 1961

NEUES TESTAMENT

Eduard Schweizer, Das Evangelium nach Markus, 1. Aufl. 1967
Hans Weder, Die Rede der Reden, Eine Auslegung der Bergpredigt heute, 1. Aufl. 1985

Geschichte Israels

Siegfried Herrmann, Geschichte Israels in alttestamentlicher Zeit, 1. Aufl. 1973

Kulturgeschichte

H. H. Ben-Sasson (Hrsg.), Geschichte des jüdischen Volkes, Band I, Von den Anfängen bis zum 7. Jahrhundert, 1. Auflage 1978
Walter Beyerlein (Hrsg.), Religionsgeschichtliches Textbuch zum Alten Testament, 1. Aufl. 1975
Elena Cassin u. a., Die altorientalischen Reiche III. Die erste Hälfte des 1. Jahrtausends, 1. Aufl. 1967
Othmar Keel/Max Küchler, Orte und Landschaften der Bibel, Band 1 1984, Band 2 1982
Bo Reicke, Leonhard Rost (Hrsg.), Biblisch-historisches Handwörterbuch, Band 1 1962, Band 2 1964, Band 3 1966
Helmer Ringgren, Die Religionen des Alten Orients, 1. Aufl. 1979
Erik Hornung, Grundzüge der ägyptischen Geschichte, 2. Aufl. 1982

KARTEN

Palästina, Osten des Vorderen Orients
Nach: Palästina, historisch-archäologische Karte, Sonderdruck aus Biblisch-historisches Handwörterbuch von Bo Reicke und Leonhard Rost, 1. Aufl. 1981
Ägypten:
Nach: Kurt Lange, Max Hirmer; Ägypten, 4. Aufl. 1967
Jüdische Gemeinde in Babylon
Nach: H. H. Ben-Sasson (Hrsg.), Geschichte des jüdischen Volkes, Band I, 1. Aufl. 1978
Vorderer Orient z. Zt. Jesu
Nach: F. W. Putzger, Historischer Schulatlas, 85. Aufl. 1963

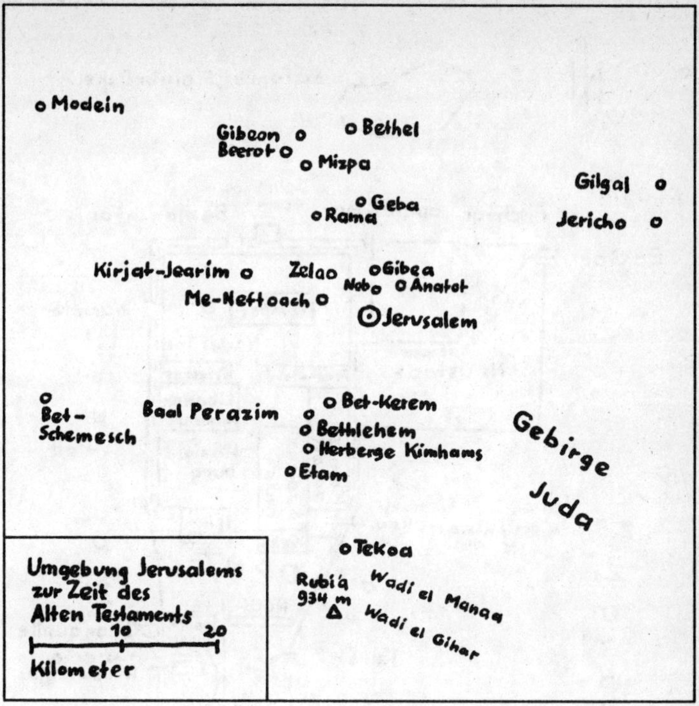
Modein
Gibeon
Beerot
Bethel
Mizpa
Gilgal
Geba
Rama
Jericho
Kirjat-Jearim
Zela
Gibea
Nob
Anatot
Me-Neftoach
Jerusalem
Bet-Schemesch
Baal Perazim
Bet-Kerem
Bethlehem
Herberge Kimhams
Etam
Gebirge Juda
Tekoa
Rubi'a 934 m
Wadi el Manaa
Wadi el Gihar
Umgebung Jerusalems zur Zeit des Alten Testaments
10
20
Kilometer

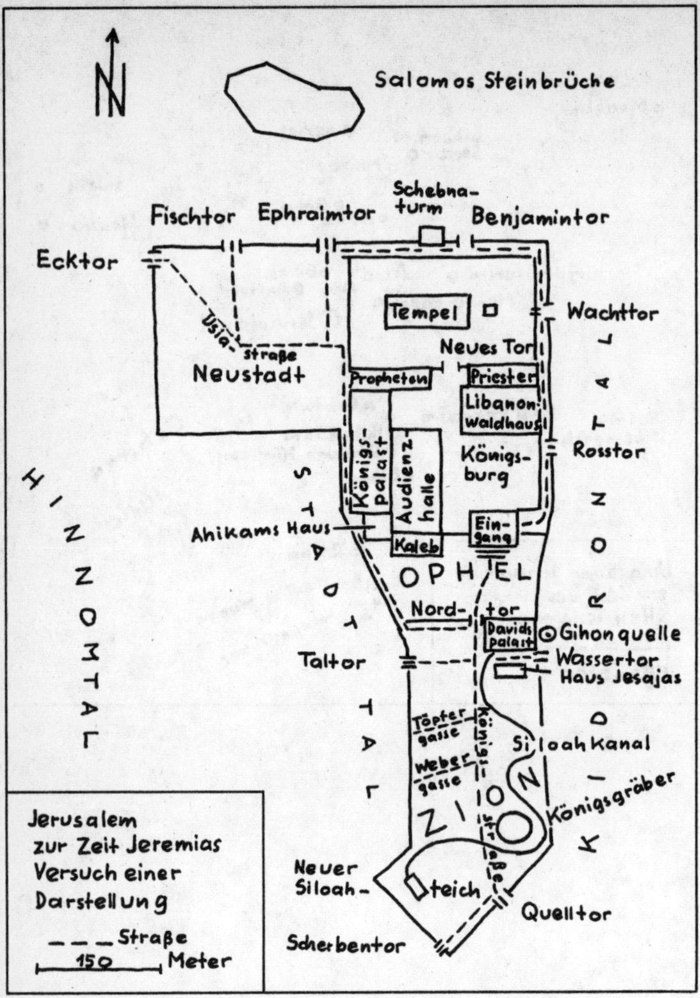

N
Salomos Steinbrüche
Schebna-
turm
Fischtor
Ephraimtor
Benjamintor
Ecktor
Usia-
straße
Tempel
Wachttor
Neues Tor
Neustadt
Propheten
Priester
Libanon-
waldhaus
Königs-
palast
Audienz-
halle
Königs-
burg
Rosstor
Ahikams Haus
Ein-
gang
Kaleb
OPHEL
HINNOMTAL
STADTTAL
KIDRONTAL
Nord-tor
Davids
palast
Gihonquelle
Taltor
Wassertor
Haus Jesajas
Töpfer
gasse
Königs
Siloah Kanal
Weber
gasse
ZION
Königsgräber
Neuer
Siloah-
teich
Quelltor
Scherbentor
Jerusalem
zur Zeit Jeremias
Versuch einer
Darstellung
Straße
150 Meter

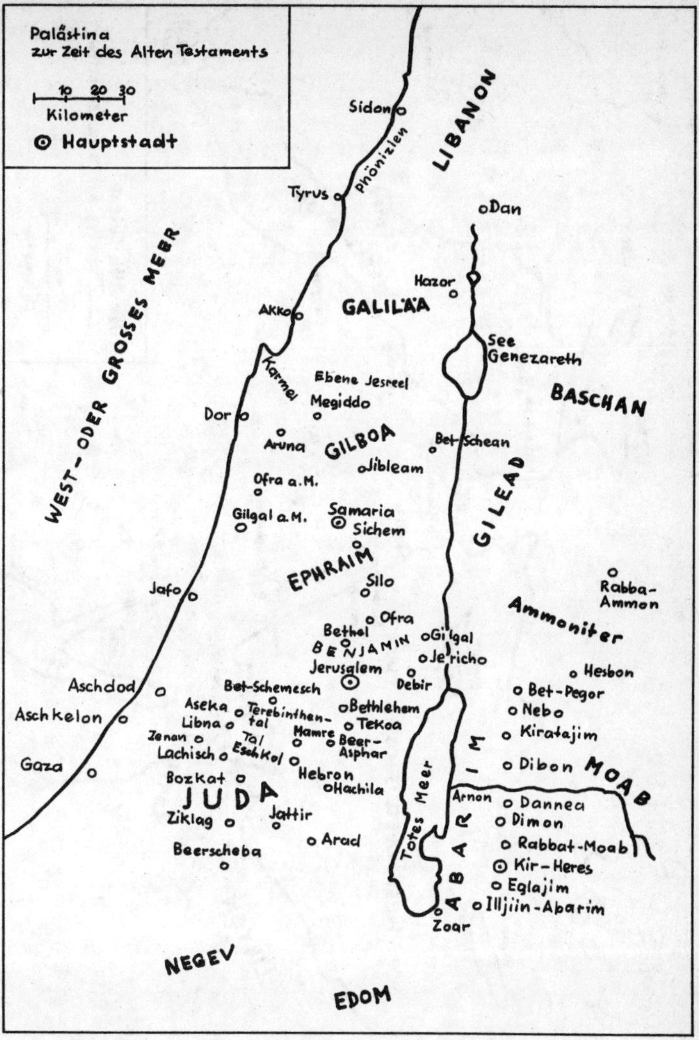

Palästina
zur Zeit des Alten Testaments
10 20 30
Kilometer
Hauptstadt
Sidon
Phönizien
LIBANON
Tyrus
Dan
WEST-ODER GROSSES MEER
Hazor
Akko
GALILÄA
See Genezareth
Karmel
Ebene Jesreel
BASCHAN
Megiddo
Dor
Aruna
GILBOA
Bet-Schean
Jibleam
Ofra a.M.
GILEAD
Gilgal a.M.
Samaria
Sichem
EPHRAIM
Silo
Rabba-Ammon
Jafo
Ammoniter
Ofra
Bethel
BENJAMIN
Gilgal
Jericho
Jerusalem
Debir
Hesbon
Aschdod
Bet-Schemesch
Bet-Pegor
Aseka
Terebinthen-tal
Bethlehem
Nebo
Aschkelon
Libna
Tekoa
Zenan
Tal
Mamre
Beer-Asphar
Kiratajim
Lachisch
Eschkol
Gaza
Hebron
Dibon
MOAB
Bozkat
Hachila
Totes Meer
Arnon
JUDA
Dannea
Jattir
Ziklag
Dimon
Arad
Rabbat-Moab
Beerscheba
Kir-Heres
ABARIM
Eglajim
Illjiin-Abarim
Zoar
NEGEV
EDOM

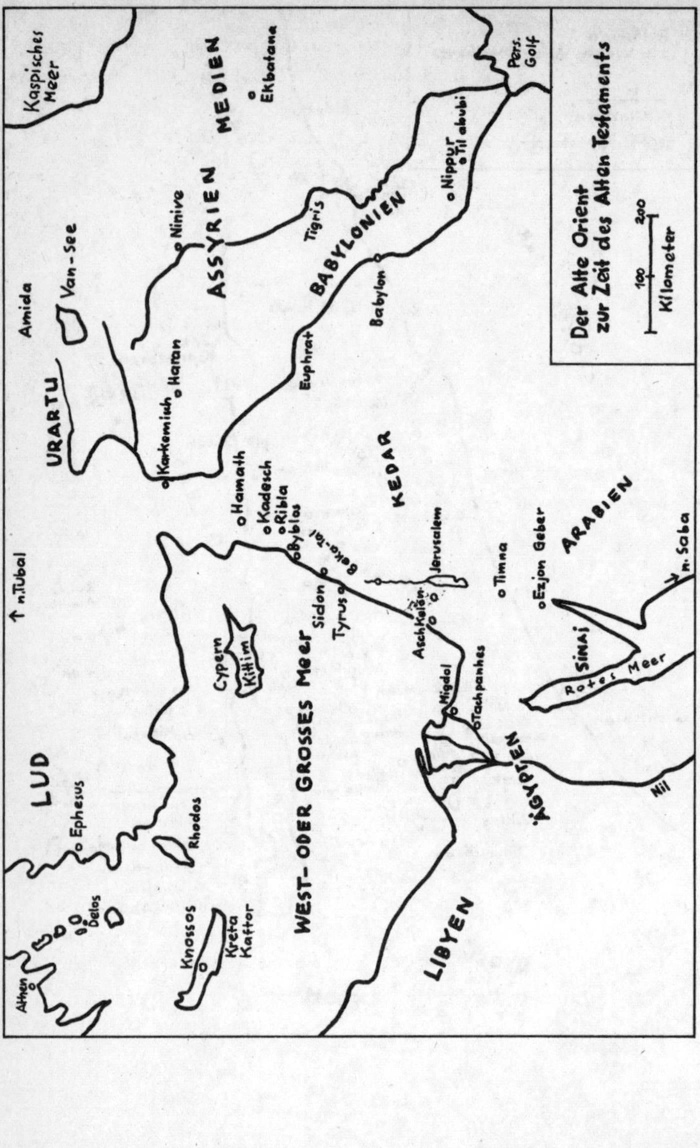
Der Alte Orient
zur Zeit des Alten Testaments
100
200
Kilometer
Kaspisches Meer
MEDIEN
Ekbatana
ASSYRIEN
Ninive
Amida
Van-See
URARTU
Haran
Karkemisch
Tigris
Euphrat
BABYLONIEN
Babylon
Nippur
Til abubi
Pers. Golf
KEDAR
Hamath
Kadesch
Ribla
Byblos
Beka-Tal
Sidon
Tyrus
Jerusalem
Aschkelon
Timna
Ezjon Geber
ARABIEN
n. Saba
SINAI
Rotes Meer
Migdol
Tachpanhes
ÄGYPTEN
Nil
LIBYEN
WEST-ODER GROSSES MEER
Cypern
Kittim
n. Tubal
LUD
Ephesus
Rhodos
Delos
Athen
Knossos
Kreta
Kaftor

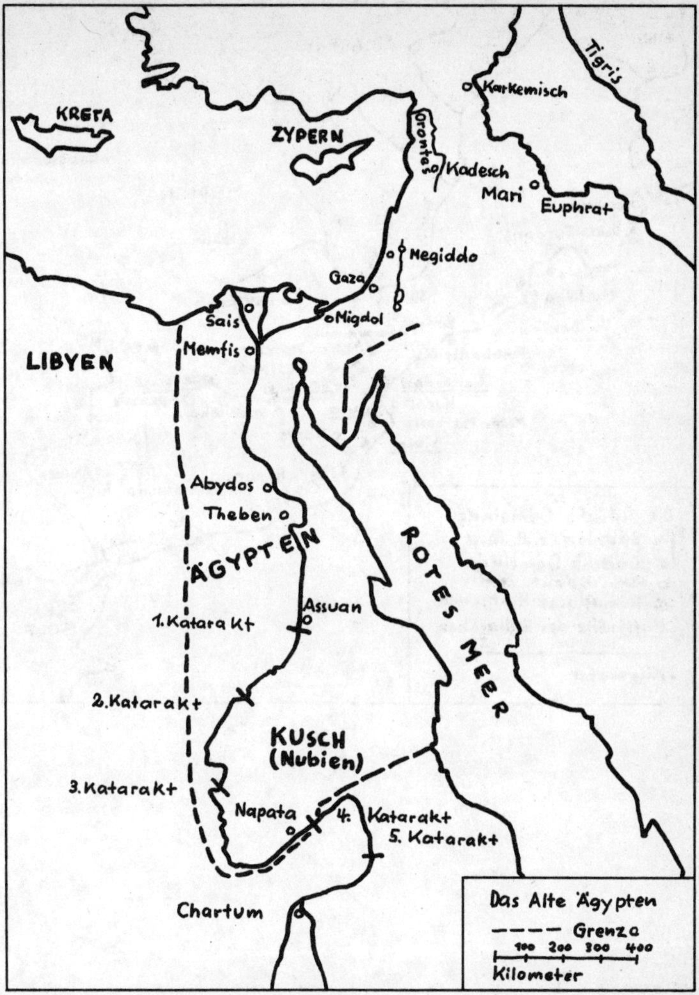
KRETA
ZYPERN
Tigris
Karkemisch
Orontes
Kadesch
Mari
Euphrat
Megiddo
Gaza
Sais
Migdol
Memfis
LIBYEN
Abydos
Theben
ÄGYPTEN
ROTES MEER
Assuan
1. Katarakt
2. Katarakt
KUSCH
(Nubien)
3. Katarakt
Napata
4. Katarakt
5. Katarakt
Chartum
Das Alte Ägypten
Grenze
100 200 300 400
Kilometer

Nisibis
ADIABENE
Ekbatana
MEDIEN
Circesium
Dura Europos
Tigris
Hulwan
Anat
Haditha
Euphrat
Silhi
Deskarah
Ihi Dekira
Biram
Papumnia
Pumbadita
Nehar Pekod
MESENE
Ktesiphon
Nehardea
Mahoza
Serbis
Huzal
Sura
Apamea
Pum Nehara
Matha Mathesia
Nares
Susa
Kafri
BABYLONIEN
Nippur
Ahwaz
Harpaneia
Die jüdische Gemeinde in Babylon z. Zt. Jesu
Jüdische Gemeinde
Kult. u. polit. Zentrum
Talmudische Hochschule
Kafri: Sitz des Exilarchen
100
200
Kilometer
PERS. GOLF

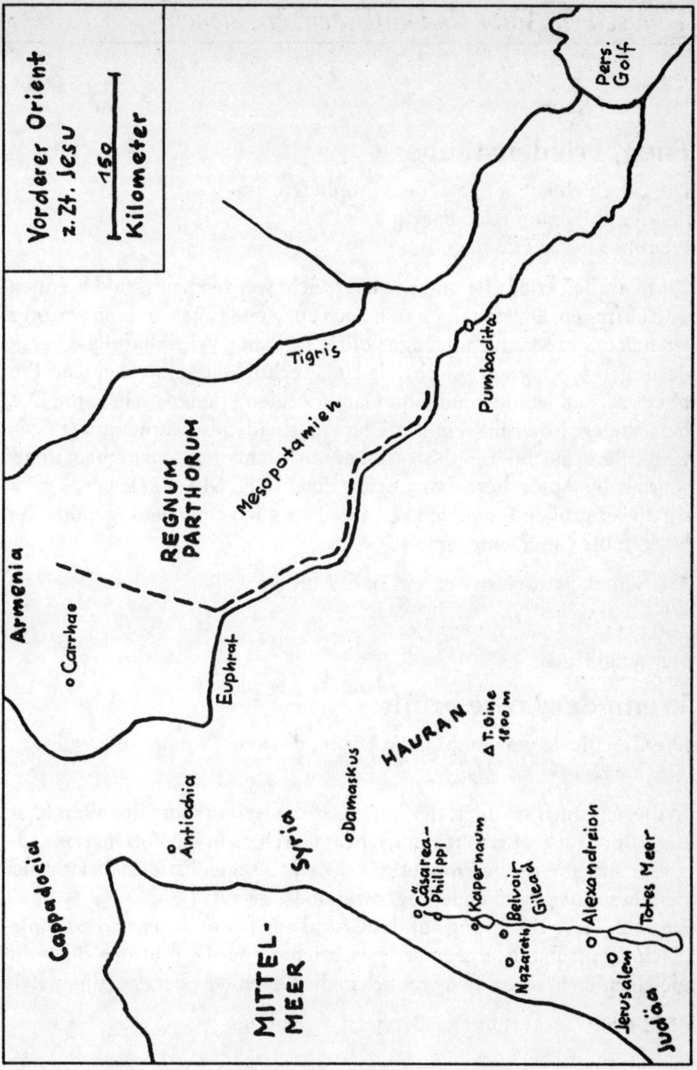
Vorderer Orient
z. Zt. Jesu
150
Kilometer
Pers. Golf
Tigris
Pumbadita
REGNUM
PARTHORUM
Mesopotamien
Armenia
Carrhae
Euphrat
HAURAN
T. Gine
1800 m
Cappadocia
Antiochia
Damaskus
Syria
Cäsarea-Philippi
Kapernaum
Belvoir
Gilead
Alexandreion
Totes Meer
MITTEL-
MEER
Nazareth
Jerusalem
Judäa

Vom selben Autor sind außerdem erschienen:

Hermann Koch

Flieg, Friedenstaube

Die Geschichte von Jesaja, dem Propheten,
der den Weg zum Frieden zeigte
Eine dramatische Erzählung

Was wirklich Friede ist und wie er erreicht werden kann, sind brennende Zeitfragen. Diese stellten sich auch zur Zeit Jesajas. In Juda verfolgte ein mächtiger Mann ehrgeizige politische Pläne. Wirtschaftliche Veränderungen brachten große soziale Ungerechtigkeiten mit sich. Der Prophet sah, daß letztlich nur Gott Garant echten Friedens sein kann. Deshalb ist das Hören auf sein Wort der entscheidende Schritt zum Frieden. Unter Berücksichtigung historischer und archäologischer Forschungen schrieb der Autor diese dramatische Erzählung. Mit dem Lebensschicksal dieses großen Propheten vermittelt sie auch einen bewegenden Einblick in die Geschichte Israels.

560 Seiten, kartoniert – Bereits in 6. Auflage

Hermann Koch

Wenn der Löwe brüllt

Die Geschichte von Amos, dem Mann, der kein Prophet sein wollte
Eine dramatische Erzählung

In diesem Buch schildert der Verfasser die letzten Jahre des alten Israel und führt mit großem erzählerischem Geschick in die Botschaft ein, die dieser aufrührerische Prophet seiner Zeit zu sagen hatte. Dabei tun sich dem Leser überraschende Gegenwartsbezüge auf.
Da auch diese Erzählung auf der Grundlage historischer und archäologischer Forschungsergebnisse geschrieben wurde, gibt das Buch zugleich einen bewegenden Einblick in die Geschichte der damaligen Zeit.

352 Seiten, Taschenbuch – Bereits in 8. Auflage

VERLAG JUNGE GEMEINDE
Postfach 10 50 64 · 7000 Stuttgart 10